BLOCKCHAIN

U0598225

BLOCKCHAIN TECHNOLOGIES

区块链技术

比特币 以太坊 超级账本

LIBRA

毛德操 ◎著

ZHEJIANG UNIVERSITY PRESS
浙江大学出版社

图书在版编目(CIP)数据

区块链技术 / 毛德操著. 一杭州：浙江大学出版社，2019.8

ISBN 978-7-308-19283-5

I. ①区… II. ①毛… III. ①电子商务一支付方式 IV. ①F713.361.3

中国版本图书馆 CIP 数据核字(2019) 第 131148 号

区块链技术

毛德操 著

策划编辑 吴昌雷

责任编辑 吴昌雷

责任校对 王 波

封面设计 北京春天

出版发行 浙江大学出版社

(杭州天目山路 148 号 邮政编码 310007)

(网址：http://www.zjupress.com)

排　　版 杭州林智广告有限公司

印　　刷 杭州高腾印务有限公司

开　　本 787 mm×1092 mm 1/16

印　　张 41

字　　数 1028 千

版 印 次 2019 年 8 月第 1 版 2019 年 8 月第 1 次印刷

书　　号 ISBN 978-7-308-19283-5

定　　价 128.00 元

版权所有 翻印必究 印装差错 负责调换

浙江大学出版社市场运营中心联系方式：(0571)88925591，http://zjdxcbs.tmall.com

序

在当代，作为现代创新机制重要驱动力，深度信息技术（云、物、社、移、大、智、区……）风行世界，而开源技术是深度信息技术的框架或底层配置。

毛德操老师知识渊博、多才多艺，特别对开源的源代码有透彻分析和深刻理解，他亲力亲为，动手编撰本书，做出重大贡献。毛老师基于开源创作的区块链大作，值得称赞，十分难得！本书不但对区块链技术的开发应用有重大价值，作为开源技术应用的范例，对开源技术的开发应用也意义重大。

中国开源软件推进联盟名誉主席

Linux 基金会推进开源终身成就奖获得者

CNCF 基金会开源领袖国际大奖获得者

2019 年 6 月 10 日

前　言

历时两年半，本书终于脱稿付印。我对区块链技术的研究始于三年以前甚至更早，其间经历了比特币和其它各种代币过山车似的起伏，不过我的注意力一直集中在区块链这个技术，并且深信：泡沫和投机终将过去，但是区块链这个技术必将会沉淀下来并大有作为。

我开始研究区块链技术的时候，比特币的源码已经相对成熟，但别的几种区块链的源码还只是早期版本，后来都有了较大的发展和变化。尤其是“超级账本”即 Hyper Ledger 的源码，更是有了堪称脱胎换骨式的变化，往往是前面的版本还没有充分消化就又出来了后面的版本。一方面这固然给我的研究和写作带来了困难和更大的工作量，另一方面却也迫使我在横向的对比之余还进行纵向的比较而得以加深理解。

尤其值得一提的是，连连支付还为区块链技术的研究和开发组成了一个团队，结合金融业的实际应用进行基于以太坊的联盟链开发，使作为技术指导的我因此而获得了许多直接的体验，这些体验对于本书的写作大有裨益。在那个项目中，我们选用了以太坊的 Java 版源码 EthereumJ；后来的实践证明，Java 版本的选用对于人才的培养很有好处，可以使研发人员很快就切入区块链技术本身，而不是把许多时间花费在 Go 语言上。反过来，一旦对所实现的种种算法有了较为深入和具体的了解，再去读 Go 版本就可事半功倍。所以本书第三章同样也采用了 EthereumJ 的代码。至于第四章对于超级账本则仍采用 Go 版本。这样，比特币的源码是 C++的，以太坊的源码是 Java 的，超级账本的源码是 Go 的，不同语言背景的读者都可从自己比较熟悉的语言开始切入阅读源码，然后举一反三推广到别的语言。

本书的写作仍旧秉承我情景分析的方法和叙述风格，并沿用我在《大数据处理系统：Hadoop 源代码情景分析》一书开始的代码摘要方法。这也是我自己在研究中采用的方法，希望对读者有所帮助和启迪。

书稿虽已准备付印，但我对于本书中可能存在的错误和缺陷却大有诚惶诚恐之感。当然，只要是已经发觉的错误我都已改了过来，但是自知错误之处仍是不可避免，并且可能也不是一处两处的事，潜在的错误和缺陷可以来自几个方面：

一、文字输入和排印所造成的低级错误，这是最轻的，但是当然也会给读者带来困扰。

二、叙述和修辞方面的缺陷和错误，我尽力把事情说得清楚一些，但是否真的达到了目的，是否真的说清楚了，却很难说。

三、我对源码中某些模块或某些方面的疏漏。我在写作中对于如此庞杂的内容当然要有所取舍，但是我的取舍却未必就是合适的。

四、我对源码和所涉技术的理解错误，这当然是最严重的。

但是，与其无休止地反复推敲，还不如就此付印，起个抛砖引玉的作用。这也使我对常见于国外许多出版物扉页上的那段话有了深刻的认识，那段话的大意是：

出版社和作者均力求本书内容准确无误，但声明对因本书内容所含错误和疏漏给读者带来的种种损失免责，读者须自担风险。

读者对本书内容提出种种商榷和意见，我当然是十分欢迎的；但是因时间和精力所限，我也未必就能够一一作答。不过能就此引起讨论，“抛砖引玉”，也正是我的本意。

就在本书行将付印之际，Facebook 发布了《加密货币 Libra 白皮书》，计划在全球范围内发行数字货币 Libra，并公开了 Libra 区块链的程序源码。鉴于 Libra 潜在的重要性，我又赶写了一个简介，作为附录加在本书的后面。至于更深入的分析，特别是源代码层次的分析，则需要有另一本专著。只要各方面的条件允许，我也有意对 Libra 进行深入研究并撰写这样一本 Libra 专著。

感谢浙江大学出版社领导对本书的重视，更感谢本书责任编辑吴昌雷先生和各位工作人员的辛勤劳动，没有他们的付出，本书的质量是达不到现在这个水平的。

最后，感谢浙大网新和连连支付两个公司对我的支持，没有两个公司为我提供的种种条件，我对区块链技术的研究和本书的写作都不会这样顺利。另外还要感谢我的老友胡希明教授给我的激励；对我来说，和胡老师的闲聊既是休息也是“充电”。

毛德操

2019 年 7 月

目　录

第 1 章 绪 论

“区块链”这个词的英语原文是“Block Chain”，如果直译就应是“块链”，但是大家都已叫惯了区块链，再说叫着也顺口，在本书中这两个词等价，“区块”与“块”也等价。

本书介绍三种主流的、有代表性和基础性的区块链，即比特币（Bitcoin）、以太坊（Ethereum）、超级账本（Hyper Ledger）。这三种区块链各有特色，也说不上谁比谁好。有人说比特币是第一代区块链，以太坊是第二代，那么超级账本似乎就是第三代。如果是从出现的时间先后上说，这也许有点道理，因为比特币确实出现最早，属于开山之作。但是如果是从技术上、功能上说，这就值得商榷了。事实上，这三种区块链各有千秋、各有利弊，就看用于什么样的环境和目的，所以只能说是三种不同风格、不同特点的区块链，很难笼统地说哪一种更好。这里面并没有“升级换代”所意味的那种截然的好坏强弱之分。

区块链技术的源头在于发明和实施“比特币”的努力。有关比特币的早期故事和近期忽悠，想必本书的读者早已耳熟能详，许多读者的所闻所知比我还多，无需我再来饶舌。而本书的主旨虽然是区块链技术，但技术也并非存在于真空之中；这方面区块链技术还特别典型，可以说很少有像区块链这样的技术，与心理学、经济学、社会学、政治学等学科有那么密切的关系。也许可以说，在人们所见到的各种技术中，区块链是与各国的文化和制度最有密切关系的一项技术。所以，我在本章中着重于结合技术及其存在环境讲述一些本人的理解和带着一些个人见解的话题。

1.1 比特币和区块链技术的发明

比特币（Bitcoin）的起源，毋庸讳言，就是无政府主义。所谓“去中心化（de-centralize）”的“中心”是什么？当然可以说是大公司，可以说是银行，特别是中央银行，但是归根结底还是政府。即使在美国这样的国家，最大的中心无疑还是政府。对于政府的作用，现代左右两派政治学家和经济学家们的争论只是“大政府”和“小政府”之分，但对于政府存在的必要性并无太大异议。而无政府主义者们，则认为政府压根就不应该存在。早期的无政府主义者还曾经是社会主义者的同路人，后来才分道扬镳并日渐式微。无政府主义在当时还是有相当影响的，中国作家巴金这个笔名就来自巴枯宁和克鲁泡特金这两位早期无政府主义理论家的姓名。然而即便是无政府主义的理论家们也提不出什么可行的措施，所以无政府主义只能是空想而社会主义是科学。当年鲁迅曾嘲笑中国的无政府主义者，说“安那其主义将于四百九十八年后实行”，意思是无政府主义永远都不可能实行。“安那其”是英文无政府主义（Anarchism）的译音。

然而，尽管式微，无政府主义的思想还是有着一定的影响，特别在西方的年轻人中还是相当有市场的。当初聚集在比特币的鼻祖中本聪周围的那一群人，之所以要设法搞出比特币这么个东西，发明出区块链这门技术，其实就是因为他们不承认任何权威，想要绕开任何中心的监管。有了这两条，从这两条出发，后面的那些技术和举措，也包括某些困境，就都是“其来有自”，可以得到完美的解释和理解了。当然，从一种动机出发而发展起来的技术，完全可以被用于不同的目的。诚如 Frederick Brooks 教授所说，Unix 是在失败的废墟上开出的绚丽花朵；那么在无政府主义的土壤上同样也有可能长出丰硕的成果。事实上，许多国家的当局对比特币的态度多少都有点保留，但对于区块链技术却都持鼓励的态度。

回到当年的中本聪们，作为实际上的无政府主义者，或者至少是深受无政府主义思潮影响的人，他们不承认更不信任人世间的任何权威和中心，他们把权利平等的要求推向了极端。既然如此，“去中心”和不受监管就成了他们的自然要求。而自创一种货币，在经济活动中绕开银行，又避开政府的监管，就既是他们孜孜以求的目标，也成了他们的兴趣爱好和热情所在。而互联网技术的发展，又使他们得以群聚在网络论坛上展开各种探讨。当然，也不排除里面有“别有用心”的人，但是应该承认其中大部分人之所以想要摆脱监管倒并非因为想要贩毒走私。中本聪们努力的结果，就是他们自创的货币，即“比特币”，以及相关的一系列技术，统称为（早期的）区块链技术。

要做一个什么事情，总得要满足两个条件：一是“可欲（Desirable）”，就是让人觉得这是个好东西，是值得为此花点代价的；二是“可行（Practicable）”，就是在技术上可以实现，没有什么大的漏洞，不是空想。一般而言，可行性是技术问题，比较客观；而可欲性就比较主观了，不同的人对同一个事情会有不同的主观感受和判断，这个人愿意拿很大代价去换取的东西对那个人可能一文不值。对于中本聪们那样的无政府主义者，或者说极端的自由派人士，自己发行货币的“可欲”是不成问题的。其实，即使对于一般的民众，这里面也有可欲的因素，比方说隐私，比方说如果能更方便，如果能更可靠，那也是好事情。

但是在“可行”方面却有不少障碍，有许多问题需要解决。

我们不妨推理一下他们面临的问题和他们解决这些问题的思路。

要自创一种货币，真要铸币或印刷纸币显然是不现实的，所以这只能是通过网络流通的“数字货币”，或者说“虚拟货币”。但是网络上的流量是可以被拦截监视的，所以只能采用匿名的方式（其实是化名，但是人们已经习惯于说是匿名），从而自然就会使人想到这里面一定会用上加密技术。此外这里还有两个关键性的问题，即如何防止欺诈和重复花费（Double

Spending）的问题。不解决这些问题，自创货币就只是空想。

21 世纪初就已经有了“电子支付”、“数字货币”的概念和实践，但那只限于电子商务、网上银行一类的应用，具体的支付清算仍得要通过银行才能进行，所有的资金往来对于银行都是透明的。那时候也已有了“积分”、“返点”，乃至“游戏币”的使用；但除了那是在“线上”的电子化数字化应用外，与我们在食堂里使用代价券其实并无多大区别。

那些应用，一般而言都只能在特定的条件下使用：如果是在线下，那么一般是面对面使用，并且有某种形式的实体票据，例如食堂里的菜票就是这样。这里的面对面使用解决了真伪的问题；而实体票据的换手则解决了防止重复使用的问题，保证了不能将同一票据花了又花，即“双花”。但如果是在线上就不一样了，由于在线上不能传递实物，真伪和“双花”就成了突出的问题。首先是真伪的验证问题，你所声称的那一部分交换价值，或者虚拟票据，是谁发放的，凭什么发放，又为什么是你的呢？进一步，你究竟是否就是你所声称的你呢？即便这些都对，由于在线上无法传递实物，线上的花费并不引起你手中实体票据的减少，又怎么能保证你不会“双花”呢？还有，支付双方的隐私问题怎么解决？

要解决这些问题，最简单的办法就是由某个机构，特别是银行，替你维护一个“账户”。你每通过这个机构支付一笔钱，它就在你的账户中扣除了这笔钱，下次你还要重复花这笔钱就会被拒绝，这就能很好地解决“双花”的问题。而欺诈的问题，特别是身份证明的问题，如果是到银行柜台上办理，他们可以要求你出示身份证明；而如果是在线上办理（所谓“网银”），则一般都是通过设置登录口令解决的，或者也可以使用密码，可是这意味着所有人都得把密钥交给银行。至于隐私的问题，你从自己的账户中支付一笔钱给另一个账户，这一点对于银行是透明的，并无隐私可言，但是银行有银行的纪律和职业行为规范，一般而言不会有意透露给别人。

显然，这都是银行沿用已久的方法，事实上通过银行进行的“转账”早就不使用实体货币，而只是“额度”的转移。国家发行的货币也有 M1 和 M2 之分，实体的货币即 M1 只是广义货币中的一部分。从这个意义上说，“数字货币”其实早就在使用了。但是，那意味着你的账户，从而你的货币资产，还有你的经济活动，实际上掌握在银行的手里，处于银行的监管之下。显然，这就是个有中心的或者说中心化的模式和秩序。银行就是经济活动的中心。这里说的是银行，但实际上可以是任何金融机构。问题是，你确实信任这些金融机构，这些中心吗？这种信任的根源是什么？

这里主要涉及三个问题：一是其权威性，二是其意向和价值观，三是其技术能力。首先，就银行等金融机构而言，权威性意味着它的可靠性，这种权威性主要来自其实力和后盾。例如美国的银行都是私有的，所以都得由 FDIC（联邦存款保险公司）提供保险，然而 FDIC 只给每个账户提供不超过 10 万美元的保额。中国的银行大多都是国有，由政府提供担保，但即便如此也还是依赖于整个经济环境。至于别的金融机构，其权威性就更是个问题了。其次，金融机构的意向和价值观也是个问题，它们说得当然都很好，但是实际上就难说了，近来有不少 P2P 借贷公司倒闭或潜逃，回过头去看它们的历史，可知有些其实从一开始就是以圈钱为目的。再说，即便这些都没有问题，也还有技术能力的问题，它们的技术能力够不够，能否使你信任？当然，在实际生活中还有政策风险等问题。

然后是用户是否情愿向这些机构袒露隐私的问题，是本来就觉得没什么，还是因为无奈而只好袒露。那些不情愿袒露的，里面显然有些人是出于不正当的意图，但多数还是属于正当的考虑。固然毒贩也需要支付，他们当然不能袒露支付的目的，然而这并不意味着不情愿袒露隐私就不正当了。

正因为是在中心化的模式和秩序中，你的资金往来实际上就受到监管，银行甚至可以冻结你的账户，也可以限制你的资金往来，你的经济活动还可能受制于他们的效率。在那个中心化的模式和秩序中，你信任也好，不信任也好，反正只能通过这些中心化的机构才能完成支付清算，除非每次都是现金交易。也许你想设法绕过，例如找地下钱庄，其实也只是以一个中心取代另一个中心，这并不改变“中心化”这个模式。同样，你情愿也好，不情愿也罢，那些隐私总归要袒露，你的资金往来乃至经济活动总归要受到监管。对于大多数人而言，这是别无选择，也早已习惯了的事，而且也承认金融机构的权威性，所以也不觉得有多大不妥。

如果说对于一般民众这还可以接受，特别是在别无选择的条件下也只好接受，那么对于中本聪们就是不可接受的了。他们不承认任何权威，崇尚完全彻底的权利平等，追求完全不受政府监管的行动自由。其实这也并非从中本聪这些人才开始，这样的要求早就有了，但是这样的主张和愿望一直都不具备现实的、技术上的可行性。然而互联网技术和密码技术的出现和发展给他们带来了新的鼓励和希望。

人们常说，互联网带来了“扁平化”，使原来金字塔式的层次结构变得相对扁平了，这离无政府主义者们主张的彻底的“平面化”似乎靠近了一些。而密码技术的发展，又为隐私的保护和身份的认证提供了条件。所以，在 21 世纪初，一群人就通过互联网进行热烈的讨论和设计，想要摆脱国家的法币另搞一种数字货币，让人可以不受监管，高度保护隐私，实现“去中心化”的支付。其中的主心骨就是那个号称“中本聪”的人，尽管人们其实并不知道这究竟是一个人还是一个团队。他们要解决的，就是前面所讲的三个具体的问题，即匿名和隐私、防欺诈、防“双花”。

当然，匿名就是为了隐私，但是隐私并不必然意味着逃避监管；有些事情，我可以让“组织上”知道，但是却不愿意让同伴知道，更不愿意让竞争对手知道。其实匿名是早就在用的，互联网上恐怕没有多少是真名。但是那样的化名有两个问题：一是得向某个权威机构登记，说这就是我的化名，这一点当然是中本聪们不能接受的。二是一般的化名碰撞率很高，常有同名出现，尽管规定得有多少个字符，里面要有大写小写，还是免不了会有同名。针对这个问题，中本聪们规定一个化名（他们称为“地址”）必须是 20 字节即 160 位（二进制）长的随机数。160 位的二进制数有多大呢？我们知道 32 位二进制数的表达范围大约是 40 亿，160 位是 5 个 32 位，那就是把 5 个 40 亿连乘在一起，40 亿的 5 次方。取值范围这么大的随机数，碰撞的概率就确实可以忽略不计了。

如果只是停留在这里，那还算不得有多高明，高明之处在于他们还结合用上了非对称加密技术。他们进一步规定：用户自己生成一对非对称密钥，把其中的公钥经 Hash 计算后产生上述的 160 位“地址”，私钥则留在自己手里，以后要发出交易请求/交易说明时就用私钥“签名”，然后把这签名随同原文一起发送。所谓用私钥签名，实际上也是 Hash 计算，只是把你的私钥也一起计算进去，所产生的 Hash 值就是对原文的“签名”。非对称加密技术有个非常好、非常重要的性质，就是根据原文和使用其中一个密钥的签名可以计算出这个密钥的对偶密钥。如果是用私钥签的名，就可以计算出它的公钥，反之亦然。算出了与此私钥配对的公钥，再用规定的 Hash 算法就可以推算出应有的地址，与你所声称的地址比对。这样，就既解决了匿名的问题，同时也解决了防伪的问题，因为只有你有这个私钥。

说到这里，也许需要对“哈希（Hash）”作点说明。“哈希”这个词是对 Hash 的音译，本书直接采用原文 Hash。所谓 Hash，就是对一块数据进行某种计算，最后得出一个数值，有了这个数值，如果那块原始数据发生了什么变化，再进行一次同样的计算就可察觉。我们小时候练珠算，知道从 1 连加到 100 应该是 5050，这个 5050 就是个（很糟糕的）Hash 值，你把这 100 个数值中改掉任何一个，加起来就不是 5050 了。然而简单相加并不是个好的 Hash 算法，因为你可以交换这些数值的位置，次序变了，但连加起来仍是 5050。所以用加法作为 Hash 的算法可以察觉数据中数值的变化却不能察觉次序的变化。而好的 Hash 算法，就是要保证哪怕你数据再多也能察觉任何一丁点的变化，这是一门专门的学问，要用到高深的数学。

读者也许会问：要是黑客设法伪造一个签名，使计算出来的公钥正好和你的公钥相同，那怎么办？事实是：黑客想要伪造出那样一个签名，是没有办法从你的地址反推的，得要一次一次地反复试算，哪怕用目前世上最强的计算机也平均得算上很多年才行。这就是所谓正向很容易而逆向很难的计算。我有个朋友形容说正向计算势如破竹但逆向计算犹如大海捞针。

事实上，加密技术在中本聪他们那个“比特币”中的应用，就是用来签名，而并未用于加密。所以支付的内容（金额）和对于内容的签名都是公开的，但是你看不出究竟是谁支付给谁，你看到的只是双方的“地址”。而支付内容和签名公开，就谁都可以进行验算，以检验信息的真伪。比特币这东西出来之后，人们常常称之为“加密货币”。其实这个名称有点误导，比特币中没有什么加密的内容，加密技术只是用来签名，应该说是“采用加密技术的货币”。

这样，匿名和防伪的问题就解决了。那怎么防“双花”呢？一般而言只有两种方法：一种就是像银行一样，为每人都建立一个账户，维持一个余额，你每花费一笔钱就在你的账户余额中减去，使你不能超支。另一种就是一笔归一笔，这笔钱是谁给我的，下次要用的时候就拿这笔钱来付账，不够就再添上另外一笔，凑够为止，要是有剩余就找回我一笔钱，放着以后再花。前者相当于转账支付，后者类似于现金支付。比特币所采用的是后者。这就是所谓 UTXO 的方法。UTXO（Unspent Transaction Output）的字面意义是“尚未花费的交易输出”。为什么是“交易输出”呢？很简单，没有人输出，你的钱哪来？用户的资金都来源于某次或某几次交易中的输出，特别是别人的支出，这都有明确的付方和收方，除非是路上捡的。后面会讲到“挖矿”所得，这倒在一定程度上有点像路上捡的，挖矿所得称为“Coinbase（币基，基础币，原发币）”，那是来自比特币的发币机制。总之你的钱只能来自某次或某几次交易的支出，可以是别人的支出，也可以是你自己的支出（自己付给自己，找还给自己）。UTXO 的概念和方法有个鲜明的特点，就是不像银行账户那样汇总成一个账面余额，每个 UTXO 都好像是一个专门制作的“硬币”，只是币值不同，你的财富就是一口袋这样的“硬币”，到使用（花费）的时候再来拼凑和找零，找零就是付给你自己。当然，这里所说的“硬币”其实只是“数字货币”，就是一笔记载。所以 UTXO 其实就是虚拟现金。与我们一般印象中的硬币相比，区别之处在于：一般的硬币都是标准面值的，都是预制的，而 UTXO 则好像是实时打造的非标准面值的硬币。中国古代因没有标准面值的银元，而使用不同大小的银块，与此就有点相似。其实 UTXO 这个概念一点也不新鲜，农村中有些老太太就是这样，她们把收到的每一笔钱都用红纸单独包起，这一包是女儿给的，那一包是卖了鸡蛋的收入，这样就没有管理账目和计算的问题。到了需要支付的时候，老太太摸出她一包包的钱，从中拿出几包凑够数字，如果有找零就把找回的钱又单独包起。用比特币支付也是这样的模式。

这里又有个问题，实时制作的硬币也好，银块也好，红纸包也好，都是实际拿在持有者手里的，可是在网上怎么办？还是得要把每个 UTXO 的归属记录在一个账本上，就说在这一次的交易中是 A 付款给 B 和 C，所以 B 和 C 就各得一个 UTXO，当然这两个 UTXO 的大小可以不同；而 A 则花去了一个或几个 UTXO。但是 A 首先得要提供证据，说这一个或几个 UTXO 是我 A 的，现在我要花费。账本上确实记着这几个 UTXO 是 A 的，所以 A 要提供的证据是：我就是 A。同样，B 和 C 以后在需要花费他们各自的 UTXO 时，也得提供证据，说我就是 B 或 C。账本上记载着这个 UTXO 是 A 的，那几个 UTXO 是 B 的，哪还有什么隐私？别急，前面讲过，用的是化名，即地址，实际上是持有人的公钥的 Hash 值。而持有人要提供的证据，则是用其私钥对花费（支付）说明签上一个名，连同花费说明一起发送出去。发送给谁呢？原则上是发送给所有的比特币使用者。这里还要强调说明，并非别人说付给你一个 UTXO 的时候就签名把它领过来放着，这里根本就没有“领过来”这一说，因为这不是实物，而只是把说明这个事情的记录留在账本上，到你要花费的时候才提供证据认领，并且立即就把这个 UTXO 付出去，这就是一次“交易（Transaction）”。每一次交易都有资金来源，也有资金去向，而且二者必须相等。交易中可能需要把几个 UTXO 合并成一个 UTXO，也可能需要把一个 UTXO 分割成好几个 UTXO，其中之一也许就是找回给你自己的。对于 UTXO 的合并和分割，读者不妨想想古代使用银块的时候，就常常需要把大块切成小块，或把碎块熔成大块。既然记录在账本上的 UTXO 并不明说这是付给谁的，而只是说凡要花费这笔钱的人必须提供与某个“地址”相符的（对于花费说明的）签名，那我们就可加以推广，用在这里的不一定非得是对花费说明的签名，还可以比方说是对于某一段话的签名。总之，只要把“签名”这一种加密技术用上，就能保证不会被冒领。所以，账本上的每个 UTXO 给定的实质上是一种招领条件，并不非得是收款方的地址。比方说，给定一个句子和一个公钥，对方必须提供用与此公钥配对的私钥对这个句子的签名。而声称要花费这个 UTXO 的人则要提供认领证据，这个证据就是对某种数值或文字信息的签名。而“签名”这种加密技术，则足以保证只有掌握对应私钥的那个人才能认领。这样，对于一次具体的交易，或者说一次 UTXO 的换手，付方可以根据收方的地址及其花费这 UTXO 时的签名确认这收方真实无误；而收方也可以根据付方的公钥及其在花费处于支付链上游的 UTXO 时所作的签名确认付方也真实无误。

至此，这个推理链好像快能闭合成环了，可是实际上还有很大的缺口，就是：谁来保存和维护这个账本，谁来验证认领证据与招领条件是否相符？如果答案是为此成立一个什么机构，或者将其委托给某个组织或公司，那就又回到网上银行的中心化老路上去了，因为这个机构或组织实质上就是权威，就是中心，只是具体的技术和实现有所不同而已。中本聪们哪里能接受这个，他们的目的就是要去中心。

既然不能把账本放在一家手中，也不能接受让独家把持对于认领证据的验证，那就让“公众”来保存、来验证。简而言之，就是“一个账本，多家保存，大家使用”，并且是谁愿意保存就可以自己保存一份，账本是对全社会开放的。至于验证，也是谁都可以验证，因为根据记入账本中具体 UTXO 的信息和认领者提供的签名，很容易就可以推算出与用来签名的密钥相对应的公钥（这个过程是“势如破竹”的）；而这个公钥，就作为这个 UTXO 的一部分（一般是作为收款人地址）记录在账本中，谁都可以验算比对。众目睽睽之下，谁也做不了假。而且多家保存就保证了账本不会丢失，因为一家两家的账本丢失根本无所谓。当然，这会导致存储账本的总成本飙升，但现在存储信息的成本已经降得很低，以后还会进一步降低，况且又是由多家分摊，这也没有什么。对于中本聪们，这个环节是特别重要的，因为这就朝去中心化的方向又前进了一步。

好，又前进了一步，但是还有问题。前面说了“一个账本，多家保存”，那么这由多家分头保存的账本得要一致，是同一个版本才行。如果版本之间有不同，一来会有以谁的版本为准的争执，二来也就难以保证不会丢失，因为也许这个为准的版本只有一份，但是却丢失了，而别人保存的账本上却没有你讲的那个 UTXO。进一步，“线上”的支付是通过网络进行的，而网络的各个部分各个地域有随机变化着的不同延迟，使得同一交易请求（支付说明）到达网络中不同节点上的时间参差不齐。另外，显然不能为每一个交易请求都发布一次公告，说大家把这笔交易记入账本，而只能成批发布，过一会儿就说大家把这么一些交易请求、按这样的次序记入账本，成为一个“块”（可以想象成一个账页）。可是由于网络的延迟在同一时间点上处于不同地域的节点上积累起来的交易请求却有可能是不一样的，那由谁来决定把哪些交易记入账本并统一加以发布呢？当然，我们可以指定（或协商、推举）由某一家来担当这个重任。可是这不又回到中心化的老路上去了吗？中本聪们不会接受这样的方案。不仅如此，如果固定由某一家发布，且不说对于作弊的担心，至少还须考虑万一这一家的网络节点发生了故障或者被关机了又怎么办。

也许我们可以引入某种选举机制，每过多少时间就举行一次选举，选出下一任的发布者？可是选举只能在一个至少是大致确定的集合中才能进行，否则就无法计票。然而既然是“去中心化”，要面向大众，而不是采用“会员制”，就得允许人家来去自由。然而此进彼出，此起彼伏，这就连个“选民登记”都很难进行，使选举变得不现实了，何况频繁的选举本来也不现实。那，或者由谁每次临时加以点名指定，说这次由谁发布？中本聪们显然会嗤之以鼻，那还叫什么去中心化；须知无政府主义者是极端的民主派，极端的自由派，极端的平等派。还有个可能的办法是轮流（Round-Robin），可是那样就得让公众承担义务，并且也不一定承担得了，本应轮到我的时候正好我的机器坏了呢？这也不现实。

所以，摆在中本聪们面前的挑战是，怎样才能在去中心化的前提下解决由谁发布新块的问题。他们的方案是，每次都由广大群众竞争新块的发布权，但是当然这种竞争必须能在“线上”进行。

怎样竞争呢？办法不止一个。比方说，在公司的董事会中就可以论股权大小，在学术界可以论“影响因子”，对于学生可以有标准化考试。对于普通群众，比较合理的是能力加努力程度的竞争。体育竞技就是一种能力的竞争，比方说看谁跳得高，可是那只能把竞争者和观看（评判）者聚在一起，在公众的注视下进行才行，而在网络上却“谁也不知道你是人还是狗”。再说，由谁来组织这样的比赛呢，组织者不又成了中心？那怎么办。中本聪们想了个办法，称为“工作证明（Proof of Work）”，简称 POW，就是让各个有意发布新块的节点针对自己所欲发布的那个块进行 Hash 计算和试凑，谁先达到某种预定的要求，当前这个块的发布权就归谁。

说得具体一些，就是大家都认同、并且议定这样一组规则（共识）：

- 各家都把已经到达了你那里，把经过检验认为合规、即提供的认领证据符合所欲花费 UTXO 的认领条件的交易请求集合在一起，在前面加上一个 Coinbase 交易，说这次发放的原发比特币是发给我的；把这些信息合在一起就成为一个“块（Block）”，我们可以把一个块想象成一个账页。这就是你想要发布的新块中固定的那部分信息。注意两个不同网络节点各自所欲发布的块的固定部分是不可能相同的。首先所含的交易请求就可能不同；即使所含的交易请求相同，它们的次序也可能不同；即使连这也相同，Coinbase 中所含的（本节点）地址却一定不同，因为谁也不会愿意为他人做嫁衣裳，把因本次记账而发放的原发比特币让给别人。所以每个节点上 Hash 计算的起点一定是不同的，计算过程的随机性正是由此而来。
- 在这新块中还加有一个不固定的信息，给你留了一个空位，你得在这空位上填上一个数，什么数都可以，这个数值称为 Nounce。
- 然后你就对这个块的固定部分连同你填入的那个数一起进行 Hash 计算，计算所得的结果当然是个数值。然后将这个数值与预定的条件进行比较。
- 预定的条件是：把这个数值按规定的位数写完全，就是不省略前面为 0 的那些数位，看前面有几个 0，是否够上某个预定的值。打个比方，假定采用五位十进制，那么把 123 写全 5 位是 00123，即前面有两个 0。如果预先的规定是至少两个 0，并且你此刻还没有看到别人抢先发布，那么恭喜，你马上就把这个块发出去，你很可能、非常可能赢了。
- 如果你得到的 Hash 值不满足这个条件，那么有点遗憾，不过还有机会，回到上面的第二步，换上一个数，再算。
- 要是看到别人已经抢先发布，那么这次你没戏了，下次再努力。不过你不妨验算一下，看看人家发布的那个块，连同人家填进去的那个数，Hash 计算以后得到的数值是否真的符合要求。

上面用十进制数举了个例，实际使用的当然是二进制数，但道理是一样的。另外，仍以五位十进制数为例，前面至少有两个 0，其实就是说所产生的数值小于 1000。那么五位十进制数（从 00000 到 99999）中有多大比例的数是小于 1000 的呢？那就是 1/100。就是平均算一百次才能命中一次。而中本聪们设计用于比特币的 Hash 值，却是 256 位二进制数，假定要求前面有 32 个二进制的 0，那就是平均计算四十几亿次才能命中一次。但是当然，说不定你运气好，只算了一次就给撞上了。正是这样的随机因素，把各家通过计算得到结果所经历的时间给打散了，使得有两家或更多家恰好同时得到符合条件的计算结果并加以发布的概率降到最低。注意，之所以有这样的随机性，主要是因为如上所述每家在开始 Hash 计算时的起点是不一样的；哪怕别的都一样，也至少还有本身的地址不一样。要不然的话，如果大家都按同样的规律试凑，例如都从 0 开始，然后 1，2，3，这样去试凑，（除机器的运算速度外）就没有什么随机性可言了。

读者也许会想，要是我看到别人发布了一个块，我马上就把它照抄过来，立即发布出去，说是我计算出来我发布的；由于网络中的传输不均匀，不是有好多网点会先收到我这个，从而以为真是我发布的吗？其实，Coinbase 的授予方就是发布者的地址，你如果不改这个字段就转发，那正是你应该做的；而要是你把这个字段改成你自己，哪怕你只改上 1 位，那 Hash 值就对不上了，人家马上就会把它扔了。

读者也许又会想，尽管有两家或更多家恰好同时得到符合条件的计算结果并同时发布的概率很小，但毕竟存在。而且，由于互联网的传输特性，其实所谓“同时”这个时间窗口也不小。比方说，一家在中国，一家在美国，假定传输所需的时间是$\triangle t$，再假定中国的这一家在时间 T 发布了一个新块，那么美国那一家在时间 $T+\triangle t$ 之前都不知道新块已经发布，而完全可能恰好在这个时间窗口中得到符合条件的计算结果并发布自己的新块。这样，网络中别的那些节点就会先后收到两个新块，而且有些节点先收到这个，有的节点先收到那个。当然可以在新块中加上时间标记，但是全球这么多节点的时钟本来就不一定都精确同步。进一步，在中国的最早发布了新块的那一家，也会在时间 $T+2\triangle t$ 之前收到另一家发布的新块。在这样的情况下怎么办？最简单的解决方案当然是有个仲裁者，可是仲裁者不就是中心吗？这显然不行。其实类似的问题在从前总线式的以太网中也遇到过，那时候的解决方案是退让规避（back-off），就是碰撞的双方都退让，各自延迟一个随机时间后再试。可是这在比特币网络中却行不通，比特币网络的规定（或曰共识）是每过多长时间就一定有个块会发布，怎么办呢？这就够中本聪们操心的了。老实说，我要是处在他们的位置，就一定会觉得这问题难办，这事情恐怕没戏了。然而他们还是解决了这个问题，不过要把这个事情说清楚得要结合别的特点，所以只能放在后面再作说明，现在还是继续说新块发布的事。

至此，关于新块如何发布，由谁发布的问题，中本聪们的思路已经比较清晰了，那就是采用通过计算 Hash 值进行竞争的方法。他们称这种方法为“Proof of Work”，简称 POW。国内把 POW 翻译成“工作量证明”，但是实际上率先达到要求的节点未必就花费了最大的工作量，因为这里面还有随机的因素，有运气的成分。所以，POW 其实是“工作结果证明”。其实，在严格的意义上，说是“工作”也不对，因为本质上这个计算试凑的过程本身什么价值也没有产生，倒不如说是“赌赢证明”。

由于所进行的 Hash 计算其实是在试凑，很可能试了很多次仍一无所获，但也可能一下就试成了，所以人们形象地称之为“挖矿（Mining）”。抢先试算成功，竞争到了一个块的发布权，就好比挖到了矿。当然，挖到了矿也只不过是一个块的发布权，下一个块就未必又是由你发布了。从微观上看，谁争得了当前这个块的发布权的时候，似乎就成了中心，所有的比特币节点都听他的，但是这只是在一个很短暂的时间窗口（比特币的规定是 15 分钟）里，只是一个块的发布，到了下一个块就“彼可取而代之”了。在理想的情况下，“挖矿”的结果完全随机，每个有意参与竞争的节点能挖到矿的概率都一样。这正是无政府主义者们所追求的绝对权利平等，也是去中心化的终极目的。当然，后来的发展表明这只是空想，绝对的权利平等至少在比特币中尚未实现，那是后话。

这里又有个问题，这么辛辛苦苦地试算，浪费那么多的计算资源，就是为争夺块的发布权，但那又给这些计算资源的拥有者带来什么好处？这样做的动机是什么呢，不是有句话说是“无利不起早”吗？确实，这里需要有个激励机制。怎么激励呢？中本聪们的设计是：首先每笔记入账本（记入账本才生效）的交易都得付一点手续费，这些手续费全归所在块的发布者收取；其次，也许更重要的是，将此与货币的发行，即“额度”的投入挂钩，让发布者得到实实在在的好处，具体就是随着每个块的发布都释放一定的“额度”，若干价值的比特币，就是所谓 Coinbase，也归这个块的发布者所有。这样，人家就有积极性了。

这就涉及了比特币的发行。比特币是没有实体的数字货币，当然不需要铸币或印钞，所谓发行也就是额度的投放。我们可以把中本聪们对此的设计归纳成两条原则。首先，比特币的发行采取细水长流而不是大批量的方式，每发布一个块，就投放一点额度，所投放的额度都归这个块的发布者所得，那就是他挖到的“矿”。其次，拟发行的比特币总量是固定的，不随经济形势而变，更不允许超发。这两条原则结合在一起，具体的实施就是这样：开始时每发布一个块就投放 50 比特币（严格地说是相当于 50 个价值单元的比特币）。由于是每十分钟一个块，一天是 144 个块，那就是每天投放 7200 比特币的价值，这样一直下去，到了已经发行了拟发行比特币总量的一半的时候，就把伴随着每个块的投放额度减半，变成 25 比特币，到又发行了一半（即 1/4）的时候，就又减半成 12.5 比特币。就这样下去，理论上是“一尺之棰，日取其半，万世不竭”，实际上到后来就小得忽略不计了。这样，对于挖矿者而言，开始时挖矿所得很大，而手续费收入很小，因为那时候还很少有人用；到后来则挖矿所得很小甚至几乎没有，但手续费却变得很可观，因为有很多人用了。另外，这里面也有一种心理暗示：你们要挖矿就赶快挖，过了这个村就没有这个店了。还有一种堪称狡猾的心理暗示，是：我这拟发货币总量是固定的，每天的投放也是固定的，所以绝对没有通货膨胀之虞，你手中持有法币还不如持有我这比特币更好。应该说他们的设计确实很高明。不过从这里也可看出，中本聪们其实并没有以比特币取代法币的野心，倒是反映出他们有点遁世的心态，因为对于法币是绝不可能也不应该定死一个发行总量的。

还有问题吗？还有。我们已经知道，一笔交易（支付）只有被记录在“账本”上之后才算有效，其 UTXO 才可以被花费，一个块就相当于一个账页，第几块就相当于账本上的第几页，一个账页上记载着很多笔交易。不过这种虚拟账页的大小是不固定的，这个时间段里发生的交易多一些，这个账页就长一些，反之就短一些。到了我要动用我的某一个 UTXO 的时候，我就得提供证据去认领这个 UTXO，这完全可能是在很久以前的一个账页中。可是，我怎么能肯定这个账页并未受到篡改呢？诚然，很多节点都保存着同一个账页，因而每个账页都有很多副本，但是总不至于每花费一个 UTXO 时都要去多地调集同一账页的副本，那也太低效了。再说，要是真的发现副本之间不一致，那不是还要调集更多的副本才能判定？在理论上的极端情况下，岂不是得要有 51%的相同副本才能凭“少数服从多数”的原则说了算？账本不会丢失固然重要，但是不受篡改同样重要。更重要的是，如果这一点得不到保证，那么你这“去中心化”还有什么意义？

中本聪们解决这个问题的方案很值得称道，很有创意，也因此才有了“区块链（Blockchain）”这个名称。他们的解决方案是：把前一块内容（实际上是其头部，但这没有实质区别）的 Hash 值记录在后一块中，并参与后一块的 Hash 计算。换言之，每一个块都提供两个 Hash 值，一个是本块的 Hash 值（须经计算），别的节点可以验算你的 Hash 值是否真的满足预定的挖矿条件；另一个是前一块的 Hash 值，这个值是纳入本块的 Hash 计算的。这样，就由后一块把前一块的内容给卡住了。为什么呢？假设你偷偷地在前一块中改了一下，哪怕只改一位，整块的 Hash 值就变了。当然，你得通过试凑把添加的 Nounce 值也改掉，使最后所得的 Hash 值也满足当时的条件。单独从一个块的角度看，这似乎已经天衣无缝了。

可是这个块原先的那个 Hash 值还记录在后一个块中，于是你还得改一下记录在后一块中的那个 Hash 值，那又导致得要重新计算后一块的 Hash 值，然而后一块还有后一块。这样，通过把先前块的 Hash 值记录在后随块中，就形成了一条链，链中环环相扣（块块相扣），使得任何篡改都没有现实的可行性，这就是“区块链”。当然，这是一种单向链，而不是双向链。

这又附带解决了为竞争新块发布权所作的 Hash 计算从什么时候开始的问题。既然前一个块的 Hash 值要记入下一个块并参加下一个块的 Hash 计算，那么对于下一个块的 Hash 计算当然得要收到了前一个块的发布才能开始，并且必须立即开始，要不然你就输在起跑线上了。互联网的传输特性使各个节点接收到新块发布的时间有些参差，但那只是增添了一个随机因素而已。

有了这样的块块相扣，事情就变得容易和简单了。假设你我各在一个节点上，我就问你：网上刚发布的这个块，Hash 值是这样的，你认不认？你说：我当然认。好，你认，这是块 N（块号为 N），你既然认了块 N，那你就必须根据其记载的先前块 Hash 值认下块 N-1，然后块 N-2，…，直到块 0（称为“创世块”）。如果你丢了其中某一块或某几块，我可以发给你。总而言之，只要你承认了最新发布的那块，我们两家的区块链就一定是一致的，从而我们两家所保存的账本也是一致的。或者，你只要承认了区块链中的任何一块，那么从这一块往前就都是一致的了。

但是读者也许看出了这里的问题：要是刚发布的那个块号为 N 的块，你们两家就不一致呢？这就又要回到前面所述的那个问题，虽然 Hash 计算的起点和条件把挖矿计算的过程长度随机化了，但还是不免会有“碰撞”，而互联网的传输特性则又放大了这种碰撞的可能性。所以，在某一个新块发布周期中有两个或多个相同块号的新块发布，但是到达两个节点的次序不一样，是可能的。而接收到多个新块的节点，如果总是只认最早到达的那个新块，那也很自然，因为当后来的新块到达时它已经拿着此前到来的那个新块的 Hash 值在为下一块“挖矿”了。于是，当我问你：刚发布的这个块，Hash 值是这样的，你认不认时，你完全可能会说：不对，我这儿的不是那样的。怎么办呢？前面说过，仲裁一般就意味着承认权威、承认中心。

中本聪们的解决方案是：各个节点可以照常在最早到达的那个块的基础上计算并发布下一个块，但要把后来到达的当前发布块都记录下来，它们都有相同的先前块，或称“父块”，也有相同的块号，它们都是兄弟。这样，区块链就有了分叉，它们的父块就是分叉点。如果把它们的父块看作第一代，那么碰巧因为随机性不够强，计算时间拉得不够开而发生了碰撞，从而有了多个第二代。有了多个第二代，就可能有不同的节点以不同的第二代为基础计算第三代。但是对第三代的计算也许就没有碰撞了。于是大家就有了同一个第三代，那些已经认可了不同第二代区块的网络节点就要把它换掉，换成这个第三代的父块，回到正确路线上来。于是，整个区块链就又一致了。万一第三代区块仍发生碰撞呢？那就如法炮制，把希望寄托于第四代。据说实践中的比特币区块链分支长度曾达到过 6 块，但从未见过长于 6 块的分支。

还有问题吗？至少暂时没有了。应该说，中本聪们着实厉害，把这么多的问题有一个解决一个，大有见招拆招，“兵来将挡，水来土掩”之势。我想，要是他们一开始时就比特币这个设想写一个研发计划或者商业计划书去寻求支持或投资，恐怕是无人搭理的。但是他们实际做出来了。

至此，对于那些无政府主义者，或者说极端自由主义者，“可欲”和“可行”两方面都没有问题了。中本聪们不但把方案和实际的开源软件做出来了，还开始有了实际的比特币交易，那是 2009 年的事。但是要让这东西被一般公众接受，则还得看它对于一般公众是否“可欲”，是否能为他们带来实在的好处。

虽然一般公众都不是什么无政府主义者，也没有那么强烈的去中心化要求，他们也早已接受了银行和其它金融机构的权威性；但是多一种网上支付的手段，能有更好的私密性，而且还（至少在理论上）有更大的可靠性，他们也是乐见的。而且，比特币的网上支付实际上也比时下通过银行的支付快捷而灵活。以网上转账为例，在比特币网上最多不到十分钟的时间就“到账”了，这是因为比特币网络中平均每十分钟发布一个新块，一旦你支付的 UTXO 进入了比特币的区块链即“账本”，对方就可以花费了。相比之下，通过银行的网上转账一般都没有这么快，而且比特币转账的手续费一般也比银行低。另外，比特币网络转账也没有白天黑夜的限制，因为这里面完全不需要人工的介入。这些优点对于经济活动的润滑作用也许现在还看得不是很清楚，要在实践中慢慢表现出来。

事实上，即便是守法公民，有时候也会需要有点变通，比方说跨境支付，如果都按国家规定的换汇手续办理，有时也许就会感到不便而希望能变通一下，当然金额也不会大。更何况许多经济活动本来就是在银行以外进行的，民间借贷就是个例子。

在美国生活的人常会碰到一些场合，特别是比方说要让电工水管工来家里修点什么，付款时他们支票信用卡银行转账一概不收，只收现金。当然这是不对的，但是现实就是如此。他们之所以这样，为的就是逃避银行监管，可以少交些所得税。而比特币，倒是和现金一样可以绕过银行。反过来，从另一个角度，既然用了比特币，那么支付金额的大小就都一样，反正就是难以监管。至于炒卖比特币从中获利，那又是另一回事了。去年什么时候看到新闻，说是美国的联邦税务局与什么公司签了个合同，委托研究采用大数据技术分析比特币区块链内容寻找逃税的线索，那其实已经是承认了那些人的获利，只是想要他们补交所得税了。可想而知，如果完全放开，那光是税收的问题就够头疼的了。

所以，各国当局对于比特币的心情和态度都很矛盾。他们既看到这里面有可欲和可行的一面，又看到也有阴暗的一面，但是真要禁绝的难度却是很大，甚至不可能。然而对于比特币背后的技术，即包括加密技术在内的区块链技术，则各国当局都是高度一致的，都认为这是一项前途非常光明也很重要的技术。此外，区块链技术的早期几乎没有引起学术界的什么兴趣，但是最近这几年已经有了较大改观，许多大学开设了区块链技术的课程和研究，斯坦福大学也开设了区块链技术的研究生课程，并预言在这个领域将出来许多博士论文。

其实换个角度考虑，为什么不把比特币这一套技术搬过来用于法币的流通和支付呢？这就是法定数字货币，也称 CBDC，即“Central Bank issued Digital Currency”，意为“由央行发行的数字货币”。比这宽泛一点的，是所谓“稳定币”，就是有真实的资产作为抵押，因而币值能保持稳定的数字货币。

当然，比特币这一套技术还有许多不足和缺陷，可以改进或改变的地方多的是，这也是为什么会有那么多变种币（Alter-Coin）的原因。比方说，比特币大致上每十分钟出一个块，有一群人出来说咱们搞个变种，每 30 秒出一个块，说不定就真的又来了个什么币。这当然是改变，但却未必就是改进，因为很可能是各有各的理由，各自适合于不同的应用，很难说谁比谁好。不过，不管怎样，迄今“比特币系”的旗舰还是比特币本身。

1.2 以太坊对区块链技术的推广

显然，比特币就是为发币和支付而设计的。发币反正就是每十分钟一次，而支付就频繁多了。相对而言，比特币的复杂性主要在于支付，中本聪们也就满足于支付。不过，前面讲过，UTXO 中带有招领条件，这招领条件的表达，以及认领证据的提供，都是以脚本的形式给出的，为此还专门设计和定义了一种执行脚本的虚拟机及其指令系统。随着比特币的流行，人们使用的脚本渐趋复杂和巧妙，慢慢意识到这其实可以用来编写合约，并称之为“智慧合约（Smart Contract）”。不过，受其脚本语言和虚拟机指令系统的限制，在比特币这个系统中能够实现的所谓合约实际上还都是比较简单的，尽管号称“智慧”。

但是人们从中看到了一种前景，就是用区块链技术实现真正意义上的“智慧合约”。其中的代表人物是一个叫维塔利克•布特林（Vitalik Buterin）的年轻人，他也是最早提出具体的技术方案，并将其命名为“以太坊（Ethereum）”的人，以太坊最早的“白皮书”就是他的手笔。这个白皮书问世之后，很快就在维塔利克的周围聚集起了一群发烧友，外界也把目光从中本聪们移向了维塔利克们。

用区块链技术实现各种合约，可说是有着与生俱来的优势，因为区块链最大最根本的特点就是不会丢失、不可篡改，并且受公众的监督，然而却又可保持私密。在区块链上的活动可以做到“步步有记录，事事可追溯”。中国有句话“君子一言，驷马难追”，你在区块链上说过的话就永远记录在案无可抵赖了。而合约的执行，则是由“铁面无私”的虚拟机实施，就好比我们在比特币中看到的那样：付款方规定了招领条件，任何人只要能提供符合这招领条件的证据就可认领，而认领的证据则又因采用密码技术而无法伪造。所以，为线上支付而设计出来的区块链技术实际上为合约的签订和执行开辟了一个广阔的新天地。但是比特币系统中用于脚本执行的虚拟机功能太弱，脚本的表达能力也受到太多的限制。所以如果要突出加强区块链的合约功能，就需要对以虚拟机为核心的整套机制进行加强和改造。维塔利克的想法是，通过不同智慧合约的凝聚，就可以在区块链网络中形成许多 DAO，即 Decentralized Autonomous Organizations，其字面意义是“去中心化的自治组织”。这里面有什么讲究呢？打个比方，假定我们一伙人都认同一个合约，里面规定我们之间的买卖都采用贝壳支付，当然是虚拟的数字化的贝壳，我们互相都认，那么我们这就是一个自治组织，再加上采用的是去中心化的规则，所有成员一律权利平等，谁也不比谁高，那就是一个去中心化的自治组织了。其实我们的微信群就有点像 DAO，只是至少名义上还有个群主，严格说来还不是去中心化的，而且也没有成文的“合约”。事实上，后来一度热火朝天的发币，你也发一种币，他也发一种币，搞 ICO（原始币发行，相当于原始招股），以致把区块链这个圈子分成了“币圈”和“链圈”，在币圈中又有许多小圈圈，就体现了智慧合约的这种功能，尽管只是最原始的功能。他们所谓的“币”，在以太坊中称为“Token”，许多人翻译成“通证”，其实与“贝壳”并无本质区别。

把区块链的功能和用途从单纯的支付推广到合约的签订和执行，具有非同小可的意义。这是因为，现代社会在很大程度上是契约社会，是以契约为基础的，不但民间的经济活动都是建立在契约的基础上，就连法律，说到底也是一种契约。

所以维塔利克们首先得要改进比特币虚拟机乃至重新加以设计，这主要体现在两个方面：首先，由于比特币最初的设计目标就只是用于发币和支付，因而其虚拟机的指令系统功能太弱，也不太适合用来表达比较复杂的合约条款。所以新的虚拟机，即以太坊虚拟机的指令系统中有更多的指令，用这些指令可以组合出各种各样的合约条款，这也意味着它的语言具有更加丰富和强大的表达力。其次，比特币的虚拟机是“图灵不完全”的。什么叫图灵不完全呢？就是脚本（程序）中不允许有循环。比特币虚拟机之所以不允许循环，倒不是因为技术上难以实现，而是一种安全措施。脚本，这里说的主要是 UTXO 的招领脚本（或曰条件脚本），是由交易的发起者提供的，发起者未必有足够的编程能力，所写的脚本也无须经过评审或批准，如果允许循环就有可能在执行的时候使虚拟机陷入“死循环”，即无穷无尽地在里面兜圈子。这样所造成的损害就不仅仅是对交易方本身，而是对公众的了，因为原则上比特币网络中的每一家都可以有虚拟机，都可能会来执行这个脚本。但是反过来，不允许循环就使机器的能力和语言的表达力大大下降。所以，以太坊虚拟机就改成了“图灵完全”，即允许循环，也提供了用来实现循环的指令。但是这样一来不是就有可能陷入死循环了吗？这就需要从执行合约的机制上加以保证。最简单的办法，就是为程序的执行设置一个定时器，只要一个合约的执行时间超时，就强制把它停下来，按执行失败处理。但是这个办法毕竟有点粗暴，因为或许有些合约条款的执行确实需要较长的时间。而以太坊采用的方法，则是让交易的发起者按虚拟机为其执行的指令条数付费，你的合约程序让虚拟机循环执行一条指令十遍，那就按十条收费。交易的发起者先提供一个数字，说我最多只能给这么多手续费，然后每执行一条指令就扣一点。如果执行完了还有剩余就找还给你；要是还没执行完就扣光了，就按程序执行失败处理，已经扣掉的钱不退。当然，这个机制得要实现在虚拟机的内部，就好像实现在 CPU 芯片的电路中一样。这里，如果说用户提交的合约程序需要经过某个权威机关的审查和批准，那就是有中心的做法；而以太坊所采用的方法，就是按条数收费，责任由用户自负，那就是去中心化的做法。

如前所述，用区块链技术实现合约的签订和执行有着十分重大的意义，因为契约是现代社会的基石，就连法律说到底也是契约。但是这就要求，用来书写合约的语言得有很强很精准的表达能力，而又适合由机器（虚拟机）加以执行，并且普通用户只要经过难度不大的培训就能掌握。在这个意义上，自然语言显然是不合适的。这是因为自然语言不够精准而常有歧义，不适合直接用来书写契约，所以法律上有一套专门的用语，专门的话语系统，这是自然语言的一个经过筛选的子集，把容易引起歧义的用词和表达方式都筛选掉了。另外，也许更为重要的是，用自然语言书写的条款无法用机器加以执行。实际上，哪怕是现行的法律用语，目前也还无法用机器加以执行。能让机器执行的是程序设计语言，或称编程语言。但是要求在区块链上签约和交易的人都使用一般的通用编程语言是不现实的。更重要的是，一般的编程语言中有一些对于普通用户而言很危险（容易出错）的成分，即便普通用户能用这样的语言编程也应劝阻。这方面 C 语言就是个很好的例子，我们很难想象让一般商界和法务界的用户用 C 语言编写合约，即便真的出了这样的黑天鹅，如果他用了指针什么的，那不出问题才怪。这是因为 C 语言本来就是为系统程序员设计的，一般而言系统程序比应用程序复杂得多，系统程序员堪称高手；而让只是粗通一点编程的人用 C 语言，就好比是让小孩玩火。所以，我们需要的是一种适合用来表达合约条款，又适合由机器（虚拟机）加以执行，并且又是普通用户不难掌握的合约编程语言。当然，这肯定是一种高级语言（而不是汇编语言）。不过这样的语言应该并非专门为以太坊而设计，并不直接绑定在以太坊上。以太坊虚拟机所执行的是它所实现的指令，相当于 CPU 的汇编指令，而作为高级语言的合约编程语言，需要由该语言的编译器（一种软件工具）将写成的合约程序（称为“代码”）翻译成汇编指令才能执行，但是既然可以把一个合约程序翻译成这种机器的汇编指令，一般也就可以把它翻译成另一种机器的汇编指令。前面说用自然语言书写的条款无法用机器加以执行，是因为现在一般而言还没有能将自然语言翻译成机器指令的编译器。所以这样的合约编程语言基本上可以独立于以太坊而发展。目前以太坊主流的合约编程语言是 Solidity，这种语言是否很好地满足了前述的三个条件，是否足够安全，恐怕还得经受实践检验，也必然还会有很多的改进，新的同类语言也完全可能出现，但是以太坊关于虚拟机和使用编程语言的这个方向是对的。

我们完全可以设想，不太远的将来，企业家们出去谈生意的时候，会带着一个能用比方说 Solidity 语言编写合约的助手，一边谈一边就写成合约程序代码，并可以针对各种假设的场景进行模拟，就像我们调试程序一样，在双方同意后就提交进入区块链，以后就按此合约执行了。进一步，再往后甚至也许企业家自己就能用 Solidity 语言编写合约了。我们也完全可以设想，将来也许立法的时候也采用合约编程语言，代表们用电脑模拟的各式各样的条款，就是合约程序中的一个个函数，以测试在各种不同输入条件下会发生些什么，会有什么结果，是否对自己所代表的那个阶层或地区的民众有利。一旦表决通过，那就是一个（比方说）Solidity 程序。

我们常常把程序称作“代码”，就是 Code，这一方面是因为程序本质上就是算法的实现，是对算法的编码；另一方面，Code 这个词还有“法规”的意思，而程序本身是可以做到没有二义性的，条件语句就是条件语句，赋值语句就是赋值语句；给定了输入数据，放在这台机器上执行是这样，放在那台机器上执行也是这样，一点也没有“自由裁量权”。你看比特币中招领条件和认领证据的匹配，错一个二进位就不行，在一个节点上不行就在所有节点上都不行。所以有句话说“Code is Law”，这话的原意可能是说“规定就是法律”，但是引申过来说“程序就是法律”也并不错。所以智慧合约在商务和法务领域都是应该可以大有作为的。

可以想象，区块链的智慧合约这种功能，如果再结合大数据、人工智能，那就是一个很广阔的天地。不过那些就不属于本书的话题了，本书只讲实打实的东西。

有了智慧合约这个功能之后，对于一般的支付就有了两种可能的处理方式：一种是“一切通过智慧合约”，另一种是“真有需要才通过智慧合约”。通过智慧合约可以进行各种复杂的处理，但是系统开销比较大，因为需要动用虚拟机。而且虚拟机对合约程序是解释执行的，本身效率就比较低；况且比特币和以太坊的虚拟机都采用堆栈结构，效率就更是不高。如果只是简单的转账，并且转的只是以太坊的代币“以太币”，而不是某个 DAO 自己的“通证（Token）”，那其实就不必通过智慧合约，也不涉及虚拟机。所以，以太坊的设计给了你选择，让你可以仅在真有需要时才上升到智能合约，这样效率就高了。另外，支付的金额（不含手续费）也可以是 0，交易的目的仅在于存证，那就更不需要动用智慧合约了，这个后面还会讲到。

在采用 UTXO 还是账户余额的问题上，以太坊选择的是后者。我们知道比特币是采用 UTXO 的，所以比特币是一种“无状态”的系统。向系统提交一个“交易（Transaction）”，只是在区块链中增加了几个 UTXO，而系统（除区块链本身以外）并不发生什么状态变化。这也说明，原则上需要固化存储在磁盘上的信息就只是区块链，区块链就是“账本”的全部。不过毕竟区块链的内容还是改变了，要说交易改变了系统的状态也并无不可，状态之有无是相比较而存在的，比之以太坊，像比特币那样就可算是无状态了。

而以太坊采用的方法则是，只要你曾涉及任何一笔交易，就为你创建一个账户，账户里就有余额，初始值为 0。余额就是一个账户的“状态”，而所有账户状态的集合就是系统的状态。注意这里所谓的“你”是指一个“地址”，一个化名。一个人可以有许多不同的账户，账户所代表的是“地址”而未必是人，而地址是用户自己就可以产生的，只要调用一下以太坊软件中相关的函数就行。这样，在以太坊的系统中，交易就切实地引起着状态的改变。每笔交易，除被写入区块链以外，还导致了相关账户的状态变化，所形成的状态应该被记入数据库。所以，在以太坊中，所谓账本就不只是区块链本身，也包括一个状态数据库，其实就是账户数据库。不过状态数据库其实是从区块链派生的，如果从头扫描整个区块链，加以仿真重演，那就可以归纳再生出这个数据库的内容。拿会计的账本作个类比，区块链就是“现金日记账”，也叫“流水账”，而状态数据库则是“分户账”，前者反映的是历史过程，后者记载的则是现时的结果。有了流水账，会计人员就可以做出相应的分户账。当然，那样就不用像 UTXO 那样让用户逐笔认领了。维塔利克们认为这种模式，即同时维持着流水账和分户账的方式，比采用 UTXO 的模式好。

以太坊的设计中还有一项很好的举措，就是在用来承载交易请求的消息（报文）中加了一个“数据”字段 Data，而且这个字段的长度是任意的。维塔利克在白皮书中对此并未特别加以强调，只是提了一句“there is an explicit option for Ethereum messages to contain data”，说在以太坊的消息中有个明摆着的选项，用来承载数据。然而这个安排其实有着很重大的意义。我们一般所谓的“提交一个交易”，其实是提交一个交易请求，这个交易请求是要在互联网中发送出去的，对于应用层这是个交易请求，对于互联网而言这就是个“消息（message）”，互联网并不关心消息的内容是什么。在比特币网络中，这个交易请求由“公众”即别的任意多节点加以检验和执行，如果合格就进入某个新发布的区块中，然后其所在的区块就被分发到各个节点并被挂入各自的区块链副本中，此时原来的交易请求就变成了交易记录，实际上就是支付记录，成为“账本”中的一笔账。可想而知，在交易请求/交易记录中当然需要说明资金的付方是谁，收方是谁，和资金的数量。在比特币系统中，付方体现在作为资金来源的 UTXO 和对于该资金来源的认领证据，收方则体现在对于资金去向的招领条件。如果不采用 UTXO 而采用账户，则付方和收方都是具体的账户地址。这些无疑都是对的，但是其实还应该有个“支付说明”，或者说“记账说明”、“款项用途”之类，比方说“交 2018 年 9 月份房租”，这无疑也常常是需要的。在比特币中，交易请求的格式中并没有这样一个字段，但是允许在脚本中带有一些这样的信息，早期限制为 40 个字节，后来扩大到 80 个字节，但是实际使用中往往不够。而以太坊，则在其交易请求的格式中明确规定了这么一个字段。这个字段在部署合约时用来承载所欲部署的合约程序代码，在动用合约时则用来为合约程序提供输入数据，至于输入数据的格式则取决于具体合约的规定，以太坊只是把它当成一块透明的数据提交给合约程序。而对于无须动用合约的简单以太币支付，则这个字段仍旧可以存在，这时候就可以用作支付说明。重要的是，以太坊本身对这个字段不作任何处理，但会将包括这个字段在内的整个支付请求都写入区块链，成为带有记账说明的交易记录。前面还讲过，所谓简单以太币支付，其支付额也可以是 0。这样，这些特点结合在一起，以太坊就为用户提供了一种既不动用合约，也不作任何支付，而只是将一段任意的数据（比方说可以是一张照片，一个文件）记入区块链的手段。显然这就是存证。当然，手续费还是要一点的，但因为无须动用虚拟机就很有限。

我们知道存储在区块链中的信息具有不会丢失、不可篡改的性质，那么还有什么能比这更适合用来存证？

其实支付的核心也在于存证。你的银行账户上多了 100 元，我的银行账户上少了 100 元，你说这是因为我转账支付给了你 100 元，可你有什么证据呢？这时候银行就得拿出凭证。所以，存证才是区块链真正的核心和基础所在。

进一步，既然这个任意长度的 data 字段对于以太坊本身是透明的，不同的用户群即 DAO 就可以在上面为各种具体的应用定义自己的格式和规程。如果我们把交易请求即 Transaction 的格式定义看成“一阶数据结构”，或者说“系统层数据结构”，那么为其中 data 字段定义的格式就是“二阶数据结构”，或“应用层数据结构”。不言而喻，针对不同的具体应用，可以定义出很多的应用层数据结构，就像在互联网的 TCP/IP 规程上可以定义出许多应用层规程一样。另外，无论是比特币还是以太坊，交易本身的信息是不加密的，加密技术在区块链中只是用来签名。但是在用户群即 DAO 自行定义的二阶数据结构中，则完全可以用来加密。这意味着，对于 data 字段中的记账说明，用户完全可以自己定义和选用一种加密方法，以保证记账说明的私密性。当然，也可以不加密，这是用户群自己的选择。

伴随着支付，实践中常有存证大块数据的需要。在比特币系统中，由于数据长度受到很大限制，通常是把数据写在一个文件中，把文件存在云上，而只把存储路径写在招领脚本中。而在以太坊中就不一定非要这样了。这里还要说明，要把大块数据写入以太坊区块链的办法也不止这么一种，例如也可以把需要存证的数据作为合约内容的一部分（几乎全部）来达到这样的目的，只是如前所述动用合约意味着更多的系统开销。

可以匿名把大块数据写入区块链，而且一旦写入就不可更改和删除，这也会带来一些问题。例如前一阵就有北大学生把对学校的意见写入了区块链，这个事情本身应该问题不大，但是为如何加强这方面的管理发出了讯号。进一步，写入区块链的用户数据可以加密，又是匿名，这就可以为一些非法活动所利用，这个问题就更为严重。不过技术的发展总是在道高一尺魔高一丈的反复较量中前行的，这些问题的存在只是说明路漫漫其修远。

总之，以太坊把区块链技术的功能和应用从单一的支付扩展到了三大功能，三大应用，即：支付，合约，还有存证。

像比特币一样，以太坊的设计也是把“去中心化”作为一项近乎神圣的目标，为此确实也需要在总体上付出相当的代价，所以也经常招致人们的批评。其中最为突出的是对比特币挖矿所耗费电力的批评。前面讲过，为什么要挖矿呢？其实就是因为要去中心化，那些计算能力和电力的耗费，就是为此付出的代价。另外，大量节点（即使不是每个节点）都对同一交易重复进行相同的验证和执行，显然也耗费着大量的计算能力。至于网络中的重复传播所占用的流量，当然也很可观。于是就来了一个问题，这些耗费究竟值不值得？这就又要回到“可欲”这个问题上来，区块链究竟能给我们带来什么好处呢？无论是支付、合约，还是存证，凡是用区块链可以实现的功能，一般而言用中央数据库和服务器的方法同样也可以实现。如果把区块链的一些技术如 Hash 值块块相扣、匿名账户、签名等这些“优质基因”嫁接到中心化的环境中，就可以有中心化的、效率更高的区块链功能。

那么因为要去中心化而发展起来的那些技术所带来的好处究竟是什么呢？这可以从几个不同角度去看。

首先，从技术的角度看，去中心化的区块链技术自然就解决了像异地备份、多地热备（所谓双活、多活）、高可用（High Availability，简称 HA）一类的问题。区块链本身就是一种以多处执行、多处存储为特点的泛在的系统，试想如果一个区块链网络中有 N 个“全节点”，那就相当于“异地 N 活”。去中心化的区块链技术自然就解决了节点间同步的问题，也没有因“倒换”而短暂“黑出（black-out）”的问题。从这个意义上说，如果以 TPS 即每秒交易数来衡量的交易量不成为问题，那么去中心化的区块链网络天然就是个理想的高可用系统。

另外，在中心化的环境中，由于资源掌握在独家手中，防止篡改也终究是个问题。对于中心和权威的一定程度上的疑虑，确实也是合理的，世上没有绝对可靠的东西，权威的主观意识和客观能力都有可能发生问题。事实上中心和权威往往会因缺少竞争而沦为低效的官僚机构，就拿美国银行间的汇兑系统 ABA 和国际上的 SWIFT 机构来说，其效率实在令人不敢恭维，而且收费又高。而去中心化的区块链网络，则为绕开乃至取代这些中心化的机构提供了现实的可能性。

而倘若想要挑战现存的权威和秩序，那么去中心化就是个很好的号召和手段。要挑战乃至颠覆现存的权威和秩序，甚或“霸权”，一般而言得要有与之旗鼓相当的权威和实力才行，然而这恰恰就是难以达到的，此时以去中心化为号召和手段就带有“发动群众”的意味。就以 SWIFT 为例，要以同样的技术手段另搞一套类似的系统与之竞争得要有极高的权威和实力才有可能，但是通过区块链绕开 SWIFT 并蚕食其市场的可能却是现实存在的。有些技术，以前在中心化环境中没怎么用过，但是在区块链中用起来了，现在要把它移植到中心化环境，倒还不如干脆就用区块链。

最后，但并非最不重要的，是人们非理性的心理，特别是一些“防人之心不可无”、“小心行得万年船”之类的社会经验，往往对人们的行为和感受有相当大的影响。经济学的前提就是假定所有参与经济活动的人都是“理性经济人”。但是实际的自然人却往往不是那样，要不然也就不会有无政府主义思潮的出现，人们的心理状态对经济活动起着很大的作用。事实上，一定程度的去中心化，还是很适合人们的心理的。因为去中心化而来的公开透明、群众监督，确实也是好事。

有人说，区块链可以使人们在经济活动中因为共识而建立互信。其实这是误解，区块链并不能使人们建立互信，但是却能使缺乏互信的人们之间可以放心做生意，因为区块链的存在可以使人“有恃无恐”，双方（或多方）的一言一行都可以记入区块链，既受群众监督，也无可抵赖。在某种意义上，区块链的终极目标是实现“Trustless”的经济活动环境，意思是“无须信任”，让一群互不信任的人也能在链上放心交易。

这也解释了为什么 DApp 受到特别的重视。所谓 DApp，是“Decentralized Application”的缩写，特指互联网上的去中心化应用，包括移动终端如手机上的去中心化 App。读者不妨想想，什么环境是最缺少 Trust、最不可信任的？恐怕莫过于互联网吧，互联网真正是个字面意义上“Trust-less”的环境，而怎样使人们在这样的环境中能安心进行“无须信任”的经济活动，当然是个很有意义的话题。

还有人觉得区块链可以用来为人工智能收集大数据。其实这又是误解，人工智能特别是深度学习确实需要有大数据的支持，但是这些数据的收集完全可以在中心化的环境中实现，去中心化对此并无作用。总之，真正的去中心化只有在涉及人的心理和体验时才有作用，而一旦涉及人的心理，去中心化的作用倒还可能是相当大的。

1.3　超级账本——向中心化的适度回归

比特币是无政府主义的产物，打的旗号是“去中心化”。以太坊对比特币的功能进行了扩充，在支付以外又拓展加强了智慧合约和存证的功能，却基本继承了“去中心化”的思想。事实上，以太坊还对挖矿中使用的 POW 算法有所改进，从单纯依赖计算能力变成也依赖内存，从而弱化了对计算能力的依赖，使拥有强计算能力（如高端专业矿机）的挖矿者不那么容易形成对新块发布权的垄断，这就是在抵抗因激烈竞争而自然形成的中心化倾向。所以这二者在“去中心化”方面是一致的。

因为要去中心化，对于网络中（或者说群内）的用户和节点就没有管理，没有资质审查，没有入网（入群）控制，更没有身份管理和认证，所有的节点/用户在区块链面前一律平等，所以称为 Peer。从这个意义上说，比特币也好，以太坊也好，都是有纪律、无组织的群体，所谓有纪律，也只是就必须遵循通信和操作的规程（Protocol）而言。诚然，有些节点可以是“半节点”，也有些节点不挖矿，但那是它们自己的选择，并没有一个什么机构指定它们只能是半节点。也就是说，这些节点/用户在权利上是一律平等的，你行不行使自己的权利则由你自己权衡决定。

但是如前所述，因为要去中心化，就得在机器算力、网络带宽等方面付出一些代价。另一方面，许多具体的设计，甚至看似不那么合理的设计也就由此而来，挖矿就是个典型的例子。我们都生活在有中心的环境里，所以在实际生活中基本碰不到像挖矿这样的情景。可想而知，如果放弃去中心化，或者把去中心化的要求放松一些，对提高系统的经济性和运行效率应该是有好处的。

超级账本（Hyper Ledger）就是走在这条路上。这个项目，或者说这种区块链，最初是由 IBM 设计和开发的，他们的设计目标是用于企业环境，所开发的主要产品称为“Fabric”。

这个设计目标决定了超级账本并不需要太着重于去中心化，因为企业实际上都是有中心的。无政府主义者可以说不要政府，但企业里不能没有董事会没有总裁，也不能没有那一套科层结构。所以，如果是面向企业应用，去中心化本来就没有太大的必要。不过也要看是什么企业，比方说金融企业，那就可能还有面向公众的一面，一定程度的去中心化也许还是有益的。更重要的是，当有若干企业组成一个联盟时，往往既有集中的一面，又有去中心的要求，因为联盟成员之间是权利平等的。联盟成员之间既有合作共赢的一面，又有互相防范的一面。不过早期超级账本的一些设计与以太坊其实还是颇为接近的，后来 IBM 把这个项目捐给了 Linux 基金会，在 Linux 基金会的主持下经历了堪称脱胎换骨的改造。

由于是面向企业应用，超级账本的设计者们一早就意识到，这应该是一种有组织、有纪律的区块链，一种“有管理”的区块链。既然是企业应用，节点和用户就不是像在比特币网络中那样来去无常了。用户入链，即加入 Fabric 网络，得要经过资格审查才被允许开户，这就像在银行开户一样，还得发给数字证书，以便进行身份认证。这显然是有违去中心化精神的，因为组织与管理天然就是有中心、有权威，但是这却符合企业应用的实际。

这也是所谓“公共链”（许多人惯称“公有链”）、“联盟链”、“私有链”这三种不同区块链网络的区别所在。首先，公共链当然是面向公众的，比特币和以太坊网络都是典型的公共链。既然面向公众，而且是个成员不固定的集合，也难以进行资质审查，这些人也没有共同的目标，没有公认的权威，那就只能是一律平等的去中心化结构。而联盟链，顾名思义属于一个由若干企业和用户组成的联盟，每个这样的群体都有相对固定的成员，对成员的进出可以也应该有所管理和控制，在去中心化方面可以有所放松；新块的发布是否还需要竞争，以及虚拟货币如何发放，这些都可以线下在联盟内部协商决定；私密性则仍很重要，或许还更加重要了，因为联盟内部可能互相知之甚详，但又希望保持隐私。至于私有链，那就是属于单个企业所有的区块链，尤其是单个企业内部的区块链了，私有链内部的管理一般就更严了，至于对去中心化的要求则可以降到很低。特别地，私有链中根本就不必有挖矿的机制，账页完全可以由指定的（或选举产生的）中央节点发布，也不需要像比特币网中那样每过多少分钟就发若干个币。进一步，私有链中也没有必要让每个节点都来检验和执行每一个交易。但是私有链中一般仍有通过 Hash 值成链以防篡改的需要，也许仍有匿名的需要，也有多方存储的需要。一般而言，比特币和以太坊最适合用于公共链，适当加一点补充（主要是用户管理）和修改（简化）后也可适用于联盟链，用于私有链也无不可；而超级账本，则最适用于私有链，但也可以用于联盟链。

明白了这个背景和超级账本面向企业应用的定位，就不难理解它的设计了。不过超级账本的这个定位在一开始时是不清晰的，那时候虽然也说面向企业应用，但是早期 Fabric 的代码中其实有不少的成分与以太坊还是挺接近的，不过当然加上了用户管理。 后来 Linux 基金会接手了这个项目，它的定位才变得清晰起来，到了 Fabric 的 1.0 版就有了脱胎换骨的变化。下面讲的都是 Fabric 1.0 版及以后的实现，注意 Fabric 只是超级账本（Hyper Ledger）的产品之一，但又是其主要的产品，在本书中超级账本与 Fabric 这两个词是可以互换的。

超级账本中的账页（新块）发布机制是集中式的，即中心化的，新块即账页统一由“编排（Order）”节点发布。所谓编排，就是把交易记录编排成块。编排和发布的权力集中在一个或几个编排节点（Oderer）上，而不是像在比特币和以太坊中那样由大家竞争。这些编排节点在网络中提供“编排服务（Odering Service）”。既然不是由大家竞争，那至少在技术上就谈不上“去中心化”，或者说“去中心化”的程度就很有限了。在围绕着银行业务组建的区块链网络中，银行显然就是网络的中心，这是由具体业务的特点决定的。在本质上有中心的业务中去推行去中心化，其实并无必要，也未必合适。不过，要把一个不以去中心化为目标的设计运用于需要去中心化的场景中很困难，反过来把以去中心化为目标的设计运用于有中心的场景却并不困难，只要把与账页发布有关的“共识模块”替换掉就行。从这个意义上说，超级账本不太适合用在需要去中心化的场景中，从而不适合用来构建公有链（其实应该称为公共链），而只适合用来构建私有链和联盟链。即便联盟链，也只适合用于成员不那么多元和广泛（不过数量倒仍可很大）、业务要求也不那么多元的联盟链。

另外，超级账本允许在网络中创建不同的“频道（Channel）”，每个频道都有自己的块链，即账本，这也是从 Fabric 1.0 版才开始有的特点。一个节点至少要加入进入整个网络的公共频道即“系统频道（System Chennel）”，但也可以同时再另外创建或加入多个不同的“标准频道（Standard Chennel）”，然后在不同的频道中进行不同性质或范围的交易（这有点像是微信上的一个“群”）。每个频道都有自己的块链，所有频道的块链加账户状态集合的总和才是概念上的“超级账本”。另外，每个节点只保存其所加入频道的块链，而与未加入频道上（除转发之外）的活动无关。这实质上就是区块链网络的分“片”，对于减少网络流量以及各个节点的负载有很大的作用。通过分片减少网络流量和各个节点上的计算量，是以太坊和比特币网络也在做的优化，在比特币网络中采用的办法是“侧链”和“支付通道”，在以太坊网络中采用的办法是划分子网，而超级账本网络中采用的办法则是划分“频道”。不过，虽然每个频道都有自己的块链，但块的编排服务却是公共的，所有的块链，即所有的频道都共享同个（或同一组）编排节点。换言之，编排节点必须开通所有的频道。事实上，频道的创建本来就得通过编排节点，编排节点就像个控制中心，所以编排节点自然就开通了网络中所有的频道。

超级账本与以太坊还有个基本相同的地方，那就是也采用账户和余额，并且原则上每个节点都保存着所加入频道的块链和账户状态集合的副本。

知道了这些背景，下面大致说一下超级账本网络中的交易处理流程，这也是超级账本明显不同于比特币和以太坊的特点之一。

一般而言，交易是由最终用户即 Client 发起的。所谓 Client，是指特定超级账本网络的客户。当然，Client 得要连接到该网络的至少一个成员节点上，这样的成员节点称为 Peer 节点，即“对等”节点。事实上，超级账本网络中除编排节点（Oderer）之外的节点在规则上也确实是平等的。Peer 节点在接收到来自 Client 的交易请求之后，会将其作为一个“交易提案（Transaction Proposal）”提交给若干扮演着“评审员（Endoser）”角色的 Peer 节点请求加以评审（Endose）。Endose 这个词的本意是“背书”，就是在支票背面签上自己的名字，在这里其实就是评审、审核的意思。这就像我们的课题申请要请专家评审一样，各位专家评审通过了就签上自己的名，并将该提案发回给请求者，要不然就拒绝。那么评审节点是怎么评审的呢？除一般包括格式在内的合规性检查之外，主要就是在所涉及账户状态的基础上模拟执行所提议的交易，包括执行所要求的“链码（Chaincode）”即智慧合约。如果顺利通过，就把本次交易的模拟执行从账户状态中读入的信息和需要写出的信息加以组织和记录，分别形成一个“读集合（Read Set）”数据结构和一个“写集合（Write Set）”数据结构，放在原始的提案请求之后，再以自己的私钥对整个信息签名，并发回提案人节点。否则就发回出错信息。不过这里有必要说明，“模拟”这个词容易使人想到此后可能还有正式的执行，但实际上至少在现时的 Fabric 源码中 Endoser 对交易的执行就是正式的、最终的执行，所得结果由提案人直接提交编排。

提案人拿到了足够的评审节点签名之后，就可以把经过评审的交易请求提交给编排节点 Oderer，编排节点在审查评审者的签名即 Endose 之后，就把这经过评审的交易请求和执行结果按先后排入其所在频道的下一个块（账页）中，并向同一频道的 Peer 节点传播。而众多的 Peer 节点，在接收到 Oderer 发来的新块之后，则依次在本地落实其中各个交易的读集合和写集合。每个 Peer 节点对于其加入的每个频道都有一份包含该频道全体账户状态的副本，这个副本理应与别的节点上，特别是评审节点上的副本完全相同。但是究竟是否相同呢？前述由评审节点返回的“读集合”中的数据此时就起作用，可以用来比对了。而“写集合”中的数据，则用来修改所涉及账户的状态。比方说，“读集合”中说：A 账户原来的余额是 3000 元；“写集合”中则说：把 A 账户的余额改成 4000 元。

这样，当同一频道的所有 Peer 节点都完成对新块中所列交易请求及其执行结果的记录时，这些节点上的账户状态已经与评审节点上执行的结果一致，于是全频道的账户状态达到了一致，各个 Peer 节点把这新块链接到了本地的块链中，使这些节点中的块链也达到了一致。值得注意的是，由于各 Peer 所加入频道的不同，并非每个 Peer 节点上都有全部账户的状态信息，也只保存所加入的那些频道的块链，这样就减轻了 Peer 节点的负担（与全网只有一个统一的块链相比）。

这里还有个问题，前面说将交易提案提交给若干扮演着评审员角色的 Peer 节点请求加以评审，具体又是哪些 Peer 节点呢？这是动态确定的还是静态设定的呢？事实上这是因事而异，也即因具体交易所欲引用的具体链码而异的。超级账本的每个交易都是对链码即智慧合约的引用（不像以太坊那样有些交易可以不通过智慧合约）；而每个链码都有个“评审规则（Endorsement Policy）”，里面规定了对此链码的调用需要经过哪几个 Peer 节点的评审，这是在对链码加以部署的时候就设置好的。这样，具体的交易需要引用哪一个链码，就得根据那个链码的评审规则请求哪几个 Peer 节点加以评审。Policy 这个词本是“政策”、“策略”的意思，但翻成“规定”、“规则”应该更容易理解，其实政策也就是规则。

这样一个流程，显然是对日常业务流程的模仿，这与我们平时申请课题时走的流程很相似。这里显然是有层次的，编排节点相当于总控，评审节点类似于评审专家，发起交易的 Peer 节点相当于中介代理，Client 则相当于当事人。当然，Peer 节点也可以直接就是当事人。至于“去中心化”，这里就不强调了，但是这倒符合企业的实际情况。

1.4 研究和叙事的方法

我在《大数据处理系统：Hadoop 源代码情景分析》一书中使用了情景分析和代码摘要这两种研究方法，或者说叙事方法，这也是我自己在学习和研究中所用的主要方法。当然，实验是更重要、更权威的方法，但实验毕竟要有条件，而实验的设计也并非易事，所以平时我主要还是依靠对于源代码的阅读分析，而情景分析和给代码做各种摘要就是比较有效的方法。

在研究历史的时候，历史学家们要把个别的历史事件和历史人物摆在当时的时代和环境的背景中，考察各种事件之间的关联和前因后果，以时间为线索把它们串连起来，这样才能比较正确地还原历史。对于程序代码的研究也是这样，要把各种个别的对象和函数放到特定的情境即上下文中。程序代码是对算法和数据结构的实现。而算法，一方面是过程性的，另一方面则一定得落实在具体的数据结构上。“数据结构+算法=程序设计”这个论断可谓历久弥新。所以我们在研究程序代码时一方面要注重数据结构，另一方面更得着重于过程，通过具体的情景加以研究。这里之所以说是“情景”而不是“场景”，是因为“场景”这个词给人一种静态的、快照式的印象，而“情景”则是动态的、带有“情节”的。当然，在情景分析中难免也会有场景分析，这就好比把时间定格在某一个点上，分析此时各种成分之间的相互关系，但那毕竟不能代替情景分析。所以，以区块链上的“交易（Transaction）”为例，我们就要把交易请求的准备、提交、传播、验证、执行，直至进入块链成为交易记录的全过程作为一个情景加以研究和说明。中间所涉及的各类对象，则要着重了解它们的数据结构和所起的作用。把这么一个宏观的情景搞通，对于具体区块链的结构和运行就可了然于胸了。然而宏观的大情景又是由许多微观的小情景构成的，我们也得深入到这些小情景中去，但研究和叙述的模式还是一样，就是通过情景了解过程，从而了解其算法，直至其背后的设计思想。

但是“场景”仍是不可或缺的，这就好比，在讲一个战役的时候总得先介绍一下当地的地理环境吧。对于一个系统，我们首先得了解一下它的系统结构，那里面有些什么，互相是什么样的关系，然后才能进入发生在这个结构上的种种情景。

当然，这一切都得从代码开始，代码是起点，也是最高权威，“Code is Law”，一切结论以代码为准。

给代码做摘要，类似于摘要卡片，其实是各种研究中一直在用的方法。目的一方面是要从庞杂的现象中提取当前所特别关心的内容，把一些不那么重要的枝蔓剥离掉，使我们可以聚焦我们的注意力。另一方面当然也是为存储和检索的需要。所以，历史学家们要为各种史料做摘要卡片，生物学家们要给各种研究对象做卡片，哪怕刑事侦查也要将收集到的各种线索做成卡片。所以，我们在研究过程中从各种不同角度为各种程序单元和流程做代码摘要，只是在运用古老但有效的研究方法。

按理说，对于算法和过程的摘要描述最好采用伪代码，这也是被广泛采用的方法。但是伪代码式的摘要有个缺点，就是常常跟源代码对不上号。因为伪代码和源代码是对同一算法的两种表述，这两种表述在形式上有可能相当吻合，也有可能相去甚远，看了伪代码之后再去源代码中寻找相应的程序代码，却往往会找不到。所以还不如直接从源代码中抽取一些在某个角度上具有实质性意义的语句，这样既相当于一种更为真实的伪代码描述，又容易跟源代码对上号，便于互相参照引证。作者平时就是采用这样的方法，本书的写作也采用了这样的方法。不过从源代码中抽取语句也不宜完全原封不动。首先程序中为保持层次清晰而加的逐层后缩（indentation）就不宜照搬，因为一般为保持醒目而使每层右缩的距离太大，几个 if 或 for 嵌套下来，一个语句在本行中就排不下了。另外，结合下述的情景分析，这种摘要的一个很大的好处就是可以就地展开函数调用。比方说，函数 A()里面调用了 B()，但是 B()里面又做了些什么呢？如果我们只能直接引用源代码，那么 A()和 B()就得分列，但是实际上 CPU 在执行的时候却是顺序的，先从 A()里面进入 B()，做了些什么以后又返回到 A()，所以此前和此后的程序执行环境就可能有了变化。把 A()和 B()分列，一方面对我们理解会有些妨碍，另一方面也给叙述带来困难。所以，就地展开函数调用常常是有好处的。但是当然也不能一概而论，有些较大较独立，或者比较重要的函数，就还是分列更好。然而既然要就地展开，一方面逐层后缩的问题就更突出了，另一方面还有个问题，就是如何区分因函数调用而形成的层次和因 if、for 等语句所形成的层次，还有因结构成分引起的层次关系，为此最好能有不同的符号表示。

下面用个实例来说明作者所用的表示方法，这是为采用 Java 语言的以太坊源码 ethereumj 中一个 TrieImpl 类的定义所做的摘要：

```
class TrieImpl implements Trie<byte[]> {}    //用一对花括号表示这是个类/界面/枚举，下面是其内部成分：
] enum NodeType {BranchNode, KVNodeValue, KVNodeNode}    //这是定义于 TrieImpl 类内部的一个枚举
] class Node {}            //这是定义于 TrieImpl 类内部的另一个类 Node。注意前面有个右方括号，展开如下：
]] byte[] hash                    //这是 Node 类内部的结构成分之一，注意前面有两个右方括号。
]] Object[] children = null       //这是 Node 类内部的另一个结构成分
] interface ScanAction {}                  //这是定义于 TrieImpl 类内部的一个界面 ScanAction
]] doOnNode(byte[] hash, Node node)                        //这是定义于 ScanAction 界面上的一个函数
]] doOnValue(byte[] nodeHash, Node node, byte[] key, byte[] value)          //ScanAction 界面上的另一个函数
] Source<byte[], byte[]> cache    //TrieImpl 类内部的一个结构成分 cache，其类型为 Source<byte[], byte[]>
] Node root                       //这是 TrieImpl 类内部的一个结构成分 root，其类型就是上面定义的 Node。
] TrieImpl(Source<byte[], byte[]> cache, byte[] root)    //TrieImpl 类提供的一个函数，不是构造函数也一样。
                        //注意表示函数的是圆括号，不使用花括号。下面是从这个函数中摘要出来的语句：
  > this.cache = cache       //语句前面的一个>号，表示这直接是 TrieImpl()中的语句。
  > setRoot(root)            //TrieImpl()中的另一个语句，这是个函数调用，可以就地展开：
     == TrieImpl.setRoot(byte[] root)     //补充说明所调用的这个函数，特别是形参和实参的结合。
  >> if (root != null && !FastByteComparisons.equal(root, EMPTY_TRIE_HASH)) {   //下一层函数中的语句
  >>+ this.root = new Node(root)    //前面的两个>号表示调用层次，+号表示 if/else/while/for 等逻辑层次。
  >> } else { this.root = null }        //为尽量减小占地，就把 else 部分的语句合在一起了。
```

这是对于 TrieImpl 这个类的定义，我用一对花括号表示类或界面（interface）或枚举（Enum），就像用圆括号表示函数（或方法，在本书中函数与方法是同义词，可以互换使用）、

用方括号表示数组（Array）。我们知道，类就相当于数据结构加函数，再加对于内嵌类的定义。所以类的内部可以有数据成分，有函数定义，也有对别的类的定义，我用右方括号来表示这种包含关系，因为这是键盘上最接近于“包含”这个语义的符号。包含的关系可以嵌套。同时，我用“>”表示调用或执行的关系，也以此表示因调用或执行而形成的层次关系。这样，通常一个 TAB 制表位或至少两个空格的向右缩进就减少成一个“>”。此外，我还用一个加号表示因 if、for、while 等程序结构所形成的层次关系，读者可以看到这里 if 语句中的语句前面多了一个加号。其实使用加号并不理想，因为在遇上例如“++n”这样的语句时容易让人看花眼，但是键盘上也没有明显比这更合适的符号了。

至于语句末尾的分号，则可有可无。

既然用“>”表示调用或执行的关系，那就很自然地也可用来说明调用路径，例如：

```
[processNewBlock() > validateAndAddNewBlock() > pushBlocks()]
```

这表示对 pushBlocks()这个函数的调用来自 validateAndAddNewBlock()，再往上是来自 processNewBlock()。当然，对一特定函数的调用路径往往并非唯一，这只是路径之一，只是在特定情景中的调用路径。不过这里有点特殊，就是在调用路径中每一层的调用都只用一个“>”号，而如果是在代码摘要中，则“>”号的使用要逐层增加。如果要抠起语法语义这当然是不甚严谨的，所以这只是伪代码，而不是一种语言。另外，路径中的“>”所表示的是直接调用，但有时候我们也需要说明间接或辗转的调用关系，或者是“引起、导致”的关系而不是调用的关系，那就用“=>”。

还有一种情况，是在程序中创建一个某类对象时，会动态加以扩充，例如：

```
Futures.addCallback(futureHeaders, new FutureCallback<List<BlockHeader>>() {
                    @Override
                    public void onSuccess(List<BlockHeader> result) {
                        if (!validateAndAddHeaders(result, any.getNodeId())) {
                            onFailure(new RuntimeException("Received headers validation failed"));
                        }
                    }
                    …  //还有别的动态定义函数
          });
```

这个语句创建了一个 FutureCallback 类对象，并以其作为调用 Futures.addCallback()的参数。但是这里动态扩展了 FutureCallback，以一个新定义的函数 onSuccess()去覆盖原有的同名且具有相同参数表列的函数。像这样的语句，我在代码摘要中将其表示成这样：

```
> Futures.addCallback(futureHeaders, new FutureCallback<List<BlockHeader>>() {})
                    @Override   //如果请求成功，对方发来了所请求的块头，就调用 onSuccess()。
```

```
] onSuccess(List<BlockHeader> result)
  > if (!validateAndAddHeaders(result, any.getNodeId())) {
  >+ onFailure(new RuntimeException("Received headers validation failed"));
  > }
] …   //还有别的动态定义函数
```

这里，FutureCallback<List<BlockHeader>>()是这个类的构造函数，圆括号中为空表示这个构造函数没有调用参数。此后的一对花括号表示这是一个类，再后面那个右括号则属于addCallback()。由于是个类，下面就有以“]”号表示的所含内部成分，只是这些“]”应尽量与关键字 new 对齐（而不是放在左端），尽管事实上往往因为容纳不下而无法对齐。这里列出的函数是 onSuccess()，前面带有@Override 标志，表示以此函数覆盖 FutureCallback 中原有的同名同参函数。有时候我就直接把@Override 放在函数名前面，以节省一行的篇幅。与此类似，下面是另一个例子：

```
blockRetrieveLoop()
> class BlocksCallback implements FutureCallback<List<Block>> {}
  ] private Channel peer;
  ] BlocksCallback(Channel peer)
      > this.peer = peer;
  ] onSuccess(List<Block> result)
      > addBlocks(result, peer.getNodeId());        //成功就 addBlocks()
  ] onFailure(Throwable t)
      > logger.debug("{}: Error receiving Blocks. Dropping the peer.", name, t);
      > peer.getEthHandler().dropConnection()     //失败就 dropConnection()
> …
```

这是在函数内部动态定义了一个类，即 BlocksCallback，注意这里只是类的定义，并未创建这个类的对象，因而并不涉及对其构造函数的调用，所以在一对花括号前面并没有圆括号。但是那些“]”号也都要右移，在这个情况下是与关键字 class 对齐。

至于摘要中的黑体、斜体、加粗，则纯粹就是为了醒目引起注意，没有别的含义。

摘要有利于我们聚焦注意力，例如源代码中有许多 public、private、final 之类的访问限制，但是那都是针对编译器的，对我们理解程序的流程，对“主旋律”并无帮助，倒反而分散了我们的注意力，所以我一般都不让其出现在摘要中。另外，对于函数的返回类型，由于在 Java 和 C++语言中都是放在函数名之前，容易分散注意力，我一般也会略去返回类型。Go 语言则把返回类型放在后面，那样就不太会分散阅读者的注意力。

实际的代码中一般都有相当比例的语句是用于对出错的检测和处理，那当然很重要，但是对于主旋律却没有多大帮助，反倒冲淡了阅读者的注意力。所以我在摘要中也常常把这些语句去掉。与此类似的还有代码中对于异常的处理，特别是 try{}catch{}，在摘要中我一般都会略去。

还有在并发执行时的互斥，包括加锁/解锁，还有例如 Java 语言中的 synchronized，这些在摘要中都会被略去。这是因为，一来这同样也会冲淡主旋律。二来线程间的互斥是个大课题，绝非三言两语所能说清，甚至这可能也不是普通应用层程序员所能真正理解，倒还不如留着，先了解一下主旋律；到了他们自己真要涉及并发计算的时候，再专题加以学习和研究，也不为迟。

不过我对有些函数所做的摘要其实与源码很接近，甚至几乎就是原文照录，那往往带有一点提供资料的意思，让读者自己去探幽发微。那些代码往往不是三言两语所能说清，但是对于理解“主旋律”也并非不可忽略，读者可以先粗粗浏览一下，以后再回过来细抠。在本书所述的三种区块链中，我对比特币的摘要更为详细，更接近原文。这有几个原因，首先，比特币是本书所述的第一种区块链，带有入门的意味；把比特币搞懂了，后面的就会容易一些。第二，比特币源码本身的体量也相对较小，在篇幅上允许少作一些修剪。第三，比特币源码中有不少的注释是在阐述设计的意图和种种考虑，就我们眼前对代码的基本和粗浅的理解而言，这些注释也许可以跳过，但是对读者进一步深入研究却很有意义，还可能引起读者对一些问题的关注，所以我保留了许多这样的注释，以至于有些“摘要”已经不像是摘要了。

我们在做摘要时原则上要尽量保持语句的原貌，但是有时候也不得不对代码进行某种等价变换。这一般发生在几种情况下，一种是函数调用的嵌套，比方说摘要中本来有这么一个语句：

```
> repository = repository.getSnapshotTo(block.getStateRoot())
```

这是以 block.getStateRoot()所返回的结果作为参数调用 repository.getSnapshotTo()，可是这 getStateRoot()是怎么个操作呢？如果这个函数不是很大，我们也许就希望能就地展开这个函数，于是就需要将这个语句等价变换成这样：

```
> root = block.getStateRoot()
>> …   //就地展开 getStateRoot()这个函数
> repository = repository.getSnapshotTo(root)
```

这样，用个临时的中间变量过一下渡，把 getStateRoot()提到外面，就可以就地展开了。

再如下面这个语句：

```
> getStorage().addStorageRow(getOwnerAddress().getLast20Bytes(), keyWord, valWord)
```

我们想要就地展开 getStorage()，那就变换成这样：

```
> stor = getStorage()
>> …  //函数 getStorage()的展开
> stor.addStorageRow(getOwnerAddress().getLast20Bytes(), keyWord, valWord)
```

这里，如果需要展开 getOwnerAddress()，就同样可以把它提到外面来展开。

特别需要做此类变换的，是出现在 if 语句条件部分的函数。例如：

```
> valid = isValid(msg, request)
>> …  //对函数 isValid()的展开
> if (!valid) {
>+ dropConnection();
>+ return;
> }
```

原来 isValid(msg, request)是在 if 后面的圆括号里面，为要将其就地展开就把它提到了外面，用个临时的中间变量 valid 过渡。

所以，读者如果看了本书中的摘要以后要去源代码中寻找对应的段落，应该明白摘要毕竟是摘要，而且可能还含有这样的变换，摘要中不仅会省略跳过一些语句，还会改变一些语句。尽管出现在摘要中的那些语句大多都还是原貌，但总体上已经不再遵循原来的语法，已经变成了“伪代码”。另外，源代码中的一些函数前面带有较长的注释，做摘要时为节省篇幅没有把这些注释抄过来，读者应不以阅读本书中的代码摘要为满足，而应常常回到源代码中多看看才是。

以上是以 Java 语言代码为例说明代码摘要的表示方法，C++和 Go 语言代码的摘要也与此类似，但是当然 Go 代码的摘要会更接近于 Go 代码。本书所述的三大主流区块链技术，采用了三种不同语言的源代码，所以书中有三种不同语言的代码摘要。

本书很少直接引用原始代码，而大多采用摘要。这样一来紧凑；二来可以就地展开；还有个好处，就是对于版本升级的敏感度可以降低，因为版本升级反映在具体的函数上有时候只是某些细部的修改（特别是对于 Bug 的修理）而无关宏观的流程，不一定会在摘要里面表现出来。

最后还要重申，摘要是很个性化、随意性很大的工作，同一个人对同一段代码所做的两次摘要，哪怕是为同一目的、从同一角度，也可能会有所不同，就像历史学者所做的摘要卡片一样。因为摘要是给人看（而不是让机器处理执行）的，而且主要是给自己看的，只要自己认为合适就好。但是当然也要尽量接近程序的原意。

第 2 章

比特币 Bitcoin

比特币（Bitcoin）是最早的“加密货币”，也是“虚拟货币”，其技术基础一是加密技术，二是原创的区块链技术。我们现在讲“比特币”这个词至少可以有三重的含义，一是指这种特定的加密货币和它的单位交换价值，有如“比特币元”；二是指此种货币所用的技术和实现，比方我们说“比特币源代码”就是指实现这种技术的程序源代码；三是指由许多遵循比特币“规程”互联的节点所形成的网络。

比特币的基本原理已在前一章中作过介绍，这里就不再重复，而要深入到具体实现的层面了。本章所要介绍的，是实现比特币技术的一种软件参考设计及其实现，事实上这是目前最权威的软件实现，所以也常称为“Core”。这是个开源项目，遵循 MIT 许可证，其程序代码可以从 bitcoincore.org 或 GitHub 网站下载，称为 bitcoin-master。本章所用的代码来自 bitcoin-master 的 0.16 版，是 2018 年 3 月发布的。

这个代码是用 C++语言编写的。本书当然不能给读者讲 C++语言，读者最好能先粗粗学一点 C++语言，但也无需学得很深，毕竟读代码不像写代码那样难。实在不行，依我的经验，只要是会一门编程语言的人，也只是开头的时候难一点，慢慢就好了，许多语句就是猜也能猜出个几分。

代码中对变量的命名常常让第一个字符小写表示数据类型，例如 nBytes 的第一个字符 n 表示这是个整数型的变量；pnode 的第一个字符 p 表示指针；vInv 的第一个字符 v 表示向量，可以看成数组或表列；fPauseSend 的第一个字符 f 表示这是个标志位，或布尔量；lRemovedTxn 的第一个字符 l 表示这是个 list。还有，setInventoryTxToSend 的前缀 set 表示这是个集合，此外还有前缀 map 表示 Map，vch 表示字节向量（std::vector<unsigned char>）。这对于提高程序的可读性还是有帮助的，不过比特币的代码中也并未把这当作一条规则。

世上没有十全十美的东西，更不必说像比特币那样的新生事物，所以自从比特币问世之后就一直有改进建议，称为“Bitcoin Improvement Proposals”，简称 BIP，性质有点像互联网的 RFC。BIP 的全部文档也可从 GitHub 网站下载，目前（2018 年底）已经有了三百多个 BIP。代码中凡是看到例如 BIP66 之类的，就是指的第某某号 BIP。真要把比特币技术搞个彻底，读者应该深入到完整的源码和 BIP 中，本书只是起引导入门的作用。

2.1 比特币网络的系统结构

所谓比特币网络的系统结构，主要是指比特币网络节点的系统结构，但也涉及节点的互连。而“系统结构”，是指程序员在系统内部能看到的各种资源，以及这些资源之间的关系。具体到比特币网络，第一步是网络中的节点之间是什么关系，它们如何相连；再进一步，就是一个比特币网络节点上有些什么资源（“东西”），它们所起的作用，它们的数据结构和功能，它们所吞吐和处理的是什么。

先说一下什么是比特币网络和比特币网络节点。一般而言，一个比特币网络节点首先是互联网上的一个节点，其底层的通信协议就是TCP或UDP协议。一个互联网节点，如果实现了为比特币网络制定的协议和共识而具有相应的基本功能，通过“（对等的）点对点（Peer to Peer）”即P2P的方式与若干其它比特币网络节点通信，那么它就是一个比特币网络节点。这里所谓“对等”和“Peer to Peer”，是说不存在固定的服务器与客户间的角色划分，双方是对等的。而实现相同比特币网络协议尤其是使用相同TCP/IP端口号的若干比特币网络节点以P2P方式互联，就构成一个比特币网络。

我们说P2P通信的双方都处于平等的地位，没有固定的服务端/客户端的区分，任何一边都可以是服务端也可以是客户端，这只是就节点间通信这个层次而言，到了上面的比特币实现这一层，则实际上也并非所有的比特币网络节点都具有相同的功能。其中有些是“全节点（Full Node）”，拥有作为比特币网络节点的全部功能；有些则是“半节点”或称“轻节点”。不管是全节点还是半节点，最起码的一个功能就是转发，有转发才能使源自任何一个比特币网络节点的消息（message，也称报文）最终能传遍整个比特币网络。为此每个比特币网络节点都与至少一个别的比特币网络节点有网络连接。所有全节点和半节点的集合，综合在一起提供着比特币网络的服务，每个节点都参与服务的提供，同时又可以是比特币服务的享用者，或者说“客户端”。另外也有一些仅仅作为客户端存在，并不参与服务的“钱包节点”。

下面，我们就来看典型比特币网络节点上的各种元素和活动，即“资源”和行为。

2.1.1 密钥与地址

比特币网络中有两种意义上的“地址”，一种是用于互联网中通信的地址，那就是 IP 地址，但是比特币网络有其专用的端口号。另一种则是用来指明每次交易中支付各方个体的地址，姑且称之为“比特币地址”，其作用类似于用户的化名。不过这化名不是随便起的，每个化名都来源于不对称加密技术中的密钥。一个用户可以有任意多个化名，即地址。需要有个比特币地址时，用户可以先生成一个私钥，然后获得与这个私钥配对的公钥，再对公钥进行 Hash 计算（其实只是取公钥的最低 160 位即 20 个字节），就可得到一个地址。这个地址与别人所用的相同即碰撞的可能性基本上是 0，可以忽略不计。在比特币参考设计的 C++代码中，一个私钥就是一个无符号字符的向量（可以看成数组）：

```
// secure_allocator is defined in allocators.h. CPrivKey is a serialized private key, with all parameters included
// (PRIVATE_KEY_SIZE bytes)

typedef std::vector<unsigned char, secure_allocator<unsigned char> > CPrivKey;
```

C++的标准类型 Vector 相当于不定长、可动态改变长度的数组，或队列。所以 CPrivKey 这个数据类型实际上就是一个字节数组，或者说一小块无结构的“数据”，实际上就是下述 CKey 对象串行化后的结果，其长度为 PRIVATE_KEY_SIZE 即 279 字节，如果加上压缩则为 214 字节。不过真正意义上的 256 位私钥只有 32 个字节，之所以相去这么远是因为这里面包含着许多参数。比特币的加密技术采用椭圆曲线算法（而不是质数算法），所以伴随着 256 位私钥还有一些参数，以便计算。另外，这些参数的表示还可以压缩，所以 COMPRESSED_PRIVATE_KEY_SIZE 是 214。

CKey 是源码中用来代表私钥的类，即数据结构加函数指针，下面是它的一个摘要：

```
class CKey    /* An encapsulated private key. */
] static const unsigned int PRIVATE_KEY_SIZE = 279;
] static const unsigned int COMPRESSED_PRIVATE_KEY_SIZE = 214;
] bool fValid;   //表示本私钥有效
] bool fCompressed;   //与此私钥配套的公钥是否需要压缩
] std::vector<unsigned char, secure_allocator<unsigned char> > keydata;   //本私钥的实际数据
] bool static Check(const unsigned char* vch)       //检查是否为一个符合椭圆曲线要求的私钥
  > return secp256k1_ec_seckey_verify(secp256k1_context_sign, vch)   //调用椭圆曲线密码库函数
] unsigned int size() const { return (fValid ? keydata.size() : 0); }
] const unsigned char* begin() const { return keydata.data(); }   //返回 keydata 的数据部分的起点
] const unsigned char* end() const { return keydata.data() + size(); }   //返回 keydata 的数据部分的终点
] void MakeNewKey(bool fCompressed)   //Generate a new private key using a cryptographic PRNG. 生成私钥。
  > do {
  >+ GetStrongRandBytes(keydata.data(), keydata.size());   //在 keydata 中生成一个随机数
  > } while (!Check(keydata.data()));      //如果不适合用作椭圆曲线加密私钥，就换一个，直到成功。
  > fValid = true;      //本私钥有效
  > fCompressed = fCompressedIn;   //与本私钥配对的公钥应予压缩
] CPrivKey GetPrivKey() cons          //将已经生成于 keydata 中的私钥转换成 CPrivKey 形式
     // Convert the private key to a CPrivKey (serialized OpenSSL private key data). This is expensive.
] CPubKey GetPubKey() const;         //计算生成与本私钥 配对的公钥
  > assert(fValid);
```

```
    > secp256k1_pubkey pubkey;
    > size_t clen = CPubKey::PUBLIC_KEY_SIZE;
    > CPubKey result;
    > int ret = secp256k1_ec_pubkey_create(secp256k1_context_sign, &pubkey, begin());
    > assert(ret);
    > secp256k1_ec_pubkey_serialize(secp256k1_context_sign, (unsigned char*)result.begin(), &clen, &pubkey,
                    fCompressed ? SECP256K1_EC_COMPRESSED : SECP256K1_EC_UNCOMPRESSED);
    > assert(result.size() == clen);
    > assert(result.IsValid());
    > return result;
] bool Sign(const uint256& hash, std::vector<unsigned char>& vchSig, uint32_t test_case = 0)
                                                        //用本私钥加签，产生一个数字签名。
] bool SignCompact(const uint256& hash, std::vector<unsigned char>& vchSig) const;
    // Create a compact signature (65 bytes), which allows reconstructing the used public key.
    // The format is one header byte, followed by two times 32 bytes for the serialized r and s values.
    // The header byte: 0x1B = first key with even y, 0x1C = first key with odd y,
    // 0x1D = second key with even y, 0x1E = second key with odd y, add 0x04 for compressed keys.
] bool VerifyPubKey(const CPubKey& vchPubKey) const;    //检验给定的公钥是否与这个私钥配套
```

这个类提供了三个至关重要的方法函数。首先是 MakeNewKey()，需要生成一个私钥的时候，先创建一个空白的 CKey 对象，再调用 CKey.MakeNewKey()就可在其 keydata 中生成一个（未经串行化的）私钥，可以调用 CKey.GetPrivKey()将其串行化成一个 CPrivKey 型数据，那才是上述长度为 PRIVATE_KEY_SIZE 即 279 字节的私钥。

然后，有了私钥之后，就可调用 CKey.GetPubKey()获得与其配对的公钥，那是一个 CPubKey 类对象。第三个至关重要的方法函数是 Sign()，就是用这个私钥对一个 256 位的 Hash 值签名。注意实际签名的目标对象是个 Hash 值，假定我们有一个（可以是很长的）文件需要签名，就先计算它的 Hash 值，然后调用这个函数加以签名，签名后串行化了的结果返回于参数 vchSig 中。

在私钥基础上通过 GetPubKey()获得的公钥是个 CPubKey 类对象，这个类的摘要是：

```
/** An encapsulated public key. */
class CPubKey{}
] static const unsigned int PUBLIC_KEY_SIZE                 = 65;
] static const unsigned int COMPRESSED_PUBLIC_KEY_SIZE      = 33;
] static const unsigned int SIGNATURE_SIZE                  = 72;
] static const unsigned int COMPACT_SIGNATURE_SIZE          = 65;
] unsigned char vch[PUBLIC_KEY_SIZE];   //去串行化的公钥数据，其长度可以从第一个字节算得。
```

```
] unsigned int static GetLen(unsigned char chHeader)   //根据公钥的第一个字节确定该公钥的长度
 > if (chHeader == 2 || chHeader == 3) return COMPRESSED_PUBLIC_KEY_SIZE;
 > if (chHeader == 4 || chHeader == 6 || chHeader == 7) return PUBLIC_KEY_SIZE;
 > return 0;
] unsigned int size() const { return GetLen(vch[0]); }
] const unsigned char* begin() const { return vch; }   //返回字节数组 vch 的起点
] const unsigned char* end() const { return vch + size(); }   //返回字节数组 vch 的终点
] const unsigned char& operator[](unsigned int pos) const { return vch[pos]; } //访问字节数组 vch 中的某个字节
    //! Implement serialization, as if this was a byte vector.
] template <typename Stream> void Serialize(Stream& s) const   //串行化
 > unsigned int len = size();
 > ::WriteCompactSize(s, len);
 > s.write((char*)vch, len);
] template <typename Stream> void Unserialize(Stream& s)   //去串行化
 > unsigned int len = ::ReadCompactSize(s);
 > if (len <= PUBLIC_KEY_SIZE) { s.read((char*)vch, len); }
 > else { // invalid pubkey, skip available data，长度不对。
 >+ char dummy;
 >+ while (len--) s.read(&dummy, 1);
 >+ Invalidate();
 > }
] CKeyID GetID() const   // Get the KeyID of this public key (hash of its serialization)
 > return CKeyID(Hash160(vch, vch + size()));   //公钥的 160 位 Hash 值，就是这个公钥的 CKeyID。
] uint256 GetHash() const   // Get the 256-bit hash of this public key.
 > return Hash(vch, vch + size());       //! Check whether this is a compressed public key.
] bool IsCompressed() const
 > return size() == COMPRESSED_PUBLIC_KEY_SIZE;
     // Verify a DER signature (~72 bytes). If this public key is not fully valid, the return value will be false.
] bool Verify(const uint256& hash, const std::vector<unsigned char>& vchSig) const;
     // Check whether a signature is normalized (lower-S).
] static bool CheckLowS(const std::vector<unsigned char>& vchSig);
    //! Recover a public key from a compact signature.
] bool RecoverCompact(const uint256& hash, const std::vector<unsigned char>& vchSig);
    //! Turn this public key into an uncompressed public key.
] bool Decompress();
```

注意常数 PUBLIC_KEY_SIZE 是 65，COMPRESSED_PUBLIC_KEY_SIZE 是 33，两种形式的公钥长度都是奇数，这是因为它们都带有一个字节的前缀，这个前缀字节是 2 或 3 表示这是个压缩的公钥，后面那 32 个字节（256 位）是这个公钥的数值；前缀字节是 4、6 或 7 则表示这是个未经压缩的公钥，后面那 64 个字节是其编码。注意 64 个字节就是 512 位，这里需要有点说明。从概念上说，一个私钥就是一段报文的 256 位 Hash 值，公钥则是对私钥进行某种密码计算后产生的 256 位数值。但是由于比特币所采用的是椭圆曲线加密算法，一个公钥实际上就是椭圆曲线上的一个点，那就有 x 和 y 两个 256 位的坐标，连在一起就是 512 位，再加上一个字节 0x04 的前缀，就是 520 位，即 130 个 4 位十六进制数字。但是椭圆曲线上一个点的 x 和 y 两个坐标之间存在着一定的数学关系，这就允许我们只用其 x 坐标作为 256 位的"压缩公钥（compressed public key）"，加上前缀 0x02 或 0x03，前者表示 y 的坐标为一偶数，后者则表示为一奇数。这是因为按 x 和 y 之间的数学关系，给定一个 x 坐标，会有两个可能的 y 坐标与之对应。这方面我们就不深入进去了。

这里提供了两个至关重要的函数。一个是 GetID()，这个函数获取该公钥（压缩或不压缩）的 160 位 Hash 值，返回一个 CKeyID 对象，这就是一个（比特币）地址。

```
class CKeyID : public uint160{}    // the Hash160 of its serialized public key，地址就是 160 位无符号整数
] CKeyID() : uint160() {}
] explicit CKeyID(const uint160& in) : uint160(in) {}
```

另一个函数是 Verify()。给定一个 Hash 值和对此 Hash 值的签名，这个函数判定用来签名的私钥是否就是与此公钥配对的那个私钥。注意这个函数只有两个参数，就是一个 Hash 值和一个对此 Hash 值的签名，这里似乎没有公钥出现，但这个函数其实是 CPubKey.Verify()，是由一个 CPubKey 对象即公钥提供的 Verify()，公钥的具体数值就是 CPubKey.vch。

显然，前述私钥的三个至关重要的方法函数，加上这里的 GetID()和 Verify()，特别是其中 Sign()和 Verify()这一对函数，就是构成比特币基石的加密技术的核心。这些函数的内部实现涉及很深奥的数学原理。我们就不深入进去了。

如上所述，对一个具体的公钥调用 CPubKey.GetID()就返回其 160 位 Hash 值，就是 CKeyID。这个"公钥 ID"就是人们常说的比特币地址，类似于一个收款账号。但是比特币的支付对象并不局限于比特币地址，后面我们将看到，还可以是"脚本 ID"即 CScriptID，还可以是"见证公钥 ID" WitnessV0ScriptHash 或"见证脚本 ID" WitnessV0ScriptHash。所有这些 ID，无非就是 256 位或 160 位的 Hash 值。而 Hash 值的长度，至少 160 位，则决定了发生碰撞的概率小到可以忽略不计，实际上不会发生。既然有这么多不同性质的 ID 都可以用作支付对象，比特币 core 的源码中就定义了一个类型 CTxDestination：

```
typedef boost::variant<CNoDestination, CKeyID, CScriptID,
                       WitnessV0ScriptHash, WitnessV0KeyHash, WitnessUnknown> CTxDestination;
```

这里 boost::variant 相当于 Java 或 C 语言中的 enum 类型，意思是 CKeyID、CScriptID 等等都可以是支付交易的对象，即 CTxDestination，这里 Tx 是 Transaction 的缩写。所以，"比

特币地址”其实还可以细分成“公钥地址”、“脚本地址”等等。

不管是什么地址，什么 ID，实质上都是 Hash 值。作为支付的对象，人们要求其表达形式应该是可读的，就像人的姓名是可读的一样。但是，以字节 0x4a 为例，如果就按其十六进制数值表示写成数字，那就是 4a，这当然是可读的，但是一个字节要用两个字符表达；如果用 ASCII 码表示，则 0x4a 就是字母“J”，只需一个字符就可表达，似乎比前者为好。可是用 ASCII 码表示有个问题，就是有些数值是没有 ASCII 表示的，或者其 ASCII 编码是不可读的。例如字节 0x0d，在 ASCII 编码中是个回车符，实质上是对打印机的控制码，这就是不可读的了。显然，为保证可读性，就得把那些不可读的 ASCII 码剔除掉。进一步，虽然可读但容易混淆的字符，例如小写的 l 和大写的 I（容易和数字 1 混淆），数字 0 和大写的 O，也应该剔除。这样，就有了比特币网络中采用的“Base58”编码，之所以是 58，是说一共有 58 个可读字符。

```
static const char* pszBase58 =        //All alphanumeric characters except for "0", "I", "O", and "l"
        "123456789ABCDEFGHJKLMNPQRSTUVWXYZabcdefghijkmnopqrstuvwxyz";
```

当然，用来编码的符号只有 58 个，而一个字节可以有 256 种数值，那就不是一个符号一个字节了。但是毕竟比用两个数字表示一个字节要好。缺点则是，这样一来，一个无符号字符串（即字节串）经 Base58 编码以后的长度就不确定了，会因具体的内容不同而有所不同。源码文件 base58.cpp 中有个函数 EncodeBase58()，就是用来生成一个无符号字符串的 Base58 编码，有兴趣的读者可以自己看一下，搞清 Base58 的编码方法，这里就不列出这个函数的摘要了。

所以，同是一个地址，在网络中传递时的表现形式，以及所谓“钱包导入（地址）格式”WIF，与在程序中用于计算和比较时的原始十六进制数据形式是不同的。首先是在公钥前面加了一个字节的“版本号（version）”前缀。这个前缀既表示内容的种类，包括地址的类型，也表示所采用的格式（如 WIF）。例如，普通 P2KH 地址的前缀是 0，而 P2SH 地址的前缀是 5。其次，也许更为重要的是，是在网络上传输时采用 Base58 编码。

经过 Base58 编码，地址数值的表现形式就会被改变，地址的长度也会改变。特别地，前缀字节的表示也就有了变化，这常会引起误解。特别是下面这两种：

- P2KH 地址，即以收款方公钥的 Hash 值为招领条件的“地址”，其前缀本来是 0x0，经 Base58 编码后就成为字符‘1’，这就是所谓“1 字头地址”。
- P2SH 地址，即以收款方所提供脚本的 Hash 值为招领条件的“地址”，其前缀本来是 0x5（在测试网中则为 196），经 Base58 编码后就成为字符‘3’（在测试网中则为‘2’），这就是所谓“3 字头地址”。

进一步，为防止传输出错，在 Base58 编码所成字符串后面又加上 4 个字节的 checksum，即检错码。这个 checksum 就是对该字符串进行 SHA256 计算（实际上是双重 SHA256 计算）所得结果的最高 4 个字节。被用作该字符串的后缀。这样，包括前缀在内的地址就受到了检错保护，只要传输中有错就可被察觉。这样的编码称为 Base58Check 编码，即 Base58+Check。

其实不仅地址是这样，对于私钥、公钥也都是这样，只是其前缀字节的数值不同。

然而，不管编码如何复杂，我们关心的是内容本身，即在程序中用于计算和比较时的形式，所以本书就不深入到 Base58 编码这些细节中去了。

2.1.2 交易和 UTXO

有了地址，就可以在比特币网络中进行交易了。比特币网络中的所谓"交易（Transaction）"实际上就是支付。支付要有个支付对象，或者说支付目标，地址就可以用作支付目标，这是最简单的支付目标。在比特币网络中，地址相符只是一种最简单的招领条件，实际上有好多种招领条件都可以用来规定支付目标。所以比特币参考设计的代码中定义了一个数据类型 CTxDestination：

```
/**
 * A txout script template with a specific destination. It is either:
 *    * CNoDestination: no destination set
 *    * CKeyID: TX_PUBKEYHASH destination (P2PKH)
 *    * CScriptID: TX_SCRIPTHASH destination (P2SH)
 *    * WitnessV0ScriptHash: TX_WITNESS_V0_SCRIPTHASH destination (P2WSH)
 *    * WitnessV0KeyHash: TX_WITNESS_V0_KEYHASH destination (P2WPKH)
 *    * WitnessUnknown: TX_WITNESS_UNKNOWN destination (P2W???)
 *    A CTxDestination is the internal data type encoded in a bitcoin address
 */
typedef boost::variant<CNoDestination, CKeyID, CScriptID,
                WitnessV0ScriptHash, WitnessV0KeyHash, WitnessUnknown> CTxDestination;
```

比特币的代码中广泛采用一个称为boost的C++语言库，boost::variant类似于C语言中的union，Java中的enum。这个CTxDestination的类型定义告诉我们，交易的目标、更确切地说是支付的目标可以是个CKeyID，就是对方的地址，即其公钥的160位Hash值，这称为P2PKH（P2表示"Pay to"）；也可以是个CScriptID，这是把一个脚本串行化后的160位哈希值、俗称"脚本地址"，这称为P2SH。此外还可以是WitnessV0KeyHash或WitnessV0ScriptHash，前者也是公钥160位Hash值，后者却是脚本的256位Hash值，分别称为P2WPKH和P2WSH；这都是用于SegWit（即Segregated Witness，将作为签名的数据剥离开来，见BIP141等，后面会讲到）的，我们在这里暂不关心。还有个WitnessUnknown，也是属于SegWit，但现在还没有明确定义。最后还有CNoDestination，表示没有目标。用得最多的，当然是CKeyID和CScriptID，即以匿名的用户为交易对象，或以某个脚本为交易对象。前面讲过，其实交易对方总是某个用户，只是招领的方式不同，实际上前者是以脚本中指定的公钥为认领条件，后者是指定以一个脚本的Hash值为认领条件。所谓P2SH，并非字面上的"付给脚本的Hash值"，而是要认领者必须提供预定的脚本为证，这个脚本就相当于"信物"，而欲判定认领者所提供的脚本是否相符，则可对其进行Hash计算，看结果是否与给定的Hash值相符。采用SegWit的时候也是这样，P2WSH并非“付给SegWit的脚本Hash值”，而是要求认领者提供一个SegWit格式的脚本，其Hash值必须与给定的相同。

注意比特币网络中的一个交易中可以有多笔支付，而每笔支付都有其支付对象。

明白了这些以后，我们就可以看看所谓的“交易（Transaction）”，是怎么个东西了。

在 Bitcoin 的 C++源代码中，具体的交易是由 CTransaction 类对象代表的。然而值得注意的是，代表着同一笔交易的 CTransaction 对象，在其流程的不同阶段中其实有着不同的含义。一个节点发起一笔交易，并将其提交在比特币网络中作为消息（Message，也称报文）发送出去，到别的节点从接收到的消息中抽取还原出一个 CTransaction 对象而尚未加以执行前，这是一个交易请求；对交易请求的执行就是交易的实施；实施以后进入某个块中，最后进入块链中，则变成了交易记录。可是在 Bitcoin 的程序和文献中却都统称为 Transaction，即“交易”，读者在阅读时要注意区分这个词的实际含义。另外，后面我们在讲到交易时常常会以缩写 Tx 表示。下面是 Transaction 类的摘要。我们在这里只关心它的数据结构部分：

```
class CTransaction{}        //一个交易请求或交易记录
] const std::vector<CTxIn> vin        //本 Tx 的输入 UTXO 序列，即资金来源。
] const std::vector<CTxOut> vout    //本 Tx 的输出 UTXO 序列，即资金运用、资金去向。
] const int32_t    nVersion                  // CURRENT_VERSION=2
] const uint32_t    nLockTime          //锁定时间，时间未到点之前本交易不得入块。
] const uint256    hash        //Memory only，本 Tx 的 Hash 值，只存储在内存中，不作永久存储，也不发送。
```

就是说，对于一次交易的描述，其内容包括：一个版本号 nVersion；一组表示资金来源的 CTxIn 对象，即数组 vin（我们从逻辑上把 C++标准库中的数据类型 vector 看成数组，后面都是这样）；一组表示资金去向的 CTxOut 对象，即数组 vout；一个暂时冻结本交易不让入块的时间长度 nLockTime。我们在后面将看到，通过 nLockTime 对于入块时间的锁定，对于 Bitcoin 网络中“智慧合约”的构建和使用起着很重要的作用。另有一个成分 hash，就是对于这个数据结构即具体交易内容（不包括这个 hash 字段本身）的 Hash 值，用来唯一地标识和确定一个具体的 CTransaction 结构。不过这个成分是“Memory only”，即仅当将一 CTransaction 存储在内存中时才有，并不随同主要内容一起发送和永久存储，逻辑上并非 CTransaction 的一部分。当然，这个 Hash 值是可以临时计算出来的。

这里我们没有列出为这个类定义的操作方法（函数），后面将结合程序流程加以介绍。但是这里要说明，凡是像交易请求那样会在网络上加以发送，或者会写入外部设备的数据结构，由于在网络上只能按位发送，在磁盘上也只能按位写入，因而在其类型定义中都会有一对用于数据结构内容“串行化（Serialize）”和“去串行化（Deserialize）”的方法，一般就是 Serialize()和 Deserialize()或 Unserialize()。这两个方法所涉及的都是编解码，与程序流程的“主旋律”关系不大，所以在本书中一般就不关心这两个方法，需要了解这两种操作的读者可以自己阅读源代码。

CTransaction 类型定义中的这些数据成分，前面都有个保留字 const，表示这些成分的内容都是不可改变的。但是注意 const 只是对 C++编译的提示，说明这些成分都是只读不可写的，让它在编译过程中把住关，如果在源程序中遇到意欲改变这些字段的语句就报出错，至于在机器硬件方面则并无这样的保护手段。但是我们有时候又确实有改变这些内容的需要，得让编译器知道我们真的是要改变，所以 Bitcoin 的源码中又定义了一个名为 CMutableTransaction 的数据结构，其数据成分与 CTransaction 一样，但前面都不带 const。所谓 Mutable，就是可修改的意思。读者也许觉得这似乎有点像文字游戏，为什么要在 CTransaction 里面把数据成分都限定为 const，又另外再定义一个 CMutableTransaction，这不有点像掩耳盗铃吗？其实不然，这样 C++编译器就能帮你把关，让你不至于因为疏忽不小心而改变了本来不应改变的内容；至于真有改变的需要时，则可以（而且应该）像这样明确地创建一个 CMutableTransaction 对象，改变完了之后就把它转变成一个 CTransaction 对象，就是以 CMutableTransaction 对象为输入参数另行创建一个 CTransaction 对象。程序员之水平高低，这就表现出来了。

所以，在 CTransaction 的定义中其实并没有提供 Deserialize()方法，而是在以 CMutableTransaction 对象为参数的 CTransaction 构造函数中实现去串行化：

```
template <typename Stream>
  CTransaction(deserialize_type, Stream& s) : CTransaction(CMutableTransaction(deserialize, s)) {}
```

这行代码是从源代码直接抄过来的，也许需要一点解释。

CTransaction(deserialize_type, Stream& s)是 CTransaction 类的一个构造函数。这是个所谓“泛型”函数，或者说“样板（template）”，其参数类型 Stream 可变，但代码是固定的。这个构造函数依赖于另一个构造函数 CTransaction(const CMutableTransaction &tx)，不过在后者基础上无须增添任何代码，所以后面是一对空的花括号。后者的代码是这样：

```
CTransaction::CTransaction(const CMutableTransaction &tx) :
      vin(tx.vin), vout(tx.vout), nVersion(tx.nVersion), nLockTime(tx.nLockTime), hash(ComputeHash()) {}
```

可见其各个结构成分的值都照抄自 CMutableTransaction 类对象 tx 的相应成分。

由于这个构造函数的参数是个 CMutableTransaction 类对象，程序中先要调用这个类的构造函数 CMutableTransaction(deserialize_type, Stream& s)，这个函数的代码只有一行，就是 Unserialize(s)。

```
template <typename Stream> CMutableTransaction(deserialize_type, Stream& s) { Unserialize(s); }
```

这里的输入参数 s 表面上是个 Stream 类对象，其实这 Stream 究竟是什么类取决于具体定义。在这里，这就是个串行化了的 CTransaction，现在要把它去串行化，还原成 CTransaction。办法是先以 s 和一个类型为 deserialize_type 的对象 deserialize 为输入参数，构建一个

CMutableTransaction 对象，这实际上就是去串行化的过程。在此过程中当然要修改 CMutableTransaction 对象内部的那些数据成分，这没有问题，因为那些成分都不是 const。然后再以这 CMutableTransaction 对象为输入参数，构建一个 CTransaction 对象，这就完成了通过去串行化还原 CTransaction 对象的过程。

读者也许注意到了，在交易请求即 CTransaction 结构中并没有时戳（timestamp）。显然，比特币那些设计者认为在交易请求上没有必要带上时间标记，因为每个交易请求都是独立的（只要其资金来源有保证就行），与时序无关。但是，到了一个交易请求得到执行并进入某个块，成为交易记录的时候，块头中是有时间信息的。

不言而喻，作为面向支付的交易请求，最重要的信息是所支付资金的来源和去向。CTransaction 中的 vin 和 vout，前者说明资金来源，后者说明资金去向。这二者都是 std::vector，C++标准库中的 vector 接近于序列或数组。我们可以把 vin 看成是个 CTxIn 序列，逐项说明资金来源；而 vout 则是个 CTxOut 序列，逐项说明资金去向。

每个 CTxIn 说明了一项资金来源，显然每次支付都至少要有一项来源（Coinbase 例外），但也可能需要有多项来源才能凑够支付所需。

```
class CTxIn{}
] COutPoint   prevout   //指向具体的资金来源，包括来自哪一项交易的第几项输出：
]] uint256    hash      //资金来源所在 Tx 的 Hash 值，唯一地确定了一个 Tx。
]] uint32_t   n         //本项资金来源是该 Tx 中的第几项输出。
] CScript   scriptSig   //为领用该项资金而提供的脚本（认领脚本），必须带有认领者的签名。
] uint32_t   nSequence  //具有特殊作用，见下述。
] CScriptWitness   scriptWitness;   //! Only serialized through CTransaction
                                    //见证数据（这是为 SegWit 而新加的），0x00 表示无，详见 BIP-141。
```

这里的 prevout，是一个 COutPoint 数据结构，里面有 hash 和 n 两个成分，说明所述的资金来源于哪一项交易中的第几项输出。在 Bitcoin 网络中，用来唯一标志一项交易的特征就是它的 Hash 值。说明了资金来源之后，下面就得通过认领脚本（或曰领用脚本）scriptSig 提供认领这笔资金的证据。这个脚本名曰 scriptSig，其中的“Sig”是 Signature，即“签名”的缩写，这个脚本最主要的功能就是提供资金认领者的签名，必须与资金提供（支付）方所设立的认领条件相符才能认领成功，从而才可花费即用于新的支付。早期的 CTxIn 结构中只有这么一个脚本，但是后来有了“多方签名”的思路和技术，情况就起了变化。多方签名，即 m-of-n 签名，表示需要在指定的 m 个人中有 n 个人提供签名才可以花费一个特定的 UTXO。如果是 2-of-2，那就是同时提供两个单方签名，实质上就是两人共同签名。在多方签名中，我们可以把其中的每个单方签名都看作是“见证（Witness）”。开始时多方签名就是在认领脚本中提供的（见 BIP11），后来人们因为种种原因认为不如把“见证”分离出来，单独形成一种“见证脚本”，那就是这里的 scriptWitness。这样的方案，就称为 SegWit，是“Segregated Witness”即“分离式见证”的意思，定义于 BIP141 和随后的几个 BIP 中。SegWit 的实现伴随着 CTxIn 数据结构的改变，这无疑会引起比特币网版本的分叉，所有的 Peer 节点必须同时切换到新的版本，要不然就无法兼容。然而兼容的问题比这更为复杂，如果说 Peer 节点之间的兼容是空域上的兼容，那么块链上不同区块之间的兼容就是时域上的兼容。这里有个很现实的问题，就是 TxID，即 CTransaction 结构的 Hash 值如何兼容的问题。假定实施 SegWit 之后计算 TxID 时把 scriptWitness 也包括进去，然而实施 SegWit 之前的区块中所含的 TxID 都是不含 scriptWitness 的，这就带来了计算方法的不同。或许我们可以按“老块老办法，新块新办法”的思路去对付这个问题，但是人们经过讨论之后认为还是“老操作老办法，新操作新办法”更好一些。所以现在（实施了 SegWit 之后）凡是含有见证信息的交易请求就有两种 TxID。一种是 Hash 计算时把 scriptWitness 排除在外的，那就是传统的 TxID；另一种是 WTxID，是包含 scriptWitness 在内的。前面 CTxIn 类的定义中结构成分 scriptWitness 后面有个原文注释：“Only serialized through CTransaction”，什么意思呢？就是你把一个 CTxIn 串行化（Hash 计算是在串行化了的结构上进行的）的时候，这个 scriptWitness 是被排除在外的，但是在串行化一个 CTransaction 的时候才会把它一起放进去，但那也是可控的。我们不妨看一下 SerializeTransaction()这个函数。

```
template<typename Stream, typename TxType>
inline void SerializeTransaction(const TxType& tx, Stream& s)
> const bool fAllowWitness = !(s.GetVersion() & SERIALIZE_TRANSACTION_NO_WITNESS);
        //s 是个 Stream，在这里是个缓冲区。GetVersion()返回对其一些属性的配置，
        //其中有个标志位 SERIALIZE_TRANSACTION_NO_WITNESS，表示串行化时须排除见证信息。
        //这里的布尔变量 fAllowWitness 的值取决于配置中的这个标志位所表示的属性
> s << tx.nVersion;                          //首先把 CTransaction.nVersion 字段写入缓冲区
                                             //“<<”是重载的算符，表示将数据串行化、编码，并写出。
> unsigned char flags = 0;
> // Consistency check
> if (fAllowWitness) {                       //如果不排除见证脚本：
>+ /* Check whether witnesses need to be serialized. */
>+ hasWit = tx.HasWitness()                  //检查这个交易请求是否带有（分离的）见证信息，展开：
>+> for (size_t i = 0; i < vin.size(); i++) {
>+>+ if (!vin[i].scriptWitness.IsNull()) { return true; }  //只要有一项资金来源的见证脚本非空
>+> }
>+> return false;    //没有一项资金来源的见证脚本非空
>+ if (hasWit) { flags |= 1; }         //flags 的最低位为 1 表示该交易请求有见证信息，并不予排除。
> }   //end if (fAllowWitness)
> if (flags) {   //该交易请求有见证信息，并且不予排除：
>+ /* Use extended format in case witnesses are to be serialized. */
>+ std::vector<CTxIn> vinDummy;   //一个空白的 CTxIn 向量
>+ s << vinDummy;                    //将其串行化写入缓冲区
>+ s << flags;                        //把 flags 也写入缓冲区
```

```
> }                    //要不然就跳过上面这两项
> s << tx.vin;              //把 tx.vin[]串行化后写入缓冲区，注意此时并不包括 CTxIn.scriptWitness。
> s << tx.vout;             //把 tx.vout[]串行化后写入缓冲区
> if (flags & 1) {                  //如果该交易请求有见证信息，并且不予排除：
>+ for (size_t i = 0; i < tx.vin.size(); i++) {
>++ s << tx.vin[i].scriptWitness.stack;    //依次把各项资金来源的见证脚本串行化并写入缓冲区
>+ }
> }
> s << tx.nLockTime;       //最后把 CTransaction.nLockTime 字段也串行化并写入缓冲区
```

显然，标志位 SERIALIZE_TRANSACTION_NO_WITNESS 在这里起着决定的作用，然而这个标志位的值是怎么来的呢？看一下这个函数就明白了：

```
uint256 CTransaction::ComputeHash()       //计算一个 CTransaction 结构的 Hash 值：
> return SerializeHash(*this, SER_GETHASH, SERIALIZE_TRANSACTION_NO_WITNESS)
```

就是说，当你对一个 CTransaction 调用 ComputeHash()，计算它的 Hash 值的时候，这个函数总是把这个标志位往下传，以后一路看到这个标志位的值都是 1，所以都把见证脚本开除在外。如果我们再苛刻一些，问怎么就能肯定在“s << tx.vin”这个语句中排除了 scriptWitness，那么可以看一下 CTxIn::SerializationOp()的源码：

```
template <typename Stream, typename Operation>
inline void SerializationOp(Stream& s, Operation ser_action) {
        READWRITE(prevout);
        READWRITE(scriptSig);
        READWRITE(nSequence);
}
```

对照一下 CTxIn 的数据结构，就可知道它的 SerializationOp()确实没有把 scriptWitness 写出去，把它排除在外了。

前面我说了 SegWit 的采用是因为“种种原因”，那究竟是什么原因呢？按 BIP62 和 BIP141 所述，最主要的原因是交易请求在传播过程中的“Malleability”。Malleability 这个词，国内有人按字典上的条目翻译成（金属材料的）“延展性”，其实就是“可塑性”、“可变形”的意思，本意是说在原来的设计中带有签名信息的交易请求在传播过程中（在某些特殊的情况下）有可能被修改变形，这可以是无意的（Nonintentional），也可以是恶意的。虽然发生问题的可能性极小，但毕竟有这种潜在的可能。而采用 SegWit 的方案可以解决这个问题。再说，原先规定的区块大小（最大 1MB）也显得容量不足，另外也还有别的考虑。关于这些问题的讨论都是很专门（有些还很高深）的，我们就不陷进去了，有兴趣的读者就自己去钻研吧。

回到 CTxIn 的数据结构。结构成分 nSequence 起着特殊的作用。这个字段从前没有，是应BIP-68的提议而加的，意在与CTransaction中的nLockTime联用。如果一个Tx中每个CTxIn的nSequence的值都设置为SEQUENCE_FINAL，即0xffffffff(32位全1)，就表示其nLockTime不起作用，否则就要按 nLockTime 暂时锁定不让入块，从而不让生效。

交易的发起方，即其 vin 所述资金来源的认领方，又是其 vout 所述资金去向的支付方，通过 vout 说明各项输出的招领条件。结构成分 vout 是个 CTxOut 的向量，就是一个 CTxOut 的序列。

每个 CTxOut 表明了一笔支付，包括具体的金额和招领条件，招领条件实质上决定了具体的支付对象。显然，每个 CTxOut 代表着交易的一项输出，如果这笔输出尚未被领用，或者说尚未被花费，就成为一项“未花费交易输出（Unspent Transaction Output）”，即 UTXO。当然，每一笔输出只能被花费一次，一旦被认领花费，UTXO 就成了 TXO。那时候 CTxOut 还是 CTxOut，但是却不能再被花费了，要不然就是“双重花费（double spend）”。

class **CTxOut**{}
] CAmount nValue //本项输出即该 UTXO 所承载的比特币金额
] CScript scriptPubKey //招领脚本，虽然名为 scriptPubKey，却未必只是以公钥为条件的脚本。

结构成分 nValue 就是所支付的资金数量，scriptPubKey 则是用来设立认领条件的脚本，从性质上说可以称之为“招领”脚本，也可以说是“条件”脚本。这个脚本名曰 scriptPubKey，意为用来规定认领者即支付对方所应具有的公钥。这反映了早期比特币网络中是以公钥（从而以“地址”）为支付对象的特征和条件。尽管后来有了更灵活多样的运用，这个成分的名称却保留未变。其实付方给定的招领脚本并不是一个完整的脚本，认领方提供的认领脚本也不是一个完整的脚本，二者连在一起才成为一个完整的脚本。这样，验证的时候只要将付方给定的脚本 scriptPubKey 与认领方给出的脚本 scriptSig 串在一起，由比特币虚拟机加以执行，其结果就决定了认领方是否可以领用（花费）本项资金。也有人称招领脚本和认领脚本为“锁定脚本（locking script）”和“解锁脚本（unlocking script）”，这也很形象地说明了这两种脚本的作用。

注意这里我说的是支付方与认领方，而不说支付方与收款方。这是为了强调：在比特币网络中，支付方并不像一般所理解的那样把钱打进收款方的账户，而只是把支付内容“挂”在形同公共场所的比特币网络上让人认领，谁能拿出招领条件中所规定的证据，谁就能把钱领走（立即花费掉）。

读者也许觉得 CTxOut 结构中应该有个标志位 Spent，表明本项输出是否已经被花费。但是比特币的设计本身就排除了这种可能。这是因为，CTxOut 是 CTransaction 内部的一个成分，如果里面含有可变的成分，就不能以 CTransaction 的 Hash 值作为其唯一的标识了。更重要的是，CTransaction 会进入“块”即 CBlock 中，一旦一个交易入了块，并进而入了链，就不允许修改。这样，一旦入了链，即便具体 CTxOut 结构中有这么个 Spent 标志位，也是不可改变的了。而一个具体 UTXO 的被花费，却可以是在入链之后很久才发生。

如上所述，每个 CTxIn 中都有个 COutPoint，指向所欲花费的这笔资金的来源，里面说明了那个交易的 Hash 值是什么，以及所述资金来源是哪个交易中的第几笔输出，即第几个 UTXO：

```
class COutPoint{}    //An outpoint - a combination of a transaction hash and an index n into its vout
] uint256 hash       //所指向 Tx 的 Hash 值（实质上就是 TxID）
] uint32_t n         //所指向 Tx 中的第几项输出
```

但是这里并没有指明这个交易是在哪一个块中。为什么不在 COutPoint 中放上此项资金来源所在的块号呢？我们知道，同一个 Tx，究竟进入哪一个块，是有不确定性的。即使你看到了一个新发布的块里面有这笔交易，也不说明这笔交易将来一定是在这个块中，因为块的发布可能会有冲突而形成链的分叉，最后未必就是这个块所在的分支胜出。所以你现在看到的这个块将来有可能是无效的，而在最终生效的那个具有相同块号（称为“高度”）的块中可能并不包含你所指定的交易。那笔交易有可能跑到了另一个块中，甚至还可能入不了块（比方说如果你提供的手续费太少）。这样，如果在 COutPoint 结构中写死了来源块号，根据这个块号去找是有可能找不到的。

可是这样一来，只拿一个 Hash 值，不知道它所代表的交易究竟在哪个块中，怎样才能找到这个交易呢？再进一步，即使找到了这个交易，也看到它确实有那么一份输出，又怎么能确认其是否已被花费呢？也许读者会想，就像 CTxIn 中有个 COutPoint 一样，是否在 CTxOut 中也放上一个 CInPoint 字段，这个字段开始时应该是空白，然后哪一个交易花费了它，就把那个交易的 hash 和 n 填写在这个字段中，这样不也很好？但这又是行不通的，同样也是因为块的内容不可更改，这是区块链技术的核心所在，不能动摇。

所以，我们需要有个凭 Tx 的 Hash 值就能找到它，并且验证该 Tx 是否有这么一份资金输出以及是否已被花费的手段。

比特币的实现方案中采用的是一种类似于数据库的手段。这一点后面还会讲到。

2.1.3 块头与块、Merkle 树

一个交易进入比特币网络，通过 P2P 通信像一滴墨水落入一杯水中一样逐渐扩散到所有网络节点，在许多节点上被验证和执行，但在尚未被记录在某个块中之前都属于尚未得到确认的交易。一旦进入了某个新发布的块，就得到了确认。块，是由块头和块身两部分构成的，交易记录都在块身部分，但块头有着关键的作用。我们先看块头的结构：

```
class CBlockHeader{}
] int32_t nVersion            //所采用 Bitcoin 协议的版本号
] uint256 hashPrevBlock       //上一个块（块头）的 Hash 值。
] uint256 hashMerkleRoot      //所记载交易记录的 TxID 即 Hash 值所构成 Merkle 树的根
] uint32_t nTime              //本块的发布时间
```

```
] uint32_t nBits          //为“挖矿”过程设置的难度，Hash 值中须有的前导零的位数。
] uint32_t nNonce         //在“挖矿”过程中使 Hash 值达到 nBits 字段所规定前导零位数的试凑值。
```

对于一个块（其实是块头）的 Hash 计算，就是对这六个字段进行的。其中的 hashMerkleRoot 起着特别的作用。这个字段的值是所谓 Merkle 树的根，把所有交易记录的 Hash 值依次排列并且两两 Hash，再把所得结果又两两 Hash，直到只剩下单个 Hash 值，就得到了 Merkle 树的各个节点及其根。这样，只要其中有一个交易记录的内容被改了一位，那么这个交易记录的 Hash 值就变了，从而 Merkle 树中的某些节点就变了，树的根也就变了。所以这个字段的存在决定了所有交易记录的内容不可更改。当然，你可以改变某个交易的内容，再修改 Merkle 树上的相关节点，直到把 hashMerkleRoot 改掉。但是这样一来整个块头的 Hash 就变了，另外，由于块头内容的改变，原来使 Hash 值满足“工作证明（POW）”即“挖矿”条件的 nNonce 值就不再有效，这个块就通不过验证了。

显然，块头中并不包含其自身的 Hash 值，但是却包含其先前块的 Hash 值，所以对一个块（块头）进行的 Hash 计算结果总是记录在它的下一个块中。所谓“块链”，就是这样形成的。结构中的 nBits 和 nNonce 两个字段只与“挖矿（Mining）”的过程有关，后面将会加以说明。为什么不在块头中也放上本块块头的 Hash 值呢？因为这样才能使得在每次需要时现时计算它的 Hash 值，再与记录在下一块中的 Hash 值进行比对。

这样，块头的 Hash 值就卡住了整个块头的内容，包括 hashMerkleRoot 字段，而后者则通过 Merkle 树的计算卡住了整个块身中的所有交易记录，包括 Coinbase。所以块头的 Hash 值实际上卡住了整个块中的所有内容，只要有一个比特的不同就会在块头 Hash 值上反映出来，无所遁形。块链的不可更改性就是这样来的。读者也许会想，我对其中一个二进制位的改变是否有可能通过更改别的内容把它补偿过来，使得块头的 Hash 值保持不变？前面讲过，对于 256 位的 Hash，这样的成功率取决于 Hash 算法，理想的 Hash 算法可以把它降到只有 2^{256} 分之一。

块的数据结构 CBlock，则是在块头的基础上增添了一个所记录交易的序列（向量）：

```
typedef std::shared_ptr<const CTransaction> CTransactionRef      //指向 CTransaction 结构的指针

class CBlock : public CBlockHeader{}
] std::vector<CTransactionRef> vtx      //network and disk，这个字段的内容会被发送并写入磁盘。
] mutable bool fChecked    //memory only，这个字段的内容只存在于内存中。mutable 表示可更改。
```

从类的定义看，CBlock 类就是对 CBlockHeader 类的扩充，所扩充的内容实际上只是一个 CTransactionRef 的向量，本质上就是一个 CTransaction 的序列，CTransactionRef 其实就是指向 CTransaction 的结构指针。

上面讲了，块头中的 hashMerkleRoot 字段控制住了块身中的所有交易记录，这是由所有交易记录的 ID 即 Hash 值所构成的 Merkle 树的根。那么 Merkle 树又是怎么回事呢？

Merkle 树是一种平衡二叉树。树的最底层是全体 TxID 的序列，每个叶节点都是一个 TxID。假定一共有 N 个 TxID，把相邻的 TxID 两两结合，就可以算出 N/2 个 Hash 值，形成 N/2 个上一层节点。这里，如果 N 为偶数当然没有问题，但若 N 为奇数则将最后一个叶节点（TxID）重复一下，凑成偶数。这样，我们就得到了这个 Merkle 树中的次底层的全部节点，每个节点都是对其左右两个子节点即两个 TxID 的 Hash 值。当然这一层节点的数量可能是偶数也可能是奇数。然后，我们故伎重演，就又得到再上一层的全部节点。依此类推，最后就得到树的顶层节点即树根节点，这个节点的值就记录在块头中的 hashMerkleRoot 字段内。所以，Merkle 树是一种二叉树，除叶节点外的所有中间节点（包括根节点）都有左右两个子节点。Merkle 树又是一种平衡树，从根节点向下，每个节点的左右两个分支都是同样的大小。显而易见，所有中间节点的总数与所有叶节点的总数相当。而树的高度，即层数，则是 logN+1，包括根节点在内。显然，Merkle 树通过其根节点的值能控制住所记载的所有交易记录，因为任何一个交易记录的任何改变都会反映在根节点上。注意，块头中所记载的只是 Merkle 树根的值，Merkle 树本身是不在块头中的，并且也不在块身中，可以临时加以构造。

可是显然对单层的 TxID 序列进行 Hash 计算，即对所有 TxID 的线性排列进行 Hash 计算，也能起这样的作用，而且所需的 Hash 计算量（以及所占空间）更小。那我们为何要采用 Merkle 树呢？这就涉及另一个问题，即给定一个交易的 TxID，怎样在一个块中找到这个交易。

让我们设想这样一种情景：为了节省存储空间，你只是存储着块链中所有的块头，但是却没有块身。而我却存储着所有的块头和块身。然后你给定一个交易的 TxID，问我这个交易在不在某个特定的块中，因为我存储着这个块的块身。我可以告诉你，是的。但是光有这么一个答复并不可靠，你需要亲自加以验证。为此，我可以把记录在这个块中的所有交易的 TxID 发给你，这就是上述的 TxID 序列。假定这个块中记录了 1000 个交易，我就得发给你 1000 个 TxID 的序列。而你则需要验证所述的 TxID 确实在这个序列中；还要对这 1000 个 TxID 的序列进行 Hash 计算，再将所得结果与记载在块头中的数值进行比对。而如果采用 Merkle 树，则我只需要沿着与此 TxID 相对应的叶节点通往树根的路径发送大约 2logN 个 Hash 值，即通往根节点的沿途每层两个节点的值，而你只需进行 logN 次 Hash 计算（因为每次都是两两 Hash），就可得到根节点的值（那也是个 Hash 值），再与块头中的 hashMerkleRoot 字段进行比对就行。仍以 1000 个交易为例，此时我只需发送 20 个 Hash 值（TxID 就是 Hash 值），你只需进行 10 次 Hash 计算就行。所以，这里有个前提，就是在比特币网络中有些节点可以不完整存储所有的块，而只存储块头。另外，所谓块链，其实只是块头的链。事实上，即使在同时存储块头和块身的节点上，块身与块头一般也不是连在一起的，vtx 是 CTransactionRef 的序列而不是 CTransaction 的序列。

可想而知，只要块链的长度到了一定的程度，把所有的块（块头和块身）都放在内存中是不现实的，只能把它们写在磁盘文件中。既然写在文件中，就得记下每个文件所存储的范围，以便查找，CBlockFileInfo 就起着这个作用：

```
class CBlockFileInfo{}
] unsigned int nBlocks            //!< number of blocks stored in file，存储在这个文件中的块数。
```

] unsigned int nSize //!< number of used bytes of block file，占据的总字节数。
] unsigned int nUndoSize //!< number of used bytes in the undo file
] unsigned int nHeightFirst //!< lowest height of block in file，在这个文件中的最小块号。
] unsigned int nHeightLast //!< highest height of block in file，在这个文件中的最大块号。
] uint64_t nTimeFirst //!< earliest time of block in file，在这个文件中最早的时间。
] uint64_t nTimeLast //!< latest time of block in file，在这个文件中最晚的时间。

可是，手上有个块头，怎么快速地从文件中找到这个呢？这就需要为块做上索引，为每个块创建一个 CBlockIndex 对象：

class **CBlockIndex**{}
] uint256* phashBlock //pointer to the hash of the block, if any. Memory is owned by this CBlockIndex
] CBlockIndex* pprev //pointer to the index of the predecessor of this block，指向前一个块的索引。
] CBlockIndex* pskip //pointer to the index of some further predecessor of this block
] int nHeight //height of the entry in the chain. The genesis block has height 0，高度（即块号）。
] int **nFile** //Which # file this block is stored in (blk?????.dat)，块文件名中的编号。
] unsigned int **nDataPos** //Byte offset within blk?????.dat where this block's data is stored
] unsigned int **nUndoPos** //Byte offset within rev?????.dat where this block's undo data is stored
] arith_uint256 nChainWork //(memory only) Total amount of work (expected number of hashes)
// in the chain up to and including this block
] unsigned int nTx //Number of transactions in this block. 本块中的交易数量
] unsigned int nChainTx //(memory only) Number of transactions in the chain up to and including this block.
] uint32_t nStatus //Verification status of this block. See enum BlockStatus
] int32_t nVersion //与块头中相同：
] uint256 **hashMerkleRoot**
] uint32_t nTime
] uint32_t nBits
] uint32_t nNonce
] int32_t nSequenceId //(memory only) Sequential id assigned to distinguish order in which blocks are received.
] unsigned int nTimeMax //截止于本块的最大时间，这个字段只存在于内存。
//(memory only) Maximum nTime in the chain up to and including this block.

CBlockIndex，当然是对于块的索引，所记录和提供的主要是关于块的位置信息。所以这里核心的成分是 nFile、nDataPos、nUndoPos，这也说明了块在磁盘上的存储方式。显然，Bitcoin 网络节点把块存放在磁盘文件中，文件名为 blk?????.dat，这里的?????为编号，字段 nFile 的值就是这个编号。不过这样的文件与块的映像并无一一对应的关系，一个文件中通常有很多个块的（串行化后的）映像，所以不但要说明在哪个文件中，还要说明块的起点在文件中的位移。进一步，对于每一个块，不仅要存储它本身的数据，还要存储它的 Undo 信息，但是这二者是存储在不同的文件中，一个是名为 blk?????.dat 的文件，另一个是名为 rev?????.dat 的文件中，两个文件具有相同的编号?????。所谓 Undo 信息，是指要回退取消一个块时所需的复原信息。

从中可以看出，块索引结构中含有块头的几乎所有信息，此外就是关于块的持久存储位置。所以，正如前面所说，所谓"块链"其实是块头的链；但更是块索引结构的链，因为那样才容易找到块头所对应的块身。

块链在各个比特币网络节点上的物理存在就是一个 CChain 类对象，这个对象只存在于节点的内存中，不作永久存储：

```
class CChain {}        //An in-memory indexed chain of blocks.
] std::vector<CBlockIndex*> vChain
] CBlockIndex *operator[](int nHeight)    //根据块的高度获取该块的索引项
  > if (nHeight < 0 || nHeight >= (int)vChain.size()) return nullptr;
  > return vChain[nHeight];
] CBlockIndex *Tip()   //获取（链顶）最高块（即最优快，BestBlock）的索引项
> return vChain.size() > 0 ? vChain[vChain.size() - 1] : nullptr;
```

显而易见，这就是一个块索引结构即 CBlockIndex 对象的序列。给定一个块的"高度（Height）"，就可像在数组中那样以此为下标找到这个块的索引对象，进而从磁盘文件中找到这个块的串行化了的对象。当然，也可以顺着这个序列的索引依次扫描整个块链。块的"高度"决定其在块链中的位置，其作用有点像块号，但是块链中由于分叉可能会有不止一个块处于同样的高度，所以块号的概念其实不甚确切。可是处于相同高度的多个块之间又如何区分呢？块的唯一的 ID 就是它块头的 Hash 值。这里有个问题：如果有分叉的话，这个 vChain 序列中对处于同一高度的块是怎么索引的？我们看一下这个类对于数组下标算符[]的重载函数 operator[](int *nHeight*)可以看出，它所返回的是 vChain[nHeight]，可见一个 CChain 的 vChain 序列中只提供对于一个分支的索引。

特别地，当前最长分支上高度最大的那个块，代码中称之为"最优块（Best Block）"，不过本书中常常称之为最高块，我觉得那样更便于理解。

除块链 CChain 本身外，每个节点上还维持着一个关于块链的状态：

```
class CChainState {}
] std::set<CBlockIndex*, CBlockIndexWorkComparator> setBlockIndexCandidates
                        //The set of all CBlockIndex entries with BLOCK_VALID_TRANSACTIONS
] int32_t nBlockSequenceId = 1       //Blocks loaded from disk are assigned id 0, so start the counter at 1.
                                     //从网络上接收到的每个块都被赋予一个单调递增的序号
] int32_t nBlockReverseSequenceId = -1    //Decreasing counter (used by subsequent preciousblock calls).
```

] arith_uint256 nLastPreciousChainwork = 0 //chainwork for the last block that preciousblock has been applied to.
] std::set<CBlockIndex*> g_failed_blocks
] CChain **chainActive** //当前“活跃”的块链
] BlockMap **mapBlockIndex** // typedef std::unordered_map<uint256, CBlockIndex*, BlockHasher> BlockMap;
] std::multimap<CBlockIndex*, CBlockIndex*> mapBlocksUnlinked
] CBlockIndex *pindexBestInvalid = nullptr

注意 chainActive 这个结构成分，它指向当前“活跃”的块链。这是怎么回事呢？一个块链的起点总是“创世块”，创世块中没有交易记录。如果从创世块以后一路下来都没有分叉，那就只有一个链。可是一旦分叉，如果我们从每个分支当前的终点往回看，就有多个块链存在了。那么在这种情况下哪个链是 chainActive 呢？比特币的规程（共识）中规定最长的那个分叉胜出，也就是说，迄今高度最大的那个块在哪一个分叉上，即在哪一个链上，这个链就是当前的 chainActive。进一步，chainActive 上的最后一个块，即高度最大的那个块，就是当前的“最佳块（Best Block）”，并称为 chainActive 的 Tip，即“顶点”。那如果有两个分支的高度相同呢？那就以累积的工作量更大者胜出。所谓累积工作量，就是把链中每个块的挖矿难度加起来。Nonce 值中前导 0 的个数反映着挖矿的难度，块头中的 nBits 字段规定了对每本块的难度要求，但是实际挖出（其实是碰上）的结果可能带有更多的前导 0，那就是更高的难度。

一个比特币网络节点上只有一个 CChainState 对象，那就是 g_chainstate。注意这里只是列出了 CChainState 类的数据结构部分，实际上这个类提供了许多重要的操作方法，例如 ConnectBlock()/DisconnectBlock()、ConnectTip()/DisconnectTip()、AcceptBlockHeader()、AcceptBlock()、AddToBlockIndex()、LoadBlockIndex()等，凡是对于块、块索引、块链的操作，大多都在这里面，不过我们只能结合具体的情景和流程在用到的时候才加以介绍。

回到上述 CBlockIndex 的结构定义中，指针 pprev 指向前一个块的索引，指针 pskip 则可以根据需要设置成指向某个更先前的块的索引。此外还含有一些统计信息。例如 nChainTx 就是链中从头开始直到这个块为止一共含有多少个交易记录。

对于块的大小，主要的限制是串行化后的字节数不能超过 1MB。此外还有最大交易记录数的限制，常数 MAX_OUTPUTS_PER_BLOCK 需要根据一些配置参数计算而定，不过那不是主要的。

当一个 Bitcoin 网络节点收到一个交易请求的时候，首先就要验证（Validate）它的资金来源是否有效，这包含了两方面的内容。首先是其 vin 中各个 COutPoint 对象 prevout 所声称此前发生过的交易及其输出是否存在，进一步是这些交易输出是否已被花费，这些交易输出（TXO）是否仍是 UTXO。然而如前所述，COutPoint 只是提供了产生输出的那个交易的 TxID，却并不说明这个交易记录在哪一个块中。当然，如果扫描整个 chainActive，挨块进行搜索，终究是可以找到那个交易记录的，但是每次要验证一个资金来源的时候都要这么满世界地找显然不是办法。另一方面，即便找到了原始的交易记录，还有是否已被花费的问题。总之，这里需要有个类似于数据库那样的安排。

2.1.4 Coin 和 UTXO

如前所述，出于对“不可更改”的要求，在 CTransaction 及其内部的 CTxOut 和 CTxIn 内的 COutPoint 中都没有表示其输出是否已经花费的信息。在这样的前提下，我们只能采取某种附加的措施来跟踪记录各项交易输出是否已被花费的信息。为此，Bitcoin 的代码中定义了一个类叫 Coin，一个 Coin（对象）就是一项交易输出。可想而知，一个 Bitcoin 块链所含的 Coin 数量是很大的。

```
class Coin{}        //A UTXO entry.
] CTxOut out                    //本项资金来源的金额与招领条件，金额为-1 表示已被花费。
]] CAmount nValue                   //本项输出即 UTXO 的比特币金额，设置成 -1 表示已被花费
]] CScript scriptPubKey             //招领脚本
] unsigned int fCoinBase : 1   //为真表示是挖矿所得的 Coinbase。
] uint32_t nHeight : 31        //所属交易记录所在块的高度（块号），从而可以在 chainActive 中获取该块索引。
] Serialize(Stream &s)
  > assert(!IsSpent())
  > uint32_t code = nHeight * 2 + fCoinBase
  > ::Serialize(s, VARINT(code))
  > ::Serialize(s, CTxOutCompressor(REF(out)))
] IsSpent()
  > return out.IsNull()
  >> return (nValue == -1)
```

所以，在比特币的源码中，实际上也是在源码作者的心目中，一项 UTXO 就是一个“币”。这个币的面值就是 UTXO 所承载的价值，我们不妨想象成这个币就是在支付的时候现铸的，一旦被花费的时候这个币就被熔化（也许跟别的币熔在一起）而改铸成别的币。至于一般所说的“他有几个比特币”，其实是指拥有几个比特币单位的价值，姑且称之为比特币元，就像人民币元或美元那样。换言之，一个人可能有一大把的（比特）币，但是也许大部分都只有零点几比特币元，但也有的一个币就是几十比特币元。

Coin 是单数的概念，只表示一个币，但是每次交易却往往有多项输出，是复数的概念。再说属于同一交易输出的币也最好放在一起，于是就有 CCoins 类的定义：

```
class CCoins{}
] bool fCoinBase                  //bool fCoinBase，为真表示挖矿所得
] std::vector<CTxOut> vout      //unspent transaction outputs; spent outputs are .IsNull();
```

```
                                          //spent outputs at the end of the array are dropped
] int nHeight       //at which height this transaction was included in the active block chain，所在块号。
```

这里的 vout 就是同一个交易所（支付）输出的所有的币的集合。此外这里还说明了这个交易在什么高度的块中，以及这些币的来源是否 CoinBase，即挖矿所得。

一方面是整个链上有许许多多的币，另一方面是每个交易都至少得要花费一个币，实际上往往要花费多个币，而每一个币都由一个 Coin 对象代表，那么可想而知，对于 Coin 的管理和访问对于每个节点都是大事。这是因为，除钱包节点之外，每个节点都负有检验所“看到”的交易所声称资金来源是否合规有效的义务。其中有些节点要把经检验合格并执行脚本成功的交易申请记录到自己将要发布的新块中（如果挖到“矿”获取了新块块的发布权）；有些节点则要根据检验合格与否决定是否加以转发。

比特币源码中为 Coins 的管理定义了一个抽象类 CCoinsView，这是对于一个数据库的抽象。这个抽象类其实只是定义了一组函数，相当于定义了一个界面，其摘要如下：

```
class CCoinsView {}      //Abstract view on the open txout dataset.
] virtual bool GetCoin(const COutPoint &outpoint, Coin &coin)      //给定一个 COutPoint，返回相应的 Coin。
] virtual bool HaveCoin(const COutPoint &outpoint)                 //查询一个 COutPoint 是否存在
] virtual std::vector<uint256> GetBestBlock()                      //获取位于 chainActive 顶端的那个块
] virtual bool BatchWrite(CCoinsMap &mapCoins, uint256 &hashBlock)      //将一批 Coin 写入数据库
```

当然，抽象类不是用来实体化创建具体对象的，需要由具体类加以扩充并落实那些虚拟函数。比特币源码中扩充并落实 CCoinsView 的具体类有两个，即 CCoinsViewBacked 和 CCoinsViewDB。显然 CCoinsViewDB 是用来存储 Coins 的数据库，而 CCoinsViewBacked 则是访问数据库的入口，所谓“Backed”是后端支撑的意思，这个数据库是对块链 chainActive 的后端支撑。不过 CCoinsViewDB 还不是具体的数据库，具体采用什么数据库是灵活的，而 CCoinsViewDB 就是访问具体数据库的桥梁。

```
class CCoinsViewDB final : public CCoinsView{}
] CDBWrapper db       //代表着具体数据库的“外壳”
] explicit CCoinsViewDB(size_t nCacheSize, bool fMemory = false, bool fWipe = false)   //构造函数
] bool GetCoin(const COutPoint &outpoint, Coin &coin)
  > return db.Read(CoinEntry(&outpoint), coin)   //根据 COutPoint 查询数据库，返回 Coin 对象于 coin 中。
] bool HaveCoin(const COutPoint &outpoint)
] bool BatchWrite(CCoinsMap &mapCoins, const uint256 &hashBlock)
] ...
```

这里实现了抽象类 CCoinsView 中所规定的那些函数，我们先看一下 GetCoin()这个函数，向 CCoinsViewDB 要求 GetCoin()的时候它实际做的就是 db.Read()，这已经很说明问题了。不言而喻，BatchWrite()就是把一批 Coin 写入数据库中。不过得注意，说 CCoinsViewDB 是访问具体数据库的桥梁这没错，但是它并未起具体数据库适配的作用，这里的 db 是个 CDBWrapper，那才是访问 LevelDB 数据库的适配器。

再看数据库的前端 CCoinsViewBacked：

```
class CCoinsViewBacked : public CCoinsView{}        //CCoinsView backed by another CCoinsView
] CCoinsView *base              //指向一个扩充了 CCoinsView 的某类对象
] CCoinsViewBacked(CCoinsView *viewIn)      //构造函数
] GetCoin(const COutPoint &outpoint, Coin &coin)
  > return base->GetCoin(outpoint, coin)   //相对于 base 和数据库，CCoinsViewBacked 其实倒是前端。
] SetBackend(CCoinsView &viewIn)
  > base = &viewIn                    //将具体的 CCoinsViewDB 设置成 base，base 背后是实际的数据库。
] …
```

作为扩充了抽象类 CCoinsView 的具体类，CCoinsViewBacked 中有个结构成分 base，这是个 CCoinsView 指针，指向某个扩充了抽象类 CCoinsView 的具体类对象的指针。可是这样的具体类只有两个，一个是 CCoinsViewDB，另一个就是 CCoinsViewBacked 自己。由此可见，在目前的设计中，base 只可能是指向一个 CCoinsViewDB 对象。这也解释了其函数 GetCoin()的实现，当调用 CCoinsViewBacked 的 GetCoin()时，它只是转手调用了 CCoinsViewDB 的同名函数。另外，这个类的定义中还增加了一个函数 SetBackend()，用来设置 base 这个指针。可想而知参数 viewIn 一定是个 CCoinsViewDB 对象，这就把前端与后端联接了起来。相对于 base 及其背后的数据库，CCoinsViewBacked 其实倒是前端。

这样，每当程序中需要寻找某个 Coin 的时候，只要以具体的 COutPoint 为参数调用 CCoinsView::GetCoin()就可以了。

前面讲到，Coin 都存放在数据库中，而访问具体数据库的适配器是 CDBWrapper，我们看一下 CDBWrapper 具体是什么样的：

```
class CDBWrapper{}
] leveldb::Env* penv
          //custom environment this database is using (may be nullptr in case of default environment)
] leveldb::Options options      //database options used
] leveldb::WriteOptions writeoptions
] leveldb::DB* pdb       //the database itself
] std::string m_name      //the name of this database
] template <typename K, typename V> Read(const K& key, V& value)
```

```
] template <typename K, typename V> Write(const K& key, const V& value, bool fSync = false)
] template <typename K> Exists(const K& key)
] WriteBatch(CDBBatch& batch, bool fSync = false)
```

看到了吧，全是关于 leveldb 的，比特币参考实现所采用的数据库是 LevelDB。LevelDB 是个开源的、面向“键值对（Key-Value Pair）”的非关系数据库。比特币的源码中有个分支 src/leveldb，就是有关 LevelDB 的代码，不过我们就不深入进去了，因为这与区块链其实并无关系，比特币（以及别的一些区块链项目）的参考设计只是使用 LevelDB 而已。

有数据库当然很好，但是每次都要访问数据库未免太麻烦，开销太大也太兴师动众了。因而还要再在内存中有所缓存（Cache），把一部分估计会被用到的 Coin 缓存在内存中，要用的时候就顺手方便一些。所以比特币源码中还定义了一个 CCoinsViewCache 类，这是对 CCoinsViewBacked 的扩充：

```
class CCoinsViewCache : public CCoinsViewBacked{}
] mutable uint256 hashBlock   //块头的 Hash 值
] mutable CCoinsMap cacheCoins   // CCoinsMap 是从 COutPoint 到 CCoins 的 Map
] mutable size_t cachedCoinsUsage   //Cached dynamic memory usage for the inner CCoins objects.
] CCoinsViewCache(CCoinsView *baseIn)
] GetCoin(const COutPoint &outpoint, Coin &coin)
] ...
```

一个 CCoinsViewCache 类的对象，就是一个面向 Coins 的缓存，即 Cache。这个 Cache 的核心，则是一个关于 Coins 的 Map，即 CCoinsMap，其类型定义是这样：

```
typedef std::unordered_map<COutPoint, CCoinsCacheEntry, SaltedOutpointHasher> CCoinsMap
```

C++语言标准库提供的 unordered_map，即无序 Map，就相当于一个可以快速访问的键值对集合。这里用作键的是 COutPoint，值是 CCoinsCacheEntry，给定一个 COutPoint，就可快速找出相应的缓存项 CCoinsCacheEntry，其内部实现采用了 Hash 等快速访问的手段，SaltedOutpointHasher 就是专门用来对 COutPoint 结构进行 Hash 计算的工具函数。而 COutPoint，就是每个交易请求中所声称的具体资金来源。这样，拿到一个交易，就可按其声称的来源快速找到其所在的 Coins 缓存项 CCoinsCacheEntry，其数据结构为：

```
struct CCoinsCacheEntry{}
] Coin coin;   // The actual cached data. 最终的目标就是这个 Coin。
] unsigned char flags   //flags 表示这个缓存项是 FRESH 还是 DIRTY
```

注意每个 CCoinsCacheEntry 只含一个 Coin，而 cacheCoins 是一个 Map，即集合。

这样，针对 Coin 的基础设施就考虑得挺周全了。根据具体交易所声称的每项资金来源，可以先在缓存中快速寻找，如果找不到就去数据库中寻找。

不难想象，除了有个数据库存放 Coin 对象之外，还应该要有个数据库来存放 Block 对象（即“区块”）。虽然前面讲过，块的内容（数据）是存放在块文件中的，那是相关数据真正的源头，但是从文件加载是个效率不高的操作，一般只是在系统初始化或真有必要时才进行，数据库的检索效率要高得多。所以比特币的代码中有个 CBlockTreeDB 类：

```
class CBlockTreeDB : public CDBWrapper{}        // Access to the block database (blocks/index/)
] WriteBatchSync(const std::vector<std::pair<int, const CBlockFileInfo*> >& fileInfo, int nLastFile,
                    const std::vector<const CBlockIndex*>& blockinfo);
] ReadBlockFileInfo(int nFile, CBlockFileInfo &info)
] ReadLastBlockFile(int &nFile)
] WriteReindexing(bool fReindexing)
] ReadReindexing(bool &fReindexing)
] ReadTxIndex(const uint256 &txid, CDiskTxPos &pos)
] WriteTxIndex(const std::vector<std::pair<uint256, CDiskTxPos> > &vect)
```

同样，这也只是个通往数据库的桥梁。注意这个类是对 CDBWrapper 类的继承和扩充，所以凡是 CDBWrapper 类的成分同时也是 CBlockTreeDB 类的成分。节点在初始化时在函数 AppInitMain()中创建这个数据库，并让一个指针 pblocktree 指向这 CBlockTreeDB 对象：

```
std::unique_ptr<CBlockTreeDB> pblocktree
```

2.1.5　交易请求缓冲池 CTxMemPool

已经存储在节点上的 Coin 和 Block，都是节点本地所具有的资源，可谁是这些资源的使用者呢？那就是交易请求。当然，最终的使用者是人，但人是通过交易请求来使用这些资源的，并且交易请求最后会转化成交易记录，成为资源的一部分。

这里就又有了一个问题，这些交易请求是随到随处理，立即就转化成本地资源的一部分，因而无须加以缓存；还是需要在节点上存在和等待一段时间？答案无疑是后者。虽然交易请求到达后马上就能得到处理，但通过了检验和执行以后准备要进入新块的时候得要等待新块发布时机的到来，更还要看本节点是否竞争到了新块的发布权。如果本节点没有竞争到下一块的发布权，那就还要看这个交易是否包含在由别的节点所发布的新块中；如果没有就又要等下一个新块发布时机的到来。此外，交易请求 CTransaction 中还有个字段 nLockTime，这个字段表示需要锁定一段时间，时间未到点之前该交易不得入块。由此就又有了个特别的问题，就是一个交易请求所声称的资金来源确实是存在的，但是却尚未入块，也就是尚未得到正式承认，这又导致后面这个交易请求也不能正式转化为交易记录而入块，也得等待。

凡此种种，都说明对交易请求加以缓存是完全必要的。比特币源代码中为此定义了一个名叫 CTxMemPool 的类，顾名思义就是内存中的 Tx 缓冲池，下面是这个类的摘要：

```
class CTxMemPool{}    //暂存已经通过了检验和执行，准备入块的交易请求。
    // stores valid-according-to-the-current-best-chain transactions that may be included in the next block.
] uint32_t nCheckFrequency //!< Value n means that n times in 2^32 we check.
] unsigned int nTransactionsUpdated
] CBlockPolicyEstimator* minerPolicyEstimator
] uint64_t totalTxSize;    // sum of all mempool tx's virtual sizes.
                           // Differs from serialized tx size since witness data is discounted. Defined in BIP 141.
] uint64_t cachedInnerUsage; //sum of dynamic memory usage of all the map elements (NOT the maps themselves)
] indexed_transaction_set mapTx    //这是一个 Tx 的 Map，是 CTxMemPool 的核心。
] std::vector<std::pair<uint256, txiter> > vTxHashes; //All tx witness hashes/entries in mapTx, in random order
] txlinksMap mapLinks
] indirectmap<COutPoint, const CTransaction*> mapNextTx
] std::map<uint256, CAmount> mapDeltas
```

CTxMemPool 的核心是 mapTx，这是一个 indexed_transaction_set 对象，即带有索引的 Tx 集合。这个 indexed_transaction_set 的类型定义（源码）是这样：

```
typedef boost::multi_index_container <
    CTxMemPoolEntry,
    boost::multi_index::indexed_by <
        // sorted by txid
        boost::multi_index::hashed_unique<mempoolentry_txid, SaltedTxidHasher>,
        // sorted by fee rate
        boost::multi_index::ordered_non_unique <boost::multi_index::tag<descendant_score>,
            boost::multi_index::identity<CTxMemPoolEntry>,
            CompareTxMemPoolEntryByDescendantScore >,
        // sorted by entry time
        boost::multi_index::ordered_non_unique <boost::multi_index::tag<entry_time>,
            boost::multi_index::identity<CTxMemPoolEntry>,
            CompareTxMemPoolEntryByEntryTime >,
        // sorted by fee rate with ancestors
        boost::multi_index::ordered_non_unique <boost::multi_index::tag<ancestor_score>,
            boost::multi_index::identity<CTxMemPoolEntry>,
```

```
        CompareTxMemPoolEntryByAncestorFee > >   //end boost::multi_index::indexed_by
  > indexed_transaction_set;     //定义一个称为 indexed_transaction_set 的类型
```

这是一个 typedef 语句，定义了一个名为 indexed_transaction_set 的新的类型，这个类型来自 boost::multi_index_container。意思是由“带有多种索引的容器”的集合。这里有两个要素，一是容器，二是索引。C++语言库中的 multi_index_container 是一种“模板”，即 Template，也译作“泛型”，里面具体是什么容器，什么索引，是可以动态定义的。这里的容器就是 CTxMemPoolEntry，而索引则可以是 TxID，费率，进入缓冲池的时间，对下游支付的打分 descendant_score，对其上游支付的打分 ancestor_score。以其中按进池时间的索引为例，这里首先说是 ordered_non_unique，就是按时间排序，但允许多个容器有相同的进池时间，然后是此种索引所带的标签（tag）为 entry_time，所索引的对象为 CTxMemPoolEntry，为此提供用来排序的类则是 CompareTxMemPoolEntryByEntryTime。每个这样的类至少要提供一个算符重载函数 operator()()，例如：

```
class CompareTxMemPoolEntryByEntryTime{
public:
    bool operator()(const CTxMemPoolEntry& a, const CTxMemPoolEntry& b) const {
        return a.GetTime() < b.GetTime();
    }
};
```

余可类推。

这样的多重（多方位的）索引保证了按各种不同的条件都可以在缓冲池的容器中快速找到目标 Tx。注意一个容器只盛放一个交易请求。这里容器 CTxMemPoolEntry 的类型定义是：

```
class CTxMemPoolEntry{}
] CTransactionRef tx              //一个容器盛放一个 Tx
] CAmount nFee;                   // Cached to avoid expensive parent-transaction lookups
] size_t nTxWeight;               // ... and avoid recomputing tx weight (also used for GetTxSize())
] size_t nUsageSize;              // ... and total memory usage
] int64_t nTime;                  // Local time when entering the mempool
] unsigned int entryHeight;       // Chain height when entering the mempool
] bool spendsCoinbase;            // keep track of transactions that spend a coinbase
] int64_t sigOpCost;              // Total sigop cost
] int64_t feeDelta;               // Used for determining the priority of the transaction for mining in a block
] LockPoints lockPoints            // Track the height and time at which tx was final
] uint64_t nCountWithDescendants;         // number of descendant transactions
```

```
] uint64_t nSizeWithDescendants;              // ... and size
] CAmount nModFeesWithDescendants;            // ... and total fees (all including us)
] uint64_t nCountWithAncestors
] uint64_t nSizeWithAncestors
] CAmount nModFeesWithAncestors
] int64_t nSigOpCostWithAncestors
] mutable size_t vTxHashesIdx;                 // Index in mempool's vTxHashes
```

这样，凡是已经到达一个节点而尚未进入新块的交易请求，都被作为一个 CTxMemPoolEntry 暂时存放在 CTxMemPool 中，等待进入某个新块，从而进入块链，并且对每个交易请求都做了多方索引，需要时可以按不同索引条件访问。比方说“mapTx.get<entry_time>().begin()”，这就表示将 mapTx 的内容按 entry_time 排序后所得的第一个容器。

2.1.6 节点的初始化

介绍完节点上的这么些“基础设施”，下面就是这些设施的创建，以及怎么把这些设施串起来的问题了。为此我们需要看一下节点的初始化过程。节点的初始化是由 AppInitMain() 这个函数完成的。运行比特币软件的节点有两种，一种是不带用户图形界面的，这种节点运行 bitcoind；另一种是带用户图形界面的，例如钱包，这种节点运行 bitcoin。注意这里说的只是带不带图形界面，对于 bitcoind 仍可通过命令行界面进行交互，并非没有用户界面。在 bitcoind 中，节点初始化的入口是 AppInit()，不过那主要是对于各种命令行参数的处理，其核心的操作还是 AppInitMain()，下面是这个过程的摘要，这个函数很长，我们只拣其中重要的摘。即便这样，由于本书篇幅和作者精力所限，下面摘要中的许多内容只好留给读者自己慢慢研究了。

```
[bitcoind::main() > AppInit() > AppInitMain()]

AppInitMain()
> const CChainParams& chainparams = Params();
> // ******************* Step 4a: application initialization，应用层初始化：
> InitSignatureCache();                //用于签名的缓存
> InitScriptExecutionCache();          //用于脚本执行的缓存

> if (nScriptCheckThreads) {    // nScriptCheckThreads 为配置用于脚本验证的线程数量
>+ for (int i=0; i<nScriptCheckThreads-1; i++) threadGroup.create_thread(&ThreadScriptCheck);
                                        //创建这些线程，所执行的函数为 ThreadScriptCheck()
> }
```

```
> // Start the lightweight task scheduler thread
> CScheduler::Function serviceLoop = boost::bind(&CScheduler::serviceQueue, &scheduler);
> threadGroup.create_thread(boost::bind(&TraceThread<CScheduler::Function>, "scheduler", serviceLoop));
                                        //创建调度线程，该线程执行 CScheduler::serviceQueue()
> /* Register RPC commands regardless of -server setting so they will be available
   in the GUI RPC console even if external calls are disabled. */
> RegisterAllCoreRPCCommands(tableRPC);   //向命令行界面登记 RPC（远地过程调用）命令
#ifdef ENABLE_WALLET   //如果启用钱包功能则登记钱包命令
> RegisterWalletRPC(tableRPC);
#endif

> // Start the RPC server already.   It will be started in "warmup" mode and not really process calls already
  // (but it will signify connections that the server is there and will be ready later).   Warmup mode will be
  // disabled when initialisation is finished.
> if (gArgs.GetBoolArg("-server", false)){   //如果在启动命令行中使用了“-server”选项：
>+ uiInterface.InitMessage.connect(SetRPCWarmupStatus);
>+ AppInitServers()      //HTTP 服务端初始化
> }

> int64_t nStart;
> // ****************** Step 5: verify wallet database integrity，检验钱包数据库：
#ifdef ENABLE_WALLET   //如果启用钱包功能
> VerifyWallets()
#endif
> // ********************* Step 6: network initialization，网络初始化：
> // Note that we absolutely cannot open any actual connections until the very end ("start node") as the
  // UTXO/block state is not yet setup and may end up being set up twice if we need to reindex later.
> g_connman = std::unique_ptr<CConnman>(new CConnman(GetRand(
                 std::numeric_limits<uint64_t>::max()), GetRand(std::numeric_limits<uint64_t>::max())));
> CConnman& connman = *g_connman;   //网络连接管理者

> peerLogic.reset(new PeerLogicValidation(&connman, scheduler));
> RegisterValidationInterface(peerLogic.get());

> // Check for host lookup allowed before parsing any network related parameters
> fNameLookup = gArgs.GetBoolArg("-dns", DEFAULT_NAME_LOOKUP);   //有否 DNS 查域名服务的选项
> bool proxyRandomize = gArgs.GetBoolArg("-proxyrandomize", DEFAULT_PROXYRANDOMIZE);
```

```
> // -proxy sets a proxy for all outgoing network traffic
> // -noproxy (or -proxy=0) as well as the empty string can be used to not set a proxy, this is the default
> std::string proxyArg = gArgs.GetArg("-proxy", "");
> SetLimited(NET_TOR);      //"洋葱皮"式路由，TOR 是"The Onion Router"的缩写。
> if (proxyArg != "" && proxyArg != "0") {
>+ CService proxyAddr;
>+ if (!Lookup(proxyArg.c_str(), proxyAddr, 9050, fNameLookup)) {
>++ return InitError(strprintf(_("Invalid -proxy address or hostname: '%s'"), proxyArg));
>+ }

>+ proxyType addrProxy = proxyType(proxyAddr, proxyRandomize);
>+ if (!addrProxy.IsValid())
>++ return InitError(strprintf(_("Invalid -proxy address or hostname: '%s'"), proxyArg));

>+ SetProxy(NET_IPV4, addrProxy);      //设置 IPv4 代理
>+ SetProxy(NET_IPV6, addrProxy);      //设置 IPv6 代理
>+ SetProxy(NET_TOR, addrProxy);       //设置"洋葱皮"代理，TOR 就是"洋葱皮式路由"的缩写。
>+ SetNameProxy(addrProxy);
>+ SetLimited(NET_TOR, false); // by default, -proxy sets onion as reachable, unless -noonion later
> }

> // -onion can be used to set only a proxy for .onion, or override normal proxy for .onion addresses
> // -noonion (or -onion=0) disables connecting to .onion entirely
> // An empty string is used to not override the onion proxy (in which case it defaults to -proxy set above, or none)
> std::string onionArg = gArgs.GetArg("-onion", "");    //获取启动命令行中关于"洋葱皮"的选项
> if (onionArg != "") {
>+ if (onionArg == "0") { // Handle -noonion/-onion=0
>++ SetLimited(NET_TOR); // set onions as unreachable
>+ } else {
>++ CService onionProxy;
>++ if (!Lookup(onionArg.c_str(), onionProxy, 9050, fNameLookup)) {
                 return InitError(strprintf(_("Invalid -onion address or hostname: '%s'"), onionArg));
>++ }
>++ proxyType addrOnion = proxyType(onionProxy, proxyRandomize);
>++ if (!addrOnion.IsValid()) return InitError(strprintf(_("Invalid -onion address or hostname: '%s'"), onionArg));
>++ SetProxy(NET_TOR, addrOnion);
>++ SetLimited(NET_TOR, false);
>+ }
```

```
> }

> // see Step 2: parameter interactions for more information about these
> fListen = gArgs.GetBoolArg("-listen", DEFAULT_LISTEN);
> fDiscover = gArgs.GetBoolArg("-discover", true);
> fRelayTxes = !gArgs.GetBoolArg("-blocksonly", DEFAULT_BLOCKSONLY);    // blocks-only 表示不理睬 Tx

> for (const std::string& strAddr : gArgs.GetArgs("-externalip")) {
>+ CService addrLocal;
>+ if (Lookup(strAddr.c_str(), addrLocal, GetListenPort(), fNameLookup) && addrLocal.IsValid())
>++ AddLocal(addrLocal, LOCAL_MANUAL);
>+ else
>++ return InitError(ResolveErrMsg("externalip", strAddr));
> }

> // ******************** Step 7: load block chain，加载块链：

> fReindex = gArgs.GetBoolArg("-reindex", false);
> bool fReindexChainState = gArgs.GetBoolArg("-reindex-chainstate", false);
> bool fLoaded = false;
> while (!fLoaded && !fRequestShutdown) {
>+ bool fReset = fReindex;
>+ std::string strLoadError;
>+ uiInterface.InitMessage(_("Loading block index..."));
>+ LOCK(cs_main);
>+ nStart = GetTimeMillis();
>+ do {
>++ UnloadBlockIndex();        //清除已经加载的块索引
>++ pcoinsTip.reset();         //先将指针 pcoinsTip 设置成 null，下同。
>++ pcoinsdbview.reset();
>++ pcoinscatcher.reset();
>++ // new CBlockTreeDB tries to delete the existing file, which
>++ // fails if it's still open from the previous loop. Close it first:
>++ pblocktree.reset();        //至此已将四个指针都设置成 null
>++ pblocktree.reset(new CBlockTreeDB(nBlockTreeDBCache, false, fReset));
                              //创建一个 CBlockTreeDB 对象，并使 pblocktree 指向这个对象。

>++ if (fReset) {              //如果是重启：
```

```
>+++ pblocktree->WriteReindexing(true);            //将块树数据库中的 DB_REINDEX_FLAG 标志设成 1
>+++ //If we're reindexing in prune mode, wipe away unusable block files and all undo data files
>+++ if (fPruneMode) CleanupBlockRevFiles();  //如果需要修剪，就把（因跳空）不再有用的块文件删除掉。
>++ }
>++ if (fRequestShutdown) break;       //如果要求停机就退出循环

>++ // LoadBlockIndex will load fTxIndex from the db, or set it if we're reindexing. It will also load fHavePruned
    // if we've ever removed a block file from disk. Note that it also sets fReindex based on the disk flag!
>++ // From here on out fReindex and fReset mean something different!
>++ LoadBlockIndex(chainparams)   //从磁盘文件加载块链中各个块的索引信息，失败就跳出循环。
>++ // If the loaded chain has a wrong genesis, bail out immediately
>++ // (we're likely using a testnet datadir, or the other way around).
>++ if (!mapBlockIndex.empty() && !LookupBlockIndex(chainparams.GetConsensus().hashGenesisBlock)) {
>+++ return InitError(_("Incorrect or no genesis block found. Wrong datadir for network?"));
>++ }

>++ // Check for changed -txindex state
>++ if (fTxIndex != gArgs.GetBoolArg("-txindex", DEFAULT_TXINDEX)) {
>+++ strLoadError = _("You need to rebuild the database using -reindex to change -txindex");
>+++ break;
>++ }
>++ …

>++ // At this point blocktree args are consistent with what's on disk. If we're not mid-reindex (based on
    // disk + args), add a genesis block on disk (otherwise we use the one already on disk).
    // This is called again in ThreadImport after the reindex completes.
>++ LoadGenesisBlock(chainparams)    //加载创世块

>++ // At this point we're either in reindex or we've loaded a useful block tree into mapBlockIndex!

>++ pcoinsdbview.reset(new CCoinsViewDB(nCoinDBCache, false, fReset || fReindexChainState));
                    //创建一个 CCoinsViewDB 对象，并使 pcoinsdbview 指向这个对象。
>++ pcoinscatcher.reset(new CCoinsViewErrorCatcher(pcoinsdbview.get()));
                    //创建一个 CCoinsViewErrorCatcher 类对象，并使 pcoinscatcher 指向这个对象。
                    //这是对 CCoinsViewBacked 类的扩充，用自己的 GetCoin()覆盖后者提供的同名函数。
>++ pcoinsdbview->Upgrade()  //也许数据库格式需要升级。
>++ // ReplayBlocks is a no-op if we cleared the coinsviewdb with -reindex or -reindex-chainstate
>++ ReplayBlocks(chainparams, pcoinsdbview.get())
```

```
>++> g_chainstate.ReplayBlocks(params, view)   //加载并梳理最长块链，去除已经失效的分支。
>++ // The on-disk coinsdb is now in a good state, create the cache
>++ pcoinsTip.reset(new CCoinsViewCache(pcoinscatcher.get()));
        //在内存中创建一个 Coins 缓存，即 CCoinsViewCache 对象，并使 pcoinsTip 指向这个缓存。
        // pcoinscatcher.get()返回一个 CCoinsViewErrorCatcher 对象，那是对 CCoinsViewBacked 的扩充。
>++ bool is_coinsview_empty = fReset || fReindexChainState || pcoinsTip->GetBestBlock().IsNull();
>++ if (!is_coinsview_empty) {
>+++ LoadChainTip(chainparams)   // LoadChainTip sets chainActive based on pcoinsTip's best block
>+++ assert(chainActive.Tip() != nullptr);
>++ }

>++ if (!fReset) {   //如果不是重启：
>+++ // Note that RewindBlockIndex MUST run even if we're about to -reindex-chainstate.
>+++ // It both disconnects blocks based on chainActive, and drops block data in
>+++ // mapBlockIndex based on lack of available witness data.
>+++ uiInterface.InitMessage(_("Rewinding blocks..."));
>+++ RewindBlockIndex(chainparams)
>++ }   //end if (!fReset)

>++ …
>+++ CVerifyDB().VerifyDB(chainparams, pcoinsdbview.get(),
                    gArgs.GetArg("-checklevel", DEFAULT_CHECKLEVEL),
                    gArgs.GetArg("-checkblocks", DEFAULT_CHECKBLOCKS))
            //创建一个 CVerifyDB 对象，并调用其 VerifyDB()，检查 block 和 coin 数据库的一致性
>++ }   //end if (!is_coinsview_empty)
>++ fLoaded = true;    //块的加载已完成，这会使外层的 while (!fLoaded && !fRequestShutdown)循环结束
>+ } while(false);    //do{}while()循环至此结束，但仍在 while (!fLoaded && !fRequestShutdown)循环之内。
            //注意这是 do{}while(false)，所以实际上只执行一次，没有循环。

>+ if (!fLoaded && !fRequestShutdown) {
>++   //出错
>+ }
> }   //end while (!fLoaded && !fRequestShutdown)

> // ****************** Step 8: load wallet
#ifdef ENABLE_WALLET   //如果启用钱包功能
> if (!OpenWallets()) return false;   //打开钱包
#else
```

```
> LogPrintf("No wallet support compiled in!\n");
#endif

> // ******************* Step 9: data directory maintenance

> // if pruning, unset the service bit and perform the initial blockstore prune
> // after any wallet rescanning has taken place.
> if (fPruneMode) {
>+ LogPrintf("Unsetting NODE_NETWORK on prune mode\n");
>+ nLocalServices = ServiceFlags(nLocalServices & ~NODE_NETWORK);
>+ if (!fReindex) {
>++ uiInterface.InitMessage(_("Pruning blockstore..."));
>++ PruneAndFlush();
>+ }
> }

> if (chainparams.GetConsensus().vDeployments[Consensus::DEPLOYMENT_SEGWIT].nTimeout != 0) {
>+ // Only advertise witness capabilities if they have a reasonable start time.
>+ // This allows us to have the code merged without a defined softfork, by setting its end time to 0.
>+ // Note that setting NODE_WITNESS is never required: the only downside from not
>+ // doing so is that after activation, no upgraded nodes will fetch from you.
>+ nLocalServices = ServiceFlags(nLocalServices | NODE_WITNESS);
> }
> // ******************** Step 10: import blocks
> if (!CheckDiskSpace()) return false;    //如果磁盘空间不足就只好返回了
> …
> std::vector<fs::path> vImportFiles;
> for (const std::string& strFile : gArgs.GetArgs("-loadblock")) {
>+ vImportFiles.push_back(strFile);
> }
> threadGroup.create_thread(boost::bind(&ThreadImport, vImportFiles));    //创建线程 ThreadImport()
> // Wait for genesis block to be processed
> while (!fHaveGenesis && !ShutdownRequested()) {
>+ condvar_GenesisWait.wait_for(lock, std::chrono::milliseconds(500));
> }

> // ******************** Step 11: start node
> int chain_active_height;
```

```
> if (gArgs.GetBoolArg("-listenonion", DEFAULT_LISTEN_ONION)) StartTorControl();    //“洋葱皮”
> Discover();                    //寻找发现别的比特币网络节点
> …
> if (!connman.Start(scheduler, connOptions)) { return false; }    //开始运行本节点上的调度线程 scheduler
> // ********************* Step 12: finished
> SetRPCWarmupFinished();
> uiInterface.InitMessage(_("Done loading"));
#ifdef ENABLE_WALLET    // 如果启用钱包功能:
> StartWallets(scheduler);       // 启动钱包。
#endif
> return true;
```

这里的目的，只是让读者对于节点上的情况有个大致的了解，就像导游在车上向游客粗粗介绍当地的概况一样。其中有些景点导游会结合具体的路线带游客去看一下，有些就让游客自己去探寻，或者就忽略过去了。真想要搞个明白的读者应该自己去看源代码。

2.2　节点上的消息处理

一个节点之所以成为比特币网络节点，一是因为它运行比特币软件，这可以是以比特币参考设计即bitcoin-master编译而成的软件，也可以是其它遵循比特币网络规程而设计实现的软件；二是因为它通过互联网连接到了别的比特币网络节点，能与别的Peer，即对等节点进行比特币网络规程所要求的P2P通信。

2.2.1　比特币节点的网络连接

比特币参考设计源码中定义了一个CConnman类，意为“网络连接管理员（Connection Manager）”，这个类提供了许多用于网络通信的函数，管理着节点的网络连接，即对其它比特币网络节点（称为Peer）的连接。下面是这个类的摘要，不过这里没有列出它的许多操作函数：

```
class CConnman{}
] struct Options{}
]] ...
]] NetEventsInterface* m_msgproc = nullptr    //下面是定义于 NetEventsInterface 界面上的 4 个函数:
]]] ProcessMessages(CNode* pnode, std::atomic<bool>& interrupt) = 0
]]] SendMessages(CNode* pnode, std::atomic<bool>& interrupt) = 0
]]] InitializeNode(CNode* pnode) = 0;
```

```
]]] FinalizeNode(NodeId id, bool& update_connection_time) = 0;
] PushMessage(CNode* pnode, CSerializedNetMsg&& msg)   //向指针 pnode 所指的节点发送报文 msg
] ForEachNode(Callable&& func)        //对每个节点（node）调用给定的函数 func
   > for (auto&& node : vNodes) {
   >+ if (NodeFullyConnected(node)) func(node)
   > }
] Start (CScheduler& scheduler, const Options& options)
```

这个类提供了许多用于网络操作的函数，这个摘要中大多未予列出，我们在这里关心的是在节点初始化函数AppInitMain()中调用的CConnman::Start()，下面是这个函数的摘要。

```
[AppInitMain() > CConnman::Start()]

CConnman::Start(CScheduler& scheduler, const Options& connOptions)
> Init(connOptions);       //对一些选项常数的初始化
> InitBinds(connOptions.vBinds, connOptions.vWhiteBinds)   //绑定一些地址和端口
> for (const auto& strDest : connOptions.vSeedNodes) {   //对于选项中提供的“种子节点”vSeedNodes：
>+ AddOneShot(strDest);         //将它们添加到一个向量 vOneShots 中
> }
> // Load addresses from peers.dat，从文件 peers.dat 中加载对等节点的地址：
> CAddrDB adb;           //CAddrDB 是 IP 地址的“数据库”，实际上就是对文件 peers.dat 的读写。
> adb.Read(addrman)   //从 peers.dat 读入 IP 地址到“地址管理员”addrman 中，
> // Load addresses from banlist.dat，从文件 banlist.dat 中加载禁止交往的地址
> CBanDB bandb;          //IP 地址黑名单的“数据库”，实际上就是对文件 banlist.dat 的读写。
> banmap_t banmap;       //内存中的 IP 地址黑名单，注意这是临时的局部变量。
> bandb.Read(banmap)   //从 banlist.dat 读入 IP 地址到内存中的黑名单
> SetBanned(banmap);     //将这些受禁的 IP 地址加入到 CConnman::setBanned 这个集合中
> SetBannedSetDirty(false); // no need to write down, just read data
> SweepBanned(); // sweep out unused entries
> // Start threads    //启动网络线程：
> threadSocketHandler = std::thread(&TraceThread<std::function<void()> >, "net",
                              std::function<void()>(std::bind(&CConnman::ThreadSocketHandler, this)));
                                       //这个线程负责从 Socket 发送和接收，并接受连接请求。
> if (!gArgs.GetBoolArg("-dnsseed", true))
>+ LogPrintf("DNS seeding disabled\n");
> else   //如果命令行中有“-dnsseed”选项，就创建 ThreadDNSAddressSeed 线程：
>+ threadDNSAddressSeed = std::thread(&TraceThread<std::function<void()> >, "dnsseed",
                              std::function<void()>(std::bind(&CConnman::ThreadDNSAddressSeed, this)));
```

```
> // Initiate outbound connections from -addnode
> threadOpenAddedConnections = std::thread(&TraceThread<std::function<void()> >, "addcon",
                    std::function<void()>(std::bind(&CConnman::ThreadOpenAddedConnections, this)));
                                        //这个线程负责与新得知的对等节点建立连接
> if (connOptions.m_use_addrman_outgoing && !connOptions.m_specified_outgoing.empty()) { return false; }
> if (connOptions.m_use_addrman_outgoing || !connOptions.m_specified_outgoing.empty())
>+ threadOpenConnections = std::thread(&TraceThread<std::function<void()> >, "opencon",
                    std::function<void()>(std::bind(&CConnman::ThreadOpenConnections, this,
                                                    connOptions.m_specified_outgoing)));
                                        //这个线程负责与已知的对等节点建立连接
> // Process messages
> threadMessageHandler = std::thread(&TraceThread<std::function<void()> >, "msghand",
                    std::function<void()>(std::bind(&CConnman::ThreadMessageHandler, this)));
                                        //这是节点的消息处理线程
> // Dump network addresses
> scheduler.scheduleEvery(std::bind(&CConnman::DumpData, this), DUMP_ADDRESSES_INTERVAL * 1000);
              //每 900 秒（15 分钟）一次，将当前的相关地址写入文件 peers.dat 和 banlist.dat 中。
> return true;
```

这个函数先从两个文件peers.dat和banlist.dat中获取两种地址。前者是已知对等节点的地址，这是要与之建立连接的。后者是已知要拒绝与之连接的节点，相当于黑名单。这两个文件的原始内容是由管理人员配置的，属于配置文件。但是节点运转之后情况可能会发生变化，一方面是连接上了的节点会起引荐的作用，告诉你它所知道的同伙；另一方面是连接上的节点有的可能不稳定，一会儿连上一会儿断开，还可能有违反比特币网络规程的行为，因而需要把它列入黑名单。所以，CConnman会安排每过900秒即15分钟就根据当时的情况改写这两个文件，使其更符合实际情况。

然后，这里有条件或无条件地创建5个不同作用的线程。其中ThreadSocketHandler()是对网络通信底层Socket机制的处理线程，这个线程管理着报文的接收和发送。线程ThreadDNSAddressSeed()承担着获取原初比特币网点连接的任务。而ThreadMessageHandler()则是节点上的消息（报文）处理线程，这是整个节点的枢纽，节点的运行是消息驱动的。此外还有两个线程ThreadOpenConnections()和ThreadOpenAddedConnections()，前者负责与已知的节点建立并维持连接，后者则负责与新增加的Peer节点建立并维持连接。

线程 ThreadDNSAddressSeed()并非长期存在的线程，也不像掌管和维持对外连接的ThreadOpenConnections()那样属于基础设施，它只是在节点启动之初从专为比特币网络而设的若干 DNS 种子网站中获取一些节点的 IP 地址，因为这个过程可能时间会比较长一点，所以才单独建一个线程异步加以执行。如前所述，比特币网节点上有两个地址文件，一个是 peers.dat，另一个是 banlist.dat。一旦连上了比特币网之后，连接管理员 CConnman 会每过 15

分钟就把当前连接的地址和已知行为犯规的地址记入这两个文件。每次节点重启后第一次要入网的时候就得靠这两个文件中的原始配置。如果原始配置空白，或者全都连不上，这就成了问题。为此，比特币圈内搞了几个专用于比特币网的DNS服务器，称为DnsDeed，让你可以从那里获取若干比特币网节点的IP地址。有哪一些DnsDeed服务节点呢？这取决于你要上的是比特币的主网还是测试网。对于主网，在CMainParams类的构造函数CMainParams()中可以看到有这么些语句：

```
vSeeds.emplace_back("seed.bitcoin.sipa.be"); // Pieter Wuille, only supports x1, x5, x9, and xd
vSeeds.emplace_back("dnsseed.bluematt.me"); // Matt Corallo, only supports x9
vSeeds.emplace_back("dnsseed.bitcoin.dashjr.org"); // Luke Dashjr
vSeeds.emplace_back("seed.bitcoinstats.com"); // Christian Decker, supports x1 - xf
vSeeds.emplace_back("seed.bitcoin.jonasschnelli.ch"); // Jonas Schnelli, only supports x1, x5, x9, and xd
vSeeds.emplace_back("seed.btc.petertodd.org"); // Peter Todd, only supports x1, x5, x9, and xd
```

这里的vSeeds是个向量，这是个DnsDeed域名的序列。这里把6个这样的域名写入vSeeds向量中，这些都是为比特币"主网"而设的，如果是"测试网"则另有若干不同的域名。

可是从这些网站获取Peer节点IP地址的过程可能会比较长，如果开机时以同步方式从这些网点先获取一批地址，然后再试图连接，就可能让人等得不耐烦，所以就专门创建一个线程ThreadDNSAddressSeed()，让它异步获取一些Peer节点的IP地址，这个线程把获取的IP地址添加到连接管理员下面"地址管理员"（CConnman::CAddrMan对象）的地址列表中，而专管连接的线程就可以同时试图与对方建立连接。一旦建立起与比特币网的连接，就不再需要与DnsDeed节点通信，ThreadDNSAddressSeed()这个线程就没有存在的必要了。所以，这个线程的作用就是从DnsDeed节点获取一些IP地址，一旦完成（或确定失败）就退出运行了。

而ThreadOpenConnections()和ThreadOpenAddedConnections()这两个线程，则专管本节点与一些Peer节点之间连接的建立和维持。比特币网中的节点，都是来去自由，一会儿上一会儿下，几乎是来无影去无踪，要始终维持与一定数量的Peer节点相连，其实不像想象中那么简单，所以要有专门的线程加以维护。

不过这些基本上都是网络通信这个层次上的活动，不属于比特币和区块链的核心内容，所以我们在这里不予过多的关心，真有需要或兴趣的读者可以自行阅读源码。我们所关心的，是这里的两个线程，一个是ThreadSocketHandler()，还有一个是ThreadMessageHandler()，尤其后者是节点的核心和枢纽，而前者是它的底层。

2.2.2 Socket处理线程

Socket是网络连接的基础，凡是跨网络节点的通信都得通过Socket进行。所以，凡是与本节点有网络连接的每个Peer节点，本节点上都有一个Node对象作为其代表，维持着有关这个节点的状态和有关参数，同时也有一个Socket专门通向这个节点。而Socket处理进程

ThreadSocketHandler()则专管这些Socket上的消息收发。我们先看这个线程的代码摘要：

```
CConnman::ThreadSocketHandler()      //Socket 处理线程
> unsigned int nPrevNodeCount = 0;
> while (!interruptNet) {   //只要不被打断，就永远循环：
>+ // Disconnect unused nodes
>+ std::vector<CNode*> vNodesCopy = vNodes;   /vNodes 是个 CNode 向量，相当于相邻节点的 List。
>+ for (CNode* pnode : vNodesCopy) {   //对于 Bitcoin 网络中的每个相邻节点 pnode：
>++ if (pnode->fDisconnect){   //如果该节点的 fDisconnect 已为 true，就要将其删除。
>+++ vNodes.erase(remove(vNodes.begin(), vNodes.end(), pnode), vNodes.end());
>+++ pnode->grantOutbound.Release();   //释放其用于互斥的 Semaphore
>+++ pnode->CloseSocketDisconnect();   //关闭通向该节点的 Socket
>+++ pnode->Release();                 //递减对于该节点的引用计数
>+++ vNodesDisconnected.push_back(pnode);   //将此节点（数据结构）加入 vNodesDisconnected 向量。
>++ }   //end if (pnode->fDisconnect)
>+ }   //end for (CNode* pnode : vNodesCopy)
>+ // Delete disconnected nodes
>+ std::list<CNode*> vNodesDisconnectedCopy = vNodesDisconnected;   //为此向量制造一个副本
>+ for (CNode* pnode : vNodesDisconnectedCopy) {   //对已经挂入这个向量中的每个节点：
>++ // wait until threads are done using it
>++ if (pnode->GetRefCount() <= 0) {          //如果引用计数为 0，没有任何线程还在用到这个节点：
>+++ vNodesDisconnected.remove(pnode);        //就将其从 vNodesDisconnected 向量中删除
>+++ DeleteNode(pnode);                       //删除代表着这个节点的数据结构
>++ }
>+ }   //end   for (CNode* pnode : vNodesDisconnectedCopy)

>+ size_t vNodesSize;
>+ vNodesSize = vNodes.size();             //还有几个相邻节点
>+ if(vNodesSize != nPrevNodeCount) {   //节点数量有变化：
>++ nPrevNodeCount = vNodesSize;
>++ if(clientInterface) clientInterface->NotifyNumConnectionsChanged(nPrevNodeCount);   //发布变化通知
>+ }
>+ // Find which sockets have data to receive
>+ struct timeval timeout;
>+ timeout.tv_sec = 0;
>+ timeout.tv_usec = 50000; // frequency to poll pnode->vSend
>+ fd_set fdsetRecv;             //接收到数据的 Socket 集合
>+ fd_set fdsetSend;             //完成了发送的 Socket 集合
```

```
>+ fd_set fdsetError;                //网络操作出错的 Socket 集合
>+ FD_ZERO(&fdsetRecv);     //先将此集合清零。下同：
>+ FD_ZERO(&fdsetSend);
>+ FD_ZERO(&fdsetError);
>+ SOCKET hSocketMax = 0;
>+ bool have_fds = false;
>+ for (const ListenSocket& hListenSocket : vhListenSocket) {
        //对于向量 vhListenSocket（集合）中的每个 Socket，即对于正在侦听的每个 Socket：
>++ FD_SET(hListenSocket.socket, &fdsetRecv);  //设置 fdsetRecv 中的相应标志位，需要从此 socket 接受。
>++ hSocketMax = std::max(hSocketMax, hListenSocket.socket);  //现有 socket 中的最大打开文件号
>++ have_fds = true;
>+ }   //end for (const ListenSocket& hListenSocket : vhListenSocket)
>+ for (CNode* pnode : vNodes){  //对于每个仍有联系的节点：
>++ // Implement the following logic:
>++ // * If there is data to send, select() for sending data. As this only happens when optimistic write failed,
    // we choose to first drain the write buffer in this case before receiving more. This avoids needlessly
    // queueing received data, if the remote peer is not themselves receiving data. This means properly
    // utilizing TCP flow control signalling.
    // * Otherwise, if there is space left in the receive buffer, select() for receiving data.
    // * Hand off all complete messages to the processor, to be handled without blocking here.
>++ bool select_recv = !pnode->fPauseRecv;  //只要没有要求暂停，就需要从该节点（Socket）接收
>++ bool select_send;
>++ select_send = !pnode->vSendMsg.empty();  //是否需要向该节点（Socket）发送
>++ if (pnode->hSocket == INVALID_SOCKET) continue;  //如果通向该节点的 Socket 无效就跳过这个节点
>++ FD_SET(pnode->hSocket, &fdsetError);  //设置 fdsetError 中对应着该节点（Socket）的标志位
>++ hSocketMax = std::max(hSocketMax, pnode->hSocket);
        // hSocketMax 是所有这些 Socket 中最大的打开文件号，
        // pnode->hSocket 是通向该节点的 Socket 的打开文件号。
>++ have_fds = true;
>++ if (select_send) {
>+++ FD_SET(pnode->hSocket, &fdsetSend);  //设置 fdsetSend 中对应着该节点（Socket）的标志位
>+++ continue;
>++ }
>++ if (select_recv) {
>+++ FD_SET(pnode->hSocket, &fdsetRecv);  //设置 fdsetRecv 中对应着该节点（Socket）的标志位
>++ }
>+ }   //end for (CNode* pnode : vNodes)
```

```
>+ int nSelect = select(have_fds ? hSocketMax + 1 : 0,   &fdsetRecv, &fdsetSend, &fdsetError, &timeout);
                                              //睡眠等待在这些 Socket 中有事件发生，或超时。
>+ …   //如果出错，则处理善后并返回。
>+ // Accept new connections
>+ for (const ListenSocket& hListenSocket : vhListenSocket) {   //对于每个正在 Listen 的 Socket:
>++ if (hListenSocket.socket != INVALID_SOCKET && FD_ISSET(hListenSocket.socket, &fdsetRecv))
>+++ AcceptConnection(hListenSocket);   //如果收到了连接请求就接受连接
>+ }
>+ // Service each socket
>+ std::vector<CNode*> vNodesCopy;   //创建一个空白的 CNode 向量 vNodesCopy
>+ vNodesCopy = vNodes;              //把向量 vNodes 的内容复制到 vNodesCopy 中，使其成为一个副本。
>+ for (CNode* pnode : vNodesCopy) pnode->AddRef();   //增加这个集合中每个节点的引用计数

>+ for (CNode* pnode : vNodesCopy) {   //对于当前与本节点有连接的每个 Peer 节点：
>++ if (interruptNet) return;
>++ // Receive，先处理接收：
>++ if (pnode->hSocket == INVALID_SOCKET) continue;
>++ recvSet = FD_ISSET(pnode->hSocket, &fdsetRecv);   //检查 fdsetRecv 中与该节点对应的标志位是否为 1
>++ sendSet = FD_ISSET(pnode->hSocket, &fdsetSend);   //检查 fdsetSend 中与该节点对应的标志位是否为 1
>++ errorSet = FD_ISSET(pnode->hSocket, &fdsetError);   //检查 fdsetError 中与该节点对应的标志位是否为 1
>++ if (recvSet || errorSet){   //如果有消息到来，或者出错：
>+++ char pchBuf[0x10000]   // typical socket buffer is 8K-64K
>+++ int nBytes = 0;
>+++ if (pnode->hSocket == INVALID_SOCKET) continue;
>+++ nBytes = recv(pnode->hSocket, pchBuf, sizeof(pchBuf), MSG_DONTWAIT);   //从该 Socket 接收
>+++ if (nBytes > 0) {   //如果接收到了数据，注意所接收的可能只是消息中的一个片段：
>++++ bool notify = false;   //先假定消息尚不完整
>++++ if (!pnode->ReceiveMsgBytes(pchBuf, nBytes, notify))   pnode->CloseSocketDisconnect();
                  //从接收到的数据中提取报文内容，如果接收出错就关闭 Socket 断开连接。
>++++ RecordBytesRecv(nBytes);   //记录接收到的报文内容，如果有了一个完整的消息就使 notify 为真。
>++++ if (notify) {   // ReceiveMsgBytes()使 notify 变成了 true，说明已经有了一个完整的消息。
>+++++ size_t nSizeAdded = 0;
>+++++ auto it(pnode->vRecvMsg.begin());   //所接收的完整消息在对方节点的 vRecvMsg 队列中
>+++++ for (; it != pnode->vRecvMsg.end(); ++it) {   //遍历该队列中的各个消息，统计总长度
>++++++ if (!it->complete()) break;
>++++++ nSizeAdded += it->vRecv.size() + CMessageHeader::HEADER_SIZE;   //累加各个消息的长度
>+++++ }
>+++++ pnode->vProcessMsg.splice(pnode->vProcessMsg.end(), pnode->vRecvMsg,
```

```
                    pnode->vRecvMsg.begin(), it);  //把新收到的消息转移到 vProcessMsg 队列尾部
>+++++ pnode->nProcessQueueSize += nSizeAdded;  //这个节点的队列长度增加了
>+++++ pnode->fPauseRecv = pnode->nProcessQueueSize > nReceiveFloodSize;  //如果超长即暂停接收
>+++++ WakeMessageHandler();  //因为接收到了报文，就唤醒上层的消息处理线程。
>+++++> fMsgProcWake = true
>+++++> condMsgProc.notify_one()
>++++ }   //end if (notify)
>+++ }   //end if (nBytes > 0)
>+++ else if (nBytes == 0) {   // socket closed gracefully
>++++ if (!pnode->fDisconnect) { LogPrint(BCLog::NET, "socket closed\n"); }
>++++ pnode->CloseSocketDisconnect();
>+++ }   //end f (nBytes == 0)
>+++ else if (nBytes < 0) {   // error
>++++ int nErr = WSAGetLastError();
>++++ if (nErr != WSAEWOULDBLOCK && nErr != WSAEMSGSIZE &&
                    nErr != WSAEINTR && nErr != WSAEINPROGRESS) {
>+++++ if (!pnode->fDisconnect) LogPrintf("socket recv error %s\n", NetworkErrorString(nErr));
>+++++ pnode->CloseSocketDisconnect();
>++++ }
>+++ }   //end if (nBytes < 0
>++ }   //end   if (recvSet || errorSet)

>++ // Send，再处理发送
>++ if (sendSet){     //如果需要发送：
>+++ size_t nBytes = SocketSendData(pnode);
            //通过 Socket 发送数据，这是个底层函数，参见后面 PushMessage()对这函数的调用。
>+++ if (nBytes) RecordBytesSent(nBytes);     //记录已发送的字节数
>++ }

>++ // Inactivity checking
>++ …   //对超时的处理，略。
>+ }   //end for (CNode* pnode : vNodesCopy)
>+ for (CNode* pnode : vNodesCopy) pnode->Release();   //减小对每个节点的引用计数
> }   //end while (!interruptNet)
```

这个线程在主循环中做几件事：第一，对于那些已经失去连接的 Peer 节点，关闭通向这些节点的 Socket，并清除代表着那些节点的数据结构，即 node 对象。第二，为 Socket 上的接收和发送准备当前的三个 fd_set，即 fdsetRecv、fdsetSend、fdsetError，并通过调用 select()

等候有事件发生。这些 fd_set 中的每一位都代表着一个 Socket，也就是一个需要加以照看的 Peer 节点，其中 fdsetRecv 要求监视消息的到来，fdsetSend 则要求监视向外发送的完成，fdsetError 则要求监视网络操作出错。程序从 select()返回表明发生了某些事件（或者超时），此时三个 fd_set 中的标志位表明是哪些 Socket 上发生了事件。第三，先通过 recv()从 Socket 接收到 pchBuf 中，再由 ReceiveMsgBytes()和 RecordBytesRecv()把消息（可能只是消息的一个片段）接收进来，如果已经积累起一个完整的消息，就把这消息挂入对方节点的 vRecvMsg 队列，然后转入对方节点的 vProcessMsg 队列，并通过 WakeMessageHandler()唤醒上一层的消息处理线程 ThreadMessageHandler()。第四，处理消息（片段）的发送，布尔量 sendSet 为真就表示 Socket 完成了前一批字节的发送，所以通过 SocketSendData()继续向对方发送其发送缓冲区中的内容。第五，对各种出错状况的处理。第六，对超时的处理。

这样，每当 Socket 处理线程成功接收到一个消息的时候，就把该消息挂入代表着来源节点的接收消息队列 vProcessMsg 中，并唤醒消息处理线程，让它处理接收到的消息。

2.2.3 消息处理线程

底层的 Socket 线程 ThreadSocketHandler()把接收到的消息挂入对方节点的 vProcessMsg 队列，然后就唤醒上层的消息处理线程加以处理。

消息处理线程 ThreadMessageHandler()永远处于它的主循环中，只要还有消息在队列中等待处理，或者有消息需要发送，就逐一加以处理，否则就睡眠等待，一被唤醒或超时就继续循环。

```
CConnman::ThreadMessageHandler()   //消息处理线程
> while (!flagInterruptMsgProc){   //循环条件是 flagInterruptMsgProc 为 false，即没有中止消息处理的要求。
>+ std::vector<CNode*> vNodesCopy
>+ vNodesCopy = vNodes   // vNodes 的内容随时都可变化，但在同一轮循环中应予固定，
>+ for (CNode* pnode : vNodesCopy) pnode->AddRef()   //增加对这些节点的引用计数

>+ bool fMoreWork = false      //先假定没有什么事可做
>+ for (CNode* pnode : vNodesCopy){   //对于每个直接相连的节点：
>++ if (pnode->fDisconnect) continue      //如果与这个节点已断开连接，就跳过。
>++ fMoreNodeWork = m_msgproc->ProcessMessages(pnode, flagInterruptMsgProc) //处理来自该节点的消息
                                                  //返回 true 表示针对这个节点有事可做
>++ fMoreWork |= (fMoreNodeWork && !pnode->fPauseSend)
                   //但是有个条件，就是对此节点的发送没有被暂停。fMoreWork 表示至少有一个节点有事。
>++ if (flagInterruptMsgProc) return       //如果 flagInterruptMsgProc 为 true，那就是要退出循环了。
>++ m_msgproc->SendMessages(pnode, flagInterruptMsgProc)   //向该节点发送消息
>+ }   //end for
>+ for (CNode* pnode : vNodesCopy) pnode->Release()   //减少对这些节点的引用计数
```

```
>+ if (!fMoreWork) condMsgProc.wait_until(lock,
        std::chrono::steady_clock::now() + std::chrono::milliseconds(100), [this] { return fMsgProcWake; });
                                  //暂时没有工作可做，睡眠等待 100 毫秒。如果有事要做就继续循环。
>+ fMsgProcWake = false
> }   //end while (!flagInterruptMsgProc)
```

消息处理线程 ThreadMessageHandler()在其每一轮循环中所做的是：对于每个与之建立了连接的 Peer 节点做两件事，一是 ProcessMessages()，二是 SendMessages()。前者查看并处理来自对方的消息，作出反应；后者把本节点需要发送给对方的消息（交由下层）发送出去。我们先看 ProcessMessages()。

[ThreadMessageHandler() > ProcessMessages()]

```
PeerLogicValidation::ProcessMessages(CNode* pfrom, std::atomic<bool>& interruptMsgProc)
> const CChainParams& chainparams = Params();
> // Message format:   (4) message start (12) command (4) size checksum (x) data
> bool fMoreWork = false;                  //先假定对目标节点无事可做
> if (!pfrom->vRecvGetData.empty())
        //对方节点的 vRecvGetData 非空，说明对方曾来索取数据，需要作出回应：
>+ ProcessGetData(pfrom, chainparams.GetConsensus(), connman, interruptMsgProc);   //加以处理
> if (pfrom->fDisconnect) return false;          //如果与对方的连接已经断开，就返回 false，表示无事可做。
> // this maintains the order of responses
> if (!pfrom->vRecvGetData.empty()) return true;   //vRecvGetData 仍旧非空，返回 true 表示还有事要做。
> if (pfrom->fPauseSend) return false;   //如果向对方节点的发送已被暂停，那就暂时无事可做了。
        //至此，对方节点的 vRecvGetData 已空，这才开始处理队列 vProcessMsg 中的消息：
> std::list<CNetMessage> msgs;   //创建一个空白的消息队列 msgs，网络上接收到的是 CNetMessage。
> if (pfrom->vProcessMsg.empty()) return false;   //如果对方节点的待处理消息为空，那也无事可做。
> // Just take one message，既然待处理消息队列 vProcessMsg 非空，那就从中截取消息到队列 msgs 中：
> msgs.splice(msgs.begin(), pfrom->vProcessMsg, pfrom->vProcessMsg.begin());
> pfrom->nProcessQueueSize -= msgs.front().vRecv.size() + CMessageHeader::HEADER_SIZE;
                                                              //接收队列的长度相应减小
> pfrom->fPauseRecv = pfrom->nProcessQueueSize > connman->GetReceiveFloodSize();
                              //如果接受队列的程度大于 connman 中规定的泛滥长度，就得暂停接收。
> fMoreWork = !pfrom->vProcessMsg.empty();     //是否还有事可做取决于 vProcessMsg 是否非空
> CNetMessage& msg(msgs.front()); //从 msgs 队列前端获取网络消息，用以创建一个消息 msg。
> msg.SetVersion(pfrom->GetRecvVersion());
> // Scan for message start
```

```
> n = memcmp(msg.hdr.pchMessageStart, chainparams.MessageStart(),
                                   CMessageHeader::MESSAGE_START_SIZE)
        //比特币主网消息的开头 4 个字节必须是 0xf9、0xbe、0xb4 和 0xd9。
        //比特币测试网消息的开头 4 个字节则必须是 0x0b、0x11、0x09 和 0x07。
        //这些数值都是通过精心挑选的，在 ASCII 码中很少见，在 UTF8 中不合规。
> if (n != 0) {  //如果消息开头的 4 个字节不符，那就说明对方其实不是合规的比特币网节点。
>+ pfrom->fDisconnect = true;    //对方不合规，应断开其连接。
>+ return false;    //一票否决，当然无事可做了
> }
> // Read header
> CMessageHeader& hdr = msg.hdr;  //让指针 hdr 指向其报头。注意开头的 4 个字节只是报头的一部分。
> if (!hdr.IsValid(chainparams.MessageStart())){  //调用 CMessageHeader::IsValid()，检查是否合规。
>+ return fMoreWork;  //有错，但不是一票否决，保持已有的 fMoreWork 不变。
> }
> std::string strCommand = hdr.GetCommand();  //从报头中获取命令，长度为 12 字节。
> // Message size
> unsigned int nMessageSize = hdr.nMessageSize;  //命令后面是报文长度，再后面是 hash，最后是数据。
> // Checksum
> CDataStream& vRecv = msg.vRecv;  //准备从其缓冲区中读出消息内容
> const uint256& hash = msg.GetMessageHash();
> if (memcmp(hash.begin(), hdr.pchChecksum, CMessageHeader::CHECKSUM_SIZE) != 0){
>+ return fMoreWork;     //Hash 值不符，但不是一票否决，保持已有的 fMoreWork 不变。
> }
> // Process message
> bool fRet = false;
> fRet = ProcessMessage(pfrom, strCommand, vRecv, msg.nTime, chainparams, connman, interruptMsgProc);
                                      // ProcessMessage()是分情形处理各种消息的枢纽，见后。
> if (interruptMsgProc) return false;
> if (!pfrom->vRecvGetData.empty()) fMoreWork = true;  //只要 vRecvGetData 非空就还有事做
> if (!fRet) {  // ProcessMessage()返回 false，将此情形记入日志。
>+ LogPrint(BCLog::NET, "%s(%s, %u bytes) FAILED peer=%d\n", …);
> }
> SendRejectsAndCheckIfBanned(pfrom, connman);  //如果需要就发送 REJECT 消息
> return fMoreWork;
```

ProcessMessages()是针对具体 Peer 节点的。前面 Socket 处理线程已经把接收到（来自该节点）的消息挂在代表着这个节点的 CNode 数据结构中，现在就要加以处理。

本来，这个函数只要从对方节点的vProcessMsg队列中取出一个消息，由ProcessMessage()加以处理即可。然而这里有个特殊的情况需要考虑，就是怎样对付对方发来索取某些资源（例如块或交易记录）的 GETDATA 消息。对此 ProcessMessage()中会通过 ProcessGetData()加以处理，把对方索要的“货品”逐项发送过去。然而对方索要的数量可能很大，如果一次性地满足对方要求把所有数据都发过去就可能占时很长，那样就堵住了路，阻塞了消息处理线程对来自其它 Peer 节点的消息处理。此时唯一合理的做法就是分次发送，发了一些以后就暂时搁一下，先为别的 Peer 节点服务一下，过一会儿再来继续。

所以就在 CNode 结构中增设了一个 vRecvGetData 队列，把 GETDATA 消息中所要索取的各个“货品号”保存在对方节点的这个队列中，然后先调用 ProcessGetData()发一下，但也不要发得太多，留下的就过一会儿再发。什么时候再发呢？就是等到消息处理线程下次再针对这个节点调用 ProcessMessages()的时候。我们在前面看到，消息处理线程是在针对每个有连接 Peer 节点的 for 循环中调用 ProcessMessages()的，就其中某个特定的 Peer 节点而言，下一次又轮到这个节点就是一段时间之后的事了。

所以，在 ProcessMessages()中，只要这个节点的 vRecvGetData 队列非空，就说明还有对方索要的数据尚未发出，那就要先由 ProcessGetData()加以处理（有可能还是不能发完），处理后如果队列仍旧非空就返回 true，表示还有事情要做，还需要对此节点调用 ProcessMessages()，而且下一次仍旧是先发送 vRecvGetData 队列中所列的各项“货品”。直到这个队列为空，才开始处理 vProcessMsg 队列中的消息，但每次只处理一个消息。消息处理线程 ThreadMessageHandler()再次对该节点调用 ProcessMessages()是在下一轮 while 循环中的事了。这样，消息处理线程才不会被一个 Peer 节点所独占和阻塞，来自每个 Peer 节点的消息都能得到及时的处理。

如上所述，就一个特定的 GETDATA 消息而言，对 ProcessGetData()的首次调用是在 ProcessMessage()内部。所以我们在这里先跳过 ProcessGetData()，到 ProcessMessage()的时候再来看 ProcessGetData()所作的处理。

2.2.4 消息的发送

在处理外来消息并作出响应的过程中，往往是要向对方发送消息的。即使没有外来消息，节点也可能需要主动向外发送消息。为此，连接管理者 CConnman 提供了一个函数 PushMessage()，每当需要发送一个消息的时候，就可以调用这个函数把消息交给网络通信层，如果下层没有别的数据要发送就立即可以发送出去，否则就挂在下层的发送队列中等候，由 ThreadSocketHandler()在其主循环中通过 SocketSendData()加以发送。

```
CConnman::PushMessage(CNode* pnode, CSerializedNetMsg&& msg)
                              //要求将消息 msg 发送给 pnode 所指 CNode 所代表的目标节点
> size_t nMessageSize = msg.data.size();   //消息的数据部分大小
> size_t nTotalSize = nMessageSize + CMessageHeader::HEADER_SIZE;   //加上消息头的大小
> std::vector<unsigned char> serializedHeader;      //创建一个字节向量(类似于字节数组)
```

```
> serializedHeader.reserve(CMessageHeader::HEADER_SIZE);  //前面留出消息头的大小
> uint256 hash = Hash(msg.data.data(), msg.data.data() + nMessageSize);  //对消息的数据部分做 Hash 计算
> CMessageHeader hdr(Params().MessageStart(), msg.command.c_str(), nMessageSize);  //生成消息头
> memcpy(hdr.pchChecksum, hash.begin(), CMessageHeader::CHECKSUM_SIZE);
> CVectorWriter{SER_NETWORK, INIT_PROTO_VERSION, serializedHeader, 0, hdr}; //创建 CVectorWriter
> size_t nBytesSent = 0;
> bool optimisticSend(pnode->vSendMsg.empty());  //创建一个名为 optimisticSend 的布尔量
        //去向目标节点的发送队列 vSendMsg 为空则 optimisticSend 为 true，表示无积压，直接就能发送。
> pnode->mapSendBytesPerMsgCmd[msg.command] += nTotalSize;  //统计各种不同命令的流量
> pnode->nSendSize += nTotalSize;  //去往对方节点的待发送数据增加了 nTotalSize 这么多
> if (pnode->nSendSize > nSendBufferMaxSize) pnode->fPauseSend = true;  //待发送数据超额就得暂停发送
> pnode->vSendMsg.push_back(std::move(serializedHeader));  //先把串行化了的报头推入队列 vSendMsg
> if (nMessageSize) pnode->vSendMsg.push_back(std::move(msg.data));  //再把报文数据推入队列 vSendMsg
> // If write queue empty, attempt "optimistic write"
> if (optimisticSend == true) nBytesSent = SocketSendData(pnode);
    //如果 optimisticSend 为真就直接调用 SocketSendData()，不然就留待 ThreadSocketHandler()加以调用。
> if (nBytesSent) RecordBytesSent(nBytesSent);
```

凡是要交由底层向目标节点发送的消息，首先要经过组装（加上消息头），然后挂入目标节点的发送队列 vSendMsg。如果此前这个队列是空的，那么马上就可以通过底层函数 SocketSendData()加以发送，这是最理想的，所以说是 optimisticSend。要不然就留在队列中，等待由 Socket 处理线程 ThreadSocketHandler()按先后次序调用 SocketSendData()。至于 SocketSendData()则不再有缓冲和队列，直接就是通过 Socket 函数 send()加以发送了。

```
CConnman::SocketSendData(CNode *pnode)  //将去向目标节点的 vSendMsg 中的报文内容发送出去
> auto it = pnode->vSendMsg.begin();  //需要发送到目标节点的消息都在这个 vSendMsg 队列中。
> size_t nSentSize = 0;
> while (it != pnode->vSendMsg.end()) {
>+ const auto &data = *it;
>+ assert(data.size() > pnode->nSendOffset);
>+ int nBytes = 0;
>+ if (pnode->hSocket == INVALID_SOCKET) break;
>+ nBytes = send(pnode->hSocket, reinterpret_cast<const char*>(data.data()) + pnode->nSendOffset,
                        data.size() - pnode->nSendOffset, MSG_NOSIGNAL | MSG_DONTWAIT)
    //最初时位移量 pnode->nSendOffset 为 0，要求发送的长度则为 data.size()，即整个消息的长度。
    //但是网络底层须分包（Packet）发送，未必能一次都发出去，返回值 nBytes 为本次实际发送长度。
>+ if (nBytes > 0) {
>++ pnode->nSendOffset += nBytes;
```

```
>++ nSentSize += nBytes;
>++ if (pnode->nSendOffset == data.size()) {   //整个消息都已发送完毕：
>+++ pnode->nSendOffset = 0;                    //将（消息内的）位移量清零
>+++ pnode->nSendSize -= data.size();
>+++ pnode->fPauseSend = (pnode->nSendSize > nSendBufferMaxSize);
>+++ it++;   //推进迭代指针，指向下一个消息。
>++ } //end if (pnode->nSendOffset == data.size())
>++ else { break; }   // could not send full message; stop sending more，跳出 while 循环。
>+ }   //end if (nBytes > 0)
>+ else {
>++ if (nBytes < 0) {   // error，网络出错：
>+++ int nErr = WSAGetLastError();
>+++ if (nErr != WSAEWOULDBLOCK && nErr != WSAEMSGSIZE
                                  && nErr != WSAEINTR && nErr != WSAEINPROGRESS) {
>++++ pnode->CloseSocketDisconnect();   //断开与对方的连接
>+++ }
>++ }   //end if (nBytes < 0)
>++ break;   // couldn't send anything at all
>+ }   //end if (nBytes > 0) else
> }   //end while
> pnode->vSendMsg.erase(pnode->vSendMsg.begin(), it);   //把已经发送的消息从队列中删除
> return nSentSize;
```

明白了 PushMessage()是如何将消息发送给目标节点。我们回到消息处理线程，看 ThreadMessageHandler()在 ProcessMessages()以后对 SendMessages()的调用。从宏观上说，消息处理线程在每一轮循环中所做的事，就是对所有仍有连接的那些 peer 节点调用 ProcessMessages()和 SendMessages()这两个函数。SendMessages()这个函数名不是太贴切，容易使人误以为这就像上述 SocketSendData()那样只是底层的消息发送。其实不是。我们考虑一个节点对外发送消息的原因，无非就是两种。一种是处于某种原因的主动发送，比方说发现自己这里缺了一个块，就要发送请求消息向别的节点索取，这就是主动的消息发送。再比方挖到了矿之后的新块发布，这也是主动的消息发送。另一种是被动的、对外来消息做出反应的消息发送。比方说有个外来的消息，要求发给某个块的块身，就发给它了，这就是被动的发送。当然，主动和被动也分不到那么清楚，看似主动的消息发送，如果再往深处追究，也许根子上仍属被动，但至少直接的原因是主动的。

所以，针对与本节点有连接的每个 Peer 节点，ProcessMessages()和 SendMessages()是消息处理线程反复在做的两件大事，两件事的分量都不轻。我们在这里先看 SendMessages()，因为这样有助我们理解这些消息的由来。

```
[ThreadMessageHandler() > SendMessages()]

PeerLogicValidation::SendMessages(CNode* pto, std::atomic<bool>& interruptMsgProc)
> const Consensus::Params& consensusParams = Params().GetConsensus();
> // Don't send anything until the version handshake is complete
> if (!pto->fSuccessfullyConnected || pto->fDisconnect) return true;
> // If we get here, the outgoing message serialization version is set and can't change.
> const CNetMsgMaker msgMaker(pto->GetSendVersion());

> // Message: ping，  一、发送 Ping 消息：
> bool pingSend = false;
> if (pto->fPingQueued) {   // RPC ping request by user，如果有发送 NetMsgType::PING 的要求：
>+ pingSend = true;   //需要发送 Ping 消息
> }
> if (pto->nPingNonceSent == 0 && pto->nPingUsecStart + PING_INTERVAL * 1000000 < GetTimeMicros()) {
>+ // Ping automatically sent as a latency probe & keepalive，虽未要求，但时间已经到点，需要发送心跳了。
>+ pingSend = true;   //需要发送 Ping 消息
> }
> if (pingSend) {   //如果需要发送 Ping 消息：
>+ uint64_t nonce = 0;
>+ while (nonce == 0) {
>++ GetRandBytes((unsigned char*)&nonce, sizeof(nonce));   //获取一个非 0 的随机数用作 nonce。
>+ }
>+ pto->fPingQueued = false;
>+ pto->nPingUsecStart = GetTimeMicros();
>+ if (pto->nVersion > BIP0031_VERSION) {   //对方用的是 BIP31 以后的版本
>++ pto->nPingNonceSent = nonce;   //对方会发回 PONG 消息，需要比对 nonce 值。
>++ connman->PushMessage(pto, msgMaker.Make(NetMsgType::PING, nonce));   //向对方发送 PING
>+ } else {   // Peer is too old to support ping command with nonce, pong will never arrive.
>++ pto->nPingNonceSent = 0;     //对方用的是较老的版本，不会发回 PONG 消息。
>++ connman->PushMessage(pto, msgMaker.Make(NetMsgType::PING));
>+ }
> }
> if (SendRejectsAndCheckIfBanned(pto, connman)) return true;
                      //如果向对方发送了 REJECT 消息，那么这次就算了。
> CNodeState &state = *State(pto->GetId());
> // Address refresh broadcast
> int64_t nNow = GetTimeMicros();
```

```
> if (!IsInitialBlockDownload() && pto->nNextLocalAddrSend < nNow) {
>+ AdvertiseLocal(pto);
>+ pto->nNextLocalAddrSend =
                PoissonNextSend(nNow, AVG_LOCAL_ADDRESS_BROADCAST_INTERVAL);
> }

> // Message: addr， 二、发送地址消息：
> if (pto->nNextAddrSend < nNow) {  //如果已经过了应该发送地址的时间：
>+ pto->nNextAddrSend = PoissonNextSend(nNow, AVG_ADDRESS_BROADCAST_INTERVAL);
>+ std::vector<CAddress> vAddr;  //创建一个空白的 CAddress 向量
>+ vAddr.reserve(pto->vAddrToSend.size());  //向量 pto->vAddrToSend 中是需要发送给对方的地址
>+ for (const CAddress& addr : pto->vAddrToSend) {  //对于向量 pto->vAddrToSend 中的每个地址：
>++ if (!pto->addrKnown.contains(addr.GetKey())) {  //IP 地址（16 字节）加端口号，见 CService::GetKey()。
>+++ pto->addrKnown.insert(addr.GetKey());  //这个组合还不在 pto->addrKnown 中，加入。
>+++ vAddr.push_back(addr);                   //也加入向量 vAddr 中
>+++ // receiver rejects addr messages larger than 1000
>+++ if (vAddr.size() >= 1000) {  //如果向量 vAddr 中的地址超过了 1000 个，就先发送给对方：
>++++ connman->PushMessage(pto, msgMaker.Make(NetMsgType::ADDR, vAddr));  //发送 ADDR 消息
>++++ vAddr.clear();
>+++ }  //end if (vAddr.size() >= 1000)
>++ }  //end if (!pto->addrKnown.contains(addr.GetKey()))
>+ }  //end for (const CAddress& addr : pto->vAddrToSend)
>+ pto->vAddrToSend.clear();
     //把向量 vAddr 中剩余不足 1000 个的地址也发送给对方：
>+ if (!vAddr.empty()) connman->PushMessage(pto, msgMaker.Make(NetMsgType::ADDR, vAddr));
>+ // we only send the big addr message once
>+ if (pto->vAddrToSend.capacity() > 40) pto->vAddrToSend.shrink_to_fit();
> }  //end if (pto->nNextAddrSend < nNow)

> // Start block sync，三、区块同步：
> if (pindexBestHeader == nullptr) pindexBestHeader = chainActive.Tip();  //本节点上的最佳块头
> bool fFetch = state.fPreferredDownload || (nPreferredDownload == 0 && !pto->fClient && !pto->fOneShot);
            // Download if this is a nice peer, or we have no nice peers and this one might do. 可从对方下载。
> if (!state.fSyncStarted && !pto->fClient && !fImporting && !fReindex) {
  //如果尚未开始节点同步，也不在导入块链或索引重组的过程中，且对方并非不作转发的 Client 节点。
>+ // Only actively request headers from a single peer, unless we're close to today.
>+ if ((nSyncStarted==0 && fFetch)|| pindexBestHeader->GetBlockTime() > GetAdjustedTime() - 24 * 60 * 60){
>++ state.fSyncStarted = true;
```

```
>++ state.nHeadersSyncTimeout = GetTimeMicros() + HEADERS_DOWNLOAD_TIMEOUT_BASE +
        HEADERS_DOWNLOAD_TIMEOUT_PER_HEADER *
        (GetAdjustedTime() –
                pindexBestHeader->GetBlockTime())/(consensusParams.nPowTargetSpacing);
>++ nSyncStarted++;
>++ const CBlockIndex *pindexStart = pindexBestHeader;
>++ /* If possible, start at the block preceding the currently best known header. This ensures that we always
     get a non-empty list of headers back as long as the peer is up-to-date.   With a non-empty response,
     we can initialise the peer's known best block. This wouldn't be possible if we requested starting at
     pindexBestHeader and got back an empty response. */
>++ if (pindexStart->pprev)    pindexStart = pindexStart->pprev;
>++ connman->PushMessage(pto, msgMaker.Make(NetMsgType::GETHEADERS,
                        chainActive.GetLocator(pindexStart), uint256())); //请求对方发送块头
>+ }    //end if ((nSyncStarted==0 && fFetch) || …
> }    //end if (!state.fSyncStarted && !pto->fClient && !fImporting && !fReindex)

> // Resend wallet transactions that haven't gotten in a block yet Except during reindex, importing and IBD,
  // when old wallet transactions become unconfirmed and spams other nodes.
> if (!fReindex && !fImporting && !IsInitialBlockDownload()){
>+ GetMainSignals().Broadcast(nTimeBestReceived, connman);
> }

> // Try sending block announcements via headers
> // If we have less than MAX_BLOCKS_TO_ANNOUNCE in our list of block hashes we're relaying,
  // and our peer wants headers announcements, then find the first header not yet known to our peer but
  // would connect, and send. If no header would connect, or if we have too many blocks, or if the peer
  // doesn't want headers, just add all to the inv queue.
> std::vector<CBlock> vHeaders;      //创建一个空白的 CBlock 向量 vHeaders，用来收集需要外传的块。
> bool fRevertToInv = ((!state.fPreferHeaders &&
            (!state.fPreferHeaderAndIDs || pto->vBlockHashesToAnnounce.size() > 1)) ||
            pto->vBlockHashesToAnnounce.size() > MAX_BLOCKS_TO_ANNOUNCE);
> const CBlockIndex *pBestIndex = nullptr; // last header queued for delivery
> ProcessBlockAvailability(pto->GetId()); // ensure pindexBestKnownBlock is up-to-date
> if (!fRevertToInv) {
>+ bool fFoundStartingHeader = false;
>+ // Try to find first header that our peer doesn't have, and then send all headers past that one.
   // If we come across any headers that aren't on chainActive, give up.
>+ for (const uint256 &hash : pto->vBlockHashesToAnnounce) {    //对于准备外传的每个块头 Hash 值：
```

```
>++ const CBlockIndex* pindex = LookupBlockIndex(hash);   //根据 Hash 值找到该块的索引
>++ assert(pindex);
>++ if (chainActive[pindex->nHeight] != pindex) {
>+++ // Bail out if we reorged away from this block
>+++ fRevertToInv = true;
>+++ break;
>++ }
>++ if (pBestIndex != nullptr && pindex->pprev != pBestIndex) {
>+++ // This means that the list of blocks to announce don't connect to each other. This shouldn't really be
     // possible to hit during regular operation (because reorgs should take us to a chain that has some block not
     // on the prior chain, which should be caught by the prior check), but one way this could happen is by using
     // invalidateblock / reconsiderblock repeatedly on the tip, causing it to be added multiple times to
     // vBlockHashesToAnnounce. Robustly deal with this rare situation by reverting to an inv.
>+++ fRevertToInv = true;
>+++ break;
>++ }
>++ pBestIndex = pindex;
>++ if (fFoundStartingHeader) {    // add this to the headers message
>+++ vHeaders.push_back(pindex->GetBlockHeader());   //将这块头加入向量 vHeaders 中
>++ }   //end if (fFoundStartingHeader)
>++ else if (PeerHasHeader(&state, pindex)) {   //付方已经有了就跳过
>+++ continue; // keep looking for the first new block
>++ }   //end if (PeerHasHeader(&state, pindex))
>++ else if (pindex->pprev == nullptr || PeerHasHeader(&state, pindex->pprev)) {
>+++ // Peer doesn't have this header but they do have the prior one. Start sending headers.
>+++ fFoundStartingHeader = true;
>+++ vHeaders.push_back(pindex->GetBlockHeader());   //将这块头加入向量 vHeaders 中
>++ }   //end if (pindex->pprev == nullptr || PeerHasHeader(&state, pindex->pprev))
>++ else {
>+++ // Peer doesn't have this header or the prior one -- nothing will connect, so bail out.
>+++ fRevertToInv = true;
>+++ break;
>++ }   //end else
>+ }   //end for (const uint256 &hash : pto->vBlockHashesToAnnounce)
> }   //end if (!fRevertToInv)
> if (!fRevertToInv && !vHeaders.empty()) {
>+ if (vHeaders.size() == 1 && state.fPreferHeaderAndIDs) {
>++ // We only send up to 1 block as header-and-ids, as otherwise
```

```
>++ // probably means we're doing an initial-ish-sync or they're slow
>++ int nSendFlags = state.fWantsCmpctWitness ? 0 : SERIALIZE_TRANSACTION_NO_WITNESS;
>++ bool fGotBlockFromCache = false;
>++ if (most_recent_block_hash == pBestIndex->GetBlockHash()) {
>+++ if (state.fWantsCmpctWitness || !fWitnessesPresentInMostRecentCompactBlock)
>++++ connman->PushMessage(pto, msgMaker.Make(nSendFlags,
                                  NetMsgType::CMPCTBLOCK, *most_recent_compact_block));
>+++ else {
>++++ CBlockHeaderAndShortTxIDs cmpctblock(*most_recent_block, state.fWantsCmpctWitness);
>++++ connman->PushMessage(pto, msgMaker.Make(nSendFlags,
                                  NetMsgType::CMPCTBLOCK, cmpctblock));
>+++ }    //end if else
>+++ fGotBlockFromCache = true;
>++ }    //end if (most_recent_block_hash == pBestIndex->GetBlockHash())
>++ if (!fGotBlockFromCache) {
>+++ CBlock block;
>+++ bool ret = ReadBlockFromDisk(block, pBestIndex, consensusParams);
>+++ assert(ret);
>+++ CBlockHeaderAndShortTxIDs cmpctblock(block, state.fWantsCmpctWitness);
>+++ connman->PushMessage(pto, msgMaker.Make(nSendFlags,
                                  NetMsgType::CMPCTBLOCK, cmpctblock))
>++ }    //end if (!fGotBlockFromCache)
>++ state.pindexBestHeaderSent = pBestIndex;
>+ } else if (state.fPreferHeaders) {
>++ if (vHeaders.size() > 1) {
>+++ LogPrint(BCLog::NET, "%s: %u headers, range (%s, %s), to peer=%d\n", __func__, …)
>++ } else {
>+++ LogPrint(BCLog::NET, "%s: sending header %s to peer=%d\n", __func__, …)
>++ }
>++ connman->PushMessage(pto, msgMaker.Make(NetMsgType::HEADERS, vHeaders));
>++ state.pindexBestHeaderSent = pBestIndex;
>+ }    //end else if (state.fPreferHeaders)
>+ else fRevertToInv = true;
> }    //end if (!fRevertToInv && !vHeaders.empty())
> if (fRevertToInv) {
>+ // If falling back to using an inv, just try to inv the tip.
>+ // The last entry in vBlockHashesToAnnounce was our tip at some point
>+ // in the past.
```

```
>+ if (!pto->vBlockHashesToAnnounce.empty()) {
>++ const uint256 &hashToAnnounce = pto->vBlockHashesToAnnounce.back();
>++ const CBlockIndex* pindex = LookupBlockIndex(hashToAnnounce);
>++ assert(pindex);
>++ // Warn if we're announcing a block that is not on the main chain.
>++ // This should be very rare and could be optimized out. Just log for now.
>++ if (chainActive[pindex->nHeight] != pindex) {
>+++ LogPrint(BCLog::NET, "Announcing block %s not on main chain (tip=%s)\n", ...);
>++ }
>++ // If the peer's chain has this block, don't inv it back.
>++ if (!PeerHasHeader(&state, pindex)) {
>+++ pto->PushInventory(CInv(MSG_BLOCK, hashToAnnounce));
>+++ LogPrint(BCLog::NET, "%s: sending inv peer=%d hash=%s\n", __func__, ...);
>++ }
>+ }
> }
> pto->vBlockHashesToAnnounce.clear()   //清空该节点的 vBlockHashesToAnnounce 向量

> // Message: inventory，四、发送库存清单：
> std::vector<CInv> vInv;
> vInv.reserve(std::max<size_t>(pto->vInventoryBlockToSend.size(), INVENTORY_BROADCAST_MAX));
> // Add blocks
> for (const uint256& hash : pto->vInventoryBlockToSend) {   //对 vInventoryBlockToSend 中的每个 Hash 值
          //把有待发送给对方，在其 vInventoryBlockToSend 向量中等待发送的块头 Hash 值都发送出去。
>+ vInv.push_back(CInv(MSG_BLOCK, hash));   //把 Hash 值添加到向量 vInv 中
>+ if (vInv.size() == MAX_INV_SZ) {   //如果向量的大小达到了 MAX_INV_SZ，就作为一个报文发送：
>++ connman->PushMessage(pto, msgMaker.Make(NetMsgType::INV, vInv));   //向对方发送 INV 消息
>++ vInv.clear();   //已经发送，把 vInv 清空。
>+ }   //end if (vInv.size() == MAX_INV_SZ)
> }   //end for (const uint256& hash : pto->vInventoryBlockToSend)，最后 vInv 中可能仍有一些 Hash 值。
> pto->vInventoryBlockToSend.clear();   // vInventoryBlockToSend 中的 Hash 值都已发送或转移到 vInv 中
> // Check whether periodic sends should happen
> bool fSendTrickle = pto->fWhitelisted;   //如果对方节点列入了白名单，就要求发送，或者：
> if (pto->nNextInvSend < nNow) {   //如果当前时间 nNow 已经超过了预定向对方发送库存的时间：
>+ fSendTrickle = true;          //也要求发送
>+ // Use half the delay for outbound peers, as there is less privacy concern for them.
>+ pto->nNextInvSend =                    //计算下次发送库存的时间
          PoissonNextSend(nNow, INVENTORY_BROADCAST_INTERVAL >> !pto->fInbound)
```

```
> }
> // Time to send but the peer has requested we not relay transactions.
> if (fSendTrickle) {   //如果到了发送库存的时间，而对方节点又要求不转发 Tx，就清空库存着的 Tx。
>+ if (!pto->fRelayTxes)   pto->setInventoryTxToSend.clear();
> }
> // Respond to BIP35 mempool requests
> if (fSendTrickle && pto->fSendMempool) {   //到了发送库存的时间，而且要求发送 mempool 的内容：
>+ auto vtxinfo = mempool.infoAll(); //把 mempool 中的 Tx 信息收集在一个 TxMempoolInfo 向量 vtxinfo 中
>+ pto->fSendMempool = false;        //已经在处理发送 mempool 的请求，清除这个标志位。
>+ CAmount filterrate = 0;
>+ filterrate = pto->minFeeFilter;        //以对方节点的最低费率作为过滤标准 filterrate
>+ for (const auto& txinfo : vtxinfo) {                  //扫描 vtxinfo 中的每一项 Tx 信息：
>++ const uint256& hash = txinfo.tx->GetHash();         //获取该 Tx 的 Hash 值
>++ CInv inv(MSG_TX, hash);                             //为此 Hash 值构建一个类型为 MSG_TX 的 CInv 对象
>++ pto->setInventoryTxToSend.erase(hash);              //从向量 setInventoryTxToSend 中删去这个 Hash 值
>++ if (filterrate) {
>+++ if (txinfo.feeRate.GetFeePerK() < filterrate) continue;   //要是这个 Tx 允诺的费率低于 filterrate 就跳过
>++ }
>++ if (pto->pfilter) {   //要是对方节点设置了 Bloom 过滤器
>+++ if (!pto->pfilter->IsRelevantAndUpdate(*txinfo.tx)) continue;   //要是通不过 Bloom 过滤就跳过这个 Tx
>++ }
>++ pto->filterInventoryKnown.insert(hash);   //把这个 Hash 值添加到 filterInventoryKnown 集合中
>++ vInv.push_back(inv);    //把这个 Tx 类的 CInv 对象添加到向量 vInv 中
>++ if (vInv.size() == MAX_INV_SZ) {   //向量 vInv 的长度达到了最大值 MAX_INV_SZ 就发送这些库存
>+++ connman->PushMessage(pto, msgMaker.Make(NetMsgType::INV, vInv));   //向对方发送 INV 消息
>+++ vInv.clear();   //已发送，将 vInv 清空。
>++ }
>+ }   //end for (const auto& txinfo : vtxinfo)   //循环结束后 vInv 中可能仍有一些 CInv。
>+ pto->timeLastMempoolReq = GetTime();
> }
> // Determine transactions to relay
> if (fSendTrickle) {
>+ // Produce a vector with all candidates for sending
>+ std::vector<std::set<uint256>::iterator> vInvTx;   //创建一个 Hash 值向量 vInvTx
>+ vInvTx.reserve(pto->setInventoryTxToSend.size());   //大小应能容纳 setInventoryTxToSend 中的 Tx 数量
>+ for (std::set<uint256>::iterator it = pto->setInventoryTxToSend.begin();
                                     it != pto->setInventoryTxToSend.end(); it++) {
>++ vInvTx.push_back(it);   //把 setInventoryTxToSend 中的 Tx 迭代项逐个复制到向量 vInvTx 中
```

```
>+ }    //end for
>+ CAmount filterrate = 0;
>+ filterrate = pto->minFeeFilter;
>+ // Topologically and fee-rate sort the inventory we send for privacy and priority reasons.
>+ // A heap is used so that not all items need sorting if only a few are being sent.
>+ CompareInvMempoolOrder compareInvMempoolOrder(&mempool);
                                        //在 mempool 中创建一个 CompareInvMempoolOrder 对象。
>+ std::make_heap(vInvTx.begin(), vInvTx.end(), compareInvMempoolOrder);
>+ // No reason to drain out at many times the network's capacity,
>+ // especially since we have many peers and some will draw much shorter delays.
   //对于收集在 vInvTx 中的 Tx 需要加以转发，但每次数量以 INVENTORY_BROADCAST_MAX 为限。
>+ unsigned int nRelayedTransactions = 0;
>+ while (!vInvTx.empty() && nRelayedTransactions < INVENTORY_BROADCAST_MAX) {
>++ // Fetch the top element from the heap，//对于向量 vInvTx 中的每一个元素：
>++ std::pop_heap(vInvTx.begin(), vInvTx.end(), compareInvMempoolOrder);
>++ std::set<uint256>::iterator it = vInvTx.back();   //从队列的尾部开始
>++ vInvTx.pop_back();
>++ uint256 hash = *it;   //从 vInvTx 尾部取出一个 TxID
>++ pto->setInventoryTxToSend.erase(it);   //将其从 setInventoryTxToSend 中删除
>++ if (pto->filterInventoryKnown.contains(hash)) continue;   //如果已经在 filterInventoryKnown 中就跳过
>++ // Not in the mempool anymore? don't bother sending it.
>++ auto txinfo = mempool.info(hash);   //  从 mempool 中获取这个 Tx 的信息
>++ if (!txinfo.tx) continue;   //如果不在 mempool 中就跳过
>++ if (filterrate && txinfo.feeRate.GetFeePerK() < filterrate) continue;   //如果交易请求给的费率太低就跳过
>++ if (pto->pfilter && !pto->pfilter->IsRelevantAndUpdate(*txinfo.tx)) continue;   //通不过 Bloom 过滤也跳过
>++ // Send   //通过了层层关卡，应予转发：
>++ vInv.push_back(CInv(MSG_TX, hash));   //为这 TxID 构建一个 CInv 对象并推入队列 vInv 中。
>++ nRelayedTransactions++;   //递增 nRelayedTransactions 的计数
>++ // Expire old relay messages
>++ while (!vRelayExpiration.empty() && vRelayExpiration.front().first < nNow){
        //依次处理队列 vRelayExpiration 中已经过期的待转发 Tx，对于已经过期的每个 TxID：
>+++ mapRelay.erase(vRelayExpiration.front().second);   //从 mapRelay 中删除
>+++ vRelayExpiration.pop_front();                       //也从 vRelayExpiration 中抛出
>++ }   //end while
>++ auto ret = mapRelay.insert(std::make_pair(hash, std::move(txinfo.tx)));   //将新的 TxID/Tx 对插入 mapRelay
>++ if (ret.second) {
>+++ vRelayExpiration.push_back(std::make_pair(nNow + 15 * 60 * 1000000, ret.first));
            //新 TxID 的过期时间是 15 分钟以后，将新的过期时间/Tx 对添加到 vRelayExpiration 中。
```

```
>++ }
    //在当前这一轮 while 循环中，前面已把一个 CInv 对象加入 vInv，如果 vInv 满了就得马上发送。
>++ if (vInv.size() == MAX_INV_SZ) {   // vInv 的长度达到了 MAX_INV_SZ，就发送。
>+++ connman->PushMessage(pto, msgMaker.Make(NetMsgType::INV, vInv));   //向对方发送 INV 消息
>+++ vInv.clear();
>++ }
>++ pto->filterInventoryKnown.insert(hash);
>+ }    //end while (!vInvTx.empty() && nRelayedTransactions < INVENTORY_BROADCAST_MAX)
> }    //end > if (fSendTrickle)
> if (!vInv.empty()) connman->PushMessage(pto, msgMaker.Make(NetMsgType::INV, vInv));
        //最后，如果向量 vInv 非空，还有库存（数量不足 MAX_INV_SZ）尚未发送，就发送出去。
> // Detect whether we're stalling
> nNow = GetTimeMicros();
> if (state.nStallingSince && state.nStallingSince < nNow - 1000000 * BLOCK_STALLING_TIMEOUT) {
>+ // Stalling only triggers when the block download window cannot move. During normal steady state,
   // the download window should be much larger than the to-be-downloaded set of blocks, so disconnection
   // should only happen during initial block download.
>+ LogPrintf("Peer=%d is stalling block download, disconnecting\n", pto->GetId());
>+ pto->fDisconnect = true;
>+ return true;
> }
> // In case there is a block that has been in flight from this peer for 2 + 0.5 * N times the block interval
  // (with N the number of peers from which we're downloading validated blocks), disconnect due to timeout.
  // We compensate for other peers to prevent killing off peers due to our own downstream link being saturated.
  // We only count validated in-flight blocks so peers can't advertise non-existing block hashes to unreasonably
  // increase our timeout.
> if (state.vBlocksInFlight.size() > 0) {   //里面的元素都是通过 MarkBlockAsInFlight()放进去的
>+ QueuedBlock &queuedBlock = state.vBlocksInFlight.front();
>+ int nOtherPeersWithValidatedDownloads =
                    nPeersWithValidatedDownloads – (state.nBlocksInFlightValidHeaders > 0);
>+ if (nNow > state.nDownloadingSince + consensusParams.nPowTargetSpacing *
        (BLOCK_DOWNLOAD_TIMEOUT_BASE + BLOCK_DOWNLOAD_TIMEOUT_PER_PEER *
        nOtherPeersWithValidatedDownloads)) {
>++ LogPrintf("Timeout downloading block %s from peer=%d, disconnecting\n", …);
>++ pto->fDisconnect = true;
>++ return true;
>+ }
> }    //end if (state.vBlocksInFlight.size() > 0)
```

```
> // Check for headers sync timeouts
> if (state.fSyncStarted && state.nHeadersSyncTimeout < std::numeric_limits<int64_t>::max()) {
>+ // Detect whether this is a stalling initial-headers-sync peer
>+ if (pindexBestHeader->GetBlockTime() <= GetAdjustedTime() - 24*60*60) {
>++ if (nNow > state.nHeadersSyncTimeout && nSyncStarted == 1 &&
                                        (nPreferredDownload - state.fPreferredDownload >= 1)) {
>+++ // Disconnect a (non-whitelisted) peer if it is our only sync peer, and we have others we could be
     // using instead. Note: If all our peers are inbound, then we won't disconnect our sync peer for stalling;
     // we have bigger problems if we can't get any outbound peers.
>+++ if (!pto->fWhitelisted) {
>++++ LogPrintf("Timeout downloading headers from peer=%d, disconnecting\n", pto->GetId());
>++++ pto->fDisconnect = true;
>++++ return true;
>+++ } else {
>++++ LogPrintf("Timeout downloading headers from whitelisted peer=%d, not disconnecting\n", pto->GetId());
>++++ // Reset the headers sync state so that we have a chance to try downloading from a different peer.
      // Note: this will also result in at least one more getheaders message to be sent to this peer (eventually).
>++++ state.fSyncStarted = false;
>++++ nSyncStarted--;
>++++ state.nHeadersSyncTimeout = 0;
>+++ }
>++ }
>+ } else {
>++ // After we've caught up once, reset the timeout so we can't trigger
>++ // disconnect later.
>++ state.nHeadersSyncTimeout = std::numeric_limits<int64_t>::max();
>+ }
> }
> // Check that outbound peers have reasonable chains
  // GetTime() is used by this anti-DoS logic so we can test this using mocktime
> ConsiderEviction(pto, GetTime());
```

> // ***Message: getdata (blocks)***，**五、请求下载区块：**

```
> std::vector<CInv> vGetData;   //创建一个空白的 CInv 向量 vGetData，用于收集库存以供发送。
> if (!pto->fClient && ((fFetch && !pto->m_limited_node) ||
      !IsInitialBlockDownload()) && state.nBlocksInFlight < MAX_BLOCKS_IN_TRANSIT_PER_PEER) {
>+ std::vector<const CBlockIndex*> vToDownload;
>+ NodeId staller = -1;
```

```
>+ FindNextBlocksToDownload(pto->GetId(),    /* MAX_BLOCKS_IN_TRANSIT_PER_PEER 定义为 16 */
                    MAX_BLOCKS_IN_TRANSIT_PER_PEER – state.nBlocksInFlight,
                    vToDownload, staller, consensusParams);    //把需要下载的块收集在向量 vToDownload 中
>+ for (const CBlockIndex *pindex : vToDownload) {    //然后处理 vToDownload 中的每一个索引项：
>++ uint32_t nFetchFlags = GetFetchFlags(pto);
>++ vGetData.push_back(CInv(MSG_BLOCK | nFetchFlags, pindex->GetBlockHash()));
        //为其创建一个CInv对象并添加到向量vGetData中，nFetchFlags可以是MSG_WITNESS_FLAG或0。
>++ MarkBlockAsInFlight(pto->GetId(), pindex->GetBlockHash(), pindex);
                                    //将这个块标注成 InFlight，即“在途”。
>++ LogPrint(BCLog::NET, "Requesting block %s (%d) peer=%d\n", pindex->GetBlockHash().ToString(), …)
>+ }    //end for (const CBlockIndex *pindex : vToDownload)
>+ if (state.nBlocksInFlight == 0 && staller != -1) {
>++ if (State(staller)->nStallingSince == 0) {
>+++ State(staller)->nStallingSince = nNow;
>+++ LogPrint(BCLog::NET, "Stall started peer=%d\n", staller);
>++ }
>+ }    //end if (state.nBlocksInFlight == 0 && staller != -1)
> }    //end if (!pto->fClient && ((fFetch && !pto->m_limited_node)

> // Message: getdata (non-blocks)，六、请求获取（除区块外的）其它库存：
  // mapAskFor 中是本节点需要从外界得到的库存，里面的每个元素都是个<请求时间，CInv>对。
  //其中的 CInv 可以是 BlockID，也可以是 TxID。
> while (!pto->mapAskFor.empty() && (*pto->mapAskFor.begin()).first <= nNow){
>+ const CInv& inv = (*pto->mapAskFor.begin()).second;    //最靠前元素中的 CInv 对象。
>+ if (!AlreadyHave(inv)) {    //如果尚不存在，就要请求获取。
>++ vGetData.push_back(inv);    //把这个 CInv 添加到向量 vGetData 中
>++ if (vGetData.size() >= 1000){    //积累满 1000 项就发出去
>+++ connman->PushMessage(pto, msgMaker.Make(NetMsgType::GETDATA, vGetData));
>+++ vGetData.clear();
>++ }
>+ } else {    //已经存在，就不用再获取了。
>++ //If we're not going to ask, don't expect a response.
>++ pto->setAskFor.erase(inv.hash);
>+ }
>+ pto->mapAskFor.erase(pto->mapAskFor.begin());    //把最前面的元素删去
> }    //end while (!pto->mapAskFor.empty() && (*pto->mapAskFor.begin()).first <= nNow)
  //循环结束后 vGetData 中可能还有残余，也需要发送出去：
> if (!vGetData.empty()) connman->PushMessage(pto, msgMaker.Make(NetMsgType::GETDATA, vGetData))
```

```
> // Message: feefilter，七、告知费用过滤条件：
> // We don't want white listed peers to filter txs to us if we have -whitelistforcerelay
> useFeefilter = gArgs.GetBoolArg("-feefilter", DEFAULT_FEEFILTER)   //是否采用费用过滤
> whitelistforcerelay = gArgs.GetBoolArg("-whitelistforcerelay", DEFAULT_WHITELISTFORCERELAY)
                              //是否只要交易请求是来自列在白名单中的 Peer 节点就强制转发，默认为 true。
> if (pto->nVersion >= FEEFILTER_VERSION && useFeefilter &&
                                               !(pto->fWhitelisted && whitelistforcerelay)) {
        //只有在对方所用是 FEEFILTER_VERSION，即 70013 开始的版本，
        //并且本节点的启动命令行中有“-feefilter”和“-whitelistforcerelay”的条件下才发送：
>+ CAmount currentFilter = mempool.GetMinFee(gArgs.GetArg("-maxmempool",
                                    DEFAULT_MAX_MEMPOOL_SIZE) * 1000000).GetFeePerK()
>+ int64_t timeNow = GetTimeMicros();
>+ if (timeNow > pto->nextSendTimeFeeFilter) {
>++ static CFeeRate default_feerate(DEFAULT_MIN_RELAY_TX_FEE);
>++ static FeeFilterRounder filterRounder(default_feerate);
>++ CAmount filterToSend = filterRounder.round(currentFilter);
>++ // We always have a fee filter of at least minRelayTxFee
>++ filterToSend = std::max(filterToSend, ::minRelayTxFee.GetFeePerK());
>++ if (filterToSend != pto->lastSentFeeFilter) {  //费率有变动，需要把新的最低付费发送给对方：
>+++ connman->PushMessage(pto, msgMaker.Make(NetMsgType::FEEFILTER, filterToSend));
>+++ pto->lastSentFeeFilter = filterToSend;
>++ }
>++ pto->nextSendTimeFeeFilter = PoissonNextSend(timeNow,
                              AVG_FEEFILTER_BROADCAST_INTERVAL);  //计算下次发送费率的时间
>+ }   //end if (timeNow > pto->nextSendTimeFeeFilter)
>+ // If the fee filter has changed substantially and it's still more than MAX_FEEFILTER_CHANGE_DELAY
   // until scheduled broadcast, then move the broadcast to within MAX_FEEFILTER_CHANGE_DELAY.
>+ else if (timeNow + MAX_FEEFILTER_CHANGE_DELAY * 1000000 < pto->nextSendTimeFeeFilter &&
             (currentFilter < 3 * pto->lastSentFeeFilter / 4 || currentFilter > 4 * pto->lastSentFeeFilter / 3)) {
>++ pto->nextSendTimeFeeFilter = timeNow + GetRandInt(MAX_FEEFILTER_CHANGE_DELAY) * 1000000;
>+ }
> }   //end if (pto->nVersion >= FEEFILTER_VERSION && …
> return true
```

对 SendMessages()的每次调用，都可能要对目标节点作七件事。其中第一件是应上层要求或作为“心跳”发送 PING 消息；第二件是向对方发送 ADDR 消息，即通报自己所知的 Peer 节点地址，向对方引荐别的 Peer 节点。这二者都很简单。

但是第三件事，即区块的同步，也就是区块的传播，就比较复杂了，尤其这里所发送的都是 CMPCTBLOCK 消息，表示所发送的是“紧凑块（Compact Block）”，其实是块的紧凑格式，这就需要特别作些说明。

所谓“紧凑块（Compact Block）”，是 BIP152 提议在块的传播过程中减小占用带宽的一种方案。其思路是这样：假定你是个节点，我也是个节点，我们两个节点上都积累了不少的交易请求，可是你得到了新块的发布权，于是你就发布新块。按原来的规定，一个块包括块头和块身，块身是一个交易记录的序列。块的大小限制在 1MB，相比之下块头很小可以忽略，这 1MB 的最大容量几乎都是用于一个个的交易记录。然而，你发来的新块中所包含的交易记录，其中绝大部分是我这里也有的。从性质上说你发来的是交易记录而我这里的都只是交易请求，但是这二者的内容完全相同。既然如此，你何必还要发给我那么多的交易记录呢？你只要说一下，块中包含了哪些交易记录，这不就行了吗？更确切地说，就是你可以把块身中的每个交易记录换成它的 TxID，即 Hash 值，那才 32 个字节；我收到以后根据 TxID 挨个找到所对应的交易请求，再替换回去，这就行了。这就是“紧凑块”，显然可以大大降低所占用的带宽。诚然，有些交易记录我这里可能没有，那也不要紧，我可以向邻居去要，那毕竟是少数的。再进一步，32 字节的 TxID 也还可以想办法压缩，这里采用了一种称为 SipHash 的技术，把 32 字节的 TxID 变成“short txid”，即短格式的 TxID。这样，所谓紧凑块就是“CBlockHeader And ShortTxIDs”，就是一个常规的块头加上一串 ShortTxID，这就成为 Compact Block 的类型定义：

```
class CBlockHeaderAndShortTxIDs {}      //实际上就是 Compact Block 类的定义：
] static const int SHORTTXIDS_LENGTH = 6;     //一个短格式 TxID 的长度只是 6 个字节
] mutable uint64_t shorttxidk0, shorttxidk1;      //用于 SipHash 计算
] uint64_t nonce;                     // nonce
] std::vector<uint64_t> shorttxids;          //块身的主体是个 shorttxid 的向量
] std::vector<PrefilledTransaction> prefilledtxn;   //一个 PrefilledTransaction 结构向量，该结构定义展开如下：
]] uint16_t index;
]] CTransactionRef tx
] CBlockHeader header;                   //块头还是常规的块头
] CBlockHeaderAndShortTxIDs(const CBlock& block, bool fUseWTXID)   //构造函数
] uint64_t GetShortID(const uint256& txhash)        //将 256 位的 Hash 值变成 64 位（串行化后为 6 个字节）
] SerializationOp(Stream& s, Operation ser_action)    //将本 CBlockHeaderAndShortTxIDs 对象串行化
```

至于 SipHash 究竟是怎么回事，那就不是本书所关心的了。

第四件事是发送“库存清单（Inventory，缩写成 Inv）”。库存，更确切地说应该是“货品”，这是个抽象的概念，必须具体说明究竟是什么货品。所以比特币源码中定义了一个 CInv 类，就是关于具体货品的描述：

```
class CInv{}
] int type            //货品的具体类型，可以是 MSG_TX、MSG_BLOCK、MSG_CMPCT_BLOCK 等。
] uint256 hash        //这个具体货品（数据结构）的 Hash 值
```

所以，每项 CInv 的内容，或者是个块（实际上是块头）的 Hash 值，即 BlockID；或者是个 Tx 的 Hash 值，即 TxID，如此等等。而 INV 报文的发送，目的就是发布本地的库存清单（未必是完整的清单），告知别的 Peer 节点我这里有些什么。我们在这里看到，消息处理线程 ThreadMessageHandler()循环对每个 Peer 节点调用 SendMessages()，每过一会儿就把本地的库存发布出去。除此以外，后面我们将看到，当一个节点接收到一个 Block 的时候，也会在 ProcessGetBlockData()中把这新增的库存发布出去，让别的 Peer 节点自行决定是否需要向这节点发出获取这个 Block 的请求。至于交易请求 Tx，为到来的每个 Tx 都发送一个 INV 消息就太浪费了，所以只是把这些 Tx 的 Hash 值积累在 mapAskFo 中，留待 SendMessages()成批加以发布。

与 INV 消息相对应的是 GETDATA，就是请求发给数据。因为对方发来的 INV 消息，知道了对方有些什么，是自己这里没有的，就可以向对方索取了。所以下面的第五和第六两件事都向外发送 GETDATA 消息，前者是专门针对区块的，后者是针对除区块之外的其它资源。那些代码（摘要）就不另作说明了。

最后，第七件事是告知（对方）本节点的费用过滤条件，付费太低的交易请求就不用发过来了。不过这是有条件的，老的版本就没有这么“势利”，新的版本也可以有别的规定。

说到这里，消息处理线程 ThreadMessageHandler()对 ProcessMessages()和 SendMessages()的调用都有了。注意，在这个参考设计中，ProcessMessages()和 SendMessages()是由同一个线程，即消息处理线程调用的，这两个函数并非并发执行，而是先 ProcessMessages()，然后 SendMessages()的循环。另外，有多个 Peer 节点与本节点相连时，与这些 Peer 节点的消息往来也不是并发的，而是由同一线程即消息处理线程循环进行处理。

前面我们跳过了 ProcessMessages()对 ProcessMessage()的调用，下面要回到这个话题。

2.2.5 ProcessMessage()对外来消息的处理

对于节点上的绝大部分活动而言，ProcessMessage()起着枢纽的作用，节点接收到的每个消息都要由这个函数分情形进行处理并做出反应。对各种消息的分别处理当然也可以作为子程序放在外面供 ProcessMessage()调用，但具体编程的时候往往会有许多不同的考虑，在比特币参考设计源码中这些程序大多都是在这个函数中就地实现的。这使 ProcessMessage()成为了一个“重量级”的函数，其源码长达一千三百多行，尽管摘要的长度会减小不少，但都放在一起还是太长。更重要的是，逻辑上这些不同的处理属于不同的功能和流程，需要结合不同的情景加以介绍，如果每当涉及这里的某一块代码时都要回到当地，那就势必会要频繁地翻过来倒过去，很不方便。所以，本书采用类似于 C 程序中“宏定义”的方法，在这里用一个宏操作名称替代一块代码，而那块代码本身的摘要则在后面讲到相关的流程时再予展开。比方说，当接收到的报文类型（命令）为 NetMsgType::TX 时，这是一个交易请求，我们所在的这个节点就得做出相应的处理，这可能是一块相当大的代码，但是我们在 ProcessMessage() 的摘要中就用宏操作作名 BC_PROCESS_TX 替代，这里 BC 表示 BitCoin，而被替代的这块代码，则留到后面讲解节点对于交易请求的检验和处理时再予展开。不过需要说明，本书中的宏操作替换并不完全遵循 C/C++的语法，这只是摘要，是伪代码。

这个函数的第一个参数 pfrom 是个指针，指向代表着某个节点的 CNode 对象，这就是当前这个报文的来源。第二个参数 strCommand 是个字符串，最长 20 字节，实际上就是报文类型。第三个参数 vRecv 则指向一个“流文件”，实质上就是报文缓冲区。

[ThreadMessageHandler() > ProcessMessages() > ProcessMessage()]

```
ProcessMessage(CNode* pfrom, const std::string& strCommand, CDataStream& vRecv, int64_t nTimeReceived,
        const CChainParams& chainparams, CConnman* connman, const std::atomic<bool>& interruptMsgProc)
        //参数 pfrom 所指的 CNode 对象（在我节点上）代表着对方节点，strCommand 是报文所载命令。
        //参数 vRecv 实际上指向所接收的报文内容，但把它用作一个 CDataStream 对象。
> if (gArgs.IsArgSet("-dropmessagestest") && GetRand(gArgs.GetArg("-dropmessagestest", 0)) == 0) {
>+ LogPrintf("dropmessagestest DROPPING RECV MESSAGE\n");
>+ return true;    // 如果命令行中采用了"-dropmessagestest = n"选项，则为测试目的随机丢弃一些报文。
> }               // 办法是每次都产生一个 0 到 n 范围内的随机整数，如果是 0 就立即返回，不作处理。
                  // 这样，平均每 n 个报文中会被丢弃一个，以模仿不太可靠的网络环境。
> if (!(pfrom->GetLocalServices() & NODE_BLOOM) &&
            (strCommand == NetMsgType::FILTERLOAD || strCommand == NetMsgType::FILTERADD)) {
            //对方的服务功能中不包含使用 Bloom 过滤，但是却发来关于过滤器的请求，自相矛盾：
>+ if (pfrom->nVersion >= NO_BLOOM_VERSION) {
>++ LOCK(cs_main);
>++ Misbehaving(pfrom->GetId(), 100);   //对方使用的版本号是 70011 或以后，就只是记下其错误 100 点。
                                       //若对方的错误超过了一定的点数，就将其列入黑名单，或告警。
                                       //在命令行中可以用"-banscore"选项给定列入黑名单的门槛。
>++ return false;
>+ } else {
>++ pfrom->fDisconnect = true;          //否则（版本号小于 7001）就断开与其连接。
>++ return false;
>+ }
> }
> if (strCommand == NetMsgType::REJECT) {   //某个 Peer 节点表示拒绝所接收的命令（报文）
>+ BC_PROCESS_REJECT
> }   //end if (strCommand == NetMsgType::REJECT)
> else if (strCommand == NetMsgType::VERSION){   //某个 Peer 节点发来的版本信息
>+ BC_PROCESS_VERSION
```

```
> }  //end if (strCommand == NetMsgType::VERSION)
> else if (pfrom->nVersion == 0){        //对方发来的并非版本信息，但其运行版本为未知。
>+ Misbehaving(pfrom->GetId(), 1);     //这属于 Misbehaving，行为不端。
>+ return false;                        //节点之间的交互，必须先有版本信息。
> }
> // At this point, the outgoing message serialization version can't change.
> const CNetMsgMaker msgMaker(pfrom->GetSendVersion());
> if (strCommand == NetMsgType::VERACK) {      //这是对于己方所发版本信息的回应
>+ BC_PROCESS_VERACK
> }
> else if (strCommand == NetMsgType::ADDR) {      //对方发来其所知的比特币网节点地址
>+ BC_PROCESS_ADDR
> }  //end if (strCommand == NetMsgType::ADDR)

> else if (strCommand == NetMsgType::SENDHEADERS){   //对方表示更愿意要块头（不包括块身）
>+ LOCK(cs_main);
>+ State(pfrom->GetId())->fPreferHeaders = true;
> }
> else if (strCommand == NetMsgType::SENDCMPCT){  //对方更愿意要紧缩块
>+ BC_PROCESS_ SENDCMPCT
> }
> else if (strCommand == NetMsgType::INV) {  //对方发来的库存信息（Inventory）
>+ BC_PROCESS_INV
> }
> else if (strCommand == NetMsgType::GETDATA){      //对方请求获取数据（包括区块）
>+ BC_PROCESS_ GETDATA
> }
> else if (strCommand == NetMsgType::GETBLOCKS){  //对方请求获取若干个块
>+ BC_PROCESS_GETBLOCKS
> }
> else if (strCommand == NetMsgType::GETBLOCKTXN){  //对方请求获取块中的交易记录
>+ BC_PROCESS_GETBLOCKTXN
> }
> else if (strCommand == NetMsgType::GETHEADERS) {      //对方请求获取块头
>+ BC_PROCESS_GETHEADERS
> }
> else if (strCommand == NetMsgType::TX){      //这是交易请求
>+ BC_PROCESS_TX
```

```
> }
> else if (strCommand == NetMsgType::CMPCTBLOCK && !fImporting && !fReindex) {
                        //这是对方发来的紧缩块，如果正在导入块链或重做索引的过程中就不予受理。
>+ BC_PROCESS_CMPCTBLOCK
> }
> else if (strCommand == NetMsgType::BLOCKTXN && !fImporting && !fReindex) {
                  //这是对方发来的块内交易记录，如果正在导入块链或重做索引的过程中就不予受理。
>+ BC_PROCESS_BLOCKTXN
> }
> else if (strCommand == NetMsgType::HEADERS && !fImporting && !fReindex) {
                        //这是对方发来的块头，如果正在导入块链或重做索引的过程中就不予受理。
>+ BC_PROCESS_HEADERS
> }

> else if (strCommand == NetMsgType::BLOCK && !fImporting && !fReindex) {
                        //这是对方发来的块，如果正在导入块链或重做索引的过程中就不予受理。
>+ BC_PROCESS_BLOCK
> }
> else if (strCommand == NetMsgType::GETADDR) {    //向对方索取比特币网节点地址
>+ BC_PROCESS_GETADDR
> }
> else if (strCommand == NetMsgType::MEMPOOL){    //对方发来的 Mempool 内容
>+ BC_PROCESS_MEMPOOL
> }
> else if (strCommand == NetMsgType::PING){
>+ BC_PROCESS_PING
> }
> else if (strCommand == NetMsgType::PONG) {
>+ BC_PROCESS_PONG
>+ }
>+ if (!(sProblem.empty())) {
>++ LogPrint(BCLog::NET, "pong peer=%d: %s, %x expected, %x received, %u bytes\n",
                             pfrom->GetId(), sProblem, pfrom->nPingNonceSent, nonce, nAvail);
>+ }
>+ if (bPingFinished) {
>++ pfrom->nPingNonceSent = 0;
>+ }
> }
```

```
> else if (strCommand == NetMsgType::FILTERLOAD){    //要求对方加载过滤器
>+ BC_PROCESS_FILTERLOAD
> }
> else if (strCommand == NetMsgType::FILTERADD){    //要求对方增添过滤条件
>+ BC_PROCESS_FILTERADD
> }
> else if (strCommand == NetMsgType::FILTERCLEAR){    //要求对方清除过滤器
>+ BC_PROCESS_FILTERCLEAR
> }
> else if (strCommand == NetMsgType::FEEFILTER) {    //这是收费过滤条件
>+ BC_PROCESS_FEEFILTER
> }
> else if (strCommand == NetMsgType::NOTFOUND) {    //对方找不到所要的资源
>+ // We do not care about the NOTFOUND message, but logging an Unknown Command
>+ // message would be undesirable as we transmit it ourselves.
> }
> else {
>+ // Ignore unknown commands for extensibility
>+ LogPrint(BCLog::NET, "Unknown command \"%s\" from peer=%d\n", …);
> }
> return true    //end ProcessMessage()
```

比特币网中所定义的这些命令的作用，上面都已作了简短的说明。针对每一种命令的代码都已被替换成一个宏操作。这里先举个例子，别的留待以后在讲述具体流程需要涉及时再加介绍，而有的就留给读者自己阅读源码了。

比特币网中的节点通过两两相连的 TCP 连接进行 P2P 通信，每个连接上总有一方是通过 connect()请求连接的一方，另一方则是通过 listen()等待连接请求的一方。主动发起连接的一方，在连接建立之后，应向对方发出一个 VERSION 消息，向对方自我介绍，说明所运行的软件版本号，以及自己所提供的服务和功能。而被动接受连接的节点，则要在收到对方发来的版本消息后也向对方发出版本消息。另外，不管是哪一方，在收到对方的版本消息后都应向对方发出响应消息 VERACK。

不管是哪一个节点，在接收到版本消息 VERSION 后的反应是这样：

[ProcessMessage() > BC_PROCESS_VERSION]

```
BC_PROCESS_VERSION:
> if (pfrom->nVersion != 0) {    //每个连接上只能接收一次版本报文，不能更改版本。
>+ connman->PushMessage(pfrom, CNetMsgMaker(INIT_PROTO_VERSION).Make(
```

```
        NetMsgType::REJECT, strCommand, REJECT_DUPLICATE, std::string("Duplicate version message")));
                                        //制造并推送一个 REJECT 报文，加以拒绝。
>+ Misbehaving(pfrom->GetId(), 1);             //记过一次，扣 1 分。
> return false;
> }   //end if (pfrom->nVersion != 0)
> CAddress addrMe;            //用来盛放对方在版本报文中发来的地址
> CAddress addrFrom;
> ServiceFlags nServices;      //表示一个节点所提供的服务，每个标志位代表一种服务。
> int nStartingHeight = -1;
> bool fRelay = true;
> vRecv >> nVersion >> nServiceInt >> nTime >> addrMe;
        //从被用作 CDataStream 的 vRecv 中将报文内容依次读入 nVersion、 nServiceInt、 nTime、addrMe。
> nSendVersion = std::min(nVersion, PROTOCOL_VERSION);
        //对方版本若高于 PROTOCOL_VERSION 则就低不就高
> nServices = ServiceFlags(nServiceInt);   //将接收到的整数 nServiceInt 转换成 ServiceFlags
> if (!pfrom->fInbound) {   //pfrom->fInbound 为 false，表示是我方主动连接对方：
        //若 pfrom->fInbound 为真就表示这个连接是应对方要求而建（我方侦听，对方发连接请求）。
>+ connman->SetServices(pfrom->addr, nServices);   //记下对方所提供的服务
> }
> if (!pfrom->fInbound && !pfrom->fFeeler &&
            !pfrom->m_manual_connection && !HasAllDesirableServiceFlags(nServices)){
            //对方发来的服务位图表明，对方不能提供我方所要求的全部服务：
>+ connman->PushMessage(pfrom, CNetMsgMaker(
        INIT_PROTO_VERSION).Make(NetMsgType::REJECT, strCommand, REJECT_NONSTANDARD,
        strprintf("Expected to offer services %08x", GetDesirableServiceFlags(nServices))));   //发送拒绝报文
>+ pfrom->fDisconnect = true;                                                      //并要求断开连接
>+ return false;
> }   //end if (!pfrom->fInbound && !pfrom->fFeeler …
> if (nVersion < MIN_PEER_PROTO_VERSION){   //如果对方版本小于最低要求：
> connman->PushMessage(pfrom, CNetMsgMaker(INIT_PROTO_VERSION).Make(
                    NetMsgType::REJECT, strCommand, REJECT_OBSOLETE,
                    strprintf("Version must be %d or greater", MIN_PEER_PROTO_VERSION)));
> pfrom->fDisconnect = true;
> return false;
> }   //end if (nVersion < MIN_PEER_PROTO_VERSION)
> if (nVersion == 10300)   nVersion = 300;
> if (!vRecv.empty())   //如果报文中还有别的内容，那就是 addrFrom 和 nNonce
>+ vRecv >> addrFrom >> nNonce;
```

```
> if (!vRecv.empty()) {    //再有别的内容，那就是副版本号
>+ vRecv >> LIMITED_STRING(strSubVer, MAX_SUBVERSION_LENGTH);
>+ cleanSubVer = SanitizeString(strSubVer);
> }
> if (!vRecv.empty()) {    //再有别的内容，那就是该节点上的块链高度
>+ vRecv >> nStartingHeight;
> }
> if (!vRecv.empty())    //再有别的内容，那就是布尔量 fRelay，表示是否要求转发。
>+ vRecv >> fRelay;    //从 vRecv 读入至 fRelay
> // Disconnect if we connected to ourself
> if (pfrom->fInbound && !connman->CheckIncomingNonce(nNonce)){
    //是对方发起的连接，但是 nNonce 的值表明这个对方竟然就是本节点，是自己跟自己的连接。
>+ pfrom->fDisconnect = true;    //断开连接
>+ return true;
> }
> if (pfrom->fInbound && addrMe.IsRoutable()) {    //连接由对方发起，并满足几种与路由有关的条件
> SeenLocal(addrMe);
>> mapLocalHost[addr].nScore++    //我们看到了一次这个地址
> }
> // Be shy and don't send version until we hear
> if (pfrom->fInbound)    //如果本链接是应对方要求而建，则要收到对方版本报文后才发我方的版本报文
>+ PushNodeVersion(pfrom, connman, GetAdjustedTime());    //向对方发送我方的版本报文
> connman->PushMessage(pfrom,
                CNetMsgMaker(INIT_PROTO_VERSION).Make(NetMsgType::VERACK));
                        //不管是谁发起的连接，都要发送对于对方版本报文的回应报文 VERACK
> pfrom->nServices = nServices;    //把相关信息填写到代表着对方节点的数据结构中
> pfrom->SetAddrLocal(addrMe);
> pfrom->strSubVer = strSubVer;
> pfrom->cleanSubVer = cleanSubVer;
> pfrom->nStartingHeight = nStartingHeight;

> // set nodes not relaying blocks and tx and not serving (parts) of the historical blockchain as "clients"
> pfrom->fClient = (!(nServices & NODE_NETWORK) && !(nServices & NODE_NETWORK_LIMITED));
        //如果对方既非完整的全节点（NODE_NETWORK），
        //也非 BIP159 所述只存储最近两天（288 块）的全节点（NODE_NETWORK_LIMITED），
        //就将其看成 Client 节点。
> // set nodes not capable of serving the complete blockchain history as "limited nodes"
> pfrom->m_limited_node = (!(nServices & NODE_NETWORK) &&
```

```
                                        (nServices & NODE_NETWORK_LIMITED));
            //见上，这是个只存储最近两天（288 块）的全节点
> pfrom->fRelayTxes = fRelay; // set to true after we get the first filter* message
            //对于是否转发交易请求，暂且与块的转发相同。
            //以后收到装载 Bloom 过滤的命令 FILTERLOAD 时将其设置成 true。
> // Change version
> pfrom->SetSendVersion(nSendVersion);   //这是对方发来的版本号
> pfrom->nVersion = nVersion;            //这是实际设置的版本号（就低不就高）
> if((nServices & NODE_WITNESS)){        //对方节点支持 SegWit
>+ State(pfrom->GetId())->fHaveWitness = true;
> }
> UpdatePreferredDownload(pfrom, State(pfrom->GetId()));
          //每个节点的状态中都有个是否合适用作下载节点的打分，根据各种条件设置对方节点的打分
> if (!pfrom->fInbound){  //如果本节点是接受连接的一方：
> // Advertise our address
>+ if (fListen && !IsInitialBlockDownload()){  //如果不是正在下载块链：
>++ CAddress addr = GetLocalAddress(&pfrom->addr, pfrom->GetLocalServices());
             //将对方实际的 IP 地址和端口号，及其提供的服务，构成一个 CAddress 对象 addr。
>++ FastRandomContext insecure_rand;
>++ if (addr.IsRoutable()) {
>+++ pfrom->PushAddress(addr, insecure_rand);  //添加到对方节点的 vAddrToSend[]中
>++ } else if (IsPeerAddrLocalGood(pfrom)) {
>+++ addr.SetIP(addrMe);  //设置成对方给定的地址，注意该地址可能与实际的地址不同（因使用 proxy）
>+++ pfrom->PushAddress(addr, insecure_rand);  //添加到对方节点的 vAddrToSend[]中
>++ }   //end if (addr.IsRoutable()) else …
>+ }   //end if (fListen && !IsInitialBlockDownload())
>+ // Get recent addresses
>+ if (pfrom->fOneShot || pfrom->nVersion >= CADDR_TIME_VERSION ||
                                        connman->GetAddressCount() < 1000){
      //本节点所知的 Peer 地址还不多（少于 1000），请求对方发一些所知的地址过来：
>++ connman->PushMessage(pfrom, CNetMsgMaker(nSendVersion).Make(NetMsgType::GETADDR));
>++ pfrom->fGetAddr = true;     //已从该节点请求发送地址
>+ }
>+ connman->MarkAddressGood(pfrom->addr);   //向连接管理员报告，这是个有效的地址。
> }   //end if (!pfrom->fInbound)

> int64_t nTimeOffset = nTime - GetTime();   //两个节点间的时差（包括通信时间）
> pfrom->nTimeOffset = nTimeOffset;
```

```
> AddTimeData(pfrom->addr, nTimeOffset);      //将时差设置到对方的 CNetAddr 结构中
> // If the peer is old enough to have the old alert system, send it the final alert.
> if (pfrom->nVersion <= 70012) {   //较老的版本要求有个"alert"，如果对方的版本较老就向其发送：
>+ CDataStream finalAlert(ParseHex(
        "60010000000000000000000000ffffff7f00000000ffffff7ffeffff7f01ffffff7f00000000fffff
        f7f00ffffff7f002f555247454e543a20416c657274206b657920636f6d70726f6d69736564
        2c2075706772616465207265717569726564004630440220653febd6410f470f6bae11ca
        d19c48413becb1ac2c17f908fd0fd53bdc3abd5202206d0e9c96fe88d4a0f01ed9dedae2b6
        f9e00da94cad0fecaae66ecf689bf71b50"), SER_NETWORK, PROTOCOL_VERSION);
>+ connman->PushMessage(pfrom, CNetMsgMaker(nSendVersion).Make("alert", finalAlert));
> }
> // Feeler connections exist only to verify if address is online.
> if (pfrom->fFeeler) {   //如果与对方的连接只是为临时的试探，就断开这个连接：
    // Feeler Connections, Design goals: Increase the number of connectable addresses in the tried table.
    // Choose a random address from new and attempt to connect to it, if we can connect successfully it is
    // added to tried. Only make a feeler connection once every few minutes.
>+ assert(pfrom->fInbound == false);
>+ pfrom->fDisconnect = true;
> }
> return true               //end if (strCommand == NetMsgType::VERSION)
```

注意这里所关切的都是对方的版本号，因为对方有可能在运行版本号较低的软件，而我方的版本号则因为所使用的是最新发布的软件，所以版本号不会比别人的低。

如上所述，节点在接收到 VERSION 报文后会发送版本回应报文 VERACK，而对方接收到 VERACK 报文后的反应则为（注意对 VERSION 报文的反应与对 VERACK 报文的反应是在连接两端的两个不同节点上）：

[ProcessMessage() > BC_PROCESS_VERACK]

BC_PROCESS_VERACK:

```
> pfrom->SetRecvVersion(std::min(pfrom->nVersion.load(), PROTOCOL_VERSION));
                                                   //设置对方的版本号
> if (!pfrom->fInbound) {   // Mark this node as currently connected, so we update its timestamp later.
>+ State(pfrom->GetId())->fCurrentlyConnected = true;   //如果是我方主动建立的连接，则连接已经成功。
> }   //如果是由对方发起的连接，则还不能认为连接已经成功，还有些事要做：
> if (pfrom->nVersion >= SENDHEADERS_VERSION) {
          //从 70012 版开始支持 SENDHEADERS 命令，并且发布新块时先发布块头。
>+ // Tell our peer we prefer to receive headers rather than inv's. We send this to non-NODE NETWORK peers
```

```
    // as well, because even non-NODE NETWORK peers can announce blocks (such as pruning nodes)
>+ connman->PushMessage(pfrom, msgMaker.Make(NetMsgType::SENDHEADERS));
                    //向对方推送 SENDHEADERS 报文，表示优先接受向我方发送块头（而不是整个块）。
> }
> if (pfrom->nVersion >= SHORT_IDS_BLOCKS_VERSION) {   //70014 版后允许使用“短格式”的块 ID。
>+ // Tell our peer we are willing to provide version 1 or 2 cmpctblocks. However, we do not request
    // new block announcements using cmpctblock messages. We send this to non-NODE NETWORK
    // peers as well, because they may wish to request compact blocks from us.
>+ bool fAnnounceUsingCMPCTBLOCK = false;
>+ uint64_t nCMPCTBLOCKVersion = 2;
>+ if (pfrom->GetLocalServices() & NODE_WITNESS)   //如果对方支持 SegWit：
>++ connman->PushMessage(pfrom, msgMaker.Make(NetMsgType::SENDCMPCT,
                              fAnnounceUsingCMPCTBLOCK, nCMPCTBLOCKVersion));
      //向对方推送 SENDCMPCT 报文，让对方知道我方期待在发布新块时向我方发送 CMPCTBLOCK
>+ nCMPCTBLOCKVersion = 1;
>+ connman->PushMessage(pfrom, msgMaker.Make(NetMsgType::SENDCMPCT,
                              fAnnounceUsingCMPCTBLOCK, nCMPCTBLOCKVersion));
      //向对方推送 SENDCMPCT 报文，注意这里 nCMPCTBLOCKVersion 为 1，对方会按高的那个算。
> }   //end if (pfrom->nVersion >= SHORT_IDS_BLOCKS_VERSION)
> pfrom->fSuccessfullyConnected = true;   //至此，由对方发起的连接也已成功。
> }   //end if (strCommand == NetMsgType::VERACK)
> else if (!pfrom->fSuccessfullyConnected) {
> // Must have a verack message before anything else
> Misbehaving(pfrom->GetId(), 1);
> return false;
```

同样，这里所关切的也都是对方的版本号，我方的版本号则假定为当前最高。万一对方的版本号更高，我方也只能认为与我方一样高，而对方自会知道我方的版本比它低而不支持某些操作。

对方在接收到我方发送的 SENDHEADERS 和 SENDCMPCT 时只是记下相应的状态，但是以后向我方发送新块时就会优先发送块头（而不是整个块），发送 CMPCTBLOCK 而不是常规的 BLOCK。

其实版本消息的交换与“主旋律”关系不大，之所以要放在这里，一方面是作为一个例子让读者看一下我是怎样把 ProcessMessage()中针对具体消息的处理和响应作为一块宏操作替换提取出来，为后面的讲解作个准备。另一方面，也让读者对区块链网络的底层有点感觉。以太坊和超级账本的网络底层当然与比特币的有所不同，但大体上还是近似的，后面对以太坊和超级账本的网络底层就不花这么多笔墨了。

2.3 交易请求的准备、签名和发送

比特币网络上各种活动的核心是支付，而支付是通过交易进行的，比特币网络中的交易基本上都是以支付为目的，因为比特币网络基本上不用来存证，而“智慧合约”也只是用于支付的合约。所以，在比特币网络中，可以说支付即交易，交易即支付。一个用户需要把资金，或者更确切地说是把“数字资产”支付给什么人的时候，首先得要确认自己有这么些资金可以支付，这些资金的来源无非就是两种，一种是自己“挖矿”所得，即 Coinbase；另一种就是别人对自己的支付，那是需要认领的。与人们通常概念上不同的是，这些资金并非先经过认领已经放在自己的口袋里或者账户上，而是都放在一个“公共”的地方，就是块链上，到实际需要花费的时候才去认领，领和用是同时的。后面还会讲到，支付请求（或者说支付承诺）一经发出，尽管要到进入了块链才真正生效，但实际上一经发出就无法撤回了。所以，由于比特币网的 P2P 传输和别的特点，支付请求一经发出就是“一言既出，驷马难追”。

放在“公共”的地方招领，或许容易使人联想到生活中可以见到的“失物招领处”，不同之处是我明知那是我的东西却不去认领，而要到需要使用的时候才去认领。只是失物招领处所处理的是实物，所以只能是中心化的，而比特币网所要的恰恰是“去中心化”的。也正因为比特币是数字式的虚拟货币，可以通过网络复制，这才可以通过多处重复存储、泛在存储而实现去中心化。所以，这所谓“公共”的地方并非物理和地理意义上的公共地方，而是得到大家公认的，大家都能看见的地方。然而，既然可以复制、可以多处重复存储，那就有如何防止重复使用花费的问题，于是就得设法在以数据形式存在的虚拟货币上打上标记，说这是谁的，只有谁可以领用。但是在去中心化的环境中那样很难防止冒领。如果没有密码技术，这就是个无法解决的问题了。而且还必须是使用公钥/私钥的非对称加密，因为使用单个密钥的对称加密技术仍不能解决这个问题。不过非对称密码技术在这里不是用来加密，而只是用来签名。非对称密码技术中有个可说很神奇的特性，就是拿私钥对一段正文进行 Hash 计算，所得结果就是所谓“签名”，而正文并未改变。别人不知道你的私钥，要试凑出相同的 Hash 值是几乎不可能、因而是不现实的事。把签名随同正文一起发送，还可以把你的公钥也一起发送。对方根据签名和正文可以推算出你的公钥（不是私钥），而你的公钥人家已经知道（你都一起发送了），于是一比对就可知道：签名时所用的是否就是与这个公钥配对的那个私钥。当然，要是你的私钥被泄露出去了，那是另一回事。私钥和公钥之间之所以有这样的性质和联系，是因为公钥本来就是从私钥开始经计算产生的，这种性质和联系来自数学，来自所用的密码算法。至于签名所针对、所覆盖的那段正文本身，其实无关紧要，可以是任何字节串。但是既然用于签名，这段正文的内容也就得到了保护，因为只要有一丁点的改变就会使签名无效。

有了这个基础，就可以想出几种不同的方法了：

一、付款方可以规定：我在这里都明说了，我这钱付给、并且只付给拥有某个公钥的人，这个公钥就是数值 K。如果你说你就是那个人，你有 K 这个公钥，光那样是没用的，你得用你的私钥对你的交易请求签名，再公诸天下。别人拿着你那交易请求和签名，很容易就可算

出与你那个私钥配对的公钥是否就是 K。这就可以证明你确实有 K 这个公钥。这样，不光我付款人能确认你是否就是收款人，凡是看到你所发出信息的人都能确认你是否是，因为他们也都用同样的算法来验算你的交易请求和签名。可是，你要是想通过试凑和逆向计算来反推出一个正好与这公钥 K 相配的私钥，再用来伪造签名，那实际上是没有可能的。这种方法称为“付给公钥”，就是 P2PK，即“Pay to Public Key”，其实不是付给公钥，而是付给持有公钥的人。这也是为什么招领脚本称为 scriptPubKey 的原因，早期比特币网络中采用的方法就是“付给公钥”。而认领脚本，则需要提供签名，所以称为 scriptSig。

二、进一步，付款方还可以规定：我这钱付给、并且只付给拥有某个公钥的人，这个公钥的 Hash 值是 H。这是在上一种方法的基础上又转了个弯，好处是 Hash 值比公钥短，而且从 Hash 值反推出公钥又是不现实的事。这个 Hash 值本质上就是个 ID，相当于某种身份号码，事实上比特币网中把公钥的Hash值称为“地址”，所以这种方法称为“付给地址”，就是P2PKH，即“Pay to Public Key Hash”。相比之下，“付给地址”比“付给公钥”更好，至少 160 位的地址比 256 位的 Hash 值要短 12 个字节，所以实际用的一般都是 P2PKH。

三、如果付款人与收款人先在“链外”或“线下”约定一段正文，然后说我这钱付给、并且只付给能拿出这段正文的人，不过光是拿出这段正文还不行，你得拿你的私钥对这段正文签名，我知道你的公钥是 K。于是，当收款人需要花费这笔钱的时候就发出一个交易请求，附上那段正文，比方说“生命诚可贵，爱情价更高”，并加上签名。不过事实上比特币网中不是用这样的文字作为正文，而是把一段预定的脚本作为正文，而且一定得拿这段脚本与招领脚本拼接在一起，对脚本的计算才能成功，所以这种方法可以称为“付给脚本”，但是实际使用的都是下面的“付给脚本 Hash”。而所述的这个脚本，则称为“清算脚本（Redeem Script）”，这个脚本将成为认领脚本中的一个片段。

四、进一步，付款方也可以规定：我这钱付给、并且只付给能拿出某个脚本的人，这个脚本的 Hash 值为 H。所以这种方法称为“付给脚本 Hash”，就是 P2SH，即“Pay to Script Hash”。

五、在这些基本方法的基础上，付款方还可以规定必须有多方签名，就是 m-of-n 签名，m 个人中须有 n 个人签名方可认领。

六、自从有了 SegWit 以后，还可以把 P2PKH 和 P2SH 扩充成 P2WPKH 和 P2WSH，即带有 Witness 信息的 P2PKH 和 P2SH，这里的 W 表示 Witness。而 Seg 则是 Segregate，意思是把 Witness 信息分离开。

这里有个问题。假定 A 发出了一个交易请求，要支付给 C；但是 B 看到之后马上就也发出一个支付请求，把 A 的正文和签名都抄过来，可是支付给 D；这样的情况下哪一个是有效的？可见，签名的时候至少应把支付目标包含在签名所覆盖的正文内，这样支付目标一有改变这签名就被废了。实际上，如果是对除签名本身之外的整个交易请求都作为签名对象，那就把整个输出方，即 vout[]都包括在内了。

明白了这些，我们就可以知道，在确定了自己有钱可付，要付给谁之后，结合前面已经讲到的 CTransaction 数据结构，可知填写和准备支付请求这个过程的复杂性主要在于资金来源这个方向上，即输入一方，因为资金运用即输出一方是我们为别人规定认领条件，而输入方则要分析别人所提的认领条件，以提供所需的数据（例如地址）和签名。

比特币的源码中有两个名为SignTransaction的函数，都是用来对交易请求签名的，其中一个用于一般的节点上，另一种用于钱包节点，后者相对简单，但很清晰，所以我们在这里就以CWallet::SignTransaction()为例说明签名的过程，其实这也几乎就是准备交易请求的整个过程。这里要着重说明，不管是钱包节点还是一般节点的签名过程，其产生的结果，即签名，也就是领用脚本scriptSig，是一样的，否则就经不住其它Peer节点的检验。

在钱包节点上，凡是属于自己（钱包主人）的数字资产，也就是自己可以认领的UTXO，其有关信息都已被梳理出来集中存放在mapWallet这个Map中，这样资金来源的寻找就比较简单，这也有利于让我们把注意力集中在签名上。

```
CWallet::SignTransaction(CMutableTransaction &tx)    // sign the new tx
    //对给定的交易请求 tx 这个数据结构签名：
> CTransaction txNewConst(tx);      //为 CMutableTransaction 对象 tx 复制一个只读的 CTransaction 对象
> int nIn = 0;  //指向第一项资金来源
> for (const auto& input : tx.vin) {   //针对这个交易请求中的每项资金来源，即 UTXO，都提供一个签名：
>+ std::map<uint256, CWalletTx>::const_iterator mi = mapWallet.find(input.prevout.hash);
                                //以该 UTXO 的 Hash 值为 Key，在 mapWallet 中寻找其所在的上游 Tx。
>+ if(mi == mapWallet.end() || input.prevout.n >= mi->second.tx->vout.size()) return false;
                                //如果找不到提供该项资金的 Tx，或该 Tx 并未提供该笔资金，那就失败了。
>+ scriptPubKey = mi->second.tx->vout[input.prevout.n].scriptPubKey;    //该 UTXO 的招领脚本
                                //只有找到 UTXO 所在的交易记录，才能找到相应输出项中的招领脚本。
>+ amount = mi->second.tx->vout[input.prevout.n].nValue;   //该 UTXO 中的金额
>+ SignatureData sigdata;   //创建一个空白的 SignatureData 对象，用来盛放所生成的签名
>+ creator = TransactionSignatureCreator(this, &txNewConst, nIn, amount, SIGHASH_ALL)
                                //创建一个签名生成器，即 TransactionSignatureCreator 对象，txNewConst 系只读。
>+ if (!ProduceSignature(creator, scriptPubKey, sigdata)) return false;   //生成签名，若操作失败就返回 false。
                                //作为参数传下去的脚本是该项资金来源的招领脚本，所生成签名在 sigdata 中。
>+ UpdateTransaction(tx, nIn, sigdata);   //将生成的签名填写到这个交易请求 tx 的此项资金来源中
     == UpdateTransaction(CMutableTransaction& tx, unsigned int nIn, SignatureData& data)
>+> tx.vin[nIn].scriptSig = data.scriptSig   //认领脚本的内容就是所产生的签名，所以叫 scriptSig。
>+ nIn++;   //指向下一项资金来源
> }   //end for (const auto& input : tx.vin)，注意上述操作是针对每一项资金来源的。
> return true;
```

如前所述，签名是针对具体交易请求中每项具体输入的签名，而其覆盖范围，即签名对象（正文），则是整个交易请求。这里的调用参数是个CMutableTransaction对象tx，这就是基本上已经准备好，有待签名的交易请求。交易请求的vin[]数组中就是所欲花费的一笔笔资金来源，即一个个UTXO，每一项都来自另一（上游）交易的输出。对于所欲花费的每一笔资金，这里先在mapWallet中寻找提供了这笔资金的那个交易。在Map中寻找的结果是指向某个

Map表项的指针mi，这是个iterator即迭代指针，而mi->second是容器，容器的内容mi->second.tx才是指向那个交易的结构指针，结构成分vout[]数组中下标为input.prevout.n的元素中就有该项资金的招领脚本scriptPubKey。不管是哪种类型的招领脚本，名称都一样是scriptPubKey。至于input.prevout.n，则来自本支付请求的资金来源数组vin[]。

拿到一笔UTXO的招领脚本之后，就调用ProduceSignature()产生签名。不过在此之前要准备好一个TransactionSignatureCreator对象，把一些参数记录在这个对象中备用，实际用来签名的函数CreateSig()就是由这个类型提供的。然后就把这个对象作为参数之一传给ProduceSignature()。

TransactionSignatureCreator类的定义是这样：

```
class TransactionSignatureCreator : public BaseSignatureCreator {}
> CTransaction* txTo;            //所要加以签名的交易请求
> unsigned int nIn;              //本项资金在资金来源数组 tx.vin[]中的下标
> int nHashType;                 //例如SIGHASH_ALL、SIGHASH_SINGLE、SIGHASH_ANYONECANPAY
> CAmount amount;                //本项资金来源的金额
> const TransactionSignatureChecker checker;   //与这个签名产生者配套的签名检验者。
> TransactionSignatureCreator(const CKeyStore* keystoreIn, const CTransaction* txToIn,
          unsigned int nInIn, const CAmount& amountIn, int nHashTypeIn=SIGHASH_ALL);   //构造函数
> BaseSignatureChecker& Checker() override { return checker; }   //获取签名检验者对象
> bool CreateSig(std::vector<unsigned char>& vchSig, const CKeyID& keyid,
                                      const CScript& scriptCode, SigVersion sigversion) const override;
```

这个类是对抽象类BaseSignatureCreator的扩充。BaseSignatureCreator中还有个成分是CKeyStore指针keystore，用来存放密钥。不用说，BaseSignatureCreator的成分自然也就是TransactionSignatureCreator的成分。

注意上面对其构造函数的调用参数。第一个参数this是具体的CWallet对象，钱包里有着自己的密钥。第二个参数是&txNewConst，那就是交易请求数据结构一个副本。而第三个参数nIn，则是其中一项具体资金来源在vin[]数组中的下标。此外，第四个参数amount当然是这笔资金的金额。而最后一个参数SIGHASH_ALL则是所谓的“Hash类型”。

Hash类型决定着签名所覆盖内容的选择，决定着要把交易请求中的哪些内容纳入Hash计算。比特币源码中为（提供签名时的）Hash类型定义了一个枚举类型：

```
enum    //Signature hash types/flags
{
    SIGHASH_ALL = 1,          //签名对象为整个交易请求（认领脚本除外）的 Hash 值，这是默认的方式。
    SIGHASH_NONE = 2,         //签名对象中不包括交易的输出方（即 tx.vout[]），其余同上。
    SIGHASH_SINGLE = 3,       //签名对象中只包括下标与本项资金来源相同的那一项输出，其余同上。
```

```
  SIGHASH_ANYONECANPAY = 0x80,   //可以与上列各项联用，表示只包括本项资金来源。
};
```

显然，SIGHASH_ALL和SIGHASH_NONE是通过两个标志位实现的，两位均为1就是SIGHASH_SINGLE。而SIGHASH_ANYONECANPAY则又是个独立的标志位，可以与那两位联用，因为这只是对资金来源方的选择，而别的三项是对资金去向的选择。

至此，这个对象所包含的信息，连同作为调用参数的scriptPubKey，即本项资金来源的招领脚本，通过ProduceSignature()对本项资金来源进行签名所需的要素已经齐全。另一个调用参数sigdata则用来返回所生成的认领脚本，这可以是签名脚本，也可以是见证脚本。

```
struct SignatureData {}
] CScript scriptSig;              //如果招领脚本指定的是传统的签名，就返回一个签名脚本 scriptSig。
] CScriptWitness scriptWitness;   //如招领脚本指定要 SegWit 签名，就返回一个见证脚本 scriptWitness。
```

可见实际返回的是认领脚本，签名就包含在脚本里面，是脚本中主要的成分。另外，所返回的可以是普通的scriptSig，也可以是用于采用SegWit之后的scriptWitness。

签名的复杂性不仅来自Hash计算，更多地还来自对招领脚本的分析和认领脚本的生成，因为每项UTXO的招领脚本都可能有不同的要求，例如有的是P2PK，有的是P2SH，还可能采用WitSeg，得要“对症下药”才行。

事实上，ProduceSignature()的第一步操作是SignStep()，而SignStep()的第一步操作就是Solver()，这Solver()的目的就是解析招领脚本即scriptPubKey的类型。为此，我们以代码执行的次序为阅读分析的次序，先看Solver()，再看SignStep()，然后才是ProduceSignature()。

函数 Solver()解析招领脚本的类型，就好像在猜一个谜一样：

```
[SignTransaction() > ProduceSignature() > SignStep() > Solver()]

Solver(const CScript& scriptPubKey, txnouttype& typeRet,
                                        std::vector<std::vector<unsigned char> >& vSolutionsRet)
    //参数 scriptPubKey 为所欲分析的招领脚本，也有可能是个从原始招领脚本导出的见证脚本。
    //但是（针对一项特定资金来源）首次调用 Solver()时的 scriptPubKey 一定是招领脚本。
> // Templates
> static std::multimap<txnouttype, CScript> mTemplates   //创建一个静态的 Map，txnouttype => CScript
> if (mTemplates.empty()){   //注意 mTemplates 为 static，所以仅在 Solve()首次被调用时才是空白。
>+ // Standard tx, sender provides pubkey, receiver adds signature. 对 mTemplates 的初始化，建立三个模板：
>+ mTemplates.insert(std::make_pair(TX_PUBKEY, CScript() << OP_PUBKEY << OP_CHECKSIG))
        // CScript()是 CScript 类的构造函数，然后依次写入操作码 OP_PUBKEY 和 OP_CHECKSIG。
        //“OP_PUBKEY   OP_CHECKSIG”是标准的 P2PK 脚本模板。
```

```
        //模板中不提供操作数，例如 OP_PUBKEY 后面本应有个 Hash 值，但模板中省略。下同：
>+ // Bitcoin address tx, sender provides hash of pubkey, receiver provides signature and pubkey
>+ mTemplates.insert(std::make_pair(TX_PUBKEYHASH, CScript() << OP_DUP << OP_HASH160 <<
                              OP_PUBKEYHASH << OP_EQUALVERIFY << OP_CHECKSIG));
        //标准 P2PKH 的脚本模板为：
        //"OP_DUP   OP_HASH160   OP_PUBKEYHASH   OP_EQUALVERIFY   OP_CHECKSIG"
>+ // Sender provides N pubkeys, receivers provides M signatures
>+ mTemplates.insert(std::make_pair(TX_MULTISIG, CScript() << OP_SMALLINTEGER <<
                              OP_PUBKEYS << OP_SMALLINTEGER << OP_CHECKMULTISIG));
        //标准多方签名的脚本模板为：
        //"OP_SMALLINTEGER   OP_PUBKEYS   OP_SMALLINTEGER   OP_CHECKMULTISIG"
> }    //end if (mTemplates.empty())

> vSolutionsRet.clear();
> // Shortcut for pay-to-script-hash, which are more constrained than the other types:
> // it is always OP_HASH160 20 [20 byte hash] OP_EQUAL
> h = scriptPubKey.IsPayToScriptHash()   //快速判断是否为 P2SH，脚本的长度必为 23 字节，等等：
>> return (this->size() == 23 && (*this)[0] == OP_HASH160 &&
      (*this)[1] == 0x14 && (*this)[22] == OP_EQUAL)   //0x14 就是 20，这是 160 位 Hash 值的长度。
> if (h){   //符合这三个特征，所以是 P2SH：
>+ typeRet = TX_SCRIPTHASH;      //是 P2SH，类型为 TX_SCRIPTHASH
>+ std::vector<unsigned char> hashBytes(scriptPubKey.begin()+2, scriptPubKey.begin()+22);
          //创建一个名为 hashBytes 的字符向量，这是 20 字节（即 160 位）的 Hash 值
          //注意脚本的起点是 begin()+2，跳过了 2 个字节，见后述。
>+ vSolutionsRet.push_back(hashBytes)   //通过参数 vSolutionsRet 返回 P2SH 脚本的 Hash 值
>+ return true;   //这是 P2SH，所给定的 Hash 值在 vSolutionsRet 中。
> }    //end if (h)
  //不是 P2SH，再看招领脚本 scriptPubKey 是否 WitnessProgram：
  //WitnessProgram 不是个直接可执行的脚本，需要将其转换成一个脚本。
> int witnessversion;
> std::vector<unsigned char> witnessprogram;
> isWitnessProgram = scriptPubKey.IsWitnessProgram(witnessversion, witnessprogram)
    == CScript::IsWitnessProgram(int& version, std::vector<unsigned char>& program)   //展开如下：
>> if (this->size() < 4 || this->size() > 42) return false   //WitnessProgram 的大小为 4 至 42 个字节
>> if ((*this)[0] != OP_0 && ((*this)[0] < OP_1 || (*this)[0] > OP_16))    return false
      //第一个字节为版本号，应为操作码 OP_0（0x00），或者在 OP_1（0x51）与 OP_16（0x60）之间。
>> if ((size_t)((*this)[1] + 2) == this->size()) {   //(*this)[1]字节为程序长度，比字符串总长度少 2。
>>+ version = DecodeOP_N((opcodetype)(*this)[0])   //这个字节为版本号，目前只用版本 0。
```

```
>>+ program = std::vector<unsigned char>(this->begin() + 2, this->end())   //WitnessProgram 从第三个字节开始
>>+ return true   //这是个 WitnessProgram，其扣除版本号和长度后的正文在参数 program 中。
>> }   //end if ((size_t)((*this)[1] + 2) == this->size())
>> return false   //end CScript::IsWitnessProgram()，不是 WitnessProgram。
> if (isWitnessProgram) {   //是 WitnessProgram，须进一步区分 KEYHASH 和 SCRIPTHASH：
>+ if (witnessversion == 0 && witnessprogram.size() == 20) {   //KEYHASH 的长度为 20 字节（160 位）
>++ typeRet = TX_WITNESS_V0_KEYHASH;   //这是 0 版的 P2WPKH 见证程序
>++ vSolutionsRet.push_back(witnessprogram);   //返回从招领脚本中抽取的 P2WPKH 见证程序
>++ return true;
>+ }   //end if (witnessversion == 0 && witnessprogram.size() == 20)
>+ if (witnessversion == 0 && witnessprogram.size() == 32) {   // SCRIPTHASH 的长度为 32 字节
>++ typeRet = TX_WITNESS_V0_SCRIPTHASH;   //这是 0 版的 P2WSH 见证程序
>++ vSolutionsRet.push_back(witnessprogram);   //返回从招领脚本中抽取的 P2WSH 见证程序
>++ return true;
>+ }   //end if (witnessversion == 0 && witnessprogram.size() == 32)
   //既不是 TX_WITNESS_V0_KEYHASH，也不是 TX_WITNESS_V0_SCRIPTHASH：
>+ if (witnessversion != 0) {   //目前 V1~V16 均未定义使用
>++ typeRet = TX_WITNESS_UNKNOWN;
>++ vSolutionsRet.push_back(std::vector<unsigned char>{(unsigned char)witnessversion});
>++ vSolutionsRet.push_back(std::move(witnessprogram));
>++ return true;
>+ }   //end if (witnessversion != 0)
>+ return false;
> }   //end if (isWitnessProgram)

> if (scriptPubKey.size() >= 1 && scriptPubKey[0] == OP_RETURN &&
                    scriptPubKey.IsPushOnly(scriptPubKey.begin()+1)) {
                              //这是 OP_RETURN 指令加数据，不含别的操作指令。
>+ typeRet = TX_NULL_DATA   //注意这不是空白数据的意思，而是只含数据的空（零支付）交易。
>+ return true;   //之所以这 CScript 的长度可达 42 字节，就在于此。
> }

   //上面那些都不是，那就要与几个模板逐一比对（我们还没有考察过 P2PK、P2PKH 和 MULTISIG）：
> // Scan templates
> const CScript& script1 = scriptPubKey   //替作为输入参数的脚本 scriptPubKey 制作一个副本
> for (const std::pair<txnouttype, CScript>& tplate : mTemplates){   //扫描比对前面 mTemplates 中的标准脚本
>+ const CScript& script2 = tplate.second   // tplate.first 是脚本类型，tplate.second 是用于比对的标准脚本
>+ vSolutionsRet.clear();
```

```
>+ opcodetype opcode1, opcode2;
>+ std::vector<unsigned char> vch1, vch2;
>+ // Compare
>+ CScript::const_iterator pc1 = script1.begin();    //这是考察对象
>+ CScript::const_iterator pc2 = script2.begin();    //这是比对标准
>+ while (true) {
>++ if (pc1 == script1.end() && pc2 == script2.end()){    //均已到达末尾，比对成功：
>+++ typeRet = tplate.first    //返回脚本类型
>+++ if (typeRet == TX_MULTISIG) {    //如果是“m of n”多方签名脚本则还得检验 m 和 n 的合理性
>++++ unsigned char m = vSolutionsRet.front()[0]    //m 在脚本的第一个字节
>++++ unsigned char n = vSolutionsRet.back()[0]     //n 在脚本尾部
>++++ if (m < 1 || n < 1 || m > n || vSolutionsRet.size()-2 != n) return false;
>+++ }    //end if (typeRet == TX_MULTISIG)
>+++ return true;    //成功，这是 P2PK、P2PKH 和 MULTISIG 三者之一。
>++ }    //end if (pc1 == script1.end() && pc2 == script2.end())
      //尚未到达末尾，继续比对：
>++ if (!script1.GetOp(pc1, opcode1, vch1)) break;    //取下一条指令，如果失败就意味着比对失败。
>++ if (!script2.GetOp(pc2, opcode2, vch2)) break;    //注意，pc1 和 pc2 都会在 GetOp()中得到推进。
>++ //考察两个操作码 opcode1 和 opcode2 是否相同，但是允许操作数有所不同：
>++ if (opcode2 == OP_PUBKEYS){    //如果操作码为 OP_PUBKEYS，则后面有若干公钥：
>+++ while (vch1.size() >= 33 && vch1.size() <= 65){    //一个密钥的大小是 32 字节
>++++ vSolutionsRet.push_back(vch1);    //将招领脚本中提供的公钥添入向量 vSolutionsRet
>++++ if (!script1.GetOp(pc1, opcode1, vch1)) break;
>+++ }    //end while (vch1.size() >= 33 && vch1.size() <= 65)
>+++ if (!script2.GetOp(pc2, opcode2, vch2)) break;    //模板中没有操作数
>+++ // Normal situation is to fall through to other if/else statements
>++ }    //end if (opcode2 == OP_PUBKEYS)

>++ if (opcode2 == OP_PUBKEY){    //如果操作码为 OP_PUBKEY，则后面是一个公钥：
>+++ if (vch1.size() < 33 || vch1.size() > 65) break;    //一个公钥的大小是 32 字节
>+++ vSolutionsRet.push_back(vch1);    //将招领脚本中提供的这个公钥添入向量 vSolutionsRet 中
>++ }
>++ else if (opcode2 == OP_PUBKEYHASH){    //如果操作码为 OP_PUBKEYHASH：
>+++ if (vch1.size() != sizeof(uint160)) break;    //公钥 Hash 值的大小是 160 位，即 20 字节。
>+++ vSolutionsRet.push_back(vch1);
>++ }
>++ else if (opcode2 == OP_SMALLINTEGER){    // Single-byte small integer pushed onto vSolutions
>+++ if (opcode1 == OP_0 || (opcode1 >= OP_1 && opcode1 <= OP_16)){
```

```
>++++ char n = (char)CScript::DecodeOP_N(opcode1);
>++++ vSolutionsRet.push_back(valtype(1, n));
>+++ } else break;
>++ }
>++ else if (opcode1 != opcode2 || vch1 != vch2){
>+++ // Others must match exactly
>+++ break;
>++ }   //注意，上面这些 break 只是跳出了当前样本的 while 循环，而并未跳出外层的 for 循环，
        //这只是针对一个具体样本的比对失败，并不意味着全部比对的失败。
>+ }   //end while (true)
> }   //end for (const std::pair<txnouttype, CScript>& tplate : mTemplates)
> vSolutionsRet.clear();
> typeRet = TX_NONSTANDARD   //全都不是，那就是非标（不合规）交易了。
> return false;
```

参数 vSolutionsRet 的类型为 std::vector<std::vector<unsigned char> >，这是由无符号字符即字节向量构成的向量，是个二维向量，类似于无符号字符串数组。当程序从 Solver()成功返回时，调用参数 typeRet 的值表示给定脚本 scriptPubKey 的类型，vSolutionsRet 的内容则与脚本中的操作码相对应而有：

- 对于 P2PK、P2PKH，返回 scriptPubKey 中所提供的一个或多个公钥，或 Hash 值。
- 对于多方签名 MULTISIG，则在 vSolutionsRet 的头尾附加返回 m 和 n。
- 对于 OP_SMALLINTEGER，则视后随 OP_0~OP_16 而返回数值 0~16。
- 对于 P2SH，则返回 scriptPubKey 中提供的 Hash 值。
- 对于 P2WPKH 见证程序，即 TX_WITNESS_V0_KEYHASH，返回从 scriptPubKey 中提取的 20 字节“见证程序”。
- 对于 P2WSH 见证程序，即 TX_WITNESS_V0_SCRIPTHASH，则返回从 scriptPubKey 中提取的 32 字节“见证程序”。

有了这关于招领脚本的类型和内容两方面的信息之后，我们就可以考察 SignStep()中此后的操作流程了。

[SignTransaction() > ProduceSignature() > SignStep()]

SignStep(const BaseSignatureCreator& *creator*, const CScript& *scriptPubKey*,
        std::vector<valtype>& *ret*, txnouttype& *whichTypeRet*, SigVersion *sigversion*)
            //参数 scriptPubKey 即为所针对的招领脚本，但实际上也可以是 WitnessProgram。

```
> CScript scriptRet   //创建一个空白脚本，用来盛放所生成的各个脚本片段。
> uint160 h160   //一个无符号 160 位整数
> ret.clear()         //将参数 ret 所指的向量清空，这就是上面程序中的 result。
```

> std::vector<valtype> *vSolutions*　//一个 valtype 向量 vSolutions，与 ret 一样。
> if (!***Solver***(*scriptPubKey*, *whichTypeRet*, *vSolutions*)) ***return*** false　//调用 Solver()，返回 false 即为失败。
> // Solver()返回了 true，此时 whichTypeRet 中是招领脚本的类型，即支付方式，
　// vSolutions 中是招领脚本给定的公钥或 Hash 值。见前述。
> CKeyID keyID
> switch (whichTypeRet){　//根据不同支付方式：
> case TX_NONSTANDARD: case TX_NULL_DATA: case TX_WITNESS_UNKNOWN: ***return*** false　//错误
> case **TX_PUBKEY**:　//本项资金来自一个 P2PK 脚本，要求提供对应于给定公钥的签名：
>+ keyID = CPubKey(vSolutions[0]).GetID()　// vSolutions[0]就是招领脚本中给定的公钥数值
　　　　　　//将给定的公钥数值转换成一个 CPubKey 对象并获取其 ID，即 160 位 Hash 值，
　　　　　　//以便在本地找到与之对应的私钥用于签名。
>+ return ***Sign1***(keyID, creator, scriptPubKey, ret, sigversion)　//签名并返回结果
> case **TX_PUBKEYHASH**:　//本项资金来自一个 P2PKH 脚本，要求提供对应于公钥 Hash 值的签名：
>+ keyID = CKeyID(uint160(vSolutions[0]))　//vSolutions[0] 为给定的公钥 Hash 值，转换成 CKeyID 对象。
>+ if (!***Sign1***(keyID, creator, scriptPubKey, ***ret***, sigversion)) ***return*** false　//签名，若失败就直接返回 false
>+ else {　// Sign1()签名成功，其结果在 ret 中：
>++ CPubKey vch
>++ creator.KeyStore().GetPubKey(keyID, vch)　//在 creator 的 KeyStore 中找到相应的公钥
>++ ***ret***.push_back(ToByteVector(vch))　//将公钥添加在签名的末尾
>+ }
>+ return true;
> case TX_**SCRIPTHASH**:　//本项资金来源于一个 P2SH 脚本，要求提供签名及脚本的 Hash 值：
>+ s = creator.KeyStore().***GetCScript***(uint160(vSolutions[0]), scriptRet)
　　== CBasicKeyStore::GetCScript(const CScriptID &hash, CScript& redeemScriptOut)
　　　　　//从 creator 的 KeyStore 中获取清算脚本（redeemScript），展开如下：
>+> ScriptMap::const_iterator mi = **mapScripts**.find(hash)　// CBasicKeyStore 中有个 mapScripts
>+> if (mi != mapScripts.end()){
>+>+ redeemScriptOut = (*mi).second　//根据 Hash 值找到了 redeemScript
>+>+ return true　　//找到了 redeemScript
>+> }
>+> return false　　//找不到 redeemScript，那就失败了。　　//end CBasicKeyStore::GetCScript()
>+ if (s) {　//找到了相应的 redeemScript 脚本
>++ ***ret***.push_back(std::vector<unsigned char>(scriptRet.begin(), scriptRet.end()))　//返回 redeemScript 脚本
>++ return true　　//尚未调用 Sign1()，有待进一步完成签名，下一次会针对 redeemScript 调用 SignStep()。
>+ }
>+ return false
> case **TX_MULTISIG**:　//本项资金来源于一个要求多方签名的脚本，要求提供多方的签名及公钥。
>+ ret.push_back(valtype());　// workaround CHECKMULTISIG bug

```
>+ return (SignN(vSolutions, creator, scriptPubKey, ret, sigversion))   //多方签名
> case TX_WITNESS_V0_KEYHASH:     //P2WPKH，招领脚本中提供的 Witness 程序为密钥 Hash 值
>+ ret.push_back(vSolutions[0])
>+ return true
> case TX_WITNESS_V0_SCRIPTHASH:   //P2WSH，招领脚本中提供的 Witness 程序为脚本 Hash 值
>+ CRIPEMD160().Write(&vSolutions[0][0], vSolutions[0].size()).Finalize(h160.begin())
>+ if (creator.KeyStore().GetCScript(h160, scriptRet)) {   //成功获取其 redeemScript
>++ ret.push_back(std::vector<unsigned char>(scriptRet.begin(), scriptRet.end()))   //返回 redeemScript 脚本
>++ return true
>+ }
>+ return false
> default: return false
> }   //end switch (whichTypeRet)
```

从 Solver()成功返回以后，程序根据招领脚本类型即支付方式决定下一步的操作：

对于 P2PK，P2PKH，还有 MULTISIG 即多方签名这三种相对简单的支付方式，直接就通过 Sign1()或 SignN()加以签名，并提供含有这签名的 scriptSig 作为认领脚本。

对于 P2SH，则要根据给定的 Hash 值从本地的 mapScripts 中找出对应的清算脚本即 redeemScript，并通过调用参数 ret 返回这个脚本，然后就从 SignStep()正常返回。在上一层的 ProduceSignature()中会以此为新的招领脚本再次调用 SignStep()加以执行，并以所返回的 scriptSig 作为认领脚本。

如果是 P2WPKH，就通过参数 ret 返回招领脚本中指定的公钥 Hash 值作为见证程序，然后就从 SignStep()正常返回。同样，上层的 ProduceSignature()中会以此为基础构建一个新的招领脚本再次调用 SignStep()，并以所返回的结果作为见证脚本 scriptWitness。而如果是 P2WSH，则这里返回的是招领脚本中指定的 redeemScript，而 ProduceSignature()中会以此为新的招领脚本再次调用 SignStep()，并以所返回的结果作为见证脚本 scriptWitness。显然，见证脚本 scriptWitness 的作用与签名脚本 scriptSig 相仿，都是为认领特定资金而提供签名。

不管是什么方式，最终都要落实到 Sign1()，因为 SignN()最终也是通过 Sign1()实现的。

用一个密钥对一段正文签名，或者说进行签名计算，实际上并不是拿密钥对这段正文逐个字符或单元进行计算，而是先对这段正文进行某种 Hash 计算，然后拿密钥与这 Hash 结果再进行计算，计算结果就是对这段正文的签名。以不同的密钥对同一段正文签名，其实只是最后那一步不同，前面的 Hash 计算是一样的。比特币采用的是 256 位的 Hash（实际上是双重 Hash）和签名计算，这已经是私密性极强、极难伪造的 Hash 和签名了。人们认为，要破解或伪造（试凑）256 位的 Hash 和签名，除非是通用量子计算机投入商用。也有人认为即使量子计算机也未必就能攻破 256 位这个强度的密码技术，因为具体量子计算机的位长也是有限的，再说真到了那一天还可再进一步增加 Hash 的位长。

下面是 Sign1()的摘要。

```
[SignTransaction() > ProduceSignature() > SignStep() > Sign1()]

Sign1(const CKeyID& address, const BaseSignatureCreator& creator,
                const CScript& scriptCode, std::vector<valtype>& ret, SigVersion sigversion)
                //参数 address 只是用来获取所需的私钥，scriptCode 就是招领脚本。
> std::vector<unsigned char> vchSig   //创建一个空白的字节向量 vchSig，用来盛放所生成的签名。
> c = creator.CreateSig(vchSig, address, scriptCode, sigversion)   //生成签名，展开如下：
  == TransactionSignatureCreator::CreateSig(std::vector<unsigned char>& vchSig,
                      const CKeyID& address, const CScript& scriptCode, SigVersion sigversion)
>> CKey key   //创建一个空白的私钥
>> if (!keystore->GetKey(address, key)) return false   //根据所用地址，获取其私钥于 key 中
>> if (sigversion == SIGVERSION_WITNESS_V0 && !key.IsCompressed()) return false
                          //Signing with uncompressed keys is disabled in witness scripts

>> uint256 hash = SignatureHash(scriptCode, *txTo, nIn, nHashType, amount, sigversion)   //见后
        //*txTo 指向本次交易请求的数据结构，nHashType 为 Hash 类型如 SIGHASH_SINGLE 等。
        //nIn 为本项资金来源即 UTXO 在 vin[]中的下标，scriptCode 是其招领脚本的代码。
>> s = key.Sign(hash, vchSig)   //使用签名者的私钥 key，对所得的 Hash 值签名，所得结果在 vchSig 中。
   == CKey::Sign(const uint256 &hash, std::vector<unsigned char>& vchSig, uint32_t test_case = 0)
>>> if (!fValid) return false
>>> vchSig.resize(CPubKey::SIGNATURE_SIZE)   //将 vchSig 的大小设置成 CPubKey::SIGNATURE_SIZE
>>> nSigLen = CPubKey::SIGNATURE_SIZE       //定义为 72，这是串行化之后的大小。
>>> unsigned char extra_entropy[32] = {0}    //用来引入一些随机性，仅供测试。
>>> WriteLE32(extra_entropy, test_case)
>>> secp256k1_ecdsa_signature sig   //创建一个空白的 secp256k1_ecdsa_signature 对象 sig
>>> int ret = secp256k1_ecdsa_sign(secp256k1_context_sign, &sig, hash.begin(), begin(),
                  secp256k1_nonce_function_rfc6979, test_case ? extra_entropy : nullptr)
       //这里 hash.begin()是待签名 hash 值的起点，begin()是密钥的起点，sig 是有待填写的签名。
   == secp256k1_ecdsa_sign(const secp256k1_context* ctx, secp256k1_ecdsa_signature *sig,
      const unsigned char *msg32, const unsigned char *seckey, secp256k1_nonce_function noncefp,
      const void *ndata)
       //用密钥 seckey 对字节串 msg32 签名，所得结果在 secp256k1_ecdsa_signature 对象 sig 中。
>>> secp256k1_ecdsa_signature_serialize_der(secp256k1_context_sign, vchSig.data(), &nSigLen, &sig)
   == secp256k1_ecdsa_signature_serialize_der(const secp256k1_context* ctx,
                 unsigned char *output, size_t *outputlen, const secp256k1_ecdsa_signature* sig)
       //串行化 sig 中的签名计算所得结果，串化后的结果在 output，即 vchSig 内的字节数组中。
```

```
>>> vchSig.resize(nSigLen)    //设置 vchSig 内的数组大小
>>> return true    //end CKey::Sign()
>> if (!s) return false    //如果 key.Sign()返回 false 则 CreateSig()失败
>> // key.Sign()返回 true，已经完成了对目标数据的签名，所得签名（数据）在 vchSig 内的字节数组中
>> vchSig.push_back((unsigned char)nHashType)    //最后把 nHashType 也推入 vchSig
>> return true    //end TransactionSignatureCreator::CreateSig()，所生成的签名在 vchSig 中。
> if (!c) return false    //如果 CreateSig()返回 false 则 Sig1()失败
> ret.push_back(vchSig)    //见输入参数 std::vector<valtype>& ret，valtype 是 std::vector<unsigned char>。
> return true
```

这里，先由 SignatureHash()计算目标正文的 Hash 值，然后由 CKey::Sign()进行最后的签名计算。比特币签名计算所用的是椭圆曲线密码算法，具体由现成密码计算程序库中的函数 secp256k1_ecdsa_sign()和 secp256k1_ecdsa_signature_serialize_der()完成，前者是实际的密码计算，后者是计算结果的串行化。那些都是数学计算，我们就不关心了。

就对于比特币支付机制的理解而言，这里的重点倒在于 SignatureHash()，因为这涉及签名所针对和覆盖的内容。

[SignTransaction() > ProduceSignature() > SignStep() > Solver() > Sign1() > CreateSig() > SignatureHash()]

```
uint256 SignatureHash(const CScript& scriptCode, const CTransaction& txTo, unsigned int nIn, int nHashType,
                     const CAmount& amount, SigVersion sigversion, const PrecomputedTransactionData* cache)
    //所针对的是交易 txTo 的 vin 中那下标为 nIn 的资金来源，scriptCode 是该项资金的招领脚本。
> assert(nIn < txTo.vin.size())    //nIn 是用于向量 txTo.vin 的下标，当然不能越界。
> if (sigversion == SIGVERSION_WITNESS_V0) {    //对于 SegWit：
>+ uint256 hashPrevouts;
>+ uint256 hashSequence;
>+ uint256 hashOutputs;
>+ const bool cacheready = cache && cache->ready;    //参数 cache 是个 PrecomputedTransactionData 结构指针
    //为 nHashType 定义的四个枚举值：SIGHASH_ALL = 1, SIGHASH_NONE = 2,
    //                              SIGHASH_SINGLE = 3, SIGHASH_ANYONECANPAY = 0x80
>+ if (!(nHashType & SIGHASH_ANYONECANPAY)) {
        //是 SIGHASH_ALL，SIGHASH_NONE，或 SIGHASH_SINGLE 之一：
>++ hashPrevouts = cacheready ? cache->hashPrevouts : GetPrevoutHash(txTo);
    // GetPrevoutHash()将交易 txTo 中各项资金来源的 prevout 串化拼接在一起，然后计算其 Hash 值。
>+ }
>+ if (!(nHashType & SIGHASH_ANYONECANPAY) &&
     (nHashType & 0x1f) != SIGHASH_SINGLE && (nHashType & 0x1f) != SIGHASH_NONE) {
        //那就是 SIGHASH_ALL：
```

```
>++ hashSequence = cacheready ? cache->hashSequence : GetSequenceHash(txTo);
      // GetSequenceHash()将交易 txTo 中各项资金来源的 nSequence 串化拼接在一起，再计算其 Hash 值。
>+ }
>+ if ((nHashType & 0x1f) != SIGHASH_SINGLE && (nHashType & 0x1f) != SIGHASH_NONE) {
         // SIGHASH_ALL 或 SIGHASH_ANYONECANPAY：
>++ hashOutputs = cacheready ? cache->hashOutputs : GetOutputsHash(txTo);
      // GetOutputsHash()将交易 txTo 中各项资金输出（vout）串化拼接在一起，然后计算其 Hash 值。
>+ }
>+ else if ((nHashType & 0x1f) == SIGHASH_SINGLE && nIn < txTo.vout.size()) {
>++ CHashWriter ss(SER_GETHASH, 0)    //创建一个 CHashWriter 对象 ss
>++ ss << txTo.vout[nIn];                //将该项资金去向写入这 CHashWriter 的缓冲区
>++ hashOutputs = ss.GetHash();          //取其 Hash 值
>+ }   //end else if ((nHashType & 0x1f) == SIGHASH_SINGLE && nIn < txTo.vout.size())
>+ CHashWriter ss(SER_GETHASH, 0);    //创建一个 CHashWriter 对象 ss
>+ // Version
>+ ss << txTo.nVersion;    //txTo 是花费本项资金的交易请求 Tx
>+ // Input prevouts/nSequence (none/all, depending on flags)
>+ ss << hashPrevouts;      //所有资金来源信息的 Hash 值
>+ ss << hashSequence;    //所有资金来源 nSequence 的 Hash 值
>+ // The input being signed (replacing the scriptSig with scriptCode + amount). The prevout may already be
    // contained in hashPrevout, and the nSequence may already be contain in hashSequence.
>+ ss << txTo.vin[nIn].prevout;   //本项资金来源信息本身（来自哪一个交易的哪一个输出）
>+ ss << scriptCode;         //本项资金来源的招领脚本
>+ ss << amount;              //本项资金的数量
>+ ss << txTo.vin[nIn].nSequence;    //  本项资金的 nSequence
>+ // Outputs (none/one/all, depending on flags)
>+ ss << hashOutputs;     //本交易若干资金去向的 Hash 值，具体由若干标志位决定。
>+ // Locktime
>+ ss << txTo.nLockTime;   //本交易的锁定时间
>+ // Sighash type
>+ ss << nHashType;       //Hash 类型，SIGHASH_ALL/SIGHASH_SINGLE/…
>+ return ss.GetHash();   //对 ss 的全部内容进行 Hash 计算并返回计算结果。
                          //对于 SegWit 的资金来源认领，这就是有待签名的 Hash 值
> }   //end if (sigversion == SIGVERSION_WITNESS_V0)

> // sigversion != SIGVERSION_WITNESS_V0，对 SIGVERSION_BASE 的处理：
> static const uint256
        one(uint256S("0000000000000000000000000000000000000000000000000000000000000001"));
```

```
        //创建一个名为 one 的 uint256 对象，其参数来自函数 uint256S()的返回值，那也是一个 uinet256。
> // Check for invalid use of SIGHASH_SINGLE
> if ((nHashType & 0x1f) == SIGHASH_SINGLE) {
>+ if (nIn >= txTo.vout.size()) return one    // nOut out of range，下标 nIn 在 vout[]中越界。
> }
> // Wrapper to serialize only the necessary parts of the transaction being signed
> CTransactionSignatureSerializer txTmp(txTo, scriptCode, nIn, nHashType);
        //将 txTo、scriptCode 等关键信息组装在一个 CTransactionSignatureSerializer 对象 txTmp 中。
> // Serialize and hash
> CHashWriter ss(SER_GETHASH, 0)    //创建一个 CHashWriter 对象 ss
> ss << txTmp << nHashType;    //将 txTmp 的内容和 nHashType 串化后写入 ss
> return ss.GetHash()     //CHashWriter::GetHash()，对写入 ss 的内容进行 SHA-256 计算（Hash），展开如下：
>> uint256 result
>> ctx.Finalize((unsigned char*)&result)
        == CHash256:: Finalize(unsigned char hash[OUTPUT_SIZE])    //CHashWriter::ctx 是一 CHash256 对象
>>> unsigned char buf[CSHA256::OUTPUT_SIZE]      // 32 字节缓冲区，CSHA256::OUTPUT_SIZE=32
>>> sha.Finalize(buf)
        == CSHA256::Finalize(unsigned char hash[OUTPUT_SIZE])    // CHash256::sha 是一 CSHA256 对象
>>> sha.Reset().Write(buf, CSHA256::OUTPUT_SIZE).Finalize(hash)
      == CSHA256::Finalize(unsigned char hash[OUTPUT_SIZE])
>> return result      //end CHashWriter::GetHash()，返回 ss 中内容的 Hash 值
```

这个过程只是对签名所覆盖的内容进行 Hash 计算，这里并未用到签名者的私钥，所谓签名实际上是私钥与这个 Hash 值之间的一次签名计算。

计算得到一个针对特定资金来源信息的 Hash 值之后，返回到上一层的 CreateSig()中，下面就是由 CKey::Sign()用签名者的私钥对其签名，这个函数的代码已在 Sign1()中展开。实际的签名是通过库函数 secp256k1_ecdsa_sign()进行的。这里的所谓签名，就是结合密钥和待签署目标信息的 Hash 值（而不是待签署目标信息本身）进行某种计算。Bitcoin 的源码中并未提供 secp256k1_ecdsa_sign()的源码，实际上我们在这里也无需关心。

完成了 ProduceSignature()中对 SignStep()的第一次调用，及其所包含的一系列操作之后，我们回到 ProduceSignature()。此时的情况是这样：

如果如支付方式为 TX_PUBKEY、TX_PUBKEYHASH、TX_MULTISIG，则签名业已完成，就在 result 中。

而如果是 TX_SCRIPTHASH 或 TX_WITNESS_V0_SCRIPTHASH，则已经获取了所指定的 redeemScript 脚本，还需要再由 SignStep()对这 redeemScript 脚本作进一步的处理，并获得签名。

如果是 TX_WITNESS_V0_KEYHASH，则已经得到了所要求的公钥，也需要再由 SignStep()对此作进一步的处理，并获得签名。

我们就从这里继续往下看：

```
[CWallet::SignTransaction() > ProduceSignature()]

ProduceSignature(BaseSignatureCreator& creator, CScript& fromPubKey, SignatureData& sigdata)
    // creator 内部有 keystore，fromPubKey 是资金来源的招领脚本，sigdata 用来返回所生成的签名。
> std::vector<valtype> result    //创建一个 valtype 向量，用来返回 SignStep()的结果。
> txnouttype whichType    //用来从 SignStep()返回招领脚本的类型（TX_PUBKEY、TX_SCRIPTHASH 等）
  //先由 SignStep()分析并返回招领脚本的支付方式于 whichType 中（操作成功则返回 true 于 solved 中）：
> solved = SignStep(creator, fromPubKey, result, whichType, SIGVERSION_BASE)    //代码摘要见后
    //注意本次调用 SignStep()时所针对的是 fromPubKey，即招领脚本。
    //当程序从 SignStep()返回时：
    //如支付方式为 TX_PUBKEY、TX_PUBKEYHASH、TX_MULTISIG，则签名已经完成于 result 中。
    //如是 TX_SCRIPTHASH、TX_WITNESS_V0_KEYHASH、TX_WITNESS_V0_SCRIPTHASH，
    //则尚须根据 SignStep()的结果分三种不同的情况作进一步的处理：

> bool P2SH = false    //先假定不是 P2SH
> CScript subscript
> sigdata.scriptWitness.stack.clear()    //清空 sigdata 中 scriptWitness 成分的堆栈

  //第一种情况：处理 P2SH
> if (solved && whichType == TX_SCRIPTHASH){    //这是 P2SH
>+ // Solver returns the subscript that needs to be evaluated; the final scriptSig is the signatures from that
   // and then the serialized subscript:
>+ subscript = CScript(result[0].begin(), result[0].end())    //把上次 SignStep()的结果用作“子脚本”
          //以 result 中的内容为再一次 SignStep()所针对的脚本，那其实就是 redeemScript 脚本
>+ solved = solved && SignStep(creator, subscript, result, whichType, SIGVERSION_BASE)
                && whichType != TX_SCRIPTHASH              //以此脚本再次调用 SignStep()。
                //如果 whichType 仍是 TX_SCRIPTHASH 就错了。这次应该已经得到签名。
>+ P2SH = true    //确实是 P2SH
> }    //end if (solved && whichType == TX_SCRIPTHASH)

  //第二种情况：要求提供见证脚本 scriptWitness。此时的招领脚本是个见证程序 witnessprogram。
          //此时 result 的内容是个 160 位（20 字节）的 KEYHASH。
          //需要为之生成一个常规的招领脚本，就是这里的 witnessscript，姑称之为见证招领脚本：
> if (solved && whichType == TX_WITNESS_V0_KEYHASH){
```

```
        //招领脚本为 V0 版的 KEYHASH（密钥 Hash）见证程序：
>+ CScript witnessscript   //用来盛放所生成的见证脚本
>+ witnessscript << OP_DUP << OP_HASH160 << ToByteVector(result[0])
                                        << OP_EQUALVERIFY << OP_CHECKSIG
        //依次把 OP_DUP、OP_HASH160 等虚拟机操作码和数据写入 witnessscript。
        //注意“<<”是个重载的操作符，表示向一 stream 或缓冲区编码写出，“>>”则为解码读入。
        //这里的 ToByteVector(result[0])就是把 result[0]当作一个字节向量，这就是 KEYHASH。
>+ txnouttype subType    //用来返回输出类型
>+ solved = solved && SignStep(creator, witnessscript, result, subType, SIGVERSION_WITNESS_V0)
                //再次调用 SignStep()，这次是针对 witnessscript，就是上面刚生成的见证招领脚本。
                //在 SignStep()看来，这就是个常规的招领脚本，所以这次调用一定会得到签名。
>+ sigdata.scriptWitness.stack = result   //返回结果就是个见证脚本，将其写入 sigdata.scriptWitness。
>+ result.clear()
> }   //end if (solved && whichType == TX_WITNESS_V0_KEYHASH)
  //第三种情况：也是要求提供见证脚本 scriptWitness，但 result 的内容是个 witnessscript。
> else if (solved && whichType == TX_WITNESS_V0_SCRIPTHASH){
          //招领脚本为 V0 版的 SCRIPTHASH（脚本 Hash）见证程序：
>+ CScript witnessscript(result[0].begin(), result[0].end())   //此时 result 的内容就是 witnessscript。
          //第一次调用 SignStep()返回的 result 是 SCRIPTHASH 所指定的那个 redeemScript，
          //这个 redeemScript 就用作下一次调用 SignStep()时的招领脚本 scriptPubKey
>+ txnouttype subType   // txnouttype 是个枚举类型，包括 TX_PUBKEY，TX_PUBKEYHASH 等等。

>+ s = SignStep(creator, witnessscript, result, subType, SIGVERSION_WITNESS_V0)
                    //再次调用 SignStep()，这次的 scriptPubKey 就是个常规的 P2SH 招领脚本。
>+ solved = solved && s && subType != TX_SCRIPTHASH &&
        subType != TX_WITNESS_V0_SCRIPTHASH && subType != TX_WITNESS_V0_KEYHASH
          //这一次返回的脚本类型，既不应是 TX_SCRIPTHASH，
          //也不应是 TX_WITNESS_V0_SCRIPTHASH 或 TX_WITNESS_V0_KEYHASH。
>+ result.push_back(std::vector<unsigned char>(witnessscript.begin(), witnessscript.end()))
                                        //将刚才创建的 witnessscript 添入向量 result
>+ sigdata.scriptWitness.stack = result   //再将整个向量的内容写入 sigdata.scriptWitness 的堆栈
>+ result.clear()
> }   //end if (solved && whichType == TX_WITNESS_V0_SCRIPTHASH)

> if (P2SH) result.push_back(std::vector<unsigned char>(subscript.begin(), subscript.end()))
                              //对于 P2SH，所生成结果的末尾要添上前面产生的那段 subscript。
> sigdata.scriptSig = PushAll(result)   //通过参数 sigdata 返回签名脚本，即认领脚本。
```

```
> return solved && VerifySscript(sigdata.scriptSig, fromPubKey, &sigdata.scriptWitness,
                    STANDARD_SCRIPT_VERIFY_FLAGS, creator.Checker())
                         //返回前还要通过 VerifyScript()加以验证，以保签名的正确性。
```

这里的 SignStep()是一步重要的操作，它先对招领脚本进行分析，搞清所要求的支付方式，例如 P2PK、P2SH 等。只要没有出错，有效的状态就只有六种，所以必为其中之一。

然后，如果要求的方式是 TX_PUBKEY，TX_PUBKEYHASH，或 TX_MULTISIG，那就立即通过 Sign1()或 SignN()完成签名，所以从 SignStep()返回（并且返回值 solved 为 true）时签名已经完成了，所生成的签名在向量 result 中。

但是如果支付方式是 TX_SCRIPTHASH，TX_WITNESS_V0_KEYHASH，或 TX_WITNESS_V0_SCRIPTHASH，则需要在 result 的基础上再作进一步的处理，包括再次调用 SignStep()。所以下面还要分别进行不同的处理。

对于 TX_WITNESS_V0_KEYHASH，要为第一次 SignStep()返回的公钥 Hash 值生成一个 P2PKH 招领脚本，再为其调用 SignStep()应得成功。

对于 TX_SCRIPTHASH 或 TX_WITNESS_V0_SCRIPTHASH，则第一次 SignStep()返回的是个 redeemScript，而 redeemScript 实际上是 TX_PUBKEY，TX_PUBKEYHASH，或 TX_MULTISIG 这三者之一，所以再为其调用 SignStep()也应该成功。至于收付双方如何就此 redeemScript 取得一致（收方持有脚本，付方持有其 Hash 值），那是它们双方之间的事，双方可以在链外约定。一般 TX_WITNESS_V0_SCRIPTHASH 所用的 redeemScript 往往是 TX_MULTISIG，并且 m、n 值较大的脚本。

回到 CWallet::SignTransaction()的代码中，产生了所需的签名、实际上是包含着签名的认领脚本后，下一步要把认领脚本填写到交易请求中具体资金来源的认领脚本字段中。对于有了 SegWit 以后的版本，这包括两个分立的脚本，即常规的认领脚本和见证脚本，都在 sigdata 中。填写的操作倒是很简单：

```
[CWallet::SignTransaction() > UpdateTransaction()]

UpdateTransaction(CMutableTransaction& tx, unsigned int nIn, const SignatureData& data)
> assert(tx.vin.size() > nIn);
> tx.vin[nIn].scriptSig = data.scriptSig;
> tx.vin[nIn].scriptWitness = data.scriptWitness;
```

这样，对交易请求的资金来源逐项循环处理下来，对整个交易请求的签名就完成了。注意上述的 ProduceSignature()和 UpdateTransaction()都是在一个 for 循环中，每一轮循环只处理一项资金来源，只对 tx.vin[]数组中的一个元素，即一个 UTXO 进行签名认领。整个 for 循环下来才完成了对本次交易请求中所有资金来源的签名认领。

完成了对交易请求的签名，针对各项资金来源提供了认领脚本之后，下面要把交易请求发送出去。仍以钱包节点为例，CWallet 类提供了一个函数 CommitTransaction()，用来提交即发送交易请求：

```
CWallet::CommitTransaction(CWalletTx& wtxNew, CReserveKey& reservekey,
                                        CConnman* connman, CValidationState& state)
> // Take key pair from key pool so it won't be used again
> reservekey.KeepKey();
> // Add tx to wallet, because if it has change it's also ours, otherwise just for transaction history.
> AddToWallet(wtxNew);
> for (const CTxIn& txin : wtxNew.tx->vin){   // Notify that old coins are spent
>+ CWalletTx &coin = mapWallet[txin.prevout.hash];
>+ coin.BindWallet(this);
>+ NotifyTransactionChanged(this, coin.GetHash(), CT_UPDATED);
> }
> mapRequestCount[wtxNew.GetHash()] = 0;   // Track how many getdata requests our transaction gets
> // Get the inserted-CWalletTx from mapWallet so that the fInMempool flag is cached properly
> CWalletTx& wtx = mapWallet[wtxNew.GetHash()];
> if (fBroadcastTransactions){ //Broadcast，所谓广播其实就是提交发送的意思，互联网中没有真正的广播。
>+ accepted = wtx.AcceptToMemoryPool(maxTxFee, state)
>+ if (!accepted) {
>++ LogPrintf("CommitTransaction(): Transaction cannot be broadcast immediately, %s\n", …)
   // TODO: if we expect the failure to be long term or permanent, delete wtx from the wallet and return failure.
>+ }
>+ else {   // AcceptToMemoryPool()成功，交易请求已进入 MemoryPool
>++ wtx.RelayWalletTransaction(connman);
>+ }
> }   //end if (fBroadcastTransactions)
```

这个函数中的别的操作其实都属于钱包的内部管理，对此我们并不关心，对交易请求的提交真正起作用的是两个函数，那就是 AcceptToMemoryPool()和 RelayWalletTransaction()。前者不仅仅是在这里受到调用，每个节点在接收到一个外来的交易请求时都要通过 AcceptToMemoryPool()将其接受进入 MemoryPool 等待各种处理。所谓 MemoryPool，就是内存中的一个交易请求缓冲池。所以这里对这个函数的调用与收到外来交易请求后对这个函数的调用相仿。对于这个函数下一节中还要详细介绍，这里只需知道这是把上面签好名的交易请求接受进了本节点上的 MemoryPool。然后就是对 RelayWalletTransaction()的调用：

[CWallet::CommitTransaction() > RelayWalletTransaction()]

```
CWalletTx::RelayWalletTransaction(CConnman* connman)   //这是由 CWalletTx 类提供的操作：
> assert(pwallet->GetBroadcastTransactions());   // fBroadcastTransactions 必须为 true
> if (!IsCoinBase() && !isAbandoned() && GetDepthInMainChain() == 0){
>+ CValidationState state;
>+ /* GetDepthInMainChain already catches known conflicts. */
>+ if (InMempool() || AcceptToMemoryPool(maxTxFee, state)) {
            //如果 InMempool()返回 true，则 AcceptToMemoryPool()不会执行。
            //所以这个交易请求要么已经在本节点的 mempool 中，要么成功地把它接受到了 mempool 中：
>++ if (connman) {
>+++ CInv inv(MSG_TX, GetHash());   //以这 Tx 的 Hash 值创建一个类型为 MSG_TX 的库存目录项
>+++ connman->ForEachNode([&inv](CNode* pnode){pnode->PushInventory(inv);});
                                        //将此库存目录项推送给所连接的每个 Peer 节点
>+++ return true;
>++ }   //end if (connman)
>+ }   //end if (InMempool() || AcceptToMemoryPool(maxTxFee, state))
> }   //end if (!IsCoinBase() && !isAbandoned() && GetDepthInMainChain() == 0)
> return false;
```

这里的核心，是 ForEachNode、就是对于与本节点有连接的每个 Peer 节点都调用 PushInventory()，推送关于所提交的那个交易请求的库存项，即 CInv 对象。

而 PushInventory()，则将此 CInv 对象中的 Hash 值加入目标节点的 setInventoryTxToSend 集合：

[CWallet::CommitTransaction() > RelayWalletTransaction() > PushInventory()]

```
PushInventory(CInv& inv)
> if (inv.type == MSG_TX) {
>+ if (!filterInventoryKnown.contains(inv.hash))
>++ setInventoryTxToSend.insert(inv.hash);   //把这交易请求的 Hash 值放入 setInventoryTxToSend 集合。
> else if (inv.type == MSG_BLOCK)
>++ vInventoryBlockToSend.push_back(inv.hash);
```

进入每个目标节点的 setInventoryTxToSend 集合以后就不用管了。如前所述，节点上的消息处理线程 ThreadMessageHandler()一遍遍在循环，对于每个仍有连接的 Peer 节点，每轮循环中都要调用 SendMessages()，会把这个集合中的库存项发送给目标节点。我们不妨重温

一下 SendMessages()对 setInventoryTxToSend 集合的处理，当然这次是集中在与这个集合有关的操作上：

[ThreadMessageHandler() > SendMessages()]

```
SendMessages(CNode* pto, std::atomic<bool>& interruptMsgProc)
> ...
> // Determine transactions to relay
> if (fSendTrickle) {
>+ // Produce a vector with all candidates for sending
>+ std::vector<std::set<uint256>::iterator> vInvTx;          //创建一个临时的空白向量 vInvTx
>+ vInvTx.reserve(pto->setInventoryTxToSend.size());   //根据 setInventoryTxToSend 中的元素数量设置其大小
>+ for (std::set<uint256>::iterator it = pto->setInventoryTxToSend.begin();
                                    it != pto->setInventoryTxToSend.end(); it++) {   //对这个集合中的每一项：
>++ vInvTx.push_back(it);              //将 setInventoryTxToSend 中的元素复制到向量 vInvTx 中
>+ }
>+ …
>+ unsigned int nRelayedTransactions = 0;
>+ while (!vInvTx.empty() && nRelayedTransactions < INVENTORY_BROADCAST_MAX) {
>++ …
>++ std::set<uint256>::iterator it = vInvTx.back();   //让迭代项指针 it 指向 vInvTx 的最后一项
>++ vInvTx.pop_back();      //然后把该迭代项弹出
>++ uint256 hash = *it;        //it 所指的是个 Tx 的 Hash 值，这就是来自 PushInventory()的 inv.hash。
>++ pto->setInventoryTxToSend.erase(it);   // Remove it from the to-be-sent set
>++ …
>++ vInv.push_back(CInv(MSG_TX, hash));   //构造一个类型为 MSG_TX 的库存目录项，并放入 vInv 集合。
>++ …
>+ }   //end while (!vInvTx.empty() && nRelayedTransactions < INVENTORY_BROADCAST_MAX)
> }   //end if (fSendTrickle)
> if (!vInv.empty()) connman->PushMessage(pto,
                                      msgMaker.Make(NetMsgType::INV, vInv));   //发送给 pto 所指的 Peer 节点
> ...
```

这里先把 setInventoryTxToSend 集合中的元素转移到 vInvTx 这个向量中，然后再把确实可以发送的库存项收集到另一个向量 vInv 中，最后把这个向量中的元素组装在一个类型为 NetMsgType::INV 的消息中发送出去。

由于是 ForEachNode 进行这些操作，这实质上就是广播。事实上，在互联网上没有真正意义上的广播，所谓广播其实都是通过 ForEachNode 和 P2P 通信实现的。

每个目标节点接收到这个 INV 消息之后，如前所述，会在 ProcessMessage()中执行宏操作 BC_PROCESS_INV 所代表的那部分代码：

```
[ProcessMessage() > BC_PROCESS_INV]
BC_PROCESS_INV
> std::vector<CInv> vInv;
> vRecv >> vInv;   //从报文缓冲区中解码恢复 vInv 结构
> if (vInv.size() > MAX_INV_SZ){   //其内容不得多于 50000 项
>+ Misbehaving(pfrom->GetId(), 20, strprintf("message inv size() = %u", vInv.size()));
>+ return false;
> }
> bool fBlocksOnly = !fRelayTxes;   //有些节点只转发块，不转发交易请求。
> // Allow whitelisted peers to send data other than blocks in blocks only mode if whitelistrelay is true
> if (pfrom->fWhitelisted && gArgs.GetBoolArg("-whitelistrelay", DEFAULT_WHITELISTRELAY))
>+ fBlocksOnly = false;
        //只要采用白名单，并且节点的启动命令行中有“-whitelistrelay”选项，就得转发交易请求。
> uint32_t nFetchFlags = GetFetchFlags(pfrom);
>> uint32_t nFetchFlags = 0;
>> if ((pfrom->GetLocalServices() & NODE_WITNESS) && State(pfrom->GetId())->fHaveWitness) {
>>+ nFetchFlags |= MSG_WITNESS_FLAG;   //MSG_WITNESS_TX = MSG_TX | MSG_WITNESS_FLAG
>> }
>> return nFetchFlags;   //end GetFetchFlags()
> for (CInv &inv : vInv){   //对于所接收 vInv 中的每一项 CInv：
>+ if (interruptMsgProc) return true;
>+ bool fAlreadyHave = AlreadyHave(inv);
>+ if (inv.type == MSG_TX) {   //库存项是交易请求，就先处理一下 nFetchFlags，到后面再进一步处理：
>++ inv.type |= nFetchFlags;
>+ }   //end if (inv.type == MSG_TX)

>+ if (inv.type == MSG_BLOCK) {   //如果库存项是区块，就向对方请求下载块头：
>++ UpdateBlockAvailability(pfrom->GetId(), inv.hash);
>++ if (!fAlreadyHave && !fImporting && !fReindex && !mapBlocksInFlight.count(inv.hash)) {
>+++ // We used to request the full block here, but since headers-announcements are now the
>+++ // primary method of announcement on the network, and since, in the case that a node
>+++ // fell back to inv we probably have a reorg which we should get the headers for first,
>+++ // we now only provide a getheaders response here. When we receive the headers, we will
>+++ // then ask for the blocks we need.
>+++ connman->PushMessage(pfrom, msgMaker.Make(
```

```
                NetMsgType::GETHEADERS, chainActive.GetLocator(pindexBestHeader), inv.hash));
>++ }   //end if (!fAlreadyHave && !fImporting && !fReindex && !mapBlocksInFlight.count(inv.hash))
>+ }   //end if (inv.type == MSG_BLOCK)
>+ else {   //不是 BLOCK，
>++ pfrom->AddInventoryKnown(inv);   //将此库存项加入 filterInventoryKnown 过滤器
>++ if (fBlocksOnly) {
>+++ LogPrint(BCLog::NET, "transaction (%s) inv sent in violation of protocol peer=%d\n", …);
>++ } else if (!fAlreadyHave && !fImporting && !fReindex && !IsInitialBlockDownload()) {
>+++ pfrom->AskFor(inv);   //请求下载，注意这只是 vInv 中的一个 CInv 单项。
>++ }
>+ }   //end else
>+ // Track requests for our stuff
>+ GetMainSignals().Inventory(inv.hash);
> }   //end for (CInv &inv : vInv)
```

只要本节点不是 BlocksOnly，即只关心块和块链而不关心交易（例如挖矿机）就会通过 AskFor()向对方节点，即声称有此项库存的节点索取：

[ProcessMessage() > BC_PROCESS_INV > AskFor()]

```
CNode::AskFor(const CInv& inv)
> if (mapAskFor.size() > MAPASKFOR_MAX_SZ || setAskFor.size() > SETASKFOR_MAX_SZ) return;
> // a peer may not have multiple non-responded queue positions for a single inv item
> if (!setAskFor.insert(inv.hash).second) return;
> // We're using mapAskFor as a priority queue, the key is the earliest time the request can be sent
> int64_t nRequestTime;
> limitedmap<uint256, int64_t>::const_iterator it = mapAlreadyAskedFor.find(inv.hash);
> if (it != mapAlreadyAskedFor.end()) nRequestTime = it->second;
> else nRequestTime = 0;
> LogPrint(BCLog::NET, "askfor %s   %d (%s) peer=%d\n", …);
> // Make sure not to reuse time indexes to keep things in the same order
> int64_t nNow = GetTimeMicros() - 1000000;
> static int64_t nLastTime;
> ++nLastTime;
> nNow = std::max(nNow, nLastTime);
> nLastTime = nNow;
> // Each retry is 2 minutes after the last
> nRequestTime = std::max(nRequestTime + 2 * 60 * 1000000, nNow);
```

```
> if (it != mapAlreadyAskedFor.end())
>+ mapAlreadyAskedFor.update(it, nRequestTime);
> else
>+ mapAlreadyAskedFor.insert(std::make_pair(inv.hash, nRequestTime));
> mapAskFor.insert(std::make_pair(nRequestTime, inv));    //插入 mapAskFor
        //消息处理线程 ThreadMessageHandler()在 SendMessages()中会向对方索取这个交易请求
```

注意 AskFor()并不直接向对方节点发出索要库存“货品”的要求，而只是把这库存目录项放在对方节点的 mapAskFor 这个 Map 中。消息处理线程 ThreadMessageHandler()在 SendMessages()中自会向对方发出 GETDATA 消息。这就是 SendMessages()中的第六件事，我们再重温一下：

[ThreadMessageHandler() > SendMessages()]

```
SendMessages(CNode* pto, std::atomic<bool>& interruptMsgProc)
> …
> while (!pto->mapAskFor.empty() && (*pto->mapAskFor.begin()).first <= nNow){
>+ const CInv& inv = (*pto->mapAskFor.begin()).second;    //最靠前元素中的 CInv 对象。
>+ if (!AlreadyHave(inv)) {    //如果尚不存在，就要请求获取。
>++ vGetData.push_back(inv);    //把这个 CInv 添加到向量 vGetData 中
>+ } else {    //已经存在，就不用再获取了。
>++ //If we're not going to ask, don't expect a response.
>++ pto->setAskFor.erase(inv.hash);
>+ }    //end if (!AlreadyHave(inv)) else …
>+ pto->mapAskFor.erase(pto->mapAskFor.begin());    //把最前面的元素删去，已经转入 vGetData。
> }    //end while (!pto->mapAskFor.empty() && (*pto->mapAskFor.begin()).first <= nNow)
> if (!vGetData.empty()) connman->PushMessage(pto, msgMaker.Make(NetMsgType::GETDATA, vGetData))
```

这里通过 while 循环把对方 mapAskFor 中的各个 CInv 单项汇集到向量 vGetData 中，然后向对方发出 GETDATA 请求。这些 CInv 单项都是对方在 INV 消息中自称拥有的，所以理应都能从对方拿到。

于是球又回到了当初发起交易请求的这个节点上，是它四处发出 INV 消息而招来的回应（之一）。这次收到的消息是 GETDATA，所以会执行宏操作 BC_PROCESS_GETDATA。

[ProcessMessage() > BC_PROCESS_GETDATA]

BC_PROCESS_GETDATA

```
> std::vector<CInv> vInv;        //创建一个空白的 CInv 向量 vInv，一个 CInv 就相当于一个“货品号”。
> vRecv >> vInv;                  //从输入缓冲区解码读入至 vInv，这是对方索要的“货品清单”。
> if (vInv.size() > MAX_INV_SZ) return false;   //不得超过最大容量
> pfrom->vRecvGetData.insert(pfrom->vRecvGetData.end(), vInv.begin(), vInv.end());   //添加到 vRecvGetData
> ProcessGetData(pfrom, chainparams.GetConsensus(), connman, interruptMsgProc);
```

这就是前面讲的，对 GETDATA 消息的处理，即“货品”的发送需要分次进行，所以要把这消息中的内容挂在一个 vRecvGetData 队列中。注意这里 insert()到 vRecvGetData 队列中的并非 GETDATA 这个消息，而是这个消息所承载的 vInv 向量中所列的各个 CInv，是从 vInv.begin()到 vInv.end()，这是个 CInv 的序列。然后就执行 ProcessGetData()向对方发货，如果对方索要不多能一次完成最好，否则就留待下一次又轮到处理这个 Peer 节点时在 ProcessMessages()中再次调用 ProcessGetData()，如果还不行就再等下次，最后总能发完。

打个比方，INV 消息就好像广告，GETDATA 消息就好像订单，而 ProcessGetData()就像发货，订单太大就只好分批发送。那么一批是多少呢？交易请求的体积是不大的，所以连续发送多个交易请求问题不大，但是块的体积就大了，所以每批发送以一个块为限。

可想而知，ProcessGetData()就是逐项发送对方所请求的数据，例如某个交易记录，例如某个块头，发送给对方。虽然订单是个 List，发货的时候却是一货一发，如果是交易请求就发 TX 消息，如果是块头/块身就发 BLOCK/CMPCTBLOCK 之类的消息：

```
[ProcessMessage() > BC_PROCESS_GETDATA > ProcessGetData()]

ProcessGetData(CNode* pfrom, Consensus::Params& consensusParams,
                                        CConnman* connman, std::atomic<bool>& interruptMsgProc)
> std::deque<CInv>::iterator it = pfrom->vRecvGetData.begin();   //让迭代指针指向 vRecvGetData 的开头
                              //来自 pfrom 这个节点的 GETDATA 请求都在该 CNode 的 vRecvGetData 向量中
> std::vector<CInv> vNotFound;   //找不到的都记在这儿
> const CNetMsgMaker msgMaker(pfrom->GetSendVersion());
    //先处理交易请求：
> while (it != pfrom->vRecvGetData.end() && (it->type == MSG_TX || it->type == MSG_WITNESS_TX)) {
        //从头扫描该队列，处理交易请求，直至第一个不是交易请求的库存项：
>+ if (interruptMsgProc)    return;
>+ // Don't bother if send buffer is too full to respond anyway
>+ if (pfrom->fPauseSend) break;
>+ const CInv &inv = *it;   //获取迭代指针所指的库存目录项
>+ it++;     //向前推进，指向下一项。
>+ // Send stream from relay memory
>+ bool push = false;
>+ auto mi = mapRelay.find(inv.hash);   //以该库存目录项中的 Hash 值为键，在 mapRelay 中寻找。
```

```
>+ int nSendFlags = (inv.type == MSG_TX ? SERIALIZE_TRANSACTION_NO_WITNESS : 0);
>+ if (mi != mapRelay.end()) {   //在 mapRelay 中找到了相应的交易请求，就把它发送给对方：
>++ connman->PushMessage(pfrom, msgMaker.Make(nSendFlags, NetMsgType::TX, *mi->second));
>++ push = true;
>+ }   //end if (mi != mapRelay.end())
>+ else if (pfrom->timeLastMempoolReq) { //在 mapRelay 中没找到，看看 Mempool 中是否有新来的请求。
>++ auto txinfo = mempool.info(inv.hash);         //试图在 Mempool 中寻找这个交易请求的 txinfo
>++ // To protect privacy, do not answer getdata using the mempool when
>++ // that TX couldn't have been INVed in reply to a MEMPOOL request.
>++ if (txinfo.tx && txinfo.nTime <= pfrom->timeLastMempoolReq) {   //找到了，到达时间也合理：
>+++ connman->PushMessage(pfrom, msgMaker.Make(nSendFlags, NetMsgType::TX, *txinfo.tx));   //发送
>+++ push = true;
>++ }
>+ }
>+ if (!push) {
>++ vNotFound.push_back(inv);   //如果没有发送，就说明找不到。
>+ }
>+ // Track requests for our stuff.
>+ GetMainSignals().Inventory(inv.hash);   //用于统计，我们不关心。
> }   //end while (it != pfrom->vRecvGetData.end() && …

    //至此，迭代指针 it 指向 vRecvGetData 中第一个不是交易请求的库存项，或者末尾：
> if (it != pfrom->vRecvGetData.end() && !pfrom->fPauseSend) {   // vRecvGetData 中还有库存目录项：
>+ const CInv &inv = *it;
>+ if (inv.type == MSG_BLOCK || inv.type == MSG_FILTERED_BLOCK
                    || inv.type == MSG_CMPCT_BLOCK || inv.type == MSG_WITNESS_BLOCK) {
        //如果这个库存目录项是关于各种 Block 的“Block 族”，就调用 ProcessGetBlockData()加以处理：
>++ it++;
>++ ProcessGetBlockData(pfrom, consensusParams, inv, connman, interruptMsgProc);   //处理块的发送
>+ }   //end if (inv.type == MSG_BLOCK || …
> }   //end if (it != pfrom->vRecvGetData.end() && !pfrom->fPauseSend)
> pfrom->vRecvGetData.erase(pfrom->vRecvGetData.begin(), it); //从队列中删去 it 所指及其之前的所有表项
                    //既已发送若干项货品，就从 vRecvGetData 中删除这些已获处理的表项

> if (!vNotFound.empty()) {   //如有找不到的库存，就告知对方：
>+ // Let the peer know that we didn't find what it asked for, so it doesn't have to wait around forever.
    // Currently only SPV clients actually care about this message: it's needed when they are recursively
    // walking the dependencies of relevant unconfirmed transactions. SPV clients want to do that because
```

```
    // they want to know about (and store and rebroadcast and risk analyze) the dependencies of transactions
    // relevant to them, without having to download the entire memory pool.
>+ connman->PushMessage(pfrom, msgMaker.Make(NetMsgType::NOTFOUND, vNotFound));
> }   //end if (!vNotFound.empty())
```

一般而言，凡是收到了本节点所发出库存信息即 INV 消息的 Peer 节点，都会给本节点发来 GETDATA 请求，本节点也就会发给库存信息中所讲的货品，那就是交易请求或区块/块头。这里所在的情景是交易请求的提交，ProcessGetBlockData()就留给读者了。

每一轮发送，如果顺利的话，都是若干个交易请求加上一个块。然后就停下等待下次继续发送。每一轮发送之后就从 vRecvGetData 中删除已获处理的表项，所以只要这个队列非空就说明还需要继续发送。

2.4 交易请求的验证

本节的标题本应是“交易请求的验证和执行”，但交易请求的执行是由专为比特币设计的“虚拟机”实施的，那是个比较复杂而又相对独立的过程，所以将其单独另成一节，而本节就集中在脚本执行之前的那些流程。其实“执行”也是验证，是验证过程的最后一步。

比特币的规程中，账本中就是一笔笔已经花掉和尚未花掉的“钱”，就是 TXO 和 UTXO。你说账本中的这笔 UTXO 是你的，你要花这笔钱，就拿证据来，那就是认领脚本和签名。所以，脚本的执行也好，脚本执行之外的检验也好，其目的就在于确定：这个交易请求符不符合予以认可并记入账本的条件，是否现在就应记入账本，以及（根据愿意付出的费用）是否值得和愿意由本节点将其记入账本，如果本节点赢得发布权的话。

所以脚本的执行只是整个检验过程中的一个环节。一个交易请求，一旦被记入账本，即进入块链，其角色就转化成了交易记录，也就得到了公认。此外，一般而言，节点对于接收到的交易请求还负有转发的义务，交易请求就是这样传播扩散到全网的。

那么，如果一个交易请求在某个节点上通过了检验，确定了要被记入下一个发布的块中，但是那个节点却没能竞争到下一个块的发布权，那怎么办？这也不要紧，因为别的节点（或迟或早）也会收到这个交易请求，也会进行同样的检验，也会将其认定为“候补记录”而要将其记入下一个块中。即使因为种种原因未能进入下一个块中，也还有再下一个块。然而有否可能一直进不了块链呢？除非大多数节点都认为不值得或不愿意（一般是因为承诺付费太少）将此交易记入账本，而愿意的那些节点却一直得不到（由它们）发布新块的机会。

具体节点对交易请求的检验，当然是从这节点接收到交易请求的时候开始，所以是消息处理线程在 ProcessMessage()中因为检测到所接收报文的类型是 NetMsgType::TX 才进行的处理，如前所述本书在 ProcessMessage()的摘要中以一些宏操作代表此类处理，而在需要深入理解这些操作时再予展开。对于交易请求的处理，这就是 BC_PROCESS_TX：

[ProcessMessage() > BC_PROCESS_TX]

BC_PROCESS_TX:

```
> if (!fRelayTxes &&
        (!pfrom->fWhitelisted || !gArgs.GetBoolArg("-whitelistrelay", DEFAULT_WHITELISTRELAY))) {
>+ LogPrint(BCLog::NET, "transaction sent in violation of protocol peer=%d\n", pfrom->GetId());
>+ return true;  //如果没有开启转发 Tx，对方又不在白名单内，就及早终止。
                 //注意 DEFAULT_WHITELISTRELAY 为 true，即开启白名单转发。
> }
> std::deque<COutPoint> vWorkQueue;
> std::vector<uint256> vEraseQueue;
> CTransactionRef ptx;  //创建一个空白的无名 CTransaction 对象，并使指针 ptx 指向这个对象
> vRecv >> ptx;  //从接收报文缓冲区中解码并写入这个 CTransaction 对象
> const CTransaction& tx = *ptx;  //将其赋值给另一个新建的 CTransaction 对象 tx。
> CInv inv(MSG_TX, tx.GetHash());  //以 Tx 的 Hash 值为参数，创建一个 MSG_TX 类 的 CInv 对象 inv。
                                   //把新来的 Tx 看成一项“库存货品（Inventory）”
> pfrom->AddInventoryKnown(inv);  //将其加入来自对方节点的已知库存中
> bool fMissingInputs = false;
> CValidationState state;
> pfrom->setAskFor.erase(inv.hash);  //从对方的 AskFor 集合中删除，这个交易请求已经来了（见前述）
> mapAlreadyAskedFor.erase(inv.hash);  //从 mapAlreadyAskedFor 这个 Map 中删除（见前述）
> std::list<CTransactionRef> lRemovedTxn;  //创建一个 List，lRemovedTxn。
> if (!AlreadyHave(inv) &&
             AcceptToMemoryPool(mempool, state, ptx, &fMissingInputs, &lRemovedTxn, false， 0)){
  //第一种情景：
        //该 inv 尚不存在，并被成功接受到 mempool 中，在 mempool 中等待被检验和执行，
        //希望最终能进入新块和块链，这是最“正常”的理想情景。
        //(参数 bypass_limits 为 false，表示没有不受 mempool 容量限制的特权；nAbsurdFee 则为 0)
>+ mempool.check(pcoinsTip.get());    // pcoinsTip.get()返回指向 Coins 数据库即 CCoinsViewCache 的指针
       == CTxMemPool::check(CCoinsViewCache *pcoins)
         //接收进入 mempool 后，可能借此时机对 mempool 进行一番检验。
         //调用参数 pcoins 为指向 Coins 数据库的 CCoinsViewCache 指针。
>+ RelayTransaction(tx, connman);  //转发这个交易请求（交给消息处理线程），展开如下：
>+> CInv inv(MSG_TX, tx.GetHash())     //用这 tx 的 Hash 值创建一个 MSG_TX 库存信息项
>+> connman->ForEachNode([&inv](CNode* pnode){ pnode->PushInventory(inv); })  //广播，参考前述。
>+ for (unsigned int i = 0; i < tx.vout.size(); i++) {  //对于该交易请求的每个输出项
>++ vWorkQueue.emplace_back(inv.hash, i);       //将其加入到 vWorkQueue 集合中，用于解救“孤儿”。
>+ }
>+ pfrom->nLastTXTime = GetTime();
```

```
>+ // Recursively process any orphan transactions that depended on this one
>+ std::set<NodeId> setMisbehaving;
>+ while (!vWorkQueue.empty()) {   //循环直至 vWorkQueue 为空，指望能使一些“孤儿交易”得到解救：
>++ auto itByPrev = mapOrphanTransactionsByPrev.find(vWorkQueue.front());   //返回的是一个迭代指针
        //从 vWorkQueue 中获取最前面一项，在 mapOrphanTransactionsByPrev 这个 Map 中寻找以此为
        //资金来源的孤儿交易。mapOrphanTransactionsByPrev 中的表项是通过 AddOrphanTx()加入的。
>++ vWorkQueue.pop_front();   //从 vWorkQueue 中去掉这一项
>++ if (itByPrev == mapOrphanTransactionsByPrev.end()) continue;   //找不到就进入下一轮 while 循环
        //此时迭代指针 itByPrev 指向 mapOrphanTransactionsByPrev 中以此为资金来源的孤儿交易队列：
>++ for (auto mi = itByPrev->second.begin(); mi != itByPrev->second.end(); ++mi){ //对于队列中所有的孤儿：
>+++ const CTransactionRef& porphanTx = (*mi)->second.tx;   //这是指向一个孤儿交易请求的指针
>+++ const CTransaction& orphanTx = *porphanTx;              //让指针 orphanTx 指向这个交易请求
>+++ const uint256& orphanHash = orphanTx.GetHash();         //获取其 Hash 值
>+++ NodeId fromPeer = (*mi)->second.fromPeer;               //来自哪一个网络节点
>+++ bool fMissingInputs2 = false;
      //准备让此孤儿交易被接受回到 mempool 中：
>+++ CValidationState stateDummy;
>+++ if (setMisbehaving.count(fromPeer)) continue;   //如果来源节点已被列入受控名单，就不管它了。
        //对此孤儿交易再次执行 AcceptToMemoryPool()，看能否被接受：
        //这个 Tx 在到来时因有资金来源不能落实而为 AcceptToMemoryPool()所拒，现在情况有了变化。
>+++ if (AcceptToMemoryPool(mempool, stateDummy, porphanTx, &fMissingInputs2,
                    &lRemovedTxn, false /* bypass_limits */, 0 /* nAbsurdFee */)) {   //如果成功：
        //成功！这个孤儿交易的资金来源都已落实，回到了 mempool 大家庭：
>++++ RelayTransaction(orphanTx, connman);                //转发这个现在不再是孤儿的交易请求
>++++ for (unsigned int i = 0; i < orphanTx.vout.size(); i++) {   //对于被解救孤儿交易的每项输出：
>+++++ vWorkQueue.emplace_back(orphanHash, i);   //添加到 vWorkQueue 中，这又可能解救别的孤儿。
>++++ }
>++++ vEraseQueue.push_back(orphanHash);   //将其记入向量 vEraseQueue，准备从孤儿队列中删除。
>+++ }   //end if (AcceptToMemoryPool(…)
>+++ else if (!fMissingInputs2) {       //又被拒绝！看是否仍是因为有资金来源不能落实。
        // fMissingInputs2 是 false，既然拒绝接受，却又并不缺资金来源，一定有问题：
>++++ int nDos = 0;
>++++ if (stateDummy.IsInvalid(nDos) && nDos > 0){   //这个孤儿交易不合规
                    //注：如果 stateDummy.IsInvalid(nDos)返回 true，则 nDos 值表示严重性。
>+++++ Misbehaving(fromPeer, nDos);        //为来源节点记过一次，按 nDos 值扣分。
>+++++ setMisbehaving.insert(fromPeer);   //将来源节点加入有错误行为的节点集合 setMisbehaving
>++++ }
>++++ // Has inputs but not accepted to mempool. Probably non-standard or insufficient fee，可能是费用不够。
```

```
>++++ vEraseQueue.push_back(orphanHash);  //也把它记入向量 vEraseQueue，准备从孤儿队列中删除。
>++++ if (!orphanTx.HasWitness() && !stateDummy.CorruptionPossible()) {
>+++++ recentRejects->insert(orphanHash);  //将此交易请求的 Hash 值加入到 recentRejects 集合中。
>++++ }
>+++ }  //end if (AcceptToMemoryPool(…) else …
      //这个孤儿交易被再次拒绝，并且 fMissingInputs2 为 true，表明仍有资金来源不能落实，仍是孤儿。
>+++ mempool.check(pcoinsTip.get());     //由于孤儿交易的变动，mempool 中也许已有变化。
>++ }  //end for (auto mi = itByPrev->second.begin(); …)，针对同一资金来源所造成孤儿的循环到此结束。
>+ }  //end while (!vWorkQueue.empty())，vWorkQueue 队列已空，对新到来资金来源的循环到此结束。
>+ for (uint256 hash : vEraseQueue) EraseOrphanTx(hash);  //删除记载在 vEraseQueue 中的各项孤儿交易
> }  //end if (!AlreadyHave(inv) && AcceptToMemoryPool()

> else if (fMissingInputs){  //第二种情景：
              //前面那次针对新到达交易请求的 AcceptToMemoryPool()返回 fMissingInputs 为 true，
              //这说明有资金来源不能落实，新来的交易请求成为孤儿交易。
>+ bool fRejectedParents = false; // It may be the case that the orphans parents have all been rejected
>+ for (const CTxIn& txin : tx.vin) {     //对于这交易请求所声称的每项资金来源：
>++ if (recentRejects->contains(txin.prevout.hash)) {  //如果该项来源业已被拒绝而记入 recentRejects 集合：
>+++ fRejectedParents = true;      //那么这是被拒绝的来源，Parents 在这里是资金上游的意思。
>+++ break;                        //只要有一项被拒绝，这个交易就无法进行了。
>++ }
>+ }  //end for (const CTxIn& txin : tx.vin)
>+ if (!fRejectedParents) {     //说明每项资金来源都不在被拒资金来源的集合 recentRejects 中：
>++ uint32_t nFetchFlags = GetFetchFlags(pfrom);
>++ for (const CTxIn& txin : tx.vin) {  //扫描该交易请求所声称的每项资金来源，如不存在就向外求助：
>+++ CInv _inv(MSG_TX | nFetchFlags, txin.prevout.hash);
                       //为此项资金来源所在的交易记录创建一个类型为 MSG_TX 的 CInv 结构
>+++ pfrom->AddInventoryKnown(_inv);     //我们已经知道有这么一个交易（虽然我们手中还没有）
>+++> filterInventoryKnown.insert(inv.hash)     //将其插入 filterInventoryKnown 集合中
>+++ if (!AlreadyHave(_inv)) pfrom->AskFor(_inv);  //如果本地还不存在就向外求援，请求别的节点发给。
                                                  //所缺失 Tx 的到来有望将这个孤儿交易解救出来
>++ }  //end for (const CTxIn& txin : tx.vin)
>++ AddOrphanTx(ptx, pfrom->GetId());    //将此交易请求加入孤儿交易的集合 mapOrphanTransactions
>++ // DoS prevention: do not allow mapOrphanTransactions to grow unbounded
>++ unsigned int nMaxOrphanTx = (unsigned int)std::max((int64_t)0,
                    gArgs.GetArg("-maxorphantx", DEFAULT_MAX_ORPHAN_TRANSACTIONS));
                     //如果命令行中并未给定最多容许多少个孤儿交易，就取默认值 100。
>++ unsigned int nEvicted = LimitOrphanTxSize(nMaxOrphanTx);  //如果超出容量，就要从中开除若干。
```

```
>++ if (nEvicted > 0) {  //如果有久拖未决的孤儿交易被开除，就需要记入日志：
>+++ LogPrint(BCLog::MEMPOOL, "mapOrphan overflow, removed %u tx\n", nEvicted);
>++ }
>+ }   //end if (!fRejectedParents)
>+ else {  //fRejectedParents 为真，说明某项资金来源已被拒绝。
>++ LogPrint(BCLog::MEMPOOL, "not keeping orphan with rejected parents %s\n",tx.GetHash().ToString());
>++ // We will continue to reject this tx since it has rejected parents so avoid re-requesting it from other peers.
>++ recentRejects->insert(tx.GetHash());  //将此交易请求也记入向量 recentRejects，也被拒绝。
>+ }
> }  // end if (!AlreadyHave(inv) && AcceptToMemoryPool(…) else if (fMissingInputs)
> else {  //第三种情景：未被接受进入 mempool，但并非因为资金来源缺失。
>+ if (!tx.HasWitness() && !state.CorruptionPossible()) {
>++ // Do not use rejection cache for witness transactions or witness-stripped transactions, as they can
    // have been malleated. See https://github.com/bitcoin/bitcoin/issues/8279 for details.
>++ recentRejects->insert(tx.GetHash());  //将新来的交易请求记入 recentRejects 集合
>++ if (RecursiveDynamicUsage(*ptx) < 100000) {   //ptx 是指向该交易请求正文的指针，见 vRecv >> ptx。
>+++ AddToCompactExtraTransactions(ptx);
              //该交易请求正文所占内存小于 100000，将其指针记入 vExtraTxnForCompact 向量。
>++ }
>+ }   //end if (!tx.HasWitness() && !state.CorruptionPossible())

>+ else if (tx.HasWitness() && RecursiveDynamicUsage(*ptx) < 100000) {
              //虽带有 Witness，但仍小于 100000，也将其指针记入 vExtraTxnForCompact 向量。
>++ AddToCompactExtraTransactions(ptx);
>+ }
>+ if (pfrom->fWhitelisted &&
            gArgs.GetBoolArg("-whitelistforcerelay", DEFAULT_WHITELISTFORCERELAY)) {
>++ int nDoS = 0;
>++ if (!state.IsInvalid(nDoS) || nDoS == 0) {  //并不违规，能通过检验，不是 Invalid。
>+++ RelayTransaction(tx, connman);   //加以转发
        //尽管在这个节点上被拒，但其来源节点在白名单中，本身也并不违规，转发让别的节点评判。
>++ }  //end if (!state.IsInvalid(nDoS) || nDoS == 0) else …
>+ }  //end if (pfrom->fWhitelisted && …)
> }  //end 未被接受进入 mempool，但并非因为资金来源缺失。

> for (const CTransactionRef& removedTx : lRemovedTxn)  //最后，对于 lRemovedTxn 队列中的每个 Tx：
            //lRemovedTxn 是由 AcceptToMemoryPool()返回的一个 list，见后者的调用参数 plTxnReplaced。
            //这是因资金来源有冲突而被替换出来的先到 Tx，先到的 Tx 可能因有时间锁定而尚未入链。
```

```
>+ AddToCompactExtraTransactions(removedTx);   //其指针记入 vExtraTxnForCompact 向量

> int nDoS = 0;
> if (state.IsInvalid(nDoS)){   //如果最后的状态是不合规，就向对方发送 REJECT 消息：
>++ connman->PushMessage(pfrom, msgMaker.Make(NetMsgType::REJECT,
                     strCommand, (unsigned char)state.GetRejectCode(),
                     state.GetRejectReason().substr(0, MAX_REJECT_MESSAGE_LENGTH), inv.hash));
          //向对方发送 REJECT 报文，并告知原因。Never send AcceptToMemoryPool's internal codes over P2P
>+ if (nDoS > 0) {Misbehaving(pfrom->GetId(), nDoS);}   //记过，扣分数量按 nDoS。
> }   //end if (state.IsInvalid(nDoS))
```

先要说一下交易请求的来历。交易请求一定是应本节点的 GETDATA 请求而来的，而之所以会发出 GETDATA 请求，是因为收到了 INV 消息，即库存信息的发布。可是谁会发送关于交易请求的 INV 消息呢？这里有两种情况。一种是某个节点发起了一次交易，这个节点是交易请求的源头，是“原产地”。另一种是其它节点的转发，这样的节点就多了。

一个交易请求到来，首先有个问题，它是新的交易请求？还是原来就有而只是重复到来？这个问题由 AlreadyHave()解决。如果不是重复到来，那就通过 AcceptToMemoryPool()使它进入 mempool，在那里接受检验，希望最终能进入某个新发布的块，从而进入块链。对 AcceptToMemoryPool()后面会另作介绍。可是进入 mempool 本身就是有门槛的，所以 AcceptToMemoryPool()可能成功也可能失败。

如果被拒绝接受，即 AcceptToMemoryPool()返回 false，那么最大的可能就是因为这个交易所声称的资金来源有缺失，找不到所说的 UTXO，此时 AcceptToMemoryPool()通过调用参数 fMissingInputs 返回 true。不过找不到所声称的 UTXO 并不说明这个 UTXO 就不存在，通常只是提供这个 UTXO 的上游交易记录尚未到达而已。一般而言，互联网中的传输是不保证时序的，P2P 的传播扩散就更不保证时序。进一步，不同节点上的块链高度也不能保证随时都绝对同步，完全有可能一个节点上的块链中已经有了某个交易记录，因而就可花费其中的某项输出；可是另一个节点还没有收到这个块，那当然就找不到相应的交易记录和 UTXO。

这里有个问题。一个交易的结果要到进入了块链的时候才正式生效，而比特币网的发块周期是十分钟。可是交易请求在比特币网中的传播却可以很快，这取决于 Peer 节点之间的互连。物理上的距离不是个问题，事实上在中国的节点与在美国的节点也可以在互联网上直接建立连接。那么，假定某甲发起一个交易付给某乙一笔钱，乙很快就看到了这个交易请求，而乙急着要拿这笔钱凑数付给某丙，因为丙催着要。那么，乙是否非得等甲的这个交易进入块链才能付丙呢？要是那样，一个支付链上的每一步都可以让你等上十分钟（甚至有可能更久）。可是，既然乙看到了甲的那个交易请求，验证了他的认领条件没有问题，也给足了费用，觉得没有被拒绝的理由，相信早晚一定会进入块链，那为什么不马上就发起交易以此为资金来源（也许是之一）付给丙呢？毕竟，交易请求中只要求说明资金来自哪个上游交易（给出 TxID，就是其 Hash 值）中的第几项输出，而并不要求说出在哪个块中。所以，这在技术上是可能的。同样的道理，丙也许又拿来自乙但尚未正式生效的钱付给某丁。这样，由于网上传播的次序参差不齐，孤儿交易的产生就是大概率事件了。最后的结果，很可能是一段支付链上的多个交易同时进入了块链。当然，也有可能中间确实出了问题，这些交易请求都没有进入块链，那也不要紧，丁还是向丙要钱，丙还是向乙要钱，但是毕竟发生这种情况的概率是极小的。

还有一种与此类似的情况，是甲付给乙的时候有延迟生效的要求，要将交易请求锁定一段时间，到了点才可以入链。在这样的情况下，乙虽然还没有正式拿到钱，但也并不排除以此为资金来源向丙支付。当然，丙要到甲的那个支付请求到点并进入块链后才正式拿到钱。这样，如果一个节点先收到乙的支付请求，但还没有收到甲的那个支付请求，来自乙的交易请求就又成了孤儿交易。

另外，比特币网络中有些节点是不存储所有交易记录的，这些节点只存储块链中的那些块头，但不存储块身中的交易记录，因检验交易请求的需要而要用到哪几个交易记录时就向别的节点索取，这样的节点称为SPV节点，即“简化支付验证（Simplified Payment Verification）”节点。在这样的节点上，一时找不到所声称的交易记录当然是很可能的。

但是这当然并不说明应该拒绝声称引用那些UTXO的交易请求，而应该把它接受下来让它等待所引用资金来源的到来。这样的交易请求，就称为“孤儿交易（Orphan Transaction）”。孤儿交易当然不能进入块链，其资金输出暂时是无效的，这就又可能造成别的交易请求也成为孤儿。这样，就可能形成一条或多条“依赖”链。

不难想象，一个新交易请求的到来可能会“解救”出一些孤儿交易，使他们声称的资金来源得到落实。更确切地说，解救孤儿的并非新来的交易请求，而是这个交易所产生的资金输出，即UTXO。每个UTXO都可能解救一个孤儿，而被解救的孤儿又可能再解救出另一些孤儿，这有可能是个“链式反应”。代码中的while (!vWorkQueue.empty()) 循环就是在处理这个过程。vWorkQueue中最初只有新来的交易请求所提供的UTXO，但是被解救的孤儿交易又可能会提供别的UTXO。所以随着孤儿的解救，一方面是其中的某些UTXO可能被花费，但是同时又可能会有更多的UTXO进入这个队列。直到最后，这个队列中的UTXO已经不起解救孤儿的作用，那就随其所在的交易被记入块链，留待以后被消费了。

当然，对于有望被解救的孤儿交易还得再次执行AcceptToMemoryPool()，以确认其不再是孤儿，而且再次失败的可能也是存在的，因为缺失的资金来源未必只来自一个上游交易。另外，对于孤儿交易一般是不转发的，所以对于被解救的孤儿交易还得加以转发。

交易请求可能会因资金来源一时不能落实而成为孤儿，那么它的资金输出端可能会有些什么问题呢？一个用户，资金的所有者，通过交易请求花费他的资金，所谓花费就是声称把钱支付给某个用户，成为待花费的UTXO。一旦这个交易请求进入块链而生效，这些UTXO就不属于他了，除非本来就是付给自己。这里不会发生什么问题，唯一的可能就是付错了对象。这又有两种可能，一种是付给了不该付的对象，钱被不相干的人花了，那当然是你自己的错。这跟我们在银行转账时的体验可能有所不同，因为在银行转账时会提示你，你提供的对方账号与你提供的对方姓名是否相符，也许还会反复提醒你不要转账给不认识的人。而在比特币这个区块链上，你错了就是错了，没人会提醒你。第二种可能，则是你声称的对象根本就不存在，或者根本无法满足你规定的认领条件。那样的话，这笔钱就永远成了无主的

UTXO。这就像从前的财主把金银埋在地下，意图是留给子孙后代，可是子孙搞不清“藏宝图”上的暗号，就永远找不到这些金银；子孙找不到，外人也找不到。

还有一种可能，是所称的 UTXO 存在，但有别的问题而不能被接受，那样就会遭到拒绝。比方说，到来的交易请求与节点的版本不配，不相兼容。不过最大的可能还是通不过检验，例如提供的认领脚本不对，此时 state.IsInvalid()返回 true，那当然更应拒绝。如果拒绝，就要向对方发送 REJECT 消息。另外，对于进不了 mempool 的交易请求，一般是不转发的，但是有个例外，就是如果开启了白名单，而发出交易请求的节点又在白名单上，并且并非因为不合规而招拒，即 state.IsInvalid()返回 false，那就还是给与转发，因为这个交易请求在别的节点上也许会被接受。

说了调用 AcceptToMemoryPool()后的三种可能的情景，我们来看这个函数究竟干些什么。这是一个很大的操作，虽然是在一个个具体的节点上执行，却也可以看成是整个比特币网络对于交易请求的反应。在某种意义上，可以说比特币网络的核心操作就是在这里，其它如挖矿等其实倒是次要的。我们看这个函数的代码摘要。

```
[ProcessMessage() > BC_PROCESS_TX > AcceptToMemoryPool()]

AcceptToMemoryPool(CTxMemPool& pool, CValidationState &state, const CTransactionRef &tx,
                   bool* pfMissingInputs, std::list<CTransactionRef>* plTxnReplaced,
                   bool bypass_limits, const CAmount nAbsurdFee)
        //参数 pfMissingInputs 为 true 表示有资金来源缺失。参数 plTxnReplaced 指向被替换出来的 Tx。
> const CChainParams& chainparams = Params();
> return AcceptToMemoryPoolWithTime(chainparams, pool, state, tx, pfMissingInputs,
                        GetTime(), plTxnReplaced, bypass_limits, nAbsurdFee);
                //(try to) add transaction to memory pool with a specified acceptance time，展开如下：
>> std::vector<COutPoint> coins_to_uncache;  //创建一个空白的 COutPoint 集合
>> bool res = AcceptToMemoryPoolWorker(chainparams, pool, state, tx, pfMissingInputs,
                nAcceptTime, plTxnReplaced, bypass_limits, nAbsurdFee, coins_to_uncache);
>> if (!res) {  //如果 Tx 被接受进入 mempool，就需要把它将会用到的 Coin 即 UTXO 读入缓存。
        //可是如果被拒绝，那至少暂时就没有意义了，可以把他们解除缓存，因为缓存空间有限：
>>+ for (const COutPoint& hashTx : coins_to_uncache)
>>++ pcoinsTip->Uncache(hashTx);  //hashTx 这个变量名有点误导，其实是个 COutPoint 指针。
>> }  //end if (!res)
>> // After we've (potentially) uncached entries, ensure our coins cache is still within its size limits
>> CValidationState stateDummy;
>> FlushStateToDisk(chainparams, stateDummy, FLUSH_STATE_PERIODIC);  //将变化写入磁盘文件
>> return res;
```

显然，具体的、实质性的处理是由 AcceptToMemoryPoolWorker()进行的：

```
[ProcessMessage() > BC_PROCESS_TX > AcceptToMemoryPool() > AcceptToMemoryPoolWithTime()
  > AcceptToMemoryPoolWorker()]

AcceptToMemoryPoolWorker(const CChainParams& chainparams, CTxMemPool& pool,
            CValidationState& state, const CTransactionRef& ptx, bool* pfMissingInputs, int64_t nAcceptTime,
            std::list<CTransactionRef>* plTxnReplaced, bool bypass_limits, const CAmount& nAbsurdFee,
            std::vector<COutPoint>& coins_to_uncache)
> const CTransaction& tx = *ptx;          //ptx 指向 Tx 的数据结构
> const uint256 hash = tx.GetHash();     //hash 是这 Tx 的 Hash 值，即 TxID。
> if (pfMissingInputs) *pfMissingInputs = false;   //若作为参数的这个指针非空，就将其返回值暂设为 false。
  //第一步： 基本的合规检查：
> if (!CheckTransaction(tx, state)) return false;   //主要是格式的检查，也检查输入（资金来源）有否重复。
  // Coinbase is only valid in a block, not as a loose transaction
> if (tx.IsCoinBase()) return state.DoS(100, false, REJECT_INVALID, "coinbase");
                                                          //CoinBase 只能是挖矿所得，不能通过 Tx 获取。
  // Reject transactions with witness before segregated witness activates (override with -prematurewitness)
> bool witnessEnabled= IsWitnessEnabled(chainActive.Tip(), chainparams.GetConsensus());   //是否支持 SegWit
> if (!gArgs.GetBoolArg("-prematurewitness", false) && tx.HasWitness() && !witnessEnabled)

>+ return state.DoS(0, false, REJECT_NONSTANDARD, "no-witness-yet", true);
                                              //Tx 中使用了 SegWit，但命令行中的选项明确说明还不能用。
> // Rather not work on nonstandard transactions (unless -testnet/-regtest)
> std::string reason;
> if (fRequireStandard && !IsStandardTx(tx, reason, witnessEnabled))
    return state.DoS(0, false, REJECT_NONSTANDARD, reason);   //要求标准格式，但 Tx 的格式不符标准。
  // Only accept nLockTime-using transactions that can be mined in the next block;
  // we don't want our mempool filled up with transactions that can't be mined yet.
> if (!CheckFinalTx(tx, STANDARD_LOCKTIME_VERIFY_FLAGS))
>+ return state.DoS(0, false, REJECT_NONSTANDARD, "non-final");
                                          //交易请求中规定了需要延迟进入块链，但尚未到点。

  //第二步：检查重复与冲突：
> // is it already in the memory pool?
> if (pool.exists(hash))   //重复，这个 Tx 已经在 mempool 中。
>+ return state.Invalid(false, REJECT_DUPLICATE, "txn-already-in-mempool");   //因重复而被拒绝
> // Check for conflicts with in-memory transactions。虽然不重复，但是资金来源还可能有冲突。
```

```
> std::set<uint256> setConflicts;   //构造一个空白的 Tx 冲突集合
> for (const CTxIn &txin : tx.vin) {   //对于这个 Tx 中所欲花费的每项资金来源，即每项输入 vin：
>+ auto itConflicting = pool.mapNextTx.find(txin.prevout);   //在 mapNextTx 集合中寻找对该项 UTXO 的引用
>+ if (itConflicting != pool.mapNextTx.end()){   //找到了，有冲突：
>++ const CTransaction *ptxConflicting = itConflicting->second;   //这就是声称要花费同一笔资金的那个交易
        //注意互相冲突的交易请求必定出自同一用户，因为别人是编造不出签名、提供不了认领条件的。
        //既然冲突，那就是重复花费（double spend），但是两个都还没有入链，那就可以从中选一。
        //这就有可能以晚到的 Tx 替换先到的 Tx。先到的 Tx 之所以尚未入链，往往是因为有锁定时间。
>++ if (!setConflicts.count(ptxConflicting->GetHash())){   //冲突集合 setConflicts 中尚无这个冲突交易的记载
      // Allow opt-out of transaction replacement by setting nSequence > MAX_BIP125_RBF_SEQUENCE
      // (SEQUENCE_FINAL-2) on all inputs. SEQUENCE_FINAL-1 is picked to still allow use of nLockTime
      // by non-replaceable transactions. All inputs rather than just one is for the sake of multi-party protocols,
      // where we don't want a single party to be able to disable replacement.
      // The opt-out ignores descendants as anyone relying on first-seen mempool behavior should be
      // checking all unconfirmed ancestors anyway; doing otherwise is hopelessly insecure.
>+++ bool fReplacementOptOut = true;   //先默认 fReplacementOptOut 为 true
>+++ if (fEnableReplacement){   //如果允许替换：
>++++ for (const CTxIn &_txin : ptxConflicting->vin) {   //扫描所找到冲突交易的 vin 中的每一项：
>+++++ if (_txin.nSequence <= MAX_BIP125_RBF_SEQUENCE){   //只要有一项的序号小于 0xfffffffd：
>++++++ fReplacementOptOut = false;          //就把 fReplacementOptOut 改成 false，所起作用见后。

            // CTxIn 中的 nSequence 字段为 0xffffffff 表示 SEQUENCE_FINAL，
            //为 0xfffffffd 则表示 MAX_BIP125_RBF_SEQUENCE，这里 RBF 为 Replace-by-Fee 的缩写，
            //意思是可以通过多出一点费让后来的交易请求替换此前的交易请求。
>++++++ break;        //跳出 for 循环
>+++++ }
>++++ }   //end for (const CTxIn &_txin : ptxConflicting->vin)
>+++ }   //end if (fEnableReplacement)
>+++ if (fReplacementOptOut) {   // fReplacementOptOut 默认为 true，如果没有在上面被设置成 false：
>++++ return state.Invalid(false, REJECT_DUPLICATE, "txn-mempool-conflict");   //就因重复花费而被拒绝
>+++ }
>+++ setConflicts.insert(ptxConflicting->GetHash());   //将该冲突交易的 Hash 记入冲突集合 setConflicts
>++ }   //end if (!setConflicts.count(ptxConflicting->GetHash()))
>+ }   //end if (itConflicting != pool.mapNextTx.end())
> }   //end for (const CTxIn &txin : tx.vin)，对 Tx 的每项输入的循环。

  //第三步：检查 Tx 的每项即资金来源是否存在并且合规：
> CCoinsView dummy;   //创建一个名为 dummy 的 CCoinsView 对象
```

```
> CCoinsViewCache view(&dummy);    //以 dummy 为参数创建一个名叫 view 的 CCoinsViewCache 对象。
> CCoinsViewMemPool viewMemPool(pcoinsTip.get(), pool); //为 Coin 数据库构建一个 CCoinsViewMemPool
> view.SetBackend(viewMemPool);   //并将其设置成 view 的后端，以便通过 view 访问数据库。
> // do all inputs exist?
> for (const CTxIn txin : tx.vin) {   //对于新到交易请求的每项资金来源：
>+ if (!pcoinsTip->HaveCoinInCache(txin.prevout)) {   //如果该项来源不在缓存中：
>++ coins_to_uncache.push_back(txin.prevout);   //在 coins_to_uncache 中记下这一点，以便恢复原状。
>+ }
>+ if (!view.HaveCoin(txin.prevout)) {   //如果在 view 中没有这个 Coin：
>++ // Are inputs missing because we already have the tx?
>++ for (size_t out = 0; out < tx.vout.size(); out++) {   //扫描新来交易请求的每项输出
>+++ // Optimistically just do efficient check of cache for outputs
>+++ if (pcoinsTip->HaveCoinInCache(COutPoint(hash, out)))   //本交易的这一项输出已经在缓存中了
        return state.Invalid(false, REJECT_DUPLICATE, "txn-already-known");   //返回不合规
>++ }   //end for (size_t out = 0; out < tx.vout.size(); out++)
>++ // Otherwise assume this might be an orphan tx for which we just haven't seen parents yet
>++ if (pfMissingInputs) *pfMissingInputs = true;   //既然在数据库中找不到资金来源，那就是孤儿交易了。
>++ return false; // fMissingInputs and !state.IsInvalid() is used to detect this condition, don't set state.Invalid()
>+ }   //end if (!view.HaveCoin(txin.prevout))
> }   //end for (const CTxIn txin : tx.vin)
    //至此尚未返回，说明该交易请求的所有资金来源都已落实（在数据库中找到）：
> view.GetBestBlock();   // Bring the best block into scope，获得处于链顶的那个块
> // we have all inputs cached now, so switch back to dummy, so we don't need to keep lock on mempool
> view.SetBackend(dummy);   //将 view 的后端设置回 dummy

  // Only accept BIP68 sequence locked transactions that can be mined in the next block;
  // we don't want our mempool filled up with transactions that can't be mined yet. Must keep pool.cs for
  // this unless we change CheckSequenceLocks to take a CoinsViewCache instead of create its own.
> if (!CheckSequenceLocks(tx, STANDARD_LOCKTIME_VERIFY_FLAGS, &lp))   //检查锁定时间是否到点
   return state.DoS(0, false, REJECT_NONSTANDARD, "non-BIP68-final");
> CAmount nFees = 0;   //用作调用 CheckTxInputs()的参数，用来返回交易请求承诺的付费。
> if (!Consensus::CheckTxInputs(tx, state, view, GetSpendHeight(view), nFees)) {   //检查资金来源是否合规
>+ return error("%s: Consensus::CheckTxInputs: %s, %s", …);
> }
> // Check for non-standard pay-to-script-hash in inputs
> if (fRequireStandard && !AreInputsStandard(tx, view))   //如果节点配置要求使用标准脚本，就得检查。
   return state.Invalid(false, REJECT_NONSTANDARD, "bad-txns-nonstandard-inputs");
> // Check for non-standard witness in P2WSH
```

```
> if (tx.HasWitness() && fRequireStandard && !IsWitnessStandard(tx, view))    //SegWit 的脚本也有可能非标
    return state.DoS(0, false, REJECT_NONSTANDARD, "bad-witness-nonstandard", true);

  //第四步：检查费用：
> int64_t nSigOpsCost = GetTransactionSigOpCost(tx, view, STANDARD_SCRIPT_VERIFY_FLAGS);
                                    //计算本交易所涉及的所有脚本中需要花在验证签名上的开销
> // nModifiedFees includes any fee deltas from PrioritiseTransaction
> CAmount nModifiedFees = nFees;   //这是交易请求承诺的付费，即总输入减去总输出的差额。
> pool.ApplyDelta(hash, nModifiedFees);
> // Keep track of transactions that spend a coinbase, which we re-scan
  // during reorgs to ensure COINBASE_MATURITY is still met.
> bool fSpendsCoinbase = false;
> for (const CTxIn &txin : tx.vin) {   //对于交易的每项资金来源：
>+ const Coin &coin = view.AccessCoin(txin.prevout);   //读取 Coin
>+ if (coin.IsCoinBase()) {
>++ fSpendsCoinbase = true;   //至少有一项来源是 Coinbase
>++ break;
>+ }
> }   //end for (const CTxIn &txin : tx.vin)
> CTxMemPoolEntry entry(ptx, nFees, nAcceptTime, chainActive.Height(), fSpendsCoinbase, nSigOpsCost, lp);
                                              //为这 Tx 创建一个名为 entry 的 CTxMemPoolEntry 对象
> unsigned int nSize = entry.GetTxSize();   //计算其数据结构的体积大小（费率与体积大小有关）
  // Check that the transaction doesn't have an excessive number of sigops, making it impossible to mine.
  // Since the coinbase transaction itself can contain sigops MAX_STANDARD_TX_SIGOPS is less than
  // MAX_BLOCK_SIGOPS; we still consider this an invalid rather than merely non-standard transaction.
> if (nSigOpsCost > MAX_STANDARD_TX_SIGOPS_COST)   //验证签名的成本过高（计算量太大）
    return state.DoS(0, false, REJECT_NONSTANDARD, "bad-txns-too-many-sigops", ...);
> CAmount mempoolRejectFee = pool.GetMinFee(gArgs.GetArg("-maxmempool",
                                    DEFAULT_MAX_MEMPOOL_SIZE) * 1000000).GetFee(nSize);
> if (!bypass_limits && mempoolRejectFee > 0 && nModifiedFees < mempoolRejectFee)   //承诺付费太小
    return state.DoS(0, false, REJECT_INSUFFICIENTFEE, "mempool min fee not met", ...);
> // No transactions are allowed below minRelayTxFee except from disconnected blocks
> if (!bypass_limits && nModifiedFees < ::minRelayTxFee.GetFee(nSize))   //承诺付费小于转发所需成本
    return state.DoS(0, false, REJECT_INSUFFICIENTFEE, "min relay fee not met");
> if (nAbsurdFee && nFees > nAbsurdFee)   //承诺的付费（总输入-总输出）高得不合理
    return state.Invalid(false, REJECT_HIGHFEE, "absurdly-high-fee", strprintf("%d > %d", nFees, nAbsurdFee));
```

```
//第五步：检查 ancestors，即上游交易：
> // Calculate in-mempool ancestors, up to a limit.
> CTxMemPool::setEntries setAncestors;    //创建一个空白的集合 setAncestors，用来盛放上游交易。
> size_t nLimitAncestors = gArgs.GetArg("-limitancestorcount", DEFAULT_ANCESTOR_LIMIT);
> size_t nLimitAncestorSize = gArgs.GetArg("-limitancestorsize", DEFAULT_ANCESTOR_SIZE_LIMIT)*1000;
> size_t nLimitDescendants = gArgs.GetArg("-limitdescendantcount", DEFAULT_DESCENDANT_LIMIT);
> size_t nLimitDescendantSize = gArgs.GetArg("-limitdescendantsize",
                                                DEFAULT_DESCENDANT_SIZE_LIMIT)*1000;
> std::string errString;
> if (!pool.CalculateMemPoolAncestors(entry, setAncestors, nLimitAncestors,
                    nLimitAncestorSize, nLimitDescendants, nLimitDescendantSize, errString))
                //在 mempool 中找出本次交易的"祖先"即上游交易，返回在集合 setAncestors 中。
>+ return state.DoS(0, false, REJECT_NONSTANDARD, "too-long-mempool-chain", false, errString);
                                                        //上游交易太多，超出限制。

 // A transaction that spends outputs that would be replaced by it is invalid. Now that we have the set of all
 // ancestors we can detect this pathological case by making sure setConflicts and setAncestors don't intersect.
> for (CTxMemPool::txiter ancestorIt : setAncestors){    //对集合 setAncestors 中的每个成员：
>+ const uint256 &hashAncestor = ancestorIt->GetTx().GetHash();
>+ if (setConflicts.count(hashAncestor))      //如果这个上游交易出现在冲突集合 setConflicts 中则失败返回
>++ return state.DoS(10, false, REJECT_INVALID, "bad-txns-spends-conflicting-tx", …);
> }    //end for (CTxMemPool::txiter ancestorIt : setAncestors)

> // Check if it's economically rational to mine this transaction rather than the ones it replaces.
> CAmount nConflictingFees = 0;
> size_t nConflictingSize = 0;
> uint64_t nConflictingCount = 0;
> CTxMemPool::setEntries allConflicting;      //全部有冲突交易的集合
> // If we don't hold the lock allConflicting might be incomplete; the subsequent RemoveStaged()
 // and addUnchecked() calls don't guarantee mempool consistency for us.
> const bool fReplacementTransaction = setConflicts.size();
> if (fReplacementTransaction) {      //集合 setConflicts 的大小不为 0，需要决定取舍：
>+ CFeeRate newFeeRate(nModifiedFees, nSize);   //创建一个 CFeeRate 对象 newFeeRate
>+ std::set<uint256> setConflictsParents;
>+ const int maxDescendantsToVisit = 100;
>+ CTxMemPool::setEntries setIterConflicting;
>+ for (const uint256 &hashConflicting : setConflicts){   //对于集合 setConflicts 中的每个成员：
>++ CTxMemPool::txiter mi = pool.mapTx.find(hashConflicting);
```

```
>++ if (mi == pool.mapTx.end()) continue;
>++ // Save these to avoid repeated lookups
>++ setIterConflicting.insert(mi);
    // Don't allow the replacement to reduce the feerate of the mempool.
    // We usually don't want to accept replacements with lower feerates than what they replaced as that
    // would lower the feerate of the next block. Requiring that the feerate always be increased is also an
    // easy-to-reason about way to prevent DoS attacks via replacements.
    // The mining code doesn't (currently) take children into account (CPFP) so we only consider the feerates
    // of transactions being directly replaced, not their indirect descendants. While that does mean high feerate
    // children are ignored when deciding whether or not to replace, we do require the replacement to pay
    // more overall fees too, mitigating most cases.
>++ CFeeRate oldFeeRate(mi->GetModifiedFee(), mi->GetTxSize());   //创建另一个 CFeeRate 对象 oldFeeRate
>++ if (newFeeRate <= oldFeeRate)   // newFeeRate 必须大于 oldFeeRate
>+++ return state.DoS(0, false, REJECT_INSUFFICIENTFEE, "insufficient fee", …);   //费用不够
>++ for (const CTxIn &txin : mi->GetTx().vin){
>+++ setConflictsParents.insert(txin.prevout.hash);
>++ }
>++ nConflictingCount += mi->GetCountWithDescendants();
>+ }   //end for (const uint256 &hashConflicting : setConflicts)，对于集合 setConflicts 中的每个成员。

>+ // This potentially overestimates the number of actual descendants but we just want to be
   // conservative to avoid doing too much work.
>+ if (nConflictingCount <= maxDescendantsToVisit) {
>++ // If not too many to replace, then calculate the set of transactions that would have to be evicted
>++ for (CTxMemPool::txiter it : setIterConflicting) {
>+++ pool.CalculateDescendants(it, allConflicting);
>++ }
>++ for (CTxMemPool::txiter it : allConflicting) {
>+++ nConflictingFees += it->GetModifiedFee();
>+++ nConflictingSize += it->GetTxSize();
>++ }
>+ }   //end if (nConflictingCount <= maxDescendantsToVisit)
>+ else {
>++ return state.DoS(0, false, REJECT_NONSTANDARD, "too many potential replacements", …);
>+ }
>+ for (unsigned int j = 0; j < tx.vin.size(); j++) {
>++ // We don't want to accept replacements that require low feerate junk to be mined first. Ideally we'd
    // keep track of the ancestor feerates and make the decision based on that, but for now requiring all
```

```
    // new inputs to be confirmed works.
>++ if (!setConflictsParents.count(tx.vin[j].prevout.hash)){
>+++ // Rather than check the UTXO set - potentially expensive - it's cheaper to just check if
     // the new input refers to a tx that's in the mempool.
>+++ if (pool.mapTx.find(tx.vin[j].prevout.hash) != pool.mapTx.end())
         return state.DoS(0, false, REJECT_NONSTANDARD, "replacement-adds-unconfirmed", …);
>++ }
>+ }    //end for (unsigned int j = 0; j < tx.vin.size(); j++)

>+ // The replacement must pay greater fees than the transactions it replaces - if we did the bandwidth
   // used by those conflicting transactions would not be paid for.
>+ if (nModifiedFees < nConflictingFees)
>++ return state.DoS(0, false, REJECT_INSUFFICIENTFEE, "insufficient fee", …);
>+ // Finally in addition to paying more fees than the conflicts the new transaction must pay for its own bandwidth.
>+ CAmount nDeltaFees = nModifiedFees - nConflictingFees;
>+ if (nDeltaFees < ::incrementalRelayFee.GetFee(nSize))
     return state.DoS(0, false, REJECT_INSUFFICIENTFEE, "insufficient fee", …);
> }    //end if (fReplacementTransaction)，集合 setConflicts 的大小不为 0

  //第六步：检查 Tx 是否满足花费其输入的条件
> unsigned int scriptVerifyFlags = STANDARD_SCRIPT_VERIFY_FLAGS;   //默认所有的脚本检验都要
> if (!chainparams.RequireStandard())    //如果不要求标准检验，那就按节点启动时的命令行选项。
>+ scriptVerifyFlags = gArgs.GetArg("-promiscuousmempoolflags", scriptVerifyFlags);
> // Check against previous transactions This is done last to help prevent CPU exhaustion denial-of-service attacks.
> PrecomputedTransactionData txdata(tx);
> ok = CheckInputs(tx, state, view, true, scriptVerifyFlags, true, false, txdata)
> if (!ok) {   // CheckInputs()失败，出错返回已是必然，
    // SCRIPT_VERIFY_CLEANSTACK requires SCRIPT_VERIFY_WITNESS, so we need to
    // turn both off, and compare against just turning off CLEANSTACK to see if the failure is specifically
    // due to witness validation.
>+ CValidationState stateDummy; // Want reported failures to be from first CheckInputs
>+ if (!tx.HasWitness() &&
            CheckInputs(tx, stateDummy, view, true,
                scriptVerifyFlags & ~(SCRIPT_VERIFY_WITNESS | SCRIPT_VERIFY_CLEANSTACK),
                true, false, txdata)
        && !CheckInputs(tx, stateDummy, view, true,
                        scriptVerifyFlags & ~SCRIPT_VERIFY_CLEANSTACK, true, false, txdata)) {
    // Only the witness is missing, so the transaction itself may be fine.
```

```
>++ state.SetCorruptionPossible();
>+ }   //end if (!tx.HasWitness() && …
>+ return false; // state filled in by CheckInputs
> }   //end if (!ok)

  //程序执行到了这里（没有出错返回），说明 CheckInputs()成功了。
  // Check again against the current block tip's script verification flags to cache our script execution flags. This is,
  // of course, useless if the next block has different script flags from the previous one, but because the cache tracks
  // script flags for us it will auto-invalidate and we'll just have a few blocks of extra misses on soft-fork activation.
  // This is also useful in case of bugs in the standard flags that cause transactions to pass as valid when they're
  // actually invalid. For instance the STRICTENC flag was incorrectly allowing certain CHECKSIG NOT scripts
  // to pass, even though they were invalid.
  // There is a similar check in CreateNewBlock() to prevent creating invalid blocks (using TestBlockValidity),
  // however allowing such transactions into the mempool can be exploited as a DoS attack.
> currentBlockScriptVerifyFlags = GetBlockScriptFlags(chainActive.Tip(), Params().GetConsensus());
> Ok = CheckInputsFromMempoolAndCache(tx, state, view, pool, currentBlockScriptVerifyFlags, true, txdata)
> if (!Ok){   // CheckInputsFromMempoolAndCache()失败：
   // If we're using promiscuousmempoolflags, we may hit this normally Check if current block has some flags
   // that scriptVerifyFlags does not before printing an ominous warning
>+ if (!(~scriptVerifyFlags & currentBlockScriptVerifyFlags)) {
>++ return error("%s: BUG! PLEASE REPORT THIS! \
                 ConnectInputs failed against latest-block but not STANDARD flags %s, %s", …);
>+ }   //end if (!(~scriptVerifyFlags & currentBlockScriptVerifyFlags))
>+ else {
>++ if (!CheckInputs(tx, state, view, true, MANDATORY_SCRIPT_VERIFY_FLAGS, true, false, txdata))
>+++ return error("%s: ConnectInputs failed against MANDATORY \
                 but not STANDARD flags due to promiscuous mempool %s, %s", …);
>++ else
>+++ LogPrintf("Warning: -promiscuousmempool flags set to not include currently enforced soft forks, \
                                        this may break mining or otherwise cause instability!\n");
>+ }   //end if (!(~scriptVerifyFlags & currentBlockScriptVerifyFlags)) else …
> }   //end if (!OK)

  //第七步：从 mempool 中去除相冲突的交易请求：
> // Remove conflicting transactions from the mempool
> for (const CTxMemPool::txiter it : allConflicting){      //对于冲突交易集合 allConflicting 中的每个元素：
      //集合 allConflicting 中的这个元素被剔除：
>+ if (plTxnReplaced) plTxnReplaced->push_back(it->GetSharedTx());
```

```
                                        //将该元素中的 Tx 放到 plTxnReplaced 这个表列中。
                                        //plTxnReplaced 是 AcceptToMemoryPool()的一个调用参数，
                                        //实参是 ProcessMessage()中的 lRemovedTxn，即被撤除的交易请求列表。
> }   //end for (const CTxMemPool::txiter it : allConflicting)
> pool.RemoveStaged(allConflicting, false, MemPoolRemovalReason::REPLACED);

  // This transaction should only count for fee estimation if:
  // - it isn't a BIP 125 replacement transaction (may not be widely supported)
  // - it's not being readded during a reorg which bypasses typical mempool fee limits
  // - the node is not behind
  // - the transaction is not dependent on any other transactions in the mempool
> bool validForFeeEstimation = !fReplacementTransaction && !bypass_limits &&
                                        IsCurrentForFeeEstimation() && pool.HasNoInputsOf(tx);

  //第八步：让新来的交易请求进入 mempool：
> // Store transaction in memory
> pool.addUnchecked(hash, entry, setAncestors, validForFeeEstimation);
        //不加检验（因为前面已做检验），将一交易请求（实际上是其 ID 即 Hash 值）加入 mempool 中
   // trim mempool and check if tx was trimmed
> if (!bypass_limits) {   //没有配置成绕过限额，则 addUnchecked()有可能因超出 mempool 容量而失败。
>+ LimitMempoolSize(pool, gArgs.GetArg("-maxmempool", DEFAULT_MAX_MEMPOOL_SIZE) * 1000000,
                          gArgs.GetArg("-mempoolexpiry", DEFAULT_MEMPOOL_EXPIRY) * 60 * 60);
>+ if (!pool.exists(hash)) return state.DoS(0, false, REJECT_INSUFFICIENTFEE, "mempool full");
> }

    //至此，新来的交易请求已成功进入本节点的 mempool。
> GetMainSignals().TransactionAddedToMempool(ptx);   //通知节点上的相关模块，其实就是钱包。
>> SyncTransaction(ptx);
>>> const CTransaction& tx = *ptx;
>>> if (!AddToWalletIfInvolvingMe(ptx, pindex, posInBlock, true)) return;   //与我无关就不管了
>>> // If a transaction changes 'conflicted' state, that changes the balance available of the outputs it spends.
    // So force those to be recomputed, also:
>>> for (const CTxIn& txin : tx.vin) {
>>>+ auto it = mapWallet.find(txin.prevout.hash);
>>>+ if (it != mapWallet.end()) it->second.MarkDirty();
>>> }   //end for      //end SyncTransaction()
>> auto it = mapWallet.find(ptx->GetHash());
>> if (it != mapWallet.end()) {
```

```
>>+ it->second.fInMempool = true;
>> }    //end if           //end TransactionAddedToMempool()
> return true;   //end AcceptToMemoryPoolWorker()
```

整个 AcceptToMemoryPoolWorker()的过程大致可以分成八步：

一、基本的合规检查。这是对交易请求的一些基本的合规检查，包括格式是否相符，资金的来源去向是否为空，等等。

二、检查重复与冲突。重复是指到来的交易请求业已存在。至于冲突，就比较复杂了。我们知道，防止“双花”即重复花费是个重要的问题。如果新来的交易请求要花费某一笔 UTXO，但是那笔 UTXO 已被另一个交易所花费，并且那个交易已经在块链中，因而已经生效，那么这就是企图“双花”，新来的交易请求显然应该被拒绝。可是，如果那个要花费同一笔 UTXO 的交易请求也还没有进入块链，还在 mempool 中，那就不能说是“双花”而是“冲突”。既然有冲突，那该以谁为准呢？对于冲突，首先得要检测有没有，如果有就把这个情况记录在一个 setConflicts 集合中，到后面再来定夺。注意互相冲突的交易请求必定是出自同一用户，因为别人是编造不出签名、提供不了认领条件的。

三、检查 Tx 的每项资金来源是否存在并且合规。交易请求对于所欲花费的每项资金来源 CTxIn 提供两个参数，即 UTXO 所在的交易 tx 和 UTXO 在那个交易输出方 tx.vout[]数组中的下标 n。如果找到了所在的交易 tx，但是 n 超过了那个数组的大小，那马上就可以拒绝。但要是找不到所说的那个交易 tx，那只是说明这个交易请求是“孤儿”，此时在 AcceptToMemoryPool()这个层次上立即失败返回，但要通过调用参数 pfMissingInputs 返回 true，表示失败的原因是资金来源缺位，上一层的程序会把这交易请求当作孤儿处理。如果找到了所述的 UTXO，则要检查其是否能满足花费要求。

四、计算和检查费用。计算本次交易的开销大小，这当然与交易请求的大小即所涉及收付两方 UTXO 的数量有关，更与所涉及签名计算的数量有关，因为对签名的验证是开销最大的。这就需要统计所涉及脚本中含有 OP_CHECKSIG 指令、OP_CHECKSIGVERIFY 指令，还有 OP_CHECKMULTISIG 和 OP_CHECKMULTISIGVERIFY 指令的条数。系统对花费在签名验证上的开销有个上限，而具体节点也有对最小费率的规定。这里还要作点说明，对签名验证的开销有所限制也是一种安全措施，要不然就可能会有在脚本中恶意加上许多 OP_CHECKSIG 指令的攻击发生。

五、检查本次交易的“祖先”即上游交易的冲突和取舍。由于比特币的出块周期比较长，完全有可能一个交易请求的好几代祖先、即好几手的上游交易都发生在同一个出块周期中。这意味着那些交易请求都还在 mempool 中尚未进入块链。前面检查了本次交易请求是否存在冲突，这当然很重要；但是上游交易是否有冲突也同样重要，因为万一上游交易有点变化，本次交易也许就失去了资金来源。

六、检查交易请求是否满足花费其输入端 UTXO 的认领条件。特别地，所谓交易的执行，实际上是对脚本的执行，就是在这一步中进行的。

七、从 mempool 中去除相冲突的交易请求。

八、让新来的交易请求进入 mempool。

下面我们深入看几个在 AcceptToMemoryPoolWorker()中得到调用的函数，上述的这些步骤就是通过这些函数完成的。首先是 CheckTransaction()对交易请求的基本的合规检查。

[AcceptToMemoryPoolWorker() > CheckTransaction()]

CheckTransaction (const CTransaction& tx, CValidationState &state, bool fCheckDuplicateInputs)
> // Basic checks that don't depend on any context，基本的合规检查：
> if (tx.vin.empty()) ***return*** state.DoS(10, false, REJECT_INVALID, "bad-txns-vin-empty");   //vin[]不能为空
> if (tx.vout.empty()) ***return*** state.DoS(10, false, REJECT_INVALID, "bad-txns-vout-empty"); //vout[]不能为空
> // Size limits (this doesn't take the witness into account, as that hasn't been checked for malleability)
> size = ::GetSerializeSize(tx, SER_NETWORK,
PROTOCOL_VERSION | SERIALIZE_TRANSACTION_NO_WITNESS)
//将 tx 的内容串行化，不含见证脚本。
> if (size * WITNESS_SCALE_FACTOR > MAX_BLOCK_WEIGHT)   //交易请求的大小不能超标
>+ ***return*** state.DoS(100, false, REJECT_INVALID, "bad-txns-oversize");
> // Check for negative or overflow output values
> CAmount nValueOut = 0;
> for (const auto& txout : tx.vout){   //对本 Tx 的每项输出：
>+ if (txout.nValue < 0)   //支付额不能为负
>++ ***return*** state.DoS(100, false, REJECT_INVALID, "bad-txns-vout-negative");

>+ if (txout.nValue > MAX_MONEY)   //单笔金额不能超出范围
>++ ***return*** state.DoS(100, false, REJECT_INVALID, "bad-txns-vout-toolarge");
>+ nValueOut += txout.nValue;
>+ if (!MoneyRange(nValueOut))   //支付总额不能超出范围
>++ ***return*** state.DoS(100, false, REJECT_INVALID, "bad-txns-txouttotal-toolarge");
> }   //end for (const auto& txout : tx.vout)
> // Check for duplicate inputs - note that this check is slow so we skip it in CheckBlock
> if (fCheckDuplicateInputs) {
>+ std::set<COutPoint> vInOutPoints;   //用来检查重复
>+ for (const auto& txin : tx.vin) {   //对于每项资金来源
>++ if (!vInOutPoints.insert(txin.prevout).second)   //如果 insert()失败，就说明重复
>+++ ***return*** state.DoS(100, false, REJECT_INVALID, "bad-txns-inputs-duplicate");
>+ }
> }   //end if (fCheckDuplicateInputs)
> coinbase = tx.**IsCoinBase**()
>> return (vin.size() == 1 && vin[0].prevout.IsNull())   //如果 tx 的 vin[]数组大小为 1，而且 UTXO 是 null。
> if (coinbase){   //这是 Coinbase，即挖矿所得。

```
>+ if (tx.vin[0].scriptSig.size() < 2 || tx.vin[0].scriptSig.size() > 100)
>++ return state.DoS(100, false, REJECT_INVALID, "bad-cb-length");   //Coinbase 的长度不对
> } else {
>+ for (const auto& txin : tx.vin)   //检查本 Tx 的每个输入所对应的 UTXO 是否为空：
>++ if (txin.prevout.IsNull())   //UTXO 不得为空
>+++ return state.DoS(10, false, REJECT_INVALID, "bad-txns-prevout-null");
> }
> return true;   //只要程序能执行到这儿，就通过了基本的合规检查。
```

这里是对交易请求的种种合规检查，其中有一项需要特别说一下，就是这里对交易请求数据结构的“重量”是否超过 MAX_BLOCK_WEIGHT 的检查。在 SegWit 之前，对交易请求的体积是按大小计的，那就是其串行化后的长度，这个长度当然不能超过一个块的（串行化后的）长度，即 1MB，更准确地说是 1,000,000 字节。实施 SegWit 之后，对于块的大小限制有了新的规定，引入了“重量”的概念。MAX_BLOCK_WEIGHT 定义为 4MB，准确地说是 4,000,000 字节，详见 BIP141 所述。这里先通过 GetSerializeSize()获取交易请求数据结构串行化后的大小，所返回的是不含见证脚本的大小，因为调用参数中带有标志位 SERIALIZE_TRANSACTION_NO_WITNESS。这称为“Base Size”，最大就是 1MB。而 WITNESS_SCALE_FACTOR 是 4，所以最大值是 4MB。

通过了合规检查，只要没有特别规定可以接受非标交易，就还得通过标准化检查：

[AcceptToMemoryPoolWorker() > IsStandardTx()]

```
IsStandardTx (const CTransaction& tx, std::string& reason, const bool witnessEnabled)   //标准化检查
> if (tx.nVersion > CTransaction::MAX_STANDARD_VERSION || tx.nVersion < 1) {   //先检查版本号：
>+ reason = "version";
>+ return false;   //版本号越界
> }
> // Extremely large transactions with lots of inputs can cost the network almost as much to process
  // as they cost the sender in fees, because computing signature hashes is O(ninputs*txsize).
  // Limiting transactions to MAX_STANDARD_TX_WEIGHT mitigates CPU exhaustion attacks.
> unsigned int sz = GetTransactionWeight(tx);   //交易请求的重量与（体积）大小是相似的概念，
                          //重量（Weight）是有了 SegWit 之后才定义的，考虑了 SegWit 的特点。
> if (sz >= MAX_STANDARD_TX_WEIGHT) {
>+ reason = "tx-size";
>+ return false;   //交易请求的重量/大小超标
> }
> for (const CTxIn& txin : tx.vin) {   //对于该交易请求的每项资金来源：
```

```
// Biggest 'standard' txin is a 15-of-15 P2SH multisig with compressed keys (remember the 520 byte limit on
// redeemScript size). That works out to a (15*(33+1))+3=513 byte redeemScript, 513+1+15*(73+1)+3=1627
// bytes of scriptSig, which we round off to 1650 bytes for some minor future-proofing. That's also enough to
// spend a 20-of-20 CHECKMULTISIG scriptPubKey, though such a scriptPubKey is not considered standard.
>+ if (txin.scriptSig.size() > 1650) {
>++ reason = "scriptsig-size";
>++ return false;      //认领脚本的大小超标
>+ }
>+ if (!txin.scriptSig.IsPushOnly()) {   //认领脚本中本应全是压栈（push）指令，因为只是提供证据。
>++ reason = "scriptsig-not-pushonly";
>++ return false;      //认领脚本中有非压栈（push）指令，这是不允许的。
>+ }
> }   //end for (const CTxIn& txin : tx.vin)
> unsigned int nDataOut = 0;
> txnouttype whichType;
> for (const CTxOut& txout : tx.vout) {   //对于该交易请求的每个输出项：
>+ standard = ::IsStandard(txout.scriptPubKey, whichType, witnessEnabled)   //检查其招领脚本是否合规
>+> std::vector<std::vector<unsigned char> > vSolutions;

>+> if (!Solver(scriptPubKey, whichType, vSolutions)) return false;   //解析招领脚本以确定其类型，不能失败。
>+> if (whichType == TX_MULTISIG){   //这是一个 m-of-n 的多方签名脚本
>+>+ unsigned char m = vSolutions.front()[0];
>+>+ unsigned char n = vSolutions.back()[0];
>+>+ // Support up to x-of-3 multisig txns as standard
>+>+ if (n < 1 || n > 3) return false;   //目前这个版本中 n 不能大于 3，最多就是 3 方签名。
>+>+ if (m < 1 || m > n) return false;   //m 不能大于 n
>+> }
>+> else if (whichType == TX_NULL_DATA &&
                (!fAcceptDatacarrier || scriptPubKey.size() > nMaxDatacarrierBytes)) return false
      //在招领脚本中可以用 OP_RETURN 携带数据，最长不得超过 80 字节。但是可在命令行中禁止。
>+> else if (!witnessEnabled && (whichType == TX_WITNESS_V0_KEYHASH ||
                              whichType == TX_WITNESS_V0_SCRIPTHASH)) return false
                                   //没有开通 SegWit，但招领脚本中用了与此有关的招领条件。
>+> return whichType != TX_NONSTANDARD && whichType != TX_WITNESS_UNKNOWN;
                                   //程序能执行到这里，又能满足这两项条件，就算符合标准。
>+ if (!standard) {   // IsStandard()返回 false，招领脚本非标准：
>++ reason = "scriptpubkey";
>++ return false;   //招领脚本非标准
```

```
>+ }
>+ if (whichType == TX_NULL_DATA) nDataOut++;   //这个类型的招领脚本只含一条 OP_RETURN 指令
>+ else if ((whichType == TX_MULTISIG) && (!fIsBareMultisigStd)) {   //脚本中用了多方签名，但不允许。
>++ reason = "bare-multisig";
>++ return false;   //系统配置不允许使用多方签名
>+ }
>+ else if (IsDust(txout, ::dustRelayFee)) {   //该项输出所支付的金额是否小到可以忽略不计
>++ reason = "dust";
>++ return false;   //这是支付金额小到可以忽略不计的“灰尘”交易
>+ }
> }   //end for (const CTxOut& txout : tx.vout)
> // only one OP_RETURN txout is permitted
> if (nDataOut > 1) {   //一个交易请求中只允许有一个输出项是只含 OP_RETURN 指令的数据输出脚本
>+ reason = "multi-op-return";
>+ return false;   //交易请求中含有多项输出的脚本为 OP_RETURN
> }
> return true;    //只要程序能执行到这儿，就通过了对交易请求的标准化检查。
```

还有一项基本的检查，就是带有延迟入链要求的交易请求是否到了可以入链的时候。交易请求的数据结构中有个字段 nLockTime，可以用来将交易请求锁定一段时间不让其入链。如果在尚未到点之前提交入链就会被拒绝。不过有个特例，就是如果每项资金来源的 nSequence 字段都被设置成 SEQUENCE_FINAL，即 0xffffffff（32 位全 1），则锁定失效。

[AcceptToMemoryPoolWorker() > CheckFinalTx()]

```
CheckFinalTx(const CTransaction &tx, int flags)
  // By convention a negative value for flags indicates that the current network-enforced consensus rules should
  // be used. In a future soft-fork scenario that would mean checking which rules would be enforced for the next
  // block and setting the appropriate flags. At the present time no soft-forks are scheduled, so no flags are set.
> flags = std::max(flags, 0)
  // CheckFinalTx() uses chainActive.Height()+1 to evaluate nLockTime because when IsFinalTx() is
  // called within CBlock::AcceptBlock(), the height of the block *being* evaluated is what is used.
  // Thus if we want to know if a transaction can be part of the *next* block, we need to
  // call IsFinalTx() with one more than chainActive.Height().
> const int nBlockHeight = chainActive.Height() + 1
  // BIP113 will require that time-locked transactions have nLockTime set to less than the median time of the
  // previous block they're contained in. When the next block is created its previous block will be the current chain
  // tip, so we use that to calculate the median time passed to IsFinalTx() if LOCKTIME_MEDIAN_TIME_PAST
```

```
// is set.
> const int64_t nBlockTime = (flags & LOCKTIME_MEDIAN_TIME_PAST)?
                         chainActive.Tip()->GetMedianTimePast() : GetAdjustedTime()
> return IsFinalTx(tx, nBlockHeight, nBlockTime)
>> if (tx.nLockTime == 0) return true      //无锁定时间，马上就可入链，返回 true，说明这已经是 Final。
>> if ((int64_t) tx.nLockTime <
        ((int64_t) tx.nLockTime < LOCKTIME_THRESHOLD ? (int64_t)nBlockHeight : nBlockTime))
    return true  //锁定时间已过，已经到点，也马上就可入链，返回 true。
>> for (const auto& txin : tx.vin) {
     //锁定时间尚未到点，只要有一项资金来源没有设定 SEQUENCE_FINAL 就不能入链。
>>+ if (!(txin.nSequence == CTxIn::SEQUENCE_FINAL)) return false;
>> }
>> return true  //锁定时间未到点，但每项资金来源都是 SEQUENCE_FINAL，就不受锁定时间的限制。
```

只要 CheckFinalTx()返回 false，交易请求就因为被锁定而不能进入 mempool。

不过通过了上述的检查并不意味着就可进入 mempool 了，只是可以继续接受检查。

上面所做的只是格式方面的检验、形式上的检验，而并非实质性的检验。实质性的检验是什么呢？就是所欲花费的资金的来源是否有效。

对于资金来源的检验，可说是核心之核心。试想，你说要花一笔钱，还有什么比你究竟有没有这一笔钱更重要的？所以 CheckInputs()可说是重中之重。

[AcceptToMemoryPoolWorker() > CheckInputs()]

```
//Check whether all inputs of this transaction are valid (no double spends, scripts & sigs, amounts) …
CheckInputs (const CTransaction& tx, CValidationState &state, const CCoinsViewCache &inputs,
         bool fScriptChecks, unsigned int flags, bool cacheSigStore, bool cacheFullScriptStore,
         PrecomputedTransactionData& txdata, std::vector<CScriptCheck> *pvChecks)
         //注：这里一共是 9 个调用参数，最后一个 pvChecks 是可省的。默认为 null。
> if (!tx.IsCoinBase()) {  //不是 Coinbase 才需要输入检验（如果所花费的是 Coinbase 就无需输入检验）：
>+ if (pvChecks) pvChecks->reserve(tx.vin.size());
    //如果给定了调用参数 pvChecks，这就是指向一个 CScriptCheck 向量，需为其预留所需的空间。
>+ if (fScriptChecks) {  //调用参数 fScriptChecks 为 true，需要进行对于脚本的检查和执行（否则跳过）：
>++ for (unsigned int i = 0; i < tx.vin.size(); i++) {  //对于交易请求中的每项资金来源：
>+++ const COutPoint &prevout = tx.vin[i].prevout;
>+++ const Coin& coin = inputs.AccessCoin(prevout);    //找到其所引用的 Coin，展开如下：
>+++> CCoinsMap::const_iterator it = FetchCoin(outpoint);     //在缓冲区中乃至数据库中寻找所需的 Coin
>+++> if (it == cacheCoins.end()) return coinEmpty;           //找不到就返回 coinEmpty
>+++> else return it->second.coin;                            //找到了就返回这个 Coin
```

```
>+++ assert(!coin.IsSpent());      //必须尚未花费，如已花费就会在这里异常返回，这个语句防止了“双花”。
>+++ CScriptCheck check(coin.out, tx, i, flags, cacheSigStore, &txdata);
                              //为此项具体的资金来源，即 coin.out 创建一个名为 check 的 CScriptCheck 对象。
                              //注：这里的 check()，是调用 CScriptCheck 类的构造函数 CScriptCheck()。
>+++ if (pvChecks) {   //如果调用参数 pvChecks 不是 null：
>++++ pvChecks->push_back(CScriptCheck());
>++++ check.swap(pvChecks->back());
>+++ }    //从 AcceptToMemoryPoolWorker()调用下来时只给了 8 个实参，所以 pvChecks 默认为 null。
>+++ else if (!check()) {   //对 check()即 CScriptCheck::operator()()的调用返回 false，对脚本的检验失败：
                            //注：check 是个 CScriptCheck 对象，check()是调用 CScriptCheck::operator()()。
                            //与上面的 check()相比，形式上相近，似乎只是参数表有差异，但实质完全不同
>++++ if (flags & STANDARD_NOT_MANDATORY_VERIFY_FLAGS) {
        // Check whether the failure was caused by a non-mandatory script verification check, such as
        // non-standard DER encodings or non-null dummy arguments; if so, don't trigger DoS protection
        // to avoid splitting the network between upgraded and non-upgraded nodes.
        // 注：  STANDARD_SCRIPT_VERIFY_FLAGS 是许多标志位的组合，
        //       而 STANDARD_NOT_MANDATORY_VERIFY_FLAGS 则从中剔除了一些标志位。
        // STANDARD_NOT_MANDATORY_VERIFY_FLAGS =
        //       STANDARD_SCRIPT_VERIFY_FLAGS & ~MANDATORY_SCRIPT_VERIFY_FLAGS
        // MANDATORY_SCRIPT_VERIFY_FLAGS 又是一组标志位的组合。
        //如果原来的验证选项包含了非强制性要求，就把这些要求去掉后再来一次。
        //目的只是获取更确切的失败原因，但并不改变失败的结果。
>+++++ flags2 = flags & ~STANDARD_NOT_MANDATORY_VERIFY_FLAGS
>+++++ CScriptCheck check2(coin.out, tx, i, flags2, cacheSigStore, &txdata);
                              //再另建一个名为 check2 的 CScriptCheck，注意构造参数 flags 的不同。
>+++++ if (check2())   //再次调用 CScriptCheck::operator()()，如果这次成功，那么拒绝的原因是非标：
>++++++ return state.Invalid(false, REJECT_NONSTANDARD,
                 strprintf("non-mandatory-script-verify-flag (%s)", ScriptErrorString(check.GetScriptError())));
>++++ }   //end if (flags & STANDARD_NOT_MANDATORY_VERIFY_FLAGS)
       // Failures of other flags indicate a transaction that is invalid in new blocks, e.g. an invalid P2SH.
       // We DoS ban such nodes as they are not following the protocol. That said during an upgrade careful
       // thought should be taken as to the correct behavior - we may want to continue peering with
       // non-upgraded nodes even after soft-fork super-majority signaling has occurred.
>++++ return state.DoS(100,false, REJECT_INVALID,
              strprintf("mandatory-script-verify-flag-failed (%s)", ...));   //拒绝的原因是不合规
>+++ }   //end if (pvChecks) else if (!check())
>++ }   //end for (unsigned int i = 0; i < tx.vin.size(); i++)
>++ if (cacheFullScriptStore && !pvChecks) {
```

```
>+++ // We executed all of the provided scripts, and were told to cache the result. Do so now.
>+++ scriptExecutionCache.insert(hashCacheEntry);
>++ }
>+ }    //end if (fScriptChecks)
> }    //end if (!tx.IsCoinBase())
> return true;
```

这段程序中有个容易让人摸不着头脑的函数调用，那就是对 check()的调用；与此类似的还有对 check2()的调用。其实 check 是程序中创建的一个 CScriptCheck 类对象，第一次出现的 check()是在调用 CScriptCheck 类的构造函数，参数包括 coin.out、tx、flags，等等。而第二次对 check()的调用，是在调用 CScriptCheck 类的一个“()”算符的重载函数 operator()()，没有调用参数。后面的 check2()也是一样。我们看一下这个类的定义摘要：

```
class CScriptCheck{}
] CTxOut m_tx_out;                //一项交易输出，代表着一笔支付招领的资金。
] const CTransaction *ptxTo;      //指向一个 CTransaction 对象的指针
] unsigned int nIn;               //输入的个数
] unsigned int nFlags;         //nFlags 并非 Flag 的数量，而是说 Flags 是个整型数。这些标志位十分重要。
] bool cacheStore;             //是否缓存
] ScriptError error;
] PrecomputedTransactionData *txdata;     //这只与 Witness 有关。
] CScriptCheck(const CTxOut& outIn, const CTransaction& txToIn, unsigned int nInIn, unsigned int nFlagsIn,
        bool cacheIn, PrecomputedTransactionData* txdataIn) : m_tx_out(outIn), ptxTo(&txToIn), nIn(nInIn),
                nFlags(nFlagsIn), cacheStore(cacheIn), error(SCRIPT_ERR_UNKNOWN_ERROR),
                                                        txdata(txdataIn) {}   //构造函数
] bool operator()()  //这是个对括号算符的重载函数
 > const CScript &scriptSig = ptxTo->vin[nIn].scriptSig;      //这是对此项资金来源的认领脚本
 > const CScriptWitness *witness = &ptxTo->vin[nIn].scriptWitness;   //针对 SegWit 的脚本
 > checker = CachingTransactionSignatureChecker(ptxTo, nIn, m_tx_out.nValue, cacheStore, *txdata)
 > return VerifyScript(scriptSig, m_tx_out.scriptPubKey, witness, nFlags, checker, &error);
] void swap(CScriptCheck &check)     //这个我们就不深入进去了
 > std::swap(ptxTo, check.ptxTo);

 > std::swap(m_tx_out, check.m_tx_out);
 > …
```

前面的代码中创建了一个名为 check 的 CScriptCheck 类对象，然后调用 check()，那就是在调用 CScriptCheck::operator()()。注意这里有两对圆括号，前面那对是与保留字 operator 连在一起的，说明是什么 operator，即什么算符（“()”是个算符），二者连在一起相当于函数名；后面那对则表示是个函数。这个函数的实质内容就是对 VerifyScript()的调用。调用时的前三个参数都是指向脚本的指针，第一个是来自对于资金来源的认领脚本 scriptSig，第二个是此项资金的招领脚本 scriptPubKey，第三个是用于 SegWit 的脚本 scriptWitness。第四个参数则是新建的一个 CachingTransactionSignatureChecker 类对象，这需要一些说明。

先看另一个 TransactionSignatureChecker 类的定义：

```
class TransactionSignatureChecker : public BaseSignatureChecker{}
] const CTransaction* txTo;
] unsigned int nIn;
] const CAmount amount;
] const PrecomputedTransactionData* txdata;
] virtual bool VerifySignature(std::vector<unsigned char>& vchSig, CPubKey& vchPubKey, uint256& sighash) ;
] TransactionSignatureChecker(const CTransaction* txToIn, unsigned int nInIn, const CAmount& amountIn)
                                    : txTo(txToIn), nIn(nInIn), amount(amountIn), txdata(nullptr) {}
] bool CheckSig(std::vector<unsigned char>& scriptSig, std::vector<unsigned char>& vchPubKey,
                                    CScript& scriptCode, SigVersion sigversion) const override;

] bool CheckLockTime(const CScriptNum& nLockTime) const override;
] bool CheckSequence(const CScriptNum& nSequence) const override;
```

TransactionSignatureChecker 类是对 BaseSignatureChecker 类的扩充，后者是相当于界面定义的抽象类，里面定义了三个抽象函数，即 CheckSig()、CheckLockTime()和 CheckSequence()，但是三个函数全都返回 false。这三个函数的意图不言自明，CheckSig()当然是检验签名的，CheckLockTime()是检验交易请求的锁定时间（在此时间到点之前不得入链），CheckSequence()则是检验每项输入的序号以及是否摆脱锁定。这些函数，以及提供这些函数的检验模块（checker）实际上是为虚拟机准备的。以指令 OP_CHECKSIG 为例，这条指令要求检验脚本中的签名，对此虚拟机只是调用 checker.CheckSig()。你给虚拟机准备下什么样的 checker，它就调用这个 checker 的 CheckSig()。

BaseSignatureChecker 类的这三个函数全都返回 false，这当然不能实际用于虚拟机，这明摆着就是让你加以扩充和覆盖。而 TransactionSignatureChecker 类，则正是对 BaseSignatureChecker 类的扩充，它的 CheckSig()等三个函数分别覆盖了前者的三个函数，此外还补充了一个虚拟函数 VerifySignature()。CachingTransactionSignatureChecker 则又是对 TransactionSignatureChecker 类的扩充，不过它并未覆盖后者的 CheckSig()那三个函数，而只是覆盖了后者的 VerifySignature()。

```
class CachingTransactionSignatureChecker : public TransactionSignatureChecker{}
] bool store;
```

```
] CachingTransactionSignatureChecker(CTransaction* txToIn, unsigned int nInIn,
                                    CAmount& amountIn, bool storeIn, PrecomputedTransactionData& txdataIn)
                                    : TransactionSignatureChecker(txToIn, nInIn, amountIn, txdataIn), store(storeIn) {}
] bool VerifySignature(std::vector<unsigned char>& vchSig, CPubKey& vchPubKey, uint256& sighash)
```

这样，我们就可看出前面这个 CScriptCheck 类的重要性了，因为其中提供了对于认领一个 UTXO 所需的包括脚本在内的全部要素的检验手段。所以一个 CScriptCheck 对象就是对一项资金来源进行检验的实施手段。而函数 CheckInputs()的最后一个调用参数 pvChecks，则是个 CScriptCheck 向量指针，用来让 CheckInputs()返回一串 CScriptCheck 对象，不过这个参数默认为 null，调用时可以缺省。这是什么意思呢？我们可想而知，对 UTXO 认领所做的检验，包括脚本的执行，是个颇费时间的操作，而一个交易请求有可能需要认领多个 UTXO。所以设计者考虑让这些检验并发进行，例如创建多个线程，使每个线程对付一个 CScriptCheck，这就需要让 CheckInputs()提供针对一个具体交易请求的全部 CScriptCheck 对象，这就是作为调用参数的 pvChecks 这个指针的用意。但是这种并发也并非必须，也可以让 CheckInputs()在一个循环中逐个加以执行。把参数 pvChecks 做成可缺省，默认为 null，就是这个意图。事实上，AcceptToMemoryPoolWorker()在调用 CheckInputs()时就没有给出这个参数，所以默认为 null。

回到 CheckInputs()，既然参数 pvChecks 是 null，就直接调用 CScriptCheck 类的这个 operator()()，实际上就是调用 VerifyScript()：

[AcceptToMemoryPoolWorker() > CheckInputs() > CScriptCheck.operator()()]

```
CScriptCheck::operator()()
 > const CScript &scriptSig = ptxTo->vin[nIn].scriptSig;        //这是对此项资金来源的认领脚本
 > const CScriptWitness *witness = &ptxTo->vin[nIn].scriptWitness;   //针对 SegWit 的脚本
 > checker = CachingTransactionSignatureChecker(ptxTo, nIn, m_tx_out.nValue, cacheStore, *txdata)
> return VerifyScript(scriptSig, m_tx_out.scriptPubKey, witness, nFlags, checker, &error);
```

VerifyScript()这个函数，顾名思义就是用来验证脚本的，这当然是支付的关键，其第四个调用参数的类型是 BaseSignatureChecker，但这是个抽象类，所以凡是直接或间接扩充了 BaseSignatureChecker 的某个类的对象都可以用在这里，目的就是向虚拟机提供一个 checker，即专门用来检验脚本的程序模块。

[AcceptToMemoryPoolWorker() > CheckInputs() > CScriptCheck::operator()() > VerifyScript()]

```
VerifyScript(CScript& scriptSig, CScript& scriptPubKey, CScriptWitness* witness,
             unsigned int flags, BaseSignatureChecker& checker, ScriptError* serror)
```

```
> static const CScriptWitness emptyWitness;        //创建一个空白的见证脚本，即采用 SegWit 的认领脚本。
> if (witness == nullptr) witness = &emptyWitness;   //如果参数 witness 为空就让它指向这空白的见证脚本。
> bool hadWitness = false;       //先假定不带见证脚本
> set_error(serror, SCRIPT_ERR_UNKNOWN_ERROR);   //预先设置出错代码
> if ((flags & SCRIPT_VERIFY_SIGPUSHONLY) != 0 && !scriptSig.IsPushOnly()) //如果需要检验 PushOnly
    return set_error(serror, SCRIPT_ERR_SIG_PUSHONLY);   //专门针对认领脚本是否 PushOnly

> std::vector<std::vector<unsigned char> > stack, stackCopy;   //创建两个空白的堆栈 stack 和 stackCopy
> if (!EvalScript(stack, scriptSig, flags, checker, SIGVERSION_BASE, serror)) return false;   // serror is set
            // EvalScript()就是脚本的执行，这次是对认领脚本 scriptSig。
            //执行脚本要使用堆栈，上面创建的堆栈 stack 用于执行，执行前为空白，执行后应有内容。
            //返回 false 表示执行的过程（而不是结果）失败，一般是遇上了非法指令，出错代码已预设。
> if (flags & SCRIPT_VERIFY_P2SH) stackCopy = stack;       //把执行后的堆栈内容复制到 stackCopy 中
            //注意执行 EvalScript()后留在 stack 中的内容本身并未改变，只是在 stackCopy 中留了个副本。
> if (!EvalScript(stack, scriptPubKey, flags, checker, SIGVERSION_BASE, serror)) return false;
            //这次是对招领脚本 scriptPubKey。注意这次的执行是在上次执行后的堆栈上继续。
> if (stack.empty()) return set_error(serror, SCRIPT_ERR_EVAL_FALSE);   //执行后堆栈应有内容。

> if (CastToBool(stack.back()) == false) return set_error(serror, SCRIPT_ERR_EVAL_FALSE);
                                                      //如果执行后的栈顶元素为 false，就说明执行失败。

> //  对于见证程序（脚本）还有进一步的检验：
> int witnessversion;
> std::vector<unsigned char> witnessprogram;   //创建一个空白的字符数组用于盛放见证程序
> if (flags & SCRIPT_VERIFY_WITNESS) {   //如果需要检验和执行见证脚本：
>+ if (scriptPubKey.IsWitnessProgram(witnessversion, witnessprogram)) {
           //招领脚本 scriptPubKey 是个见证程序，正常返回时该脚本已经转移到了 witnessprogram 中：
>++ hadWitness = true;
>++ if (scriptSig.size() != 0) {   //此时常规的认领脚本必须是个空脚本，否则就出错返回：
>+++ // The scriptSig must be _exactly_ CScript(), otherwise we reintroduce malleability.
>+++ return set_error(serror, SCRIPT_ERR_WITNESS_MALLEATED);
>++ }
>++ if (!VerifyWitnessProgram(*witness, witnessversion, witnessprogram, flags, checker, serror)) return false;
                                     //验证见证脚本与见证程序是否相符，在这里面还会调用 EvalScript()，见后。
>++ // Bypass the cleanstack check at the end. The actual stack is obviously not clean for witness programs.
>++ stack.resize(1);
>+ }    //end if (scriptPubKey.IsWitnessProgram(witnessversion, witnessprogram))
> }    //end if (flags & SCRIPT_VERIFY_WITNESS)
```

```
> //对 P2SH 也还有进一步的检验。Additional validation for spend-to-script-hash transactions:
> if ((flags & SCRIPT_VERIFY_P2SH) && scriptPubKey.IsPayToScriptHash()) { //如果凭脚本 Hash 值支付：
>+ // scriptSig must be literals-only or validation fails，这样的认领脚本一定是 PushOnly，里面不能有指令：
>+ if (!scriptSig.IsPushOnly()) return set_error(serror, SCRIPT_ERR_SIG_PUSHONLY);
>+ // Restore stack.
>+ swap(stack, stackCopy);   //互换 stack 和 stackCopy 的内容，恢复 stack 原先只含认领脚本的内容。
>+ // stack cannot be empty here, because if it was the P2SH    HASH <> EQUAL    scriptPubKey would be
   // valuated with an empty stack and the EvalScript above would return false.
>+ assert(!stack.empty());
>+ const valtype& pubKeySerialized = stack.back();   //这是认领脚本中的最后一项，就是清算脚本。
>+ CScript pubKey2(pubKeySerialized.begin(), pubKeySerialized.end());
     //为串化了的清算脚本 redeemScript 创建一个 CScript 对象 pubKey2，用作调用 EvalScript()的参数。
>+ popstack(stack);  //从堆栈上抛出这一项
   //执行这个清算脚本：
>+ if (!EvalScript(stack, pubKey2, flags, checker, SIGVERSION_BASE, serror)) return false
                                   //再次执行脚本，这次是对清算脚本 pubKey2。出错代码已预设。
>+ if (stack.empty()) return set_error(serror, SCRIPT_ERR_EVAL_FALSE);
>+ if (!CastToBool(stack.back())) return set_error(serror, SCRIPT_ERR_EVAL_FALSE);

>+ // P2SH witness program
>+ if (flags & SCRIPT_VERIFY_WITNESS) {   //如果是 P2SH 而又需要检验见证程序：
>++ if (pubKey2.IsWitnessProgram(witnessversion, witnessprogram)) {
     //补偿脚本 pubKey2 是个 WitnessProgram，此时脚本转移到了 witnessprogram 中：
>+++ hadWitness = true;
>+++ if (scriptSig != CScript() << std::vector<unsigned char>(pubKey2.begin(), pubKey2.end())) {
      //既然招领脚本 pubKey2 是个 WitnessProgram，则认领脚本也必须与之相符。
>++++ // The scriptSig must be _exactly_ a single push of the redeemScript. Otherwise we reintroduce malleability.
>++++ return set_error(serror, SCRIPT_ERR_WITNESS_MALLEATED_P2SH);
>+++ }
>+++ if (!VerifyWitnessProgram(*witness, witnessversion, witnessprogram, flags, checker, serror)) return false;
>+++ // Bypass the cleanstack check at the end. The actual stack is obviously not clean for witness programs.
>+++ stack.resize(1);
>++ }   //end if (pubKey2.IsWitnessProgram(witnessversion, witnessprogram))
>+ }   //end if (flags & SCRIPT_VERIFY_WITNESS)
> } if ((flags & SCRIPT_VERIFY_P2SH) && scriptPubKey.IsPayToScriptHash())

> // The CLEANSTACK check is only performed after potential P2SH evaluation, as the non-P2SH
  // evaluation of a P2SH script will obviously not result in a clean stack (the P2SH inputs remain).
```

```
  // The same holds for witness evaluation.
> if ((flags & SCRIPT_VERIFY_CLEANSTACK) != 0) {
>+ // Disallow CLEANSTACK without P2SH, as otherwise a switch CLEANSTACK->P2SH+CLEANSTACK
>+ // would be possible, which is not a softfork (and P2SH should be one).
>+ assert((flags & SCRIPT_VERIFY_P2SH) != 0);
>+ assert((flags & SCRIPT_VERIFY_WITNESS) != 0);
>+ if (stack.size() != 1) return set_error(serror, SCRIPT_ERR_CLEANSTACK);
> }    //end if ((flags & SCRIPT_VERIFY_CLEANSTACK) != 0)
> if (flags & SCRIPT_VERIFY_WITNESS) {
>+ // We can't check for correct unexpected witness data if P2SH was off, so require that WITNESS implies P2SH.
   // Otherwise, going from WITNESS->P2SH+WITNESS would be possible, which is not a softfork.
>+ assert((flags & SCRIPT_VERIFY_P2SH) != 0);
>+ if (!hadWitness && !witness->IsNull()) return set_error(serror, SCRIPT_ERR_WITNESS_UNEXPECTED);
> }    //end if (flags & SCRIPT_VERIFY_WITNESS)
> return set_success(serror);       //end VerifyScript()
```

这里所调用的 EvalScript()，就是对脚本的执行。从程序中看到，脚本的执行至少也是分两次进行的，第一次执行的是认领脚本 scriptSig，第二次是招领脚本 scriptPubKey。不过这其实只是表面现象，比特币的虚拟机是堆栈架构的，所有的计算对象，即操作数和计算结果，都必须在堆栈上，所以第一次执行的结果留在堆栈上，第二次往下继续，实际上相当于把两段脚本拼接在一起加以执行。但是注意这里是对认领脚本 scriptSig 执行 EvalScript()在先，对招领脚本 scriptPubKey 执行 EvalScript()在后，因为堆栈的特点是后进先出。另外，如果一个脚本是空白，那就不会对堆栈有什么改变。

按常规“招领脚本+认领脚本”的模式进行检验之后，如果是 SegWit，并且招领脚本是个“见证脚本”，即 WitnessProgram，则还要通过 VerifyWitnessProgram()加以验证。

还有，如果是 P2SH，即凭脚本 Hash 值支付，则还要有补充的验证，因为此时还有个“清算脚本（redeemScript）”，而且 P2SH 有可能与 SegWit 合在一起。

读者在前面看过 ProduceSignature()生成签名的过程，那里有解析各种招领脚本并生成相应认领脚本的过程，包括对 P2SH 和 SegWit 脚本的处理。所以结合 ProduceSignature()看 VerifyScript()，就会比较好理解一些。

这里的 EvalScript()显然起着关键的作用，这就是比特币虚拟机对脚本加以解释执行的过程。但是这个函数过于庞大，所以需要在下一节中专门加以介绍。

对于脚本的执行，光看程序代码是不太容易理解的，得要与具体的脚本结合才好理解。这里就结合几组典型的脚本看一下实际情况是怎样的。在下面所列的脚本中，凡带有前缀 OP_的都是指令；而数值（操作数）则都用其名称并且放在一对尖括号中，一个这样的数值实际上相当于一条压栈指令。另外，为醒目起见，我在脚本中各元素之间除空格外还加了一个“|”号。执行的时候总是先认领脚本 scriptSig，然后招领脚本 scriptPubKey，都是自左往

右逐条指令执行。而在列出堆栈内容时，则左边是栈底，右边是堆顶，即自左向右伸展。一般而言，计算指令从堆栈抛出（消耗）所需的计算数，计算后将结果压回堆栈。但也有些指令并不消耗堆栈上的元素。

P2PK – 凭公钥支付：首先是最简单的凭对方公钥支付，即 P2PK。

招领脚本 scriptPubKey： <pubkey> | OP_CHECKSIG

//脚本中的第一项是对方的公钥，第二项是一条 OP_CHECKSIG 指令

//意为：检验认领脚本中提供的签名（和交易请求的 Hash 值），计算出对方的公钥，

//算得的公钥须与第一项相符。

认领脚本 scriptSig： <sig> //认领（花费）者提供的签名。

执行过程：先执行认领脚本，将其提供的签名压入堆栈。再执行招领脚本（从左到右），先把付款方给定的对方公钥压入堆栈，然后执行 OP_CHECKSIG 指令，抛出堆栈上的两项数据为操作数，即：OP_CHECKSIG（<pubkey>，<sig>）。计算结果 true 或 false 被压回堆栈，成为剩下在堆栈上的唯一元素。如为 true 即为执行成功，false 则执行失败。

注意在此过程中收款方的公钥是由付款方指定的，收款方无须提供自己的公钥，而只要提供自己对交易请求的签名，每个节点上的比特币虚拟机都能从此签名及其签名对象，即交易请求的 Hash 值，计算出与签名所用私钥相对应的是否就是给定的公钥。

P2PKH – 凭公钥 Hash 值支付：这也就是按对方的地址支付。

招领脚本 scriptPubKey：

OP_DUP | OP_HASH160 | <PubKeyHash> | OP_EQUALVERIFY | OP_CHECKSIG

认领脚本 scriptSig： <sig> | <pubkey>

执行过程：先执行认领脚本，依次将其提供的签名和公钥压入堆栈。

再执行招领脚本：

第一条指令是 OP_DUP，意为复制处于栈顶的元素，即<pubkey>，这样堆栈的内容就变成“<sig> | <pubkey> | <pubkey>”。OP_DUP 并不从堆栈抛出，或者说并不“消耗”堆栈上的元素。

第二条指令是 OP_HASH160 就是对处于栈顶的那个<pubkey>进行 HASH160 计算，所得结果为< PubKeyHash’>，这是根据认领脚本中所提供公钥计算所得的 Hash 值。计算结果仍压回堆栈。此时堆栈的内容为“<sig> | <pubkey> | < PubKeyHash’>”。

招领脚本中的第三个元素是数据< PubKeyHash >不是指令，因而将其压入堆栈，于是堆栈的内容变成“<sig> | <pubkey> | < PubKeyHash’> | <PubKeyHash>”。

下一条指令为 OP_EQUALVERIFY，意为耗用并计算栈顶的两项数据是否相等，计算结果本应是 true 或 false，但 OP_EQUALVERIFY 与 OP_EQUAL 不同，后者将结果压回堆栈，后者却并不将结果压回堆栈，而是如果比对结果为 false 就报错。这样，如果比对正确，堆栈的内容就变成了“<sig> | <pubkey>”。

再下一条指令是 OP_CHECKSIG，而此时堆栈的内容为“<sig> | <pubkey>”，这是认领脚本中提供的签名和公钥。这条指令耗用并计算这两个操作数，计算结果为 true 或 false，仍压回堆栈，成为剩下在堆栈上的唯一元素。

P2SH – 凭清算脚本的 Hash 值支付：也有人按“Pay to Script Hash”简称为“付给脚本”。

招领脚本 scriptPubKey：　OP_HASH160 | <Hash160(redeemScript)> | OP_EQUAL

认领脚本 scriptSig：　<sig> [sig] [sig...] <redeemScript>

执行过程：先执行认领脚本，依次将其提供的一个或多个签名和清算脚本的正文压入堆栈。注意整个清算脚本的正文是（串行化之后）作为单个元素压入堆栈的。所以，如果只提供一个签名，此时堆栈上就只有两个元素。

再执行招领脚本：

第一条指令为 OP_HASH160，操作数为处于栈顶的<redeemScript>，就是从堆栈读取（由招领方提供的）这个脚本，并对其进行 Hash160 计算，然后将计算结果即 Hash 值压回堆栈。注意 OP_HASH160 并不消耗堆栈上的元素，所以<redeemScript>仍在。

下一个元素为招领脚本中给定的清算脚本 Hash 值，不是指令，所以将其压入堆栈。

下一条指令为 OP_EQUAL，即判断处于栈顶的两项数据是否相等。

这里的 OP_EQUAL 与 OP_EQUALVERIFY 有所不同，后者是 OP_EQUAL 加上 VERIFY。注意至此对于 P2SH 的脚本执行是不完整的，堆栈上还有来自认领脚本的签名，还有清算脚本并未被耗用，至此只是验证了认领方所提供的清算脚本正确无误，因为计算所得的 Hash 值与招领方给出的相符。所以后面还有附加的处理。附加什么处理呢？附加的处理就是清算脚本 Redeem script 的执行。这个脚本的执行对于 P2SH 就像是临门一脚。

所以，对上面这两个脚本的执行是公共的，不管什么样的脚本都得经过这两次 EvalScript()。但是如果是 P2SH 即按脚本哈希值支付，或是带有 Witness 的脚本，则后面还要附加一些处理。

代码中把处理 Witness 的 if 语句放在前面，但是我们在这里先说处理 P2SH 的 if 语句。对 P2SH 的附加处理在于清算脚本 Redeem script 的执行，所以先得看一下清算脚本是什么样的。清算脚本常跟多方签名连在一起，以 2-of-3 即三取二的签名为例：

清算脚本 redeemScript：　//来自认领脚本 Signature script 中的最后一项*<redeemScript>*

<OP_2> | <pubkey_A> | <pubkey_B> | <pubkey_C> | <OP_3> | OP_CHECKMULTISIG

认领脚本 scriptSig：　OP_0 | <sig_A> | <sig_C>　　//*<redeemScript>*已被剥离在上面

执行过程：清算脚本中的第一条指令为 OP_2，将数值 2 压入堆栈。紧接着的三个公钥都是数值不是指令，所以被逐一压入堆栈。然后是 OP_3。下一条指令是 OP_CHECKMULTISIG，即检验多方签名的指令。详见下述。

注意前述认领脚本的格式为“<sig> [sig] [sig...] <redeemScript>”，这里只是把它具体化了，这个认领脚本提供了 sig_A 和 sig_C 两个签名。此外，这里的清算脚本，即 Redeem script，就是认领脚本中的 redeemScript，只是把它从认领脚本中提取了出来加以展开。而这个清算脚本所起的作用，则相当于招领脚本 Pubkey script。所以 VerifyScript()中要从堆栈末尾（顶部）取出这个元素，把它当成招领脚本 pubKey2 再执行一次 EvalScript()。

这里认领脚本中的的 OP_0 表示操作数 0。清算脚本中的<OP_2>和<OP_3>则表示操作数 2 和 3，但也可以是别的数。由此可见，是否采用多方签名，以及怎样的多方签名，是由清算脚本决定的。而清算脚本并不出现在交易的输出项，即 UTXO 中，需要由付款方和收款方私下约定。比特币网并未提供协商或知会清算脚本的机制，需要由双方在链外或线下解决。不过，在 P2PK 或 P2PKH 中有个变通的办法，就是利用 OP_RETURN 指令传送一段不超过 80 字节（早期的版本中是 40 字节）的正文，这个金额为 0 的 UTXO 的招领脚本为“OP_RETURN <data>”。至于对数据怎么解释那就是双方自己的事了。

回到上面的清算脚本和认领脚本。如果清算脚本规定了 2-of-3 多方签名，则认领脚本中须提供足够数量的签名，这与前面所述完全一致。但是这里还有个 OP_0，即操作数 0，在提供多方签名时用作终止符。

这样，在开始执行清算脚本之前，堆栈的内容为“OP_0 | <sig_A> | <sig_C>”。在此基础上开始执行清算脚本。

指令 OP_CHECKMULTISIG 用于检验多方签名，这条指令的操作数就既多又复杂了。首先从栈顶抛出的第一个操作数是 3，所以后面要从堆栈抛出 3 个公钥；再从堆栈抛出的下一个操作数是 2，所以接着抛出至少两个签名，即上面的<A sig>和<C sig>；最后是用作终止符的 0。既然前面说了是 OP_2，即两个签名，为什么又要有个终止符 0 呢？这是因为：虽然清算脚本中给出的是 OP_2，即两个签名，但是认领脚本中也有可能提供多于两个的签名，所以就需要有个终止符。当然，并没有规定在清算脚本中一定得用多方签名。

对于 SegWit 之前的 P2SH，这样就已经可以了。但是有了 SegWit 之后就有可能把 P2SH、多方签名和见证脚本叠加在一起，所以下面如果调用参数 flags 中有要求的话还有对 SegWit 招领脚本的执行和检验。SegWit 见证脚本的实质内容称为“见证程序”，即 WitnessProgram，这是因为 SegWit 才有的，严格说来 WitnessProgram 本身并非脚本，但是经过处理以后可以生成出常规的招领脚本。

并非只有 P2SH 才会和见证叠加，P2PK 和 P2PKH 同样也可以结合见证，所以代码中在完成了两次基本的 EvalScript() 以后有两块附加的处理。第一块是“if (flags & SCRIPT_VERIFY_WITNESS)”这个条件语句里面的处理；第二块是另一个条件语句“if ((flags & SCRIPT_VERIFY_P2SH) && scriptPubKey.IsPayToScriptHash())”里面的处理。可是在后者的里面又嵌入了个条件语句“if (flags & SCRIPT_VERIFY_WITNESS)”，那就是既是 P2SH 又有见证的要求。

既是 P2SH，又支持 SegWit，这样的支付方式称作 P2WSH，即“凭 SegWit 的清算脚本 Hash 值支付”。与此相似的还有 P2WPKH，即“凭 SegWit 的公钥 Hash 值支付”。那有没有 P2WPK，即“凭 SegWit 的公钥支付”呢？没有。SegWit 本身就是为减小脚本大小而来的，似乎没有理由使用 256 位的公钥而不使用 160 位的公钥 Hash 值。

如果需要验证见证招领，则主要涉及两个函数。一是 IsWitnessProgram()，这个函数一方面检查和判断一个脚本是否为“见证程序”，一方面把 SegWit 招领脚本的主体摘取复制出来成为 WitnessProgram：

```
CScript::IsWitnessProgram(int& version, std::vector<unsigned char>& program)
> if (this->size() < 4 || this->size() > 42) return false;   //见证程序的长度在 4 至 42 字节之间
> if ((*this)[0] != OP_0 && ((*this)[0] < OP_1 || (*this)[0] > OP_16)) return false;
                                        //第一个字节必须是 OP_0，或者 OP_1 至 OP_16 之间。
> if ((size_t)((*this)[1] + 2) == this->size()) {
                              // CScript::size()返回脚本的大小，见证程序脚本的第二个字节为脚本大小。
>+ version = DecodeOP_N((opcodetype)(*this)[0]);
>+ program = std::vector<unsigned char>(this->begin() + 2, this->end());
                                        //将脚本的内容（除开头两个字节之外）转到见证程序 program 中。


>+ return true;
> }
> return false;
```

参数 program 指向一个字符向量，如果给定的脚本符合 WitnessProgram 的格式，就把它的主体部分复制到 program 这个向量中，这就是 WitnessProgram。

如果确认是见证程序，就通过 VerifyWitnessProgram()加以执行和检验。不过在此之前这里先要说一下见证脚本 CScriptWitness。其实 VerifyScript()有个参数 witness 的类型就是 CScriptWitness，只是我们尚未顾及。

```
struct CScriptWitness{}
  //Note that this encodes the data elements being pushed, rather than encoding them as a CScript that pushes them.
] std::vector<std::vector<unsigned char> > stack;                    //这是个由向量构成的向量
```

当然这只是结构，并不说明它的内容和用途。为此我们重温一下交易请求中资金来源数组 vin[]中元素的类型定义：

```
class CTxIn{}
] COutPoint prevout;                //说明资金的来源
] CScript scriptSig;                //认领脚本
] uint32_t nSequence;               //序号，与锁定时间有关。
] CScriptWitness scriptWitness;     //见证脚本
```

由此可见，scriptWitness 起着类似于 scriptSig 的作用，也是用于资金的认领花费，并且当然也是来自交易请求中。

下面我们就来看 VerifyWitnessProgram()的程序摘要。

```
[AcceptToMemoryPoolWorker() > CheckInputs() > CScriptCheck::operator()() > VerifyScript()
 > VerifyWitnessProgram()]

VerifyWitnessProgram(CScriptWitness& witness, int witversion, std::vector<unsigned char>& program,
                    unsigned int flags, BaseSignatureChecker& checker, ScriptError* serror)
    //参数 witness 指向一个见证脚本，即 CScriptWitness 对象。
    //参数 program 则是见证程序，是从见证招领脚本中摘抄出来的。
> std::vector<std::vector<unsigned char> > stack   //创建一个空白的字节向量用作执行脚本时的堆栈
> CScript scriptPubKey    //创建一个空白的招领脚本 scriptPubKey
> if (witversion == 0) {    //如果 WitnessPrograme 版本号为 0
>+ if (program.size() == 32){   //这是 P2WSH 即“凭 SegWit 的清算脚本 Hash 值支付”，脚本长度为 32 字节。
>++ // Version 0 segregated witness program: SHA256(CScript) inside the program, CScript + inputs in witness
>++ if (witness.stack.size() == 0)    //见证脚本的内容不能是空白
     return set_error(serror, SCRIPT_ERR_WITNESS_PROGRAM_WITNESS_EMPTY);
>++ scriptPubKey = CScript(witness.stack.back().begin(), witness.stack.back().end());
                                                        //将见证脚本的内容用作招领脚本
>++ stack = std::vector<std::vector<unsigned char> >(witness.stack.begin(), witness.stack.end() - 1);
                                                        //以 witness.stack 为执行脚本时的 stack
>++ uint256 hashScriptPubKey;    //256 位就是 32 字节
>++ CSHA256().Write(&scriptPubKey[0], scriptPubKey.size()).Finalize(hashScriptPubKey.begin());
                                                //计算这个脚本的 Hash 值，写入 hashScriptPubKey。
>++ if (memcmp(hashScriptPubKey.begin(), program.data(), 32))
        //由此而得的（来自见证脚本的）hashScriptPubKey 与（来自认领脚本的）见证程序必须相符：
    return set_error(serror, SCRIPT_ERR_WITNESS_PROGRAM_MISMATCH);
>+ }    //end if (program.size() == 32)，这是对 P2WSH 的准备

>+ else if (program.size() == 20) { //这是 P2WPKH 即“凭 SegWit 的公钥 Hash 值支付”，脚本长度为 20 字节。
>++ // Special case for pay-to-pubkeyhash; signature + pubkey in witness
>++ if (witness.stack.size() != 2)   // witness 的堆栈中应该有且只有 2 个元素
    return set_error(serror, SCRIPT_ERR_WITNESS_PROGRAM_MISMATCH); // 2 items in witness
>++ scriptPubKey << OP_DUP << OP_HASH160 << program << OP_EQUALVERIFY << OP_CHECKSIG;
      //新生成和添加到招领脚本 scriptPubKey 中的内容为：
      //        “OP_DUP | OP_HASH160 | < program> | OP_EQUALVERIFY | OP_CHECKSIG”。
```

```
>++ stack = witness.stack;   //堆栈内容直接来自见证脚本
>+ }     //end if (program.size() == 20)，这是对 P2WPKH 的准备

>+ else {   // program.size()既不是 32 也不是 20，出错
>++ return set_error(serror, SCRIPT_ERR_WITNESS_PROGRAM_WRONG_LENGTH);
>+ }    //end if (program.size() == 20) else …
> }    //end if (witversion == 0)
> else if (flags & SCRIPT_VERIFY_DISCOURAGE_UPGRADABLE_WITNESS_PROGRAM) {
>+ return set_error(serror, SCRIPT_ERR_DISCOURAGE_UPGRADABLE_WITNESS_PROGRAM);
> } else {   //WitnessProgram 版本号大于 0 保留用于将来
>+ // Higher version witness scripts return true for future softfork compatibility
>+ return set_success(serror);
> }    //end if (witversion == 0) else …

> // Disallow stack item size > MAX_SCRIPT_ELEMENT_SIZE in witness stack
> for (unsigned int i = 0; i < stack.size(); i++) {   //检查堆栈中各元素的大小：
>+ if (stack.at(i).size() > MAX_SCRIPT_ELEMENT_SIZE)   //不允许大于 520 字节
    return set_error(serror, SCRIPT_ERR_PUSH_SIZE);
> }
    //执行所得的招领脚本 scriptPubKey，堆栈中的内容来自见证脚本，其性质相当于认领脚本。
> if (!EvalScript(stack, scriptPubKey, flags, checker, SIGVERSION_WITNESS_V0, serror)) {
        //注意这里的 stack 是 VerifyWitnessProgram()内部的，与前面在 VerifyScript()中的不是同一个堆栈。
>+ return false;
> }
> // Scripts inside witness implicitly require cleanstack behaviour
> if (stack.size() != 1)   return set_error(serror, SCRIPT_ERR_EVAL_FALSE);
> if (!CastToBool(stack.back()))   return set_error(serror, SCRIPT_ERR_EVAL_FALSE);
> return true;
```

可见，这与 P2SH 的情况是很相似的，只不过这里的 WitnessProgram 要么直接与前面的清算脚本相似，要么就是根据 WitnessProgram 生成的脚本起着类似于清算脚本的作用。

最后，新到来的交易请求通过了种种检验，终于要被 mempool 接受了。所谓被 mempool 接受，实际上就是进入其内部的 mapTx 这个集合中。由于所有的检验都已通过，这里就再无别的检验，所以是 addUnchecked()：

[ProcessMessage() > BC_PROCESS_TX > AcceptToMemoryPool() > AcceptToMemoryPoolWithTime()
> AcceptToMemoryPoolWorker() > addUnchecked()]

```
CTxMemPool::addUnchecked(uint256& hash, CTxMemPoolEntry &entry,
                                        setEntries &setAncestors, bool validFeeEstimate)
> NotifyEntryAdded(entry.GetSharedTx());
> indexed_transaction_set::iterator newit = mapTx.insert(entry).first;
> mapLinks.insert(make_pair(newit, TxLinks()));
  // Update transaction for any feeDelta created by PrioritiseTransaction
  // TODO: refactor so that the fee delta is calculated before inserting into mapTx.
> std::map<uint256, CAmount>::const_iterator pos = mapDeltas.find(hash);
> if (pos != mapDeltas.end()) {
>+ const CAmount &delta = pos->second;
>+ if (delta) {
>++ mapTx.modify(newit, update_fee_delta(delta));
>+ }
> }
> // Update cachedInnerUsage to include contained transaction's usage.
> // (When we update the entry for in-mempool parents, memory usage will be further updated.)
> cachedInnerUsage += entry.DynamicMemoryUsage();
> const CTransaction& tx = newit->GetTx();
> std::set<uint256> setParentTransactions;
> for (unsigned int i = 0; i < tx.vin.size(); i++) {
>+ mapNextTx.insert(std::make_pair(&tx.vin[i].prevout, &tx));
>+ setParentTransactions.insert(tx.vin[i].prevout.hash);
> }
    // Don't bother worrying about child transactions of this one.
    // Normal case of a new transaction arriving is that there can't be any
    // children, because such children would be orphans.
    // An exception to that is if a transaction enters that used to be in a block.
    // In that case, our disconnect block logic will call UpdateTransactionsFromBlock
    // to clean up the mess we're leaving here.

    // Update ancestors with information about this tx
> for (const uint256 &phash : setParentTransactions) {
>+ txiter pit = mapTx.find(phash);
>+ if (pit != mapTx.end()) {
>++ UpdateParent(newit, pit, true);
>+ }
> }
```

```
> UpdateAncestorsOf(true, newit, setAncestors);
> UpdateEntryForAncestors(newit, setAncestors);
> nTransactionsUpdated++;
> totalTxSize += entry.GetTxSize();
> if (minerPolicyEstimator) {minerPolicyEstimator->processTransaction(entry, validFeeEstimate);}
> vTxHashes.emplace_back(tx.GetWitnessHash(), newit);
> newit->vTxHashesIdx = vTxHashes.size() - 1;
> return true;
```

在 mempool 中有两个 Map，实际上是键值对的集合，一个是 mapTx，另一个是 mapLinks。前者是所有已经通过检验但尚未进入块链的交易请求的集合，在这里等待进入块链转化成交易记录。后者构成一个交易（支付）之间上下游关系的树状结构。接收一个交易请求进入 mempool，就意味着将其放入这两个集合。

交易请求顺利通过了 CheckInputs()中的种种检验，被接受到了 mempool 中，程序回到调用 AlreadyHave()与 AcceptToMemoryPool()后最好的结果，即前述的第一种情景。下面是对 mempool.check()的调用。对于 mempool 需要进行不定期的检查和整理，就好像要让钟点工打扫一下。注意这个 check()可不是前面代码中的那个 check()，这个 check 是函数名，而前面那个却是变量名，是调用它重载的小括号算符函数，即 operator()()函数。另外，所谓“check”也不仅仅是检查的意思，也包括一些内部的整理。这个函数的返回类型是 void，并不返回 true/false，表面上并无成功失败之说。不过里面有一些 assert 语句，如果不满足断言所规定的条件，就说明发生了不该发生的错误，程序就会发生异常，会被异常处理所捕获，整个程序的运行就失败了。另外，虽然对这个函数的调用是固定的，但具体是否执行却带有随机性，也许执行，也许不执行，换言之这个 check()是一种抽查。

[ProcessMessage() > BC_PROCESS_TX > check()]

```
CTxMemPool::check(const CCoinsViewCache *pcoins)
> if (nCheckFrequency == 0) return;        // nCheckFrequency 未经初始化
> if (GetRand(std::numeric_limits<uint32_t>::max()) >= nCheckFrequency) return;
    //产生一个随机数，如果落在 nCheckFrequency 范围之外就返回了。对 mempool 的检查带有随机性。
    //以下的代码只是在一个不大的概率上被执行：
> LogPrint(BCLog::MEMPOOL, "Checking mempool with %u transactions and %u inputs\n",
                                        (unsigned int)mapTx.size(), (unsigned int)mapNextTx.size());
> uint64_t checkTotal = 0;
> uint64_t innerUsage = 0;
> CCoinsViewCache mempoolDuplicate(const_cast<CCoinsViewCache*>(pcoins));
> const int64_t spendheight = GetSpendHeight(mempoolDuplicate);
   == GetSpendHeight(CCoinsViewCache& inputs)
```

```
>> CBlockIndex* pindexPrev = LookupBlockIndex(inputs.GetBestBlock())
>> return pindexPrev->nHeight + 1
> std::list<const CTxMemPoolEntry*> waitingOnDependants;

> for (indexed_transaction_set::const_iterator it = mapTx.begin(); it != mapTx.end(); it++) {
                                        //对于 mapTx 中的每个迭代项，其实就是对每个 Tx：
>+ unsigned int i = 0;
>+ checkTotal += it->GetTxSize();
>+ innerUsage += it->DynamicMemoryUsage();
>+ const CTransaction& tx = it->GetTx();   //获取这个迭代项中的 Tx
>+ txlinksMap::const_iterator linksiter = mapLinks.find(it);
>+ assert(linksiter != mapLinks.end());
>+ const TxLinks &links = linksiter->second;
>+ innerUsage += memusage::DynamicUsage(links.parents) + memusage::DynamicUsage(links.children);
>+ bool fDependsWait = false;
>+ setEntries setParentCheck;
>+ int64_t parentSizes = 0;
>+ int64_t parentSigOpCost = 0;

>+ for (const CTxIn &txin : tx.vin) {      //对这个交易请求的每项资金来源：
>++ // Check that every mempool transaction's inputs refer to available coins, or other mempool tx's.
>++ indexed_transaction_set::const_iterator it2 = mapTx.find(txin.prevout.hash);
                                                  //在 mapTx 中寻找提供此项资金的 Tx 迭代项
>++ if (it2 != mapTx.end()) {  //这是个有效的迭代项：
>+++ const CTransaction& tx2 = it2->GetTx();  //这就是提供此项资金的那个 Tx
>+++ assert(tx2.vout.size() > txin.prevout.n && !tx2.vout[txin.prevout.n].IsNull());
>+++ fDependsWait = true;
>+++ if (setParentCheck.insert(it2).second) {  //将该 Tx 插入 setParentCheck 集合
>++++ parentSizes += it2->GetTxSize();
>++++ parentSigOpCost += it2->GetSigOpCost();
>+++ }
>++ }   //end if (it2 != mapTx.end())
>++ else assert(pcoins->HaveCoin(txin.prevout));     //在 mapTx 中找不到，但这笔 UTXO 必须存在。

>++ // Check whether its inputs are marked in mapNextTx.
>++ auto it3 = mapNextTx.find(txin.prevout);
>++ assert(it3 != mapNextTx.end());
>++ assert(it3->first == &txin.prevout);
```

```
>++ assert(it3->second == &tx);
>++ i++;
>+ }   //end for (const CTxIn &txin : tx.vin)
  //顺利执行完这个 for 循环，就说明这个 Tx 的每项输入即资金来源确实是存在的。

>+ assert(setParentCheck == GetMemPoolParents(it));
>+ // Verify ancestor state is correct.
>+ setEntries setAncestors;
>+ uint64_t nNoLimit = std::numeric_limits<uint64_t>::max();
>+ std::string dummy;
>+ CalculateMemPoolAncestors(*it, setAncestors, nNoLimit, nNoLimit, nNoLimit, nNoLimit, dummy);
>+ uint64_t nCountCheck = setAncestors.size() + 1;
>+ uint64_t nSizeCheck = it->GetTxSize();
>+ CAmount nFeesCheck = it->GetModifiedFee();
>+ int64_t nSigOpCheck = it->GetSigOpCost();

>+ for (txiter ancestorIt : setAncestors) {
>++ nSizeCheck += ancestorIt->GetTxSize();
>++ nFeesCheck += ancestorIt->GetModifiedFee();
>++ nSigOpCheck += ancestorIt->GetSigOpCost();
>+ }   //end for (txiter ancestorIt : setAncestors)

>+ assert(it->GetCountWithAncestors() == nCountCheck);
>+ assert(it->GetSizeWithAncestors() == nSizeCheck);
>+ assert(it->GetSigOpCostWithAncestors() == nSigOpCheck);
>+ assert(it->GetModFeesWithAncestors() == nFeesCheck);

>+ // Check children against mapNextTx
>+ CTxMemPool::setEntries setChildrenCheck;
>+ auto iter = mapNextTx.lower_bound(COutPoint(it->GetTx().GetHash(), 0));
>+ int64_t childSizes = 0;
>+ for (; iter != mapNextTx.end() && iter->first->hash == it->GetTx().GetHash(); ++iter) {
>++ txiter childit = mapTx.find(iter->second->GetHash());
>++ assert(childit != mapTx.end()); // mapNextTx points to in-mempool transactions
>++ if (setChildrenCheck.insert(childit).second) {
>+++ childSizes += childit->GetTxSize();
>++ }
>+ }   //for for (; iter != mapNextTx.end() && iter->first->hash == it->GetTx().GetHash(); ++iter)
```

```
>+ assert(setChildrenCheck == GetMemPoolChildren(it));
>+ // Also check to make sure size is greater than sum with immediate children.
    // just a sanity check, not definitive that this calc is correct...
>+ assert(it->GetSizeWithDescendants() >= childSizes + it->GetTxSize());

>+ if (fDependsWait)
>++ waitingOnDependants.push_back(&(*it));
>+ else {
>++ CheckInputsAndUpdateCoins(tx, mempoolDuplicate, spendheight);
>+ }
> }    //end for (indexed_transaction_set::const_iterator it = mapTx.begin(); it != mapTx.end(); it++)
  //顺利到达这里，就说明 mapTx 中的每个 Tx 的每笔资金来源都是存在的。

> unsigned int stepsSinceLastRemove = 0;
> while (!waitingOnDependants.empty()) {
>+ const CTxMemPoolEntry* entry = waitingOnDependants.front();
>+ waitingOnDependants.pop_front();
>+ CValidationState state;
>+ if (!mempoolDuplicate.HaveInputs(entry->GetTx())) {
>++ waitingOnDependants.push_back(entry);
>++ stepsSinceLastRemove++;
>++ assert(stepsSinceLastRemove < waitingOnDependants.size());
>+ } else {
>++ CheckInputsAndUpdateCoins(entry->GetTx(), mempoolDuplicate, spendheight);
>++ stepsSinceLastRemove = 0;
>+ }
> }    //end while (!waitingOnDependants.empty())

> for (auto it = mapNextTx.cbegin(); it != mapNextTx.cend(); it++) {
>+ uint256 hash = it->second->GetHash();
>+ indexed_transaction_set::const_iterator it2 = mapTx.find(hash);
>+ const CTransaction& tx = it2->GetTx();
>+ assert(it2 != mapTx.end());
>+ assert(&tx == it->second);
> }    //end for (auto it = mapNextTx.cbegin(); it != mapNextTx.cend(); it++)
> assert(totalTxSize == checkTotal);
> assert(innerUsage == cachedInnerUsage);
```

其中针对具体交易请求的最根本的一个断言就是，它的每项资金来源必须存在，要么已经在块链上，实际上就是已经写入 Cache；要么已经通过种种检验进入 mempool，并且尚未被花费，这就是 HaveCoin()这个函数所做的核实：

[ProcessMessage() > BC_PROCESS_TX > AcceptToMemoryPool() > check() > HaveCoin()]

```
CCoinsView::HaveCoin(const COutPoint &outpoint)
> Coin coin;
> return GetCoin(outpoint, coin);   //展开如下：
>> CCoinsMap::const_iterator it = FetchCoin(outpoint)   //在 cacheCoins 这个 Map 中寻找
>> if (it != cacheCoins.end()) {   //找到了这个迭代项
>>+ coin = it->second.coin;   //迭代项所含的 Coin 对象
>>+ return !coin.IsSpent();    //返回 true 表示尚未被花费
>>+> return out.IsNull()   //如果是 null 就表示已被花费
>> }
>> return false   //返回 false 表示不存在或已被花费
```

给定一个交易输出项 COutPoint，是否 HaveCoin()取决于是否能 GetCoin()。而能否找到这个 Coin，又取决于是否能 FetchCoin()，就好比把这个 Coin 取出来捏在手中。不过 FetchCoin()所返回的并不是这个 Coin 本身，而是 cacheCoins 中含有这个 Coin 的表项，是个迭代项 iterator。取到了这个 Coin 之后，还要核实这个 Coin 是否已被花费。

不过所要的这个 Coin 不一定缓冲在内存中，所以还有可能需要到数据库中才能获得：

[ProcessMessage() > BC_PROCESS_TX > AcceptToMemoryPool() > check() > HaveCoin() > FetchCoin()]

```
CCoinsMap::iterator CCoinsViewCache::FetchCoin(const COutPoint &outpoint)
> CCoinsMap::iterator it = cacheCoins.find(outpoint);
> if (it != cacheCoins.end()) return it;   //如果在缓存 cacheCoins 中找到则最好
> Coin tmp;
> success = base->GetCoin(outpoint, tmp)   //找不到就得到后端的数据库中去获取
    == CCoinsViewDB::GetCoin(const COutPoint &outpoint, Coin &coin)
>> return db.Read(CoinEntry(&outpoint), coin)   //从数据库读入
> if (!success) return cacheCoins.end();   //取不到就失败了。
  //取到了就把它缓存在 cacheCoins 中：
> CCoinsMap::iterator ret = cacheCoins.emplace(std::piecewise_construct,
                    std::forward_as_tuple(outpoint), std::forward_as_tuple(std::move(tmp))).first;
> if (ret->second.coin.IsSpent()) {
>+ // The parent only has an empty entry for this outpoint; we can consider our version as fresh.
```

```
>+ ret->second.flags = CCoinsCacheEntry::FRESH;   //这个缓冲项是“新鲜”的
> }
> cachedCoinsUsage += ret->second.coin.DynamicMemoryUsage();   //增加对 cachedCoins 所占内存的统计
> return ret;
```

限于本书篇幅和作者精力，我们就此打住了。有兴趣的读者可以自己再深入研究。

2.5 脚本的执行

在比特币网络的系统结构中，所有的交易都要通过脚本及其执行才能完成，所以是“一切通过脚本”。

所谓“脚本”，就是以一种特定的、一般是大粒度的程序设计语言（所谓脚本语言）编写的程序。脚本一般都是由一个“解释器（interpretor）”软件解释执行（而不是编译执行）的，不过也有一些是半编译半解释（先编译后解释）执行的。从本质上说，解释器就好像是对于某种 CPU 的模拟，所以也称“虚拟机”，而具体脚本语言中的语言成分，就好比 CPU 上的指令。比特币的脚本语言，是一种比较低级（低层）的语言，相当于汇编语言，但是其有些指令的粒度却又很大，例如“检验签名”指令 OP_CHECKSIG，这条指令所做的计算其实就相当复杂。所以这虚拟机就好比是一种 CISC 即复杂指令集的处理器。

Bitcoin 的脚本语言，是一种“图灵不完备”的语言，这样的语言不允许循环，更不允许递归。之所以图灵不完备，并非技术上有困难，而是有意为之。这是因为，一般而言，每个交易的执行都蕴含着脚本的执行，如果脚本的执行可能时间很长（因为循环次数太多）甚至无限（因为“死循环”），那就有可能把整个节点拖垮。而不允许循环，再加上对脚本长度和指令数量的限制，就可以把对每个脚本的执行时间都限制在一个预定的范围中。

在 Bitcoin 的源码中，用来执行脚本的软件模块是内嵌的，这就是 EvalScript()，每当要解释执行一段脚本的时候，就调用这个函数。这个函数，就是比特币虚拟机的实现。

2.5.1 比特币的虚拟机

从实现方法的角度看，针对 Bitcoin 脚本的虚拟机，即 EvalScript()，所模拟的是一种“堆栈结构”的处理器。在这样的处理器中，所有的运算都在堆栈顶部进行，更确切地说是所有的操作数都在堆栈上，所有的运算都发生在堆栈上，而不是像一般的通用处理器那样在寄存器之间，Bitcoin 的虚拟机中压根就没有寄存器。不过要注意，在堆栈上的只是操作数而不包含指令，指令只存在于脚本所在的缓冲区中，这相当于虚拟机的“内存”。比方说，程序中要计算两个数的和，那就要先把这两个数压入堆栈，然后通过加法指令（例如 OP_ADD）对处于栈顶的两个元素即操作数进行计算，并将计算结果压回堆栈。当然，这个加法计算在 EvalScript()中是由一段程序实现的，计算时要从堆栈上抛出操作数，在堆栈外面进行计算，然后把结果压回堆栈，但那只是对 CPU 硬件的软件模拟。

就像一般的处理器中都有个“程序计数器”pc 那样，EvalScript()中也有个这样的 pc，这实际上是个指针，总是指向脚本中有待执行的下一条指令。调用 EvalScript()时的参数之一，是有待执行的脚本本身，脚本所在的缓冲区就好像是虚拟机的“内存”。不过，“处理器”不会直接对这“内存”中的数据进行计算，也不会通过 LOAD、STORE 这样的指令把内存中的数据读入寄存器或把寄存器的内容写入内存，而只能从内存读取数据压入堆栈，计算结果也在堆栈上而不是直接写入内存中的变量。

可想而知，EvalScript()的主体就是一个循环（注意这是虚拟机本身的循环，而不是脚本中的循环），每一轮循环都是一个“（从脚本中）取指令、执行指令”的过程。而执行指令的过程，则分三类，第一类是压栈，就是从脚本中读取操作数（操作对象）并将其压栈；第二类就是运算，其一般的过程就是对堆栈顶部的几个操作数进行运算（包括 Hash 和验证），有些指令会从堆栈抛出这几个操作数，有些指令则并不抛出，然后把结果压回堆栈（堆栈顶部的这几个操作数被置换成运算结果，或被压在计算结果下面）；第三类是控制，Bitcoin 的指令系统中虽然没有可以用来实现循环的跳转指令，但条件指令如 OP_IF、OP_ELSE、OP_ENDIF 还是有的。当然，条件指令一定得通过跳转实现，但是这种跳转只限于虚拟机本身使用，而不对脚本开放，在脚本中没有跳转指令可用。这样，取指令的操作是共同的，而执行指令的过程则要分情形处理，具体就是一个 switch 语句，原则上每种指令就是 switch 语句中的一个 case，只是有些指令的执行过程有共性，所以有时候也把多个 case 合在一起。

在 EvalScript()的代码中，许多指令即许多 case 语句的程序前面加有简短的注释，这些注释表明本指令执行前后的堆栈变化，这也有助我们更好地理解堆栈结构的处理器。

先看对于压栈指令如 OP_1、OP_2 等的注释“(-- value)”。这里的‘--’表示指令的执行，其左面为空，表示指令执行之前堆栈为空；而堆栈右边的 value 则表示指令执行之后堆栈顶部有了一个数值。这说明压栈指令的作用就是将一数值压入堆栈，至于_1、_2 直至_16 等只是具体的数值。注意“执行之前堆栈为空”并不表示堆栈中真的什么也没有，而是说本指令的执行不触及堆栈中原有的内容。

与压栈指令相对应的是 DROP 指令，这种指令从栈顶（堆栈顶部）抛出若干元素予以废弃。例如 OP_2DROP 就是从栈顶抛出 2 个元素（2 项数据）并予废弃，代码中所加的注释为“(x1 x2 --)”，说明堆栈顶部原有 x1、x2 两个元素，执行了这条指令之后这两个元素就从堆栈中消失了。

再看（堆栈元素）复制指令，例如 OP_2DUP，这条指令在堆栈中复制其栈顶的两个元素，所加的注释为“(x1 x2 -- x1 x2 x1 x2)”，说明栈顶原有 x1 和 x2 两个元素，执行指令之后就变成 4 个，即 x1 x2 x1 x2。

注意堆栈是自底向上伸展并且后进先出的，所以 x1 x2 表示 x1 在下而 x2 在上，x2 处于真正的栈顶。为加深对此的理解我们不妨再看一下 OP_SIZE 指令，这条指令探测堆栈的大小，并把所得结果压入堆栈。代码中对这条指令的注释是“(in -- in size)”，表示原来处于栈顶的元素 in 不受影响，但是执行该指令之后处于栈顶的元素为 size，这是最后被压入堆栈的。

再看用于 Hash 计算的指令如 OP_HASH160，所加指令为“in -- hash”，表示原先处于栈顶的元素 in，比方说一串字符，执行该指令之后为其 Hash 值所取代。

再复杂一点的，如 OP_CHECKSIG，这条指令被用来验证（单方）签名的正确性，其注释为“sig pubkey -- bool”。这条指令的输入是签名 sig 和公钥 pubkey 两个元素，必须事先已在栈顶，并且签名在前。执行指令之后，这两个元素就为验证结果 bool 所取代，结果为 true 或为 false，存在于堆栈顶部。

多方签名验证指令 OP_CHECKMULTISIG 就更复杂了，这条指令的注释为“([sig ...] num_of_signatures [pubkey ...] num_of_pubkeys -- bool)”。这表明，执行这条指令之前先要把“[sig ...] num_of_signatures [pubkey ...] num_of_pubkeys”压入堆栈，包括 M 个签名，然后是 M，即 num_of_signatures，再是 N 个公钥，最后是 N，即 num_of_pubkeys。指令执行之后，所有这些就为验证结果 bool 所取代。读者也许会想，对于不定长的串，我们总是把串的长度放在前面，可为什么 num_of_signatures 反倒是在 M 个签名的后面呢？因为堆栈的特点就是后进先出，所以实际执行指令的时候首先从堆栈抛出的是 num_of_pubkeys，然后是那些公钥，因而长度实际上是在前面。

最后我们看一下 OP_IF 指令，对这条指令的注释是“<expression> if [statements] [else [statements]] endif”，这里没有“--”这个符号，所以并非表示执行指令前后的堆栈变化，而是说明应有的指令序列。这里的计算顺序是：先计算条件表达式<expression>，这个表达式的指令串为计算结果 true 或 false 所替代，然后是 if 指令（OP_IF），根据栈顶的元素为 true 或 false 而执行 if 后面的[statements]或 else（OP_ELSE）后面的[statements]，如果没有 else 部分就直接到了 endif（OP_ENDIF）。

2.5.2　取指令阶段

每一条指令的执行都是从取指令开始的，所以 EvalScript()内的每一轮循环都是从通过 GetOp()读取指令开头。

```
bool GetOp(iterator& pc, opcodetype& opcodeRet, std::vector<unsigned char>& vchRet)
    //参数 pc 为程序指针，opcodeRet 用来返回指令的操作码，vchRet 用来返回指令的操作数。
> const_iterator pc2 = pc    //为程序指针 pc 复制一个副本 pc2
> bool fRet = GetOp2(pc2, opcodeRet, &vchRet)
    //从 pc2 所指处取指令，正常返回时操作码在 opcodeRet 中，操作数在 vchRet 中。
> pc = begin() + (pc2 - begin())    //pc2 在 GetOp2()中已推进到下一条指令，对 pc 也作同样推进。
> return fRet
```

学过计算机原理的读者应该都明白，这就是对 CPU 中取指令操作的软件模拟，指针 pc 就是对“程序计数器”pc 的模拟。计算机指令一般由操作码和操作数两部分构成，CPU 会按操作码执行预定的操作，而操作数就是操作对象的部分或全部。所谓程序则是一连串的指令，存放在内存中。CPU 从内存读取一条指令以后，其程序计数器 pc 就推进到指向下一条指令。这样的机制，用硬件实现就是 CPU，即处理器芯片，用软件（在别的 CPU 上）实现就是虚拟机，或者说虚拟的处理器。由于虚拟机的执行模式就是在读取每条指令以后对其操作码进行解释和执行，所以也称为“解释器（interpreter）”。至于“脚本（script）”，其实就是指令粒度可以比较大，因而更适合由虚拟机（解释器）加以执行的程序。

上面的 GetOp()，就是执行 Bitcoin 脚本的虚拟机中的取指令过程。不过这个过程的核心在于 GetOp2()，而且 Bitcoin（脚本）虚拟机的系统结构和“指令系统”也有几分特殊。

首先，如前所述，Bitcoin 虚拟机的系统结构是基于堆栈的结构，而不是像一般处理器那样基于寄存器的结构。一般所谓“通用处理器”中都有一些寄存器，进行一种计算前先得通过取数指令从内存把操作对象（计算对象）装入寄存器中，随后计算指令所做的计算就在寄存器之间进行，计算的结果或留在寄存器中（以备进一步的计算），或通过存数指令存入内存。还有些处理器就更复杂了，操作数可以临时直接从内存读入。但是堆栈结构的处理器则全然不同，处理器中没有寄存器而只有一个堆栈，凡是参与计算的操作数，都得先通过压栈指令（例如 OP_PUSHDATA1 ~ 4）将其压入堆栈，随后计算指令所做的计算就在堆栈顶部的若干元素之间进行，或许从堆栈抛出（消耗掉）具体计算所需的操作数，计算之后又把计算结果压回堆栈。

正因为如此，Bitcoin 虚拟机的指令系统也就有所不同，这个指令系统中没有寄存器与内存之间的取数和存数指令，也不像一般处理器的指令系统那样有不同的“寻址方式”，但是却有一些压栈指令，这些指令的作用就是就是将其操作数压入堆栈，以供操作/计算指令使用。注意压栈指令只能将本指令的操作数压入堆栈，因此在 Bitcoin 的脚本中只要是数据就只能作为指令的一部分出现在程序中，而不能像一般处理器中那样作为“变量”或“常量”出现在内存中（脚本中）。于是，Bitcoin 的脚本就不像供一般处理器执行的程序那样有“代码段”和“数据段”之分，Bitcoin 脚本中的数据都与指令打成一片，都作为操作数存在于压栈指令之中。当然，把计算结果压回堆栈，仍可用作后随的计算，但是这些数据的源头还是在压栈指令中。换言之，作为计算对象的数据都在堆栈上，而堆栈上的数据只有两个来源，一是来自压栈指令，二是来自执行计算指令的结果，但是归根结底都来自压栈指令。

上面我们说操作数存在于压栈指令之中，实际上这又分两种情况。一种是显式的、分立的操作码加操作数，本书中称为直接操作数，相应的指令为直接压栈指令。另一种是隐式的操作数，即操作数隐含于操作码之中，例如操作码 OP_16，就表示要将操作数 16 压入堆栈，此时并没有一个独立存在的操作数，而是隐含在操作码之中。无论是哪种压栈指令，一条指令最多只能有一个操作数。

知道了这些背景，我们来看看 Bitcoin 虚拟机的指令系统，即其指令操作码的定义：

```
enum opcodetype {
    // 数据压栈指令：
    OP_0 = 0x00, OP_FALSE = OP_0,   //0x00 既是 OP_0，也是 OP_FALSE
    OP_PUSHDATA1 = 0x4c,
    OP_PUSHDATA2 = 0x4d,
    OP_PUSHDATA4 = 0x4e,
    OP_1NEGATE = 0x4f,
    OP_RESERVED = 0x50,
```

```
    OP_1 = 0x51,   OP_TRUE=OP_1,   //0x51 既是 OP_1，也是 OP_TRUE
    OP_2 = 0x52,
    OP_3 = 0x53,
    …
    OP_15 = 0x5f,
    OP_16 = 0x60,

    OP_NOP = 0x61,
    ...  //各种操作和计算指令，包括：
      //控制指令（如 OP_IF/OP_ELSE），堆栈操作指令（如 OP_DUP，OP_DROP），
      //字符串操作指令（如 OP_SUBSTR），按位逻辑运算指令（如 OP_XOR）,，
      //数值计算指令（如 OP_ADD），关系运算指令（如 OP_LESSTHAN），
      //密码计算指令（如 OP_SHA256，OP_HASH160），其它扩充（如 OP_CHECKLOCKTIMEVERIFY）。
    OP_NOP10 = 0xb9,
    // template matching params，用于样板比对：
    OP_SMALLINTEGER = 0xfa,
    OP_PUBKEYS = 0xfb,
    OP_PUBKEYHASH = 0xfd,
    OP_PUBKEY = 0xfe,

    OP_INVALIDOPCODE = 0xff,   //非法指令
}
```

操作码只占一个字节，所以最多可以有 256 种指令的操作码，即从 0x00 到 0xff。限于篇幅，这里没有列出全部操作码，读者可以自己去看源码中的这个枚举类型定义。但是注意这些枚举值的定义中有两个空隙。一个是在高端，在操作码 OP_NOP10（0xb9）到 OP_SMALLINTEGER（0xfa）之间的空隙可用于指令集的扩充，这里还可以容纳数十个操作码，这是真正的空隙。另一个是在低端，表面上在 OP_0（0x0）到 OP_PUSHDATA1（0x4c）之间又有数十个数值的空隙，但是对这个空隙的使用却有点特殊。首先，如果取到的操作码是 OP_PUSHDATA1，就表示随后的那个字节的值为数据长度，要根据这长度把随后的数据压入堆栈。对于 OP_PUSHDATA2 和 OP_PUSHDATA4 依次类推。但是，如果取到的操作码小于 0x4c，则表示这并非操作码而直接就是数据长度，也是要根据这长度把随后的数据压入堆栈。这里 OP_0 即 0x00 又是个特例，因为这表示操作数长度为 0，那就是没有操作数。所以，后面那个空隙中其实都是压栈指令而不是空隙，不能用来扩充指令系统。

如前所述，操作码小于或等于 OP_PUSHDATA4 的都是压栈指令，都是要把指令中所携带的操作数压入堆栈，所以我们可以称这些指令为显性的直接压栈指令。此外还有隐性的压栈指令，包括 OP_1NEGATE 和 OP_1~ OP_16，这些指令分别把（串行化的）数值-1 和 1~16 压入堆栈。

所以，我们在前面说到脚本中有个比方说<pubkey>，似乎就是个数据，实际上却是一条带操作数的直接压栈指令。公钥的长度为 32 字节（256 位），所以这指令的操作码就是 32，即 0x20。所以这条指令实际上是 0x20 后面跟着 32 字节的公钥。

除直接压栈指令外，别的指令都只有一个字节的操作码，不带操作数，它们的操作对象都在堆栈上。所以，比特币虚拟机的取指令操作真是有点特殊，但是有了这些背景知识后 GetOp2()的代码就容易懂了：

```
bool GetOp2(const_iterator& pc, opcodetype& opcodeRet, std::vector<unsigned char>* pvchRet)
> opcodeRet = OP_INVALIDOPCODE;
> if (pvchRet) pvchRet->clear();   //将其清空
> if (pc >= end()) return false;      //已经越界
> // Read instruction
> if (end() - pc < 1) return false;   //似乎多余？
> unsigned int opcode = *pc++;     //指令的第一个字节是操作码，读取该字节后，pc 递增跳过操作码。
> // Immediate operand

> if (opcode <= OP_PUSHDATA4){    // 只有 OP_PUSHDATA4（0x4e）及以下的指令才带操作数
      //除 OP_0 和 OP_FALSE 为 0 以外，OP_PUSHDATA1 是 0x4c，从 0 到 0x4c 之间有个空隙，1～75。
>+ unsigned int nSize = 0;
>+ if (opcode < OP_PUSHDATA1) nSize = opcode //操作码小于 0x4c，当作数据长度，注意 pc 并未推进。
>+ else if (opcode == OP_PUSHDATA1){      //操作码为 OP_PUSHDATA1，后面至少还有一个字节，
>++ if (end() - pc < 1) return false;
>++ nSize = *pc++;   //这个字节为数据长度，并把指针推进到操作数的起点。
>+ }
>+ else if (opcode == OP_PUSHDATA2){   //操作码为 OP_PUSHDATA1，后面至少还有两个字节。
>++ if (end() - pc < 2) return false;
>++ nSize = ReadLE16(&pc[0]);   //用作 16 位无符号整数，表示操作数长度。
>++ pc += 2;   //把指针推进到操作数的起点
>+ }
>+ else if (opcode == OP_PUSHDATA4){   //操作码为 OP_PUSHDATA4，后面至少还有四个字节。
>++ if (end() - pc < 4) return false;
>++ nSize = ReadLE32(&pc[0]);   //用作 32 位无符号整数，表示操作数长度。
>++ pc += 4;      //把指针推进到操作数的起点
>+ }
     //至此我们已经有了操作数长度 nSize
>+ if (end() - pc < 0 || (unsigned int)(end() - pc) < nSize) return false;
>+ if (pvchRet) pvchRet->assign(pc, pc + nSize);   //把操作数复制到 pvchRet 中
>+ pc += nSize;   //把指针推进到下一条指令
```

```
> }    //end if (opcode <= OP_PUSHDATA4)
  //操作码在 OP_PUSHDATA4 及以下的都是直接压栈指令，才返回操作数，否则只返回操作码。

> opcodeRet = static_cast<opcodetype>(opcode);    //在 opcodeRet 中返回操作码
> return true;
```

这个函数按指针 pc 所指从脚本（字符串）中读取一条指令的操作码，相应推进 pc 至下一条指令，并通过参数 opcodeRet 返回操作码；如果操作码小于或等于 OP_PUSHDATA4（且又不为 0）则还通过参数 pvchRet 返回操作数。

2.5.3 指令的执行

执行一个脚本程序的时候，虚拟机从脚本的起点开始（写在纸上就是从左至右），每取一条指令就加以解释执行，循环直至脚本的终点。EvalScript()所实现的就是这么一个过程，所以 EvalScript()实质上就是执行 Bitcoin 脚本的虚拟机。特别需要强调的是，Bitcoin 的虚拟机并非面向通用计算，而是专门针对支付，针对资金招领认领的脚本验证（或者说条件验证）而设的专用机。

另外，Bitcoin 的虚拟机是“图灵不完备（Turing Incomplete）”的，简单地说就是没有可被用来实现循环的跳转指令。这是故意的安排，因为有了循环机制就难以控制脚本的执行时间长度，还可能会有“死循环”。特别地，黑客们还可以在脚本中加入恶意的死循环，把 Bitcoin 网络拖垮。

知道了这些，再来看看 EvalScript()的代码摘要（其实与源代码相差无几），就不觉得复杂了：

```
EvalScript(std::vector<std::vector<unsigned char> >& stack, const CScript& script, unsigned int flags,
                    const BaseSignatureChecker& checker, SigVersion sigversion, ScriptError* serror)
> static const CScriptNum bnZero(0);
> static const CScriptNum bnOne(1);
> static const valtype vchFalse(0);
> static const valtype vchTrue(1, 1);

> CScript::const_iterator pc = script.begin()        //将程序指针 pc 指向脚本的起点
> CScript::const_iterator pend = script.end()        //使程序终点指针 pend 指向脚本的终点
> CScript::const_iterator pbegincodehash = script.begin()    //使 Hash 起点指针 pbegincodehash 指向脚本起点
> opcodetype opcode;
> valtype vchPushValue;        //用来暂时存放操作数
> std::vector<bool> vfExec;    // vfExec 是个布尔向量，也即一串标志位。
> std::vector<valtype> altstack;
```

> set_error(serror, SCRIPT_ERR_UNKNOWN_ERROR); //将出错代码预设成 UNKNOWN

> if (script.size() > MAX_SCRIPT_SIZE) return set_error(serror, SCRIPT_ERR_SCRIPT_SIZE)

//脚本过长，脚本的最大长度 MAX_SCRIPT_SIZE 定义为 10000 字节

> int nOpCount = 0;

> bool fRequireMinimal = (flags & SCRIPT_VERIFY_MINIMALDATA) != 0;

> **while (pc < pend)**{ //执行脚本的主循环：

>+ bool fExec = !count(vfExec.begin(), vfExec.end(), false)

//根据向量 vfExec 决定本条指令是否被执行，只要其中有一个元素为 false，fExec 即为 false。

>+ if (!script.***GetOp***(pc, opcode, vchPushValue)) return set_error(serror, SCRIPT_ERR_BAD_OPCODE)

//取指令。按 pc 所指从脚本中读取下一条指令，并推进 pc 向前。

//正常返回时操作码在 opcode 中，如有操作数则在 vchPushValue 中。

>+ if (vchPushValue.size() > MAX_SCRIPT_ELEMENT_SIZE) //操作数长度不得大于 520 字节。

>++ ***return*** set_error(serror, SCRIPT_ERR_PUSH_SIZE);

>+ // Note how OP_RESERVED does not count towards the opcode limit.

>+ if (opcode > OP_16 && ++nOpCount > MAX_OPS_PER_SCRIPT) //OP_16 以下的操作码均系压栈指令

>++ ***return*** set_error(serror, SCRIPT_ERR_OP_COUNT); //脚本中的非压栈指令超过了 201 条。

>+ if (opcode == OP_CAT || opcode == OP_SUBSTR || opcode == OP_LEFT || opcode == OP_RIGHT ||
opcode == OP_INVERT || opcode == OP_AND || opcode == OP_OR || opcode == OP_XOR ||
opcode == OP_2MUL || opcode == OP_2DIV || opcode == OP_MUL || opcode == OP_DIV ||
opcode == OP_MOD || opcode == OP_LSHIFT || opcode == OP_RSHIFT)

>++ ***return*** set_error(serror, SCRIPT_ERR_DISABLED_OPCODE); //Disabled opcodes，这些指令不再使用。

>+ if (fExec && 0 <= opcode && opcode <= OP_PUSHDATA4) { //执行带独立操作数的直接压栈指令：

>++ if (fRequireMinimal && !***CheckMinimalPush***(vchPushValue, opcode)) //操作数的长度不合理

>+++ return set_error(serror, SCRIPT_ERR_MINIMALDATA);

>++ **stack.*push_back***(vchPushValue); //将操作数压入堆栈，留在堆栈顶部。

>+ } //end if，直接压栈指令执行完毕。

>+ else if (fExec || (OP_IF <= opcode && opcode <= OP_ENDIF)) //普通指令按操作码分别加以执行：

>++ **switch** (opcode) {

>+++ // *Push value*

>++ case OP_1NEGATE: case OP_1: case OP_2: case OP_3: case OP_4: case OP_5: case OP_6:
case OP_7: case OP_8: case OP_9: case OP_10: case OP_11: case OP_12: case OP_13:
case OP_14: case OP_15: case OP_16: //这些都是隐含操作数的压栈指令：

>+++ // (-- value) 压栈之前堆栈为空，则压栈之后操作数 value 位于栈顶。

>+++ CScriptNum bn((int)opcode - (int)(OP_1 - 1)) //将操作码转换成一个 CScriptNum 类对象 bn

>+++ **stack.*push_back***(bn.getvch()) //将转换所得数值（1～16）串化后压入堆栈。

>+++ // The result of these opcodes should always be the minimal way to push the data

>+++ // they push, so no need for a CheckMinimalPush here.
>+++ break;

>++ // *Control*　　控制类指令：
>++ case OP_NOP:
>+++ break;

>++ case OP_**CHECKLOCKTIMEVERIFY**:　//检查锁定时间并验证（如果错误就终止虚拟机运行）
>+++ if (!(flags & SCRIPT_VERIFY_CHECKLOCKTIMEVERIFY)) break;　// not enabled; treat as a NOP2
>+++ if (stack.size() < 1) return set_error(serror, SCRIPT_ERR_INVALID_STACK_OPERATION)　//堆栈空
>+++ CScriptNum **nLockTime**(stacktop(-1), fRequireMinimal, 5);　//创建一个 CScriptNum 对象 nLockTime
　　　　　　　　//读取栈顶元素的数值，将其转换成一个 CScriptNum 对象 nLockTime。
>+++ if (nLockTime < 0) ***return*** set_error(serror, SCRIPT_ERR_NEGATIVE_LOCKTIME)　//nLockTime 为负
>+++ // Actually compare the specified lock time with the transaction. 与本 Tx 的锁定时间相比较：

>+++ t = *checker*.***CheckLockTime***(nLockTime)
　　　　　　//这个函数由 checker 提供，这是个扩充了 BaseSignatureChecker 的某类对象。
>+++ if (!t) ***return*** set_error(serror, SCRIPT_ERR_UNSATISFIED_LOCKTIME)
　　　　//本 Tx 的锁定时间尚未到点，从 EvalScript()返回，不继续执行脚本。
>+++ break;

>++ case OP_**CHECKSEQUENCEVERIFY**:　//检查 nSequence 并验证
>+++ if (!(flags & SCRIPT_VERIFY_CHECKSEQUENCEVERIFY)) break;　// not enabled; treat as a NOP3
>+++ if (stack.size() < 1)
>++++ return set_error(serror, SCRIPT_ERR_INVALID_STACK_OPERATION)　//堆栈已空
>+++ const CScriptNum **nSequence**(stacktop(-1), fRequireMinimal, 5);
　　　　　　　　//读取栈顶元素的数值，将其转换成一个 CScriptNum 对象 nSequence。
>+++ if (nSequence < 0)　return set_error(serror, SCRIPT_ERR_NEGATIVE_LOCKTIME);　//序号为负
>+++ // To provide for future soft-fork extensibility, if the operand has the disabled lock-time flag set,
　// CHECKSEQUENCEVERIFY behaves as a NOP.
>+++ if ((nSequence & CTxIn::SEQUENCE_LOCKTIME_DISABLE_FLAG) != 0) break;
>+++ // Compare the specified sequence number with the input. 与本项资金来源的序号相比较：
>+++ s = checker.***CheckSequence***(nSequence)　//这个函数也是由 checker 提供
>+++ if (!s) return ***set_error***(serror, SCRIPT_ERR_UNSATISFIED_LOCKTIME);
　　　　//与本项资金来源的序号不符，从 EvalScript()返回，不继续执行脚本。
>+++ break;

>++ case OP_NOP1: case OP_NOP4: case OP_NOP5:

```
>++ case OP_NOP6: case OP_NOP7: case OP_NOP8: case OP_NOP9: case OP_NOP10:
>+++ if (flags & SCRIPT_VERIFY_DISCOURAGE_UPGRADABLE_NOPS)   //不鼓励使用 NOP 指令：
>++++ return set_error(serror, SCRIPT_ERR_DISCOURAGE_UPGRADABLE_NOPS);
    //否则不作任何操作
>+++ break;

>++ case OP_IF: case OP_NOTIF:
>+++ // <expression> if [statements] [else [statements]] endif   这是脚本中的指令序列
    //注意条件表达式在 if 之前，<expression>即为条件表达式的计算结果，已经先被压入堆栈。
    //这里的 if 可以是 OP_IF 或 OP_NOTIF，else 和 endif 为 OP_ELSE 和 OP_ENDIF。
>+++ bool fValue = false;   //将 fValue 预设成 false，在 OP_IF 指令的执行中可能会将其改成 true。
>+++ if (fExec){
>++++ if (stack.size() < 1) return set_error(serror, SCRIPT_ERR_UNBALANCED_CONDITIONAL)   //堆栈空
>++++ valtype& vch = stacktop(-1);   //引用栈顶的元素，这是对条件表达式的计算结果，即<expression>。
>++++ if (sigversion == SIGVERSION_WITNESS_V0 && (flags & SCRIPT_VERIFY_MINIMALIF)) {
>+++++ if (vch.size() > 1) return set_error(serror, SCRIPT_ERR_MINIMALIF);
>+++++ if (vch.size() == 1 && vch[0] != 1) return set_error(serror, SCRIPT_ERR_MINIMALIF);
>++++ }
>++++ fValue = CastToBool(vch);   //将栈顶元素的值转换成布尔量
>++++ if (opcode == OP_NOTIF) fValue = !fValue;   //如果是 OP_NOTIF 就得反个相
>++++ popstack(stack);   //从堆栈抛出栈顶的元素，将其消耗掉。
>+++ }   //end if (fExec)
>+++ vfExec.push_back(fValue);   //将所得结果添在向量 vfExec 的末尾，将决定下一条指令是否被执行。
            //向量 vfExec 的长度为条件执行的嵌套深度，只要其中有一个元素的值为 false，就说明
            //处于某个 false 分支上，因而应该跳过该分支上的指令，直至 OP_ELSE 或 OP_ENDIF 而
            //使整个向量为全 true。
>+++ break;

>++ case OP_ELSE:
>+++ if (vfExec.empty()) return set_error(serror, SCRIPT_ERR_UNBALANCED_CONDITIONAL)   //堆栈空
>+++ vfExec.back() = !vfExec.back()   //使向量 vfExec 末尾的元素反相（例如从 true 变成 false）
>+++ break;

>++ case OP_ENDIF:
>+++ if (vfExec.empty()) return set_error(serror, SCRIPT_ERR_UNBALANCED_CONDITIONAL)   //堆栈空
>+++ vfExec.pop_back()   //从向量 vfExec 末尾抛出一个元素，使向量的长度减 1，减少一层条件执行。
>+++ break;
```

```
>++ case OP_VERIFY:
>+++ // (true -- ) or
>+++ // (false -- false) and return
>+++ if (stack.size() < 1) return set_error(serror, SCRIPT_ERR_INVALID_STACK_OPERATION)   //堆栈已空
>+++ bool fValue = CastToBool(stacktop(-1));   //引用栈顶元素并将其转换成布尔量
>+++ if (fValue) popstack(stack);   //如果为 true 就从堆栈抛出，将栈顶元素消耗掉。
>+++ else return set_error(serror, SCRIPT_ERR_VERIFY);   //如果为 false 就表示验证失败，返回。
>+++ break;

>++ case OP_RETURN:
>+++ return set_error(serror, SCRIPT_ERR_OP_RETURN)   //OP_RETURN 用于数据存证
>+++ break;

>++ // Stack ops
>++ case OP_TOALTSTACK:
>+++ if (stack.size() < 1) return set_error(serror, SCRIPT_ERR_INVALID_STACK_OPERATION)   //堆栈已空
>+++ altstack.push_back(stacktop(-1))   //将 stack 的栈顶元素压入 altstack
>+++ popstack(stack);   //从 stack 抛出栈顶元素
>+++ break;

>++ case OP_FROMALTSTACK:
>+++ if (altstack.size() < 1) return set_error(serror, SCRIPT_ERR_INVALID_ALTSTACK_OPERATION);
>+++ stack.push_back(altstacktop(-1))   //将 altstack 的栈顶元素压入堆栈 stack
>+++ popstack(altstack);   //从 altstack 抛出栈顶元素
>+++ break;

>++ case OP_2DROP:   //从堆栈连续抛出 2 个元素
>+++ // (x1 x2 -- )
>+++ if (stack.size() < 2) return set_error(serror, SCRIPT_ERR_INVALID_STACK_OPERATION)   //堆栈已空
>+++ popstack(stack);
>+++ popstack(stack);
>+++ break;

>++ case OP_2DUP:   //在堆栈中复制栈顶的 2 个元素
>+++ // (x1 x2 -- x1 x2 x1 x2)
>+++ if (stack.size() < 2) return set_error(serror, SCRIPT_ERR_INVALID_STACK_OPERATION);
>+++ valtype vch1 = stacktop(-2);
>+++ valtype vch2 = stacktop(-1);
```

```
>+++ stack.push_back(vch1);
>+++ stack.push_back(vch2);
>+++ break;

>++ case OP_3DUP:   //在堆栈中复制栈顶的 3 个元素
>+++ // (x1 x2 x3 -- x1 x2 x3 x1 x2 x3)
>+++ if (stack.size() < 3) return set_error(serror, SCRIPT_ERR_INVALID_STACK_OPERATION);
>+++ valtype vch1 = stacktop(-3);
>+++ valtype vch2 = stacktop(-2);
>+++ valtype vch3 = stacktop(-1);
>+++ stack.push_back(vch1);
>+++ stack.push_back(vch2);
>+++ stack.push_back(vch3);
>+++ break;

        //这些堆栈操作都不复杂，不再逐一解释：
>++ case OP_2OVER:
>+++ // (x1 x2 x3 x4 -- x1 x2 x3 x4 x1 x2)
>+++ if (stack.size() < 4) return set_error(serror, SCRIPT_ERR_INVALID_STACK_OPERATION);
>+++ valtype vch1 = stacktop(-4);
>+++ valtype vch2 = stacktop(-3);
>+++ stack.push_back(vch1);
>+++ stack.push_back(vch2);
>+++ break;

>++ case OP_2ROT:
>+++ // (x1 x2 x3 x4 x5 x6 -- x3 x4 x5 x6 x1 x2)
>+++ if (stack.size() < 6) return set_error(serror, SCRIPT_ERR_INVALID_STACK_OPERATION);
>+++ valtype vch1 = stacktop(-6);
>+++ valtype vch2 = stacktop(-5);
>+++ stack.erase(stack.end()-6, stack.end()-4);
>+++ stack.push_back(vch1);
>+++ stack.push_back(vch2);
>+++ break;

>++ case OP_2SWAP:
>+++ // (x1 x2 x3 x4 -- x3 x4 x1 x2)
>+++ if (stack.size() < 4) return set_error(serror, SCRIPT_ERR_INVALID_STACK_OPERATION);
```

```
>+++ swap(stacktop(-4), stacktop(-2));
>+++ swap(stacktop(-3), stacktop(-1));
>+++ break;

>++ case OP_IFDUP:
>+++ // (x - 0 | x x)
>+++ if (stack.size() < 1) return set_error(serror, SCRIPT_ERR_INVALID_STACK_OPERATION);
>+++ valtype vch = stacktop(-1);   //将栈顶元素复制到 vch（并不抛出）
>+++ if (CastToBool(vch))   stack.push_back(vch);   //如果转换成 bool 值后为 true，就再将 vch 压栈。
>+++ break;      //如果原来的栈顶元素为 0 则保持不变，否则相当于在堆栈上复制栈顶元素。

>++ case OP_DEPTH:   //获取堆栈深度并将其压栈
>+++ // -- stacksize
>+++ CScriptNum bn(stack.size());
>+++ stack.push_back(bn.getvch());
>+++ break;

>++ case OP_DROP:   //从堆栈抛出栈顶元素
>+++ // (x -- )
>+++ if (stack.size() < 1) return set_error(serror, SCRIPT_ERR_INVALID_STACK_OPERATION);
>+++ popstack(stack);
>+++ break;

>++ case OP_DUP:   //在堆栈上复制栈顶元素
>+++ // (x -- x x)
>+++ if (stack.size() < 1) return set_error(serror, SCRIPT_ERR_INVALID_STACK_OPERATION);
>+++ valtype vch = stacktop(-1);
>+++ stack.push_back(vch);
>+++ break;

>++ case OP_NIP:   //在堆栈上删去栈顶元素以下的那个元素
>+++ // (x1 x2 -- x2)
>+++ if (stack.size() < 2) return set_error(serror, SCRIPT_ERR_INVALID_STACK_OPERATION);
>+++ stack.erase(stack.end() - 2);
>+++ break;
>++ case OP_OVER:
>+++ // (x1 x2 -- x1 x2 x1)
>+++ if (stack.size() < 2) return set_error(serror, SCRIPT_ERR_INVALID_STACK_OPERATION);
```

```
>+++ valtype vch = stacktop(-2);
>+++ stack.push_back(vch);
>+++ break;

>++ case OP_PICK: case OP_ROLL:    //见下面这两个关于堆栈内容变化的注释：
>+++ // (xn ... x2 x1 x0 n - xn ... x2 x1 x0 xn)  //执行之后堆栈深处的 Xn 还在，这是 OP_PICK。
>+++ // (xn ... x2 x1 x0 n - ... x2 x1 x0 xn)      //执行之后堆栈深处的 Xn 被删，这是 OP_ROLL。
>+++ if (stack.size() < 2) return set_error(serror, SCRIPT_ERR_INVALID_STACK_OPERATION);
>+++ int n = CScriptNum(stacktop(-1), fRequireMinimal).getint();  //原来的栈顶元素为序列长度 n
>+++ popstack(stack);     //从堆栈抛出 n
>+++ if (n < 0 || n >= (int)stack.size()) return set_error(serror, SCRIPT_ERR_INVALID_STACK_OPERATION);
>+++ valtype vch = stacktop(-n-1);  //这就是 Xn
>+++ if (opcode == OP_ROLL) stack.erase(stack.end()-n-1);  //区别在于是否在堆栈深处删除 Xn
>+++ stack.push_back(vch);  //将 Xn 的复份压入堆栈成为栈顶
>+++ break;
>++ case OP_ROT:    //将栈顶 3 个元素的次序旋转，将 x1 x2 x3 旋转后变成 x2 x3 x1
>+++ // (x1 x2 x3 -- x2 x3 x1)
>+++ //    x2 x1 x3    after first swap
>+++ //    x2 x3 x1    after second swap
>+++ if (stack.size() < 3) return set_error(serror, SCRIPT_ERR_INVALID_STACK_OPERATION);
>+++ swap(stacktop(-3), stacktop(-2));
>+++ swap(stacktop(-2), stacktop(-1));
>+++ break;

>++ case OP_SWAP:      //将栈顶的两个元素对换，x1x2 对换后变成 x2x1。
>+++ // (x1 x2 -- x2 x1)
>+++ if (stack.size() < 2) return set_error(serror, SCRIPT_ERR_INVALID_STACK_OPERATION);
>+++ swap(stacktop(-2), stacktop(-1));
>+++ break;

>++ case OP_TUCK:
>+++ // (x1 x2 -- x2 x1 x2)
>+++ if (stack.size() < 2) return set_error(serror, SCRIPT_ERR_INVALID_STACK_OPERATION);
>+++ valtype vch = stacktop(-1);
>+++ stack.insert(stack.end()-2, vch);
>+++ break;

>++ case OP_SIZE:
```

```
>+++ // (in -- in size)
>+++ if (stack.size() < 1) return set_error(serror, SCRIPT_ERR_INVALID_STACK_OPERATION);
>+++ CScriptNum bn(stacktop(-1).size());
>+++ stack.push_back(bn.getvch());
>+++ break;

>++ // Bitwise logic
>++ case OP_EQUAL: case OP_EQUALVERIFY:
>++ //case OP_NOTEQUAL: // use OP_NUMNOTEQUAL    //这二者已不再使用
>+++ // (x1 x2 - bool)   //比较栈顶的两个元素是否相等，并将此两元素替换成比较结果（布尔量）。
>+++ if (stack.size() < 2) return set_error(serror, SCRIPT_ERR_INVALID_STACK_OPERATION);
>+++ valtype& vch1 = stacktop(-2);
>+++ valtype& vch2 = stacktop(-1);
>+++ bool fEqual = (vch1 == vch2);
>+++ popstack(stack);
>+++ popstack(stack);
>+++ stack.push_back(fEqual ? vchTrue : vchFalse);
>+++ if (opcode == OP_EQUALVERIFY){
>++++ if (fEqual) popstack(stack);
>++++ else return set_error(serror, SCRIPT_ERR_EQUALVERIFY);
>+++ }
>+++ break;

>++ // Numeric
>++ case OP_1ADD: case OP_1SUB: case OP_NEGATE: case OP_ABS: case OP_NOT:
>++ case OP_0NOTEQUAL:
>+++ // (in -- out)
>+++ if (stack.size() < 1) return set_error(serror, SCRIPT_ERR_INVALID_STACK_OPERATION);
>+++ CScriptNum bn(stacktop(-1), fRequireMinimal);
>+++ switch (opcode){
>+++ case OP_1ADD:        bn += bnOne; break;   //1ADD 表示让栈顶元素递增 1
>+++ case OP_1SUB:        bn -= bnOne; break;   //1SUB 表示让栈顶元素递减 1
>+++ case OP_NEGATE:      bn = -bn; break;      //让栈顶元素变成其负值
>+++ case OP_ABS:         if (bn < bnZero) bn = -bn; break;   //让栈顶元素变成其绝对值
>+++ case OP_NOT:         bn = (bn == bnZero); break;   //判定栈顶元素是否为 0
>+++ case OP_0NOTEQUAL:   bn = (bn != bnZero); break; ;   //判定栈顶元素是否非 0
>+++ default:             assert(!"invalid opcode"); break;
>+++ }   //end switch
```

```
>+++ popstack(stack);  //抛出原来的栈顶元素
>+++ stack.push_back(bn.getvch());  //将新值压回堆栈
>+++ break;

>++ case OP_ADD: case OP_SUB: case OP_BOOLAND: case OP_BOOLOR:
>++ case OP_NUMEQUAL: case OP_NUMEQUALVERIFY: case OP_NUMNOTEQUAL:
>++ case OP_LESSTHAN: case OP_GREATERTHAN: case OP_LESSTHANOREQUAL:
>++ case OP_GREATERTHANOREQUAL: case OP_MIN: case OP_MAX:
>+++ // (x1 x2 -- out)  //对栈顶的两个元素进行计算，并以计算结果替换此两元素。
>+++ if (stack.size() < 2) return set_error(serror, SCRIPT_ERR_INVALID_STACK_OPERATION);
>+++ CScriptNum bn1(stacktop(-2), fRequireMinimal);
>+++ CScriptNum bn2(stacktop(-1), fRequireMinimal);
>+++ CScriptNum bn(0);

>+++ switch (opcode){  //根据具体指令，下面不再逐一解释：
>+++ case OP_ADD:                  bn = bn1 + bn2; break;
>+++ case OP_SUB:                  bn = bn1 - bn2; break;
>+++ case OP_BOOLAND:              bn = (bn1 != bnZero && bn2 != bnZero); break;
>+++ case OP_BOOLOR:               bn = (bn1 != bnZero || bn2 != bnZero); break;
>+++ case OP_NUMEQUAL:             bn = (bn1 == bn2); break;
>+++ case OP_NUMEQUALVERIFY:       bn = (bn1 == bn2); break;
>+++ case OP_NUMNOTEQUAL:          bn = (bn1 != bn2); break;
>+++ case OP_LESSTHAN:             bn = (bn1 < bn2); break;
>+++ case OP_GREATERTHAN:          bn = (bn1 > bn2); break;
>+++ case OP_LESSTHANOREQUAL:      bn = (bn1 <= bn2); break;
>+++ case OP_GREATERTHANOREQUAL:   bn = (bn1 >= bn2); break;
>+++ case OP_MIN:                      bn = (bn1 < bn2 ? bn1 : bn2); break;
>+++ case OP_MAX:                  bn = (bn1 > bn2 ? bn1 : bn2); break;
>+++ default:                  assert(!"invalid opcode"); break;
>+++ }  //end switch
>+++ popstack(stack);
>+++ popstack(stack);
>+++ stack.push_back(bn.getvch());
>+++ if (opcode == OP_NUMEQUALVERIFY){
>++++ if (CastToBool(stacktop(-1))) popstack(stack);
>++++ else return set_error(serror, SCRIPT_ERR_NUMEQUALVERIFY);
>+++ }
>+++ break;
```

```
>++ case OP_WITHIN:
>+++ // (x min max -- out)    //栈顶的 3 个元素分别为 x、min、max，判断 x 是否在 min 和 max 之间，
                             //并以计算结果置换栈顶的 3 个元素。
>+++ if (stack.size() < 3) return set_error(serror, SCRIPT_ERR_INVALID_STACK_OPERATION);
>+++ CScriptNum bn1(stacktop(-3), fRequireMinimal);    //这是 x
>+++ CScriptNum bn2(stacktop(-2), fRequireMinimal);    //这是 min
>+++ CScriptNum bn3(stacktop(-1), fRequireMinimal);    //这是 max
>+++ bool fValue = (bn2 <= bn1 && bn1 < bn3);
>+++ popstack(stack);   //从栈顶抛出 3 个元素
>+++ popstack(stack);
>+++ popstack(stack);
>+++ stack.push_back(fValue ? vchTrue : vchFalse);   //并将结果压回堆栈
>+++ break;
++ // Crypto
>++ case OP_RIPEMD160: case OP_SHA1: case OP_SHA256: case OP_HASH160: case OP_HASH256:
>+++ // (in -- hash)   //对栈顶元素进行 Hash 计算，并以 Hash 值置换该元素。
>+++ if (stack.size() < 1) return set_error(serror, SCRIPT_ERR_INVALID_STACK_OPERATION);
>+++ valtype& vch = stacktop(-1);   //引用栈顶元素
>+++ valtype vchHash((opcode == OP_RIPEMD160 || opcode == OP_SHA1 || opcode == OP_HASH160) ?
            20 : 32);   //创建一个长度为 20 字节或 32 字节的 valtype 类对象 vchHash，用来存放 Hash 值。
    //根据操作码的不同，进行各种 Hash 计算，写入 vchHash：
>+++ if (opcode == OP_RIPEMD160) CRIPEMD160().Write(vch.data(), vch.size()).Finalize(vchHash.data());
>+++ else if (opcode == OP_SHA1) CSHA1().Write(vch.data(), vch.size()).Finalize(vchHash.data());
>+++ else if (opcode == OP_SHA256) CSHA256().Write(vch.data(), vch.size()).Finalize(vchHash.data());
>+++ else if (opcode == OP_HASH160) CHash160().Write(vch.data(), vch.size()).Finalize(vchHash.data());
>+++ else if (opcode == OP_HASH256) CHash256().Write(vch.data(), vch.size()).Finalize(vchHash.data());
>+++ popstack(stack);   //从栈顶抛出该元素
>+++ stack.push_back(vchHash);   //并将其 Hash 值压回堆栈
>+++ break;

>++ case OP_CODESEPARATOR:   //用来分隔代码，指明 Hash 计算的起点。
>+++ // Hash starts after the code separator
>+++ pbegincodehash = pc;
>+++ break;

>++ case OP_CHECKSIG: case OP_CHECKSIGVERIFY:
>+++ // (sig pubkey -- bool)   //栈顶的两个元素分别为签名和公钥，计算是否相符，结果在栈顶。
```

```
>+++ if (stack.size() < 2) return set_error(serror, SCRIPT_ERR_INVALID_STACK_OPERATION);
>+++ valtype& vchSig = stacktop(-2);            //引用 stacktop(-2)，此为签名（Hash 值）。
>+++ valtype& vchPubKey = stacktop(-1);      //引用 stacktop(-1)，此为公钥。
>+++ // Subset of script starting at the most recent codeseparator
>+++ CScript scriptCode(pbegincodehash, pend);    //签名所针对的脚本内容

>+++ // Drop the signature in pre-segwit scripts but not segwit scripts
>+++ if (sigversion == SIGVERSION_BASE) scriptCode.FindAndDelete(CScript(vchSig));
>+++ if (!CheckSignatureEncoding(vchSig, flags, serror) ||
          !CheckPubKeyEncoding(vchPubKey, flags, sigversion, serror)) {
>++++ //serror is set
>++++ return false;    //签名或公钥的编码不对
>+++ }
>+++ bool fSuccess = checker.CheckSig(vchSig, vchPubKey, scriptCode, sigversion);    //检验签名是否相符
          //这个函数由 checker 提供，这是扩充了 BaseSignatureChecker 的某类对象，作为调用参数传下。
>+++ if (!fSuccess && (flags & SCRIPT_VERIFY_NULLFAIL) && vchSig.size())
>++++ return set_error(serror, SCRIPT_ERR_SIG_NULLFAIL);
>+++ popstack(stack);    //从堆栈抛出
>+++ popstack(stack);    //从堆栈抛出
>+++ stack.push_back(fSuccess ? vchTrue : vchFalse);    //将检验结果（布尔量）压回堆栈
>+++ if (opcode == OP_CHECKSIGVERIFY) {
>++++ if (fSuccess) popstack(stack);    //如果是 OP_CHECKSIGVERIFY 并检验成功就抛掉栈顶元素
>++++ else return set_error(serror, SCRIPT_ERR_CHECKSIGVERIFY);    //不成功就出错返回，终止执行。
>+++ }    // if (opcode == OP_CHECKSIGVERIFY)    //有 VERIFY 和没有 VERIFY 的区别
>+++ break;

>++ case OP_CHECKMULTISIG: case OP_CHECKMULTISIGVERIFY:
>+++ // ([sig ...] num_of_signatures [pubkey ...] num_of_pubkeys -- bool)
          //在执行之前，栈顶的内容自顶向下依次为：公钥个数，若干公钥，签名个数，若干签名。
          //执行之后这些元素都被抛出，栈顶元素为执行结果（true 或 false）。
>+++ int i = 1;
>+++ if ((int)stack.size() < i) return set_error(serror, SCRIPT_ERR_INVALID_STACK_OPERATION);
>+++ int nKeysCount = CScriptNum(stacktop(-i), fRequireMinimal).getint();    //公钥的个数
>+++ if (nKeysCount < 0 || nKeysCount > MAX_PUBKEYS_PER_MULTISIG)
          return set_error(serror, SCRIPT_ERR_PUBKEY_COUNT);
>+++ nOpCount += nKeysCount;
>+++ if (nOpCount > MAX_OPS_PER_SCRIPT)    return set_error(serror, SCRIPT_ERR_OP_COUNT);
>+++ int ikey = ++i;
```

```
>+++ // ikey2 is the position of last non-signature item in the stack. Top stack item = 1.
>+++ // With SCRIPT_VERIFY_NULLFAIL, this is used for cleanup if operation fails.
>+++ int ikey2 = nKeysCount + 2;
>+++ i += nKeysCount;
>+++ if ((int)stack.size() < i)    return set_error(serror, SCRIPT_ERR_INVALID_STACK_OPERATION);
>+++ int nSigsCount = CScriptNum(stacktop(-i), fRequireMinimal).getint();    //签名的个数
>+++ if (nSigsCount < 0 || nSigsCount > nKeysCount) return set_error(serror, SCRIPT_ERR_SIG_COUNT);
>+++ int isig = ++i;
>+++ i += nSigsCount;
>+++ if ((int)stack.size() < i) return set_error(serror, SCRIPT_ERR_INVALID_STACK_OPERATION);
>+++ // Subset of script starting at the most recent codeseparator
>+++ CScript scriptCode(pbegincodehash, pend);    //签名所针对的脚本内容
>+++ // Drop the signature in pre-segwit scripts but not segwit scripts
>+++ for (int k = 0; k < nSigsCount; k++){    //依次从堆栈获取每一个签名
>++++ valtype& vchSig = stacktop(-isig-k);    //从堆栈复制
>++++ if (sigversion == SIGVERSION_BASE) scriptCode.FindAndDelete(CScript(vchSig));
>+++ }
>+++ bool fSuccess = true;
>+++ while (fSuccess && nSigsCount > 0) {    //逐个检验签名：
>++++ valtype& vchSig        = stacktop(-isig);        //堆栈上下标为-isig 的元素，这是一个签名。
>++++ valtype& vchPubKey = stacktop(-ikey);        //堆栈上下标为-ikey 的元素，这是与签名配对的公钥
>++++ // Note how this makes the exact order of pubkey/signature evaluation distinguishable by
>++++ // CHECKMULTISIG NOT if the STRICTENC flag is set. See the script_(in)valid tests for details.
>++++ if (!CheckSignatureEncoding(vchSig, flags, serror) ||
          !CheckPubKeyEncoding(vchPubKey, flags, sigversion, serror)) {
>+++++ return false;    // serror is set，从 EvalScript()返回，程序执行失败。
>++++ }
>++++ // Check signature
>++++ bool fOk = checker.CheckSig(vchSig, vchPubKey, scriptCode, sigversion);
>++++ if (fOk) {    //fOK 为 true 表示检验成功。fOK 为 false 表示检验失败，但并不表示程序执行失败。
>+++++ isig++;                    //指向下一个签名
>+++++ nSigsCount--;        //如果 fOK 为 false 就不会执行，那样会使签名个数与公钥个数不匹配。
>++++ }
>++++ ikey++;                        //指向下一个公钥
>++++ nKeysCount--;
>++++ // If there are more signatures left than keys left, then too many signatures have failed. Exit early,
       // without checking any further signatures.
>++++ if (nSigsCount > nKeysCount) fSuccess = false;    //签名个数与公钥个数不匹配
```

```
>+++ }  //end while (fSuccess && nSigsCount > 0)  //如果 fSuccess 为 false 就会提前结束循环
>+++ // Clean up stack of actual arguments
>+++ while (i-- > 1) {  //从堆栈上抛出
>++++ // If the operation failed, we require that all signatures must be empty vector
>++++ if (!fSuccess && (flags & SCRIPT_VERIFY_NULLFAIL) && !ikey2 && stacktop(-1).size())
>+++++ return set_error(serror, SCRIPT_ERR_SIG_NULLFAIL);
>++++ if (ikey2 > 0) ikey2--;
>++++ popstack(stack);
>+++ }  //end while (i-- > 1)
>+++ // A bug causes CHECKMULTISIG to consume one extra argument whose contents were not checked
    // in any way. Unfortunately this is a potential source of mutability, so optionally verify it is exactly
    // equal to zero prior to removing it from the stack.
>+++ if (stack.size() < 1) return set_error(serror, SCRIPT_ERR_INVALID_STACK_OPERATION);
>+++ if ((flags & SCRIPT_VERIFY_NULLDUMMY) && stacktop(-1).size())
>++++ return set_error(serror, SCRIPT_ERR_SIG_NULLDUMMY);
>+++ popstack(stack);
>+++ stack.push_back(fSuccess ? vchTrue : vchFalse);  //将检验结果（true 或 false）压入堆栈
>+++ if (opcode == OP_CHECKMULTISIGVERIFY){
        //如果是 CHECKMULTISIGVERIFY，并且检验成功，就抛掉栈顶的检验结果。
>++++ if (fSuccess) popstack(stack);
>++++ else return set_error(serror, SCRIPT_ERR_CHECKMULTISIGVERIFY);  //如果检验失败就结束了
>+++ }
>+++ break;
>++ default: return set_error(serror, SCRIPT_ERR_BAD_OPCODE);
>++ }  //end switch，执行了一条非直接压栈指令。
       //end else if (fExec || (OP_IF <= opcode && opcode <= OP_ENDIF))
>+ // Size limits
>+ if (stack.size() + altstack.size() > MAX_STACK_SIZE) return set_error(serror, SCRIPT_ERR_STACK_SIZE);
> }  // end while，一轮循环执行一条指令。
   //至此已经执行完脚本中所有的指令
> if (!vfExec.empty()) return set_error(serror, SCRIPT_ERR_UNBALANCED_CONDITIONAL);
     //向量 vfExec 的长度取决于 if 语句的嵌套层数，vfExec 非空说明仍在某个 if 语句之中。
> return set_success(serror);  //结束执行，正常返回。
```

在 Bitcoin 虚拟机的指令系统中，最核心、最根本的指令有两种。一种是 Hash 计算指令，包括 OP_HASH160，OP_HASH256 等，用来计算 Hash 值；另一种是签名检验指令，包括 OP_CHECKSIG 等，用来检验签名的真实性。这是因为：说到底，给定一笔资金的招领条件，我们要求虚拟机提供的功能就是检验认领者所提供的认领依据是否符合认领条件要求，其余

的指令都是辅助性的，都是为此服务的。在上面 EvalScript()里面的那个大 switch 语句中，OP_CHECKSIG 和 OP_CHECKSIGVERIFY 两个 case 是合在一起处理的，只是到最后才表现出二者的区别，那就是：前者把检验的结果压回堆栈，而后者不把结果压回堆栈（其实是压回后又退掉了），如果检验失败就干脆从 EvalScript()出错返回，终止虚拟机的运行。其它带有 VERIFY 后缀的指令也是一样。

签名检验指令的执行，核心在于 CheckSig()这个函数，这也是比特币等“加密货币”得以实现的根本所在。所以还是要看一下这个函数的实现：

[EvalScript() > CheckSig()]

```
TransactionSignatureChecker::CheckSig(std::vector<unsigned char>& vchSigIn,
                    std::vector<unsigned char>& vchPubKey, const CScript& scriptCode, SigVersion sigversion)
> CPubKey pubkey(vchPubKey);    //以字节串 vchSigIn 为依据，创建一个 CPubKey 对象 pubkey。
> if (!pubkey.IsValid()) return false;  //并确认其为一个合法的公钥
> // Hash type is one byte tacked on to the end of the signature
> std::vector<unsigned char> vchSig(vchSigIn);   //以 vchSigIn 为依据，创建一个字节向量 vchSig。
> if (vchSig.empty()) return false;   //确认其非空
> int nHashType = vchSig.back();   //vchSig 的最后为 Hash 类型
> vchSig.pop_back();   //从 vchSig 的末尾剥离 Hash 类型
> uint256 sighash = SignatureHash(scriptCode, *txTo, nIn, nHashType, amount, sigversion, this->txdata);
                    //见 CreateSig()，计算 scriptCode 和本交易中种种内容的 Hash 值。
> v = VerifySignature(vchSig, pubkey, sighash)   //给定对方的公钥和所签内容，验证对方签名的正确性。
```

对这个函数的调用参数有四个，其中 vchSigIn 是串行化了的签名，这其实是个 Hash 值；vchPubKey 是串行化了的公钥；scriptCode 就是正在执行的脚本，至于 sigversion 则是个枚举值，只有 SIGVERSION_BASE 和 SIGVERSION_WITNESS_V0 两种可能的值。

这样，表面上好像对签名的检验是从签名和脚本恢复出与私钥配对的公钥，然后与给定的公钥 vchPubKey 比对，其实不然。CheckSig()这个函数是由 TransactionSignatureChecker 类提供的，这是对 BaseSignatureChecker 类的扩充。这个类里面有个成分就是 txTo，这就是个 CTransaction 指针，在创建 TransactionSignatureChecker 对象时就设置成指向交易请求的 CTransaction 结构。签名是对整个交易请求的签名。我们以前说过，对于签名对象的签名，实际上是对其 Hash 值的签名。反过来，要从签名及其签名对象中恢复出公钥，也得使用签名对象的 Hash 值。所以这里先通过 SignatureHash()获取这交易请求的 Hash 值，然后由 VerifySignature()加以验证。我们在讲述对交易请求的签名时看过 SignatureHash()这个函数的代码摘要，这里就不再重复。这个函数返回的是交易请求的 Hash 值 sighash，作为调用 VerifySignature()的参数之一。

最后对签名的验证是由 VerifySignature()进行的：

```
[EvalScript() > CheckSig() > VerifySignature()]

TransactionSignatureChecker::VerifySignature(std::vector<unsigned char>& vchSig,
                                             CPubKey& pubkey, uint256& sighash)
> return pubkey.Verify(sighash, vchSig)
    == CPubKey::Verify(uint256 &hash, std::vector<unsigned char>& vchSig)
>> if (!IsValid()) return false;        //先确认对方公钥自身合法有效
>> secp256k1_pubkey pubkey;     //创建一个空白的 secp256k1_pubkey 类对象 pubkey
>> secp256k1_ecdsa_signature sig;   //创建一个空白的 secp256k1_ecdsa_signature 类对象 sig
>> if (!secp256k1_ec_pubkey_parse(secp256k1_context_verify, &pubkey, &(*this)[0], size())) return false;
          //解析对方公钥的内容，将其转换到 secp256k1_pubkey 类对象 pubkey 中，如果失败就返回。
>> if (!ecdsa_signature_parse_der_lax(secp256k1_context_verify, &sig, vchSig.data(), vchSig.size()))
      return false;   //将对方提供的签名解析到 secp256k1_ecdsa_signature 类对象 sig 中，失败则返回。
    // libsecp256k1's ECDSA verification requires lower-S signatures, which have not historically
    // been enforced in Bitcoin, so normalize them first.
>> secp256k1_ecdsa_signature_normalize(secp256k1_context_verify, &sig, &sig);
     //end CPubKey:: Verify(), end VerifySignature()
>> return secp256k1_ecdsa_verify(secp256k1_context_verify, &sig, hash.begin(), &pubkey)
```

到了 secp256k1 这一层，就没有必要再往下追了，bitcoin-master 的代码中并没有提供 secp256k1_ecdsa_verify()的源代码，但那已是单纯的数学计算，对我们理解 CheckSig()的流程已经没有多大关系。这里涉及的原理就是，给定对方签名所覆盖内容的 Hash 值 hash，以及用对方私钥所做的签名 sig，可以计算出对方的公钥应该是什么，然后与对方提供的公钥比对，看其是否相符。在此过程中我们并不知道也无须知道对方的私钥究竟是什么。

限于篇幅，其余的指令就留给读者自己研读了。

2.6　新块的生成

前面讲了交易请求接受检验，包括通过执行脚本来检验其资金来源，并进入缓冲池 mempool 的过程。这样，在 mempool 的 mapTx 中就会积累起一批交易请求等待入块。然后，节点就可以为这些交易请求生成一个新块，并竞争新块的发布权。比特币源码中有个函数 CreateNewBlock()，就是用来生成新块。这个函数本有两个参数，但是第二个参数缺省为 true，所以调用的时候一般只给一个参数，就是一个 Coinbase 脚本。至于需要入块的交易请求，则 CreateNewBlock()自会从 mapTx 中收集：

```
BlockAssembler::CreateNewBlock(const CScript& scriptPubKeyIn, bool fMineWitnessTx)
> int64_t nTimeStart = GetTimeMicros();
> resetBlock()   //一些参数的复原
> pblocktemplate.reset(new CBlockTemplate())
        //创建一个 CBlockTemplate 对象，并使指针 pblocktemplate 指向这个对象。
        //内含 block、vTxFees、vTxSigOpsCost、vchCoinbaseCommitment 等成分，用于辅助创建 block。
> if(!pblocktemplate.get()) return nullptr            //如果创建失败就返回空指针
> pblock = &pblocktemplate->block;   // CBlockTemplate 的主体是个 CBlock 对象
> // Add dummy coinbase tx as first transaction
> pblock->vtx.emplace_back();   // pblock->vtx 就是块身中的交易请求向量，加以初始化。
> pblocktemplate->vTxFees.push_back(-1); // updated at end，CBlockTemplate::vTxFees 是个 CAmount 向量
> pblocktemplate->vTxSigOpsCost.push_back(-1);      // CBlockTemplate:: vTxSigOpsCost 是个 int64_t 向量

> CBlockIndex* pindexPrev = chainActive.Tip();    //使块索引指针 pindexPrev 指向活跃块链的顶部元素
> nHeight = pindexPrev->nHeight + 1;   //下一个块在链中的高度将是当前高度加 1
> pblock->nVersion = ComputeBlockVersion(pindexPrev, chainparams.GetConsensus());
> // -regtest only: allow overriding block.nVersion with -blockversion=N to test forking scenarios
> if (chainparams.MineBlocksOnDemand())    // 取决于 fMineBlocksOnDemand
>+ pblock->nVersion = gArgs.GetArg("-blockversion", pblock->nVersion);
> pblock->nTime = GetAdjustedTime();
> int64_t nMedianTimePast = pindexPrev->GetMedianTimePast(); //计算过去一段时间内的发块间隔中值
> useMedian = STANDARD_LOCKTIME_VERIFY_FLAGS & LOCKTIME_MEDIAN_TIME_PAST
> nLockTimeCutoff = useMedian? nMedianTimePast : pblock->GetBlockTime();
         // nLockTimeCutoff 用于确定带有锁定时间的 Tx 是否已经到了 Final，即可以入块的时候。
         // nMedianTimePast 是既往实际出块时间的中位值，pblock->GetBlockTime()是法定的出块时间。
  // Decide whether to include witness transactions. This is only needed in case the witness softfork activation is
  // reverted (which would require a very deep reorganization) or when -promiscuousmempoolflags is used.
  // TODO: replace this with a call to main to assess validity of a mempool transaction (which in most cases
  // can be a no-op).
> fIncludeWitness = IsWitnessEnabled(pindexPrev, chainparams.GetConsensus()) && fMineWitnessTx;
>> state = VersionBitsState(pindexPrev, params, Consensus::DEPLOYMENT_SEGWIT, versionbitscache)
>> return (state == THRESHOLD_ACTIVE)   //是否启用 SegWit 取决于软件的版本。
            //这个 fIncludeWitness，即 BlockAssembler::fIncludeWitness，会被 addPackageTxs()用到。
> int nPackagesSelected = 0;
> int nDescendantsUpdated = 0;
> addPackageTxs(nPackagesSelected, nDescendantsUpdated)
                                    //将积累在 mempool 中已经验证的交易请求加入新块。
> int64_t nTime1 = GetTimeMicros();
```

```
> nLastBlockTx = nBlockTx;        // addPackageTxs()会设置 BlockAssembler:: nBlockTx 的数值
> nLastBlockWeight = nBlockWeight;    //同样，BlockAssembler:: nBlockWeight 也是。

  // Create coinbase transaction，创建 Coinbase 交易记录（每个块都有一个），用来获取挖矿胜出的奖励。
> CMutableTransaction coinbaseTx;     //为 Coinbase 创建一个 CMutableTransaction 对象
> coinbaseTx.vin.resize(1);                  //只有一项来源
> coinbaseTx.vin[0].prevout.SetNull()    //Coinbase 只有一个输入，暂时先设成 null。
> coinbaseTx.vout.resize(1)    // Coinbase 只有一个输出，就是付给挖矿者。
> coinbaseTx.vout[0].scriptPubKey = scriptPubKeyIn    //招领脚本也由挖矿者自己提供，付给自己的公钥。
> coinbaseTx.vout[0].nValue = nFees + GetBlockSubsidy(nHeight, chainparams.GetConsensus());
      //付给挖矿者自己的金额，GetBlockSubsidy()就是那 50 或 25 个比特币，nFees 来自各 Tx 的付费。
> coinbaseTx.vin[0].scriptSig = CScript() << nHeight << OP_0;    //这是 Coinbase 形式上的认领脚本
      //按说 Coinbase 相当于印钞，无须资金来源。但是这里利用其 vin[0]的认领脚本承载一些额外信息，
      //其中第一项是块链高度，相当于块号，然后是 0。
> pblock->vtx[0] = MakeTransactionRef(std::move(coinbaseTx));    //将 coinbaseTx 设成本块的第一个 Tx。
> pblocktemplate->vchCoinbaseCommitment =
                      GenerateCoinbaseCommitment(*pblock, pindexPrev, chainparams.GetConsensus());
                        //启用 SegWit 以后，需要卡住各 Tx 输入端各个 UTXO 的见证。详见后述。
> pblocktemplate->vTxFees[0] = -nFees;

  // Fill in header，填写块头：
> pblock->hashPrevBlock    = pindexPrev->GetBlockHash();     //先前块的 Hash 值，“链”就是这样构成的。
> UpdateTime(pblock, chainparams.GetConsensus(), pindexPrev)    //时间标记
> pblock->nBits = GetNextWorkRequired(pindexPrev, pblock, chainparams.GetConsensus())
        //设置下一块的挖矿难度要求即前导 0 位的个数。因为共识的存在，每个节点算得的难度是一样的。
> pblock->nNonce = 0;    //先把 nNonce 设成 0，准备“挖矿”。
> pblocktemplate->vTxSigOpsCost[0] =
                          WITNESS_SCALE_FACTOR * GetLegacySigOpCount(*pblock->vtx[0]);
> CValidationState state;
> if (!TestBlockValidity(state, chainparams, *pblock, pindexPrev, false, false)) {    //测试该新建块的合规性
          throw std::runtime_error(strprintf("%s: TestBlockValidity failed: %s", ...));
> }
> return std::move(pblocktemplate);    //返回 pblocktemplate 的内容，std::move()见 C++11，在这里可以忽略。
```

要创建想要发布的新块，首先当然是把已经积累在 mempool 的 mapTx 中的那些经过检验的交易请求填写进去，并加上作为挖矿胜出奖励的 Coinbase“交易”。函数 addPackageTxs() 的作用就是从 mempool 把交易请求填写到有待发布的块中，不过这倒也并非简单地把 mempool 中的交易请求照搬到新块中，里面也有许多考虑，主要与费率有关，这里就不深入

进去了。除来自 mempool 的交易请求之外，每个块中的第一个“交易”一定是 Coinbase，这就是对挖矿成功的奖励加上从各个交易请求抽取的费用。这个钱来自比特币的发行机制，来自所有参与者的“共识”，而并非来自某一笔上游交易，所以 Coinbase 无所谓 prevout，也不需要提供认领脚本，这就可以把原来用于认领脚本的空间挪作他用，用来记录块号，表示这是哪一个块的 Coinbase。不过这里要说明一下，Coinbase 带来的收入是因发布新块成功而来的，然而所发布的新块有可能受到挑战而发生分叉，最后有可能是别的节点胜出，所以 Coinbase 所带来的 UTXO 是不能马上就被花费的。

在启用 SegWit 之前，至此就已经可以了，但是 SegWit 的启用带来了新的问题。我们知道，块头中的 hashMerkleRoot 是对于块身中所有交易记录 Hash 值的 Merkle 树根，而各项资金来源的认领脚本即 scriptSig 就是交易记录的一部分，这包括在交易记录 Hash 值的计算中，从而就被 hashMerkleRoot 卡住而不可更改。可是有了 SegWit 之后在代表着资金来源的 CTxIn 结构中增加了一个 scriptWitness 字段，用来提供“见证脚本”，该见证脚本是不纳入 CTransaction 的串行化和 Hash 计算的，所以也需要有个类似的机制来卡住这些见证脚本。正如 BIP141 所述，有了 SegWit 之后，每个交易就有了两个不同的 ID。一个是原来的 TxID，这并未改变；另一个是包括见证脚本在内的 Hash 值，不妨称之为 WTxID。既然如此，自然就可以形成两个不同的 Merkle 树，两个数根。但是块头的格式已经定了，不宜改变，那把这另一个树根记录在什么地方呢？BIP141 提议的方法是把它当作一个招领脚本放在 Coinbase 的输出方，称为 commitment。

所以下面调用 GenerateCoinbaseCommitment()，其作用就是要确认块中是否有 commitment，然后如果已经启用 SegWit 而没有创建 commiment 就加以创建。

```
[CreateNewBlock() > GenerateCoinbaseCommitment()]

GenerateCoinbaseCommitment(CBlock& block, const CBlockIndex* pindexPrev,
                                        const Consensus::Params& consensusParams)
> std::vector<unsigned char> commitment;   //所谓 Commitment，也称 WitnessCommitment，
        //就是本块内各 Tx 含 Witness 的 Hash 值的 Merkle 树的根节点（是一 256 位 Hash 值）
        //类同块头中的 hashMerkleRoot，即由各 Tx 不含 Witness 的 Hash 值构成的 Merkle 树的根节点.
> int commitpos = GetWitnessCommitmentIndex(block)   //在 Coinbase 中寻找 commitment，展开如下：
>> int commitpos = -1;
>> if (!block.vtx.empty()) {   //块身非空，有交易记录存在：
>>+ for (size_t o = 0; o < block.vtx[0]->vout.size(); o++) {        //扫描 Coinbase 各项输出的招领脚本
>>++ if (block.vtx[0]->vout[o].scriptPubKey.size() >= 38 &&       //如果该脚本的长度不小于 38 字节，并且：
        block.vtx[0]->vout[o].scriptPubKey[0] == OP_RETURN &&   //其第一个操作码为 OP_RETURN
        block.vtx[0]->vout[o].scriptPubKey[1] == 0x24 &&        //长度为 36 个字节
        block.vtx[0]->vout[o].scriptPubKey[2] == 0xaa &&
        block.vtx[0]->vout[o].scriptPubKey[3] == 0x21 &&
        block.vtx[0]->vout[o].scriptPubKey[4] == 0xa9 &&
```

```
            block.vtx[0]->vout[o].scriptPubKey[5] == 0xed) { commitpos = o; }   //这就是 commitment 的开头
>>+ }   //end for (size_t o = 0; o < block.vtx[0]->vout.size(); o++)
>> }   //end if (!block.vtx.empty())
>> return commitpos   //end GetWitnessCommitmentIndex()
      // 返回的 commitpos 为用于 Coinbase 输出数组中的下标，该输出的招领脚本为 WitnessCommitment，
      // 如果没有就返回-1。
> std::vector<unsigned char> ret(32, 0x00);   //创建一个 32 字节的空白向量
> if (consensusParams.vDeployments[Consensus::DEPLOYMENT_SEGWIT].nTimeout != 0) {   //支持 SegWit:
>+ if (commitpos == -1) {   //如果 Coinbase 的输出数组中尚无 WitnessCommitment 就加上：
>++ uint256 witnessroot = BlockWitnessMerkleRoot(block, nullptr);
            //计算块内各 Tx 带 Witness 的 Hash 值 Merkle 树及其根节点（是一 256 位 Hash 值）
>++ CHash256().Write(witnessroot.begin(), 32).Write(ret.data(), 32).Finalize(witnessroot.begin());
     //构造一个 witness commitment：
>++ CTxOut out;          //创建一个空白的 CTxOut 结构，用来构造 witness commitment
>++ out.nValue = 0;      //这个 UTXO 的金额是 0
>++ out.scriptPubKey.resize(38);        //总长度为 38 字节
>++ out.scriptPubKey[0] = OP_RETURN;
>++ out.scriptPubKey[1] = 0x24;         //数据长度为 36 字节，即 4 字节的头，加上 32 字节的 Hash 值。
>++ out.scriptPubKey[2] = 0xaa;
>++ out.scriptPubKey[3] = 0x21;
>++ out.scriptPubKey[4] = 0xa9;
>++ out.scriptPubKey[5] = 0xed;
>++ memcpy(&out.scriptPubKey[6], witnessroot.begin(), 32);   //头部以后是 32 字节的 witnessroot
>++ commitment = std::vector<unsigned char>(out.scriptPubKey.begin(), out.scriptPubKey.end());
>++ CMutableTransaction tx(*block.vtx[0]);   //将 Coinbese 交易转化成可写模式
>++ tx.vout.push_back(out);   //把上面构造好的 CTxOut 项写入 Coinbase 的 vout 数组中
>++ block.vtx[0] = MakeTransactionRef(std::move(tx));   //把带有 commitment 的 Coinbase 正式写到了块中
         //于是，块中 Coinbase 交易输出端的最后一个招领脚本就是一条 OP_RETURN 指令，
         //其内容就是块内所有交易含见证脚本的 Hash 值的 Merkel 树根，这就叫 commitment。
>+ }   //end if (commitpos == -1)
> }   //end if (consensusParams.vDeployments[Consensus::DEPLOYMENT_SEGWIT].nTimeout != 0)
> UpdateUncommittedBlockStructures(block, pindexPrev, consensusParams);   //展开如下：
>> int commitpos = GetWitnessCommitmentIndex(block);   //再在块中找到 WitnessCommitment 的下标
>> static const std::vector<unsigned char> nonce(32, 0x00);   //32 个 0 字节，用作一个空白的 scriptWitness
>> if (commitpos!= -1 && IsWitnessEnabled(pindexPrev, consensusParams) && !block.vtx[0]->HasWitness()) {
      //有 WitnessCommitment，也已启用 SegWit，但 Coinbase 中没有 Witness （scriptWitness 为 null），
      //此时要为 Coinbase 伪造一个内容为全 0 的 scriptWitness：
>>+ CMutableTransaction tx(*block.vtx[0]);    //为原来的 Coinbase 复制一个副本
```

```
>>+ tx.vin[0].scriptWitness.stack.resize(1);        //将副本中 vin[0].scriptWitness 的 stack 大小设成 1
>>+ tx.vin[0].scriptWitness.stack[0] = nonce;       //把 nonce 写入该 scriptWitness 的 stack[0]
>>+ block.vtx[0] = MakeTransactionRef(std::move(tx));  //将此副本转正变成本块的 Coinbase
>> }   //end if (commitpos!= -1 && …
> return commitment;
```

当然，如果没有启用 SegWit，那么这些操作就会被跳过或没有什么作用，就好像 scriptWitness 不存在一样，当然实际上也不会被使用。

准备好一个新块之后，先要自己通过 TestBlockValidity()做一下块的合规性测试。

```
[CreateNewBlock() > TestBlockValidity()]

TestBlockValidity(CValidationState& state, const CChainParams& chainparams,
          const CBlock& block, CBlockIndex* pindexPrev, bool fCheckPOW, bool fCheckMerkleRoot)
> assert(pindexPrev && pindexPrev == chainActive.Tip())  //确认 pindexPrev 所指的先前块就是当前的链顶
> CCoinsViewCache viewNew(pcoinsTip.get())  //以当前块链为后端，创建 CCoinsViewCache 对象 viewNew
> uint256 block_hash(block.GetHash())       //计算该块的（256 位）Hash 值
> CBlockIndex indexDummy(block)            //为其创建一个块索引
> indexDummy.pprev = pindexPrev;           //设置该索引的前导块指针 pprev
> indexDummy.nHeight = pindexPrev->nHeight + 1;   //设置该索引的当前高度，即块号
> indexDummy.phashBlock = &block_hash;       //设置该索引的 Hash 值指针 phashBlock
  //然后检查和测试：
> ok = ContextualCheckBlockHeader(block, state, chainparams, pindexPrev, GetAdjustedTime())
                                        //这是一些与共识、版本和时间有关的检验
> if (!ok) return error("%s: Consensus::ContextualCheckBlockHeader: %s", …);
> ok = CheckBlock(block, state, chainparams.GetConsensus(), fCheckPOW, fCheckMerkleRoot)
                                 // CheckBlockHeader()是在 CheckBlock()内部调用的
> if (!ok) return error("%s: Consensus::CheckBlock: %s", __func__, FormatStateMessage(state));
> ok = ContextualCheckBlock(block, state, chainparams.GetConsensus(), pindexPrev)
> if (!ok) return error("%s: Consensus::ContextualCheckBlock: %s", __func__, FormatStateMessage(state));
> ok = g_chainstate.ConnectBlock(block, state, &indexDummy, viewNew, chainparams, true)
> if (!ok) return false;
> assert(state.IsValid());
> return true;   //Ok，本块经检验合规。
```

一些小的检验和设置就不说了，这里先说 ContextualCheckBlockHeader()。Contextual 是与前后脉络有关的意思。什么脉络呢？从代码中看，这主要是在说参考设计的版本与 BIP 的进展脉络。具体 BIP 生效时的块链高度是事先有共识的，这样才能让这 BIP 在所有的节点上

同时生效。此外，有些 BIP 的启用伴随着版本号的升级，有些则没有。于是块的高度与版本号之间就有了某种联系。所谓 Contextual，应该主要就是指这个。

```
[CreateNewBlock() > TestBlockValidity() > ContextualCheckBlockHeader()]

ContextualCheckBlockHeader(const CBlockHeader& block, CValidationState& state,
            const CChainParams& params, const CBlockIndex* pindexPrev, int64_t nAdjustedTime)
> assert(pindexPrev != nullptr);
> const int nHeight = pindexPrev->nHeight + 1;
> // Check proof of work
> const Consensus::Params& consensusParams = params.GetConsensus();   //获取共识参数
> if (block.nBits != GetNextWorkRequired(pindexPrev, &block, consensusParams))
        //块中的 nBits 为 Hash 值中前导 0 的位数，反映了“挖矿”难度，应与计算所得的难度要求相符。
    return state.DoS(100, false, REJECT_INVALID, "bad-diffbits", false, "incorrect proof of work");
> // Check against checkpoints
> if (fCheckpointsEnabled) {   //如果启用了校验点，即 Checkpoints 的机制：
>+ // Don't accept any forks from the main chain prior to last checkpoint. GetLastCheckpoint finds the
    // last checkpoint in MapCheckpoints that's in our MapBlockIndex.
>+ CBlockIndex* pcheckpoint = Checkpoints::GetLastCheckpoint(params.Checkpoints())
                                                            //找到最近的那个 Checkpoint
>+ if (pcheckpoint && nHeight < pcheckpoint->nHeight)   //本块的高度小于作为校验点的那个块的高度
      return state.DoS(100, error("%s: forked chain older than last checkpoint (height %d)", __func__, nHeight),
                        REJECT_CHECKPOINT, "bad-fork-prior-to-checkpoint");
> }    //end f (fCheckpointsEnabled)

> if (block.GetBlockTime() <= pindexPrev->GetMedianTimePast())   //本块的时间标记早于前一块
    return state.Invalid(false, REJECT_INVALID, "time-too-old", "block's timestamp is too early");
> if (block.GetBlockTime() > nAdjustedTime + MAX_FUTURE_BLOCK_TIME)   //本块的时间标记太超前
    return state.Invalid(false, REJECT_INVALID, "time-too-new", "block timestamp too far in the future");
> // Reject outdated version blocks when 95% (75% on testnet) of the network has upgraded:
> // check for version 2, 3 and 4 upgrades
> if((block.nVersion < 2 && nHeight >= consensusParams.BIP34Height) ||
        (block.nVersion < 3 && nHeight >= consensusParams.BIP66Height) ||
        (block.nVersion < 4 && nHeight >= consensusParams.BIP65Height))
    //第 2 版只能是在 BIP34 生效的那个块号之后，第 3 版只能是在 BIP66 生效的那个块号之后，余类推。
>+ return state.Invalid(false, REJECT_OBSOLETE, strprintf("bad-version(0x%08x)", block.nVersion),
                                    strprintf("rejected nVersion=0x%08x block", block.nVersion));
> return true;
```

以对块头所载的时间标记以及与先前块时间的比较而言，这就是与上下文有关的 Contextual 检验。另外，块头中所载的版本号是与一些 BIP 的实施有关的，而每个 BIP 的实施和启用都有当时的块链高度，这也是对版本号是否合理的检验。

下一项检验是 CheckBlock()，注意从前面 CreateNewBlock()调用下来时所给的参数 fCheckPOW 和 fCheckMerkleRoot 都是 false：

[CreateNewBlock() > TestBlockValidity() > CheckBlock()]

```
CheckBlock(const CBlock& block, CValidationState& state, const Consensus::Params& consensusParams,
                                                    bool fCheckPOW, bool fCheckMerkleRoot)
> // These are checks that are independent of context.
> if (block.fChecked) return true   //这个块已经检查过了，通过。
> // Check that the header is valid (particularly PoW). This is mostly redundant with the call in AcceptBlockHeader.
> ok = CheckBlockHeader(block, state, consensusParams, fCheckPOW)     //对 POW 即挖矿是否成功的检验
>> if (fCheckPOW && !CheckProofOfWork(block.GetHash(), block.nBits, consensusParams))
    // CheckProofOfWork()详见后面“挖矿”，检查该块的 Hash 值是否满足由 nBits 所给定的条件。
    return state.DoS(50, false, REJECT_INVALID, "high-hash", false, "proof of work failed");
>> return true   //由于参数 fCheckPOW 在这里是 false，对 POW 的检验会被跳过，返回 true。
> if (!ok) return false;
> // Check the merkle root.
> if (fCheckMerkleRoot) {
>+ bool mutated;
>+ uint256 hashMerkleRoot2 = BlockMerkleRoot(block, &mutated);   //计算所含全部 Tx 的 MerkleRoot。
>+ if (block.hashMerkleRoot != hashMerkleRoot2)   //然后与块头中所载的.hashMerkleRoot 相比较
    return state.DoS(100, false, REJECT_INVALID, "bad-txnmrklroot", true, "hashMerkleRoot mismatch");
>+ // Check for merkle tree malleability (CVE-2012-2459): repeating sequences
>+ // of transactions in a block without affecting the merkle root of a block, while still invalidating it.
>+ if (mutated) return state.DoS(100, false, REJECT_INVALID,"bad-txns-duplicate",true, "duplicate transaction")
> }   //end if (fCheckMerkleRoot)

> // All potential-corruption validation must be done before we do any transaction validation, as otherwise we may
> // mark the header as invalid because we receive the wrong transactions for it. Note that witness malleability is
> // checked in ContextualCheckBlock, so no checks that use witness data may be performed here.

> SizeLimit = ::GetSerializeSize(block, SER_NETWORK,
                        PROTOCOL_VERSION | SERIALIZE_TRANSACTION_NO_WITNESS)
> if (block.vtx.empty() || block.vtx.size() * WITNESS_SCALE_FACTOR > MAX_BLOCK_WEIGHT ||
      SizeLimit * WITNESS_SCALE_FACTOR > MAX_BLOCK_WEIGHT)   //对区块长度和重量的检验
```

```
>+ return state.DoS(100, false, REJECT_INVALID, "bad-blk-length", false, "size limits failed");

> // First transaction must be coinbase, the rest must not be
> if (block.vtx.empty() || !block.vtx[0]->IsCoinBase())   //如果块中没有 Tx，或者第一个 Tx 不是 Coinbase：
    return state.DoS(100, false, REJECT_INVALID, "bad-cb-missing", false, "first tx is not coinbase");
> for (unsigned int i = 1; i < block.vtx.size(); i++)   //从第二个 Tx 开始扫描：
>+ if (block.vtx[i]->IsCoinBase())    //如果又有任何一个 Tx 是 Coinbase：
      return state.DoS(100, false, REJECT_INVALID, "bad-cb-multiple", false, "more than one coinbase");

> // Check transactions
> for (const auto& tx : block.vtx)   //对本块中的每个 Tx 调用 CheckTransaction()：
>+ if (!CheckTransaction(*tx, state, false))      //这是对单个交易记录的检验
      return state.Invalid(false, state.GetRejectCode(), state.GetRejectReason(),
        strprintf("Transaction check failed (tx hash %s) %s", tx->GetHash().ToString(), state.GetDebugMessage()));
> unsigned int nSigOps = 0;
> for (const auto& tx : block.vtx) nSigOps += GetLegacySigOpCount(*tx);   //计算用于签名操作的总开销
> if (nSigOps * WITNESS_SCALE_FACTOR > MAX_BLOCK_SIGOPS_COST)   //总开销不得过大
    return state.DoS(100, false, REJECT_INVALID, "bad-blk-sigops", false, "out-of-bounds SigOpCount");
> if (fCheckPOW && fCheckMerkleRoot) block.fChecked = true;
> return true;
```

这个函数不是专为 CreateNewBlock()而设计的，节点在接收到一个块的时候也要对其调用这个函数加以检验。但是从 CreateNewBlock()调用下来时所给的参数 fCheckPOW 和 fCheckMerkleRoot 都是 false，所以这里会跳过对 POW 即挖矿是否成功的检验和对于 Merkle 树的检验。于是这里对所生成 Block 的检验就局限于这个函数中后面的那些检验。其中最重要的就是对块中各个交易记录的检验，即 CheckTransaction()：

```
[CreateNewBlock() > TestBlockValidity() > CheckTransaction()]

CheckTransaction(const CTransaction& tx, CValidationState &state, bool fCheckDuplicateInputs)
> // Basic checks that don't depend on any context
> if (tx.vin.empty()) return state.DoS(10, false, REJECT_INVALID, "bad-txns-vin-empty");
> if (tx.vout.empty()) return state.DoS(10, false, REJECT_INVALID, "bad-txns-vout-empty");
> // Size limits (this doesn't take the witness into account, as that hasn't been checked for malleability)
> if (::GetSerializeSize(tx,
        SER_NETWORK, PROTOCOL_VERSION | SERIALIZE_TRANSACTION_NO_WITNESS)
        * WITNESS_SCALE_FACTOR > MAX_BLOCK_WEIGHT)   //交易记录的重量太大。
    return state.DoS(100, false, REJECT_INVALID, "bad-txns-oversize");
```

```
> // Check for negative or overflow output values
> CAmount nValueOut = 0;
> for (const auto& txout : tx.vout){  //逐项检查该交易的各项付出的金额，不得为负，也不得过大：
>+ if (txout.nValue < 0) return state.DoS(100, false, REJECT_INVALID, "bad-txns-vout-negative");  //不得为负
>+ if (txout.nValue > MAX_MONEY) return state.DoS(100,false, REJECT_INVALID, "bad-txns-vout-toolarge")
>+ nValueOut += txout.nValue;  //计算付方累计金额，不得越出范围。
>+ if (!MoneyRange(nValueOut)) return state.DoS(100, false, REJECT_INVALID, "bad-txns-txouttotal-toolarge")
> }
> // Check for duplicate inputs - note that this check is slow so we skip it in CheckBlock
> if (fCheckDuplicateInputs) {  //检查资金来源是否重复：
>+ std::set<COutPoint> vInOutPoints;
>+ for (const auto& txin : tx.vin){
>++ if (!vInOutPoints.insert(txin.prevout).second)
      return state.DoS(100, false, REJECT_INVALID, "bad-txns-inputs-duplicate");
>+ }
> }
> if (tx.IsCoinBase()){  //Coinbase 的 scriptSig 的大小在 2 和 100 之间
>+ if (tx.vin[0].scriptSig.size() < 2 || tx.vin[0].scriptSig.size() > 100)
     return state.DoS(100, false, REJECT_INVALID, "bad-cb-length");
> } else {
>+ for (const auto& txin : tx.vin)  //非 Coinbase 交易的每项资金来源都不得为空
>++ if (txin.prevout.IsNull()) return state.DoS(10, false, REJECT_INVALID, "bad-txns-prevout-null");
> }
> return true;
```

代码摘要中已经加了注释，这里就不多说了。

回到上一层 TestBlockValidity()，下一项检验是 ContextualCheckBlock()。

[CreateNewBlock() > TestBlockValidity() > ContextualCheckBlock()]

```
ContextualCheckBlock(const CBlock& block, CValidationState& state,
                     const Consensus::Params& consensusParams, const CBlockIndex* pindexPrev)
> const int nHeight = pindexPrev == nullptr ? 0 : pindexPrev->nHeight + 1;
                     //如果 pindexPrev 是空指针，nHeight 就是 0；否则就是先前高度加 1。
> // Start enforcing BIP113 (Median Time Past) using versionbits logic.
  //BIP113 规定在锁定延迟到点的判断中以过去 11 个块的时间中值取代当前块的时间：
> int nLockTimeFlags = 0;
```

```
> state = VersionBitsState(pindexPrev, consensusParams, Consensus::DEPLOYMENT_CSV, versionbitscache)
> if (state == THRESHOLD_ACTIVE) { nLockTimeFlags |= LOCKTIME_MEDIAN_TIME_PAST; }
> int64_t nLockTimeCutoff = (nLockTimeFlags & LOCKTIME_MEDIAN_TIME_PAST) ?
                                              pindexPrev->GetMedianTimePast() : block.GetBlockTime();
> // Check that all transactions are finalized
> for (const auto& tx : block.vtx) {                     //对块中的每一个 Tx，检查其延迟是否已经到点：
>+ if (!IsFinalTx(*tx, nHeight, nLockTimeCutoff))      //有锁定延迟而尚未到点的交易不得入块
>++ return state.DoS(10, false, REJECT_INVALID, "bad-txns-nonfinal", false, "non-final transaction");
> }    //end for (const auto& tx : block.vtx)

> // Enforce rule that the coinbase starts with serialized block height
> if (nHeight >= consensusParams.BIP34Height) {   //BIP34 规定把块的高度写入 Coinbase 的 vin[0].scriptSig
>+ CScript expect = CScript() << nHeight;
>+ if (block.vtx[0]->vin[0].scriptSig.size() < expect.size() ||
                 !std::equal(expect.begin(), expect.end(), block.vtx[0]->vin[0].scriptSig.begin())) {
>++ return state.DoS(100, false, REJECT_INVALID,"bad-cb-height", false, "block height mismatch in coinbase");
>+ }
> }    //end if (nHeight >= consensusParams.BIP34Height)

> // Validation for witness commitments.
> // * We compute the witness hash (which is the hash including witnesses) of all the block's transactions,
  //   except the coinbase (where 0x0000....0000 is used instead).
  // * The coinbase scriptWitness is a stack of a single 32-byte vector, containing a witness nonce (unconstrained).
  // * We build a merkle tree with all those witness hashes as leaves (similar to the hashMerkleRoot
  //   in the block header).
  // * There must be at least one output whose scriptPubKey is a single 36-byte push, the first 4 bytes of which are
  //   {0xaa, 0x21, 0xa9, 0xed}, and the following 32 bytes are SHA256^2(witness root, witness nonce).
  //   In case there are multiple, the last one is used.
> bool fHaveWitness = false;   //先假定没有 witness
> stat = VersionBitsState(pindexPrev, consensusParams, Consensus::DEPLOYMENT_SEGWIT, versionbitscache)
> if ( stat == THRESHOLD_ACTIVE) {
>+ int commitpos = GetWitnessCommitmentIndex(block);   //获取 WitnessCommitment 所在的位置
>+ if (commitpos != -1) {   //如果 Commitment 存在，就需要检验：
>++ bool malleated = false;
>++ uint256 hashWitness = BlockWitnessMerkleRoot(block, &malleated);   //见后
      //另行创建一个包含见证脚本的 Merkle 树以获取其树根。用来与 commitment 的内容比对。
>++ // The malleation check is ignored; as the transaction tree itself already does not permit it, it is impossible
     // to trigger in the witness tree.
```

```
>++ if (block.vtx[0]->vin[0].scriptWitness.stack.size() != 1 ||
            block.vtx[0]->vin[0].scriptWitness.stack[0].size() != 32) {
>+++ return state.DoS(100, false, REJECT_INVALID, "bad-witness-nonce-size", true,
                              strprintf("%s : invalid witness nonce size", __func__));
>++ }
>++ CHash256().Write(hashWitness.begin(), 32)
            .Write(&block.vtx[0]->vin[0].scriptWitness.stack[0][0], 32).Finalize(hashWitness.begin());
        //计算 hashWitness 和 block.vtx[0]->vin[0].scriptWitness.stack[0]的 Hash 值，结果写回 hashWitness

>++ if (memcmp(hashWitness.begin(), &block.vtx[0]->vout[commitpos].scriptPubKey[6], 32)) {   //按字节比对
>+++ return state.DoS(100, false, REJECT_INVALID, "bad-witness-merkle-match", true,
                              strprintf("%s : witness merkle commitment mismatch", __func__));
>++ }
>++ fHaveWitness = true;   //既然 witness commitment 存在并且正确无误，就认为本块带有 witness 信息。
>+ }   //end if (commitpos != -1)
> }   //end if (VersionBitsState(…))

> // No witness data is allowed in blocks that don't commit to witness data, as this would otherwise
  // leave room for spam
> if (!fHaveWitness) {   //既然块中无 witness commitment，那么所有的 Tx 都不应该有见证脚本：
>+ for (const auto& tx : block.vtx) {
>++ if (tx->HasWitness()) return state.DoS(100, false, REJECT_INVALID, "unexpected-witness", true,
                              strprintf("%s : unexpected witness data found", __func__));
>+ }   //end for (const auto& tx : block.vtx)
> }   //end if (!fHaveWitness)
> // After the coinbase witness nonce and commitment are verified, we can check if the block weight passes
  // (before we've checked the coinbase witness, it would be possible for the weight to be too large by filling up the
  // coinbase witness, which doesn't change the block hash, so we couldn't mark the block as permanently failed).
> if (GetBlockWeight(block) > MAX_BLOCK_WEIGHT)   //块的“重量”不能超标
    return state.DoS(100, false,
                REJECT_INVALID, "bad-blk-weight", false, strprintf("%s : weight limit failed", __func__));
> return true;
```

在比特币网的发展历程中，SegWit 的采用是件大事。我们知道，交易请求中代表着资金来源的 CTxIn 数据结构定义因此而有了改变（所以是“硬分叉”），在结构中加了一项见证脚本 scriptWitness。可是这 scriptWitness 并不包含在用以构筑原有 Merkle 树的交易记录 Hash 值中，所以为保证 scriptWitness 的内容不可修改就要另外再构筑一个 Merkle 树，这次就把 scriptWitness 一起 Hash 进去，这个包含着见证信息的 Merkle 树根记载在一个称为 commitment

的成分中。所以，在上面的代码摘要中，如果块中存在 commitment，就通过 BlockWitnessMerkleRoot()另行计算一个包含 Witness 信息的 MerkleRoot，然后与记载在 commitment 中的 MerkleRoot 比对，以确定 commitment 的正确性。

[CreateNewBlock() > TestBlockValidity() > ContextualCheckBlock() > BlockWitnessMerkleRoot()]

```
BlockWitnessMerkleRoot(const CBlock& block, bool* mutated)
> std::vector<uint256> leaves;        //创建一个 Hash 值向量 leaves
> leaves.resize(block.vtx.size())     //块中有几个交易记录，leaves 向量中就会有几个元素。
> leaves[0].SetNull(); // The witness hash of the coinbase is 0.   //第一个元素对应着 Coinbase，所以是 Null。
> for (size_t s = 1; s < block.vtx.size(); s++) {
        //计算块中各交易记录的见证脚本 Hash 值，填入 leaves 向量的相应元素。
>+ leaves[s] = block.vtx[s]->GetWitnessHash();     //获取该 Tx 含有见证脚本的 Hash 值
      == CTransaction::GetWitnessHash()      //展开如下：
>+> if (!HasWitness()) { return GetHash(); }   //如果交易中不含 Witness，就取 Tx 的常规 Hash 值。
>+> return SerializeHash(*this, SER_GETHASH, 0);   //含 Witness，就取 Tx 含 Witness 在内的 Hash 值。
> }   //end for (size_t s = 1; s < block.vtx.size(); s++)
> return ComputeMerkleRoot(leaves, mutated);   //块中所有交易含见证脚本的 Hash 值的 Merkle 树根
```

Merkle 树的底层是所有的叶节点，一个叶节点就是一个交易记录 Tx 的 Hash 值，所以这里首先要在一个 for 循环中通过 GetWitnessHash()计算各个 Tx 的 Hash 值并将其填入向量 leaves 中。问题在于这样计算交易记录的 Hash 值。这里已把 GetWitnessHash()就地展开，我们可以看到：如果交易记录中不含见证信息（所有见证脚本均为空），那么其 Hash 值是通过 GetHash()获取的，此时的 Hash 计算不包括见证脚本；而如果交易记录中有交易信息，其 Hash 值就是由 SerializeHash(*this, SER_GETHASH, 0)加以计算，此时的 Hash 计算是包括见证脚本在内的。我们知道块头中记载着一个 MerkleRoot，那个 Merkle 树根的叶节点也是交易记录的 Hash 值，但那个 Hash 值的计算是把见证脚本排除在外的。而现在，则只有那些不带见证的交易记录才有那样的 Hash 值。

回到 ContextualCheckBlock()，摘要中已经加了不少注释，此处不再赘述。但是最后还需要确认，这个块发布出去之后是否能被连入块链。ConnectBlock()这个函数就是用来把一个新来的块连入块链。不过这里只是要测试一下，而不是真的要把它连入块链。所以这个函数的最后一个参数 fJustCheck 就是用来表明调用这个函数的意图：

[CreateNewBlock() > TestBlockValidity() > ConnectBlock()]

```
CChainState::ConnectBlock(const CBlock& block, CValidationState& state, CBlockIndex* pindex,
                    CCoinsViewCache& view, const CChainParams& chainparams, bool fJustCheck)
   // 参数 block 为需要入链的新块，pindex 指向该块的索引，
```

```
        // fJustCheck 为真表示仅为测试一下能否入链，而并非真要入链。
> assert(pindex);
> assert(*pindex->phashBlock == block.GetHash())   //验证用于索引的 Hash 值与该块的实际 Hash 值相符
> int64_t nTimeStart = GetTimeMicros();   //获取以微秒为单位的当前时间

  // Check it again in case a previous version let a bad block in
  // NOTE: We don't currently (re-)invoke ContextualCheckBlock() or ContextualCheckBlockHeader() here.
  // This means that if we add a new consensus rule that is enforced in one of those two functions, then we may
  // have let in a block that violates the rule prior to updating the software, and we would NOT be enforcing the
  // rule here. Fully solving upgrade from one software version to the next after a consensus rule change is
  // potentially tricky and issue-specific (see RewindBlockIndex()for one general approach that was used for
  // BIP 141 deployment). Also, currently the rule against blocks more than 2 hours in the future is enforced in
  // ContextualCheckBlockHeader(); we wouldn't want to re-enforce that rule here (at least until we make it
  // impossible for GetAdjustedTime() to go backward).

> if (!CheckBlock(block, state, chainparams.GetConsensus(), !fJustCheck, !fJustCheck))
          //见前述。最后两个参数为真分别表示需要检验 POW（即挖矿结果的有效性）和 MerkleRoot。
>+ return error("%s: Consensus::CheckBlock: %s", __func__, FormatStateMessage(state));

> // verify that the view's current state corresponds to the previous block
> uint256 hashPrevBlock = pindex->pprev == nullptr ?   uint256() : pindex->pprev->GetBlockHash();
            //获取先前块的 Hash 值。如果索引中指向先前块的指针为 null，则采用 256 位的 0 值。
> assert(hashPrevBlock == view.GetBestBlock());   //验证该先前块即为处于当前链顶的那个块
> // Special case for the genesis block, skipping connection of its transactions (its coinbase is unspendable)
> if (block.GetHash() == chainparams.GetConsensus().hashGenesisBlock) {   //如果新块是创世块：
>+ if (!fJustCheck) view.SetBestBlock(pindex->GetBlockHash());   //如果不是仅为测试，就真的入链。
>+ return true;   //返回。对于创世块没有什么要检验的。
> }
> nBlocksTotal++   //总块数递增加 1
> bool fScriptChecks = true;   //表示需要对脚本进行检验
> if (!hashAssumeValid.IsNull()) {   //如果从外部给定了一个可以认定为正确无误的块作为验证的起点：
>+ // We've been configured with the hash of a block which has been externally verified to have a valid history.
    // A suitable default value is included with the software and updated from time to time.
    //   Because validity relative to a piece of software is an objective fact these defaults can be easily reviewed.
    // This setting doesn't force the selection of any particular chain but makes validating some faster by
    //   effectively caching the result of part of the verification.
>+ BlockMap::const_iterator it = mapBlockIndex.find(hashAssumeValid);
                                                        //从块索引 Map 中找到指向该块的迭代项
```

```
>+ if (it != mapBlockIndex.end()) {   //要是找到了：
>++ if (it->second->GetAncestor(pindex->nHeight) == pindex &&   //该起点就是本块的直接下游，并且：
        pindexBestHeader->GetAncestor(pindex->nHeight) == pindex &&   //本块又是链顶块的直接上游，且：
        pindexBestHeader->nChainWork >= nMinimumChainWork) //链顶所代表的工作量不小于给定的最低值
      {
>+++ // This block is a member of the assumed verified chain and an ancestor of the best header.
        // The equivalent time check discourages hash power from extorting the network via DOS attack
        //    into accepting an invalid block through telling users they must manually set assumevalid.
        //    Requiring a software change or burying the invalid block, regardless of the setting, makes
        //    it hard to hide the implication of the demand.   This also avoids having release candidates
        //    that are hardly doing any signature verification at all in testing without having to
        //    artificially set the default assumed verified block further back.
        // The test against nMinimumChainWork prevents the skipping when denied access to any chain at
        //    least as good as the expected chain.

>+++ t = GetBlockProofEquivalentTime(*pindexBestHeader, *pindex,
                                                            *pindexBestHeader, chainparams.GetConsensus()
>+++ fScriptChecks = (t <= 60 * 60 * 24 * 7 * 2);   //如果这个时间小于两个星期，就设 fScriptChecks 为真。
>++ }   // if (it->second->GetAncestor(pindex->nHeight) …
>+ }   //end if (it != mapBlockIndex.end())
> }   //end if (!hashAssumeValid.IsNull())

> // Do not allow blocks that contain transactions which 'overwrite' older transactions, unless those are already
   // completely spent. If such overwrites are allowed, coinbases and transactions depending upon those can be
   // duplicated to remove the ability to spend the first instance -- even after being sent to another address.
   // See BIP30 and http://r6.ca/blog/20120206T005236Z.html for more information. This logic is not necessary for
   // memory pool transactions, as AcceptToMemoryPool already refuses previously-known transaction ids entirely.
   // This rule was originally applied to all blocks with a timestamp after March 15, 2012, 0:00 UTC. Now that the
   // whole chain is irreversibly beyond that time it is applied to all blocks except the two in the chain that violate it.
   // This prevents exploiting the issue against nodes during their initial block download.
> bool fEnforceBIP30 = !(
            (pindex->nHeight==91842 && pindex->GetBlockHash() ==
                uint256S("0x00000000000a4d0a398161ffc163c503763b1f4360639393e0e4c8e300e0caec")) ||
                (pindex->nHeight==91880 && pindex->GetBlockHash() ==
                uint256S("0x00000000000743f190a18c5577a3c2d2a1f610ae9601ac046a38084ccb7cd721")));

> // Once BIP34 activated it was not possible to create new duplicate coinbases and thus other than starting with
   // the 2 existing duplicate coinbase pairs, not possible to create overwriting txs. But by the time BIP34 activated,
```

```
// in each of the existing pairs the duplicate coinbase had overwritten the first before the first had been spent.
// Since those coinbases are sufficiently buried its no longer possible to create further duplicate transactions
// descending from the known pairs either. If we're on the known chain at height greater than where BIP34
// activated, we can save the db accesses needed for the BIP30 check. BIP34 requires that a block at height X
// (block X) has its coinbase scriptSig start with a CScriptNum of X (indicated height X).
// The above logic of no longer requiring BIP30 once BIP34 activates is flawed in the case that there is a block
// X before the BIP34 height of 227,931 which has an indicated height Y where Y is greater than X. The coinbase
// for block X would also be a valid coinbase for block Y, which could be a BIP30 violation. An exhaustive search
// of all mainnet coinbases before the BIP34 height which have an indicated height greater than the block height
// reveals many occurrences. The 3 lowest indicated heights found are 209,921, 490,897, and 1,983,702 and thus
// coinbases for blocks at these 3 heights would be the first opportunity for BIP30 to be violated.

> // The search reveals a great many blocks which have an indicated height greater than 1,983,702, so we simply
// remove the optimization to skip BIP30 checking for blocks at height 1,983,702 or higher. Before we reach that
// block in another 25 years or so, we should take advantage of a future consensus change to do a new and
// improved version of BIP34 that will actually prevent ever creating any duplicate coinbases in the future.
> static constexpr int BIP34_IMPLIES_BIP30_LIMIT = 1983702;

> // There is no potential to create a duplicate coinbase at block 209,921 because this is still before the BIP34
// height and so explicit BIP30 checking is still active.
> // The final case is block 176,684 which has an indicated height of 490,897. Unfortunately, this issue was not
// discovered until about 2 weeks before block 490,897 so there was not much opportunity to address this case
// other than to carefully analyze it and determine it would not be a problem. Block 490,897 was, in fact, mined
// with a different coinbase than block 176,684, but it is important to note that even if it hadn't been or is remined
// on an alternate fork with a duplicate coinbase, we would still not run into a BIP30 violation.
// This is because the coinbase for 176,684 is spent in block 185,956 in
// transactiond4f7fbbf92f4a3014a230b2dc70b8058d02eb36ac06b4a0736d9d60eaa9e8781.
// This spending transaction can't be duplicated because it also spends coinbase
// 0328dd85c331237f18e781d692c92de57649529bd5edf1d01036daea32ffde29. This coinbase has an indicated
// height of over 4.2 billion, and wouldn't be duplicatable until that height, and it's currently impossible to create a
// chain that long. Nevertheless we may wish to consider a future soft fork which retroactively prevents block
// 490,897 from creating a duplicate coinbase. The two historical BIP30 violations often provide a confusing edge
// case when manipulating the UTXO and it would be simpler not to have another edge case to deal with.

> // testnet3 has no blocks before the BIP34 height with indicated heights post BIP34 before approximately
// height 486,000,000 and presumably will be reset before it reaches block 1,983,702 and starts doing
// unnecessary BIP30 checking again.
> assert(pindex->pprev);
```

```
> CBlockIndex *pindexBIP34height = pindex->pprev->GetAncestor(chainparams.GetConsensus().BIP34Height);
> // Only continue to enforce if we're below BIP34 activation height or the block hash at that height
  // doesn't correspond.
> fEnforceBIP30 = fEnforceBIP30 && (!pindexBIP34height ||
                    !(pindexBIP34height->GetBlockHash() == chainparams.GetConsensus().BIP34Hash));

> // TODO: Remove BIP30 checking from block height 1,983,702 on, once we have a consensus change that
  // ensures coinbases at those heights can not duplicate earlier coinbases.
> if (fEnforceBIP30 || pindex->nHeight >= BIP34_IMPLIES_BIP30_LIMIT) {
                                          //如果要求 BIP30，或 BIP34 已经启用：
>+ for (const auto& tx : block.vtx) {  //对于本块中的每个 Tx：
>++ for (size_t o = 0; o < tx->vout.size(); o++) {  //扫描其所有资金输出：
>+++ if (view.HaveCoin(COutPoint(tx->GetHash(), o)))  //如果该项输出已经存在，那就是重复了。
        return state.DoS(100, error("ConnectBlock(): tried to overwrite transaction"),
                                                  REJECT_INVALID, "bad-txns-BIP30");
>++ }
>+ }  //end for (const auto& tx : block.vtx)
> }  //end if (fEnforceBIP30 || pindex->nHeight >= BIP34_IMPLIES_BIP30_LIMIT)

> // Start enforcing BIP68 (sequence locks) and BIP112 (CHECKSEQUENCEVERIFY) using versionbits logic.
> int nLockTimeFlags = 0;
> if (VersionBitsState(pindex->pprev, chainparams.GetConsensus(), Consensus::DEPLOYMENT_CSV,
                                          versionbitscache) == THRESHOLD_ACTIVE) {
>+ nLockTimeFlags |= LOCKTIME_VERIFY_SEQUENCE;  //这个标志位在检验 Tx 合规性时会被用到
> }
> // Get the script flags for this block
> unsigned int flags = GetBlockScriptFlags(pindex, chainparams.GetConsensus());
                                    //根据块号（高度）设置各种有关 BIP 实施的标志位
> CBlockUndo blockundo;
> CCheckQueueControl<CScriptCheck> control(fScriptChecks && nScriptCheckThreads ?
                    &scriptcheckqueue : nullptr)  //创建一个名为 control 的 CCheckQueueControl 对象
> std::vector<int> prevheights;
> CAmount nFees = 0;
> int nInputs = 0;
> int64_t nSigOpsCost = 0;
> blockundo.vtxundo.reserve(block.vtx.size() - 1);
> std::vector<PrecomputedTransactionData> txdata;  // txdata 是一个 PrecomputedTransactionData 向量
> txdata.reserve(block.vtx.size());
```

```
        // Required so that pointers to individual PrecomputedTransactionData don't get invalidated
> for (unsigned int i = 0; i < block.vtx.size(); i++){   //对于该块中的每一个 Tx：
>+ const CTransaction &tx = *(block.vtx[i]);
>+ nInputs += tx.vin.size();   //统计资金来源总数
>+ if (!tx.IsCoinBase()) {  //如果不是 Coinbase：
>++ CAmount txfee = 0;
>++ if (!Consensus::CheckTxInputs(tx, state, view, pindex->nHeight, txfee))   //检验该 Tx 的资金来源
>+++ return error("%s: Consensus::CheckTxInputs: %s, %s", __func__, tx.GetHash().ToString(), …)
>++ nFees += txfee;
>++ if (!MoneyRange(nFees))
>+++ return state.DoS(100, error("%s: accumulated fee in the block out of range.", __func__),
                                REJECT_INVALID, "bad-txns-accumulated-fee-outofrange");
>++ // Check that transaction is BIP68 final. BIP68 lock checks (as opposed to nLockTime checks) must
>++ // be in ConnectBlock because they require the UTXO set
>++ prevheights.resize(tx.vin.size());
>++ for (size_t j = 0; j < tx.vin.size(); j++) {
>+++ prevheights[j] = view.AccessCoin(tx.vin[j].prevout).nHeight;
>++ }
>++ ok = SequenceLocks(tx, nLockTimeFlags, &prevheights, *pindex)   //检查该 Tx 是否仍被锁定
      == SequenceLocks(CTransaction &tx, int flags, std::vector<int>* prevHeights, CBlockIndex& block)
>++> lockPair = CalculateSequenceLocks(tx, flags, prevHeights, block)   //见后，返回一对 [高度，时间]
>++> return EvaluateSequenceLocks(block, lockPair)
       == EvaluateSequenceLocks(const CBlockIndex& block, std::pair<int, int64_t> lockPair)   //展开如下：
>++>> assert(block.pprev);
>++>> int64_t nBlockTime = block.pprev->GetMedianTimePast();
>++>> if (lockPair.first >= block.nHeight || lockPair.second >= nBlockTime) return false;
>++>> return true;   //end EvaluateSequenceLocks()   //end SequenceLocks()
>++ if (!ok) return state.DoS(100, error("%s: contains a non-BIP68-final transaction", __func__),
                                                       REJECT_INVALID, "bad-txns-nonfinal");
>+ }   //end if (!tx.IsCoinBase())

>+ // GetTransactionSigOpCost counts 3 types of sigops:
>+ // * legacy (always)
>+ // * p2sh (when P2SH enabled in flags and excludes coinbase)
>+ // * witness (when witness enabled in flags and excludes coinbase)
>+ nSigOpsCost += GetTransactionSigOpCost(tx, view, flags);
>+ if (nSigOpsCost > MAX_BLOCK_SIGOPS_COST)   //签名操作开销过大
    return state.DoS(100, error("ConnectBlock(): too many sigops"), REJECT_INVALID, "bad-blk-sigops");
```

```
>+ txdata.emplace_back(tx);   //将此 Tx 加入向量 txdata，这是一个 PrecomputedTransactionData 向量。
>+ if (!tx.IsCoinBase()){                          //如果这个 Tx 不是 Coinbase:
>++ std::vector<CScriptCheck> vChecks;   //创建一个 CScriptCheck 向量 vChecks
>++ bool fCacheResults = fJustCheck;        //如果仅为检验（不连接），则需要缓存计算结果。
            /* Don't cache results if we're actually connecting blocks (still consult the cache, though) */
>++ if (!CheckInputs(tx, state, view, fScriptChecks, flags, fCacheResults, fCacheResults, txdata[i],
                          nScriptCheckThreads ? &vChecks : nullptr))   //返回结果于 vChecks 中
>+++ return error("ConnectBlock(): CheckInputs on %s failed with %s", …)   //该 Tx 有无效的资金来源
>++ control.Add(vChecks);   //将此 vChecks 加入 CScriptCheck 队列 control 中
>+ }   //end if (!tx.IsCoinBase())
>+ CTxUndo undoDummy;   //用于回滚
>+ if (i > 0) blockundo.vtxundo.push_back(CTxUndo());
              //创建一个 CTxUndo 对象，并将其挂入本块的 CTxUndo 队列，Coinbase 除外。
              //根据块中的内容更新本地的 Coin 数据库：
>+ UpdateCoins(tx, view, i == 0 ? undoDummy : blockundo.vtxundo.back(), pindex->nHeight);
   == UpdateCoins(const CTransaction& tx, CCoinsViewCache& inputs, int nHeight)   //4 个参数
>+> // mark inputs spent
>+> if (!tx.IsCoinBase()) {
>+>+ txundo.vprevout.reserve(tx.vin.size());
>+>+ for (const CTxIn &txin : tx.vin) {
>+>++ txundo.vprevout.emplace_back();
>+>++ bool is_spent = inputs.SpendCoin(txin.prevout, &txundo.vprevout.back());
        == CCoinsViewCache::SpendCoin(const COutPoint &outpoint, Coin* moveout)
>+>++> CCoinsMap::iterator it = FetchCoin(outpoint);   //找到这个 Coin
>+>++> if (it == cacheCoins.end()) return false;   //找不到，不能花费。
>+>++> cachedCoinsUsage -= it->second.coin.DynamicMemoryUsage();
>+>++> if (moveout) *moveout = std::move(it->second.coin);   //通过作为参数的指针 moveout 返回该 Coin
>+>++> if (it->second.flags & CCoinsCacheEntry::FRESH)   cacheCoins.erase(it);   //从缓存中删除
>+>++> else {   否则：
>+>++>+ it->second.flags |= CCoinsCacheEntry::DIRTY;   //将标志位改成 DIRTY
>+>++>+ it->second.coin.Clear();
>+>++> }
>+>++> return true;   //end SpendCoin()
>+>++ assert(is_spent);
>+>+ }
>+> }
>+> // add outputs
>+> AddCoins(inputs, tx, nHeight)   //将此 Tx 及其所在块号添加到 inputs 这个 CCoinsViewCache 中
```

```
> }    //end for (unsigned int i = 0; i < block.vtx.size(); i++)，对于该块中的每一个 Tx

> CAmount blockReward = nFees + GetBlockSubsidy(pindex->nHeight, chainparams.GetConsensus());
                    // nFees 是本块所含所有 Tx 的手续费，GetBlockSubsidy()则为本次挖矿所得奖励。
> if (block.vtx[0]->GetValueOut() > blockReward)   //Coinbase 的输出不得高于手续费加挖矿所得
    return state.DoS(100, error("ConnectBlock(): coinbase pays too much (actual=%d vs limit=%d)",
                    block.vtx[0]->GetValueOut(), blockReward), REJECT_INVALID, "bad-cb-amount");
> if (!control.Wait())   //control 就是前面的那个 CScriptCheck 队列，里面都是等待执行的 vChecks。
    return state.DoS(100, error("%s: CheckQueue failed", __func__),
                                    REJECT_INVALID, "block-validation-failed");
> if (fJustCheck) return true;   //如果仅为检验，无须实际连接，那么这就可以了。否则就要继续往下：

> if (!WriteUndoDataForBlock(blockundo, state, pindex, chainparams)) return false;
            //将用于回滚的 Undo 数据写入磁盘，如果写盘失败即为连接入链失败，返回 false。
> if (!pindex->IsValid(BLOCK_VALID_SCRIPTS)) {    // BLOCK_VALID_SCRIPTS 是一种 BlockStatus
        //如果在此级别上的合规检测失败：
>++ pindex->RaiseValidity(BLOCK_VALID_SCRIPTS);   //将此索引项的合规性提升到这个级别
>++ setDirtyBlockIndex.insert(pindex);   //将此有所改变了的索引项加入 setDirtyBlockIndex 集合
> }
> if (!WriteTxIndexDataForBlock(block, state, pindex)) return false;
            //将本块中各 Tx 的索引信息写入磁盘（数据库），如果失败即为连接入链失败，返回 false。
> assert(pindex->phashBlock);
> // add this block to the view's block chain
> view.SetBestBlock(pindex->GetBlockHash());   //将本块设置成当前链顶，入链成功。
> return true;
```

上面提到了几个 BIP，这里略作说明。BIP30 的标题是“Duplicate transactions”，目的是要防止交易记录(特别是 Coinbase)的块链中的重复出现。BIP34 就是把块的高度写在 Coinbase 的 scriptSig 中（Coinbase 本不需要提供认领脚本）。BIP68 的标题为“Relative lock-time using consensus-enforced sequence numbers”，即在 nLockTime 字段中采用相对时间。BIP112 也与此有关，是在虚拟机指令系统中增添一条指令 OP_CHECKSEQUENCEVERIFY，实际上是把原来的 OP_NOP3 重定义成 OP_CHECKSEQUENCEVERIFY（另外在 BIP65 中已把 OP_NOP2 重定义成 OP_CHECKLOCKTIMEVERIFY）。BIP68/BIP65 和 BIP112 的结合为支付的延迟生效提供了许多灵活性；比特币的“智慧合约”，特别是后面要提到的“支付通道”和“闪付网”都是在此基础上实现的。至于 BIP141~144，则是对“Segregated Witness”机制的说明和提议。这里当然不是详述这些 BIP 的地方，有兴趣的读者可以结合具体代码自行阅读。

注意这函数 ConnectBlock()的最后一个调用参数 fJustCheck，这个参数为真表示调用这个函数的目的仅仅是为测试，而不是真的要把一个块连入链中。可想而知，从 CreateNewBlock()

辗转调用下来时这个参数必定为真，此时只是测试一下，只有在接收到新块的时候才会使 fJustCheck 为假而把新块链入链中。

至此，待发布新块的准备就全部完成了。新块就绪，下面就是“挖矿”即循环试凑 Hash 计算的过程了。

2.7 挖矿与新块发布

按比特币网的规定，平均每十分钟发一新块，也就是平均每十分钟挖一次矿，记一次账。读者也许会想象应该有个定时器，每过十分钟这个定时器到点，大家就开始挖矿，挖到了就发布新块，要不然就被别人抢了先，就再等定时器下一次到点。其实不是这样的。

不过有几点是肯定的。第一，在开挖一个新块之前，此前的那一块必须已经发布，因为那一块（块头）的 Hash 值是要记录在后一块的块头中。第二，说是十分钟发一新块，其实这个时间是不能保证的，因为“挖矿”即试凑 Hash 的过程有一定的随机性，所以有时候会快一点，有时候又会慢一点。第三，作为平均值的挖矿时间，即通过试凑使 Hash 值满足块头中 nBits 字段的值所给定条件所需的时间，可以通过改变 nBits 的值加以调整。第四，在开挖之前，块中所包含的内容，即具体的交易记录向量，必须已经确定，因为这些交易记录的 Hash 值所构成的 Merkle 树根（也是个 Hash 值），是要记录在块头中的。

那么具体怎么实现呢？特别是“挖矿”受什么条件触发呢？比特币的所谓“核（Core）”，其实是参考设计中，给出了一个示例。比特币的这个设计提供了一个与命令行界面很相似的 RPC 用户界面，让用户可以通过远程过程调用的方法来调用其界面上的一些函数，其中之一为 generate()，就是用来启动节点上的挖矿机制，使其连续挖上多长时间的矿，试图产生和发布多少个新块。例如“generate 100”就是接连挖上 100 个块的矿。我们先看 generate()这个函数的代码摘要：

```
generate(const JSONRPCRequest& request)                    // 参数 request 相当于命令行
> CWallet * const pwallet = GetWalletForJSONRPCRequest(request);   //获取具体的钱包，即 CWallet 对象
> if (!EnsureWalletIsAvailable(pwallet, request.fHelp)) { return NullUniValue; }   //必须有钱包才能挖矿
> int num_generate = request.params[0].get_int();   //从命令行参数获取需要连续挖掘（发布）的块数
> uint64_t max_tries = 1000000;   //如果命令行中不作规定，就默认总共试凑 1 百万次。
> if (!request.params[1].isNull()) { max_tries = request.params[1].get_int();}   //如果命令行中有规定就按规定
> std::shared_ptr<CReserveScript> coinbase_script;   //一个空白的 CReserveScript 结构指针
> pwallet->GetScriptForMining(coinbase_script);   //创建一个“Coinbase 脚本”:
    == CWallet::GetScriptForMining(std::shared_ptr<CReserveScript> &script)
>> std::shared_ptr<CReserveKey> rKey = std::make_shared<CReserveKey>(this);
>> CPubKey pubkey;
>> if (!rKey->GetReservedKey(pubkey)) return;   //从钱包获取自己的公钥
>> script = rKey;
```

```
>> script->reserveScript = CScript() << ToByteVector(pubkey) << OP_CHECKSIG;   //生成一个招领脚本
        //创建一个 CScript 对象，然后往里面写入自己的公钥，再后为 OP_CHECKSIG 指令。
        //Coinbase 脚本就是无需资金来源，付给本人公钥的招领脚本。
> }
> return generateBlocks(coinbase_script, num_generate, max_tries, true);
```

也许出乎读者的意料，得要具有钱包功能的节点才能挖矿。其实只是因为挖矿需要用上自己的密钥，要不然因挖矿所得的钱给谁呢？而自己的密钥就保存在钱包里。另外，挖矿时还需要有个“Coinbase 脚本”，或者我们也可以称之为挖矿脚本，这个脚本就相当于挖矿所得比特币的招领脚本，是个付给自己公钥的招领脚本。

准备好了这些，就可以通过 generateBlocks()开挖了。

[generate() > generateBlocks()]

```
generateBlocks(std::shared_ptr<CReserveScript> coinbaseScript, int nGenerate,
                                              uint64_t nMaxTries, bool keepScript)
                         //参数 nMaxTries 规定了试凑 Hash 计算的总次数
> static const int nInnerLoopCount = 0x10000;   //65536 次
> int nHeight = chainActive.Height();            //从当前的块链高度开始
> int nHeightEnd = nHeight + nGenerate;          //到这个高度结束
> unsigned int nExtraNonce = 0;
> UniValue blockHashes(UniValue::VARR);     //相当于一个向量或队列
> while (nHeight < nHeightEnd){               //每一轮循环试图生成并发布一个新块：
>+ blktemp = BlockAssembler(Params()).CreateNewBlock(coinbaseScript->reserveScript)
              //创建准备发布的新块，作为挖矿的对象。这个对象的类型是 CBlockTemplate。
              //创建新块时会把当前最高块的块头 Hash 值写入新块的块头中。见上节。
>+ std::unique_ptr<CBlockTemplate> pblocktemplate(blktemp);   //使指针 pblocktemplate 指向这个块
>+ CBlock *pblock = &pblocktemplate->block;
>+ IncrementExtraNonce(pblock, chainActive.Tip(), nExtraNonce);
>+ while (nMaxTries > 0 && pblock->nNonce < nInnerLoopCount
                 && !CheckProofOfWork(pblock->GetHash(), pblock->nBits, Params().GetConsensus())){
     // CheckProofOfWork()第三个调用参数的类型为 Consensus::Params，这就是“共识”的一部分。
>++ ++pblock->nNonce;   // CheckProofOfWork()失败，nNonce 加 1 后再试，直至达到 nInnerLoopCount。
>++ --nMaxTries;             //试凑失败了一次，允许的试凑总次数减一。
>+ }   //end while (nMaxTries > 0 && …，循环直到挖到了矿，或试凑次数超标。
   //程序执行到这里，要么挖矿（试凑）已经成功，要么超过了预定的试凑次数。
>+ if (nMaxTries == 0) { break; }      //如果已经耗尽了给定的试凑总次数，就跳出外层循环结束挖掘。
>+ if (pblock->nNonce == nInnerLoopCount) {continue;} //本块因满试凑次数而放弃，试图直接挖下一块。
```

```
    //至此，本块的挖掘即试凑 Hash 已经成功，但是否比别人早就得看 ProcessNewBlock()的结果：
>+ std::shared_ptr<const CBlock> shared_pblock = std::make_shared<const CBlock>(*pblock);
>+ if (!ProcessNewBlock(Params(), shared_pblock, true, nullptr))  //如果返回 false 就说明本块的竞争失败
>++ throw JSONRPCError(RPC_INTERNAL_ERROR, "ProcessNewBlock, block not accepted");

>+ ++nHeight;  //不管竞争是成功还是失败，现在块链的高度已经加 1。
>+ blockHashes.push_back(pblock->GetHash().GetHex());
>+ //mark script as important because it was used at least for one coinbase output if the script came from the wallet
>+ if (keepScript){  //如果有要求就把本次的 Coinbase 脚本保存下来
>++ coinbaseScript->KeepScript();
>+ }
> }  //end while (nHeight < nHeightEnd)，外层 while 循环结束，每轮循环都是针对一个块的发布权竞争
> return blockHashes;
```

宏观的流程都已写在注释中。每一轮开始挖矿之前都要获取上一块的 Hash 值，并确定本次需要发布的内容，创建好待发布的下一个块，否则就无法开挖，因为所谓挖矿其实就是针对一个内容（除 32 位的 nNonce 字段外）已经固定不变的块进行试凑 Hash 值的过程。所以这里先要通过 CreateNewBlock()创建（本节点上）待发布的新块。不过这个函数返回的并不是一个 CBlock 对象，而是一个以 CBlock 对象为主体的 CBlockTemplate 结构：

```
struct CBlockTemplate{}
] CBlock block;                                   //CBlock 对象，就是本节点想要发布的新块。
] std::vector<CAmount> vTxFees;                   //块中各个交易请求的付费
] std::vector<int64_t> vTxSigOpsCost;             //块中各个交易请求所要求验证的签名所需开销
] std::vector<unsigned char> vchCoinbaseCommitment;  //一个串行化了的 OP_RETURN 脚本片段
```

准备好打算要发布的新块，就可以开始“挖矿”了。新块的准备和挖矿，读者也许觉得挖矿更复杂，事实上只是挖矿的计算量更大，但是逻辑却反而简单。所以我们把新块的产生即 CreateNewBlock()单列一节放在前面，现在调用一下 CreateNewBlock()，这个函数就返回一个 CBlockTemplate 结构指针，待发布的新块即已到位，下面就是挖矿的过程。

从上面的代码摘要中可见，待发布的新块到位之后先调用一下 incrementExtraNonce()，这个函数一方面是要设置新块中的 Coinbase 交易及其资金来源的认领脚本，还有块头中的 Merkle 树根 Hash 值；另一方面就是清零和递增一个静态变量 nExtraNonce 的数值，这个变量的作用后面还会讲到。然后就是一个 while 循环，那才是一次次的试凑计算，真正的“挖矿”。我们先看 IncrementExtraNonce()：

[generate() > generateBlocks() > IncrementExtraNonce()]

IncrementExtraNonce(CBlock* *pblock*, const CBlockIndex* *pindexPrev*, unsigned int& *nExtraNonce*)

//参数 pindexPrevc 来自 chainActive.Tip()，指向当前块链顶端的那个块的索引项，这个块就是先前块。

> static uint256 hashPrevBlock;　　//注意 hashPrevBlock 是个静态变量，相当于全局量。

> if (hashPrevBlock != pblock->hashPrevBlock) {　//如果换了一个先前块：

>+ *nExtraNonce* = 0;　　//将 nExtraNonce 清 0

>+ hashPrevBlock = pblock->hashPrevBlock;　//更新先前块

> }

> ++*nExtraNonce*;　　//递增 nExtraNonce，

//如果刚换了一个先前块，那么 nExtraNonce 一定是 1；要不然 nExtraNonce 就会大于 1。

> unsigned int nHeight = pindexPrev->nHeight+1;　//新的块号

> CMutableTransaction ***txCoinbase***(*pblock->vtx[0]);　//创建一个 CMutableTransaction 对象 txCoinbase

> txCoinbase.vin[0].scriptSig = (CScript() << nHeight << CScriptNum(*nExtraNonce*)) + COINBASE_FLAGS;

//Coinbase 是“无中生有”的，本无所谓认领， 所以改作别用

> assert(txCoinbase.vin[0].scriptSig.size() <= 100);

> pblock->vtx[0] = MakeTransactionRef(std::move(txCoinbase));

> pblock->hashMerkleRoot = BlockMerkleRoot(*pblock);　//计算本块的 Merkle 树根，并写入块头。

至此，“挖矿”的准备都已就绪，下面就是一次次试凑计算的 while 循环了。每一轮循环中改变一下块头中 nNonce 的值（递增加 1），进行一次试凑计算。计算什么呢？就是让 nNonce 的值与除 nNonce 字段以外的块头的 Hash 值之间再进行一次 Hash 计算，看计算结果的前面是否有 nBits 字段所规定的那么多前导 0，实际上就是要让其小于 2 的某次幂。如果计算结果符合要求就自以为挖到了“矿”，但是究竟是否在竞争中胜出则要看是否赶在人家的前面发布并被接受。反之如果不符合要求就进入下一轮循环。具体的计算和判定都由 CheckProofOfWork()进行：

[generate() > generateBlocks() > CheckProofOfWork()]

CheckProofOfWork(uint256 *hash*, unsigned int *nBits*, const Consensus::Params& params)

//参数 hash 是块头中不包含 nNonce 字段的 Hash 值，这在循环过程中是固定不变的。

>+ bool fNegative

>+ bool fOverflow

>+ arith_uint256 bnTarget

>+ bnTarget.SetCompact(nBits, &fNegative, &fOverflow)

//将参数 nBits 转换成目标值，即 hash 值是否满足条件的分界点

>+ if (fNegative || bnTarget == 0 || fOverflow || bnTarget > UintToArith256(params.powLimit)) ***return*** false

//目标值不满足条件。包括：负数，0，有溢出，以及大于给定的参数 powLimit

>+ if (UintToArith256(hash) > bnTarget) ***return*** false;　//hash 值大于目标值，不满足前导 0 位数的条件。

>+ **return** true　//满足条件，成功！

以前我们讲过，试算成功的概率是极小极小的，所以一定得屡败屡战。但也不是一直试凑下去，到了 nNonce 字段的值达到了预定的 nInnerLoopCount 这个数值，就只好放弃这一次的努力，内层的这个试凑循环就结束了。为什么要放弃呢？这至少有两方面的考虑。首先，我这么埋头在挖，说不定别人早已挖到，说不定新块已经发布，继续挖下去已经毫无意义，因为块头中的块号已经过时了。其次，我挖了这么久，期间很可能有许多新的交易请求进来，应该把这些新来的请求也添加到新块中。

所以，当程序从内层 while 循环出来时，有三种可能：

第一种是 nMaxTries 已经是 0，耗尽了预定的试凑计算总次数，那就 break 跳出外层循环，结束本次 RPC 调用。

第二种只是 nNonce 字段的值达到了预定的 nInnerLoopCount 这个数值，但并未耗尽 nMaxTries，此时只是通过 continue 语句回到外层循环的开头，于是就再次调用 CreateNewBlock()。这里又有两种可能。一种是链的高度并无变化，说明别人也还没有新块发布，所以块的内容也许有变化，但块号不变，所以在 IncrementExtraNonce()中 nExtraNonce 的值会上升。但是既然块的内容有了改变，那实际上也就是重新开挖，只是块号未变，块头中的先前块 Hash 值也没有变。另一种可能是链的高度有了变化，说明已经接收到别人发布的新块，这样一来块号和先前块 Hash 值都变了，完全就是对另一个块的发布权竞争了。

第三种可能是真的试凑成功了，满足了由 nBits 字段所给定的条件。那就要看这个“成功”算不算数，有没有别人赶在我们前面。怎么知道呢？那就是通过 ProcessNewBlock()试图让这个新块进入本节点上的块链。如果能进入本节点上的块链，那就会通过发布库存信息的机制扩散出去。ProcessNewBlock()这个函数不光是在这里调用，每当本节点从网络上接收到一个新块时同样也要调用，这就要看谁先到了。当然，这里有个短暂的冲突窗口，那就是块链分叉的事了。块链的分叉要看哪个分支长得最高来解决，这里就不说了。正因为 ProcessNewBlock()这个函数在每当有个新块到来时都要被调用，我们把它放在下一节讲述节点间同步时再作介绍。

2.8　区块的节点间同步

我们在前一节中看到，节点针对一个具体的新块进行“挖矿”，不断改变其块头中 nNonce 字段的值，每改变一次就计算一下整个块头（包括 nNonce 在内）的 Hash 值，直至这 Hash 的二进制值小于某个目标值，实际上就是这 Hash 值的前面有 nBits 字段所规定个数的 0。一旦达到这个目标，就可以向外发布这个新块了。而发布的手段，则就是调用 ProcessNewBlock()，试图让这个新块进入本地的块链（副本）。一旦进入了本地的块链，这个新块就会通过节点间的同步机制扩散到全网。前面我们看到，发起交易请求的节点会向别的 Peer 节点发出 INV 消息，相当于一个货品清单，告诉它们我这里有些什么，清单中的每一项都是一个 CInv 结构，其“货品”类型可以是 MSG_TX，也可以是 MSG_BLOCK，还可以是别的。对方收到 INV 消息之后，如果有需要，就会发来 GETDATA 消息；于是这边就会按对方要求把“货品”发过去。这个过程对于块的同步和扩散也是一样。

每当节点从网上接收到一个块时，同样也会调用 ProcessNewBlock()，使其进入本地的块链（副本）。在本章第二节，我们在函数 ProcessMessage()的摘要中用一些宏操作替代了实际的代码，当接受的消息是 NetMsgType::BLOCK 时，相应的宏操作是 BC_PROCESS_BLOCK。现在我们就来看实际的代码摘要：

```
BC_PROCESS_BLOCK                    //接收到的消息是 NetMsgType::BLOCK：
> std::shared_ptr<CBlock> pblock = std::make_shared<CBlock>();  //创建一个 CBlock 结构指针并分配空间
> vRecv >> *pblock;      //从网络接收缓冲区把消息中的内容去串行化后写入 pblock 所指的 CBlock 结构
> bool forceProcessing = false;
> const uint256 hash(pblock->GetHash());  //计算该块块头的 Hash 值于一个 256 位 Hash 值 hash 中。
> // Also always process if we requested the block explicitly, as we may
> // need it even though it is not a candidate for a new best tip.
> forceProcessing |= MarkBlockAsReceived(hash);   //将该块标志为外来。对外来的块有不同的处理。
        //一个节点上的块有外来和内生两种，外来就是从网络上接收到的，内生就是自己发布的。
> // mapBlockSource is only used for sending reject messages and DoS scores,
> mapBlockSource.emplace(hash, std::make_pair(pfrom->GetId(), true));   //记下块的来源
> bool fNewBlock = false;
> ProcessNewBlock(chainparams, pblock, forceProcessing, &fNewBlock);
> if (fNewBlock) {   //如果 ProcessNewBlock()认为这是个新块：
>+ pfrom->nLastBlockTime = GetTime();      //更新从上游节点最近一次接收到块的时间
> } else {
>+ mapBlockSource.erase(pblock->GetHash());   //否则就把这个块从 mapBlockSource 集合中删除
> }
```

可见，不管是自己这边生成发布了一个块，还是从外部接收到了一个块，都会调用 ProcessNewBlock()：

```
ProcessNewBlock(CChainParams& chainparams, std::shared_ptr<const CBlock> pblock,
                                                    bool fForceProcessing, bool *fNewBlock)
> CBlockIndex *pindex = nullptr;
> if (fNewBlock) *fNewBlock = false;
> CValidationState state;
   // Ensure that CheckBlock() passes before calling AcceptBlock, as belt-and-suspenders.
> bool ret = CheckBlock(*pblock, state, chainparams.GetConsensus());
> if (ret) {   // Store to disk，检验合格，就把它接受下来：
>+ ret = g_chainstate.AcceptBlock(pblock, state, chainparams, &pindex, fForceProcessing, nullptr, fNewBlock);
                                                  //通过参数 pindex 返回所创建的索引项指针
> }
```

```
> if (!ret) {
>+ GetMainSignals().BlockChecked(*pblock, state);
>+ return error("%s: AcceptBlock FAILED (%s)", __func__, state.GetDebugMessage());
> }
> NotifyHeaderTip();
> CValidationState state; // Only used to report errors, not invalidity - ignore it
> g_chainstate.ActivateBestChain(state, chainparams, pblock)      //有可能会改变分叉
                                   //新块的到来不仅会更新 BestBlock，还可能会引起 BestChain 的变动
> return true;
```

节点上来了一个新块，首先当然要检查它是否合规，然后才有接不接受的问题。比特币网络的一个鲜明特点，就是“群众监督”，而且不信谣不传谣，非得要通过 CheckBlock()检查一下才行。我们在前面创建新块的流程中看过 CheckBlock()的代码摘要，此处不再重复，但是有必要强调一下不同的调用条件和目的。这个函数的调用界面是这样：

```
CheckBlock(CBlock& block, CValidationState& state, Consensus::Params& consensusParams,
                                   bool fCheckPOW = true, bool fCheckMerkleRoot = true)
```

这函数有五个参数，其中最后面的两个，即 fCheckPOW 和 fCheckMerkleRoot，是可以缺省的，缺省值均为 true。而这里从 ProcessNewBlock()调用这个函数时所给的参数是三个，所以后面那另个参数都缺省为 true，表示要检查 POW，也要检查 MerkleRoot。就是要检查块头中的 Nonce 值是否使块头的 Hash 值满足了预定的难度要求，还要检查 MerkleRoot 是否确实就是用块中所列交易记录构建的 Merkle 树的根。前面说过，块头中的 Nonce 值是一遍遍试凑计算出来的，通常要计算相当长的时间，但是加以验算却很简单，只要一次计算就行。至于对 MerkleRoot 的检查，计算量就比较大一些，得要根据块身中的内容另行构建一个 Merkle 树，再拿这树根与记载在块头中的 MerkleRoot 比对。

如果通过了 CheckBlock()的种种检验，那就由 AcceptBlock()把这个块接受下来：

[ProcessNewBlock() > AcceptBlock()]

```
AcceptBlock(std::shared_ptr<const CBlock>& pblock, CValidationState& state, CChainParams& chainparams,
                        CBlockIndex** ppindex, bool fRequested, CDiskBlockPos* dbp, bool* fNewBlock)
> const CBlock& block = *pblock;
> if (fNewBlock) *fNewBlock = false;    //先假定不是新块
> CBlockIndex *pindexDummy = nullptr;
> CBlockIndex *&pindex = ppindex ? *ppindex : pindexDummy;
> if (!AcceptBlockHeader(block, state, chainparams, &pindex)) return false;
    //先把块头接受下来，为其建立索引（通过参数 pindex 返回索引项指针）。
```

```
    // Try to process all requested blocks that we don't have, but only process an unrequested block
    // if it's new and has enough work to advance our tip, and isn't too many blocks ahead.
    //至此，我们已经建立起对于新块的索引，pindex 指向新块的索引项。
> bool fAlreadyHave = pindex->nStatus & BLOCK_HAVE_DATA;   //说明整个区块已经存储在本地的文件中
> bool fHasMoreOrSameWork = (chainActive.Tip() ?
                        pindex->nChainWork >= chainActive.Tip()->nChainWork : true);
            // CBlockIndex 中的 nChainWork 为链上到此块为止的工作量积累。如果两个分支一样高，
            //就以工作量积累更大者为准。这与分支的切换有关。
            //fHasMoreOrSameWork 为真表示这个块的累计工作量比当前链顶块的相等或更大
    // Blocks that are too out-of-order needlessly limit the effectiveness of pruning, because pruning will not
    // delete block files that contain any blocks which are too close in height to the tip. Apply this test
    // regardless of whether pruning is enabled; it should generally be safe to not process unrequested blocks.
> bool fTooFarAhead = (pindex->nHeight > int(chainActive.Height() + MIN_BLOCKS_TO_KEEP));
                                        //新到块的高度太超前了。中间跳空了至少 288 块。
    // TODO: Decouple this function from the block download logic by removing fRequested
    // This requires some new chain data structure to efficiently look up if a block is in a chain
    // leading to a candidate for best tip, despite not being such a candidate itself.
    // TODO: deal better with return value and error conditions for duplicate and unrequested blocks.
> if (fAlreadyHave) return true;   //已经存储起来了
> if (!fRequested) {   // If we didn't ask for it，这不是我们向外要来的:
>+ if (pindex->nTx != 0) return true;       // This is a previously-processed block that was pruned
>+ if (!fHasMoreOrSameWork) return true; // Don't process less-work chains
          //新到来的块属于块链上一个较短（较低）的分支，就不需要进一步处理了
>+ if (fTooFarAhead) return true;            // Block height is too high，中间跳空太多，暂不处理。

    // Protect against DoS attacks from low-work chains. If our tip is behind, a peer could try to send us
    // low-work blocks on a fake chain that we would never request; don't process these.
>+ if (pindex->nChainWork < nMinimumChainWork) return true;   //累计工作量太低，不合理，可疑。
> }   //end if (!fRequested)
> if (fNewBlock) *fNewBlock = true;   //通过参数 fNewBlock 返回 true，表明这是一个新块。
    //程序执行至此，说明这是个外来的新块，并且是在块链当前的最长分支上。
> if (!CheckBlock(block, state, chainparams.GetConsensus()) ||
        !ContextualCheckBlock(block, state, chainparams.GetConsensus(), pindex->pprev)) {
      //这里 CheckBlock()其实在此前已经调用过一次，但是 state 或许已有变化。
      // ContextualCheckBlock()是对块中所含 Tx 的进一步检查。
>+ if (state.IsInvalid() && !state.CorruptionPossible()) {
>++ pindex->nStatus |= BLOCK_FAILED_VALID;
>++ setDirtyBlockIndex.insert(pindex);
```

```
>+ }
>+ return error("%s: %s", __func__, FormatStateMessage(state));
> }
    // Header is valid/has work, merkle tree and segwit merkle tree are good...RELAY NOW
    // (but if it does not build on our best tip, let the SendMessages loop relay it)
> if (!IsInitialBlockDownload() && chainActive.Tip() == pindex->pprev)   //前导块就是当前的最高块：
>+ GetMainSignals().NewPoWValidBlock(pindex, pblock);
> // Write block to history file
> CDiskBlockPos blockPos = SaveBlockToDisk(block, pindex->nHeight, chainparams, dbp);
> if (blockPos.IsNull()) {
>+ state.Error(strprintf("%s: Failed to find position to write new block to disk", __func__));
>+ return false;
> }
> if (!ReceivedBlockTransactions(block, state, pindex, blockPos, chainparams.GetConsensus()))
>+ return error("AcceptBlock(): ReceivedBlockTransactions failed");
> if (fCheckForPruning)
>+ FlushStateToDisk(chainparams, state, FLUSH_STATE_NONE);
                                        // we just allocated more disk space for block files
> CheckBlockIndex(chainparams.GetConsensus());
> return true;
```

对于需要加以接受的块，首先是把它的块头接受下来，并为其做上索引。就是为其创建一个索引项即 CBlockIndex 结构，把块头中的内容抄写到索引项中（便于访问），并把这索引项写入内存中的 mapBlockIndex 这个 Map 中。进了这个 Map，就可以凭块头的 Hash 值找到这个块的索引项了。

[ProcessNewBlock() > AcceptBlock() > AcceptBlockHeader()]

```
bool CChainState::AcceptBlockHeader(const CBlockHeader& block, CValidationState& state,
                            const CChainParams& chainparams, CBlockIndex** ppindex)
                                    //参数 ppindex 用来返回所常见的索引项指针
> AssertLockHeld(cs_main);
> // Check for duplicate
> uint256 hash = block.GetHash();   //注意这 block 其实是个 CBlockHeader
> BlockMap::iterator miSelf = mapBlockIndex.find(hash);   //凭 hash 值在 mapBlockIndex 中寻找
> CBlockIndex *pindex = nullptr;
> if (hash != chainparams.GetConsensus().hashGenesisBlock) {   //不是创世块
>+ if (miSelf != mapBlockIndex.end()) { // Block header is already known. 业已存在：
```

```
>++ pindex = miSelf->second;   //Map 项中 second 字段的内容就是个索引项指针
>++ if (ppindex) *ppindex = pindex;
>++ if (pindex->nStatus & BLOCK_FAILED_MASK)
>+++ return state.Invalid(error("%s: block %s is marked invalid", __func__, hash.ToString()), 0, "duplicate");
>++ return true;
>+ }   //end if (miSelf != mapBlockIndex.end())
>+ ok = CheckBlockHeader(block, state, chainparams.GetConsensus())
      == CheckBlockHeader(const CBlockHeader& block, CValidationState& state,
                              const Consensus::Params& consensusParams, bool fCheckPOW = true)   //展开：
>+> if (fCheckPOW && !CheckProofOfWork(block.GetHash(), block.nBits, consensusParams))
>+>+ return state.DoS(50, false, REJECT_INVALID, "high-hash", false, "proof of work failed");
>+> return true;
>+ if (!ok) return error("%s: Consensus::CheckBlockHeader: %s, %s", __func__, hash.ToString(), … );
>+ // Get prev block index
>+ CBlockIndex* pindexPrev = nullptr;
>+ BlockMap::iterator mi = mapBlockIndex.find(block.hashPrevBlock);   //凭先前块 hash 值寻找
>+ if (mi == mapBlockIndex.end())   //如果找不到先前块的索引，就出错返回了。
>++ return state.DoS(10, error("%s: prev block not found", __func__), 0, "prev-blk-not-found");
>+ pindexPrev = (*mi).second;   //这是先前块的索引项指针
>+ if (pindexPrev->nStatus & BLOCK_FAILED_MASK)
>++ return state.DoS(100, error("%s: prev block invalid", __func__), REJECT_INVALID, "bad-prevblk");
>+ if (!ContextualCheckBlockHeader(block, state, chainparams, pindexPrev, GetAdjustedTime()))
>++ return error("%s: Consensus::ContextualCheckBlockHeader: %s, %s", __func__, hash.ToString(), …);
>+ if (!pindexPrev->IsValid(BLOCK_VALID_SCRIPTS)) {   //先前块不合规：
>++ for (const CBlockIndex* failedit : g_failed_blocks) {
>+++ if (pindexPrev->GetAncestor(failedit->nHeight) == failedit) {
>++++ assert(failedit->nStatus & BLOCK_FAILED_VALID);
>++++ CBlockIndex* invalid_walk = pindexPrev;
>++++ while (invalid_walk != failedit) {
>+++++ invalid_walk->nStatus |= BLOCK_FAILED_CHILD;
>+++++ setDirtyBlockIndex.insert(invalid_walk);
>+++++ invalid_walk = invalid_walk->pprev;
>++++ }   //end while
>++++ return state.DoS(100, error("%s: prev block invalid", __func__), REJECT_INVALID, "bad-prevblk");
>+++ }   //end if (pindexPrev->GetAncestor(failedit->nHeight) == failedit)
>++ }   //end for (const CBlockIndex* failedit : g_failed_blocks)
>+ }   //end if (!pindexPrev->IsValid(BLOCK_VALID_SCRIPTS))
> }   //end if (hash != chainparams.GetConsensus().hashGenesisBlock)，不是创世块。
```

```
> if (pindex == nullptr) pindex = AddToBlockIndex(block);
> if (ppindex) *ppindex = pindex;
> CheckBlockIndex(chainparams.GetConsensus());
> return true;
```

这里先对新块的块头进行许多合规检查，然后通过 AddToBlockIndex()为其创建一个索引项并将其加入 mapBlockIndex。那些合规检查与创建新块时所作的检查大抵相同，此处不再赘述。索引的建立却是很重要的一步。把一个块存储下来之后，怎么寻找和访问它呢？凭 Hash 值访问是最为可行的手段，因为块头中既无块号，也无其它可以用作 ID 的唯一标识。但是总不能每次都去作地毯式的 Hash 计算和比对，得要有个从 Hash 值到具体数据结构的映射和桥梁，这就是索引。块的索引是通过 AddToBlockIndex()建立的：

```
[ProcessNewBlock() > AcceptBlock() > AcceptBlockHeader() > AddToBlockIndex()]

CBlockIndex* CChainState::AddToBlockIndex(const CBlockHeader& block)
> // Check for duplicate
> uint256 hash = block.GetHash();
> BlockMap::iterator it = mapBlockIndex.find(hash);
> if (it != mapBlockIndex.end()) return it->second;
> // Construct new block index object
> CBlockIndex* pindexNew = new CBlockIndex(block);    //创建一个空白的索引项，并从块头复制信息。
> // We assign the sequence id to blocks only when the full data is available,
> // to avoid miners withholding blocks but broadcasting headers, to get a competitive advantage.
> pindexNew->nSequenceId = 0;
> BlockMap::iterator mi = mapBlockIndex.insert(std::make_pair(hash, pindexNew)).first;
                              //插入 mapBlockIndex 的是一个以 Hash 值为键，索引项指针为值的键值对
> pindexNew->phashBlock = &((*mi).first);    //索引项中的 phashBlock 是个指针，指向其所在的 Map 项
> BlockMap::iterator miPrev = mapBlockIndex.find(block.hashPrevBlock);    //寻找其先前块所在的 Map 项
> if (miPrev != mapBlockIndex.end()) {    //如果找到了先前块：
>+ pindexNew->pprev = (*miPrev).second;                    //使 pprev 字段指向先前块的索引项
>+ pindexNew->nHeight = pindexNew->pprev->nHeight + 1;    //本块的高度为先前块的高度+1
>+ pindexNew->BuildSkip();    //设置索引项中的 pskip 指针，指向某个高度更低的块索引。
>+> if (pprev) pskip = pprev->GetAncestor(GetSkipHeight(nHeight))    //
> }
> pindexNew->nTimeMax = (pindexNew->pprev ?
              std::max(pindexNew->pprev->nTimeMax, pindexNew->nTime) : pindexNew->nTime);
> pindexNew->nChainWork = (pindexNew->pprev ? pindexNew->pprev->nChainWork : 0)
                                                          + GetBlockProof(*pindexNew);
```

```
        //该字段反映着所在块链分支所积累的工作量（每一块的挖掘结果所含工作量，取决于 nBits）
> pindexNew->RaiseValidity(BLOCK_VALID_TREE);  //将此索引项的有效性级别提高到
> if (pindexBestHeader == nullptr || pindexBestHeader->nChainWork < pindexNew->nChainWork)
>+ pindexBestHeader = pindexNew;     //如果这个块的累计工作量更大，就将其设置成当前最优块。
> setDirtyBlockIndex.insert(pindexNew);
> return pindexNew;
```

其实块索引项中所含的访问信息是针对块头的磁盘存储，CBlockHeader 数据结构中的信息则被复制到了索引项中。此外索引项中还有些信息，特别是高度 nHeight 和累计工作量 nChainWork，则是根据块头中的信息和关于历史（先前块）的记录归纳出来的。所以，如果到来的块"跳空"，在本地找不到其先前块，那就没法知道其高度和累计工作量；此时的高度 nHeight 为 0 而 nChainWork 就是其本块的工作量。

但是索引只是建立在内存中，并非对于整个块的永久存储。不过也并非所有的块都要马上就存储下来，所以这里有些具体的考虑。比方说，新来的块不在当前的"活跃链"上，即属于另一个较短的分支，或者虽然达到了相同的分支高度但其累计工作量小于当前的最高块，那就没有必要把块的内容都存储下来，因为这个块很可能是无效的，不会被用到。即使以后有了需要，也还可以向外索取。

另外，在此过程中也还要对于块和所含交易记录再作合规检验，CheckBlock()和 ContextualCheckBlock()这二者只要有一个通不过检验就不会被存储。特别地，后者还包含了对 WitnessMerkleRoot 的检验。

这里还有一种特殊情况，就是这个块的前导块正是当前块链中的最高块，或者说这个块正是紧接着当前最高块后面的新块。这其实是我们最期望发生的"正常"情况。在这样的情况下，程序会调用 NewPoWValidBlock()：

[ProcessNewBlock() > AcceptBlock() > NewPoWValidBlock()]

```
NewPoWValidBlock(const CBlockIndex *pindex, const std::shared_ptr<const CBlock>& pblock)
> std::shared_ptr<const CBlockHeaderAndShortTxIDs> pcmpctblock =
                          std::make_shared<const CBlockHeaderAndShortTxIDs> (*pblock, true);
        //为这个块创建一个 CBlockHeaderAndShortTxIDs 结构，就是所谓紧凑块 CMPCTBLOCK
> const CNetMsgMaker msgMaker(PROTOCOL_VERSION);
> static int nHighestFastAnnounce = 0;
> if (pindex->nHeight <= nHighestFastAnnounce) return;
> nHighestFastAnnounce = pindex->nHeight;

> bool fWitnessEnabled = IsWitnessEnabled(pindex->pprev, Params().GetConsensus());  //是否支持 SegWit
> uint256 hashBlock(pblock->GetHash());    //获取这个块的块头 Hash 值
```

```
> most_recent_block_hash = hashBlock;
> most_recent_block = pblock;                    //指向最新块的常规表达
> most_recent_compact_block = pcmpctblock;       //指向最新块的 CMPCTBLOCK 表达
> fWitnessesPresentInMostRecentCompactBlock = fWitnessEnabled;
> connman->ForEachNode(
        [this, &pcmpctblock, pindex, &msgMaker, fWitnessEnabled, &hashBlock] (CNode* pnode) {
    //对于与本节点有连接的每个 Peer 节点:
>+ if (pnode->nVersion < INVALID_CB_NO_BAN_VERSION || pnode->fDisconnect) return;
>+ ProcessBlockAvailability(pnode->GetId());    //确定对方活跃块链的最高块，用于下面 PeerHasHeader()。
                                    // Check whether the last unknown block a peer advertised is not yet known.
>+ CNodeState &state = *State(pnode->GetId());  //获取对方的节点状态
    // If the peer has, or we announced to them the previous block already,
    // but we don't think they have this one, go ahead and announce it
>+ if (state.fPreferHeaderAndIDs && (!fWitnessEnabled || state.fWantsCmpctWitness) &&
              !PeerHasHeader(&state, pindex) && PeerHasHeader(&state, pindex->pprev)) {
               //对方尚无这个块的块头，但是有前导块的块头。
>++ connman->PushMessage(pnode, msgMaker.Make(NetMsgType::CMPCTBLOCK, *pcmpctblock));
             //如果对方更愿意要紧凑块，并且本块是对方所缺的新块，就向其发送本块的紧凑块。
>++ state.pindexBestHeaderSent = pindex;
>+ }   //end if (state.fPreferHeaderAndIDs && …
> });   //end connman->ForEachNode
```

一个节点在接受了一个新块之后要向别的 Peer 节点转发。前面讲过，一个块可以有两种不同的表达，不同的形式。一种是常规的表达，块身中就是一个个的交易记录，这样的表达体积较大。另一种是所谓“紧凑块”表达，块身中只是一个个交易记录的 TxID，其数据结构为 CBlockHeaderAndShortTxIDs，即块头加一组 TxID，而且还是 Short 格式的 TxID。这样的表达体积就小了很多。向一个节点发送一个块的时候，其实所含的交易记录对方往往本来就有，再把整个整个的交易记录发送过去实属浪费，实际上只要告诉对方 TxID 就可以了。即使对方缺了其中几个交易记录，也可以发 GETDATA 消息前来索取。所以，Peer 节点可以在消息中声明自己更愿意要紧凑块。另外，是否真的需要转发也是个问题，也许对方本来就已经有了，所以这里的条件之一是：对方还没有这个块的块头，但是有先前块的块头，这说明这个块正是对方在期待的，于是就把这个块的紧凑块发送过去。

此后由 SaveBlockToDisk()把块的内容写入磁盘文件并加以冲刷（Flush）等等，就留给读者了。

回到 ProcessNewBlock()，下面有个 ActivateBestChain()，这是对（可能存在的）块链分叉的处理。前面讲过，P2P 通信和互联网的性质，主要是随机的传输延迟，决定了网络中有可能发生多个节点差不多同时发出新块的情况，而别的 Peer 节点，则可能以不同的先后次序接收到这些具有相同块号（高度）的新块，从而形成块链的分叉。这样，当一个新块到达一个节点时，就有几种可能的情况。一种是其块头中所记载的先前块（根据其 Hash 值）就是当前“活跃链”（实际上是块链上的活跃分支）顶端的最高块，此时活跃链的长度加一，最高块的高度加一，这是我们认为“正常”的情况。另一种情况是先前块并非活跃链顶端的那个最高块，而是活跃链上处于最高块之前的某个块，或者某个不活跃分支上的某个块，反正就是有分叉。可想而知，此时新块的高度不可能高于最高块（否则就是发生了“跳空”的情况，其先前块不在任何一个分支上）。如果新块的高度比当前的最高块低，那倒无关紧要，只是产生了一个新的分叉，或者使某个已有分叉的长度加一而已。可是如果新块的高度与当前的最高块相同，那就有该以谁为最高块，以哪个分支为当前活跃链的问题了。这就是 ActivateBestChain()要处理的问题：

```
[ProcessNewBlock() > ActivateBestChain()]

ActivateBestChain(CValidationState &state, CChainParams& chainparams,
                                          std::shared_ptr<const CBlock> pblock)
   // Note that while we're often called here from ProcessNewBlock, this is far from a guarantee.
   // Things in the P2P/RPC will often end up calling us in the middle of ProcessNewBlock - do not
   // assume pblock is set sanely for performance or correctness!
> CBlockIndex *pindexMostWork = nullptr;
> CBlockIndex *pindexNewTip = nullptr;
> int nStopAtHeight = gArgs.GetArg("-stopatheight", DEFAULT_STOPATHEIGHT);

>+ const CBlockIndex *pindexFork;
>+ bool fInitialDownload;
>+ CBlockIndex *pindexOldTip = chainActive.Tip();
>+ if (pindexMostWork == nullptr) {
>++ pindexMostWork = FindMostWorkChain();   //找出累积了最大工作量的分支
>+ }
>+ // Whether we have anything to do at all.
>+ if (pindexMostWork == nullptr || pindexMostWork == chainActive.Tip()) return true;
                                                             //当前活跃链的地位不变
   //当前活跃链要让位了。到来的新块使另一个分支变成当前活跃链：
>+ bool fInvalidFound = false;
>+ std::shared_ptr<const CBlock> nullBlockPtr;
>+ if (!ActivateBestChainStep(state, chainparams, pindexMostWork,
            pblock && pblock->GetHash() == pindexMostWork->GetBlockHash() ?
                          pblock : nullBlockPtr, fInvalidFound, connectTrace)) return false;
>+ if (fInvalidFound) {
>++ // Wipe cache, we may need another branch now.
```

```
>++ pindexMostWork = nullptr;
>+ }
>+ pindexNewTip = chainActive.Tip();
>+ pindexFork = chainActive.FindFork(pindexOldTip);   //找到分叉点
>+ fInitialDownload = IsInitialBlockDownload();
>+ for (const PerBlockConnectTrace& trace : connectTrace.GetBlocksConnected()) {
>++ assert(trace.pblock && trace.pindex);
>++ GetMainSignals().BlockConnected(trace.pblock, trace.pindex, trace.conflictedTxs);
                                    //新块的到来可能使一些孤儿交易（orphanTx）得到解救
>+ }
>+ // When we reach this point, we switched to a new tip (stored in pindexNewTip).
>+ // Notifications/callbacks that can run without cs_main
>+ // Notify external listeners about the new tip.
>+ GetMainSignals().UpdatedBlockTip(pindexNewTip, pindexFork, fInitialDownload);
                                    //向有连接的 Peer 节点通告本地所记载的块链新顶点
>+ // Always notify the UI if a new block tip was connected
>+ if (pindexFork != pindexNewTip) {
>++ uiInterface.NotifyBlockTip(fInitialDownload, pindexNewTip);   //在用户界面上发出告知，类似于 Log。
>+ }
>+ if (nStopAtHeight && pindexNewTip && pindexNewTip->nHeight >= nStopAtHeight) StartShutdown();
        // We check shutdown only after giving ActivateBestChainStep a chance to run once so that we
        // never shutdown before connecting the genesis block during LoadChainTip(). Previously this
        // caused an assert() failure during shutdown in such cases as the UTXO DB flushing checks
        // that the best block hash is non-null.
>+ if (ShutdownRequested()) break;
> } while (pindexNewTip != pindexMostWork);
> CheckBlockIndex(chainparams.GetConsensus());   //对于块索引机制的一些内部整理
    // Write changes periodically to disk, after relay.
> if (!FlushStateToDisk(chainparams, state, FLUSH_STATE_PERIODIC)) { return false; }
> return true;
```

我们以前曾看到，一个交易请求的到来就会使本地 mempool 的状况发生很多变化，可想而知一个新块的发布就更加了。首先块中所含的交易记录有可能解救本地的许多孤儿交易，那些交易请求的上游交易本应到得更早，但是却因种种原因而没有到达，使其资金来源没有了着落而变成“孤儿交易”。现在蓦然发现那些上游交易已经在刚发布的新块中，那些孤儿交易就因此而得救了。另外，本节点上很可能也已经积累了一些有待入块的交易请求，如果能挖到矿竞争到发布权，这些交易请求是会入块被发布出去的；尽管别的 Peer 节点拿到了当前这个块的发布权，以后也许还有机会，但是已经包含在这个块中的那些交易记录就不可以再重复发布了。还有，如果新块的到来使活跃链的归属发生了变化，一个原来不活跃的分支成为了活跃链，那么对于块和交易的缓存也要随之有所变化，有些交易请求可能还得向外索取。总之，新块的发布和到来可能会引起许多波动。鉴于本书的篇幅，这里就不再深入下去，留给读者自己阅读和钻研了。

比特币网 Peer 节点间的互动并不只是源起于库存信息的块同步和交易请求/记录传播，还有别的交互例如 GETADDR 消息、MEMPOOL 消息等等。即便就块的同步来说，我们看了基于 BLOCK 消息的处理，却没有看基于 CMPCTBLOCK 消息的处理。尤其值得一提的是为 SPV 节点提供的“Bloom Filter”机制，这种机制可以使交易信息的获取更有针对性，从而减少对网络通信和处理的浪费。SPV 为“Simplified Payment Verification”的缩写，SPV 节点只做简单的支付检验而不存储块链的全部信息，也不挖矿不发布新块，一般的钱包节点就是这样。这种机制定义于题为“Connection Bloom Filtering”的 BIP37，比特币 core 的源码中的网络消息 FILTERLOAD 和 FILTERADD 就是用来加载和增添过滤规则，同时也增添了一种 CInv 类型 MSG_FILTERED_BLOCK 和另一种消息类型 MERKLEBLOCK。所有这些，同样也是出于篇幅和作者精力的原因，就留给读者了。读者了解了比特币的“主旋律”之后再去深入研究这些内容应该不会有太大的困难。

2.9 支付通道与闪付网

在比特币网络中，为每个具体的交易请求都可以规定一个锁定时间，只要这个数值不是无符号整数的最大值UINT_MAX，即0xffffffff，就代表着一个有效的锁定时间或块号（准确地说是高度），这笔交易要到过了锁定时间或块号才生效，才可以入块。

这个参数记录在交易请求的nLockTime字段中。CTransaction.nLockTime为0表示没有锁定，小于500,000,000即五亿表示解锁时的块号（高度），大于这个数值则表示一个Unix时间戳，那就是从1970年某月某日至此的秒数。一个小时是3600秒，一天是86,400秒。一年就是大约31,536,000秒，即三千一百多万秒。这样，不到20年就早已超过了五亿秒，而区块链是21世纪才有的，所以用五亿这个数字作为分界是没有问题的。另外，每项资金来源即CTxIn结构中都有个序号nSequence，这是个32位无符号整数。如果一个交易的所有资金来源即UTXO中的nSequence都是0xffffffff，就表示nLockTime字段的值不起作用；要不然就说明这个交易被锁定而暂时不能记入哪一个块中，而一直要到lock_time字段所述的时间到点，或者块链的高度达到了所述的块号才能解锁而被记入当时的那个块中。为确保这一点，在虚拟机的指令系统和脚本语言中还特别增设了OP CHECKSEQUENCEVERIFY和OP CHECKLOCKTIMEVERIFY两个操作码，前者用于解锁块号的验证，后者用于解锁时间的验证。

锁定时间还为交易内容的修改（实际上是交易请求的替代）提供了可能。这是因为，如果一个交易的锁定时间是T，那就可以另外发布一个花费相同资金来源的交易请求，让它的锁定时间T’<T，这样，后面的那个交易就会先于前面那个进入块链，而当前面那个交易到点而要进入块链时却会被认为是重复花费而被拒绝，不过后面那个交易请求得要多付点费。BIP125，题为“Opt-in Full Replace-by-Fee Signaling”，就是对这个机制的描述和约定。至于

nSequence这个字段原本的用意，是表示后发的UTXO花费才可以替换先发的UTXO花费。而倘若这个字段的值到了最大值减一，即0xfffffffe，就表示无可替换了；若是到了0xffffffff，则表示锁定时间对其不再起作用。所以，如果一个交易请求的所有CTxIn中的nSequence都是0xffffffff，就表示这个交易请求的锁定时间被废除，或者没有锁定时间了。下面我们会看到，比特币网的这个特点对其“智慧合约（Smart Contract）”的构成起着重要的作用。

另一个特点是多方签名，即 MultiSig，是指在花费一个 UTXO 时需要提供多方的签名，一般是 M-of-N，即指定的 N 方中至少要有 M 方的签名才能花费这笔资金，当然这里的 M≦N。这样一来，实质上就可以用它来签订合约了。比方说 2-of-2，就相当于一个双方合约，因为一旦在一个交易中把一笔钱指定支付给一个特定的 2 方签名，就一定得要这双方都同意、双方都提供签名才能花这笔钱。读者也许会问，怎么签名呢？那就是：先由其中一方 A 生成一个花费这个 UTXO 的交易请求，并用自己的私钥对其内容进行 Hash，将 Hash 值作为签名填写在这个交易请求的认领脚本，或曰输入脚本中，然后在链外将这请求发送给另一方 B；B 收到之后察看交易请求的内容，如无异议就也用自己的私钥对其内容进行 Hash，同样将 Hash 值也填写在交易请求的认领脚本中，并将这请求发送到区块链上（即比特币网络中）。

注意这里 A 把自己已经签署，尚缺 B 的签名的交易请求发送给 B，以及可能会有的来回协商，是不需要也不应该在比特币网上进行的，双方通过一般的点对点通信，在“链外”（或者说“链下”）就可实现。

那么这里面是否有安全的问题呢。比方说 B 把交易的内容作了修改，再自己签了名就把交易请求发到链内、即比特币网络中？其实没有问题，B 如果修改了交易的内容，那么原先 A 的签名就对不上了，即使发到了比特币网中也会被拒绝。所以如果 B 对交易内容作了修改就只能把它发回 A 请其重签。

前面讲过，比特币规程中有了 P2SH，“智慧合约”这个概念就呼之欲出了，P2SH 脚本离 Ethreum 所讲的那种智慧合约也就是一步之遥了。所以，许多比特币的资料文献中也称比特币网络具有智慧合约的功能。

于是，对比特币规程的种种活用就应运而生了，这里首先介绍所谓“支付通道（Payment Channel）”，也称“微支付通道”。更广义地说其实是用于支付的“状态通道（State Channel）”，因为这样的通道还不仅仅可以用于支付。

这样的支付通道，是建立在链外的。在建立链外支付通道并进行和完成支付的过程中，需要涉及三种不同性质和作用的交易：

注资交易（Funding Tranaction），也可以称筹款交易，由拟议中的付款方或双方出资建立支付通道。通道建立之后，还可以经双方签署向通道“充值”。当然，也可以把充值交易另划一类，但是这只是实现细节，无关紧要。

应承交易（Commitment Transaction），双方进行链外支付，但支付的款项要到将来回到链上进行结算时才能兑现，链外的支付实际上只是一种承诺，相当于给收款方打的欠条。

决算交易（Settlement Transaction），双方回到链内，把支付的结果在链上兑现。

另外还有一种交易，就是退款交易（Refund Tranaction），如果生意不成，就可以把通道撤掉，各自拿回所注入的资金。

注意这里所说的“双方”跑到链外和回到链内，是指特定双方为具体的支付而跑到链外，进行类似“私了”和“场外交易”的活动，然后又回到链内将结果固定下来，在此同时任何一方仍可以在链内进行其它的交易。所谓链内链外，其实是指通信和发布交易的方式。链内的交易是以 P2P 的方式发布的，那就与常规的比特币交易一样，虽然是以 P2P 的方式通信，但实际上所发布的交易会被传播到整个比特币网。而链外的交易，则是真正的点对点通信方式，那只是双方之间的事，就像双方建立了一个 TCP 连接一样。

按后来所谓“闪付网络（Lightning Network）”的说法，则通道上还有另外几种交易：

转存交易（Delivery Transaction），任何一方都可以从联合地址认领属于自己的资金，把它转到一个自己更方便花费的地址中。

可撤转存交易（Revocable Delivery Transaction），

补救交易（Breach Remedy），这是在对方违约情况下加以补救并使对方受惩罚的交易。

要建立一个链外的支付通道，首先要有个注资交易，即 Funding Tranaction。注资的方式有合资和独资之分，如果所建的通道是个单向的支付通道，那么注资的方式就是独资，由拟议中的付款方出资，相当于预先放开一笔钱专门用来付给拟议中的收款方。而如果是双向通道，双方都有可能需要向对方付款，则注资的方式是合资，需要由双方各自放开一笔钱用于向对方支付。

先说单向通道。

设有 A、B 两方，双方建立一个 2-of-2 多签名的联合地址，由拟议中的付方发布一个交易将一笔钱打到这个地址中，但这是 P2SH 支付，即支付给能正确提供脚本 Hash 的人，并且因为是 2-of-2 就必须有双方的签名才能花费。这就是下面链外支付的资金来源，这是一笔专款专用，专门用于向收方支付的钱，但是资金一旦付入这联合地址，就不能随便单方面收回了。另一方面，这也决定了通道的“容量（capacity）”。如果拟议中的支付通道是个双向通道，即双方都有可能向对方支付，则这笔资金须来自双方，而不是单方。当然，那就要有两个输入，而且双方都得提供各自的签名。

那么怎样产生这样的联合交易呢？可以由 A 方先准备好这么一个交易请求，填写好 A 方的签名，然后点对点发给 B，由 B 填上自己的签名，再广播发到“链上”，即发到比特币网中。原则上这个交易只有一个输出，就是给双方的联合地址，但是当然实际上也可能还有给双方各自的找另输出，因为双方所提供的输入不一定正好是需要投入的数量。这个注资交易一旦得到确认，即记录在某个块中并进入了块链，“通道”就建立起来了。所以注资交易实际上是建立通道并为其注资的过程。

建立起了通道，拟议中的付方就可以通过应承交易（Commitment Transaction）进行支付。一般在支付通道中进行的支付不会只有一笔，而是接连很多笔，特别是一连串的“微支付”，要不然就没有必要建立通道跑到链外来支付了。

通过应承交易进行的支付，每一笔的资金来源都是一样的，都来自注资过程中付给联合地址的那个 UTXO。值得注意的是，既然同一通道内每次支付的资金都来自同一个 UTXO，就说明将来只有其中之一可以被提交到比特币网上进行决算兑现，因为一个 UTXO 是不可以被花费两次的。每次交易的输出，即资金运用，则分成两份，第一份是给收方的 UTXO，其数值是付方至此为止的支付总和。假定连续付了十次，每次实际要付的金额是 p1、p2、p3……

则第一次支付时的输出 UTXO 金额为 p1，第二次即为 p1+p2，余可类推。第二份则是给付方自己的找金，与第一个 UTXO 相应，第一次支付时的找金为 F−p1，第二次支付时的找金为 F−(p1+p2)，余可类推。显然，每个应承交易（交易请求，下同）都是对前一个应承交易的替换，收方拿到了后一个应承交易，前面的那个就可以丢弃了。但是注意，既然每个应承交易的输入 UTXO 都是给联合地址的，就都需要有双方的签名才能有效。每次付方发给收方的应承交易中都只有付方的签名，收方接收到之后也签上名并发回给付方。但是，这些应承交易是都不发到链上的，只是收付双方的“私相授受”，尚未得到比特币这个区块链的承认。

打个比方，每次付款方在通道内付款，实质上只是向收款方打了个欠条，并且说，上次那个欠条中的钱也已经包含在这个欠条中了，收款方随时都可以、并且只可以把其中的一个欠条提交决算。另一方面，因为用来支付的款项已经预先放在那个付给联合地址的 UTXO 中，并且付款方在每次支付即开具欠条时都已签好了自己的名，这样的欠条就是不可撤销，不可抵赖的，其支付能力也是有保证的（因为收方可以检查）。

所以，每当收款方将已经签署的应承交易发还给付款方的同时，他是可以同时将其发到比特币网上的。同样，付款方在得到收款方发还的已经签署的应承交易之后也是可以将其发到链上的。一旦把这应承交易发到链内，它就成了决算交易，这个通道的存在就结束了，因为当初在注资交易中注入通道的资金，即付给联合地址的那个 UTXO，已经被花去，再要在通道中支付已经没有资金来源。如果付方动用别的 UTXO 支付，那就不在这个通道内了；所谓通道，其实是一个共同拥有的 UTXO。

然而收款方是不会这样做的，因为如上所述一旦把一个应承交易发到比特币网上，它就成了结算交易，通道就结束了。所以。只要预先注入通道的钱尚未耗尽，收方就会期望不断地还有下一个应承交易到来，这样才能收到更多的钱，这叫“Replace by Incentive”，就是收款方的目的是要把金额最大的那个应承交易用作结算交易，而那些应承交易的付款金额是单调上升的。付款方同样不会在拟议中的支付尚未完成之前就结算，因为那样就又得再建一个支付通道；该付的钱总是要付的，何必多此一举。

最后是决算交易，这就很简单了，收款方可以把手中由付款方开具并签了名的最后那个应承交易上签上自己的名并把它发送到比特币网上，从当初注资阶段生成的那个 UTXO 中把钱划给自己，同时把剩余的钱（如果还有的话）找还给付款方。当然，这个操作也可以由付款方发起，因为收款方每次收到应承交易都会签上自己的名并发还给付款方（类似于收据）。

这样，就把双方本来要在比特币网上进行很多次的支付浓缩合并成了一笔。本来有 N 个交易需要进入块链，现在只有两个了（一个注资交易和一个决算交易），大大减轻了块链和比特币网络的负担，并且还减轻了交易者的负担。这里一方面是指块的大小和容量；另一方面更是指通过 P2P 传输扩散到整个比特币网络而导致的流量，以及网内许多节点对交易的验证和块的存储；而且付方也无需为其中的每一笔交易都付手续费了。特别是对于一些频繁而微额的支付，更是具有十分重大的意义。*Mastering Bitcoin* 第二版中举了个付费电视的例子，就非常说明问题，付费电视是按秒付费的，你付一秒钟的费，它就发给你一秒钟的视频，什么时候停止付费，视频也就断了，设想你看一小时的视频就得付费 3600 次，或者就算是 360 次吧，要是都涌到比特币链上是什么样的负担。事实上，世上的第一个支付通道就是由阿根廷的一个团队为解决比特币用于付费电视而开发的。

在区块链内设置好一笔专款，然后在链外多次花费，最后再回链内结算，像这样的模式其实并不新鲜，我们在生活中也是常常发生的（当然具体内容有所不同）。比方说我们要出差的时候就常常去财务领一笔出差费，在外的花费都在这笔钱里开销，把发票都留着，最后回来才去财务结算。所以严格说来这也并非全新的思路。另外，所谓“链外”，其实也可以是另一个区块链，所谓“侧链”就是这样的思路。

这个过程，看来似乎挺完善，但是却有个问题，如果收款方中途消失不见（也许发生了点什么），则付款方付入联合地址的那笔钱就再也收不回来了（当然对方也拿不去），因为那是要双方签名的。

为防止这样的情况发生，就要用到时间锁定这个机制了。基本的思路是，在注资交易的输出 UTXO 中，把招领脚本写得更复杂一些，变成这样：一、凭双方签名认领，把全部款项付给 2-of-2 的多方签名；二、或者，把全部款项付给出资方、即拟议中的付款方，但是锁定一段时间，例如 3 小时。这样，前述的过程仍然有效，仍可如常进行；但是万一收款方消失不见，则付款方可以在 3 小时以后认领注入通道的全部款项，这就相当于在合约中增加了一个全额退款的条款。比特币虚拟机提供了 OP_IF、OP_ELSE、OP_ENDIF 等指令，是可以实现这样的方案的。

但是这一来收款方那边又有问题了，万一你只锁定了一分钟呢，那样不就是马上就撤资了吗？所以这锁定的时间也一定要取得收款方的同意。怎么办呢？可以不把退款条款放在注资交易中，而单独来个退款交易，注资归注资，退款归退款。付款方先拟好一个注资交易请求，但是先不发出；同时又拟好一个退款交易请求，就是把全部款项退给付款方，但是加上了例如 3 小时（甚至 3 天、30 天）的时间锁定，然后把这退款交易请求发给收款方请他签署，意思是：我即将建立一个联合通道并注入资金，但是请您同意倘若这么长时间还不能决算就退款。如果收款方对此没有意见，就签署并将其退还给付款方。付款方拿到这个保证之后，就先将注资交易发到链上，然后再将退款交易也当作第一个应承交易发到链上，但是注意这个交易不会立即生效，而是要到 3 小时（甚至 3 天、30 天）后才生效。这样，就解决了收款方可能不放心的问题。不放心，正是区块链所要解决的问题的核心，区块链就是要做到“Trustless”，即“无须信任”，使一群互不信任的人能在链上放心交易。同样，现在付款方也可放心，即使收款方消失不见，过了锁定期之后也会得到全额退款。

再往下细抠，其实还有个缺口。如前所述，收款方有个“Replace by Incentive”原则，他总是想继续收到支付额更大的应承交易，不会贸然把手头的应承交易发到比特币网上去，因为那样对他不利。但是付款方呢？他固然不想过早地结束付款通道的存在，但是到了最后那一刻，付款方手里握有已由收款方签署并发还的历次应承交易，支付的金额从小到大。按理说一旦有了后面的应承交易，就可以把以前的丢弃，但是付款方完全可以不丢弃。然后，到了要结算的时候，付款方可以抢先把发生较早从而支付额较小的交易请求发到链上。这样，当收款方把他最后得到从而支付额最大的那个应承交易发到链上时，那个 UTXO 已经被付款方花去，他就得不到应有的份额了。以付费视频为例，付款方每一秒钟就要发一个应承交易付费，都由收款方签署并发还给付款方，然后付款方明明看了十分钟，却只拿看了一分钟时的那个应承交易抢先去链上决算，这个应承交易有着双方的签名，现在就成了的决算交易请求，于是视频服务的提供方，即收款方，明明提供了十分钟的视频服务却只能拿到了一分钟的钱。

怎么解决这个问题呢？还是可以通过时间锁定来解决，因为这里的关键在于“抢先”，这是直接与时间有关的。具体的办法是：在每个应承交易中都加上时间锁定，但锁定的时间有先有后，发生最早的应承交易锁定的（绝对）时间点最远，以后逐次靠前，最后一次应承交易的到点时间最早。注意用来锁定时间的字段 nLockTime 是交易请求数据结构中的一个成分，是在签名所覆盖的范围之内的，一旦签上名就不能更改了。这样，假定付款方不老实，真的抢先把支付额较小的应承交易发到了链上，那也不要紧，因为这要到比方说今天下午的 2:30 才能进入块链，而收款方仍可从容把最后一个即支付额最大的那个应承交易发到链上，那是比方说中午 12:10 分就能进入块链的。而一旦收款方这个交易进了链，付款方抢发的那个交易就会因重复花费而被拒绝。但是当然，最后一个应承交易所锁定的时间点决不能在退款交易所锁定的时间点之后，所以这些时间点是要经过好好盘算的。

注意在讲到时间先后的时候有个粒度和间隙的问题。如果两个交易都加了时间锁定，但锁定的绝对时间相差在比方说十分钟之内，就可能会进同一个块，那就分不出先后。进一步，如果两个交易要花费同一个 UXTO，而又要进同一个块，则两个块都会因重复花费而被丢弃。所以，这个时间差最小也得是一个块的时间，即十分钟左右。

当然，如果双方还有点信任，可以合作，则付款方可以在最后准备好一个不要时间锁定的应承交易（请求）让收款方签署，然后发到链上，那就立即可以生效。否则双方都得要等待一个也许不短的时间才能兑现自己的那个份额。

至此我们能想到的漏洞都已堵上，这整个支付通道的方案已成 Trustless，无需双方信任就可放心在上面支付了。

显然，时间锁定在这里起着至关重要的作用，在不允许重复花费的前提下，上述那些问题其实都是通过巧用善用时间锁定而解决的。但是这样的解决方案也有缺点。首先，一旦规定了退款的时间，通道的寿命也就确定了。第二，为了要让每个应承交易都有不同的时间锁定，就只能把退款时间推得很远，万一收款方很早就消失，付款方的钱就陷在里面，要很久之后才能得到退款。

在这么一个通道里面，收款方是没有什么可能来玩诡计进行欺诈的，每当他接收到一个新的应承交易时，签署并返回这个交易请求是与他的利益一致的，等待直到最后一个应承交易以累积更大的支付额，也与他的利益相符。但是付款方有可能玩弄欺诈，办法就是抢先发布更早的应承交易，那时候的支付额比后来的低。上述的办法确实可以防止这样的情况发生，但是副作用也不小。那么还有没有更好的办法呢？

“闪付（闪电式支付）网络”中采用的办法就是个挺不错的办法，称为“非对称可撤消应承（Asymmetric Revocable Commitment）”。注意这里“可撤销”这个词，我们知道一个交易请求一旦进入了区块链被记录下来就是不可撤销的了，所以这里所谓可撤销只是说在实际效果上可以起撤销的效果。

在这种方法中，集资建立通道时要由双方注资，一般是对等注资，比方说 A 和 B 各注资 5 个比特币，同样也是付给一个 2-of-2 多方签名地址。这样，通道的初始状态即双方的账面余额都是 5 个比特币，以后的每次应承交易都使通道的状态发生一些变化（所以称为“状态通道”）。这与前述的方法其实没有太大不同。

但是下面的第一个应承交易就不一样了。与前述方法中由付款方单边准备应承交易（但要求对方签署）不同，这里首先由双方各自准备一个应承交易，其特点是这样：

输入即资金来源都是为通道注资的那个 UTXO，所以都需要对方的签名。

输出分两个 UTXO，第一个是付给对方的，金额就是对方的出资额，如果是双方各注入 5 个比特币，那么这个 UTXO 的金额就是 5 个比特币，这是只要对方提供签名就可领用的，相当于给对方退款。第二个是付给自己的，只要自己签名就行，金额也是自己的出资额，但是有个时间锁定，例如锁定 1000 个块的时间。注意双方各自都要准备这样一个交易请求。

从这两个应承交易（请求）的形式看，双方似乎是对称的。但是从效果的角度看却不对称了，无论是由哪一方将其提交结算，对方立即可得全额退款，但是自己却要等待相当一段时间才能拿到退款。显然，这两个应承交易中只有一个可以作为结算交易生效，因为二者的输入是同一个 UTXO。所以，只要不是事出无奈，谁都不愿意率先以此提交结算。但是仅仅如此还不足以阻拦任何一方作弊，下面还有个杀手锏，叫“废除密钥（revocation key）”，意为用来废除对方作弊手段并加以惩罚的密钥，而且这个惩罚很凶，是把作弊一方的全部注资都归对方所有，由对方独得双方注入本通道的全部资金。

这个废除密钥怎么用呢？这就要先说一下所谓“Hash 值加时间锁定式合约（Hash Time-Lock Contract）”，缩写为 HTLC。这种合约由两个成分组成，其一是 Hash，其二是时间锁定。

先说 Hash 值，任何一个秘密，不管是一个密钥还是一块数据，都可对其进行 Hash 计算，得到一个 Hash 值 H。如果在 UTXO 的招领脚本中规定以 H 为认领证据，则知道这个秘密的人就可以在认领脚本中提供这个秘密；区块链则对此交易进行验证，执行脚本对其进行 Hash 计算并加以比较。其实这跟普通的按地址认领并无多大区别。

而时间锁定，跟前面所述也并无什么不同。

把这两个因素组合在一起就成为：任何时候都可以按 Hash 值认领，如果在指定的时间内无人认领，就按另一种条件认领。将其写成输出 UTXO 的招领脚本伪代码，大致就是这样：

```
OP_IF
  OP_HASH160   <H>   OP_EQUALVERIFY
                        #如果认领者提供了一个秘密 S，经 HASH160 计算后等于 H。
OP_ELSE
  <锁定时间 T>   OP_CHECKLOCKTIME   OP_DROP
                                             #只有过了锁定时间（例如 1000 个块的时间）
  <付款方的公钥>   OP_CHECHSIG              #付款方才可以凭签名领取退款
OP_ENDIF
```

既然比特币的脚本语言中提供了 IF…ELSE…的控制流，这样的认领脚本好像也没有什么特别。问题在于怎么用，特别是怎么用好其中 IF 分支上的认领秘密，这就是“废除密钥”的事了。

显然，HTLC 只是被用于 UTXO 中，是交易的一部分，又是一个完全合法的比特币脚本，如有需要是可以被提交到比特币网中的。为叙述方便，我们在讲到采用了 HTLC 的交易时就简称其为一个 HTLC，而不是饶舌地称其为“带有 HTLC 的应承（或决算）交易”。

闪付网络的这个称为“非对称可撤消应承”的方案，其基本的思路是这样：为防止付款方将老的应承交易发到链上用作结算交易，付款方每发出一个新的应承交易时应该将其发出的上一个（老的）应承交易撤销，而不是通过设置递减的时间锁定让其自然失去效用。

具体的办法是，付款方在准备一个应承交易的同时要生成一个“废除密钥”，并将其 Hash 值用在这应承交易的输出 UTXO 的 HTLC 中，但只将应承交易发给对方，把废除密钥留在手中。显然，这个废除密钥是专门针对这个具体应承交易的，这就是 HTLC 中的那个秘密 S。到了下一次又要有个新的应承交易时，当然也要生成针对新交易的废除密钥，但是重要的是：在发送新的应承交易之前（或同时）要把上一个废除密钥发送给收款方。这样，收款方手里有了针对上一个应承交易的废除密钥，就不担心付款方作弊把上一个应承交易用作结算交易了，所以他会很放心地签署新的应承交易并将其发还付款方。原因很简单，即使付款方作弊，他也有充分的时间（例如 1000 个块的时间）使用相应的废除密钥去认领整个通道的全部注资，给付款方一个惩罚。反之，如果平安无事，到了最后该要结算的时候，付款方诚实地将最后一个应承交易发到链上，则这个交易是不可废除的，因为此时付款方尚未将废除密钥交给收款方。

这样的通道还有个优点，就是通道的寿命完全可以是无限的，因为没有任何活动是与通道的结束时间挂钩的。

在上面这种种方法的介绍和讨论中我们也可看出，在一个去中心化的环境中，事情要复杂得多。这是因为，在去中心化的环境中如果发生欺诈，受害一方是无处申诉的（否则就得有中心了），唯一的办法就是通过规章制度（来自共识）和算法来保证公平交易的进行。但是反过来，在中心化的环境中，又怎么保证这个“中心”能做到公正公平呢？真正的公正公平，不正是应该由规章制度和算法来保证吗？

这样，尽管是在去中心化的环境中，在作为闪付网络基础的“通道”中，参与方的欺诈是很难发生（并且起作用）的了（也许将来又会出现“魔高一丈”，但是至少现在还没有这样的迹象）。这样的通道在实用中应该有很大的价值，例如跨境支付，在两个代理公司之间就有相当频繁的支付，如果都在比特币网上进行就会累积不小的手续费，并且每笔支付到账的时间也比较长，这还没有计及对区块链的负担和网络流量等等因素。而如果在这样的通道上进行，由于只是双方的点对点通信，也不需要有别人的验证，速度就非常快。虽然所作的支付暂时并未进入区块链得到区块链的确认，但是支付双方完全可以放心交易，因为资金的来源（注资）已经得到确认，这是专款专用的，所有支付都只是在这个专款的范围内进行，并且最后的结算也是得到保证的，双方都无法作弊。不过反过来完全脱离区块链也是不行的，因为资金的来源和结算都有赖于区块链的保证。所以，这是链内链外的一种比较好的结合。

但是闪付网络比这还要更上一层楼，它的目的是把许多业已存在的通道连成一个“网络”（有点像我们所说的“关系网”），在这网络中通过“路由”把若干通道串连起来形成路径，实现本来并无直接通道连接的双方之间的支付，称作“路由式支付通道（Routed Payment Channel）”。为方便叙述，下面我们把例如节点 A 与 B 之间的通道表示成“A-B 通道”，并假定其为双向通道。

闪付网络的思路和方案最初是由 Jeseph Poon 和 Thadeus Dryja 在一篇论文中提出的，相关的资料和参考实现都可在 Github 网站上找到。

假定节点 A 要与节点 E 之间进行支付，要付 1 个比特币给 E，但是双方又不想为此自建一条支付通道，因为那又得要双方注资，怎么办呢？A 知道自己与 B 之间有个通道，并且假定 B 与 C 之间又有个通道，从 C 还可以通过 D 到达 E（C 与 D，D 与 E 之间都有通道），而且沿途的通道容量都能满足支付的要求，这样就可以形成从 A 到达 E 的支付路径，使 A、E 之间可以辗转实现间接的支付。当然，这是假定 A、B、C、D、E 都在闪付网上，都是闪付网上的节点。注意，所谓都是闪付网的节点，只是说这些节点都实现了闪付网的协议，能进行闪付网规定的操作，而并非说专门有一种闪付网的物理连接，其实底层的连接都是 TCP 连接，甚至 UDP 通信。进一步，闪付网的通道是建立在比特网基础上的，所以这些节点也必定是比特币网上的节点。

要实现 A、E 之间的辗转支付，首先要由 E 生成一个“秘密”S（密钥就是一种秘密，任何一个随机数都可以是秘密），并将 S 的 Hash 值 H 发送给 A。节点 E 和 A 之间虽未建立通道，但一般的网络通信是不成问题的，因为至少都在互联网上。

拿到 E 发来的 Hash 值 H 之后，A 会向 B 发出一个 HTLC 应承交易，其输出 UTXO 和 HTLC 的内容是，将 1.003 比特币付给能提供秘密 S（其 Hash 值为 H）的收款人。由于通道只是双边的机制，没有别人参与，这个收款人实际上只可能是 B。时间锁定为 10 个块，超时就退款给 A。同时还给定一个加了密的路径，例如 C.D.E。B 对这个路径解密后得到两个成分，第一个是转发目标 C，第二个是另一个加了密的，较短的路径，实际上是 D.E，但是 B 只能看到下一个节点是 C，而看不到 D.E，那是 C 才能解密的。

这样，B 只知道这个交易来自 A，要转发给 C，但是无从知道 A 究竟是否最初的源头，也无从知道 C 是否最后的终点，更无从知道 C 以后的去向。读者也许会想，随着一次次的转发，加密路径会越来越短，当缩短为 0 时就说明下个节点就是终点，这样就泄露天机了。但是这很容易对付，A 只要在终点之后加上一点什么垃圾，比方说一个字符串“终点到了”，就可以使加密路径不会缩短到 0。

至于支付款是 1.003 而不是 1 比特币，是因为沿途都需要付一点手续费（要不然谁愿意为你白忙活）。而为退款作准备的时间锁定是 10 个块的时间，这是经过算计的，这一点后面就可看到。

但是注意，B 必须要能提供秘密 S 才能真的从他与 A 之间的通道中拿到这 1.003 比特币，其中就包含着给他的手续费。这是有 A 当初向通道的注资作为保证的，只要 B 在 10 个块的时间内能拿到所指定的秘密 S，他就能拿到这 0.001 比特币的手续费。这一点，根据闪付网络的协议，B 相信是可以从 C 那儿拿到的。即便发生意外而拿不到，他也没有什么损失，只是白白帮助转发了一下而已。

于是，B 在拿到来自 A 的 HTLC，并知道要转发给 C 之后，就准备好一个新的 HTLC 应承交易，在 B 与 C 之间的通道上发送给 C，将 1.002 比特币支付给能提供秘密 S 的收款人，其中包含了给 C 的手续费 0.001 比特币。时间锁定则降为 9 块。另外，也要把他解密出来但仍旧是加密的后续路径也一起发送给 C。注意这里 B 要支付给 C 的款项是在 B 与 C 之间的通道中，资金的来源是当初 B 向通道的注资，而与 A 毫无关系。但是，如果 C 通过提供秘密 S 从这个通道中拿走了 B 的 1.002 个比特币，那么 B 立即就可在 A 与 B 的通道中提供 S 而拿到 1.003 个比特币。

可想而知，接下来 C 会在 C 与 D 之间的通道上发送另一个 HTLC，付款金额为 1.001 比特币，时间锁定为 8 块。余可类推。

最后，E 在它与 D 之间的通道上接收到一个 HTLC，这是直接付给它的，金额恰好是 1 比特币，无需转发。当然 E 得要提供秘密 S，时间锁定为 7 个块。我们知道 E 手中当然有 S，当然可以在 7 个块的时间内把秘密 S 发送给 D，而 D 至少有一个块的时间将 S 转发给 C，于是 E 与 D 之间的通道发生了变化，D 的份额减少了 1 个比特币，而 E 可以把拿到的这个比特币“充值”到 D-E 通道中，使其份额增加一个比特币（这就提高了 E 的支付能力）。余可类推。最后，B 把秘密 S 发送给 A，完成了对 1.003 个比特币的认领，使 A 与 B 之间的通道状态发生变化，即 A 的份额减少了 1.003 个比特币。同样，B 也可以把从 A-B 通道中获得的 1.003 个比特币充值到 B-C 通道中，以提高他在 B-C 通道中的支付能力。当然，所有这些活动都发生在 10 个块的时间内。

这里还有一个问题。当 D 从通道 D-E 中接收到 E 提供的秘密 S 时，是立即就把钱付给 E，实际上是先从自己在这个通道的份额中垫付，然后再从通道 C-D 中得到补偿？还是不见兔子不撒鹰，一定要先从上游方向兑现，然后才允许下游方向的 E 兑现呢？如果先垫付，那万一上游方向的通道断了怎么办？如果坚持先从上游方向兑现，然后才让下游兑现，又怎样保证？关键还是在于作为基础的支付通道和决算，只要通道的设计没有漏洞，D 就吃不了亏。

读者也许会觉得这么一个支付过程似乎与区块链没有什么关系，其实不然。须知此中的每一个通道都是建立在区块链的基础上的；没有区块链，这样的通道就不能存在。首先，有区块链上的注资交易，通道上通过 HTLC 交易进行的支付才有可靠的资金来源作为保证，通道上的双方才能相信对方不会“买空卖空”。另一方面，因为通道的任何一方都随时可以把最新的应承交易提交到区块链上进行决算，并且有 HTLC 脚本的保证，才使互不信任的双方可以相信对方作不了弊，相信这通道是 Trustless 的，才可以放心在通道上进行支付。

当然，闪付网的出现又会带来许多研究内容。例如给定两个 Peer 节点，如何找到一条可行的支付路径。当然，对闪付网络也有种种质疑，但是技术就是在这样的争辩和实践中发展起来的。

第3章 以太坊 Ethereum

从功能和手段的角度看，支付，在去中心化环境中的支付，是比特币的核心所在，虚拟货币的发行实际上是从属于支付这个核心的。为什么这样说呢？我们看比特币的这套机制，即使不自己发币，用来作其它货币乃至法币的支付手段也是可行的，也仍然具有比特币的许多优点，所不同的是：在去中心化的环境中，拿什么来作为对于记账和发布新区块的激励，人家为什么还愿意来苦苦竞争新区块的发布权。如果是用法币作为激励，那这资金又从何而来？所以，比特币的发币机制，某个意义上其实只是为维护这个支付网络的运转而设计和提供的，虽然不可或缺，但实际上是处于辅助的地位。而比特币的种种考虑与设计，确实为人们提供了一种“去中心化”（可以认为是“不受监管”的同义词）的、私密、灵活，而又可靠的网上支付手段。但是，在令人叹服之余，包括 Vitalik Buterin 在内的人们看到，支撑着比特币的这套基础设施，其实还可以有别的用途，至少还有两种。一种是存证，另一种是合约。当然，这是指去中心化环境下的存证和合约。

不难想象，“不会丢失、不可修改”这个特性对于存证的需要是非常理想的。而且，这样的特性也只有在去中心化的环境下，通过大量（而且不定量）节点的重复存储才能得到保证，尤其是在心理上得到保证，因为许多人对于中心化的存储和管理其实是多少都有点心存疑虑的。实际上比特币网上的支付说到底也是建立在“存证”这个基础上的，要不是把每一笔交易都存证在区块链上，比特币的支付机制又怎能实现？只不过这一点并非很直观和明显而已。可是比特币网对于（支付所需之外的）存证恰恰是不够重视的。比特币（脚本）虚拟机的指令 OP_RETURN 可以让用户搭载不超过 40 字节的信息，后来扩大到 80 字节，但还是不敷使用，所以人们只好把信息保存在 IPFS 文件系统中，而只把文件路径和文件的 Hash 值搭载在 OP_RETURN 中。不仅如此，读者在前一章中也已看到，OP_RETURN 指令的使用其实是不甚方便也挺受限制的，实践中人们常常需要为每笔支付都提供一个“支付说明”，或者“记账说明”，然而比特币网的设计中并没有在交易请求/记录的数据结构中提供这样的设施或手段。事实上，只要在交易请求/记录的数据结构中提供一个不定长度的数据字段，就可以使区块链成为非常理想的存证手段。进一步，如果只是作为记账说明，那还只是单纯在为支付服务；但是如果支付金额可以是 0，或者可以小到忽略不计，那就不再是为支付服务，而是独立的存证了。这样，凡是需要“立此存照”、又需要让人们相信是原封不动未经篡改的信息，不管是文字、图像、音频、视频，还是什么别的信息，都可以搭载在这个数据字段上。当然，如果出于种种考虑（例如带宽）而仍选择把信息存放在 IPFS 文件系统中，而只在交易请求/记录中存储一个索引，那当然也可以。这样一来，且不说支付，光是存证就已经使区块链技术极具使用价值了。当然，分布的重复存储给通信网络带来比较沉重的压力，但是通信技术也在发展，以前因为流量太大而被认为不太现实的网上实时视频现在已成了人们日常生活的一部分；现下正在兴起的 5G 移动通信技术，更将使流量不再成为问题。所以，在比特币支付功能的基础上，存证是一项得来不太费工夫的重要改进。事实上，以太坊的规程中确实就是在交易请求/记录的数据结构中增加了一个名为 data 的可以是任意长度的字段。这使以太坊很适合用于存证。

在比特币交易中，付款方用招领脚本说明支付对象在花费所支付款项时须满足的条件和出示的证据，而收款方则以认领脚本提供所需的证据，其中的关键是数字签名，还可以是多方签名。这样的安排，结合交易请求中的锁定时间字段和每项 UTXO 中的 Sequence 字段，可以灵活实现很多种不同的支付方案，这已经是带有“合约”性质的机制，所以称之为“智慧合约（Smart Contract）”。然而说是智慧，功能却远远说不上很强，这是由比特币（脚本）虚拟机的指令系统决定的。一来因为比特币虚拟机的“图灵不完备”而导致不能实现循环；二来也因别的种种限制而影响了虚拟机的功能和（脚本）语言的表达能力。所以在比特币这个机制中实际上难以提供真正意义上的、通用的合约功能。而且这个问题也不是做点小修小改就可解决。但是，反过来这也让人看到，比特币背后的区块链技术对于网上合约的签订和执行是很好的支撑。凡是合约，其条款实质上无非就是 if-then-else 形式的条件语句，for 或 while 循环语句，还有赋值语句。所以就有了这句话“Code is Law（程序即法规）”。用程序设计语言编写，因而不具二义性的条款，又不会丢失、不可更改，由不偏不倚铁面无私的、机械式的、程序化的机制加以执行，还可以受群众监督，试问哪里还有比这更好的合约机制和环境？所以，在以太坊中把智慧合约的机制放在了很高的位置上，重点加以开发，就是很自然的事。这使得智慧合约与支付和存证在以太坊中三足鼎立，堪称区块链技术的三大基本功能。

此外，UTXO 这个模式确实不错，特别对于追踪资金来源非常有用。可是，与人们更为熟悉的“账户”模式相比，也只能说是各有千秋，UTXO 也有不那么有利的一面。首先，既然是采用 UTXO 这个模式，则一个交易请求、即一次支付可能就会涉及多项资金来源，而针对每项资金来源又得提供一个认领脚本。这样，交易请求的资金来源一侧的体积就显得臃肿了。相比之下，如果采用账户模式，则资金来源只有一个，就是自己的账户余额，这就干净利落了许多。资金去向这一侧呢，当然好的一面是在一份交易请求中可以有多个资金去向，可是另一方面资金来源的合计不多不少恰好够上支付额没有多余的概率是不高的，实际上很可能还要找零，所以资金输出之一是付给自己，这使输出端的体积也会有所扩大。而且找零一多就积累起许多碎片式的零钱，还得把它们汇总成面值较大的 UTXO。相比之下，如果采用账户模式就没有找零的问题，这也有利于减小交易请求的体积。另一方面，二者的设计思路也不一样。比特币采用的是“无状态”的模式，即除记录在区块链中的交易记录外，每次交易在网中各个节点上并不改变什么状态，也不留下什么痕迹。而如果采用账户的模式，那就是一种有状态的模式，每次支付除在区块链中留下记录之外还在网中各个节点上改变了某种状态，那就是某些账户的余额。以太坊网络中的每个“全节点”都保存着所有的账户，那是一个很大的集合。其中每个账户都有个余额，如果把所有这些余额的集合看成一个很大的向量，那么每次支付都会改变这个向量的值，或者说改变了这个集合的状态。对于纯粹的支付，其实“有状态”与“无状态”也是各有千秋；但若考虑到智慧合约，那么“有状态”其实更合适，因为许多合约本质上是有限状态机。

既然采用了有状态的“账户”模式，支付中的招领脚本与认领脚本这一套方法就可以简化了，因为每个“全节点”上都有支付双方的账户，可以像比特币中那样以“地址”、即用户公钥的Hash值作为账户的ID，支付的过程就是把资金从付款方的账户转移到收款方的账户，类似于P2PKH，但此时并不需要招领和认领，资金已直接转入收款方的账户，每个用户只要提供（对于本次交易请求的）数字签名就可动用自己账户中的资金，这也与P2PKH的认领相仿。这个简化了的过程可以固化下来，不再需要使用脚本。而更为复杂的支付，则干脆就采用智慧合约，你想要多复杂都行。所以，以太坊把比特币的那些支付方式加以分化，一般的（以太币）支付就统一采用相当于P2PKH、即凭公钥Hash值支付的方式，如果需要有更为复杂的支付条件，就让用户把它写成智慧合约，通过执行合约的方式加以实现。当然，需要把智慧合约存储在每个节点（全节点）上，一个合约就相当于一个账户，以合约的Hash值作为合约的“地址”。这样，就把比特币中的那套P2xx的机制分化了，你要么简单地“付给对方地址”，要么“执行某个合约”。这其实是在向人们熟识的网上银行的支付方式靠拢，不过网上银行当然是中心化的，而以太坊的这一套则是去中心化的，再说网上银行也并无执行合约的机制。

这样一来，一般简单的“付给对方地址”就没有执行脚本这一说了。而合约的履行，或者说对合约的调用，则需要有在复杂性和灵活性方面都超过比特币的脚本执行，从而功能更强的机制。这意味着以太坊的虚拟机将更为复杂。我们知道，比特币的虚拟机是图灵不完全的，因而在脚本中不能有循环。这其实是出于安全考虑而故意为之，因为一方面用户提供的脚本中可能会因为存在Bug而有“死循环”；另一方面更重要的是，要不然就为DoS攻击打开了大门，黑客们可以在脚本中恶意加入死循环，把系统拖垮。可是这显然也限制了虚拟机的功能和语言（指令系统）的表达能力。所以这是个两难的问题，从智慧合约的功能要求角度我们需要有图灵完备的虚拟机，可是从安全角度又需要限制其功能而使其成为图灵不完备。怎么办呢？以太坊为此提供了一个很不错的解决方案：虚拟机是图灵完备的，你要循环几万次几十万次也可以，但是既然要我执行你的合约程序，那我就每走一步都要向你收点费，就好像开车要烧汽油（Gas）因而要有油费一样；并且你得在交易请求中预先说好为这次执行准备付多少费，提供一个限额（就像事先加好汽油），我每执行一步就真的要从你的账户上扣油费；如果合约的程序尚未执行完毕而油费已经扣完，这次执行就算失败而无效，但是已经扣除的油费不退，就像已经烧掉的汽油不会再回来了一样。

既然以太坊与比特币有这么多的不同，是一种显著不同的区块链技术，那就需要（同样是在互联网的基础上）另建一个以太坊网络，那当然就不会用比特币进行支付，所以以太坊有自己的以太币。

不过也得看到，尽管有这么多的不同，以太坊的技术基础仍旧是区块链，包括密码技术（签名和 Hash）的使用，环环相扣的块链，新块的发布，乃至如 Merkel 树的采用，等等。可以说，没有比特币就不会有以太坊，比特币是创造性的，以太坊是改良性的。想要深入理解以太坊，最好先了解一下比特币。

应该承认，以太坊的这些思路和解决方案确实都很好，所以以太坊的白皮书、黄皮书发表之后引起了广泛的兴趣，当时以太坊的发展可说如火如荼。在这样的背景下，以太坊的发起者们组织了一次以太币预售，并获得了成功。这个事件，结合手中握有比特币的人所获暴利，刺激了后来一时风起云涌的所谓“ICO”，俗称“发币”的热潮。于是在区块链这面大旗下就形成了两个圈子，一个是“链圈”，另一个是“币圈”。链圈的人主要关注区块链这个技术，及其在各个行业中的潜在应用和前景，对于所用的是什么“币”倒不是很关心，认为即使都使用法币并接受监管，这个技术也有很广阔的应用前景。而币圈的人主要关注发自己的币，关注 ICO，他们对技术倒也并非漠不关心，因为要 ICO 就最好能在技术上有点独特之处，能讲出一个好的故事。

其实发币实质等同于印钞，只不过所印的不是法币，而是某种代价券，这跟食堂里卖餐券并无太大不同。而 ICO，跟公司发行“原始股”也没有太大不同，其实是一种“众筹”。比特币并没有经历 ICO，实际上那个时候即使搞 ICO 也不会有人买，最初在“玩”比特币的人确实就只是在“玩”，都是出于信念和兴趣。但是比特币确实解决了一些客观存在的需求，尽管其中有些是正当的，有些是不正当的，这才慢慢热了起来，曾经热到发烧的程度，但后来有所冷却，逐渐在回归理性。至于比特币的一些变种，这个币那个币，则实际上是搭了比特币的便车，尽管确实也有些小修小改，或者更适合于某些特定行业的应用和需求。而以太坊之所以在一定程度上成功，并且成功进行了 ICO，是因为它确实与比特币有较大的不同，这些不同之处是否可以笼统地说是“改进”或“改良”也许会有争议，但是确实更适合某些方面的应用或更贴近某些人的偏好，被认为将来有更广阔的应用前景。

本书既然是《区块链技术》，当然关心的是技术，特别是其核心技术。

以太坊的开源软件公开在 GitHub 上，有采用不同编程语言的版本，其中我认为最重要的有两个，一个是用 Go 语言编写的 go-ethereum-master，这是主流；另一个是采用 Java 语言的 ethereumj-develop，这是一种替代。虽然因采用的编程语言不同而可能影响一些细节，但所用算法是一样的。本章采用 ethereumj-develop，即采用 Java 语言编写的版本，这是作者经过再三考虑的。

首先，作为编程语言，现在使用最广的除 C/C++以外就数 Java 了，Go 语言出现以后的使用率上升很快，但至少在我开始写作本书时仍远远落在 Java 后面。更重要的是，存在着那么多的 Java 程序员，他们当然也想学习新技术，而区块链，特别是以太坊，就是这样一种新技术。要学习一种新技术，对于大多数人而言，最好还是采用原先就熟悉的语言，这样门槛会低一些。如果非得掌握了 Go 语言才能学习区块链，那就好像非得学了英语才能搞计算机，这个门槛就高了，而且是不必要地抬高了。进一步，以太坊在各行业的应用和具体落地一般都是需要经过二次开发的，有些甚至需要对“内核”，即作为核心的以太坊公开源码作一些修改。这些修改也许不大，但是却需要对原来的代码有较深的理解，这跟所用的语言就很有关系了。事实上，要修改一段现成的代码，其难度往往比新写一段代码还大，还需要对所使用的语言有得心应手的掌握。这就好比，要我们去修改一篇英语文章，恐怕比要我们用中文另写一篇还难。

另一方面，就 Go 和 Java 这两个语言而论，在表达力方面应该说没有多大差别，具体的表达也是各有千秋。用 Go 写的程序也许更简洁一些，更灵活一些，相比之下 Java 略显烦琐和机械，但是反过来 Java 的语义更严密，更容易被人们理解。一般而言，写程序的人与读程序的人是有点对立的，写的人最讨厌烦琐和机械，可是读的人却更希望你能一撇一捺规规矩矩，这样才容易读懂，初学者尤其如此。

最后，以太坊并非本书要讲解的唯一区块链技术。前一章中讲解的是比特币，采用的是 C++的版本，下一章是“超级账本”，那就是采用 Go 语言的版本。这样，对于只会 C++或 Java 的人，本书中都有一章所使用的语言是熟悉的，然后可以兼及其余，触类旁通，包括对 Go 语言也能有所了解。

与 C/C++语言相比，Java 是一种比较容易掌握和使用的语言。如果说 C/C++语言是面向精英的，那么 Java 就是面向大众的。Java 语言大大降低了计算机程序设计的门槛，这对于整个信息产业的发展具有不可估量的作用。Java 语言给程序员带来的便利有很多，这里只说一下内存空间的“废料回收（Garbage Collection，简称 GC）”。

在 C/C++的程序中，当要动态分配一块存储缓冲区的时候，通常就是通过库函数 malloc()，例如：buf = malloc(…)。程序员得要保证，用完了之后要释放归还这块空间。他得要记住，buf 这个指针所指的这个缓冲区是向系统借来的，用后要归还，不能拍拍屁股就走，留下 buf 不管了。如果忘记归还，那就造成系统的“内存泄漏”。凡是有内存泄漏的软件都不能长时期连续运行，因为内存空间越来越少，最后就没有了。但要是其实还在用就把它归还了，那么系统又可能把它分配给别人，从而破坏了里面的内容。有些软件，运行几个小时没有问题，似乎一切正常，但是第二天早晨一看已经崩了，现象可能千奇百怪，往往很难找到原因，实际上很可能就是因为内存泄漏或重复分配所致。既然这样，那就切记要正确释放占用的内存空间，可是这并不容易。人们用“引用计数”的办法解决这个问题，例如刚分配到 buf 时将其引用计数设为 1，如果将 buf 赋值给另一个指针例如 mybuf 的时候就递增其引用计数，表示现在多了一个指向这块缓冲区的指针。要释放一块空间的时候，比方说指针 mybuf 不再使用了，则先递减其引用计数，确保只有在引用计数被递减到 0 的时候才真正将其释放，并且必须释放。这套机制确实很好，但是让程序员自己加以实现却非易事，而且还容易出错。所以，内存即缓冲区的管理是个很头疼的问题，得要富有经验的程序员才能应用自如。

而 Java 语言，就通过其废料回收机制把这个问题接过去了，程序员不用操心释放存储空间，就如在餐馆吃完饭一抹嘴就可以走一样。但是为什么 Java 语言就有这样的功能呢？其实没有什么神秘的，它用的还是引用计数这套办法，只是在编译你的 Java 程序的时候，以及由虚拟机解释执行中间代码的时候，就向所生成的可执行映像中嵌入了一些代码，插入了一些操作，帮你自动实现内存管理的机制。比方说，编译器和虚拟机会自动在代表着缓冲区的数据结构中添加一个引用计数字段；它们也当然知道你将指针 buf 赋值给了另一个指针（要不然你的程序怎么能执行），所以就会在你的程序中插入递增引用计数的代码；它还知道，比方说因为函数返回的原因使作为局部量的 buf 这个指针不再存在，所以就会在你的程序中插入递减引用计数的代码。最后，它们插入你的程序中的代码会在每当递减引用计数时就检查是否减到了 0，如果是就释放这块空间。凡此种种，都是出于 Java 编译器和 Java 虚拟机的参与。

所以，当我们说一个语言如何如何的时候，一方面固然是指这语言的语法和语义，另一方面更是指其编译器和解释器（即虚拟机）的功能。总的来说，处理器的指令系统、从而其汇编语言，决定了客观上能做什么，决定了功能上的极限。但是其中有些功能的使用是危险的，必须由经验丰富的专业人员加以使用，而不应放手让普通的程序员使用，这就好像不能让小孩用火一样。所以，高级语言的作用就是：一、让你更方便、更有效地思考和表达对处理器所能提供的种种功能的组合和使用；二、限制你对某些功能的使用，把对这些功能的使用“收缴”到编译器（所额外生成的代码）和虚拟机；三、专业、自动、隐蔽地为你提供某些算法和某些机制，这些算法和机制你自己也可以实现，但是容易犯错。

就 Java 语言而言，上述的第一个作用体现在它的语法和语义，好的一面是结构非常严密和清晰，缺点是相对比较啰嗦和烦琐，所以更适合初学者和“修行”不深的人。上述第二个作用的典型表现，就是 Java 语言中根本就没有指针的概念，这就使程序员减少了许多犯错的机会。而废料回收，即 GC，那就是属于第三个作用了。

进一步，又由于 Java 是一种编译和解释执行相结合的语言，执行时是由 Java 虚拟机加以解释执行，有些功能就是纯编译的语言难以提供的，例如“反射（reflection）”就属于这样的机制，这又给程序的设计和调试带来了方便。

总之，Java 语言既降低了程序设计的门槛，又提升了软件开发的生产率。这个语言之所以得到广泛的欢迎和使用绝非偶然。

既然采用的是 Ethereumj 的源码，本章所做的代码摘要也就是接近于 Java 的伪代码了。

Ethereumj 是在 Spring Framework 的基础上实现的，这是个在大型 Java 应用中使用很普遍的运行框架。考察一下这些软件启动运行的过程可以帮助我们理解 Java 虚拟机、Spring Framework 和 Ethereumj 这三者的关系。当我们在计算机操作系统上启动 Ethereumj 运行时，实际上是启动了一个 Java 虚拟机进程，这个 Java 虚拟机的执行目标，一开始是 Spring Framework，那就是一个实现了运行时框架的软件；而 Ethereumj 中的各种模块、各种成分，就好像是这个框架上的种种插件。Spring Framework 的作用，就是把这种种插件组装在一起，为其运行建立起一个环境，然后将其交给 Java 虚拟机，让其开始解释执行 Ethereumj 的主函数 main()。进一步，说 Ethereumj 的主函数其实又是不太确切的，Ethereumj 本身其实只是一个很大的程序库，在这基础上可以构建出各种不同的 Ethereumj 应用，提供主函数的实际上是具体的 Ethereumj 应用，哪怕只是一个测试程序，一个演示程序，一个以太坊节点，那都是具体的 Ethereumj 应用。不过一般我们在谈论 Ethereumj 时就不那么讲究了。

为了让 Spring Framework 知晓 Ethereumj 中的各种插件，在一些类的定义前面都有个 @Component 标记，表示这是一个“构件”。Spring Framework 对于这样的类都会自动为其创建一个对象，所以在程序中就找不到创建此类对象的 new 语句。另外，有些结构成分前面有个@Autowired 标记，这是让 Spring Framework 在程序中寻找该类对象并加以“注入”。我们知道，在 Java 语言中是没有“指针”这个概念的，但那只是不让程序员使用，其实 Java 语言中除基本类型（如 int、char 等）外所有类型的变量名都只是指针，在通过 new 语句为其创建具体对象之前都只是空指针。那么让这指针指向哪里呢，一个办法当然是通过 new 语句创建具体对象，另一个办法是通过赋值，包括函数调用时形参与实参的结合。还有个办法，就是 Spring Framework 的@Autowired，即“自动接线”。事实上，Spring Framework 的功能很大程度上就是通过这些@标记提供的。读者若能多了解一些 Spring Framework，对于理解 Ethereumj 的代码当然有好处，但即便只是知道一些简单的规则也并不构成显著的障碍。

3.1 以太坊节点的系统结构

本书的前一章中讲述了比特币网络节点的系统结构，对于以太坊也同样需要先讲一下，因为先得要知道节点上有些什么，是什么样子，才可以进一步了解它们互相的作用。但是节点是为交易而存在的，交易是以太坊网络中最基本的活动，所以我们先看一下 Ethereumj 的源码中对于 Transaction 类的定义：

```
class Transaction {}
] static final int HASH_LENGTH = 32;         //Tx 的 Hash 值长度为 32 字节，所以是 256 位的 Hash。
] static final int ADDRESS_LENGTH = 20;   //地址长度为 20 字节，就是公钥的 160 位 Hash 值。

] byte[] hash;       //SHA3 hash of the RLP encoded transaction，注意这是对 RLP 编码之后的 Tx 的 Hash 值。
] byte[] nonce;     //a counter used to make sure each transaction can only be processed once，实质是 Tx 的序号。
] byte[] value;     // the amount of ether to transfer (calculated as wei)，支付的币值，Wei 是以太币最小单元。
] byte[] receiveAddress;       //the address of the destination account. 对方地址，这地址可以是账户或合约。
] byte[] gasPrice;             //the amount of ether to pay as a transaction fee to the miner for each unit of gas.油价。
] byte[] gasLimit;             // the amount of "gas" to allow for the computation. Gas is the fuel of the
                               // computational engine; every computational step taken and every byte added to
                               // the state or transaction list consumes some gas. 可“烧”的油量。
] byte[] data;                 //An unlimited size byte array specifying input data of the message call or
                               // Initialization code for a new contract
] Integer chainId = null;
] ECDSASignature signature;    //the elliptic curve signature (including public key recovery bits)
] byte[] sendAddress;          //我方地址
] byte[] rlpEncoded;           // Tx in encoded form，本 Tx 经 RLP 编码后用于网络传输的形式。
] byte[] rawHash;              //不含 signature 字段的交易请求经串行化和 RLP 编码后的 Hash 值，用于签名。
] boolean parsed = false;      // Indicates if this transaction has been parsed from the RLP-encoded data
```

一个Transaction类的对象，在尚未被执行并进入某个块中、从而进入块链前是交易请求，进入了块链之后就成为交易记录，但是这二者的内容完全相同，并不因为从交易请求转化成交易记录而有所改变。不过Transaction类所定义的是交易请求存在于内存中时的形式，其中有些字段的内容是并不随同发送的。要将一个交易请求发送出去，或者写入数据库或磁盘文件的时候，要将其串行化并加以编码，所用的编码方案称为RLP，结构成分rlpEncoded就是将本交易请求串行化并编码之后所得的字节数组，可以直接用来发送。

这里的sendAddress和receiveAddress是我方和对方的地址，地址长度为20字节，就是公钥的160位Hash值，一个地址代表着一个账户，账户上有余额，余额的值就是一种状态；value是我方要支付给对方的以太币金额，这会导致双方账户余额的变化；dada字段可以用来载送附加信息，例如记账说明；signature则是用我方私钥对交易请求所做的数字签名。还有个字段nonce，其作用类似于序号，由同一地址发出的交易请求逐次递增这个序号。另外就是还有两个有关手续费即Gas的字段，一个是gasPrice，另一个是gasLimit。注意这里有两个Hash字段，一个是rawHash，这是交易请求在尚未得到签名时，即把signature排除在外的Hash值；另一个是hash，那是签了名并加以串行化和RLP编码所得结果的Hash值，但是这两个字段只是帮助计算用的，不在发送出去的交易请求之内。还有个字段parsed，则表示接收到的RLP编码的交易请求是否已经被解码，这也是辅助性的。

由此可见，这个数据结构与比特币的交易请求相比不知简单了多少，事实上这也确实是针对最简单的支付而设计的。复杂一点的支付，例如需要多方签名，就无法通过这样的交易请求完成；此时就可以上升到智慧合约（下称“合约”）的层次上解决。一个合约也有个账户，称为“合约账户”，并且也有个地址；而实际用户的账户就相应称为“用户账户”。合约账户中存有该合约程序的可执行映像，还可以有定义于合约程序中的全局量，那也类似于账户余额，并且可以有多个。合约账户需要通过交易请求加以“部署”，类似于开户并且将程序映像存入该账户，此时的data字段就用来承载程序映像；而合约的执行，即调用，也要通过交易请求进行，此时的data字段用来承载输入数据，并以所调用的合约地址为对方地址。这样，简单的支付可以直接在两个用户账户之间完成而无须上升到智慧合约的层面，而复杂的交易则可以通过智慧合约完成，在智慧合约中照样可以改变相关用户账户的余额，那样的支付（或者并不支付）就可以是很复杂的了。

如上所述，交易即Transaction在进入块中之前只是一种请求，被执行并进入块链之后，其作用才正式生效而转化为记录。以太坊网络每10~15秒发布一个新块，块中可以有许多个交易记录。下面是对Block类的定义摘要：

```
class Block {}
] private BlockHeader header;    //块头
] private List<Transaction> transactionsList = new CopyOnWriteArrayList<>();    //交易记录序列
] private List<BlockHeader> uncleList = new CopyOnWriteArrayList<>();    //叔伯块的块头序列
] private byte[] rlpEncoded;
] private boolean parsed = false;
```

这里的rlpEncoded和parsed这两个字段的作用如前所述，凡是可能在网上发送的数据结构中都有这么两个字段。一个块，除块头之外就是块身，而块身的主要成分就是一个交易记录的序列transactionsList，即List<Transaction>。此外还有个成分uncleList，这与块链的分叉有关，留待以后再作介绍。

块头的作用就大了。首先它是对块身内容的总结和控制，这是通过一些Hash值实现的，其原理与比特币的块头相似。另外，也许更为重要的是，块头中记载着先前块，也称“父块”，即上一次发布的那个块的块头Hash值，从而形成“块链”，这也跟比特币的成链机制一样。块头即BlockHeader类的定义摘要如下：

```
class BlockHeader {}
] public static final int NONCE_LENGTH = 8;
] public static final int HASH_LENGTH = 32;
] public static final int ADDRESS_LENGTH = 20;
] public static final int MAX_HEADER_SIZE = 800;
] private byte[] parentHash;        // The SHA3 256-bit hash of the parent block, in its entirety
] private byte[] unclesHash;        // The SHA3 256-bit hash of the uncles list portion of this block
] private byte[] coinbase;          // The 160-bit address to which all fees collected from the successful
                                    // mining of this block be transferred; formally
] private byte[] stateRoot;         // The SHA3 256-bit hash of the root node of the state trie, after all
                                    // transactions are executed and finalisations applied
] private byte[] txTrieRoot;        // The SHA3 256-bit hash of the root node of the trie structure populated
                                    // with each transaction in the transaction list portion, the trie is populate
                                    // by [key, val] --> [rlp(index), rlp(tx_recipe)] of the block.
] private byte[] receiptTrieRoot;   // The SHA3 256-bit hash of the root node of the trie structure populated
                                    // with each transaction recipe in the transaction recipes list portion, the trie
                                    // is populate by [key, val] --> [rlp(index), rlp(tx_recipe)] of the block.
] private byte[] logsBloom;         // The Bloom filter composed from indexable information (logger address
                                    // and log topics) contained in each log entry from the receipt of each
                                    // transaction in the transactions list.
] private byte[] difficulty;        // A scalar value corresponding to the difficulty level of this block. This can be
                                    // calculated from the previous block's difficulty level and the timestamp.
] private long timestamp;     // A scalar value equal to the reasonable output of Unix's time()at this block's inception.
] private long number;        // A scalar value equal to the number of ancestor blocks. 这是块号！
                               // The genesis block has a number of zero.
] private byte[] gasLimit;    // A scalar value equal to the current limit of gas expenditure per block
] private long gasUsed;       //A scalar value equal to the total gas used in transactions in this block
] private byte[] mixHash;
] private byte[] extraData;   // An arbitrary byte array containing data relevant to this block.
```

```
                         // With the exception of the genesis block, this must be 32 bytes or fewer.
] private byte[] nonce;  // A 256-bit hash which proves that a sufficient amount of computation
                         // has been carried out on this block
] private byte[] hashCache;
```

抛开前面那些常数定义不说，与比特币相比，以太坊块头的结构成分多了不少。这是因为以太坊采用账户模式而不是UTXO模式，所以块头中还要记下执行本块中这些交易之后的状态，以及执行每个交易后的收据。当然，记下的都只是Hash值，有了这个Hash值记录在案，就什么也改不动了。当然，成链还是靠parentHash，就是先前块的（块头）Hash值，这和比特币是一样的。

以太坊的块头中还有个特殊的字段extraData，块的发布者可以在这里面写上一点额外的信息，例如说明这个块是我谁谁发布的，不过不能超过32字节。

除此之外，再比较一下以太坊的块头和比特币的块头，可以发现还有些明显的差别，其中number字段就是一个显著的不同，块头中加上块号（即高度），确实可以带来不小的方便。其余的就留给读者自己慢慢去看去体会了。

有了块和块头，就可以构成块链了。以太坊节点上的所谓块链就是一个BlockchainImpl类对象，这个类的定义摘要是这样：

```
@Component class BlockchainImpl implements Blockchain, org.ethereum.facade.Blockchain {}
] long INITIAL_MIN_GAS_PRICE = 10 * SZABO.longValue();
                                        // to avoid using minGasPrice=0 from Genesis for the wallet
] int MAGIC_REWARD_OFFSET = 8;
] byte[] EMPTY_LIST_HASH = sha3(RLP.encodeList(new byte[0]));
] @Autowired @Qualifier("defaultRepository") Repository repository;   //状态信息的缓冲存储
] @Autowired    BlockStore blockStore;                                 //块的存储地
] HeaderStore    headerStore;                                          //块头的存储地
] @Autowired    TransactionStore transactionStore;                     //交易记录的存储地
] Block          bestBlock;                                            //当前主链上块号最高的块
] BigInteger     totalDifficulty                                       //主链上的累积总（挖矿）难度
] @Autowired    EthereumListener listener;                             //侦听器
] @Autowired    PendingState pendingState;   // PendingState 是 interface，PendingStateImpl 则是其实现。
] @Autowired    CommonConfig commonConfig = CommonConfig.getDefault();   //配置信息
] @Autowired    SyncManager syncManager;                    //负责节点间的块链同步
] @Autowired    StateSource stateDataSource;                //状态信息的永久存储地（例如数据库）
] @Autowired    DbFlushManager dbFlushManager;              //负责数据库缓冲区的冲刷
] SystemProperties config = SystemProperties.getDefault();
] List<Chain> altChains = new ArrayList<>();                //有分叉时不同分叉的链头（块号最高者）
] Stack<State> stateStack = new Stack<>();
```

BlockchainImpl类的定义前面带有@Component标注，所以Spring Framework自动就会在初始化阶段创建一个此类对象。

这里的很多字段都带有@Autowired标注，这是为了让Spring Framework自动把这些字段连接到相应类的对象上。以这里的字段pendingState为例，其类型是PendingState；可是PendingState其实是个interface，那就应该是实现了这个interface的某个类；然而究竟是什么类呢？Spring Framework看到这个字段带有@Autowired标注，就来帮你解决，它会发现PendingStateImpl就是实现了这个界面，并在PendingStateImpl的类型定义前有个@Component标注，就会创建一个PendingStateImpl对象，并使pendingState指向这个PendingStateImpl对象，这就是所谓“依赖注入（Dependency Injection）”。

所以，这个BlockchainImpl类对象就像一个总管部门，它管理的不只是狭义的块链，还管理着包括状态信息在内的各种要素的存储。读者初一看可能觉得有点诧异，怎么倒没有看见块链呢？其实块链就在bestBlock和blockStore中。这是因为，所有的块都在blockStore中，而bestBlock就是当前主链上的块号最高者。从bestBlock开始，其块头中的parentHash给出了先前块的Hash值，而Hash值其实就是唯一确定一个块的ID，于是就可以在blockStore中找到其先前块。而这个先前块块头中的parentHash又再往前给出了它的先前块，这样就可以回溯整个主链。

对于块链，最重要的成分当然是块和块头的存取，不光要存储下来，还要能快速访问，所以一定得有索引。结构成分blockStore的类型为BlockStore，但这只是个interface，意思是只要是实现了这个界面所规定的函数，能通过这些函数存取具体的块就行，但是实际上当然要考虑存取效率，所以实际使用的是IndexedBlockStore，其类型定义摘要如下：

```
class IndexedBlockStore extends AbstractBlockstore{}
] Source<byte[], byte[]> indexDS;                    //索引信息的存储，如数据库。
] DataSourceArray<List<BlockInfo>> index;             //进入内存中的索引信息序列，按块号顺序排列。
] Source<byte[], byte[]> blocksDS;                   //块的存储，如数据文件。
] ObjectDataSource<Block> blocks;                    //缓冲在内存中的映像
] class BlockInfo implements Serializable {}
]] byte[] hash;               //块的存取是以 Hash 值为索引的。只有 Hash 值才是唯一的，块号并不唯一。
]] BigInteger totalDifficulty; //这个块所在分叉中到这个块为止的累计挖矿难度
]] boolean mainChain;         //这个块在不在当前的主链上
] saveBlock(Block block, BigInteger totalDifficulty, boolean mainChain)
] Block getBlockByHash(byte[] hash)
] List<Block> getBlocksByNumber(long number)   //凭块号读取，则返回一个序列。
```

所以，对于块的存取是以BlockInfo为索引的，实际上是以块头的Hash值为索引的。这是因为只有Hash值才唯一地确定一个块，而同一个块号却可能有不止一个的块（由于分叉）。

上面indexDS和blocksDS的类型都是Source。这是个界面，要求凡作为Source即数据源出现的实体类对象必须提供put()、get()、delete()和flush()这几个函数，至于具体怎么实现则这里并无要求。不过实际上Ethereumj采用的是LevelDB：

```
class LevelDbDataSource implements DbSource<byte[]> {}
] @Autowired SystemProperties config   = SystemProperties.getDefault(); // initialized for standalone test
] String name;
] DB db;
] boolean alive;
] DbSettings settings = DbSettings.DEFAULT;
    // The native LevelDB insert/update/delete are normally thread-safe
    // However close operation is not thread-safe and may lead to a native crash when
    // accessing a closed DB.
    // The leveldbJNI lib has a protection over accessing closed DB but it is not synchronized
    // This ReadWriteLock still permits concurrent execution of insert/delete/update operations
    // however blocks them on init/close/delete operations
] private ReadWriteLock resetDbLock = new ReentrantReadWriteLock();
```

当然，这只是与 LevelDB 之间的接口，而不是自己来实现 LevelDB，LevelDB 是个基于键值对的非 SQL 数据库。DbSource 这个界面是对另一个界面 BatchSource 的扩充，后者则是对 Source 界面的扩充，在上述几个函数的基础上增加了一个 updateBatch()函数（这里均未列出）。之所以是 BatchSource，显然是因为对改变数据库内容的操作都可以采取批处理的方式。对于块的存取是这样，对于块头也与之类似，这里就打住了。

如前所述，比特币节点上只有关于交易历史的记录，而没有交易结果的记录，比特币节点是“无状态”的。理论上交易的结果可以通过对交易历史进行“复盘”而获取，比特币节点上的Coin数据库其实就是这样，但这个数据库的存在并非比特币的语义和规程之必须，只是让资金来源的检验效率更高而已。对于一个具体的交易请求，其资金来源的个数总是很有限的，只要找到所声称的每个资金来源，即Coin，问题就解决了。而要快速找到资金来源，用上索引技术就可以了，一般并不需要临时的全链扫描。

可是以太坊节点就不同了，以太坊节点按规定就是有状态的，每个“地址”都代表着一个账户，资金的来源就是账户的余额。这样，一个覆盖所有账户、也即所有曾在以太坊网络上发生过交易的地址的数据库，就是必需的了。当然这个数据库的内容可以通过全链扫描建立，但是总不至于每次交易就来全链扫描。再说，一个特定账户的余额只有在将其所涉及的所有交易都纳入计算才能得到，而不是只要找到本次交易所涉及的UTXO就可以了。所以，在以太坊中，账户起着至关重要的作用，因而账户数据库即状态数据库是必须要有的，节点上存储的数据显然应该包括状态数据库与块链。不过话虽如此，块链的作用还是第一位的，从块链的内容可以重构整个数据库，但是从数据库却看不到交易的历史。

账户的类型是AccountState，摘要如下：

```
class AccountState {}
] private byte[] rlpEncoded;
] private final BigInteger nonce; //A value equal to the number of transactions sent from this address, or, in the case
                                  //of contract accounts, the number of contract-creations made by this account
] private final BigInteger balance;   // A scalar value equal to the number of Wei owned by this address.
] private final byte[] stateRoot;
  // A 256-bit hash of the root node of a trie structure that encodes the storage contents of the contract,
  // itself a simple mapping between byte arrays of size 32. The hash is formally denoted σ[a] s .
  // Since I typically wish to refer not to the trie's root hash but to the underlying set of key/value pairs
  // stored within, I define a convenient equivalence TRIE ( σ [a] s ) ≡ σ [a] s . It shall be understood
  // that σ[a] s is not a 'physical' member of the account and does not contribute to its later serialization.
] private final byte[] codeHash;
  // The hash of the EVM code of this contract—this is the code that gets executed should this address receive a
  // message call; it is immutable and thus, unlike all other fields, cannot be changed after construction. All such
  // code fragments are contained in the state database under their corresponding hashes for later retrieval.
```

凡是有意参与竞争发块的节点，在接收到一个交易请求时都要加以检验和执行，执行中就会改变所涉账户的状态，对于用户账户这个状态就是余额balance和序号nonce，对于合约账户则包含其合约程序中的所有全局量。然而这时候的执行只能说是一种试算演习，或预执行，因为只有赢得了发块权的那个节点上的执行才会生效，可是谁也不知道自己究竟能否竞争到下一个块的发布权。所以，这时候的执行不能真的就去修改所涉账户的状态，而只能把此前的账户状态复制到一个临时的缓冲区中，执行时的状态修改就发生在这个临时缓冲区中，就好像在草稿纸上演算一样。最后如果一切正常并赢得了块的发布权，就commit，即提交这个缓冲区的内容，要不然就作废了。进一步，如果有多个交易在并发执行，则每个交易都得有自己的临时缓冲区。还有，在执行智慧合约时，从合约程序中又可发起别的交易，这又得有自己的临时缓冲区。这样，这些临时缓冲区就会形成树形的结构。

总之，我们需要这样一种临时的存储机制，使用的人从中能看到已有的种种状态，也可以往里增减和修改状态，但是只要不提交生效就不会正式改变原有的状态。为此，源码中定义了一个界面Repository，这个界面上的函数有createAccount()、getAccountState()、saveCode()、getCode()、addBalance()、getBalance()、addStorageRow()、getStorage()，等等，这些函数的第一个调用参数一定是addr，即账户地址。显然，像addBalance()和getBalance()之类都是针对普通账户的，而addStorageRow()和getStorage()则是针对合约账户中的全局变量，因为合约中可以有不止一个的全局变量，这就需要以键值对的形式存储在合约账户中。由此可见，凡是实现了这个界面的实体类，一定是代表着全体账户状态的集合。源码中实现了这个界面的实体类有好几个：

```
class RepositoryImpl implements Repository, org.ethereum.facade.Repository {}
class RepositoryWrapper implements Repository {}
class Storage implements Repository, ProgramListenerAware {}
class RepositoryRoot extends RepositoryImpl {}
```

这里RepositoryImpl类就代表着这样的临时缓冲区。我们先看这个类的摘要：

```
class RepositoryImpl implements Repository, org.ethereum.facade.Repository {}
] RepositoryImpl parent;        //指向这个缓冲区的父节点，那是这个缓冲区中各种信息的来源。
] Source<byte[], AccountState> accountStateCache;     //账户信息的缓存，实为 Source<addr，AccountState>。
] Source<byte[], byte[]> codeCache;                    //合约代码的缓存（部署合约时会写入代码映像）
] MultiCache<? extends CachedSource<DataWord, DataWord>> storageCache;  //每个账户中都有一组键值对
] createAccount(byte[] addr)                  //为给定的地址新建一个账户
   > AccountState state = new AccountState(
                  config.getBlockchainConfig().getCommonConstants().getInitialNonce(), BigInteger.ZERO);
   > accountStateCache.put(addr, state);   //将新建的账户写入 accountStateCache 中
   > return state;
] getOrCreateAccountState(byte[] addr)
   > AccountState ret = accountStateCache.get(addr);   //从 accountStateCache 中获取该地址的账户
   > if (ret == null) { ret = createAccount(addr); }        //如果没有就新建一个
   > return ret;
] addBalance(byte[] addr, BigInteger value)              //在地址为 addr 的账户余额上增加金额 value
   > AccountState accountState = getOrCreateAccountState(addr);
   > accountStateCache.put(addr, accountState.withBalanceIncrement(value));
   > return accountState.getBalance()
] addStorageRow(byte[] addr, DataWord key, DataWord value)   //在地址为 addr 的账户中添加一个键值对
   > getOrCreateAccountState(addr);                                   //如果账户尚未建立就加以建立
   > Source<DataWord, DataWord> contractStorage = storageCache.get(addr);   //每个账户都有个键值对集合
   > contractStorage.put(key, value.isZero() ? null : value);   //在此键值对集合中添加一个键值对
] commit()          //将本缓冲区中有所修改的内容提交给上一级缓冲区，即 parent 所指的缓冲器。
   > storageCache.flush();
   > codeCache.flush();
   > accountStateCache.flush();
] startTracking()
```

这里的最后一个函数 startTracking()就是另建一个 RepositoryImpl 对象，并使其 parent 字段指向自己，这个新的 RepositoryImpl 对象的内容来自其 parent，但是写入的内容暂时保存在本地，直到调用其 commit()才写入其 parent 所指的上一层 RepositoryImpl 对象。从合约程序中发起交易调用别的合约程序时就得这样处理。每次交易，对合约程序的每次调用，都得有自己的 RepositoryImpl 对象，这就像执行交易或合约时使用的草稿纸。

但是 RepositoryImpl 更适合用来形成线性的链，而不是我们需要的树，所以要再加以扩充，使其适合用来形成树形结构，这就是 RepositoryRoot 类：

```
class RepositoryRoot extends RepositoryImpl {}
] static class StorageCache extends ReadWriteCache<DataWord, DataWord> {}
] class MultiStorageCache extends MultiCache<StorageCache> {}
] Source<byte[], byte[]> stateDS
] CachedSource.BytesKey<byte[]> trieCache
] private Trie<byte[]> stateTrie   // Trie 是个界面，TrieImpl 是实现了这个界面的实体类
] RepositoryRoot(final Source<byte[], byte[]> stateDS, byte[] root)   //构造函数
] getSnapshotTo(byte[] root)
   > return new RepositoryRoot(stateDS, root)
```

这里的 stateTrie 使 RepositoryRoot 对象可以作为一个节点挂入树中，Trie 这个词应该就是来自 Tree。而 RepositoryRoot 既然是对 RepositoryImpl 的扩充，里面当然就包含了后者，这也意味着把 RepositoryImpl 挂入了树中。这个所谓的 Root，是指可以以此为一棵子树的根。其实只是树中的节点。

我们在前面 BlockchainImpl 中看到有个结构成分 repository，那就是当前 bestBlock 中的所有交易都执行完毕时所形成的状态。下一个块中的交易所依据的状态信息都应来自这个 repository，执行那些交易时的 Repository，它们的 parent 就是这个 repository。当然，如果其中有个交易在合约中又发起另一个交易，调用另一个合约，则那个新生交易的 Repository 就以上一层交易的 Repository 为 parent。与此相应，Repository 的提交，即 commit，也是逐级向上提交。

显然，比特币网的节点上没有这个，这就是有状态和无状态的不同。

对于新到来的交易请求，节点上还得有个缓冲池，让它们在这里接受检验和执行，并等待新块的发行。这就像机场和火车站得有候机室和候车室一样，对于火车站，轨道、信号和站台固然重要，候车室也不可或缺，甚至一眼看去似乎候车室才是车站的主体。在比特币的系统结构中，这个基础设施是 mempool，这是个 MemPool 类对象。在以太坊的系统结构中，这是 pendingState，一个 PendingStateImpl 类对象，原则上每个以太坊节点上都要有个 pendingState。顾名思义，pendingState 就是悬而未决的状态（变化），可为什么不是悬而未决的交易请求呢？这是因为状态蕴含了交易请求，交易请求是原因，状态是结果，但是这结果尚未提交生效。事实上，PendingStateImpl 类的内部就有 pendingTransactions 和 pendingState

两大成分，既有未决的交易请求，也有未决的状态。除 pendingTransactions 之外，还有个成分叫 receivedTxs，这是最近一段时期内接收到的交易请求的集合。这也是个用来检测重复的地方，一个交易请求到来后先要在 receivedTxs 这个集合中比对，看是否重复，确认没有重复才把这个新的交易请求加入到 pendingTransactions 和 receivedTxs 中。

在以太坊的代码中，PendingStateImpl 类的对象就称为 pendingState，可是在这个类的内部又有个成分叫 pendingState，但这是个 Repository，更确切地说是实现了 Repository 的某种对象，其实就是个 RepositoryImpl 对象。把它也称为 pendingState，与其所在的对象同名，对于编译器和调试工具不成问题，但是对一般的阅读者确实有点不便，使我们在代码中看到 pendingState 这个词的时候一时不易确定这究竟是指的什么。不过这个成分在 PendingStateImpl 类的代码中为 private，仅在 PendingStateImpl 类内部使用，倒也问题不大。

下面是 PendingStateImpl 类的摘要：

```
@Component class PendingStateImpl implements PendingState {}
] class TransactionSortedSet extends TreeSet<Transaction> {}      //这只是类型定义
] @Autowired      BlockchainImpl blockchain;
] @Autowired      BlockStore blockStore;
] @Autowired      TransactionStore transactionStore;
] List<PendingTransaction> pendingTransactions = new ArrayList<>();
                                        //这是正在等待处理和进入新块的 Tx 集合，不限大小。
] Map<ByteArrayWrapper, Object> receivedTxs = new LRUMap<>(100000);   //大小是十万条
                    //这是近期中所有曾经接收过的 Tx 的集合，包括已经进入新块的，目的是防止重复。
] Object dummyObject = new Object();
] Repository pendingState;   // pendingState 是个 Repository，未决交易的执行结果在这临时缓冲区中
] Block best = null;
] addPendingTransaction(Transaction tx)
```

最后，PendingStateImpl 是实现了 PendingState 界面（即提供后者所定义的所有函数）的类，所以这里还列出了这个界面所定义的一个函数 addPendingTransaction()，就是将一个未决交易加入这个缓冲池中。这样，如果本节点竞争到了下一个块的发布权，就拿这个缓冲池中的未决交易作为新块的内容。

如果说以上所说的都是节点内部的资源和基本设施，那么 NodeManager 就是节点的对外联络部门。这是 NodeManager 类的摘要：

```
class NodeManager implements Consumer<DiscoveryEvent>{}
] static final int MAX_NODES = 2000;      //最多可以连接 2000 个 Peer 节点
] PeerConnectionTester peerConnectionManager;   //负责建立对外连接
] PeerSource peerSource;                          //保存 Peer 节点信息的数据库。
```

```
] EthereumListener ethereumListener;
]] onNodeDiscovered(final Node node)          //侦听器所关注的事件
] SystemProperties config = SystemProperties.getDefault();
] Consumer<DiscoveryEvent> messageSender;     //用来发送对 Peer 建立和维持连接的消息
] NodeTable table;                            //Peer 节点表
]] List<NodeEntry> nodes                      //节点表的核心内容是个 NodeEntry 序列
] private Map<String, NodeHandler> nodeHandlerMap;  // NodeHandler 记载着对方节点的状态和统计信息
] final Node homeNode;                        //本节点自身
```

NodeManager 管理着对 Peer 节点的连接，对于所知的每个 Peer 节点都有个 Node 对象加以描述，记载着该节点最基本的网络信息。

```
class Node implements Serializable {}
] byte[] id;            //该节点的 ID
] String host;          //这是该节点 IP 地址的字符串，例如“127.0.0.1”
] int port;             //对方的端口号
```

这种数据结构是要串行化后通过网络发送的，节点之间一旦连上之后就要互相介绍自己知道的 Peer 节点，让对方也能与其建立连接。这样就像滚雪球一样越滚越大，每个节点最多可连 2000 个 Peer 节点。

NodeManager 所管理的是最底层，即 P2P 这一层的网络连接，更高层次的事务则有 WorldManager，下面是其类型定义的摘要：

```
class WorldManager {}
] @Autowired private PeerClient activePeer;
] @Autowired private ChannelManager channelManager;          //对外的通信渠道
] @Autowired private AdminInfo adminInfo;
] @Autowired private NodeManager nodeManager;                //如前所述
] @Autowired private SyncManager syncManager;                //负责与 Peer 节点的块链同步
] @Autowired private SyncPool pool;
] @Autowired private PendingState pendingState;              //如前所述
] @Autowired private UDPListener discoveryUdpListener;
] @Autowired private EventDispatchThread eventDispatchThread;
] @Autowired private DbFlushManager dbFlushManager;          //负责冲刷数据库缓冲
] @Autowired private ApplicationContext ctx;
] private SystemProperties config;
] private EthereumListener listener;
] private Blockchain blockchain;              //如前所述
```

```
] private Repository repository;                //如前所述
] private BlockStore blockStore;                //如前所述
```

这里的ChannelManager管理着对外的连接和通信，包括消息的收发。而SyncManager则负责本地块链与外部的同步。一个节点，如果关机了一段时间以后再开机，其本地的块链与外界就失去了同步，此时就需要有个同步的过程，让本地补上缺失的这一段块链，这个过程在节点的运行中是很重要的一环，SyncManager就负责实施块链的同步。

最后，所有这些内部和对外的基本设施，全部都集中到一个EthereumImpl对象，它就代表着以太坊中的一个节点。前述的所有种种，都是由它创建和派生出来的。

```
@Component
class EthereumImpl implements Ethereum, SmartLifecycle {}
] @Autowired WorldManager worldManager;                          //见上
] @Autowired AdminInfo adminInfo;                    //节点本身的管理信息，并非对客户的管理。
] @Autowired ChannelManager channelManager;                      //见上
] @Autowired ApplicationContext ctx;
] @Autowired BlockLoader blockLoader;                            //开机时从本地存储中装载块链
] @Autowired ProgramInvokeFactory programInvokeFactory;
] @Autowired Whisper whisper;                                    //底层的通信协议，本书从略。
] @Autowired PendingState pendingState;              //本节点上等待进入块链的交易和状态信息
] @Autowired SyncManager syncManager;                //从本地装载块链后再从外界补上所缺失的部分
] @Autowired CommonConfig commonConfig = CommonConfig.getDefault();
] private SystemProperties config;
] private CompositeEthereumListener compositeEthereumListener;
] private GasPriceTracker gasPriceTracker = new GasPriceTracker();
```

显然，这些数据结构并不遵循严格的层次和模块化结构。例如 pendingState，我们就看到在好多数据结构（类）中都有 pendingState。在 Java 语言中，作为结构成分或变量出现的对象名，如 pendingState，其实都只是个指针，在这里是指向一个实体的 PendingState 对象；而 PendingState 只是个界面，真正的实体则是个 PendingStateImpl 对象，并且在 PendingStateImpl 的类型定义前面加有@Component 标注，所以实体的 PendingStateImpl 对象是由 Spring Framework 自动创建的，但只有这么一个；而这里作为结构成分出现的 pendingState，则前面有@Autowired 标注，Spring Framework 会自动让这指针指向这个实体的 PendingStateImpl 对象，这就是“依赖注入”。这样，不管是哪个数据结构中的 pendingState，只要是前面带有@Autowired 标注的，就都指向这同一个 PendingStateImpl 对象，这样比较方便一点，要不然就得用例如 worldManager.pendingState 甚至更麻烦的表达。

如前所述，Ethereumj 就像个函数库，凡是要通过函数调用直接使用以太坊的应用软件，都需要创建一个 EthereumImpl 对象。一个 EthereumImpl 对象就是以太坊网络中的一个节点。这个 EthereumImpl 对象就构成以太坊应用的底层，与应用层软件在同一个 JVM 进程中，由 Java 虚拟机加以执行。

有了上面这些背景，我们可以看一下典型以太坊节点的启动和初始化过程。Ethereumj 源码中有个 Start 类，就是一个不带具体应用的纯以太坊节点。在操作系统上启动 Java 虚拟机（即 java），让其执行 Start 类，就启动了一个以太坊节点。

```
class Start {}
] public static void main(String args[]) throws IOException, URISyntaxException
  > CLIInterface.call(args);   //检查和处理各种选项，包括对外的连接和侦听，db 所在的目录等。
  > SystemProperties config = SystemProperties.getDefault();
  > boolean actionBlocksLoader = !config.blocksLoader().isEmpty();
  > boolean actionGenerateDag = !StringUtils.isEmpty(System.getProperty("ethash.blockNumber"));
  > if (actionBlocksLoader || actionGenerateDag) {
  >+ config.setSyncEnabled(false);
  >+ config.setDiscoveryEnabled(false);
  > }
  > if (actionGenerateDag) {   //如果本次运行的目的只是产生一个用于挖矿的 DAG 文件。
  >+ new Ethash(config, Long.parseLong(System.getProperty("ethash.blockNumber"))).getFullDataset();
  >+ // DAG file has been created, lets exit
  >+ System.exit(0);   //DAG 文件一旦生成，目的已经达到，就退出了。
  > } else {                //如果本次运行的目的是启动一个以太坊节点：
  >+ Ethereum ethereum = EthereumFactory.createEthereum();
  >+ if (actionBlocksLoader) {
  >++ ethereum.getBlockLoader().loadBlocks();
  >+ }
  > }
```

Start 是个带 main()函数的类，是可以独立作为 Java 进程运行的。不过启动 Start 这个类运行可以有两种不同的目的，一种是让本机作为一个以太坊节点运行；另一种并不启动以太坊节点，而只是要生成挖矿中使用的 DAG 文件。大体而言以太坊使用的仍是 POW 方法，但是具体的算法与比特币中所用不同，用的是一种称为 Ethash 的算法，这种算法能大大降低挖矿机硬件所起的作用，而改成需要使用较大存储空间，这种算法就需要用到 DAG，即有向无环图，存在磁盘上就是 DAG 文件。

我们在这里关心的当然是启动以太坊节点的运行，这包括两步大的操作。第一步是 createEthereum()，即创建以太坊节点；第二步是 loadBlocks()，即加载已经存储于本地的区块。读者也许会问，已经存储于本地的区块，是否就与网内其它以太坊节点上的一致呢？答案是：

凡是已经存储着的那些区块肯定是一致的，但是从那以后很可能有区块缺失，那就是同步的问题了。

EthereumFactory 这个类中提供了好几个同名但调用参数不同的 createEthereum()函数，这里调用的是不带参数的那一个，进入这个函数内部后会陆续添上参数，调用带参的同名函数：

```
createEthereum()
> return createEthereum((Class) null)    //此处的参数 userSpringConfig 为 null
    == createEthereum(Class userSpringConfig)
>> return userSpringConfig == null ? createEthereum(new Class[] {DefaultConfig.class}) :
                                            createEthereum(DefaultConfig.class, userSpringConfig);
     == Ethereum createEthereum(SystemProperties config, Class userSpringConfig)
>>> return userSpringConfig == null ? createEthereum(new Class[] {DefaultConfig.class}) :
                                            createEthereum(DefaultConfig.class, userSpringConfig);
      == createEthereum(Class ... springConfigs)     //最后实际起作用的是这个：
>>>> logger.info("Starting EthereumJ...");
>>>> ApplicationContext context = new AnnotationConfigApplicationContext(springConfigs);
>>>> return context.getBean(Ethereum.class);
```

最后起实质性作用的是 createEthereum(Class ... springConfigs)，这个时候的 springConfigs 包括 DefaultConfig.class 和用来创建 Spring 框架所要求的 ApplicationContext，实际上是 AnnotationConfigApplicationContext，向框架提供有关具体应用即以太坊节点的配置信息。然后通过这个 ApplicationContext 所提供的 getBean()方法创建 Ethereum 对象。注意这里的参数是 Ethereum.class，其实 Ethereum 是个界面（interface），而 Ethereum.class 是 Java 编译产生的用来描述 Ethereum 这个界面的 Class 类对象。之所以要这样，是要让 Spring 框架知道这个界面上定义了一些什么函数。至于具体实现了这个界面的类，则是 EthereumImpl。

```
@Component
class EthereumImpl implements Ethereum, SmartLifecycle {}
] @Autowired WorldManager worldManager;
] @Autowired ChannelManager channelManager;
] @Autowired ApplicationContext ctx;
] @Autowired BlockLoader blockLoader;
] @Autowired Whisper whisper;
] @Autowired PendingState pendingState;
] @Autowired SyncManager syncManager;
] @Autowired CommonConfig commonConfig = CommonConfig.getDefault();
] private CompositeEthereumListener compositeEthereumListener;
```

当然，这只是其数据结构部分的摘要。从这个摘要中可见，对其绝大多数结构成分的说明都带有@Autowired 标注，这都是供 Spring 框架使用的。

前面 getBean()这个函数是由 Spring 框架提供的，以太坊的源码中没有这个函数的代码，我们也并无必要深入了解这个函数内部的流程。但是我们要知道，这个函数会根据 Ethereum.class 的指引，创建 EthereumImpl 对象。而且，由于 EthereumImpl 内部的许多结构成分都带有@Autowired 标记，所以 Spring 框架在创建 EthereumImpl 对象之前先会创建那些对象。这就好比先制造零件，然后将这些零件拼装成机器。

下面是 EthereumImpl 类构造函数的摘要：

```
@Autowired
EthereumImpl(SystemProperties config, CompositeEthereumListener compositeEthereumListener)
> this.compositeEthereumListener = compositeEthereumListener;
> this.config = config;
> System.out.println();
> this.compositeEthereumListener.addListener(gasPriceTracker);
> gLogger.info("EthereumJ node started: enode://"
        + toHexString(config.nodeId()) + "@" + config.externalIp() + ":" + config.listenPort());
```

这里我们似乎看不到什么初始化代码，也看不到各种结构成分的创建，原因就在于那些成分都带有@Autowired 标注，那些成分的类型定义前面则都带有@Component 标注，都是由 Spring 框架自动加以创建并注入，它们的初始化分布在各个结构成分的对象内部。

但是这里的 compositeEthereumListener 又是怎么来的呢？在 EthereumImpl 类的定义里这个成分是不带@Autowired 标注的，但是在构造函数 EthereumImpl()前面却有@Autowired 标注，这表示其所用的实际参数也是自动连接过来的。

显然，Spring 框架的采用使系统的集成和初始化变得更为简单。创建了所有这些类型定义上带@Component 标注的对象，就把节点的运行框架搭起来了，所以称 Spring“框架”，当然，所有的成分都运行在同一个 Java 虚拟机上。下面就是初始化阶段的对外连接、块链同步这些事，然后就静候交易请求和别的以太坊消息的到来了。

3.2 以太坊节点的网络通信与消息处理

与比特币网一样，以太坊网络也是在互联网上通过P2P通信形成的，所有的节点都必须支持以太坊的通信规程。对于以太坊节点而言，不妨把互联网的TCP连接看成以太坊网络的物理层，它为以太坊网络通信提供的是透明的字节流。其实底层采用的究竟是否为TCP并没有多大关系，EthereumJ的网络通信底层采用第三方软件Netty，源文件PeerClient.java的开头有一行“import io.netty.bootstrap.Bootstrap”，而PeerClient类提供的connectAsync()就是通过调用Bootstrap.connect()与对方建立连接的。不管怎样，总之以太坊的网络通信是有连接的，底层的连接就相当于以太坊通信的（虚拟的）物理层。

但是以太坊对于在网络上传输的内容采用了一种称为RLP的编码（RLP为“Recursive Length Prefix”的缩写），这种编码的好处，据称是更容易对嵌套的数据结构进行串行化编码。EthereumJ的源码中有个RLP类，里面就提供了种种工具性的函数，其中最重要的就是encode()和decode()，即编码和解码。但是光靠RLP类提供的那些工具性函数显然无法将任意数据结构串行化，编码并不等于串行化，实际的串行化还得由具体的类自己提供。所以，凡是有串行化需要的类，例如Block，就都要提供类似于getEncoded()和parseRLP()那样的函数，对本类对象进行串行化和去串行化。我们并不关心RLP编解码的细节，那跟以太坊的原理和实现并无太大关系，但是对于串行化和去串行化还是需要有所了解的，本节后面将结合具体的消息加以补充说明。

在这个基础上，EthereumJ首先定义了一个抽象类Message，然后在此基础上定义了用于不同层次的FindNodeMessage、NeighborsMessage、PingMessage、PongMessage、P2pMessage、EthMessage等消息类型，其中有些显然是为P2P连接的建立而设的，有的是为连接的维护而设的；而最后的“以太坊消息”，即EthMessage，则是为在以太坊P2P连接基础上的高层通信而设的。不过EthMessage仍是个抽象类，具体的以太坊消息则是以此为基础的实体类，例如用于发布新块的NewBlockMessage，其定义就是这样：

```
class NewBlockMessage extends EthMessage {}        //用来发送刚发布的新块
] Block block;
] byte[] difficulty;
```

再如用来请求发给一连串块头的GetBlockHeadersMessage：

```
class GetBlockHeadersMessage extends EthMessage {}    //请求发送一连串块头
] long blockNumber;      // Block number from which to start sending block headers，起始块号。
] byte[] blockHash;      // Block hash from which to start sending block headers，起始块的 Hash 值。
] int maxHeaders;        // The maximum number of headers to be returned. 可以发回的最大（块头）数量。
] int skipBlocks;        // Blocks to skip between consecutive headers. 中间跳过的块数。
] boolean reverse;       //从起始块往下数（要不然就是从起始块往上数）
```

应对方请求发送的BlockHeadersMessage则是这样：

```
class BlockHeadersMessage extends EthMessage {}    //应 GetBlockHeadersMessage 之请而发送的一串块头。
] List<BlockHeader> blockHeaders;
```

发送一个或多个交易请求则用TransactionsMessage：

```
class TransactionsMessage extends EthMessage {}   //一个或数个交易请求
] List<Transaction> transactions;
```

在以太坊里，执行交易请求之后是有收据的，发送收据用的是ReceiptsMessage：

```
class ReceiptsMessage extends EthMessage {}   //对交易请求的收据
] List<List<TransactionReceipt>> receipts
```

这些以太坊消息的定义，是以太坊网络规程的一个重要组成部分。这些消息都是在节点与节点之间的“通道（channel）”中传输的。通道的基础就是两个节点间的网络连接。

在点到点（Point-to-Point）通信的基础上，通过转发和对于消息（message）的处理就形成了P2P（Peer-to-Peer）的通信机制和处理机制。这就是说，不光通信是P2P，处理也是P2P。所谓Peer-to-Peer的意思就是：按较长的时间窗口平均，网络中各节点所具有的功能和扮演的角色都是相同的，这就与C/S架构即客户端/服务器架构划清了界线。至于所谓B/S，即浏览器/服务器架构，则只是一种特殊的C/S架构。既然是去中心化，当然就不允许任何节点享有特权，节点与节点应该是“平权”的，每个节点在存储转发的同时对于过往的信息（特别是交易请求）都有进行处理的权利，除非自己放弃。但是当然，享受了权利也就有了一定程度的义务，例如转发就是一种义务。

由此可见，每个节点都得具有处理以太坊消息的功能。在以太坊节点上，视软件版本之不同，这种功能是由Eth63或Eth62这两种处理器（Handler）提供的。其中Eth62是对抽象类EthHandler的扩充和具体化，Eth63则又是对Eth62的扩充。所以，抽象类EthHandler是二者共同的基础。我们先看抽象类EthHandler的摘要。

```
abstract class EthHandler extends SimpleChannelInboundHandler<EthMessage> implements Eth {}
] Blockchain blockchain;
] SystemProperties config;
] CompositeEthereumListener ethereumListener;   //以太坊网络侦听器
] Channel channel;                               //本节点与对方节点之间的网络通道。
] MessageQueue msgQueue = null;   //空白的 MessageQueue 类对象 msgQueue，其结构展开如下：
]] Queue<MessageRoundtrip> requestQueue = new ConcurrentLinkedQueue<>();
]] Queue<MessageRoundtrip> respondQueue = new ConcurrentLinkedQueue<>();
]] ChannelHandlerContext ctx = null;
]] @Autowired EthereumListener ethereumListener;   //实现了 EthereumListener 界面的某类对象
]] ScheduledFuture<?> timerTask;
]] Channel channel;
] EthVersion version;
] Block bestBlock;
```

```
] EthereumListener listener = new EthereumListenerAdapter() {}
                    ] onBlock(Block block, List<TransactionReceipt> receipts)
                         //节点收到一个 Block 时会调用这个函数
                     > bestBlock = block;
```

其实EthHandler也并非原始，而是对SimpleChannelInboundHandler<EthMessage>的扩充。SimpleChannelInboundHandler这个泛型是由第三方开源网络软件Netty提供的，之所以是泛型就是要用于各种不同格式的消息，在这里是用于以太坊消息即EthMessage。EthHandler所实现的界面Eth，则是为以太坊消息的收发而定义的一组函数。

EthHandler中有个成分channel，指向一个Channel，说明这个EthHandler属于哪个通道。反过来，每个Channel都有个成分eth，其类型为Eth，其实是个实现了Eth界面的某类对象，这当然可以是EthHandler。所以，实际上每个Channel，对应着每个与本节点有网络连接的Peer节点，都有个EthHandler。

从EthHandler类的结构成分可知其基本的思路是：把从网络通道channel中接收到的报文挂入消息队列msgQueue中，然后加以处理，所做的处理与blockchain、bestBlock有关；而ethereumListener则与通道的建立有关。另一个listner的作用则是对节点上发生的事件做出反应，例如收到一个新块的时候就把这个块设置成bestBlock。注意这里只列出了onBlock()这么一个函数，但是其实这只是动态覆盖了一个函数，EthereumListenerAdapter这个类中有好多函数可以覆盖。

值得注意的是msgQueue其实并不只是单个队列，而是分成两个队列，一个是requestQueue，另一个是respondQueue。这是因为以太坊节点之间的有些通信是成对的，例如GET_BLOCK_HEADERS与BLOCK_HEADERS就是一对，前者请求向其发送若干块头，后者就是对前者的回应。如果发出了请求而长时间得不到回应，就得重发请求，所以必须把请求保存在requestQueue中，等与之对应的回应到来时才予以销号。为此，需要在消息本身的基础上添加几个字段，说明最后一次发送的时间和已经发送的次数等，所以程序中专门定义了一个MessageRoundtrip类：

```
class MessageRoundtrip {}
] Message msg;                    //消息本身
] long lastTimestamp = 0;         //最后一次发送的时间
] long retryTimes = 0;            //已发送次数
] boolean answered = false;       //是否已经得到回应
```

这里的Message当然可以是任何一种EthMessage。

每当从通道接收到一个消息的时候，先要调用MessageQueue.receivedMessage()，看看这个消息是不是对于某个已发送请求的回应，然后才进行其它针对该消息本身的处理：

```
MessageQueue.receivedMessage(Message msg)
```

```
> if (requestQueue.peek() != null) {   //如果 requestQueue 非空，本节点还有尚未得到回应的对外请求：
>+ MessageRoundtrip messageRoundtrip = requestQueue.peek();   //考察挂在 requestQueue 中的请求报文
>+ Message waitingMessage = messageRoundtrip.getMsg();        //获取正在等待回应的请求报文本身
>+ if (waitingMessage instanceof PingMessage) hasPing = false;   //如果这是个 Ping
                     //对 Ping 的回应本来应该是 Pong，但来自对方的任何报文都实质等价于 Pong。
>+ if(waitingMessage.getAnswerMessage() !=null && msg.getClass()==waitingMessage.getAnswerMessage()){
    //如果 requestQueue 中的这个报文有结对的回应报文，而且就是刚接收的那个报文类型：
>++ messageRoundtrip.answer();   //将 requestQueue 中的这个报文标志成已获回应
>++ if (waitingMessage instanceof EthMessage) channel.getPeerStats().pong(messageRoundtrip.lastTimestamp);
     //如果 requestQueue 中的这个报文是 EthMessage，则接收到的这个报文就好似来自对方的 Pong。
     //注意函数 pong()并非向对方发送 Pong 报文，而只是在接收到 Pong 报文时用来统计往返时间。
>+ }   //end if(waitingMessage.getAnswerMessage() != null …
> }    //end if (requestQueue.peek() != null)
```

反过来则通过MessageQueue.sendMessage()发送报文，将待发送报文交到MessageQueue手里，由其安排发送，后者会根据报文的性质将其挂入requestQueue或respondQueue。

```
MessageQueue.sendMessage(Message msg)
> if (msg instanceof PingMessage) {   //如果待发送的是个 Ping 报文：
>+ if (hasPing) return;   //既然已发送而尚未得到任何回应，那就不用再发了。
>+ hasPing = true;        //标记成已发 Ping
> }
> if (msg.getAnswerMessage() != null) requestQueue.add(new MessageRoundtrip(msg));
    //有些报文并非请求，没有与之结对的回应报文，
    //只有需要回应的请求报文才挂入 requestQueue，既等待发送又等待回应。
> else respondQueue.add(new MessageRoundtrip(msg));
    //不挂入 requestQueue 的报文就挂入 respondQueue，只是等待发送
```

真正的网络链路发送是由sendToWire()实施的。由一个线程timerTask定时调用函数MessageQueue.nudgeQueue()，这个函数一方面清除requestQueue中已获回应的报文，一方面发送respondQueue和requestQueue中的报文。这是在激活具体通道的时候安排好了的：

```
MessageQueue.activate(ChannelHandlerContext ctx)
> this.ctx = ctx;
> timerTask = timer.scheduleAtFixedRate(() -> { nudgeQueue() }, 10, 10, TimeUnit.MILLISECONDS);
    //这是个 Java8 开始才有的 λ 表达式，表示定时器每过几个毫秒就调用一次 nudgeQueue()：
>> removeAnsweredMessage(requestQueue.peek());   // 从请求队列中拿掉已获回应的请求消息
>> sendToWire(respondQueue.poll());       // Now send the next message
```

```
>> sendToWire(requestQueue.peek());      //不管是 peek()还是 poll()，都返回一个 MessageRoundtrip 对象
   == sendToWire(MessageRoundtrip messageRoundtrip)      //这个函数的展开：
>>> if (messageRoundtrip != null && messageRoundtrip.getRetryTimes() == 0) {   //尚未发送过：
>>>+ Message msg = messageRoundtrip.getMsg();   //取出打包在 messageRoundtrip 中的消息本身
>>>+ ethereumListener.onSendMessage(channel, msg);   //调用侦听器的 onSendMessage()方法
>>>+ ctx.writeAndFlush(msg).addListener(ChannelFutureListener.FIRE_EXCEPTION_ON_FAILURE);
                                                             //通过 Netty 层实际发送
>>>+ if (msg.getAnswerMessage() != null) {      //如果这个报文有结对的回应消息：
>>>++ messageRoundtrip.incRetryTimes();         //递增发送次数
>>>++ messageRoundtrip.saveTime();              //记下发送时间
>>>+ }
>>> }   //end if (messageRoundtrip != null && messageRoundtrip.getRetryTimes() == 0)
```

这里的参数ctx是一个ChannelHandlerContext对象，这个类定义于Netty，而writeAndFlush()是这个类提供的一个方法，用来将一个消息通过Netty这一层发送出去。

当节点从某个通道中接收到一个消息（报文）时，首先加以处理的是 Netty 这一层，而 Netty 这一层总是调用 EthHandler.channelRead0()。但是 EthHandler 是个抽象类，具体的 EthHandler 则在节点启动的时候由 Sping 框架动态决定。对于版本 6.2 这就是 Eth62，这是对 EthHandler 的扩充。事实上，在 Eth62 的类型定义前面加有标记@Component("Eth62")，Spring 框架在初始化的时候会找到这个类的定义并创建名为“Eth62”的 Eth62 对象。而通向具体 Peer 节点的通道，即 Channel，则通过 getBean()获取一个 Eth62 对象。所以，每个具体的 Eth62 对象都是针对着一个具体 Peer 节点的。

所以实际受到调用的是 Eth62.channelRead0()。

```
Eth62.channelRead0(final ChannelHandlerContext ctx, EthMessage msg)
> super.channelRead0(ctx, msg);       //这是调用 EthHandler.channelRead0()，因为 Eth62 扩充了 EthHandler。
>> msgQueue.receivedMessage(msg);   //见前面对 msgQueue 的介绍，看这消息是否对某个已发送请求的回应。
> switch (msg.getCommand()) {        //根据消息中的“命令”，即类型：
> case STATUS:     //对方发来的状态信息
>+ processStatus((StatusMessage) msg, ctx);
>+ break;
> case NEW_BLOCK_HASHES:
>+ processNewBlockHashes((NewBlockHashesMessage) msg);   //对方发来新块 Hash 值，表示有新块发布。
>+ break;
> case TRANSACTIONS:      //对方发来的交易请求
>+ processTransactions((TransactionsMessage) msg);
>+ break;
```

```
> case GET_BLOCK_HEADERS:        //对方向我方索取若干个块的块头
>+ processGetBlockHeaders((GetBlockHeadersMessage) msg);
>+ break;
> case BLOCK_HEADERS:            //对方发来若干个块的块头
>+ processBlockHeaders((BlockHeadersMessage) msg);
>+ break;
> case GET_BLOCK_BODIES:         //对方向我方索取若干个块的块身
>+ processGetBlockBodies((GetBlockBodiesMessage) msg);
>+ break;
> case BLOCK_BODIES:             //对方发来若干个块的块身
>+ processBlockBodies((BlockBodiesMessage) msg);
>+ break;
> case NEW_BLOCK:                //对方发来新块
>+ processNewBlock((NewBlockMessage) msg);
>+ break;
> default: break;
> }   //end switch
```

与我们在比特币源码摘要中看到的对应段落相比，其逻辑几乎一模一样，只是命令名称，即消息类型的定义不同，还有函数名不同而已。

后来 6.3 版又有扩充，在对 6.2 版的基础上增添了 GET_NODE_DATA/NODE_DATA 和 GET_RECEIPTS/RECEIPTS 两对报文。

```
Eth63.channelRead0(final ChannelHandlerContext ctx, EthMessage msg)
> super.channelRead0(ctx, msg);  //这里调用的是 Eth62.channelRead0()，因为 Eth63 是对 Eth62 的扩充。
> switch (msg.getCommand()) {
>+ case GET_NODE_DATA:       //对方向我方索取节点信息
>++ processGetNodeData((GetNodeDataMessage) msg);
>++ break;
>+ case NODE_DATA:           //对方发来节点信息
>++ processNodeData((NodeDataMessage) msg);
>++ break;
>+ case GET_RECEIPTS:        //对方向我方索取若干个块中所含交易的收据
>++ processGetReceipts((GetReceiptsMessage) msg);
>++ break;
>+ case RECEIPTS:            //对方发来收据，这是所指定的若干个块中所含交易的收据。
>++ processReceipts((ReceiptsMessage) msg);
>++ break;
```

```
>+ default:
>++ break;
> }
```

对于各种具体的消息类型，即命令，我们需要了解发送方是在什么条件下为什么而发出的，而接收到具体命令的节点又如何反应。这些我们将在本章的后面几节中结合具体情景加以介绍，但是当然本书不可能穷尽所有这些命令，即便讲到也只是在摘要这么个层面，更多的就留给读者自己钻研了。

这里还要对消息的串行化再作些说明。我们以 ReceiptsMessage 为例说明这个问题，先看 ReceiptsMessage 这个类的说明：

```
class ReceiptsMessage extends EthMessage {}    //对交易请求的收据
] List<List<TransactionReceipt>> receipts     //是 List 的 List
```

ReceiptsMessage 内部唯一的成分是一个二维的 List。就是说，ReceiptsMessage.receipts 是个 List，其每个元素本身又是个 List，是 TransactionReceipt 对象的 List。为什么是这样呢，因为交易收据不是一个个索要和发送的，那样效率太低，而是至少就是一个块中所含全部交易的收据，所以一个块的交易收据就是一个 TransactionReceipt 的 List。进一步，一个 ReceiptsMessage 中可以有多个块的交易收据，所以就是 List 的 List。

这样，ReceiptsMessage 中串行化了的信息就必然是一个二维的结构，其中的基本元素就是串行化了的 TransactionReceipt。那么 TransactionReceipt 这个数据结构的串行化又是什么样的呢？我们看一下它的数据结构：

```
class TransactionReceipt {}   //交易收据：
> Transaction transaction;      //本收据所针对的交易请求
> byte[] postTxState;           //本次交易请求执行后的账户状态
> byte[] cumulativeGas;         //累积消耗的“汽油”
> Bloom bloomFilter;            //过滤条件
> List<LogInfo> logInfoList;    //日志信息
> byte[] gasUsed;               //本次交易的油耗
> byte[] executionResult;       //执行结果
> String error;                 //对出错原因的进一步说明
> byte[] rlpEncoded;            // Tx Receipt in encoded form，串行化并经 RLP 编码形成的字节串
```

这里面，rlpEncoded 是具体 TransactionReceipt 对象经 RLP 编码形成的字节数组，即字节串，那就是串行化了的 TransactionReceipt。这就有个问题了，rlpEncoded 这个字段本身是否包含在 RLP 编码的对象之内呢？当然不是。另外，这里还有个 Transaction 对象 transaction，

作为交易收据,有必要把其所针对的交易请求也原封不动放上去吗?连带着又生出一个问题,在Java语言中,在一个类(看作数据结构定义)内部嵌入另一个类,例如嵌入TransactionReceipt内部的 Transaction,究竟是什么意思,是像橡皮图章一样在这里盖上一个大印(Transaction这个数据结构可不小),还是什么样?

我们先回答最后这个问题。搞清这个问题,不仅对于数据结构的串行化,对于深入理解Java 语言也很有好处。我们知道,在 Java 语言里是没有指针这个概念的,因而 Java 程序员不用指针。然而这不等于 Java 自己即由 Java 编译器产生的可执行代码和 Java 虚拟机也不用指针。所谓指针,其实就是按地址访问,这是 CPU 的指令系统所支持的。要是没有按地址访问,Java 虚拟机也就运行不起来。可以说,按地址访问是冯·诺依曼结构的 CPU 最重要的功能之一,但同时也是使用中最容易犯错的机制(可能没有"之一")。事实上,Java 语言不让程序员使用指针(这是为程序员们好),但是自己却是使用指针最多的,它只是把指针的使用集中到了自己手上(凡是困难的事都由专业人员来做)。以上述嵌在 TransactionReceipt 中的那个 Transaction 对象 transaction 为例,实际上 transaction 只是个指针,真正的 Transaction 对象存储在另一个地方,不在 TransactionReceipt 内部。

那么,在串行化 TransactionReceipt 对象(在以太坊中就是进行 RLP 编码)的时候,被串行化(编码)的是这个指针,还是其所指的那个对象?如果这个 transaction 确实要进入串行化后的 TransactionReceipt,那当然应该是它所指向的对象(内容),而不是那个指针本身,否则就真是刻舟求剑了。不过 transaction 这个成分是否进入串行化之后的 TransactionReceipt却不一定,既然结构成分 rlpEncoded 不参与 RLP 编码,为什么同样也是结构成分的 transaction就一定得要?

所以,对一个数据结构(函数肯定是不参与串行化和网上传输的)进行串行化编码的时候,具体哪些成分(字段)会被串行化是没有一定之规的,完全取决于具体软件的设计。在以太坊的代码中,凡是需要串行化在网络上发送的类,都会提供一个函数 getEncoded(),实际的串行化编码都由这个函数完成,这当然是最权威最切实的。我们不妨看一下TransactionReceipt 类的 getEncoded()函数:

```
byte[] TransactionReceipt.getEncoded()          //Used for serialization, contains all the receipt data encoded
> if (rlpEncoded == null) rlpEncoded = getEncoded(false);   //如 rlpEncoded 字段空白就说明尚未串行化:
      == getEncoded(boolean receiptTrie)   //那就加以编码生成,注意此处的参数 receiptTrie 为 false
>> byte[] postTxStateRLP = RLP.encodeElement(this.postTxState);   //对 postTxState 字段进行 RLP 编码
>> byte[] cumulativeGasRLP = RLP.encodeElement(this.cumulativeGas);   //类推
>> byte[] bloomRLP = RLP.encodeElement(this.bloomFilter.data);
>> byte[] logInfoListRLP;
>> if (logInfoList != null) {   //如果日志信息非空,就加以 RLP 编码,这稍微复杂一点:
>>+ byte[][] logInfoListE = new byte[logInfoList.size()][];
>>+ int i = 0;
>>+ for (LogInfo logInfo : logInfoList) {
>>++ logInfoListE[i] = logInfo.getEncoded();
```

```
>>++ ++i;
>>+ }
>>+ logInfoListRLP = RLP.encodeList(logInfoListE);
>> }   //end if (logInfoList != null)
>> else logInfoListRLP = RLP.encodeList();   //否则就创建一个 RLP 编码的空白 List
>> return receiptTrie?   RLP.encodeList( postTxStateRLP, cumulativeGasRLP, bloomRLP, logInfoListRLP )
                        : RLP.encodeList( postTxStateRLP, cumulativeGasRLP, bloomRLP, logInfoListRLP,
                                         RLP.encodeElement(gasUsed), RLP.encodeElement(executionResult),
                                         RLP.encodeElement(error.getBytes(StandardCharsets.UTF_8)) );
> return rlpEncoded;
```

显然，transaction 不在里面。

反过来，需要从网上接收到的 RLP 编码的 ReceiptsMessage 重构一个 TransactionReceipt 类对象的时候，TransactionReceipt 类一定会有个以 RLPList 为调用参数的构造函数。

```
TransactionReceipt(final RLPList rlpList)
> if (rlpList == null || rlpList.size() != 4)   throw new RuntimeException(            //里面一定得有四个成分
                         "Should provide RLPList with postTxState, cumulativeGas, bloomFilter, logInfoList");
> this.postTxState = rlpList.get(0).getRLPData();
> this.cumulativeGas = rlpList.get(1).getRLPData();
> this.bloomFilter = new Bloom(rlpList.get(2).getRLPData());
> List<LogInfo> logInfos = new ArrayList<>();
> for (RLPElement logInfoEl: (RLPList) rlpList.get(3)) {
>+ LogInfo logInfo = new LogInfo(logInfoEl.getRLPData());
>+ logInfos.add(logInfo);
> }
> this.logInfoList = logInfos;
```

可是这里并未涉及 transaction。我们在前面也看到，串行化的 ReceiptsMessage 中根本就没有这个信息。所以，在重构出来的 TransactionReceipt 对象中，transaction 将是个空指针。事实上 TransactionReceipt 类还另外提供了一个函数 setTransaction(Transaction transaction)，就是用来设置这个指针的。读者也许马上会问：那为什么不在串行化了的 TransactionReceipt 结构中放上一个 TxID？是啊，也许放上更好，但是以太坊的设计者们当然也有他们的道理。前面讲过 ReceiptsMessage 的结构是 List 的 List，每个内层的 List 就是一个块中所含全部交易的收据，这与块中所含的交易是一一对应的，一个不多一个不少，顺序也一样。而在块头中，则我们在前面看到 BlockHeader 中有个 receiptTrieRoot，只要把一个 List 中的所有交易收据排在一起算一下它们的 Trie 树根，一比对就知道对不对了。

3.3 以太坊中的交易

以太坊网络中有三种不同性质的交易（Transaction），或称交易请求、交易记录。

第一种用于简单的以太币支付，就是把一定数量的以太币转账给某个“地址”所代表的用户账户，这是最常见的。由于在交易请求中有个可大可小的 data 字段，让用户可以带上附言，并且支付额可以是 0，这种交易也可用作存证。这种交易的目标地址是对方的某个账户号，实际上是对方某个公钥的 160 位即 20 字节的 Hash 值。一个用户可以有多个不同的公钥，从而有多个不同的账户。这与比特币中的 P2PKH 是一样的。这样的交易，我们不妨称之为简单交易。顺便提一下，在用于存证的简单交易中，既然支付额为 0（油费还是要一点的），那么对方账户是谁也就无关紧要，甚至也可以是个根本不存在的账户。

第二种用于“部署”智慧合约，目的是把一个合约提交给以太坊网络，此时的 data 字段就用来承载合约的内容。交易请求会被原封不动地存储在块链中，已部署的合约自然也都可以在块链中看到，所以智慧合约是公开的。这种交易的目标地址为空，但是会返回所部署合约的 160 位（20 字节）“地址”，这个地址来自对交易发起方地址与该交易的 Nonce 序号的 Hash 计算，见 calcNewAddr(byte[] addr, byte[] nonce))。显然这种交易也可用于存证。

第三种则用于对合约的调用。此时的目标地址是某个已部署合约的地址，而 data 字段则用来承载本次调用的输入数据，实际上就是对合约中具体函数的调用参数。对合约的调用也常常用于支付，但往往不是以太币的支付，而是其它数字资产的转移，特别是所谓 Token 即某个用户圈子自己发行的虚拟货币的支付。反过来，要支付某种 Token 就只能通过合约，因为上述简单交易所支付的只能是以太币。不过，即使所支付的是 Token，交易的费用（油费）还是得使用以太币。

这里先介绍第一种交易，后面也要涉及第二和第三种，下一节则专讲合约的执行和虚拟机，有些方面则是三种交易共同的。

前面第一节中给出了 Transaction 类的摘要，为方便起见这里再列出其更浓缩的摘要：

```
class Transaction {}
] byte[] hash;        //SHA3 hash of the RLP encoded transaction，注意这是对 RLP 编码之后的 Tx 的 Hash 值。
] byte[] nonce;    //a counter used to make sure each transaction can only be processed once，实质上是 Tx 的序号。
] byte[] value;       // the amount of ether to transfer (calculated as wei)，支付的币值，Wei 是以太币的最小单元。
] byte[] receiveAddress;    //the address of the destination account. 对方地址，这地址可以是账户或合约。
] byte[] gasPrice;    //the amount of ether to pay as a transaction fee to the miner for each unit of gas. 油价。
] byte[] gasLimit;       // the amount of "gas" to allow for the computation. 油耗上限
] byte[] data;             //An unlimited size byte array
] ECDSASignature signature;       //椭圆曲线签名
] byte[] sendAddress;    //我方地址
```

```
] byte[] rlpEncoded;   // Tx in encoded form，本 Tx 经串行化和 RLP 编码后用于网络传输的形式。
] byte[] rawHash;      //不包括签名在内（但也是 RLP 编码之后）的 Hash 值
```

要搞清以太坊的交易机制，最好是从交易请求的产生和提交开始，考察其在以太坊中受到的处理并最后进入块链的全过程。但是交易请求的产生其实是应用层的事，而以太坊的源码并不涉及具体应用。不过以太坊的源码中提供了一些示例，让应用层的开发者可以仿效。其中有一个示例叫 SendTransaction，可想而知就是用来说明怎样发送交易请求，我们就通过这个示例来考察交易请求的产生和提交。

以太坊源码中定义了一个 SendTransaction 类，这个类提供的方法 sendTxAndWait()就是用来产生、提交一个交易请求，并等待这个交易记录出现在块链中，我们主要关心交易请求的产生和提交。

```
SendTransaction.sendTxAndWait(byte[] receiveAddress, byte[] data)
> byte[] senderPrivateKey = HashUtil.sha3("cow".getBytes());
> byte[] fromAddress = ECKey.fromPrivate(senderPrivateKey).getAddress();
> BigInteger nonce = ethereum.getRepository().getNonce(fromAddress);
> Transaction tx = new Transaction ( ByteUtil.bigIntegerToBytes(nonce),
                  ByteUtil.longToBytesNoLeadZeroes(ethereum.getGasPrice()),
                  ByteUtil.longToBytesNoLeadZeroes(200000),   //gasLimit, 20 万单位的油耗上限
                  receiveAddress,
                  ByteUtil.bigIntegerToBytes(BigInteger.valueOf(1)),   // 1 Ether,
                                                     // = 1,000,000,000 gwei,
                                                     // = 1,000,000,000,000,000,000L wei
                  data,                              //作为参数传下来的 data 字段
                  ethereum.getChainIdForNextBlock());   //chainId，取决于所用软件版本，EIP160 之前为 0.
> tx.sign(ECKey.fromPrivate(senderPrivateKey));
> logger.info("<=== Sending transaction: " + tx);
> ethereum.submitTransaction(tx);
> return waitForTx(tx.getHash());
```

这个函数只有两个调用参数，一个是对方的地址 receiveAddress，另一个是要搭载在交易请求中的信息 data。这是个支付交易的示例，所以对方地址只能是某个用户的账户地址。当然，也可以再加一个参数，那就是支付额 value，这里是在程序中固定为 BigInteger.valueOf(1)，即 1 个以太币（Ether）。在以太坊中，Ether 是个很大的单位，等于 10 亿即 10^9 个 Gwei，更等于 10^{18} 个 Wei。正因为这样，以太坊中的数值都要用 BigInteger 即大整数来表示。

付款方自己的地址，一般都是现成的（要不然也无款可付），但是这里为说明问题而临时新生成了一个地址。怎么生成呢？先根据只有你自己知道的某个“秘密”产生一个私钥。这里的秘密是“cow”这个单词，当然也可以是一段很长的文字。对其进行 Sha3 计算，所得

Hash 值就可用作私钥；再对这私钥调用 ECKey.fromPrivate()，就可得到与之配套的公钥；最后，对这公钥调用 getAddress()，就得到一个 20 字节即 160 位的地址。

读者也许会问，你自己这么产生一个地址就可以用了？不需要去以太网中开户？答案是不需要。以太坊与比特币网一样，是个无管理的“公有链”，无须开户就可使用，以太坊中的节点在处理这个交易的时候自动就会为新出现的地址建立账户，实质上就是一个以地址为键、以状态为值的“键值对”。当然，这个账户的地址必须符合规定，就是必须有与之对应的公钥和私钥，否则这个账户就成了死账户。

有了己方的地址，还要取得用于下一个交易请求的序号 nonce，注意这个 nonce 与挖矿算法 POW 中的 nonce 毫无关系。为避免重复和丢失，以太坊规定每个交易请求都要带上序号，对于同一个发送地址这个序号是连续递增的，这就是交易请求中的 nonce。对于新产生的发送地址，第一个 nonce 就是 0。但是当然要把它记下来，存储在 Repository 中，这也是账户状态的一部分。

下面就可以创建 Transaction 对象 tx 了，这里调用 Transaction 类的构造函数。

创建了交易请求 tx 之后，要用己方的私钥对其签名。签名以后就可以提交发送了。如前所述，一个以太坊节点就是一个 EthereumImpl 类对象，这个类提供的 submitTransaction()就是用来提交交易请求的。我们先看签名的过程。

```
Transaction.sign(byte[] privKeyBytes)
> sign(ECKey.fromPrivate(privKeyBytes))
  == sign(ECKey key)
>> this.signature = key.sign(this.getRawHash());   //签名的对象，是 RLP 编码的交易请求，不含签名字段。
```

签名是用私钥进行的，但是我们在程序中看到在 Transaction.sign()内部具体计算的时候倒要先通过 ECKey.fromPrivate()获取其公钥，再调用这个公钥的 sign()函数。然而这并不意味着实际上是以公钥签名的，签名仍是用私钥签的，这里也要用到公钥只是为椭圆曲线计算和检验的需要。

而签名的对象，即参与签名计算的内容，则是经 RLP 编码串行化了之后的交易请求的 Hash 值（而不是整个交易请求）。不过在进行 RLP 编码时扣除了签名字段 signature，这与 RLP 编码的完整交易请求的 Hash 值又有不同，所以称为 rawHash。Transaction 中的 rawHash 字段，就是用来保存这个 Hash 值的。

为签名而进行的计算，是椭圆曲线密码计算，实际由 ECKey.doSign()完成，这里就不深入进去了。

签了名之后就通过 EthereumImpl.submitTransaction()提交发送：

```
EthereumImpl.submitTransaction(Transaction transaction)
> TransactionTask transactionTask = new TransactionTask(transaction, channelManager);   //作为线程异步执行
> Future<List<Transaction>> listFuture = TransactionExecutor.instance.submitTransaction(transactionTask);
>> return executor.submit(task)   //提交 transactionTask，Java 虚拟机就会调度线程加以执行，调用其 call()。
```

```
                    //注意这 executor.submit()是线程作业提交，与交易请求的“提交”是两码事。
> pendingState.addPendingTransaction(transaction);        //增加了一个未决交易请求：
>> addPendingTransactions(Collections.singletonList(tx))  //其实是通过 addPendingTransactions()完成的
> return new FutureAdapter<Transaction, List<Transaction>>(listFuture) {}   //这是 Spring 框架提供的
        ] Transaction adapt(List<Transaction> adapteeResult)
          > return adapteeResult.get(0);
```

对于提交发送的每个交易请求，EthereumImpl 都单独为之创建一个 TransactionTask 任务，并将其提交给 Java 虚拟机，让其调度（线程池中的）独立线程并发执行这个任务，直至把交易请求发送出去。这是因为发送交易请求是个相对费时并且中间可能被暂时阻塞的过程，应该并发进行。注意这里的“提交”是指将一个任务提交给 Java 虚拟机，与前述的提交发送交易请求是两码事。

发送的事就交给 TransactionTask 了，这边还有点事，就是对未决交易请求的处理。尽管这个新的交易请求就是在本节点上产生的，但是对于 EthereumImpl 而言，这跟流经本节点的其它交易请求并无本质的不同，它反正是看到了一个新到来的交易请求，应该加以检验和执行。而且，如果本节点竞争得到了下一个块的发布权，同样也要把这个交易记录放在里面。这就是 addPendingTransaction()要进行的处理，而 addPendingTransactions()是更为一般的形式，前者针对单个交易请求，后者针对多个交易请求。

```
[submitTransaction() > addPendingTransaction() > addPendingTransactions()]

addPendingTransactions(List<Transaction> transactions)
> int unknownTx = 0;
> List<Transaction> newPending = new ArrayList<>();
> for (Transaction tx : transactions) {      //对于给定的每个交易请求：
>+ isNew = addNewTxIfNotExist(tx)      //返回值为 True 表示原先不存在，是个新的交易请求。
>+> return receivedTxs.put(new ByteArrayWrapper(tx.getHash()), dummyObject) == null
>+ if (isNew) {   //如果这是个新的交易请求：
>++ unknownTx++;
>++ if (addPendingTransactionImpl(tx)) {   //调用 addPendingTransactionImpl()，进行实质性的处理。
>+++ newPending.add(tx);                   //如果成功就将此 Tx 添加到 newPending 集合中
>++ }
>+ }
> }
> if (!newPending.isEmpty()) {   //如果存在新增的未决交易请求，就调用所有侦听器的下列两个函数：
>+ listener.onPendingTransactionsReceived(newPending);      //接收到了新增的未决交易请求
>+ listener.onPendingStateChanged(PendingStateImpl.this);    //有新的状态变化发生
```

```
> }
> return newPending;   //返回所有新增的未决交易请求
```

虽然这个交易请求其实就是本节点提交并向外发送的，但对于本节点上的交易处理而言这与从网上接收到的交易请求无异，所以这里先针对 receivedTxs 集合检查是否重复（实际上当然不会），并将其添加到这个集合中，然后就由 addPendingTransactionImpl()进行实质性的处理，包括检验交易请求的合规性，以及交易的执行，然后就等待进入新块。

将新来的交易请求加入 receivedTxs 集合，并通过 addPendingTransactionImpl()加以处理，这与网内其它节点在接收到这个交易请求时的处理没有什么区别。所以我们把这些处理先搁一下，把我们的注意力聚焦在交易请求的发送，这就要先看一下 TransactionTask。

```
class TransactionTask implements Callable<List<Transaction>> {}
] List<Transaction> txs;          //所欲发送的一个或多个 Tx
] ChannelManager channelManager;
] Channel receivedFrom;         //这些 Tx 来自哪一个通道
] TransactionTask(Transaction tx, ChannelManager channelManager)          //构造函数，参数一为单个 Tx。
 > this(Collections.singletonList(tx), channelManager);
] TransactionTask(List<Transaction> txs, ChannelManager channelManager)   //构造函数，参数一为多个 Tx。
 > this(txs, channelManager, null);
] TransactionTask(List<Transaction> txs, ChannelManager channelManager, Channel receivedFrom)   //三个参数
 > this.txs = txs;
 > this.channelManager = channelManager;
 > this.receivedFrom = receivedFrom;
] call()
 > channelManager.sendTransaction(txs, receivedFrom);
 > return txs;
```

这个类的构造函数有三个，参数的类型和数量各有不同，前面创建 TransactionTask 对象时调用的是列在最前面的那个，最后会辗转调用到最后面的那个。对于本地产生的交易请求，receivedFrom 是 null，因为不是外来的。

我们笼统地把 TransactionTask 称为线程，其实这是个 Callable，是要由 Java 虚拟机从线程池中调度一个线程加以执行的，执行时就调用其 call()函数，而这个 call()函数则调用 ChannelManager.sendTransaction()。我们顺着往下看。

```
ChannelManager.sendTransaction(List<Transaction> txs, Channel receivedFrom)
> for (Channel channel : activePeers.values()) {   //对于 activePeers 这个集合中的每一个 Channel：
>+ if (channel != receivedFrom) channel.sendTransactionsCapped(txs);
>+> List<Transaction> slicedTxs;
```

```
>+> if (txs.size() <= MAX_SAFE_TXS) slicedTxs = txs;    // MAX_SAFE_TXS 定义为 192
>+> else slicedTxs = CollectionUtils.truncateRand(txs, MAX_SAFE_TXS);    //如果太多，就一下子发不了了。
>+> eth.sendTransaction(slicedTxs);    //展开如下：
>+>> TransactionsMessage msg = new TransactionsMessage(txs);    //对交易请求进行 RLP 编码，形成报文。
>+>> sendMessage(msg);
> }    //end for
```

简而言之，就是对于要发送的每个交易请求，除其所来自的那个通道之外，向所有已经建立的通道发送；也就是向所有已经建立连接的除（就该交易请求而言的）上游节点之外的所有（拓扑意义上的）相邻节点发送。而发送的手段，则就是调用具体通道的 sendMessage()。当然，调用 sendMessage()之前要将交易请求串行化，即加以 RLP 编码。

这样，就把交易请求发送出去了。

串行化了的交易请求被发送到（拓扑意义上的）相邻节点，在前述的 channelRead0()中经鉴别为交易请求报文，就调用到了 processTransactions()，之所以是复数的 Transactions 而不是单数，是因为一个 TransactionsMessage 中可以有多个 RLP 编码的交易请求。

[Eth62.channelRead0() > processTransactions()]

```
processTransactions(TransactionsMessage msg)
> if(!processTransactions) return;
> List<Transaction> txSet = msg.getTransactions();
>> parse()    //从报文中解析（RLP 解码，去串行化）重构出所含的 Transaction 对象集合。
>> return transactions
> List<Transaction> newPending = pendingState.addPendingTransactions(txSet);
> if (!newPending.isEmpty()) {    //如果含有新的，原来未知的交易请求，就加以转发：
>+ TransactionTask transactionTask =
                        new TransactionTask(newPending, channel.getChannelManager(), channel);
>+ TransactionExecutor.instance.submitTransaction(transactionTask);    //提交 transactionTask
> }    //end if (!newPending.isEmpty())
```

相比我们在比特币源码中看到过的对应处理，这段代码很是简洁。相比之下，比特币网中要接受一个新来的交易请求进入其 mempool 是相当麻烦的操作，这是因为在采用 UTXO 的模式中处于下游的交易请求有可能比其上游的交易请求先到达，从而成为“孤儿交易”而不能进入 mempool。在某些条件下甚至有可能造成数量可观的积压。而使用账户，就不会有孤儿交易了，这就使得这里的程序代码变得简洁。

这里的核心操作也是 addPendingTransactions()，我们在前面见过，前面是对本节点发起的交易请求执行这个操作，现在是因为节点接收到了外来的交易请求而执行这个操作，殊途同归。我们在前面已经看到，这个函数的核心是 addPendingTransactionImpl()。

[processTransactions() > addPendingTransactions() > addPendingTransactionImpl()]

addPendingTransactionImpl(final Transaction tx)
> String err = **validate**(tx); //检验交易请求的合规性
> TransactionReceipt *txReceipt*; //用来盛放交易收据的容器，实质上是个指针。
> if (err != null) {
>+ *txReceipt* = createDroppedReceipt(tx, err); //不合规，创建一个撤销交易的收据
> } else {
>+ *txReceipt* = **executeTx**(tx); //合规，执行本交易，执行后返回一个收据。
> }
> if (!*txReceipt*.isValid()) { //交易被撤销，或 executeTx()所返回的交易收据表明有错：
>+ ***fireTxUpdate***(txReceipt, **DROPPED**, getBestBlock()); //发出撤销通知
>+> listener.onPendingTransactionUpdate(txReceipt, state, block)
> } else { //执行正常，添加一个未决交易请求，等待入块。
>+ pendingTransactions.add(new **PendingTransaction**(tx, getBestBlock().getNumber()));
//创建一个 PendingTransaction 对象，并将其加入 pendingTransactions 集合中等待入块。
>+ fireTxUpdate(txReceipt, NEW_PENDING, getBestBlock()); //发出新增通知
> }
> return txReceipt.***isValid***(); //展开如下：
>> return ByteUtil.byteArrayToLong(gasUsed) > 0 //有油耗就说明经过了处理

这里的核心操作就是两个，即对于交易请求的 validate()和 executeTx()，这就是以太坊对于交易请求的检查和执行，发生在每一个 Peer 节点上。先看 validate()，这是对于合规性的检查，主要是一些参数的合理性。

[processTransactions() > addPendingTransactions() > addPendingTransactionImpl() > validate()]

PendingStateImpl.**validate**(Transaction *tx*)
> tx.verify()
== Transaction.*verify*() //展开如下：
>> rlpParse() //从 rlpEncoded 字段中解析出其它字段的值。只需解析一次，如果已经解析就立即返回。
>> **validate**() //这是 Transaction.validate()
> if (config.getMineMinGasPrice().compareTo(ByteUtil.bytesToBigInteger(tx.getGasPrice())) > 0)
return "Too low gas price for transaction: " …) //给出的油价低于本节点所配置的最低油价，拒绝。
> return null

显然，这里的重点在于 Transaction.validate()，只是还要附加对于油价的检验。

[processTransactions() > addPendingTransactions() > addPendingTransactionImpl() > … > Transaction.validate()]

```
Transaction.validate()
> if (getNonce().length > HASH_LENGTH) throw new RuntimeException("Nonce is not valid"); //Nonce 值长度
> if (receiveAddress != null && receiveAddress.length != 0 && receiveAddress.length != ADDRESS_LENGTH)
            throw new RuntimeException("Receive address is not valid");   //收款地址是否合规
> if (gasLimit.length > HASH_LENGTH) throw new RuntimeException("Gas Limit is not valid"); //gasLimit 字段
> if (gasPrice != null && gasPrice.length > HASH_LENGTH)
            throw new RuntimeException("Gas Price is not valid");   // gasPrice 字段（长度）合规
> if (value != null && value.length > HASH_LENGTH) throw new RuntimeException("Value is not valid");
> if (getSignature() != null) {   //如有签名就检查签名是否合规。基于椭圆曲线的签名有 R 和 S 两个成分。
>+ if (BigIntegers.asUnsignedByteArray(signature.r).length > HASH_LENGTH)
        throw new RuntimeException("Signature R is not valid");
>+ if (BigIntegers.asUnsignedByteArray(signature.s).length > HASH_LENGTH)
        throw new RuntimeException("Signature S is not valid");
>+ if (getSender() != null && getSender().length != ADDRESS_LENGTH)
        throw new RuntimeException("Sender is not valid");   //对签名的检验需要用到发送者地址
> }   //end if (getSignature() != null)
```

这里检查的都是格式上的合规性，而不是内容的正确性，检查的过程中一发现违规就作为异常（通过 throw 语句）退出，所以只要能从这个函数顺利返回就是通过了合规检查。这里有两点值得注意，就是没有签名不算违规（试想如果支付额为 0）；还有就是：如果没有签名就也可以没有发送者地址。当然，只要有签名就一定得有发送地址，因为发送地址来自相应的公钥，要不然就无法验证签名是否正确了。另外，接收地址也可以是空，这说明仅用于存证的交易（支付额为 0）可以没有双方地址，没有签名。

顺利通过了 Transaction.validate()的检查，下面就可以通过 executeTx()加以执行了。不过注意执行的结果并不是正式的（账户）状态变化，而是非正式的、未决的状态变化，所以称为 PendingState。正式的、已决的状态变化，或者说交易结果的固化，则要等到该交易请求进入块链而转化成交易记录之后。

[processTransactions() > addPendingTransactions() > addPendingTransactionImpl() > executeTx()]

```
PendingStateImpl.executeTx(Transaction tx)
> Block best = getBestBlock();        //获得当前块链中高度为最大的块
> repo = getRepository()              //展开如下：
>> if (pendingState == null) init()   //这是初次使用 Repository：
```

```
>>> this.pendingState = getOrigRepository().startTracking()  //创建一个 Repository
>> return pendingState
> TransactionExecutor executor = new TransactionExecutor(tx, best.getCoinbase(), repo, blockStore,
            programInvokeFactory, createFakePendingBlock(), new EthereumListenerAdapter(), 0)
            .withCommonConfig(commonConfig);     //为本次交易创建一个特定的交易执行者
> executor.init()              //调用 TransactionExecutor.init()
> executor.execute()           //调用 TransactionExecutor.execute()
> executor.go()                //调用 TransactionExecutor.go()
> executor.finalization()      //调用 TransactionExecutor.finalization()
> return executor.getReceipt();
```

交易的执行是由交易执行者 TransactionExecutor 实施的，每个交易的执行都得有个特定的执行者，因为不同交易的内容各不相同，还有当时的环境和状态也可能不同，所以创建 TransactionExecutor 对象时有那么多的参数。如前所说，在执行的过程中对状态的改变暂时还不能真正写入 Repository，但是却又需要读取 Repository 中现有的信息，例如收付双方的账户余额，执行过程中还得有草稿。所以这时候就要对既有的 Repository 取一快照，创建一个临时的、缓冲性的 Repository。注意这里所说的缓冲性与 Repository 内部的缓冲存储不是一回事，这里所说的缓冲性是临时、非正式、有待确认的意思；而 Repository 内部的缓冲存储则只是为提高存取效率，那都是正式的、已获确认的信息。显然，每一个交易的执行都需要一个临时的 Repository，每个节点都可能有多个交易在并发执行，而且在执行合约程序的过程中还可能调用别的合约，于是就会形成一棵 Repository 对象的树，那就是 Repository 的 Trie 树。而 RepositoryImpl.startTracking()，就专门创建这样的临时 Repository：

[processTransactions() > addPendingTransactions() > … > executeTx() > … > startTracking()]

```
RepositoryImpl.startTracking()
> Source<byte[], AccountState> trackAccountStateCache =          //账户状态的临时缓存
            new WriteCache.BytesKey<>(accountStateCache, WriteCache.CacheType.SIMPLE);
> Source<byte[], byte[]> trackCodeCache =                        //合约代码的临时缓存
            new WriteCache.BytesKey<>(codeCache, WriteCache.CacheType.SIMPLE);
> MultiCache<CachedSource<DataWord, DataWord>> trackStorageCache = new MultiCache(storageCache) {};
        @Override                                                //合约中全局量的临时缓存
        ] CachedSource create(byte[] key, CachedSource srcCache)
            > return new WriteCache<>(srcCache, WriteCache.CacheType.SIMPLE);
> RepositoryImpl ret = new RepositoryImpl(trackAccountStateCache, trackCodeCache, trackStorageCache);
> ret.parent = this;   //新建 Repository 来自现有的 Repository，所以现有 Repository 是 Trie 树中的父节点。
> return ret;          //返回新建的 RepositoryImpl 对象
```

Repository 的 Trie 树，就是这样形成的。显然，新建的 RepositoryImpl 对象是执行交易的一个必要条件，所以是创建 TransactionExecutor 的参数之一。

所谓交易的执行要由 TransactionExecutor 实施，从程序的角度说无非就是把一些相关的函数聚在一起，形成一个交易执行模块。但当然还不止于此，在执行的过程中还有一些变量和参数，这些变量和参数决定了这是这一个交易而不是那一个交易，其使用并不局限于某个特定函数，对于本交易的执行有着接近于全局那样的性质，但又只是跟具体交易的具体执行相关，不同的交易执行会有一组不同的数据，临时性的 Repository 就是用于这些数据。所以，就把这些数据结构加函数合在一起成为一个类，要执行某个交易请求就得为其创建一个 TransactionExecutor 类的对象。

```
class TransactionExecutor {}
] SystemProperties config;
] CommonConfig commonConfig;
] BlockchainConfig blockchainConfig;    //是实现了 BlockchainConfig 界面的某个类的对象。
] Transaction tx;                       //这是要执行的交易请求
] Repository track;      // Repository 是个界面，实际上是前面通过 getRepository()创建的 RepositoryImpl。
] Repository cacheTrack;                //在 track 基础上再创建一个临时的 RepositoryImpl，以防回滚的需要。
] BlockStore blockStore;
] final long gasUsedInTheBlock;
] boolean readyToExecute = false;                   //是否具备了执行的条件，初值为 false。
] String execError;
] ProgramInvokeFactory programInvokeFactory;        //用于合约程序的启动
] byte[] coinbase;
] TransactionReceipt receipt;                       //对交易请求的收据
] ProgramResult result = new ProgramResult();       //用来盛放执行合约程序的结果和输出
] Block currentBlock;
] final EthereumListener listener;
] VM vm;                                            //用来执行合约的虚拟机
] Program program;                                  //合约程序
] PrecompiledContracts.PrecompiledContract   precompiledContract;  //如果本次调用的是个预编译合约
] BigInteger m_endGas = BigInteger.ZERO;   //完成本次交易后剩下的油量
] long basicTxCost = 0;
] List<LogInfo> logs = null;
] ByteArraySet touchedAccounts = new ByteArraySet();   //本次交易所涉及的账户
] boolean localCall = false;
```

这个类的设计是面向所有交易的，包括以太币支付、合约部署和合约调用，所以得要面面俱到，而我们现在要考察的主要是以太币支付即简单支付的执行。

先对这个类的几个成分作点介绍。

先要说一下 TransactionExecutor 中的 result 这个成分，交易的执行结果可不是 true/false 那么简单，而是要涉及好多方面的信息，所以这是个 ProgramResult 对象，用来盛放交易执行的各方面结果。这个类的数据结构部分摘要是这样：

```
class ProgramResult {}
] long gasUsed                          //本交易的油耗
] byte[] hReturn                        //执行本交易后的输出数据
] RuntimeException exception            //发生于执行过程中，导致交易失败的异常
] boolean revert                        //合约程序的执行是否因遇到了 REVERT 指令而取消
] Set<DataWord> deleteAccounts          //合约程序的执行中要求删除的账户
] ByteArraySet touchedAccounts          //执行本交易的过程中触及的账户
] List<InternalTransaction> internalTransactions  //合约程序中因调用其它合约而形成的内部交易列表
] List<LogInfo> logInfoList             //执行合约程序过程中产生的合约层 Log 信息，由 Log 指令引起。
] long futureRefund                     //找还的油费
```

与这些结构成分配套，ProgramResult 还提供了许多操作函数，后面我们会看到。所以，后面读者在交易执行的过程中，包括下一节虚拟机执行的过程中，看到 result 可不要轻易放过，以为只是返回 true/false 而已。

TransactionExecutor 中有个类型为 PrecompiledContracts.PrecompiledContract 的结构成分 precompiledContract，意为经过预编译的合约。这“预编译”的说法其实是有点误导的。以太坊的合约一般是用高级语言写的，现在基本上都是 Solodity，其编译器是 solc，意为 Solidity Compiler。但是，Solidity 编译器的作用是把用 Solidity 语言编写的程序代码编译成目标处理器的指令，也就是以太坊虚拟机所定义的指令，实际上是二进制代码，当然也可以写成以太坊虚拟机汇编指令。而所谓“预编译”合约代码，却并非把 Solidity 程序预先编译成以太坊虚拟机的指令，而是把用 Java 语言编写的代码编译成宿主机（而不是以太坊虚拟机）的指令（对于 Ethereumj，宿主机就是 Java 虚拟机），实际上是以太坊软件的一部分，是由以太坊提供让用户按合约地址调用的功能，其作用有点像是操作系统所提供的系统调用。所以，与其称这些合约为预编译合约，倒不如称之为“系统合约”更贴切一些。当然，由于是按合约地址调用，形式上是合约调用，但是实质上这些“合约”无需由以太坊虚拟机加以执行，对这些合约的执行只是相当于普通的函数调用。

以太坊的代码中定义了一个类叫 PrecompiledContracts，里面提供了 8 个预编译合约的地址和相应的函数：

```
class PrecompiledContracts {}
] static final DataWord ecRecoverAddr =
    new DataWord("0000000000000000000000000000000000000000000000000000000000000001");
] static final DataWord sha256Addr =
```

```
        new DataWord("0000000000000000000000000000000000000000000000000000000000000002");
] static final DataWord ripempd160Addr =
        new DataWord("0000000000000000000000000000000000000000000000000000000000000003");
] static final DataWord identityAddr =
        new DataWord("0000000000000000000000000000000000000000000000000000000000000004");
] static final DataWord modExpAddr =
        new DataWord("0000000000000000000000000000000000000000000000000000000000000005");
] static final DataWord altBN128AddAddr =
        new DataWord("0000000000000000000000000000000000000000000000000000000000000006");
] static final DataWord altBN128MulAddr =
        new DataWord("0000000000000000000000000000000000000000000000000000000000000007");
] static final DataWord altBN128PairingAddr =
        new DataWord("0000000000000000000000000000000000000000000000000000000000000008");
] static abstract class PrecompiledContract {}
]] abstract long getGasForData(byte[] data)
]] abstract Pair<Boolean, byte[]> execute(byte[] data)
] static class Identity extends PrecompiledContract {}
] static class Sha256 extends PrecompiledContract {}
] static class Ripempd160 extends PrecompiledContract {}
] ...
] static class BN128Pairing extends PrecompiledContract {}
] static final ECRecover ecRecover = new ECRecover();
] static final Sha256 sha256 = new Sha256();
] static final Ripempd160 ripempd160 = new Ripempd160();
] static final Identity identity = new Identity();
] static final ModExp modExp = new ModExp();
] static final BN128Addition altBN128Add = new BN128Addition();
] static final BN128Multiplication altBN128Mul = new BN128Multiplication();
] static final BN128Pairing altBN128Pairing = new BN128Pairing();
] getContractForAddress(DataWord address, BlockchainConfig config)
  > if (address == null) return identity;
  > if (address.equals(ecRecoverAddr)) return ecRecover;
  > if (address.equals(sha256Addr)) return sha256;
  > if (address.equals(ripempd160Addr)) return ripempd160;
  > if (address.equals(identityAddr)) return identity;
  > // Byzantium precompiles
  > if (address.equals(modExpAddr) && config.eip198()) return modExp;
  > if (address.equals(altBN128AddAddr) && config.eip213()) return altBN128Add;
```

```
> if (address.equals(altBN128MulAddr) && config.eip213()) return altBN128Mul;
> if (address.equals(altBN128PairingAddr) && config.eip212()) return altBN128Pairing;
> return null;
```

这里给出了 8 个预编译合约的地址，也给出了 8 个预编译合约的类型定义，每个预编译合约都有自己的类，都是对抽象类 PrecompiledContract 的落实。PrecompiledContract 类的定义是：

```
public static abstract class PrecompiledContract {
    public abstract long getGasForData(byte[] data);
    public abstract Pair<Boolean, byte[]> execute(byte[] data);
}
```

每个预编译合约都要提供对这两个抽象函数的实现，其中的 execute()函数就是对合约的执行。这个函数返回一个 Pair，其左边是个布尔量，表示执行是否成功；右边是个字节数组，即一块缓冲区，那就是合约执行后的输出。

比方说，这 8 个预编译合约中有一个是 Sha256，所以我们就可以发起一次交易，让以太坊帮助计算一段信息的 Sha256。这个合约的地址，即 PrecompiledContracts.sha256Addr，是“0000000000000000000000000000000000000000000000000000000000000002”，这就是本次交易的对方地址。根据这个地址，getContractForAddress()返回的合约（对象）是 sha256，实际执行的时候就调用 sha256.execute()：

```
PrecompiledContracts.Sha256.execute(byte[] data)
> if (data = = null) return Pair.of(true, HashUtil.sha256(EMPTY_BYTE_ARRAY))
> return Pair.of(true, HashUtil.sha256(data))
```

这个函数所返回的 Pair，左边是布尔值 true，表示执行成功，因为 sha256 计算无所谓失败；右边则是对输入数据进行 sha256 计算的结果（输出）。

现在我们回到原来的话题，考察一般的执行过程，第一步是对此 TransactionExecutor 的初始化，即 TransactionExecutor.init()。

[processTransactions() > addPendingTransactions() > addPendingTransactionImpl() > executeTx() > init()]

```
TransactionExecutor.init()   //Do all the basic validation
> basicTxCost= tx.transactionCost(config.getBlockchainConfig(), currentBlock)   //估算执行本 Tx 所需基本油量
> if (localCall) {   //如果是本地调用，就无须再往下进行初始化。
                    //所谓本地调用，是指不需要发送到其它节点上的合约调用请求，例如合约对合约的调用。
```

```
>+ readyToExecute = true;   //这就已经就绪，可以执行了
>+ return;
> }
> BigInteger txGasLimit = new BigInteger(1, tx.getGasLimit());   //本 Tx 中给出的 Gas 限额
> BigInteger curBlockGasLimit = new BigInteger(1, currentBlock.getGasLimit());   //当前块的 Gas 限额
> boolean cumulativeGasReached =
                txGasLimit.add(BigInteger.valueOf(gasUsedInTheBlock)).compareTo(curBlockGasLimit) > 0;
> if (cumulativeGasReached) {   //加上执行本 Tx 所需后已超出当前块的 Gas 限额
>+ execError(String.format("Too much gas used in this block: Require: %s Got: %s", …)
>+ return;
> }
> if (txGasLimit.compareTo(BigInteger.valueOf(basicTxCost)) < 0) {   //Tx 中给出的 Gas 限额低于执行所需
>+ execError(String.format("Not enough gas for transaction execution: Require: %s Got: %s", …));
>+ return;
> }
> BigInteger reqNonce = track.getNonce(tx.getSender());   //发起方应该用于本 Tx 的 Nonce 序号
        //TransactionExecutor 中的 track 是创建对象时作为参数传下来的 Repository，
        //根据 Tx 中的发起方地址，可以从其账户中找到其此时应有的 Nonce 序号
> BigInteger txNonce = toBI(tx.getNonce());   //Tx 中的实际 Nonce 序号
> if (isNotEqual(reqNonce, txNonce)) {   //二者必须相符，如果 Nonce 不符就出错返回。
>+ execError(String.format("Invalid nonce: required: %s , tx.nonce: %s", reqNonce, txNonce));
>+ return;
> }
> BigInteger txGasCost = toBI(tx.getGasPrice()).multiply(txGasLimit);   //按油价和油量限额计算油费上限
> BigInteger totalCost = toBI(tx.getValue()).add(txGasCost);
> BigInteger senderBalance = track.getBalance(tx.getSender());   //从 RepositoryRoot 中找到发起方的账户余额
> if (!isCovers(senderBalance, totalCost)) {   //发送方的余额不足以支付所承诺的最大油费，出错返回。
>+ execError(String.format("Not enough cash: Require: %s, Sender cash: %s", totalCost, senderBalance));
>+ return;
> }
> if (!blockchainConfig.acceptTransactionSignature(tx)) { //检查签名和 ChainId，但 EIP150/EIP161 有新规定。
>+ execError("Transaction signature not accepted: " + tx.getSignature());   //Tx 中的签名不被接受就夭折了。
>+ return;
> }
> readyToExecute = true;   //通过了初始阶段的检验
```

前面 Transaction.validate()所做的是形式上的合规，而并未检查内容的合规，现在做的就是（部分）内容的合规检查了。这里先把布尔量 readyToExecute 设置成 false，只有顺利通过

了种种检查才会把这个值设置成 true，表示可以执行了。

显然，这里所进行的检查大多是针对费用的。这里的 track，即 TransactionExecutor.track，就是创建 TransactionExecutor 对象时作为构造参数传下来的临时 Repository，其内容是对既有 Repository 的一份快照，所以从中可以得到各个账户的信息。

顺利通过了 init()阶段的种种检查，下面第二步就是通过 execute()作进一步的执行准备。

第二步，执行准备。

TransactionExecutor 提供一个函数 execute()，不过实际所做的并非字面意义上的“执行”，而只是为交易的执行做好种种准备和预演，包括在“草稿”上进行简单支付：

[processTransactions() > addPendingTransactions() > addPendingTransactionImpl() > executeTx() > execute()]

TransactionExecutor.**execute**()
> if (!readyToExecute) return;　//尚未初始化，不予执行，跳过这一步。
> if (!localCall) {　//如果不是本地调用：
>+ **track.*increaseNonce***(tx.getSender());　//使临时 Repository 中付款方账户下的 Nonce 序号加 1
>+ BigInteger txGasLimit = toBI(tx.getGasLimit());
>+ BigInteger txGasCost = toBI(tx.getGasPrice()).multiply(txGasLimit);
>+ **track.*addBalance***(tx.getSender(), txGasCost.**negate**());　//在付款方的余额中减去油费（以后会找还余款）
> }　//end if (!localCall)
> *creation* = tx.**isContractCreation**()　//判断交易目的是否创建合约，展开如下：
>> rlpParse()
>> return this.receiveAddress == null || Arrays.equals(this.receiveAddress,ByteUtil.EMPTY_BYTE_ARRAY)
//收方地址为空即表示要创建合约
> if (*creation*) {　//根据交易目的分别调用 TransactionExecutor:: create()或 TransactionExecutor:: call()：
>+ **create**();　//创建合约
> } else {
>+ **call**();　//以太币支付或者调用合约
> }

摘要中加了注释，不需要再有别的说明了。如前所述，以太坊有三种交易类型，一种是创建合约，这是由 create()完成的；另两种是通过合约或不通过合约的支付，包括存证，那都统一由 call()完成。这里又有个例外，就是在创建合约时还可以向合约账户注资，就好像账户间的支付一样。我们先看 create()，即合约的创建。

[processTransactions() > addPendingTransactions() > … > executeTx() > execute() > create()]

TransactionExecutor.**create**()　//在以太坊中创建一个合约

> byte[] *newContractAddress* = tx.**getContractAddress**();　//合约的地址是通过计算获取的，展开如下：
>> if (!isContractCreation()) return null　//只有创建合约账户才需要生成合约地址
>> return HashUtil.calcNewAddr(this.getSender(), this.getNonce())　//基于发送方地址和本交易的 Nonce
>>> byte[] encSender = RLP.encodeElement(addr);
>>> byte[] encNonce = RLP.encodeBigInteger(new BigInteger(1, nonce));
>>> return sha3omit12(RLP.encodeList(encSender, encNonce))　//二者的 RLP 编码拼接起来加以 Hash 计算。
> AccountState existingAddr = ***cacheTrack***.**getAccountState**(*newContractAddress*);
　　//cacheTrack 是本交易的临时 Repository，看这新的地址在这里面是否原已存在。
> if (existingAddr != null && existingAddr.**isContractExist**(blockchainConfig)) {　//地址冲突，且合约已存在
>+ m_endGas = BigInteger.ZERO;
>+ ***return***;　//因地址冲突而失败返回
> }　//end if (existingAddr != null && existingAddr.**isContractExist**(blockchainConfig))

> //In case of hashing collisions (for TCK tests only), check for any balance before createAccount()
> BigInteger oldBalance = **track**.getBalance(*newContractAddress*);
　　//从 track 这个 Repository 中获取该地址的余额，要是账户不存在就返回 0。
> cacheTrack.***createAccount***(tx.***getContractAddress***());　//在临时 Repository 中创建合约账户
> cacheTrack.***addBalance***(*newContractAddress*, oldBalance);　//将原有余额加入缓存中的这个账户
　//新的合约账户是创建在 cacheTrack 这个 Repository 中，
　//但是万一 track 这个 Repository 中有相同账户，就把余额合并过来。
> if (blockchainConfig.eip161()) {
>+ cacheTrack.increaseNonce(newContractAddress);　//递增其 Nonce 序号
> }

> if (isEmpty(**tx.getData**())) {　//创建合约的时候，tx.data，即 data 字段的内容就是合约本身，不该是空。
>+ m_endGas = m_endGas.subtract(BigInteger.valueOf(basicTxCost));　//无合约程序，但基本油费还是要收的
>+ result.spendGas(basicTxCost);
> }　//end if (isEmpty(tx.getData()))
> else {　//tx.data 非空：
>+ ProgramInvoke *programInvoke* =　　//创建一个 ProgramInvokeImpl 对象
　　programInvokeFactory.**createProgramInvoke**(tx, currentBlock, **cacheTrack**, blockStore);
　　　// ProgramInvoke 是个界面，ProgramInvokeImpl 实现了这个界面。
>+ this.vm = new **VM**(config);　//创建以太坊虚拟机对象，为下一步对 go()的调用做好准备
>+ this.program = new **Program**(***tx.getData***(), *programInvoke*, tx, config).withCommonConfig(commonConfig);
　== Program(byte[] ops, ProgramInvoke programInvoke, Transaction transaction)
　　//创建新合约时，合约程序的可执行映像来自 tx.data。
>+ // reset storage if the contract with the same address already exists
> }　//end else

```
> BigInteger endowment = toBI(tx.getValue());   //本次交易的以太币支付额，是给新建合约账户注资的。
> transfer(cacheTrack, tx.getSender(), newContractAddress, endowment);   //实施转账，向合约账户注资。
    == transfer(Repository repository, byte[] fromAddr, byte[] toAddr, BigInteger value)
>> repository.addBalance(fromAddr, value.negate())   //从 cacheTrack 中的合约创建方账户减去支付额
>> repository.addBalance(toAddr, value)              //向 cacheTrack 中的新建合约账户增加支付额
> touchedAccounts.add(newContractAddress);   //将此地址记录在已触及账户的集合 touchedAccounts 中
```

这里创建了一个 ProgramInvoke 对象 programInvoke，一个虚拟机即 VM 对象 vm，也创建了合约程序 program，这是一个 Program 对象；但并未让这虚拟机运行，也没有把合约的代码写到所创建的账户中，那要在下一步调用 go()时才会进行。但是，如果交易请求中的支付额非零的话，这里也包含了转账操作，那是在向合约账户注资，当然这只是在 repository 这个“草稿”上进行。

合约的地址，是由交易发起方地址加该交易的 Nonce 序号经计算生成的，发起方地址和 Nonce 序号这个组合的唯一性，加上相同的算法，决定了合约地址的唯一性。具体的方法，就是将二者的 RLP 编码所得数据连在一起，然后计算其 32 字节即 256 位 Hash 值，再取其高位 20 字节。这样，只要知道一个合约的创建者地址，及其部署该合约时的交易序号 Nonce，就可以算出该合约的地址。不过反过来光是看到一个 20 字节的地址，要分辨其是账号地址还是合约地址，却是不可能的。

看完在执行阶段为合约创建所做的准备，再看另一个分支，即对简单支付（包括存证）或合约调用的执行准备，那就是对 TransactionExecutor.call()的调用。

[processTransactions() > addPendingTransactions() > ... > executeTx() > execute() > call()]

```
TransactionExecutor.call()   //除创建合约以外的所有交易，包括调用合约、简单以太币支付或存证。
> if (!readyToExecute) return;   //readyToExecute 为 false 说明尚未经过 init()，拒绝执行。
> byte[] targetAddress = tx.getReceiveAddress();   //以 Tx 中的收方地址为目标地址，这可以是个合约地址。
> precompiledContract =                            //也许这是 8 个“预编译合约”之一的地址
            PrecompiledContracts.getContractForAddress(new DataWord(targetAddress), blockchainConfig);
> if (precompiledContract != null) {   //如果要执行的果然是一个预编译合约：
>+ long requiredGas = precompiledContract.getGasForData(tx.getData());   //该合约所需的油量
>+ BigInteger spendingGas = BigInteger.valueOf(requiredGas).add(BigInteger.valueOf(basicTxCost));
>+ if (!localCall && m_endGas.compareTo(spendingGas) < 0) {   //如果油量不够，又不是本地合约调用。
>++ // no refund，no endowment.
>++ execError("Out of Gas calling precompiled contract 0x" …);
>++ m_endGas = BigInteger.ZERO;   //剩下的油量为 0
>++ return;
>+ }   //end if (!localCall && m_endGas.compareTo(spendingGas) < 0)
```

>+ else { //油量够了：

>++ m_endGas = m_endGas.subtract(spendingGas);

>++ // FIXME: save return for vm trace

>++ Pair<Boolean, byte[]> out = **precompiledContract.execute**(tx.getData()); //执行预编译合约

//预编译合约的执行无需动用虚拟机

>++ if (!out.getLeft()) {

>+++ execError("Error executing precompiled contract 0x" + toHexString(targetAddress));

>+++ m_endGas = BigInteger.ZERO;

>+++ ***return***;

>++ } //end if (!out.getLeft())

>+ } //end if (!localCall …) else

> } //end if (precompiledContract != null)， 预编译合约的执行到此为止

> else { // 要求执行的并非预编译合约（而是用户自定义合约，或者并非合约账户）：

>+ byte[] ***code*** = track.**getCode**(targetAddress); //从 Repository 中目标地址的账户获取合约代码，展开如下：

>+> byte[] codeHash = getCodeHash(addr); //根据地址找到该合约程序代码的 Hash 值：

>+>> AccountState accountState = getAccountState(addr) //先根据地址找到该账户的 AccountState 对象

>+>> return accountState != null ? accountState.getCodeHash() : HashUtil.EMPTY_DATA_HASH;

//获取该账户的 CodeHash 值（支付账户的 CodeHash 值为空）

>+> return FastByteComparisons.equal(codeHash, HashUtil.EMPTY_DATA_HASH) ?

ByteUtil.EMPTY_BYTE_ARRAY : ***codeCache.get***(codeKey(codeHash, addr))

//再根据 codeHash 和账户地址找到合约的代码，先在 codeCache 中找，没有就到后端的数据库找。

//获取目标账户合约的结果有两种：一、代码为空，那就是简单支付；二、代码非空，那就是合约调用。

>+ if (isEmpty(code)) { //合约代码为空，此为简单以太币支付，不涉及虚拟机，但也要消耗汽油：

>++ m_endGas = m_endGas.subtract(BigInteger.valueOf(basicTxCost)); //只消耗基本交易费用

>++ result.**spendGas**(basicTxCost);

>+ } //end if (isEmpty(code))，注意对简单支付无需创建虚拟机，所以 this.vm 为空。

>+ else { // 合约代码非空，需要动用虚拟机：

>++ ProgramInvoke *programInvoke* =

programInvokeFactory.**createProgramInvoke**(tx, currentBlock, cacheTrack, blockStore);

>++ this.vm = new **VM**(config); //为下一步对 go()的调用做好准备

>++ this.program = new **Program**(track.getCodeHash(targetAddress), ***code***, *programInvoke*, tx, config)

.withCommonConfig(commonConfig);

//调用既有合约时，合约程序的可执行映像 code 来自该合约账户。

>+ } //end if (isEmpty(code)) else …

> } //end if (precompiledContract != null) else …

//以太币的转账支付是在合约外面实施的，与合约的执行无关，但是也可以付给合约账户（向其注资）：

> BigInteger endowment = toBI(tx.getValue());

> **transfer**(*cacheTrack*, tx.getSender(), targetAddress, endowment); //目标地址可以是客户账户或合约账户

```
        //在 cacheTrack 这个 Repository 中实施从发送方到目标地址的支付转账
> touchedAccounts.add(targetAddress);   //记入 touchedAccounts 集合
```

与上面 create()中为创建合约所作准备一样，这里也创建了一个 programInvoke，一个虚拟机 vm，也创建了合约程序 program，但并未让虚拟机运行，那要在下一步调用 go()时才会进行。当然，这里创建的合约程序 program，其内容是来自业已存在的合约账户。

注意这里的 transfer()操作。对于简单以太币支付（和存证），这是在两个普通账户之间的转账。但是如果本次交易是对合约的调用，那么这是从操作发起者的账户转账到被调用的合约账户，意味着给合约账户充值注资。

第三步，通过虚拟机执行合约，并将 Repository 缓存中的数据冲刷写入永久存储。

无论是合约部署还是合约调用，或者简单支付，殊途同归都汇聚到了这一步上。所执行的函数为 TransactionExecutor.go()，意味着这才是真正上路了。

[processTransactions() > addPendingTransactions() > addPendingTransactionImpl() > executeTx() > go()]

```
TransactionExecutor.go()
> if (!readyToExecute) return;        //如果 readyToExecute 为 false 就拒绝执行，跳过这一步。
> if (vm != null) {                   //虚拟机 vm 非空，说明需要加以运行，这包括合约部署和合约调用：
>+ program.spendGas(tx.transactionCost(config.getBlockchainConfig(), currentBlock),
                                     "TRANSACTION COST");  //只要动用虚拟机就有基本
>+ if (config.playVM()) vm.play(program);
                    //如果系统配置中的"play.vm"选项为 true，就由虚拟机执行智慧合约。
                    //注意创建合约的过程中也要创建 VM，所以也有虚拟机执行。
>+ result = program.getResult();  //获取执行结果
>+ m_endGas = toBI(tx.getGasLimit()).subtract(toBI(program.getResult().getGasUsed()))  //扣除油量消耗

   //对于合约创建有特殊的处理，因为需要将合约程序写入账户：
>+ if (tx.isContractCreation() && !result.isRevert()) {  //如果是合约创建（receiveAddress 为空）：
>++ int returnDataGasValue = getLength(program.getResult().getHReturn()) *
                                     bockchainConfig.getGasCost().getCREATE_DATA();
                                                  //合约创建的油耗与合约长度有关
>++ if (m_endGas.compareTo(BigInteger.valueOf(returnDataGasValue)) < 0) {
>+++ // Not enough gas to return contract code，油量不足以将合约代码写入 Repository。
>+++ if (!blockchainConfig.getConstants().createEmptyContractOnOOG()) {  //OOG 是“Out Of Gas”的缩写
>++++ program.setRuntimeFailure(Program.Exception.notEnoughSpendingGas(
                  "No gas to return just created contract", returnDataGasValue, program));
>++++ result = program.getResult();
```

```
>+++ }
>+++ result.setHReturn(EMPTY_BYTE_ARRAY);
>++ }   //end if (m_endGas.compareTo(…
>++ else
>++ if(getLength(result.getHReturn())>blockchainConfig.getConstants().getMAX_CONTRACT_SZIE()){
>+++ // Contract size too large，合约代码太长。
>+++ program.setRuntimeFailure(Program.Exception.notEnoughSpendingGas("Contract size too large: "
                        + getLength(result.getHReturn()), returnDataGasValue, program));
>+++ result = program.getResult();
>+++ result.setHReturn(EMPTY_BYTE_ARRAY);
>++ }   //end else if(getLength(…
>++ else {   //一切正常，合约创建成功
>+++ m_endGas = m_endGas.subtract(BigInteger.valueOf(returnDataGasValue));
>+++ cacheTrack.saveCode(tx.getContractAddress(), result.getHReturn());
                        //将合约代码写入 cacheTrack 这个临时 Repository 中新建的合约
>++ }   //end else
>+ }   //end if (tx.isContractCreation() && !result.isRevert())，创建合约至此为止。

>+ String err = config.getBlockchainConfig().getConfigForBlock(currentBlock.getNumber())
                        .validateTransactionChanges(blockStore, currentBlock, tx, null);
>+ if (err != null)
>++ program.setRuntimeFailure(new RuntimeException("Transaction changes validation failed: " + err));

>+ if (result.getException() != null || result.isRevert()) {   //执行过程中曾发生异常
>++ result.getDeleteAccounts().clear();
>++ result.getLogInfoList().clear();
>++ result.resetFutureRefund();
>++ rollback();     //回滚，恢复原状。
>++ if (result.getException() != null) {
>+++ throw result.getException();
>++ } else {
>+++ execError("REVERT opcode executed");
>++ }
>+ }   //end if (result.getException() != null || result.isRevert())
>+ else {   //一切正常：
>++ touchedAccounts.addAll(result.getTouchedAccounts());
>++ cacheTrack.commit();   //将 cacheTrack 中的内容写入上一层 Repository，即 track。
>+ }   //end if (result.getException() != null || result.isRevert()) else
```

```
> }    //end if (vm != null)
> else {   // vm == null，此为简单支付，已在前面 call()中完成于 cacheTrack 中，也须予以固化：
>+ cacheTrack.commit()     //将 Repository 缓存中的内容写入永久的 Repository
> }    //end if (vm != null) else …
```

如果把对于预编译合约的调用也算上，那就有四种不同的交易。其中简单支付和预编译合约调用不涉及虚拟机，而普通合约的部署（创建）和调用都涉及虚拟机的执行，即 vm.play()，虚拟机的执行是个比较复杂的过程，我们把它留在下一节专门加以介绍。现在暂且假定虚拟机的执行已经完成。并且已经通过 cacheTrack.commit()提交了所引起的状态变化。下面还有第四步，即对于交易执行的扫尾善后。

第四步，扫尾善后。

这一步所执行的函数为 TransactionExecutor.finalization()，就是把交易的结果固定下来：

[processTransactions() > addPendingTransactions() > addPendingTransactionImpl() > executeTx() > finalization()]

```
TransactionExecutor.finalization()
> if (!readyToExecute) return null;   //如果 readyToExecute 为 false 就拒绝执行，跳过这一步。
> TransactionExecutionSummary.Builder summaryBuilder =              //创建一个交易总结编写器
                 TransactionExecutionSummary.builderFor(tx)
                   .gasLeftover(m_endGas).logs(result.getLogInfoList()).result(result.getHReturn());
> if (result != null) {   //如果前面 go()这一步中执行合约后的结果非空，即产生了结果：
>+ // Accumulate refunds for suicides
>+ result.addFutureRefund(result.getDeleteAccounts().size() * config.getBlockchainConfig()
                 .getConfigForBlock(currentBlock.getNumber()).getGasCost().getSUICIDE_REFUND());
>+ long gasRefund = Math.min(result.getFutureRefund(), getGasUsed() / 2);
>+ byte[] addr = tx.isContractCreation() ? tx.getContractAddress() : tx.getReceiveAddress();
           //如果是合约创建，addr 就是新创建合约的地址，否则就是接收方地址（可以是合约地址）。
>+ m_endGas = m_endGas.add(BigInteger.valueOf(gasRefund));   //剩下的油量
>+ summaryBuilder.gasUsed(toBI(result.getGasUsed())).gasRefund(toBI(gasRefund))
         .deletedAccounts(result.getDeleteAccounts()).internalTransactions(result.getInternalTransactions());
>+ ContractDetails contractDetails = track.getContractDetails(addr);   // ContractDetails 是个界面
             //实际创建的是个 ContractDetailsImpl 对象，提供一组访问 addr 这个账户内各种状态的函数。
>+ if (result.getException() != null) summaryBuilder.markAsFailed();   //如果曾发生异常，那就是交易失败。
> }    //end if (result != null)

> TransactionExecutionSummary summary = summaryBuilder.build();   //生成一个交易总结
> // Refund for gas leftover
```

```
> track.addBalance(tx.getSender(), summary.getLeftover().add(summary.getRefund()));
                //将找还的油费退还交易发起方的账户，注意从现在起是在 track 这个 Repository 中操作了。
> // Transfer fees to miner
> track.addBalance(coinbase, summary.getFee());   //将油费转入矿工（记账人）的账户
> touchedAccounts.add(coinbase);      //因为油费，对于 coinbase 账户也有触及。
> if (result != null) {      //result 是个 ProgramResult 类对象
>+ logs = result.getLogInfoList();   //设置 TransactionExecutor.logs，备用，可通过 getVMLogs()获取。
>+ for (DataWord address : result.getDeleteAccounts()) {   //对于需要删除的每一个账户：
>++ track.delete(address.getLast20Bytes());                    //见 SUICIDE 指令和 Program.suicide()
>+ }
> }   //end if (result != null)
> if (blockchainConfig.eip161()) {
>+ for (byte[] acctAddr : touchedAccounts) {   //对于记录在 touchedAccounts 集合中的每个账户：
>++ AccountState state = track.getAccountState(acctAddr);
>++ if (state != null && state.isEmpty()) {   //如果这账户实际上已是空账户，就将其删除。
>+++ track.delete(acctAddr);
>++ }
>+ }
> }   //end if (blockchainConfig.eip161())
> listener.onTransactionExecuted(summary);   //调用所有侦听器的 onTransactionExecuted()函数
  == CompositeEthereumListener.onTransactionExecuted(final TransactionExecutionSummary summary)
>> for (final EthereumListener listener : listeners) {   //执行这些侦听器所提供执行的操作
>>+ eventDispatchThread.invokeLater(new RunnableInfo(listener, "onTransactionExecuted") { })
                                              ] @Override run()
                                               > listener.onTransactionExecuted(summary)   //将交易总结交给它们
>> }
> if (config.vmTrace() && program != null && result != null) {
  //如果系统配置中的“vm.structured.trace”选项为 true，就把执行日志（可以压缩）写入日志文件
>+ saveProgramTraceFile(config, txHash, trace);
>+ listener.onVMTraceCreated(txHash, trace);   //调用所有侦听器的 onVMTraceCreated()函数
> }
> return summary;
```

至此，就完成了对交易执行的初始化，准备，执行，扫尾这四步操作，即 init()，execute()，go()和 finalization()。执行的结果一方面体现在 track 这个 Repository 中相关账户的状态中，也记录在 result 这个 ProgramResult 类对象中。此外还有个交易总结 summary，被作为调用参数交给了各个侦听器，至于怎么使用这个 summary 就是各个侦听器的事了。

回到前面 executeTx()的代码中。最后 executeTx()返回 executor.getReceipt()的结果，那是一个 TransactionReceipt 对象，这就是执行交易的收据。在 addPendingTransactionImpl()的代码中，由 executeTx()返回的这个 TransactionReceipt 被用于 fireTxUpdate()，实际上是用作调用 listener.onPendingTransactionUpdate()的参数，以此告知各个侦听器，这个待决交易的状态有了变化。

PendingStateImpl.pendingTransactions 是个 PendingTransaction 即待决交易的 List。所谓 PendingTransaction，是指已经通过检验并被执行，等待进入新发布的块从而进入块链的 Transaction。所以这个 List 就是为新块的产生和发布而存在的。PendingTransaction 的结构很简单：

```
class PendingTransaction {}
] Transaction transaction;      //等待进入新块的 Tx
] long blockNumber;             //当前块号
```

一旦进入了 pendingTransactions 这个 List，就是静待新块发布，从而进入块链的事了。后面我们会看到新块的发布。

3.4 虚拟机 EVM 和合约的执行

前面我们顺着程序代码看了执行交易的四个阶段，就交易的执行而言，其中特别重要的是其第二阶段和第三阶段，即 TransactionExecutor.execute()和 TransactionExecutor.go()。然而每个阶段的程序代码都要针对三种不同性质的交易，即简单以太币支付、合约部署和合约调用，而且合约调用又有系统合约和用户合约，这样交缠在一起，就变得不太好理解了。所以还有必要换个角度，顺着具体的情景来考察这里面究竟是怎么做的。

所以，我们先假定有个合约部署交易，看它是怎样被执行的。然后再假定有个合约调用交易，再看它是怎样被执行的。至于无需动用虚拟机的以太币支付和系统合约调用，那就相对简单了。

先看执行合约部署交易的过程。

在执行交易的第二阶段，TransactionExecutor.execute()根据交易请求的目标地址是否为空判断本次交易是否为合约部署。如果是合约部署就调用TransactionExecutor.create()创建一个合约账户；并为以后的合约执行准备好一个ProgramInvokeImpl对象，和交易请求中data字段的内容一起构建一个Program对象，这就是TransactionExecutor.program。不仅如此，还要创建一个虚拟机即VM对象，就是TransactionExecutor.vm。

到了第三阶段，TransactionExecutor.go()通过vm.play()运行虚拟机执行这program，执行的结果才是写入合约账户的合约程序。所谓合约，其实就是一个程序。

我们先看ProgramInvokeImpl是什么样的，这是它的摘要：

```
class ProgramInvokeImpl implements ProgramInvoke {}
] BlockStore blockStore;                //区块的存储地
  //关于交易请求的信息：
] DataWord address;                     //账户地址
] DataWord origin, caller, balance, gas, gasPrice, callValue;
        //origin 是交易的发起者，caller 是合约程序的调用者（有可能是从别的合约中调用），其余自明。
] long gasLong;                         //油耗
] byte[] msgData;                       //交易请求中的 data 字段
  //关于区块和存储的信息：
] DataWord prevHash, coinbase, timestamp, number, difficulty, gaslimit;   //参考块头中的信息
] Map<DataWord, DataWord> storage;
] Repository repository;            //执行中使用的临时 Repository
] boolean byTransaction = true;     //是执行交易请求直接导致的调用
] int callDeep = 0;                 //调用深度（因为可以嵌套调用）
] boolean isStaticCall = false;
```

基本上就是说明执行合约所在的环境及其由来。一是与部署这合约的交易请求有关，二是与当前的最优块有关。需要部署或执行合约程序时都需要创建一个ProgramInvokeImpl对象，所以在create()和call()这两个函数中都有对createProgramInvoke()的调用：

```
[processTransactions() >… > executeTx() > execute() > create() > createProgramInvoke()]
```

```
createProgramInvoke(Transaction tx, Block block, Repository repository, BlockStore blockStore)
> byte[] address = tx.isContractCreation() ? tx.getContractAddress() : tx.getReceiveAddress();
> byte[] origin = tx.getSender();
> byte[] caller = tx.getSender();
> byte[] balance = repository.getBalance(address).toByteArray();
> byte[] gasPrice = tx.getGasPrice();
> byte[] gas = tx.getGasLimit();
> byte[] callValue = nullToEmpty(tx.getValue());
> byte[] data = tx.isContractCreation() ? ByteUtil.EMPTY_BYTE_ARRAY : nullToEmpty(tx.getData());
> byte[] lastHash = block.getParentHash();
> byte[] coinbase = block.getCoinbase();
> long timestamp = block.getTimestamp();
> long number = block.getNumber();
> byte[] difficulty = block.getDifficulty();
```

```
> byte[] gaslimit = block.getGasLimit();
> return new ProgramInvokeImpl(address, origin, caller, balance, gasPrice, gas, callValue, data,
                    lastHash, coinbase, timestamp, number, difficulty, gaslimit, repository, blockStore)
```

这个函数所实现的操作不值一提，但是却可以从中看出数据结构中各种成分的来源。除ProgramInvokeImpl对象之外，还要创建一个Program对象。顾名思义这就是合约程序，其实还不止于此，Program是比ProgramInvokeImpl高一层的结构，后者是前者内部的一个成分。当然里面也有合约程序的可执行映像。

```
class Program {}
] Transaction transaction;
] ProgramInvoke invoke;      //就是上面创建的 ProgramInvokeImpl 对象
] ProgramInvokeFactory programInvokeFactory = new ProgramInvokeFactoryImpl();
] ProgramOutListener listener;
] ProgramTraceListener traceListener;
] ProgramStorageChangeListener storageDiffListener = new ProgramStorageChangeListener();
] CompositeProgramListener programListener = new CompositeProgramListener();
] Stack stack;                //合约程序运行所需的堆栈，以太坊虚拟机是堆栈结构的处理器。
] Memory memory;              //合约程序所见到的“内存”，用来盛放合约程序中的变量。
] Storage storage;
] byte[] returnDataBuffer;
] ProgramResult result = new ProgramResult();   //用来返回执行的结果
] ProgramTrace trace = new ProgramTrace();      //用来记录程序执行的踪迹
] byte[] codeHash;                              //程序代码的 Hash 值
] byte[] ops;                 //合约程序的可执行映像，虚拟机指令二进制代码的序列
] int pc;                     //相当于处理器中的“程序化计数器”，实质上是取指令的指针。
] byte lastOp;                //通过 setLastOp(byte op)设置，用于 log 日志。
] byte previouslyExecutedOp;  //刚执行过的指令，由虚拟机在取下一条指令之前写入。
] boolean stopped;
] ByteArraySet touchedAccounts = new ByteArraySet();
] ProgramPrecompile programPrecompile;        //类似于反汇编工具，用来处理跳转指令。
] CommonConfig commonConfig = CommonConfig.getDefault();
] final SystemProperties config;
] final BlockchainConfig blockchainConfig;
] Program(byte[] codeHash, byte[] ops, ProgramInvoke programInvoke,
                                    Transaction transaction, SystemProperties config)
  > this.config = config;
  > this.invoke = programInvoke;
```

```
> this.transaction = transaction;
> this.codeHash = codeHash == null ||
          FastByteComparisons.equal(HashUtil.EMPTY_DATA_HASH, codeHash) ? null : codeHash;
> this.ops = nullToEmpty(ops);   //这就是合约的程序所在，部署合约的时候其内容来自 tx.data。
> traceListener = new ProgramTraceListener(config.vmTrace());
> this.memory = setupProgramListener(new Memory());
> this.stack = setupProgramListener(new Stack());
> this.storage = setupProgramListener(new Storage(programInvoke));
> this.trace = new ProgramTrace(config, programInvoke);
> this.blockchainConfig =
              config.getBlockchainConfig().getConfigForBlock(programInvoke.getNumber().longValue());
```

在部署合约的交易请求中，对方地址为空，data字段中为所欲部署的合约程序的可执行映像即二进制代码。不过，data字段的内容其实只是寥寥几条指令，其核心是一条RETURN指令，而所欲部署的合约程序是作为这条指令的操作对象出现的。这条指令的语义是这样："RETURN offset size"，不过实际上在二进制映象中offset和size是在RETURN指令的前面由PUSH指令压入堆栈的。RETURN指令的操作数offset和size指明了这块数据在data字段中的起点和长度，这块数据就是可执行映像。所以，在部署合约的交易请求中，其data字段本身就是一段合约程序，这是供执行的。而所欲部署的合约程序则以一块数据的面貌出现。

由于只涉及一条指令，这里先把虚拟机执行这条指令时的操作剪贴做个摘要：

```
>+ case RETURN: case REVERT:      //这段代码是 RETURN 和 REVERT 指令共同的
>++ DataWord offset = program.stackPop();     //从堆栈上抛出 offset
>++ DataWord size = program.stackPop();       //从堆栈上抛出 size
>++ byte[] hReturn = program.memoryChunk(offset.intValueSafe(), size.intValueSafe());   //展开如下：
>++> return memory.read(offset, size)         //从 data 字段中把所欲部署的合约程序拷贝到一个字节数组中
>++ program.setHReturn(hReturn);              //将其设置到 program.result.hReturn 字段中。
>++ program.step();   //setPC(pc + 1)         //使程序计数器 PC 指向下一条指令（其实没有了）
>++ program.stop();                           //终止运行
>++ if (op == REVERT) program.getResult().setRevert();    //将 ProgramResult.revert 设成 true，以作区别。
                                                          // REVERT 意为取消本指令的执行效果，回滚。
>++ break;
```

执行这个合约程序之后，所欲部署的合约程序（二进制映像）被拷贝到Program.result中的hReturn字段中。Program.result是个ProgramResult对象，里面有个hReturn字段，可以通过getHReturn()和setHReturn()加以读写。这样，在把执行合约部署交易之后，要部署的合约代码就在执行结果中，将其存入刚建立的合约地址，这个合约的部署就完成了。那么，是谁在合约代码的前面加上了RETURN指令呢？可以是应用层的程序员，但一般是由（Solidity的）

编译器自动加上的。

这里跳过了对于启动虚拟机VM使其执行合约代码的过程，这对于合约的部署和执行是一样的，下面讲述合约执行的时候就要讲到这个过程。

如前所述，这个新合约的地址，是由发起者的地址和用来部署合约的那个交易请求的Nonce两部分合在一起加以Hash而形成的。

部署了合约之后，就可以通过交易请求调用这个合约了。此时的目标地址就是这个合约的地址。从形式上看，合约地址与账户地址并无什么不同，都是20字节的Hash值，也不带什么标志位。所以，根据地址找到一个合约账户与找到一个用户账户所需的时间是一样的。找到这个账户的AccountState以后，其codeHash字段就是合约代码的Hash值，而用户账户的codeHash字段则为null。拿到合约代码的Hash值之后，结合该合约的地址去找合约代码。先在codeCache中找，找不到再去后端的数据库中找。

找到目标合约的程序代码之后，先创建一个ProgramInvoke对象（更确切地说是ProgramInvokeImpl对象），然后与合约代码一起创建一个Program对象。当然，程序代码是Program的主体，而ProgramInvoke只是为Program的执行提供一个环境。这些都与前面所述一样。但是合约（用户合约）的代码终究要靠虚拟机执行，所以还得创建一个虚拟机对象。

```
class VM {}
] int vmCounter = 0;          // Keeps track of the number of steps performed in this VM
] static VMHook vmHook;    //虚拟机允许有外挂程序
] boolean vmTrace;           //是否需要记录程序执行的踪迹
] long dumpBlock;
] SystemProperties config;
```

虚拟机VM是对硬件处理器的软件模拟，但是从这个类的定义看似乎过于简单了，其实这是因为很多要素被放在了Program这个类中，VM和Program两个类结合在一起才是对虚拟机的实现。再说，以太坊的虚拟机采用堆栈结构，没有什么寄存器，也没有那么多的寻址模式，而运算单元ALU则是通过软件程序实现的，所以这个虚拟机的结构确实很简单。不过话虽如此，以太坊的虚拟机也有一些功能很强的指令；例如指令SHA3，一条指令就可以计算一块数据的Hash。

VM和Program，包括合约代码的可执行映像，这些要素都到了位，就可以由虚拟机开始执行了，这就是VM.play()。

```
[processTransactions() > addPendingTransactions() > … > executeTx() > go() > VM.play()]

VM.play(Program program)
> try {
>+ if (vmHook != null) vmHook.startPlay(program);   //如果有外挂，就执行外挂模块提供的 startPlay()。
```

```
>+ if (program.byTestingSuite()) return;
>+ while (!program.isStopped()) this.step(program);   //循环，依次执行合约程序中的指令，直至停止。
> } catch (RuntimeException e) {            //如果发生执行异常
>+ program.setRuntimeFailure(e);
> } catch (StackOverflowError soe){         //如果因堆栈溢出而发生异常：
>+ logger.error("\n !!! StackOverflowError: update your java run command with -Xss2M !!!\n", soe);
>+ System.exit(-1);
> } finally {                               //最后，如果有外挂的话，就执行外挂的后处理函数：
>+ if (vmHook != null) vmHook.stopPlay(program);   //执行由外挂模块提供的 stopPlay()
> }
```

虚拟机对合约代码的执行，其核心就是一个 while 循环语句。这个循环语句模仿 CPU 的运行，也有取指令、取操作数、运算，以及还有回写这么几个阶段。

以太坊的虚拟机，和比特币的脚本虚拟机一样，也是一种堆栈架构的处理器，只是指令系统的设计不一样。一般而言，以太坊的指令系统似乎更好理解一些。与比特币虚拟机不同的是，以太坊的虚拟机是“图灵完备”的，反映在指令系统中就是有跳转指令。不过那也是有条件的完备，在“汽油”还未耗尽之前是图灵完备的，一旦耗尽就“熄火”了。

虚拟机 VM 提供的函数 step()，就是对一个指令周期，即针对一条指令的取指令、取操作数、运算、回写这些阶段的实现，或者说是对运算单元 ALU 的软件模拟。注意以太坊虚拟机的字长是 256 位，即 32 字节，所以每个操作数的类型都是 DataWord：

```
[VM.play() > VM::step()]

VM.step(Program program)
> if (vmTrace) program.saveOpTrace();   //可以把智慧合约的执行轨迹保存下来
> try {
>+ BlockchainConfig blockchainConfig = program.getBlockchainConfig();
>+ OpCode op = OpCode.code(program.getCurrentOp());        //取指令
>+> return isEmpty(ops) ? 0 : ops[pc]                      // program.ops 就相当于合约中的代码段
>+ if (op == null) throw Program.Exception.invalidOpCode(program.getCurrentOp());

   //第一个 switch 语句，对几种特殊指令的检验：
>+ switch (op) {
>+ case DELEGATECALL:
>++ if (!blockchainConfig.getConstants().hasDelegateCallOpcode()) {   //早期版本不支持这条指令
>+++ // opcode since Homestead release only
>+++ throw Program.Exception.invalidOpCode(program.getCurrentOp());
>++ }
```

```
>++ break;
>+ case REVERT:
>++ if (!blockchainConfig.eip206())   //这条指令是 EIP206 引入的，以下几条指令与此类似。
        throw Program.Exception.invalidOpCode(program.getCurrentOp());
>++ break;
>+ case RETURNDATACOPY: case RETURNDATASIZE:
>++ if (!blockchainConfig.eip211())
        throw Program.Exception.invalidOpCode(program.getCurrentOp());
>++ break;
>+ case STATICCALL:
>++ if (!blockchainConfig.eip214())
        throw Program.Exception.invalidOpCode(program.getCurrentOp());
>++ break;
>+ }   //end switch (op)

>+ program.setLastOp(op.val());
>+ program.verifyStackSize(op.require());                    //每条指令所需使用的堆栈大小是不一样的
>+ program.verifyStackOverflow(op.require(), op.ret());     //确认堆栈不会溢出
>+ long oldMemSize = program.getMemSize();
>+ Stack stack = program.getStack();                          //相当于堆栈指针
>+ String hint = "";
>+ long callGas = 0, memWords = 0;        // parameters for logging
>+ long gasCost = op.getTier().asInt();
>+ long gasBefore = program.getGasLong();
>+ int stepBefore = program.getPC();        //获取程序计数器即程序指针的当前值（取指令以后，执行之前）
>+ GasCost gasCosts = blockchainConfig.getGasCost();
>+ DataWord adjustedCallGas = null;

    //第二个 switch 语句，计算不同指令的 Gas 花费（执行一次所需的花费）：
>+ // Calculate fees and spend gas
>+ switch (op) {
>+ case STOP:
>++ gasCost = gasCosts.getSTOP();
>++ break;
>+ case SUICIDE:   //自杀（撤销账户）也要耗油：
>++ gasCost = gasCosts.getSUICIDE();
>++ DataWord suicideAddressWord = stack.get(stack.size() - 1);
>++ if (blockchainConfig.eip161()) {
```

```
>+++ if (isDeadAccount(program, suicideAddressWord.getLast20Bytes()) &&
        !program.getBalance(program.getOwnerAddress()).isZero()) {
>++++ gasCost += gasCosts.getNEW_ACCT_SUICIDE();
>+++ }
>++ } else {
>+++ if (!program.getStorage().isExist(suicideAddressWord.getLast20Bytes())) {
>++++ gasCost += gasCosts.getNEW_ACCT_SUICIDE();
>+++ }
>++ }    //end if (blockchainConfig.eip161())
>++ break;
>+ case SSTORE:
>++ DataWord newValue = stack.get(stack.size() - 2);
>++ DataWord oldValue = program.storageLoad(stack.peek());
>++ if (oldValue == null && !newValue.isZero()) gasCost = gasCosts.getSET_SSTORE();
>++ else if (oldValue != null && newValue.isZero()) {
>+++ program.futureRefundGas(gasCosts.getREFUND_SSTORE());
>+++ gasCost = gasCosts.getCLEAR_SSTORE();
>++ } else gasCost = gasCosts.getRESET_SSTORE();
>++ break;
>+ case SLOAD:
>++ gasCost = gasCosts.getSLOAD();
>++ break;
>+ case BALANCE:
>++ gasCost = gasCosts.getBALANCE();
>++ break;
>+ // These all operate on memory and therefore potentially expand it:
>+ case MSTORE:
>++ gasCost += calcMemGas(gasCosts, oldMemSize, memNeeded(stack.peek(), new DataWord(32)), 0);
>++ break;
>+ case MSTORE8:
>++ gasCost += calcMemGas(gasCosts, oldMemSize, memNeeded(stack.peek(), new DataWord(1)), 0);
>++ break;
>+ case MLOAD:
>++ gasCost += calcMemGas(gasCosts, oldMemSize, memNeeded(stack.peek(), new DataWord(32)), 0);
>++ break;
>+ case RETURN: case REVERT:     //这两条指令的油耗，与数据的大小有关。
>++ gasCost = gasCosts.getSTOP() +
        calcMemGas(gasCosts, oldMemSize, memNeeded(stack.peek(), stack.get(stack.size() - 2)), 0);
```

```
>++ break;
>+ case SHA3:        //Hash 计算的油耗：
>++ gasCost = gasCosts.getSHA3() +
        calcMemGas(gasCosts, oldMemSize, memNeeded(stack.peek(), stack.get(stack.size() - 2)), 0);
>++ DataWord size = stack.get(stack.size() - 2);
>++ long chunkUsed = (size.longValueSafe() + 31) / 32;
>++ gasCost += chunkUsed * gasCosts.getSHA3_WORD();
>++ break;
>+ case CALLDATACOPY:
>+ case RETURNDATACOPY:
>++ gasCost += calcMemGas(gasCosts, oldMemSize,
        memNeeded(stack.peek(), stack.get(stack.size() - 3)), stack.get(stack.size() - 3).longValueSafe());
>++ break;
>+ case CODECOPY:
>++ gasCost += calcMemGas(gasCosts, oldMemSize,
         memNeeded(stack.peek(), stack.get(stack.size() - 3)), stack.get(stack.size() - 3).longValueSafe());
>++ break;
>+ case EXTCODESIZE:
>++ gasCost = gasCosts.getEXT_CODE_SIZE();
>++ break;
>+ case EXTCODECOPY:
>++ gasCost = gasCosts.getEXT_CODE_COPY() +
       calcMemGas(gasCosts, oldMemSize, memNeeded(stack.get(stack.size() - 2), stack.get(stack.size() - 4)),
       stack.get(stack.size() - 4).longValueSafe());
>++ break;
>+ case CALL: case CALLCODE: case DELEGATECALL: case STATICCALL:   //计算 CALL 类指令油耗：
>++ gasCost = gasCosts.getCALL();
>++ DataWord callGasWord = stack.get(stack.size() - 1);
>++ DataWord callAddressWord = stack.get(stack.size() - 2);
>++ DataWord value = op.callHasValue() ? stack.get(stack.size() - 3) : DataWord.ZERO;
>++ //check to see if account does not exist and is not a precompiled contract
>++ if (op == CALL) {
>+++ if (blockchainConfig.eip161()) {
>++++ if (isDeadAccount(program, callAddressWord.getLast20Bytes()) && !value.isZero()) {
>+++++ gasCost += gasCosts.getNEW_ACCT_CALL();
>++++ }
>+++ } else {
>++++ if (!program.getStorage().isExist(callAddressWord.getLast20Bytes())) {
```

```
>+++++ gasCost += gasCosts.getNEW_ACCT_CALL();
>++++ }
>+++ }
>++ }    //end if (op == CALL)
>++ //TODO #POC9 Make sure this is converted to BigInteger (256num support)
>++ if (!value.isZero() ) gasCost += gasCosts.getVT_CALL();
>++ int opOff = op.callHasValue() ? 4 : 3;
>++ BigInteger in = memNeeded(stack.get(stack.size() - opOff), stack.get(stack.size() - opOff - 1)); // in offset+size
>++ BigInteger out = memNeeded(
                    stack.get(stack.size() - opOff - 2), stack.get(stack.size() - opOff - 3)); // out offset+size
>++ gasCost += calcMemGas(gasCosts, oldMemSize, in.max(out), 0);

>++ if (gasCost > program.getGas().longValueSafe()) {
>+++ throw Program.Exception.notEnoughOpGas(op, callGasWord, program.getGas());
>++ }
>++ DataWord gasLeft = program.getGas().clone();
>++ gasLeft.sub(new DataWord(gasCost));
>++ adjustedCallGas = blockchainConfig.getCallGas(op, callGasWord, gasLeft);
>++ gasCost += adjustedCallGas.longValueSafe();
>++ break;
>+ case CREATE:   //计算合约创建指令的油耗：
>++ gasCost = gasCosts.getCREATE() + calcMemGas(gasCosts, oldMemSize,
                    memNeeded(stack.get(stack.size() - 2), stack.get(stack.size() - 3)), 0);
>++ break;
>+ case LOG0: case LOG1: case LOG2: case LOG3: case LOG4:
>++ int nTopics = op.val() - OpCode.LOG0.val();
>++ BigInteger dataSize = stack.get(stack.size() - 2).value();
>++ BigInteger dataCost = dataSize.multiply(BigInteger.valueOf(gasCosts.getLOG_DATA_GAS()));
>++ if (program.getGas().value().compareTo(dataCost) < 0) {
>+++ throw Program.Exception.notEnoughOpGas(op, dataCost, program.getGas().value());
>++ }
>++ gasCost = gasCosts.getLOG_GAS() +
            gasCosts.getLOG_TOPIC_GAS() * nTopics +
            gasCosts.getLOG_DATA_GAS() * stack.get(stack.size() - 2).longValue() +
            calcMemGas(gasCosts, oldMemSize, memNeeded(stack.peek(), stack.get(stack.size() - 2)), 0);
>++ break;
>+ case EXP:
>++ DataWord exp = stack.get(stack.size() - 2);
```

```
>++ int bytesOccupied = exp.bytesOccupied();
>++ gasCost = gasCosts.getEXP_GAS() + gasCosts.getEXP_BYTE_GAS() * bytesOccupied;
>++ break;
>+ default: break;
>+ }   //end switch(op)
      //至此，执行本条指令所需的油费已经算出，在 gasCost 中。
>+ program.spendGas(gasCost, op.name());   //记下油耗
>+ if (vmHook != null)   vmHook.step(program, op);   //如有外挂就执行外挂模块提供的 step()函数。
   //可见，在每一条指令的执行周期中都有相当的算力是化在油耗的计算上。
   //这也是无可奈何的事。既要实现图灵完备，又要保证安全，似乎也没有更好的办法。

   //第三个 switch 语句，执行具体指令：
>+ switch (op) {
>+ // Stop and Arithmetic Operations
>+ case STOP:     //停机指令
>++ program.setHReturn(EMPTY_BYTE_ARRAY);   //设置返回值为空
>++ program.stop();
>++ break;
>+ case ADD:    //加法指令： 操作数类型 DataWord 为 256 位（32 字节）无符号整数
>++ DataWord word1 = program.stackPop();          //从堆栈抛出第一个操作数
>++ DataWord word2 = program.stackPop();          //从堆栈抛出第二个操作数
>++ word1.add(word2);                             //将第二个操作数加到第一个操作数上
>++ program.stackPush(word1);                     //将结果压回堆栈
>++ program.step();                               //向前推进程序计数器 PC
>++ break;
>+ case MUL:    //乘法指令，与加法指令类似：
>++ DataWord word1 = program.stackPop();
>++ DataWord word2 = program.stackPop();
>++ word1.mul(word2);
>++ program.stackPush(word1);
>++ program.step();
>++ break;
>+ case SUB:    //减法指令：
>++ DataWord word1 = program.stackPop();
>++ DataWord word2 = program.stackPop();
>++ word1.sub(word2);                             //从第一个操作数减去第二个操作数
>++ program.stackPush(word1);                     //将结果压回堆栈
>++ program.step();                               //向前推进程序计数器 PC
```

```
>++ break;
>+ case DIV:      //除法指令：
>++ DataWord word1 = program.stackPop();
>++ DataWord word2 = program.stackPop();
>++ word1.div(word2);
>++ program.stackPush(word1);
>++ program.step();
>++ break;
>+ case SDIV:     //带符号除法：
>++ DataWord word1 = program.stackPop();
>++ DataWord word2 = program.stackPop();
>++ word1.sDiv(word2);
>++ program.stackPush(word1);
>++ program.step();
>++ break;
>+ case MOD:      //取模计算，相当于 word1 % word2：
>++ DataWord word1 = program.stackPop();
>++ DataWord word2 = program.stackPop();
>++ word1.mod(word2);
>++ program.stackPush(word1);
>++ program.step();
>++ break;
>+ case SMOD:     //带符号取模
>++ DataWord word1 = program.stackPop();
>++ DataWord word2 = program.stackPop();
>++ word1.sMod(word2);
>++ program.stackPush(word1);
>++ program.step();
>++ break;
>+ case EXP:      //取幂指令，操作数 1 为底数，操作数 2 为指数，计算操作数 1 的操作数 2 次幂：
>++ DataWord word1 = program.stackPop();
>++ DataWord word2 = program.stackPop();
>++ if (logger.isInfoEnabled()) hint = word1.value() + " ** " + word2.value();
>++ word1.exp(word2);
>++ program.stackPush(word1);
>++ program.step();
>++ break;
>+ case SIGNEXTEND:     //符号扩展指令：
```

```
>++ DataWord word1 = program.stackPop();
>++ BigInteger k = word1.value();
>++ if (k.compareTo(_32_) < 0) {
>+++ DataWord word2 = program.stackPop();
>+++ word2.signExtend(k.byteValue());
>+++ program.stackPush(word2);
>++ }
>++ program.step();
>++ break;
>+ case NOT:     //取反指令：
>++ DataWord word1 = program.stackPop();
>++ word1.bnot();
>++ program.stackPush(word1);
>++ program.step();
>++ break;
>+ case LT:      //小于指令，判断操作数 1 < 操作数 2
>++ DataWord word1 = program.stackPop();
>++ DataWord word2 = program.stackPop();
>++ if (word1.value().compareTo(word2.value()) == -1) {
>+++ word1.and(DataWord.ZERO);
>+++ word1.getData()[31] = 1;              //表示逻辑 true
>++ } else {
>+++ word1.and(DataWord.ZERO);             //全 0，表示逻辑 false。
>++ }
>++ program.stackPush(word1);              //把结果（true/false）压回堆栈
>++ program.step();
>++ break;
>+ case SLT:       //带符号小于：
>++ // TODO: can be improved by not using BigInteger
>++ DataWord word1 = program.stackPop();
>++ DataWord word2 = program.stackPop();
>++ if (word1.sValue().compareTo(word2.sValue()) == -1) {
>+++ word1.and(DataWord.ZERO);
>+++ word1.getData()[31] = 1;              //表示逻辑 true
>++ } else {
>+++ word1.and(DataWord.ZERO);             //全 0，表示逻辑 false。
>++ }
>++ program.stackPush(word1);              //把结果（true/false）压回堆栈
```

```
>++ program.step();                    //向前推进程序计数器 PC
>++ break;
>+ case SGT:     //带符号大于：
>++ // TODO: can be improved by not using BigInteger
>++ DataWord word1 = program.stackPop();
>++ DataWord word2 = program.stackPop();
>++ if (word1.sValue().compareTo(word2.sValue()) == 1) {
>+++ word1.and(DataWord.ZERO);
>+++ word1.getData()[31] = 1;
>++ } else {
>+++ word1.and(DataWord.ZERO);
>++ }
>++ program.stackPush(word1);
>++ program.step();
>++ break;
>+ case GT:     //无符号大于：
>++ // TODO: can be improved by not using BigInteger
>++ DataWord word1 = program.stackPop();
>++ DataWord word2 = program.stackPop();
>++ if (word1.value().compareTo(word2.value()) == 1) {
>+++ word1.and(DataWord.ZERO);
>+++ word1.getData()[31] = 1;
>++ } else {
>+++ word1.and(DataWord.ZERO);
>++ }
>++ program.stackPush(word1);
>++ program.step();
>++ break;
>+ case EQ:    // 等于，判断操作数 1 == 操作数 2
>++ DataWord word1 = program.stackPop();
>++ DataWord word2 = program.stackPop();
>++ if (word1.xor(word2).isZero()) {
>+++ word1.and(DataWord.ZERO);
>+++ word1.getData()[31] = 1;
>++ } else {
>+++ word1.and(DataWord.ZERO);
>++ }
>++ program.stackPush(word1);
```

```
>++ program.step();
>++ break;
>+ case ISZERO:      //判断是否等于 0
>++ DataWord word1 = program.stackPop();
>++ if (word1.isZero()) {
>+++ word1.getData()[31] = 1;
>++ } else {
>+++ word1.and(DataWord.ZERO);
>++ }
>++ program.stackPush(word1);
>++ program.step();
>++ break;
>+   // Bitwise Logic Operations
>+ case AND:    //逻辑与（&&）
>++ DataWord word1 = program.stackPop();
>++ DataWord word2 = program.stackPop();
>++ word1.and(word2);
>++ program.stackPush(word1);
>++ program.step();
>++ break;
>+ case OR:       //逻辑或（||）
>++ DataWord word1 = program.stackPop();
>++ DataWord word2 = program.stackPop();
>++ word1.or(word2);
>++ program.stackPush(word1);
>++ program.step();
>++ break;
>+ case XOR:    //逻辑异或 （^）
>++ DataWord word1 = program.stackPop();
>++ DataWord word2 = program.stackPop();
>++ word1.xor(word2);
>++ program.stackPush(word1);
>++ program.step();
>++ break;
>+ case BYTE:      //取第二个操作数的由第一个操作数指定的字节
>++ DataWord word1 = program.stackPop();   //假定第一个操作数 word1 为 N
>++ DataWord word2 = program.stackPop();   //目标是要取第二个操作数 word2 的第 N 个字节（从 0 起算）
>++ final DataWord result;
```

```
>++ if (word1.value().compareTo(_32_) == -1) {          //_32_是个常数，定义为 32。
>+++ byte tmp = word2.getData()[word1.intValue()];
>+++ word2.and(DataWord.ZERO);
>+++ word2.getData()[31] = tmp;
>+++ result = word2;
>++ } else {
>+++ result = new DataWord();   // 0，如果 N 大于等于 32 就返回 0。因为虚拟机的字长为 256 位即 32 字节。
>++ }
>++ program.stackPush(result);
>++ program.step();
>++ break;
>+ case ADDMOD:          //加后取模，（操作数 1 + 操作数 2）% 操作数 3
>++ DataWord word1 = program.stackPop();
>++ DataWord word2 = program.stackPop();
>++ DataWord word3 = program.stackPop();
>++ word1.addmod(word2, word3);
>++ program.stackPush(word1);
>++ program.step();
>++ break;
>+ case MULMOD:          //乘后取模，操作数 1×操作数 2 % 操作数 3
>++ DataWord word1 = program.stackPop();
>++ DataWord word2 = program.stackPop();
>++ DataWord word3 = program.stackPop();
>++ word1.mulmod(word2, word3);
>++ program.stackPush(word1);
>++ program.step();
>++ break;
>+   // SHA3
>+ case SHA3:      //SHA3 哈希计算
>++ DataWord memOffsetData = program.stackPop();      //数据缓冲区起点
>++ DataWord lengthData = program.stackPop();         //数据缓冲区长度
>++ byte[] buffer = program.memoryChunk(memOffsetData.intValueSafe(), lengthData.intValueSafe());
>++ byte[] encoded = sha3(buffer);
>++ DataWord word = new DataWord(encoded);            //Hash 值为 256 位，32 字节。
>++ program.stackPush(word);                          //将 Hash 值压回堆栈
>++ program.step();
>++ break;
>+   // Environmental Information
```

```
>+ case ADDRESS:      //获取己方的 160 位（20 字节）地址
>++ DataWord address = program.getOwnerAddress();          //前 12 个字节为 0，后 20 个字节为地址。
>++ program.stackPush(address);                            //将地址压入堆栈
>++ program.step();
>++ break;
>+ case BALANCE:      //获取给定地址的账户余额
>++ DataWord address = program.stackPop();                 //账户地址
>++ DataWord balance = program.getBalance(address);        //该账户的余额
>++ program.stackPush(balance);                            //将余额压入堆栈
>++ program.step();
>++ break;
>+ case ORIGIN:       //获取交易发起方的地址
>++ DataWord originAddress = program.getOriginAddress();   //从 ProgramInvokeImpl.origin 取付款方地址
>++ program.stackPush(originAddress);                      //将地址压入堆栈
>++ program.step();
>++ break;
>+ case CALLER:       //获取本合约的本次调用者的地址，这可以是个支付地址，也可以是个合约地址。
>++ DataWord callerAddress = program.getCallerAddress();   //从 ProgramInvokeImpl.caller 获取地址
>++ program.stackPush(callerAddress);                      //将地址压入堆栈
>++ program.step();
>++ break;
>+ case CALLVALUE:    //获取本次交易的支付额。注意这里的 CALL 是指本次交易中对合约的调用。
>++ DataWord callValue = program.getCallValue();           //从 ProgramInvokeImpl.callValue 获取支付额
>++ program.stackPush(callValue);                          //将支付额压入堆栈
>++ program.step();
>++ break;
>+ case CALLDATALOAD: //获取本次交易请求中 data 字段内的一小段（32 字节）数据：
>++ DataWord dataOffs = program.stackPop();                //从堆栈抛出操作数 1，这相当于下标。
>++ DataWord value = program.getDataValue(dataOffs);  //从 data 字段中拷贝这个下标所指的 32 字节数据
>++ program.stackPush(value);                              //将此数据压回堆栈
>++ program.step();                                        //向前推进程序计数器 PC
>++ break;
>+ case CALLDATASIZE: //获取本次交易请求中 data 字段的长度：
>++ DataWord dataSize = program.getDataSize();             //获取 data 字段的长度，以字节为单位。
>++ program.stackPush(dataSize);                           //将此长度压入堆栈
>++ program.step();                                        //向前推进程序计数器 PC
>++ break;
>+ case CALLDATACOPY: //从本次交易请求中 data 字段内拷贝一段数据至内存中：
```

```
>++ DataWord memOffsetData = program.stackPop();          //从堆栈抛出操作数 1，这是内存中的目标地址。
>++ DataWord dataOffsetData = program.stackPop();         //从堆栈抛出操作数 2，这是 data 字段中的起点。
>++ DataWord lengthData = program.stackPop();             //从堆栈抛出操作数 3，这是数据长度。
>++ byte[] msgData = program.getDataCopy(dataOffsetData, lengthData);  //先拷贝到一个临时缓冲区
>++ program.memorySave(memOffsetData.intValueSafe(), msgData);    //再将其写入内存中的目标地址处
>++ program.step();                                       //向前推进程序计数器 PC
>++ break;
>+ case RETURNDATASIZE:      //获取用来返回数据的缓冲区大小：
>++ DataWord dataSize = program.getReturnDataBufferSize();        //获取 Program.returnDataBuffer 的长度
>++ program.stackPush(dataSize);                                  //将其压入堆栈
>++ program.step();                                               //向前推进程序计数器 PC
>++ break;
>+ case RETURNDATACOPY:      //从用来返回数据的缓冲区中拷贝一段数据到内存中：
>++ DataWord memOffsetData = program.stackPop();      //从堆栈抛出操作数 1，这是内存中的目标地址。
>++ DataWord dataOffsetData = program.stackPop();     //从堆栈抛出操作数 2，这是返回数据中的起点。
>++ DataWord lengthData = program.stackPop();         //从堆栈抛出操作数 3，这是数据长度。
>++ byte[] msgData = program.getReturnDataBufferData(dataOffsetData, lengthData); //先拷贝到临时缓冲区
>++ if (msgData == null) {
>+++ throw new Program.ReturnDataCopyIllegalBoundsException(dataOffsetData, lengthData, ...);
>++ }
>++ program.memorySave(memOffsetData.intValueSafe(), msgData);     //再将其写入内存中的目标地址处
>++ program.step();                                                //向前推进程序计数器 PC
>++ break;
>+ case CODESIZE: case EXTCODESIZE:                    //获取合约程序或外调合约程序的代码大小：
>++ int length;
>++ if (op == OpCode.CODESIZE)                         // CODESIZE 是获取本合约的代码长度
>+++ length = program.getCode().length;
>++ else {                                            // EXTCODESIZE 是获取外部合约的代码大小：
>+++ DataWord address = program.stackPop();           //从堆栈抛出外部合约的（20 字节）地址
>+++ length = program.getCodeAt(address).length;      //获取那个合约的代码长度
>++ }
>++ DataWord codeLength = new DataWord(length);       //转换成 256 位（32 字节）
>++ program.stackPush(codeLength);                    //将代码长度压入堆栈
>++ program.step();                                   //向前推进程序计数器 PC
>++ break;
>+ case CODECOPY: case EXTCODECOPY:                    //将本合约或外部合约的一段程序代码拷贝到内存中
>++ byte[] fullCode = EMPTY_BYTE_ARRAY;               //创建一个临时缓冲区，用来暂存整个合约代码
>++ if (op == OpCode.CODECOPY) fullCode = program.getCode();   //如果是拷贝本合约的代码
```

```
>++ if (op == OpCode.EXTCODECOPY) {                       //如果是拷贝外部合约的代码：
>+++ DataWord address = program.stackPop();               //从堆栈抛出外部合约的地址
>+++ fullCode = program.getCodeAt(address);               //获取该合约的代码
>++ }
>++ int memOffset = program.stackPop().intValueSafe();    //从堆栈抛出内存目标地址
>++ int codeOffset = program.stackPop().intValueSafe();   //从堆栈抛出程序代码中的起点位移
>++ int lengthData = program.stackPop().intValueSafe();   //从堆栈抛出待拷贝长度
>++ int sizeToBeCopied = (long) codeOffset + lengthData > fullCode.length ?
            (fullCode.length < codeOffset ? 0 : fullCode.length - codeOffset) : lengthData;
>++ byte[] codeCopy = new byte[lengthData];               //再创建一个临时缓冲区，用于拷贝。
>++ if (codeOffset < fullCode.length)
>+++ System.arraycopy(fullCode, codeOffset, codeCopy, 0, sizeToBeCopied);   //从 fullCode 拷贝到缓冲区
>++ program.memorySave(memOffset, codeCopy);              //再将缓冲区的内容写入内存中的目标地址处
>++ program.step();                                       //向前推进程序计数器 PC
>++ break;
>+ case GASPRICE:                    //获取来自交易请求的油价：
>++ DataWord gasPrice = program.getGasPrice();            //获取油价
>++ program.stackPush(gasPrice);                          //将其压入堆栈
>++ program.step();
>++ break;
>+   // Block Information
>+ case BLOCKHASH:                   //计算一个块的 Hash 值
>++ int blockIndex = program.stackPop().intValueSafe();           //从堆栈抛出目标块的索引号
>++ DataWord blockHash = program.getBlockHash(blockIndex);        //获取该块的 Hash 值
>++ program.stackPush(blockHash);                                 //将 Hash 值压入堆栈
>++ program.step();
>++ break;
>+ case COINBASE:                    //获取当前最佳块的 Coinbase，即其挖矿所得：
>++ DataWord coinbase = program.getCoinbase();        //获取其 Coinbase
>++ program.stackPush(coinbase);                      //将其压入堆栈
>++ program.step();
>++ break;
>+ case TIMESTAMP:                   //获取本交易请求的时间标记：
>++ DataWord timestamp = program.getTimestamp();          //获取时间标记
>++ program.stackPush(timestamp);                         //将其压入堆栈
>++ program.step();
>++ break;
>+ case NUMBER:                      //获取当前最佳块的块号：
```

```
>++ DataWord number = program.getNumber();            //获取块号
>++ program.stackPush(number);                        //压入堆栈
>++ program.step();
>++ break;
>+ case DIFFICULTY:                  //获取当前的挖矿难度：
>++ DataWord difficulty = program.getDifficulty();    //获取难度
>++ program.stackPush(difficulty);                    //压入堆栈
>++ program.step();
>++ break;
>+ case GASLIMIT:                    //获取本次交易的油耗限制
>++ DataWord gaslimit = program.getGasLimit();        //获取油耗限制
>++ program.stackPush(gaslimit);                      //压入堆栈
>++ program.step();
>++ break;
>+ case POP:                            //从堆栈抛出一项数据并丢弃：
>++ program.stackPop();                               //抛出一项（32 字节）数据
>++ program.step();
>++ break;
>+ case DUP1: case DUP2: case DUP3: case DUP4:       //将堆栈栈顶往下的第 n 项数据复制到栈顶：
>+ case DUP5: case DUP6: case DUP7: case DUP8:
>+ case DUP9: case DUP10: case DUP11: case DUP12:
>+ case DUP13: case DUP14: case DUP15: case DUP16:
>++ int n = op.val() - OpCode.DUP1.val() + 1;                  //根据操作码计算 n 的数值
>++ DataWord word_1 = stack.get(stack.size() - n);             //读取栈顶往下的第 n 项数据
>++ program.stackPush(word_1.clone());                         //将其压入堆栈
>++ program.step();
>++ break;
>+ case SWAP1: case SWAP2: case SWAP3: case SWAP4:   //将栈顶元素与在其下面的第 n 项数据互换
>+ case SWAP5: case SWAP6: case SWAP7: case SWAP8:
>+ case SWAP9: case SWAP10: case SWAP11: case SWAP12:
>+ case SWAP13: case SWAP14: case SWAP15: case SWAP16:
>++ int n = op.val() - OpCode.SWAP1.val() + 2;                 //根据操作码算出 n
>++ stack.swap(stack.size() - 1, stack.size() - n);                  //互换
>++ program.step();
>++ break;
>+ case LOG0: case LOG1: case LOG2: case LOG3: case LOG4:   //将若干个话题的日志信息写入执行结果：
>++ if (program.isStaticCall()) throw new Program.StaticCallModificationException();
                               //静态调用不允许写操作（不允许改变状态）
```

```
                         // STATICCALL 是 EIP-214 引入的新指令，表示只读不写的合约调用。
>++ DataWord address = program.getOwnerAddress();          //获取合约账户的地址
>++ DataWord memStart = stack.pop();                       //从堆栈抛出内存缓冲区的起点
>++ DataWord memOffset = stack.pop();                      //从堆栈抛出内存缓冲区的长度
>++ int nTopics = op.val() - OpCode.LOG0.val();            //根据操作码计算话题的个数
>++ List<DataWord> topics = new ArrayList<>();             //创建一个空白的话题列表
>++ for (int i = 0; i < nTopics; ++i) {     //对于每个话题：
>+++ DataWord topic = stack.pop();                         //从堆栈逐个抛出话题内容
>+++ topics.add(topic);                                    //逐个加入话题列表
>++ }    //end for
>++ byte[] data = program.memoryChunk(memStart.intValueSafe(), memOffset.intValueSafe());
                //从内存中 memStart 处把长度为 memOffset 的数据拷贝到临时缓冲区 data 中
>++ LogInfo logInfo = new LogInfo(address.getLast20Bytes(), topics, data);
                //创建日志信息，每项 LogInfo 都由合约地址，话题列表和数据三部分构成。
>++ program.getResult().addLogInfo(logInfo);          //将 logInfo 添入 ProgramResult.logInfoList 中：
>++> getLogInfoList().add(logInfo)
>++ program.step();                                   //向前推进程序计数器 PC
>++ break;
>+ case MLOAD:                         //从内存装载一项数据（压入堆栈）：
>++ DataWord addr = program.stackPop();                    //从堆栈抛出内存地址
>++ DataWord data = program.memoryLoad(addr);              //从该地址读取数据（32 字节）
>++ program.stackPush(data);                               //将其压入堆栈
>++ program.step();                                        //向前推进程序计数器 PC
>++ break;
>+ case MSTORE:                        //将一项数据写入内存：
>++ DataWord addr = program.stackPop();                    //从堆栈抛出内存地址
>++ DataWord value = program.stackPop();                   //从堆栈抛出该项数据
>++ program.memorySave(addr, value);                       //将其写入内存
>++ program.step();
>++ break;
>+ case MSTORE8:                       //将一个字节写入内存：
>++ DataWord addr = program.stackPop();                    //从堆栈抛出内存地址
>++ DataWord value = program.stackPop();                   //从堆栈抛出一项数据
>++ byte[] byteVal = {value.getData()[31]};                //取其最低 8 位
>++ program.memorySave(addr.intValueSafe(), byteVal);      //将此字节写入内存
>++ program.step();
>++ break;
>+ case SLOAD:                       //从节点上的 Storage 中获取与一个键（20 字节地址）绑定的值
```

```
>++ DataWord key = program.stackPop();                    //从堆栈抛出这个键
>++ DataWord val = program.storageLoad(key);              //从 Storage 中这个键所对应的值
>++ if (val == null) val = key.and(DataWord.ZERO);
>++ program.stackPush(val);                               //将其压入堆栈
>++ program.step();
>++ break;
>+ case SSTORE:                                   //将一个键值对存入节点上的 Storage
>++ if (program.isStaticCall()) throw new Program.StaticCallModificationException();
                                                  //静态调用不允许写操作（不允许改变状态）
>++ DataWord addr = program.stackPop();           //从堆栈抛出地址（键）
>++ DataWord value = program.stackPop();          //从堆栈抛出一项数据（值）
>++ program.storageSave(addr, value);     //将此键值对写入 Storage，实际上就是将数值写入给定地址。
>++ program.step();
>++ break;
>+ case JUMP:                   //跳转指令（正是跳转指令使以太坊虚拟机成为图灵完备）：
>++ DataWord pos = program.stackPop();                     //从堆栈抛出跳转的目标位置
>++ int nextPC = program.verifyJumpDest(pos);              //将跳转目标转换成程序计数器 PC 的值
>++ program.setPC(nextPC);                                 //将其写入程序计数器 PC
>++ break;
>+ case JUMPI:                  //条件跳转指令：
>++ DataWord pos = program.stackPop();            //从堆栈抛出跳转的目标位置
>++ DataWord cond = program.stackPop();           //从堆栈抛出已经计算好的跳转条件值（true/false）
>++ if (!cond.isZero()) {                        //如果 cond 为 true：
>+++ int nextPC = program.verifyJumpDest(pos);             //将跳转目标转换成程序计数器 PC 的值
     == verifyJumpDest(DataWord nextPC)
>+++> if (nextPC.bytesOccupied() > 4) throw Program.Exception.badJumpDestination(-1);
>+++> int ret = nextPC.intValue();
>+++> if (!getProgramPrecompile().hasJumpDest(ret)) throw Program.Exception.badJumpDestination(ret);
>+++> return ret;
>+++ program.setPC(nextPC);                        //实现跳转
>++ } else {                                      //如果 cond 为 false 就不跳转
>+++ program.step();                              //仍按原来的顺序继续执行下一条指令
>++ }
>++ break;
>+ case PC:                    //获取程序计数器 PC 的当前值：
>++ int pc = program.getPC();                     //获取程序计数器 PC 的值
>++ DataWord pcWord = new DataWord(pc);           //转换成 32 字节 DataWord
>++ program.stackPush(pcWord);                    //将其压入堆栈
```

```
>++ program.step();
>++ break;
>+ case MSIZE:                //获取“内存”大小：
>++ int memSize = program.getMemSize();                    //获取 Program.memory.size()
>++ DataWord wordMemSize = new DataWord(memSize);          //转换成 32 字节 DataWord
>++ program.stackPush(wordMemSize);                        //将其压入堆栈
>++ program.step();
>++ break;
>+ case GAS:                  //获取可供使用的油量：
>++ DataWord gas = program.getGas();                       //获取油量
>++ program.stackPush(gas);                                //将其压入堆栈
>++ program.step();
>++ break;
>+ case PUSH1: case PUSH2: case PUSH3: case PUSH4: case PUSH5: case PUSH6:
>+ case PUSH7: case PUSH8: case PUSH9: case PUSH10: case PUSH11: case PUSH12:
>+ case PUSH13: case PUSH14: case PUSH15: case PUSH16: case PUSH17: case PUSH18:
>+ case PUSH19: case PUSH20: case PUSH21: case PUSH22: case PUSH23: case PUSH24:
>+ case PUSH25: case PUSH26: case PUSH27: case PUSH28: case PUSH29: case PUSH30:
>+ case PUSH31: case PUSH32:      //将程序代码中的下 n 个字节（最多 32 字节）压入堆栈：
>++ program.step();                          //向前推进程序计数器，使其指向下一项数据（本应是指令）。
>++ int nPush = op.val() - PUSH1.val() + 1;       //根据操作码算出 n
>++ byte[] data = program.sweep(nPush);      //代码中的下一条指令实为数据，将之拷贝至堆栈顶部。
    == Program.sweep(int n)
>++> if (pc + n > ops.length) stop();                //越界，停止 sweep，setPC(pc + 1)。
>++> byte[] data = Arrays.copyOfRange(ops, pc, pc + n);
                      //从数组 ops 中将起点为 pc 所指，终点为 pc+n 的数据拷贝到临时数组 data 中。
>++> pc += n;                        //将程序计数器 pc 向前推进 n 个字节，指向下一条指令。
>++> if (pc >= ops.length) stop();           //越界，停止 sweep，setPC(pc + 1)。
>++> return data;     //end Program.sweep(int n)
>++ program.stackPush(data);                 //将数组 data 的起点作为 DataWord 压入堆栈。
>++ break;
>+ case JUMPDEST:      //本指令无操作，只是用作程序中的跳转目标，就像跳转标记。
>++ program.step();
>++ break;
>+ case CREATE:        //创建合约：
>++ if (program.isStaticCall()) throw new Program.StaticCallModificationException();
                                                           //静态调用不允许写操作
>++ DataWord value = program.stackPop();                   //从堆栈抛出一项数据（一个元素）
```

```
>++ DataWord inOffset = program.stackPop();          //从堆栈抛出输入数据起点
>++ DataWord inSize = program.stackPop();            //从堆栈抛出输入数据长度
>++ program.createContract(value, inOffset, inSize);  //创建合约
>++ program.step();
>++ break;
>+ case CALL: case CALLCODE: case DELEGATECALL: case STATICCALL:
                              //调用合约代码中的子程序：
>++ program.stackPop(); // use adjustedCallGas instead of requested     //从堆栈抛出并丢弃一项数据
>++ DataWord codeAddress = program.stackPop();                          //从堆栈抛出调用地址
>++ DataWord value = op.callHasValue() ? program.stackPop() : DataWord.ZERO;
                              //如果本指令带有数据就从堆栈抛出，否则 value 为 0。
>++ if (program.isStaticCall() && op == CALL && !value.isZero())
>+++ throw new Program.StaticCallModificationException();   //静态调用不允许 CALL 指令有待写数据
>++ if( !value.isZero()) {   //如果带有待写数据则要增加油耗
>+++ adjustedCallGas.add(new DataWord(gasCosts.getSTIPEND_CALL()));
>++ }
>++ DataWord inDataOffs = program.stackPop();        //从堆栈抛出输入数据的起点
>++ DataWord inDataSize = program.stackPop();        //从堆栈抛出输入数据的长度
>++ DataWord outDataOffs = program.stackPop();       //从堆栈抛出输出数据的起点
>++ DataWord outDataSize = program.stackPop();       //从堆栈抛出输出数据的长度
>++ program.memoryExpand(outDataOffs, outDataSize);
>++ MessageCall msg = new MessageCall(op, adjustedCallGas, codeAddress, value, inDataOffs, inDataSize,
               outDataOffs, outDataSize);    //创建一个 MessageCall 消息，用作合约调用的参数。
>++ PrecompiledContracts.PrecompiledContract contract =
               PrecompiledContracts.getContractForAddress(codeAddress, blockchainConfig);
>++ if (!op.callIsStateless()) {   //本指令的执行会改变账户状态
>+++ program.getResult().addTouchAccount(codeAddress.getLast20Bytes());   //该账户的状态会有改变
>++ }
>++ if (contract != null) {
>+++ program.callToPrecompiledAddress(msg, contract);        //调用预编译合约
>++ } else {
>+++ program.callToAddress(msg);                            //调用普通合约
>++ }
>++ program.step();                                         //向前推进程序计数器 PC
>++ break;
>+ case RETURN: case REVERT:
>++ DataWord offset = program.stackPop();
>++ DataWord size = program.stackPop();
```

```
>++ byte[] hReturn = program.memoryChunk(offset.intValueSafe(), size.intValueSafe());
>++> return memory.read(offset, size)
>++ program.setHReturn(hReturn);
>++ program.step();                                    //向前推进程序计数器 pc，setPC(pc + 1)。
>++ program.stop();                                    //终止运行
>++ if (op == REVERT) program.getResult().setRevert();   //将 ProgramResult.revert 设成 true
>++ break;
>+ case SUICIDE:    //撤销合约：
>++ if (program.isStaticCall()) throw new Program.StaticCallModificationException();
>++ DataWord address = program.stackPop();    //从堆栈抛出合约地址
>++ program.suicide(address);
>++ program.getResult().addTouchAccount(address.getLast20Bytes());  //该地址的账户会有改变
>++ program.stop();
>++ break;
>+ default: break;
>+ }   //end switch(op)
>+ program.setPreviouslyExecutedOp(op.val());
>+ vmCounter++;
> } catch (RuntimeException e) {
>+ logger.warn("VM halted: [{}]", e);
>+ program.spendAllGas();
>+ program.resetFutureRefund();
>+ program.stop();
>+ throw e;
> } finally {
>+ program.fullTrace();
> }
```

我在上面的摘要中加了注释，这里就不再逐一加以解释了。显然，在以太坊虚拟机的指令系统中有数值计算指令，有逻辑操作指令，有取数/存储指令，有堆栈操作指令，也有跳转指令，还有（跨合约）子程序调用指令，即调用另一个合约中提供的函数。有了跳转指令，就可以实现循环，这就是图灵完备。有了调用指令，就可以实现递归和程序的模块化和结构化。另外，还有些指令是专为以太坊设计的，一般的处理器中没有这样的指令，例如 SHA3 和BLOCKHASH都是Hash计算，BALANCE是获取某个地址的账户余额，ORIGIN、CALLER、CALLVALUE、CALLDATALOAD 和 CALLDATASIZE 分别是获取本次交易的发起者，本次合约程序的调用者，本次交易所欲转移（即支付）的以太币金额，本次交易请求中 data 字段内的位移和长度。而 GASPRICE 和 GASLIMIT 当然是获取本次交易请求给定的油价和油耗上限。还有 COINBASE 和 DIFFICULTY，则是获取本块中的 Coinbase 和“挖矿”难度（前导 0 的个数）。显然，这些指令都是专为以太坊虚拟机设计的。

以太坊的虚拟机是个堆栈架构的处理器，这种架构的处理器没有寄存器（如果不把“程序计数器”即取令指针看成寄存器的话），所有的运算都发生于堆栈顶部的若干元素之间。所以，在进行具体的计算，即执行算术指令之前，一定要有 PUSH 指令把操作数压入堆栈。为此以太坊虚拟机有指令 PUSH1 到 PUSH32 用来将指令后面的 1 到 32 个字节压入堆栈。注意 32 个字节就是 256 位，那就是虚拟机的字长，所以一条 PUSH 指令只能把一个操作数压入堆栈。除 PUSH 指令外，还有 DUP1 到 DUP16，SWAP1 到 SWAP16，也是堆栈操作指令。当然，还有 POP 指令。

把所涉的操作数压入了堆栈，就可以执行实际运算的指令了，下面我们通过加法指令 ADD 进一步说明堆栈架构的处理器，这是上面代码摘要中的一个片段：

```
>+ case ADD:    //加法指令：      操作数类型 DataWord 为 256 位（32 字节）无符号整数
>++ DataWord word1 = program.stackPop();          //从堆栈抛出第一个操作数
>++ DataWord word2 = program.stackPop();          //从堆栈抛出第二个操作数
>++ word1.add(word2);                             //将第二个操作数加到第一个操作数上。
                              //这个 add()函数是由虚拟机提供的，是对运算单元 ALU 中加法运算的模拟。
>++ program.stackPush(word1);                     //将结果压回堆栈
>++ program.step();                               //向前推进程序计数器 PC
>++ break;
```

加法指令总是以堆栈顶部的两个元素为操作数，从堆栈顶步取出这两个元素进行加法计算，然后把计算结果压回堆栈，堆栈上原来的那两个元素就被消耗掉了。注意这里的 stackPop() 和 stackPush()是虚拟机为实现 ADD 指令而进行的操作，这与虚拟机的 POP 和 PUSH 指令是两码事。另外，从堆栈取出的操作数暂时存放在临时变量 word1 和 word2 中，这也只是虚拟机实现具体运算的操作所需，相当于所模拟处理器中的一些电路，与一般处理器中的寄存器也是两码事。而函数 add()，则是对运算单元 ALU 中加法功能的模拟。

堆栈架构的处理器最为简单，但是执行效率当然比一般寄存器架构的处理器低。另外，虚拟机对于指令是解释执行的，这里通过五次函数调用才执行了一条虚拟机的 ADD 指令。这意味着，同样的计算，放在智慧合约中进行要比在合约外慢得多，所以能在智慧合约之外解决的问题就应该在外面解决。这也是为什么要有“预编译合约”的原因。

在以太坊虚拟机的指令系统中，有几条指令是值得特别加以说明的，下面对这几条指令的实现做些说明。

首先是 JUMPI，注意这可不是“间接跳转”，而是表示“条件跳转”（字母 I 的意思是 IF）。执行这条指令的时候，堆栈顶部的第一个元素是跳转目标，下面那个元素则是一个布尔值，这个布尔值应该是此前对跳转条件进行逻辑计算的结果（计算结果总是被压回堆栈），不过以太坊虚拟机并没有一条 IF 指令（一般的 CPU 中也没有），编译器会把高级语言中 IF 语句中的条件表达式编译成一系列的逻辑计算。然后就用这结果作为是否跳转的条件：

```
>+ case JUMPI:                //条件跳转指令：
>++ DataWord pos = program.stackPop();           //从堆栈抛出跳转的目标位置
>++ DataWord cond = program.stackPop();          //从堆栈抛出已经计算好的跳转条件值（true/false）
>++ if (!cond.isZero()) {                        //如果 cond 为 true：
>+++ int nextPC = program.verifyJumpDest(pos);   //将跳转目标转换成程序计数器 PC 的值
     == verifyJumpDest(DataWord nextPC)
>+++> if (nextPC.bytesOccupied() > 4) throw Program.Exception.badJumpDestination(-1);
>+++> int ret = nextPC.intValue();
>+++> if (!getProgramPrecompile().hasJumpDest(ret)) throw Program.Exception.badJumpDestination(ret);
                                                  //有跳转指令但无目标指令，异常。
>+++> return ret;
>+++ program.setPC(nextPC);                      //实现跳转
>++ } else {                                     //如果 cond 为 false 就不跳转：
>+++ program.step();                              //继续按原来的顺序前进一步，执行下一条指令。
>++ }
>++ break;
```

注意这里的 hasJumpDest()，这是判断跳转目标处是否有一条 JUMPDEST 指令，这条指令没有任何操作，只是用来作为跳转目标，就像程序中的跳转标记一样。以太坊虚拟机规定跳转目标处一定得有一条 JUMPDEST 指令。

下面要说明的是子程序调用。以太坊虚拟机中有四条调用指令：CALL，CALLCODE，DELEGATECALL 和 STATICCALL。它们的区别要从源码中的相关定义说起。

源码中有个枚举类型 CallFlags 的定义：

```
enum CallFlags {}
] Call,         // Indicates that opcode is a call，说明这确是一条 Call 指令。
] Stateless,   //Indicates that the code is executed in the context of the caller
                //以发起者为调用者，被调用的程序是以交易发起者的名义执行。
] HasValue,    //Indicates that the opcode has value parameter (3rd on stack)，带有参数。
] Static,       //Indicates that any state modifications are disallowed during the call，执行中不得修改状态。
] Delegate      //Indicates that value and message sender are propagated from parent to child scope
                //以此时所在的账户为调用者，被调用的程序是以此时所在账户的名义执行。
```

处理器的指令系统也是由一个枚举类型 OpCode 定义的，不过这个枚举类型也提供了一些操作函数，实际上就是一个类：

```
enum OpCode {}
] ...
] ADD(0x01, 2, 1, VeryLowTier)
] CALL(0xf1, 7, 1, SpecialTier, CallFlags.Call, CallFlags.HasValue),        //(cxf1) Message-call into an account
        // [out_data_size] [out_data_start] [in_data_size] [in_data_start] [value] [to_addr] [gas] CALL
] CALLCODE(0xf2, 7, 1, SpecialTier, CallFlags.Call, CallFlags.HasValue, CallFlags.Stateless),
        // (0xf2) Calls self, but grabbing the code from the TO argument instead of from one's own address
] DELEGATECALL(0xf4, 6, 1, SpecialTier, CallFlags.Call, CallFlags.Stateless, CallFlags.Delegate),
        // (0xf4)   similar in idea to CALLCODE, except that it propagates the sender and value from the parent
        // scope to the child scope, ie. the call created has the same sender and value as the original call. also
        // the Value parameter is omitted for this opCode
] STATICCALL(0xfa, 6, 1, SpecialTier, CallFlags.Call, CallFlags.Static),
        // opcode that can be used to call another contract (or itself) while disallowing any modifications to the
        // state during the call (and its subcalls, if present). Any opcode that attempts to perform such a
        // modification (see below for details)   will result in an exception instead of performing the modification.
] …
] byte opcode;                  //指令的操作码
] int require;                  //本指令所要求的操作数
] Tier tier;            //本指令所属的类别
] int ret;              //本指令输出（压入堆栈）的数据个数
] EnumSet<CallFlags> callFlags;               //一组 CallFlags 标志
] OpCode code(byte code)                      //给定一个操作码，返回其所属的 OpCode 对象。
 > return intToTypeMap[code & 0xFF]                  //操作码是单字节的
] EnumSet<CallFlags> getCallFlags()           //返回本 OpCode 的调用标志 callFlags 集合
 > return callFlags
] OpCode(int op, int require, int ret, Tier tier, CallFlags ... callFlags)   // OpCode 类的构造函数
 > this.opcode = (byte) op;
 > this.require = require;
 > this.tier = tier;
 > this.ret = ret;
 > this.callFlags = callFlags.length == 0 ?
                        EnumSet.noneOf(CallFlags.class) : EnumSet.copyOf(Arrays.asList(callFlags));
```

在程序映像中的只是指令的操作码 op，即 OpCode.opcode，只占一个字节。凭这单字节的操作码可以在 intToTypeMap 中获取其所属的 OpCode 对象，那样才能得到定义于这条指令

的全部信息和特征。

这里列出的只是子程序调用指令和一条用作对比的 ADD 指令，实际上整个指令系统有两百来条指令。先看 ADD 指令，其定义是："ADD(0x01, 2, 1, VeryLowTier)"。结合 OpCode 的构造函数，可知其意思是：操作码是 0x01，有两个操作数（两个加数），运算后产生一项输出（两数之和），本指令属于 VeryLowTier 类别，没有调用标志。再来看 CALL 指令的定义，"CALL(0xf1, 7, 1, SpecialTier, CallFlags.Call, CallFlags.HasValue)"，操作码是 0xf1，有 7 个操作数，产生一项输出，本指令属于 SpecialTier 类别，带有 Call 和 HasValue 两个调用标志。那么这 7 个操作数都是什么呢？代码中有注解，那就是 out_data_size、out_data_start、in_data_size、in_data_start、value、to_addr 和 gas。这条指令的 CallFlags，则为 Call 和 HasValue。读者只要比较一下这些 Call 指令的操作数和调用标志，就清楚了。

注意在执行到 CALL 指令的时候虚拟机本来就已经在合约程序的某个函数中执行，现在因程序中有调用指令而要调用另一个函数，被调用函数可以在同一合约中，也可以在另一个合约中：

```
>+ case CALL: case CALLCODE: case DELEGATECALL: case STATICCALL:   //调用合约代码中的子程序：
>++ program.stackPop();   // use adjustedCallGas instead of requested        //从堆栈抛出一项数据，丢弃不用。
>++ DataWord codeAddress = program.stackPop();                                //从堆栈抛出调用地址
>++ hasvalue = op.callHasValue()   //判断该指令是否带有参数，展开如下：
>++> checkCall()    //确认这是条 Call 指令，否则异常。
>++> return getCallFlags().contains(CallFlags.HasValue)
>++ DataWord value = hasvalue? program.stackPop() : DataWord.ZERO;
                                        //如果本指令带有数据就从堆栈抛出，否则 value 为 0。
>++ if (program.isStaticCall() && op == CALL && !value.isZero())
      //本来就已在静态调用中，不允许执行带有数据的 CALL 指令。在静态调用中只允许使用静态调用。
>+++ throw new Program.StaticCallModificationException();
>++ if( !value.isZero()) {   //如果带有数据则要增加油耗
>+++ adjustedCallGas.add(new DataWord(gasCosts.getSTIPEND_CALL()));
>++ }
>++ DataWord inDataOffs = program.stackPop();                    //从堆栈抛出输入数据的起点
>++ DataWord inDataSize = program.stackPop();                    //从堆栈抛出输入数据的长度
>++ DataWord outDataOffs = program.stackPop();              //从堆栈抛出输出缓冲区的起点
>++ DataWord outDataSize = program.stackPop();                   //从堆栈抛出输出缓冲区的长度
>++ program.memoryExpand(outDataOffs, outDataSize);           //视需要调整输出缓冲区长度
>++ MessageCall msg = new MessageCall(op, adjustedCallGas, codeAddress, value,
                              inDataOffs, inDataSize, outDataOffs, outDataSize);   //创建一个调用消息
>++ PrecompiledContracts.PrecompiledContract contract =
                         PrecompiledContracts.getContractForAddress(codeAddress, blockchainConfig);
                              //根据目标地址找到其所在的预编译合约，如不是预编译合约就返回 null。
```

```
>++ if (!op.callIsStateless()) {   //本指令并非"无状态"，其执行会改变账户状态。
>+++ program.getResult().addTouchAccount(codeAddress.getLast20Bytes());   //该账户的状态会有改变
>++ }
>++ if (contract != null) {   //调用目标在某个预编译合约中：
>+++ program.callToPrecompiledAddress(msg, contract);          //调用预编译合约
>++ } else {   //调用目标不在某个预编译合约中，这是普通合约：
>+++ program.callToAddress(msg);                               //调用普通合约
>++ }
>++ program.step();                                            //向前推进程序计数器 PC
>++ break;
```

对合约中的函数调用有是否静态（Static）之分，所谓静态就是在执行中不得有对于状态的修改。如果程序当前已经处于静态调用之中，就不允许再作非静态的调用。另外，函数调用还有是否有状态之分，就是以谁的名义和身份执行被调用子程序的问题，详见前面对于调用标志的定义。所以这里要进行一些检查。

根据调用的目标地址，可以知道目标函数是在某个预编译合约中，还是在用户合约中，从而分别调用 callToPrecompiledAddress()或 callToAddress()。调用时要将相关的信息组装在一个 MessageCall 消息中，作为调用参数传下去。

```
class MessageCall {            //除 type 外的七个字段来自 CALL 指令的七个操作数：
] OpCode type;                //Type of internal call. Either CALL, CALLCODE or POST
] DataWord gas;               //gas to pay for the call, remaining gas will be refunded to the caller，来自操作数 gas。
] DataWord codeAddress;       //address of account which code to call。来自操作数 to_addr。
] DataWord endowment;         //the value that can be transfer along with the code execution，来自操作数 value。
] DataWord inDataOffs;        //start of memory to be input data to the call，来自操作数 in_data_start。
] DataWord inDataSize;        //size of memory to be input data to the call，来源类推
] DataWord outDataOffs;       //start of memory to be output of the call
] DataWord outDataSize;       //size of memory to be output data to the call
```

其实就是把指令码和操作数组装在一起。

既然可以跨合约调用，那么会不会调用的目标在另一个网络节点上呢？不会的。既然虚拟机在执行合约代码，这就是在一个全节点上，它保存着所有用户合约的副本。所以只有跨合约的调用，没有跨节点的调用。

我们先看对预编译合约中的函数调用：

[VM.play() > VM::step() > case CALL > callToPrecompiledAddress()]

callToPrecompiledAddress(MessageCall msg, PrecompiledContract contract)

```
> returnDataBuffer = null;      // reset return buffer right before the call
> if (getCallDeep() == MAX_DEPTH) {   //已达最大调用深度，不可以调用了。
>+ stackPushZero();
>+ this.refundGas(msg.getGas().longValue(), " call deep limit reach");
>+ return;
> }
> Repository track = getStorage().startTracking();   //创建一个名为 track 的 RepositoryImpl 对象
> byte[] senderAddress = this.getOwnerAddress().getLast20Bytes();   //本次（调用）交易发起者的账户地址
> byte[] codeAddress = msg.getCodeAddress().getLast20Bytes();      //合约代码地址
> byte[] contextAddress = msg.getType().callIsStateless() ? senderAddress : codeAddress;
                                    //如果是无状态调用，上下文地址就是前者，否则就是后者。
> BigInteger endowment = msg.getEndowment().value();
> BigInteger senderBalance = track.getBalance(senderAddress);   //获取交易发起者的账户余额
> if (senderBalance.compareTo(endowment) < 0) {   //账户余额不足：
>+ stackPushZero();     //向堆栈压入一个数值 0，表示失败。
>+ this.refundGas(msg.getGas().longValue(), "refund gas from message call");   //退还用于本次调用的油费
>+ return;
> }   //end if (senderBalance.compareTo(endowment) < 0)
> byte[] data = this.memoryChunk(msg.getInDataOffs().intValue(), msg.getInDataSize().intValue());
                                              //创建一个数据缓冲区，用于本次调用的输入数据。
> // Charge for endowment - is not reversible by rollback
> transfer(track, senderAddress, contextAddress, msg.getEndowment().value());   //转移本次调用所支付的金额
                                                                    // contextAddress 见上
> if (byTestingSuite()) {   // This keeps track of the calls created for a test，本次调用只是为测试目的。
>+ this.getResult().addCallCreate(data, msg.getCodeAddress().getLast20Bytes(),
                        msg.getGas().getNoLeadZeroesData(), msg.getEndowment().getNoLeadZeroesData());
>+ stackPushOne();   //向堆栈压入一个数值 1，表示成功。
>+ return;
> }   //end if (byTestingSuite())

> long requiredGas = contract.getGasForData(data);
> if (requiredGas > msg.getGas().longValue()) {   //油量不够，不能往下执行：
>+ this.refundGas(0, "call pre-compiled"); //matches cpp logic
>+ this.stackPushZero();
>+ track.rollback();
> }   //end if (requiredGas > msg.getGas().longValue())
> else {                                          //油量够，可以往下执行：
>+ Pair<Boolean, byte[]> out = contract.execute(data);
```

```
    == PrecompiledContract.execute(byte[] data)   //调用具体预编译合约的 execute()函数，以 Sha256 为例：
>+> if (data == null) return Pair.of(true, HashUtil.sha256(EMPTY_BYTE_ARRAY))
>+> return Pair.of(true, HashUtil.sha256(data))   //对输入数据即调用参数进行 sha256 计算，返回一个 Pair。
                                  //这个 Pair 的左边是个布尔值，表示是否成功；右边是输出数据，即计算结果。
>+ if (out.getLeft()) { // success，执行成功：
>++ this.refundGas(msg.getGas().longValue() - requiredGas, "call pre-compiled");
>++ this.stackPushOne();   //向堆栈压入一个数值 1，表示成功。
>++ returnDataBuffer = out.getRight();
>++ track.commit();
>+ } else {      //执行失败：
>++ // spend all gas on failure, push zero and revert state changes
>++ this.refundGas(0, "call pre-compiled");
>++ this.stackPushZero();     //向堆栈压入一个数值 0，表示失败。
>++ track.rollback();
>+ }   //end if (out.getLeft()) else
>+ this.memorySave(msg.getOutDataOffs().intValue(), out.getRight());   //将输出数据写入调用者指定的地方
> }   //end if (requiredGas > msg.getGas().longValue()) else
```

这是对预编译函数的调用，摘要中已经加了注释，不再需要进一步的说明了。调用的返回值在堆栈上，1 表示成功，0 表示失败；输出数据则在调用者所准备的缓冲区中，缓冲区起点为 outDataOffs，长度为 outDataSize。需要指出的是，这是在同一台虚拟机上执行的。

再看对于用户合约的调用，对于用户合约的调用是要另起一台虚拟机加以执行的：

[VM.play() > VM::step() > case CALL > callToAddress()]

```
callToAddress(MessageCall msg)
    // That method is for internal code invocations
    //   - Normal calls invoke a specified contract which updates itself
    //   - Stateless calls invoke code from another contract, within the context of the caller
> returnDataBuffer = null;     // reset return buffer right before the call
> if (getCallDeep() == MAX_DEPTH) {   //已达最大调用深度
>+ stackPushZero();     //向堆栈压入一个数值 0，表示失败。
>+ refundGas(msg.getGas().longValue(), " call deep limit reach");
>+ return;
> }
> byte[] data = memoryChunk(msg.getInDataOffs().intValue(), msg.getInDataSize().intValue());   //输入数据
```

```
> // FETCH THE SAVED STORAGE
> byte[] codeAddress = msg.getCodeAddress().getLast20Bytes();
> byte[] senderAddress = getOwnerAddress().getLast20Bytes();
> byte[] contextAddress = msg.getType().callIsStateless() ? senderAddress : codeAddress;
> Repository track = getStorage().startTracking();   //创建一个临时的 RepositoryImpl 对象

> // 2.1 PERFORM THE VALUE (endowment) PART
> BigInteger endowment = msg.getEndowment().value();                    //要求支付的金额
> BigInteger senderBalance = track.getBalance(senderAddress);           //交易发起者的余额
> if (isNotCovers(senderBalance, endowment)) {                          //如果余额不足以支付：
>+ stackPushZero();     //向堆栈压入一个数值 0，表示失败。
>+ refundGas(msg.getGas().longValue(), "refund gas from message call");
>+ return;
> }

> byte[] programCode = getStorage().isExist(codeAddress) ?
                          getStorage().getCode(codeAddress) : EMPTY_BYTE_ARRAY;
        // FETCH THE CODE，获取目标合约的代码。如果合约地址不存在，programCode 就是空白。
> BigInteger contextBalance = ZERO;
> if (byTestingSuite()) {  // This keeps track of the calls created for a test，如果只是为测试：
>+ getResult().addCallCreate(data, contextAddress, msg.getGas().getNoLeadZeroesData(),
                          msg.getEndowment().getNoLeadZeroesData());   //增加一次调用记载
> } else {  //不是为测试：
>+ track.addBalance(senderAddress, endowment.negate());   //从发起者的账户中减去
>+ contextBalance = track.addBalance(contextAddress, endowment);   //增加到上下文地址所代表的账户中
> }

> InternalTransaction internalTx =                        //为本次调用创建一个 InternalTransaction 对象
            addInternalTx(null, getGasLimit(), senderAddress, contextAddress, endowment, data, "call");
> ProgramResult result = null;   //将执行结果预设为空

> if (isNotEmpty(programCode)) {   //程序代码非空，调用目标存在：
>+ ProgramInvoke programInvoke = programInvokeFactory.createProgramInvoke(
            this, new DataWord(contextAddress),
            msg.getType().callIsDelegate() ? getCallerAddress() : getOwnerAddress(),
            msg.getType().callIsDelegate() ? getCallValue() : msg.getEndowment(),
            msg.getGas(), contextBalance, data, track, this.invoke.getBlockStore(),
            msg.getType().callIsStatic() || isStaticCall(), byTestingSuite());   //创建一个 ProgramInvoke
```

```
>+ VM vm = new VM(config);                    //另行创建一台虚拟机
>+ Program program = new Program(getStorage().getCodeHash(codeAddress),
                    programCode, programInvoke, internalTx, config).withCommonConfig(commonConfig);
>+ vm.play(program);                          //让新建的虚拟机执行调用目标
>+ result = program.getResult();              //获取执行结果
>+ getTrace().merge(program.getTrace());
>+ getResult().merge(result);
>+ if (result.getException() != null || result.isRevert()) {   //执行调用目标的过程中发生了异常：
>++ logger.debug("contract run halted by Exception: contract: [{}], exception: [{}]", …)
>++ internalTx.reject();
>++ result.rejectInternalTransactions();
>++ track.rollback();
>++ stackPushZero();    //向堆栈压入一个数值 0，表示失败。
>++ if (result.getException() != null) { return; }
>+ } else {    //没发生异常，成功：
>++ track.commit();          //交割执行结果，将暂存在 RepositoryImpl 中的内容写入数据库。
>++ stackPushOne();   //向堆栈压入一个数值 1，表示成功。
>+ }
>+ if (byTestingSuite()) {
>++ logger.info("Testing run, skipping storage diff listener");
>+ } else if (Arrays.equals(transaction.getReceiveAddress(), internalTx.getReceiveAddress())) {
            //如果本次子交易的接受者地址就是整个交易的接受者地址，就将存储内容合并：
>++ storageDiffListener.merge(program.getStorageDiff());
>+ }
> }    //end if (isNotEmpty(programCode))
> else {   //如果程序代码为空，调用目标不存在，也算成功，但此时 result 为空：
>+ track.commit();
>+ stackPushOne();     //向堆栈压入一个数值 1，表示成功。
> }    // if (isNotEmpty(programCode)) else

> // 3. APPLY RESULTS: result.getHReturn() into out_memory allocated
> if (result != null) {
>+ byte[] buffer = result.getHReturn();
>+ int offset = msg.getOutDataOffs().intValue();
>+ int size = msg.getOutDataSize().intValue();
>+ memorySaveLimited(offset, buffer, size);   //将被调用合约的输出写入调用者指定的输出数据缓冲区中
>+ returnDataBuffer = buffer;
> }    //end if (result != null)
```

```
> // 5. REFUND THE REMAIN GAS
> if (result != null) {   //执行结果非空，扣除已耗用的油费后返还剩余：
>+ BigInteger refundGas = msg.getGas().value().subtract(toBI(result.getGasUsed()));   //扣除已耗用油费
>+ if (isPositive(refundGas)) { refundGas(refundGas.longValue(), "remaining gas from the internal call"); }
> } else {   //执行结果为空：
>+ refundGas(msg.getGas().longValue(), "remaining gas from the internal call");      //原额返还
>+> getResult().refundGas(gasValue)
      == ProgramResult.refundGas(long gas)
>+>> gasUsed -= gas      //所谓返还 Gas，其实只是在 ProgramResult.gasUsed 字段上减去一个数额。
> }
```

如果调用目标是用户合约，被调用合约的执行是另起一个虚拟机加以执行的，其执行过程与前述的合约调用没有什么不同。与对预编译合约的调用相仿，函数的返回值在堆栈上，1表示成功，0表示失败。而真正的执行结果则是一个 ProgramResult 对象，其内容被拷贝到调用者所设定的输出数据缓冲区中。

说到了对合约的调用指令，就得也说一下返回指令 RETURN，因为合约中的每个函数都是要执行到 RETURN 指令才返回的，所以 RETURN 指令意味着执行的终止。另一条指令 REVERT 在这方面与之相似，区别在于 RETURN 是正常返回，而 REVERT 是要撤销执行中所发生的状态变化，要恢复原状，就是回滚。

```
>+ case RETURN: case REVERT:
>++ DataWord offset = program.stackPop();
>++ DataWord size = program.stackPop();
>++ byte[] hReturn = program.memoryChunk(offset.intValueSafe(), size.intValueSafe());
>++> return memory.read(offset, size)
>++ program.setHReturn(hReturn);
>++ program.step();                          //向前推进程序计数器 pc，setPC(pc + 1)。
>++ program.stop();                          //终止运行
>++ if (op == REVERT) program.getResult().setRevert();    //将 ProgramResult.revert 设成 true
>++> this.revert = true     //这个 this 是指 ProgramResult 对象。
>++ break;
```

如果因为遇到了 REVERT 指令而将 ProgramResult.revert 设置成了 true，则我们可以回过去看一下前面的 go()、createContract()和 callToAddress()，里面都有因为 result.isRevert()返回 true 而对 Repository.rollback()的调用。不过这个 rollback 其实不做什么事，只要把临时的 Repository 丢弃就是。从这里我们也可以看出这些临时 Repository 的用处了。

还有一种需要特别加以说明的指令是 LOGn 指令，具体有 LOG0 到 LOG4 共五条，指令名后面的 n 表示需要加以 Log 的话题个数，LOG0 表示没有具体话题但有需要 LOG 的数据，将这数据写入 LogInfo 中的 data 字段。注意 LOGn 指令所产生的是合约层的日志，这与以太坊节点或虚拟机软件本身的日志信息不是一回事，实际上这是合约层与节点层之间的一种重要的通信手段。

```
>+ case LOG0: case LOG1: case LOG2: case LOG3: case LOG4:   //将若干个话题的日志信息写入执行结果：
>++ if (program.isStaticCall()) throw new Program.StaticCallModificationException();
                              //静态调用不允许写操作（不允许改变状态）
                              // STATICCALL 是 EIP-214 引入的新指令，表示只读不写的合约调用。
>++ DataWord address = program.getOwnerAddress();       //获取合约账户的地址
>++ DataWord memStart = stack.pop();                     //从堆栈抛出内存缓冲区的起点
>++ DataWord memOffset = stack.pop();                    //从堆栈抛出内存缓冲区的长度
>++ int nTopics = op.val() - OpCode.LOG0.val();          //根据操作码计算话题的个数
>++ List<DataWord> topics = new ArrayList<>();           //创建一个空白的话题列表
>++ for (int i = 0; i < nTopics; ++i) {
>+++ DataWord topic = stack.pop();                       //从堆栈逐个抛出话题代号
>+++ topics.add(topic);                                  //逐个加入话题列表
>++ }   //end for
>++ byte[] data = program.memoryChunk(memStart.intValueSafe(), memOffset.intValueSafe());
                        //从内存中 memStart 处把长度为 memOffset 的数据拷贝到临时缓冲区 data 中
>++ LogInfo logInfo = new LogInfo(address.getLast20Bytes(), topics, data);
                        //创建日志信息，每项 LogInfo 都由合约地址，话题列表和数据三部分构成。
>++ program.getResult().addLogInfo(logInfo);             //将 logInfo 添入 ProgramResult.logInfoList 中：
>++> getLogInfoList().add(logInfo)
>++ program.step();                                      //向前推进程序计数器 PC
>++ break;
```

执行 LOGn 指令的时候，合约程序应该已经把需要写入 Log 的数据缓冲区的起点和长度，以及所涉及各个话题的代号压入堆栈。执行的时候根据这些内容创建一个 LogInfo 对象，并将这对象挂入 ProgramResult 内的 LogInfoList 中。LogInfo 的类型定义是：

```
class LogInfo {}
] byte[] address = new byte[]{};       //所执行的合约地址
] List<DataWord> topics = new ArrayList<>();   //一个话题代号的列表
] byte[] data = new byte[]{};          //所 Log 的具体内容
```

这几个成分看似不起眼，但实际上 ProgramResult 的 LogInfoList 有着重要的作用。为什么呢？我们知道，合约程序是由虚拟机加以执行的，而虚拟机的指令系统是一个固定的、封闭的集合，在合约程序内可以调用别的合约，但是却不可能调用或者触发外部的、不在任何合约程序之内、也无法由虚拟机的指令系统实现的功能。比方说，要在合约程序中要求删除一个文件，或者要求向某个网络节点发出一个服务请求，那就不是以太坊虚拟机能办到的了。解决这个问题的方案有两个。

一个是增添一些预编译合约。比方说我们在前面看到，Sha256 就是个预编译合约，这个预编译合约所进行的计算是通过调用 HashUtil.sha256()实现的，换言之是由宿主机的指令系统在操作系统的支持下实现的，而不是通过解释执行以太坊虚拟机指令实现的，在宿主机上当然什么样的功能都可实现。但是要增添预编译合约按理不是一家两家可以自己说了算的，这应该要有共识。

另一个办法，就是让合约程序按某些预定的“话题（Topic）”发出一些信息，节点上别的软件模块可以“收听”这些话题，听到后就可以按自己的要求做出反应，愿意干啥就干啥。对此后面还要专门加以介绍。

还有一条要加以补充说明的指令是 SUICIDE，字面意义是“自杀”，实际上就是撤销程序所在的账户，并把本账户的余额结转给另一个账户。

```
>+ case SUICIDE:      //撤销账户：
>++ if (program.isStaticCall()) throw new Program.StaticCallModificationException(); //静态调用不允许干这个
>++ DataWord address = program.stackPop();          //从堆栈抛出遗产受主的账户地址
>++ program.suicide(address);                       //死后把余额转给这个账户
>++ program.getResult().addTouchAccount(address.getLast20Bytes());  //该地址的账户会有改变
>++ program.stop();
>++ break;
```

显然，账户的删除是由 program.suicide()完成的：

```
[VM.play() > VM::step() > case SUICIDE > suicide()]

Program.suicide(DataWord obtainerAddress)   // obtainerAddress 是遗产的受主
> byte[] owner = getOwnerAddress().getLast20Bytes();
> byte[] obtainer = obtainerAddress.getLast20Bytes();
> BigInteger balance = getStorage().getBalance(owner);
> addInternalTx(null, null, owner, obtainer, balance, null, "suicide");
> if (FastByteComparisons.compareTo(owner, 0, 20, obtainer, 0, 20) == 0) {
            // if owner == obtainer just zeroing account according to Yellow Paper
>+ getStorage().addBalance(owner, balance.negate());   //从户主的余额中减去其余额，使余额归 0.
```

```
> } else {
>+ transfer(getStorage(), owner, obtainer, balance);        //将户主的余额全部转给受主
> }
> addr = this.getOwnerAddress()
    == Program.getOwnerAddress()
>> return invoke.getOwnerAddress().clone()   //复制并返回 ProgramInvokeImpl.address
> getResult().addDeleteAccount(addr);   //注意要删除的账户地址是这里的 OwnerAddress
>> getDeleteAccounts().add(address)   //在 TransactionExecutor.finalization()中会调用 track.delete()
```

撤销一个账户意味着从数据库里删除这个账户的记录，或者删除这个账户的文件。这里只是把这个要求记录在ProgramResult的deleteAccounts集合中，合约的执行完成之后，程序从go()返回到executeTx()，下一步是调用finalization()，在那里会调用track.delete()，把账户删掉。注意这里要删除的账户地址是ProgramInvokeImpl.address，可以是一个用户的账户，也可以是一个合约账户，具体要看这个ProgramInvokeImpl对象invoke是为谁而建。

再看创建合约的指令CREATE，这是用来创建合约。我们在上一节中看到，合约的创建本来就是合约部署的一部分，本来就是该种交易的目标，在TransactionExecutor.execute()中会区分本次交易是否旨在创建合约，如果是就调用create()，不是才会调用call()，而create()，则会通过createAccount()创建一个账户。但是二者都会创建一个虚拟机，也都会创建一个Program对象即合约程序，然后在函数go()中才会让虚拟机执行所准备的合约程序。对于合约部署，合约的代码是作为交易数据借助data字段上传的，虚拟机只是因执行RETURN指令而把合约的代码写入账户。但是，有时候也会需要在用户合约内部创建另一个合约，这条指令就是为此而设：

```
>+ case CREATE:          //创建合约：
>++ if (program.isStaticCall()) throw new Program.StaticCallModificationException(); //静态调用不允许写操作
>++ DataWord value = program.stackPop();                  //从堆栈抛出需要转给新创账户的金额。
>++ DataWord inOffset = program.stackPop();               //从堆栈抛出输入数据（即合约代码）起点
>++ DataWord inSize = program.stackPop();                 //从堆栈抛出输入数据（即合约代码）长度
>++ program.createContract(value, inOffset, inSize);      //创建合约
>++ program.step();
>++ break;
```

从堆栈抛出三个参数value和inOffset、inSize，用作调用createContract()的参数，这里value是要转账注入新建合约账户的金额，而inOffset和inSize则指定了（虚拟机）内存中的一块数据，那就是合约程序的二进制代码。下面是这个函数的代码摘要：

[VM.play() > VM::step() > case CREATE > createContract()]

```
Program.createContract(DataWord value, DataWord memStart, DataWord memSize)
> returnDataBuffer = null; // reset return buffer right before the call
> if (getCallDeep() == MAX_DEPTH) {    //超过了调用深度
>+ stackPushZero();    //将 0 压入堆栈，表示执行失败。
>+ return;
> }
> byte[] senderAddress = this.getOwnerAddress().getLast20Bytes();    //获取交易发起者的地址
> BigInteger endowment = value.value();
> if (isNotCovers(getStorage().getBalance(senderAddress), endowment)) {    //余额不足以支付给新建账户：
>+ stackPushZero();    //将 0 压入堆栈，表示执行失败。
>+ return;
> }
> // [1] FETCH THE CODE FROM THE MEMORY
> byte[] programCode = memoryChunk(memStart.intValue(), memSize.intValue());
                //与通过交易部署合约时一样，这个 programCode 实际上只是一条 RETURN 指令。
> BlockchainConfig blockchainConfig =
                        config.getBlockchainConfig().getConfigForBlock(getNumber().longValue());
> //    actual gas subtract
> DataWord gasLimit = blockchainConfig.getCreateGas(getGas());
> spendGas(gasLimit.longValue(), "internal call");
> // [2] CREATE THE CONTRACT ADDRESS
> byte[] nonce = getStorage().getNonce(senderAddress).toByteArray();    //获取交易发起者当前的 Nonce 序号
> byte[] newAddress =HashUtil.calcNewAddr(getOwnerAddress().getLast20Bytes(), nonce); //计算合约账户地址
> AccountState existingAddr = getStorage().getAccountState(newAddress);    //检测账户地址是否冲突
> boolean contractAlreadyExists = existingAddr != null && existingAddr.isContractExist(blockchainConfig);
> // [3] UPDATE THE NONCE (THIS STAGE IS NOT REVERTED BY ANY EXCEPTION)
> if (!byTestingSuite()) getStorage().increaseNonce(senderAddress);    //递增交易发起者的 Nonce 值
> Repository track = getStorage().startTracking();    //从当前 Repository 取一快照，另创一个临时的 Repository。
> //In case of hashing collisions, check for any balance before createAccount()
> BigInteger oldBalance = track.getBalance(newAddress);    //万一这个地址的账户原来就存在
> track.createAccount(newAddress);    //为此地址创建账户，如果原已存在就把它替换掉。
> if (blockchainConfig.eip161()) { track.increaseNonce(newAddress); }
> track.addBalance(newAddress, oldBalance);    //把它的余额转过来
> // [4] TRANSFER THE BALANCE
> BigInteger newBalance = ZERO;
> if (!byTestingSuite()) {
>+ track.addBalance(senderAddress, endowment.negate());        //从交易发起者的账户余额中减去
>+ newBalance = track.addBalance(newAddress, endowment);    //增加新建账户的余额
```

```
> }
> // [5] COOK THE INVOKE AND EXECUTE
> InternalTransaction internalTx = addInternalTx(nonce, getGasLimit(),
                    senderAddress, null, endowment, programCode, "create");  //虚构一个内部交易请求
> ProgramInvoke programInvoke = programInvokeFactory.createProgramInvoke(
                    this, new DataWord(newAddress), getOwnerAddress(), value, gasLimit,
                    newBalance, null, track, this.invoke.getBlockStore(), false, byTestingSuite());
> ProgramResult result = ProgramResult.createEmpty();
> if (contractAlreadyExists) {
>+ result.setException(new BytecodeExecutionException(
                   "Trying to create a contract with existing contract address: 0x" + toHexString(newAddress)));
> }   //end if (contractAlreadyExists)
> else if (isNotEmpty(programCode)) {   //账户尚不存在，通过参数传下的合约代码非空，这是正常情况：
>+ VM vm = new VM(config);   //另起一台虚拟机
>+ Program program =                                         //创建合约程序
        new Program(programCode, programInvoke, internalTx, config).withCommonConfig(commonConfig);
>+ vm.play(program);          //让这虚拟机执行这个程序，这个程序实质上就是一条 RETURN 指令。
                       //RETURN 指令的输出才是真正要创建的合约代码。
                       //RETURN 指令所输出的数据在 ProgramResult 对象 result 内部的 hReturn 字段中
>+ result = program.getResult();   //获取程序运行结果，result 是个 ProgramResult 类对象
>+ getResult().merge(result);
> }   //end if (contractAlreadyExists) else if (isNotEmpty(programCode))

> // 将虚拟机执行后的结果（RETURN 指令的输出）写入临时 Repository 中新建的合约账户：
> byte[] code = result.getHReturn();
> long storageCost = getLength(code) * getBlockchainConfig().getGasCost().getCREATE_DATA();
                                              //创建并存储合约代码须按代码长度收费
> long afterSpend = programInvoke.getGas().longValue() - storageCost - result.getGasUsed();  //计算剩余油量
> if (afterSpend < 0) {   //减去已经消耗的油量后已无剩余：
>+ if (!blockchainConfig.getConstants().createEmptyContractOnOOG()) {
          //OOG 是 Out-Of-Gas 的缩写，这个函数返回一个布尔值，目前只是固定返回 true。
>++ result.setException(Program.Exception.notEnoughSpendingGas(
                              "No gas to return just created contract", storageCost, this));
>+ }
>+ else track.saveCode(newAddress, EMPTY_BYTE_ARRAY);   //钱不够，存入的代码为空白。
> }   //end if (afterSpend < 0)
> else if (getLength(code) > blockchainConfig.getConstants().getMAX_CONTRACT_SZIE()) { //代码长度超标
>+ result.setException(Program.Exception.notEnoughSpendingGas("Contract size too large: " …)
```

```
> }
> else if (!result.isRevert()){   //执行结果表明本次运行并未取消，正常完成：
>+ result.spendGas(storageCost);   //扣除为存储代码所需的油量
>+ track.saveCode(newAddress, code);   //将合约代码存入 RepositoryImpl 中的缓存中
> }

> if (result.getException() != null || result.isRevert()) {   //如果曾有异常，或者要求回滚：
>+ logger.debug("contract run halted by Exception: contract: [{}], exception: [{}]",
                                    toHexString(newAddress), result.getException());
>+ internalTx.reject();
>+ result.rejectInternalTransactions();
>+ track.rollback();    //回滚，放弃 track 中的内容。
>+ stackPushZero();
>+ if (result.getException() != null) return;
>+ else returnDataBuffer = result.getHReturn();
> }   //end if (result.getException() != null || result.isRevert())
> else {   //正常完成：
>+ if (!byTestingSuite()) track.commit();
>+ // IN SUCCESS PUSH THE ADDRESS INTO THE STACK
>+ stackPush(new DataWord(newAddress));   //将合约地址压入堆栈，作为执行指令的结果。
> }   //end if (result.getException() != null || result.isRevert()) else
> //  找还油费：
> long refundGas = gasLimit.longValue() - result.getGasUsed();
> if (refundGas > 0) refundGas(refundGas, "remain gas from the internal call");
```

可见，在用户合约中使用CREATE指令创建合约也需要启动虚拟机执行一段合约，这与在交易中部署合约的过程是一样的，所不同者只是在交易中创建合约时是通过交易请求中的data字段提供让虚拟机执行的代码，而在合约内部由CREATE指令创建合约则是通过调用参数和（虚拟机）内存提供这个代码。同样，这个代码实质上就是一条RETURN指令，而真正要写入这个合约账户的代码则是RETURN指令的输出，这个输出通过saveCode()被写入临时Repositoty中新创的合约账户中。

合约代码的执行是在executeTx()内部的go()这个阶段完成的，下面就进入finalization()的阶段，这就回到前一节中去了。

为让读者更好地理解 LOGn 指令的使用与合约程序的执行，这里我们通过以太坊源码中的一个 VMTest 类中、实际上是一个测试程序中的一个函数 tesLog2()，给读者提供一些相关的启示。对于 VMTest 这个类就不多说了，这里只是说明一下，这个类中有个 ProgramInvokeMockImpl 类的对象 invoke，是在这测试软件初始化的时候创建的，这个类也是对界面 ProgramInvoke 的一种实现，与以太坊虚拟机中实际使用的 ProgramInvokeImpl 类处

于同等的地位。所谓 Mock，就是假冒的意思，在这里就是用于测试。而 tesLog2()则是测试中的一项，目的就是测试指令 LOG2 的执行。注意这个测试与交易请求什么的都没有关系，直接就是测试虚拟机对 LOG2 指令的执行，下面是这个函数的源代码：

```
public void testLog2 () {
  VM vm = new VM();   //创建一台虚拟机
  program = new Program(
            compile(
  "PUSH2 0x1234 PUSH1 0x00 MSTORE PUSH2 0x9999 PUSH2 0x6666 PUSH1 0x20 PUSH1 0x00 LOG2"),
            invoke);  //创建让虚拟机执行的合约程序
  vm.step(program);   //执行指令“PUSH2 0x1234”，这是两个字节。
                      //注意堆栈上的数据是 256 位的，即 32 字节长。故压入堆栈时会被扩展成 256 位。
  vm.step(program);   //执行指令“PUSH1 0x00”，将一个字节 0x00 压入堆栈，在 0x1234 上面。
  vm.step(program);   //执行指令“MSTORE”，从堆栈抛出 addr 为 256 位的 0x00，value 为 256 位的 0x1234，
                      //将 value 写入虚拟机内存中的 addr 处，这是 256 位的数值 0x1234。
  vm.step(program);   //执行指令“PUSH2 0x9999”    //这是话题 2 的内容
  vm.step(program);   //执行指令“PUSH2 0x6666”    //这是话题 1 的内容
  vm.step(program);   //执行指令“PUSH1 0x20”，将被 LOG2 指令用作数据长度，即 32 字节。
  vm.step(program);   //执行指令“PUSH1 0x00”，将被 LOG2 指令用作数据起点，此处已被写成 0x1234。
  vm.step(program);   //执行指令“LOG2”，两个话题，数据起点 0x00，长度 32 字节，即数值 0x1234。
                      //创建日志信息，每项 LogInfo 都由合约地址，话题列表和数据三部分构成。
  List<LogInfo> logInfoList = program.getResult().getLogInfoList();  //执行以后从 Result 中提取 LogInfoList
  LogInfo logInfo = logInfoList.get(0);  //从 logInfoList 中提取下标为 0 的元素，即列表中的第一个 LogInfo。
  assertEquals("cd2a3d9f938e13cd947ec05abc7fe734df8dd826", Hex.toHexString(logInfo.getAddress()));
                        // logInfo.getAddress()返回合约地址，表明是在哪一个合约中产生的 LogInfo。
                        //应该与测试程序预设的地址相符。
  assertEquals(2, logInfo.getTopics().size());  //因为是 LOG2，所以 Topics 的大小即话题的个数应该是 2。
  assertEquals("0000000000000000000000000000000000000000000000000000000000001234",
          Hex.toHexString(logInfo.getData()));  //这 logInfo 中数据字段的内容应该是 256 位的 0x1234
}
```

注意这里合约程序对象 program 的创建，即 new Program()。这个构造函数有两个参数，第一个是合约程序的可执行代码，即二进制表示的机器指令，这里由 compile()函数实时生成，而这里的所谓编译其实是汇编，是从汇编语言到机器指令。这里的汇编程序有 8 条指令，为醒目起见我对这些指令交替使用正体和斜体，其余都已在所加的注释中做了说明。因为是 8 条指令，所以下面就有 8 次对 vm.step()的调用。程序执行结果 Result 中的数据是逐条指令地积累起来的，所以一旦停止步进执行指令，Result 中的数据就反映了到此为止的执行结果，其中就包括 LogInfoList。在这个例子中，LogInfoList 中只有一个 LogInfo，即 logInfoList.get(0)

返回的结果。每项 LogInfo 都由合约地址，话题列表和数据三部分构成，这里比对了 LogInfo 中的合约地址，也比对了 logInfo.getTopics()所返回的数组大小，即话题的个数，还比对了 logInfo 中的 data 字段；但是这里并未比对数组中的两个元素，即两个话题的内容，那应该是 32 位的 0x6666 和 0x9999。

当然，这样的测试只是单元测试，并不是综合测试。

实际上，如前所述，程序从 TransactionExecutor.go()返回到 executeTx()之后，接着还要调用 finalization()，为方便起见这里再把这个函数的摘要列出于下，不过这次的摘要更加集中于包括 LOGn 所产生 LogInfoList 在内的执行结果：

```
[processTransactions() > addPendingTransactions() > … > executeTx() > finalization()]

TransactionExecutor.finalization()
> TransactionExecutionSummary.Builder summaryBuilder =      //针对具体执行结果创建一个总结报告生成器
                TransactionExecutionSummary.builderFor(tx)
                    .gasLeftover(m_endGas).logs(result.getLogInfoList()).result(result.getHReturn());
> TransactionExecutionSummary summary = summaryBuilder.build();   //用这生成器生成一个总结报告
> listener.onTransactionExecuted(summary);              //将这总结报告分发给所有的收听者：
   == CompositeEthereumListener.onTransactionExecuted(final TransactionExecutionSummary summary)
>> for (final EthereumListener listener : listeners) {      //对于内部的每个下层 listener：
>>+ eventDispatchThread.invokeLater(new RunnableInfo(listener, "onTransactionExecuted") { })
                                        ] @Override run()
                                          > listener.onTransactionExecuted(summary)
>> }
> return summary;
```

这里的 listener，就是 TransactionExecutor.listener，其类型为 EthereumListener。但那只是个 interface，所以 listener 应该是实现了 EthereumListener 界面的某种类型的对象，实际上这是个 CompositeEthereumListener 对象。其内部成分 listeners 是个 EthereumListener 队列，队列中的每个元素也都是实现了 EthereumListener 界面的某种类型的对象，所以这里的这个顶层 listener 就像一个总闸。上面的摘要中已经把对于这个 CompositeEthereumListener 的 onTransactionExecuted()的调用加以展开，就是对其 listeners 队列中的每一个元素即 listener 都创建一个线程，在其 run()函数中调用该下层 listener 的 onTransactionExecuted()。换言之，就是让所有的 listener 都并发执行这个函数。注意出现在 for 循环中的下层 listener 与作为总闸的顶层 listener 不是一回事。

对于 CompositeEthereumListener，我们有必要再加以深入一点的考察。

首先，以太坊的代码中定义了一个函数界面，就是 interface EthereumListener。直接实现了这个界面的类有两个，一个是 CompositeEthereumListener：

class **CompositeEthereumListener** implements EthereumListener {}
] @Autowired EventDispatchThread ***eventDispatchThread*** = EventDispatchThread.getDefault()
] List<EthereumListener> ***listeners*** //一个 listener 队列，每个 listener 都实现了 EthereumListener 界面。
] ***onTransactionExecuted***(final TransactionExecutionSummary summary) //这就是我们现在所关心的
] … //还有好多类似的函数，都是 EthereumListener 界面中定义的。

另一个是 EthereumListenerAdapter：

class **EthereumListenerAdapter** implements EthereumListener {}

这是个抽象类，而扩充了这个抽象类的具体类则有不少：

class BlockReplay extends EthereumListenerAdapter {}
class GasPriceTracker extends EthereumListenerAdapter {}
class RecommendedGasPriceTracker extends EthereumListenerAdapter {}
class FollowAccount extends EthereumListenerAdapter {}
class TransactionBomb extends EthereumListenerAdapter {}
class PendingListener extends EthereumListenerAdapter {}

就函数 onTransactionExecuted()而言，这些具体类都提供自己的版本，从而可以在得到调用时各自干不同的事，当然也可以什么也不干（空函数）。而且，你也可以在这个抽象类的基础上定义你自己的具体类，让它在 onTransactionExecuted()函数中实现你所要的操作。

CompositeEthereumListener 中的 listeners 就是这些具体化了的 EthereumListenerAdapter 类对象的队列。因为 EthereumListenerAdapter 实现了 EthereumListener 界面，所有这些具体类也就都实现了这个界面。

CompositeEthereumListener 提供了一个函数 addListener(EthereumListener listener)，调用这个函数就可以将具体类的对象加入到它的 listeners 队列中。比方说，如果你创建了一个 FollowAccount 对象，就可以通过 addListener()进入这个队列。

这样，前面 finalization()对 CompositeEthereumListener.onTransactionExecuted()的调用就转化成对 listeners 队列中每个 listener 的 onTransactionExecuted()函数的调用，并且所有这些 listener 的执行都是并发的。而调用这些 onTransactionExecuted()函数时的参数则是 summary，就是从交易的执行结果中提取出来的总结报告，即 TransactionExecutionSummary，里面也包含着因执行 LOGn 指令而产生的 Log 信息队列 logInfoList。换言之，只要你自己定义一个类，让它扩充 EthereumListenerAdapter，覆盖相关的函数，然后创建一个该类对象，并通过 CompositeEthereumListener 的 addListener()将这对象加入其 listeners 队列，这样每当有个交易被执行完毕时，你的 onTransactionExecuted()函数就会得到调用，参数就是执行总结 summary。有了这个总结报告，你可以从中抽取你感兴趣的信息，要怎么处理就怎么处理。而 EthereumListener 界面上定义的那些你并不感兴趣的函数，则大可放上一个空函数，跳过就是。比方说，你对交易执行并不感兴趣，但倒是想监视以太坊消息的来来往往，类似于互联网中的“抓包”，正好 EthereumListener 界面上就定义了这样两个函数：

```
void onRecvMessage(Channel channel, Message message)
void onSendMessage(Channel channel, Message message)
```

再比方说你要跟踪新块的发布，那正好 EthereumListener 界面上又有这个函数：

```
void onBlock(BlockSummary blockSummary)
```

通过 addListener()把自己的 listener 加入到 CompositeEthereumListener 中，就意味着要“侦听”某些事件的发生。但是以太坊源码中的这些“侦听”倒不如说“委托”更贴切一些，就是我提供一些函数，拜托在有事件发生的时候就调用一下这些函数。

当然，你得按你自己的需要实现这些函数。就 onTransactionExecuted()而言，最好是与具体的合约“共谋”，你可以安排具体的合约程序在什么情况下就 Log 什么话题，载有什么数据，然后在你的这个函数中根据具体 LogInfo 的话题和数据采取某些措施，实质上就是把 LogInfo 当成命令。

可惜在 Ethereumj 的源码中没有见到直接利用 logInfoList 的实例，但毕竟还是为此提供了一些相关的素材和可供借鉴的实现。

合约程序的 LOG 在宏观的意义上只是“事件”之一种，除此之外还有许多别的事件可能发生。以太坊节点的核心，即 Ehereum 类对象，在其运行中的一些关键点上会发出特定的“事件”，方式就是依次调用其“侦听器（listener）”队列中各个具体侦听器所提供的相关回调函数。EthereumListener 界面其实就是所有这些回调函数的集合，也就是在 Ehereum 的运行中可能发生的事件的集合，每个回调函数都针对一种特定的事件，对此种事件做出反应。特别地，在智慧合约的程序中还可以通过 LOGn 指令要求 Ehereum 发出某些事件作为补充。所以，“事件侦听器（Event Listener）”也可以说是“回调函数提供器”，或如上所述是委托调用某些函数的手段。

值得特别指出的是，作为以太坊节点的核心，由 Ehereum 类对象所发出的事件就是 EthereumListener 界面上所定义的这些了，即使你在这个界面上添加更多的回调函数，Ehereum 核心代码中不来调用也是枉然，除非你同时也在核心代码中加上对更多回调函数的调用。

3.5 挖矿与新块发布

在以太坊网络中，凡是“全节点”，即检验并存储所有交易请求的节点，都不舍昼夜地尽力在竞争块的发布权，这块争不到就争下块，这块争到了也要再争下块。这倒也不只是“不想当将军的士兵便不是好士兵”，或者这些节点被赋予了这样的义务，而是有着实在的经济利益。因为谁争到了一个块的发布权并实际发布了这个块，而且这个块在块链中“存活”了，那么这个块中所有交易的费用就都付给这个节点的所指定的账户，该账户就成为这个块的coinbase账户。

我们知道，一个交易请求进入以太坊网络之后，可能会有成千上万个节点都在对这交易请求进行种种检验，如果是合约调用交易则还要执行合约，所有这种种活动都是要收“油费（Gas）的”。这些油费付给谁呢？理应是为此付出了努力和代价的节点的所有者。可是有成千上万个节点在独立进行着检验和执行，交易的发起者难道就得付出成千上万份费用？当然不是，他只需付一份，就是付给最终记录着他那个交易的那个块的发布者，就是那个块的coinbase账户。而其它的那些节点，就劳而无功了，就好像它们生产的产品没能卖出去一样。也许更重要的是，在这个发块周期中发行的以太币，也就作为奖励/津贴发给了这个coinbase账户。一个节点之成为“全节点”，需要提供相当的计算能力，还要提供相当的存储空间，是要付出代价的。在私有链和联盟链中，或者在允许保留一定程度的中心化的链中，这可以通过某种行政或其它手段做出安排，但是在公有链中一般而言就只能通过经济手段来刺激这种积极性。

那么通过什么手段竞争块的发布权呢？那就是所谓的“挖矿”，与比特币网络一样。而挖矿的具体方法，或者说算法，目前仍是“工作证明（Proof of Work）”，即PoW。人们提出了一些别的算法，如“权益证明（Proof of Stake）”，即PoS，还有别的设想，但目前以太坊中采用的还是PoW，不过是有所改进，不那么片面有利于计算速度的PoW。

实际上，由于计算能力的限制，许多节点也许从来没有争到过发布权，但是至少理论上这个可能性是存在的，而且加大投入就可使挖到矿的概率提高。但是大家都加大投入就好像哄抬物价，使一些人的“兵器”越来越好。大家心里明白，时至今日，就凭一台普通服务器，想要挖到矿是几乎不可能的，但是又并非绝对不可能，这就使人欲罢不能。

Ethereumj的代码中定义了一个专门从事挖矿的BlockMiner类：

```
@Component class BlockMiner {}
] Blockchain blockchain;
] BlockStore blockStore;
] @Autowired private Ethereum ethereum;
] PendingState pendingState;
] CompositeEthereumListener listener;
] SystemProperties config;
] List<MinerListener> listeners = new CopyOnWriteArrayList<>();
] BigInteger minGasPrice;
] long minBlockTimeout;
] int cpuThreads;                    //开几个线程来并发挖矿
] boolean fullMining = true;
```

```
] volatile boolean isLocalMining;
] Block miningBlock;
] volatile MinerIfc externalMiner;
] final Queue<ListenableFuture<MiningResult>> currentMiningTasks = new ConcurrentLinkedQueue<>();
] long lastBlockMinedTime;
] int UNCLE_LIST_LIMIT;
] int UNCLE_GENERATION_LIMIT;
```

这个类的定义前面加了@Component 标注，所以 Spring Framework 在初始化的时候会自动创建一个 BlockMiner 对象。不过 Ethereumj 的代码中并没有通过 getBean()或者在哪里加上@Autowired 标注以引用这个对象。这样做的意思，是让你自己决定要不要让你的机器挖矿。Ethereumj 的代码中有个示例 PrivateMinerSample，那里面是这样获取这个 BlockMiner 对象的：ctx.getBean(BlockMiner.class)，这里的 ctx 是个 ApplicationContext 对象，由 Spring Framework 提供。

当然，创建 BlockMiner 对象时会调用它的构造函数 BlockMiner()。

```
@Autowired BlockMiner(SystemProperties config, CompositeEthereumListener listener,
                      Blockchain blockchain, BlockStore blockStore, PendingState pendingState)
> this.listener = listener;
> this.config = config;
> this.blockchain = blockchain;
> this.blockStore = blockStore;
> this.pendingState = pendingState;
> UNCLE_LIST_LIMIT = config.getBlockchainConfig().getCommonConstants().getUNCLE_LIST_LIMIT();
> UNCLE_GENERATION_LIMIT =
        config.getBlockchainConfig().getCommonConstants().getUNCLE_GENERATION_LIMIT();
> minGasPrice = config.getMineMinGasPrice();      //最低油价来自配置文件
> minBlockTimeout = config.getMineMinBlockTimeoutMsec();  //块的超时时间也来自配置文件
> cpuThreads = config.getMineCpuThreads();  //参加挖矿的线程数量，也来自配置文件。
> fullMining = config.isMineFullDataset();      //来自配置文件中的“mine.fullDataSet”选项。
> listener.addListener(new EthereumListenerAdapter() {}  //创建一个侦听器
            ] @Override onPendingStateChanged(PendingState pendingState)
                  > BlockMiner.this.onPendingStateChanged();
            ] @Override onSyncDone(SyncState state)     //一旦这个侦听器的 onSyncDone()被调用：
                  > start = config.minerStart()      //节点的配置项“mine.start”决定了是否挖矿
                  >> return config.getBoolean("mine.start")
                  > sync = config.isSyncEnabled()   //还有这个也是必要条件：
                  >> return this.syncEnabled == null ?
```

```
                                        config.getBoolean("sync.enabled") : syncEnabled
                            > if (start && sync) {    //如果决定要挖，并且已经完成块链的同步，那就：
                            >+ logger.info("Sync complete, start mining...");
                            >+ startMining();      //调用 restartMining()，见下面的展开。
                            > }
> if (config.minerStart() && !config.isSyncEnabled()) {
      //如果配置文件中的"mine.start"为 true，但并没有开启（节点间的）块同步，就直接启动挖矿。
      //否则，要是开启了块同步，那就要等待侦听器的 onSyncDone()被调用，见上。
>+ logger.info("Sync disabled, start mining now...");
>+ startMining();      //展开如下：
>+> isLocalMining = true;
>+> fireMinerStarted();        //通知所有与挖矿有关的侦听器，开始挖了。
>+> restartMining();           //启动挖矿
> }
```

这里的核心，是动态定义并创建了一个经动态扩充的 EthereumListenerAdapter 侦听器，它通过函数覆盖提供了两个自己的函数，一个是 onPendingStateChanged()，另一个是 onSyncDone()。前者是在 PendingStateImpl 中的 pendingTransactions 内容发生变化时受到调用；后者是在节点完成了块链的同步时受到调用。这二者都会启动挖矿，我们不妨先看一下前者所调用的 BlockMiner.onPendingStateChanged()，这个函数是在本节点接收并处理了一个新发布的块之后得到调用的，见前一节中的 processBest()：

[processBest() > listener.onPendingStateChanged() > onPendingStateChanged()]

```
onPendingStateChanged()     //开始挖下一个块的矿
> if (!isLocalMining && externalMiner == null) return;
                            //既不安排在服务器内部挖矿，也没有配备外部挖矿，那就算了。
> if (miningBlock == null) {
>+ restartMining();
> }   //原来不在挖，现在开始。
> else if (miningBlock.getNumber() <= ((PendingStateImpl) pendingState).getBestBlock().getNumber()) {
>+ logger.debug("Restart mining: new best block: " + blockchain.getBestBlock().getShortDescr());
>+ restartMining();
> }   //原来就在挖，但是现在新块已经发布，原来在挖的就得放弃，马上另挖新块。
> else if (!CollectionUtils.isEqualCollection(miningBlock.getTransactionsList(), getAllPendingTransactions())) {
>+ logger.debug("Restart mining: pending transactions changed");   //准备进入新块的待决交易集合发生了变化
>+ restartMining();
> }
```

这里有三种情况，可见这三种情况是殊途同归，都会启动一轮挖矿。

第一种情况是原来没有在挖，现在马上开挖；第二种情况是原来就已经在挖，但是现在新块已经到来，块号比原来在挖的更大，则原来在挖的就得放弃，立即开始另挖新块；第三种情况是原已在挖，但是准备要进入新块的待决交易集合发生了变化而重新开挖。

另外，如果系统配置中启用了块同步机制，那就要到节点完成了同步而使这里的onSyncDone()受到调用时才开始挖矿，这与上述的第一种情况实际上是一样的。

[BlockMiner() > startMining() > restartMining()]

```
BlockMiner.restartMining()
> Block newMiningBlock = getNewBlockForMining();  //确定作为挖矿基础的待发布新块，见后。
> cancelCurrentBlock();                  //取消目前正在进行中的挖矿作业，展开如下：
>> for (ListenableFuture<MiningResult> task : currentMiningTasks) {  //对于正在挖矿的每一个任务：
>>+ if (task != null && !task.isCancelled()) task.cancel(true);    //如果尚未取消就加以取消
>> }
>> currentMiningTasks.clear();  //清除正在挖掘的块，因为那个时间窗口的块已经不可能由本节点发布。
>> if (miningBlock != null) {
>>+ fireBlockCancelled(miningBlock);
>>+ miningBlock = null;
>> }   //end cancelCurrentBlock()
> miningBlock = newMiningBlock;   //打算要发布的新块。

> if (externalMiner != null) {   //如果有代表着外部挖机的 BlockMiner.externalMiner，
                                 //这是通过 BlockMiner.setExternalMiner()提供和设置的。
>+ externalMiner.setListeners(listeners);   //设置好对于外部挖矿的侦听器
>+ currentMiningTasks.add(externalMiner.mine(cloneBlock(miningBlock)));
          //克隆一个挖矿块，交由外部矿工挖掘，并加入当前挖矿任务的集合 currentMiningTasks。
> }

> if (isLocalMining) {   //如果本地（在同一 Java 虚拟机上）挖矿（可与外部挖矿并用，并不冲突）：
>+ MinerIfc localMiner = config.getBlockchainConfig().getConfigForBlock(miningBlock.getNumber())
                                                               .getMineAlgorithm(config);
    == AbstractConfig.getMineAlgorithm(SystemProperties config) //获取某个扩充了 AbstractConfig 的对象：
>+> if (miner == null) miner = new EthashMiner(config)
>+> return miner          //如果尚未创建，就创建一个 EthashMiner 对象。
>+ localMiner.setListeners(listeners);   //这个 listeners 是 BlockMiner.listeners，详见 BlockMiner 的构造函数。
                                        //里面只有一个 listener，是个 EthereumListenerAdapter 对象。
>+ task = localMiner.mine(cloneBlock(miningBlock))   //克隆一个挖矿块，通过 mine()为其创建一个线程。
```

```
                    // EthashMiner.mine()返回一个 ListenableFuture<MiningResult>对象。
>+ currentMiningTasks.add(task);  //将其加入当前挖矿任务的集合 currentMiningTasks。
> }
  // currentMiningTasks 是当前挖矿任务的集合，里面可以既有外挂也有内部，都得有个 listeners。

> for (final ListenableFuture<MiningResult> task : currentMiningTasks) {  //为每个挖矿任务增添一个 listner：
                    >+ task.addListener(() -> {}, MoreExecutors.directExecutor());
                //当这侦听器收到由挖矿任务发来的消息时就说明不是挖到了矿就是发生了异常：
                > Block minedBlock = task.get().block;
                > blockMined(minedBlock);
> }  //end for
> fireBlockStarted(newMiningBlock);
> logger.debug("New block mining started: {}", newMiningBlock.getShortHash());
```

所谓挖矿，实际上是对所欲发布的新块的块头（实际上是块头的 Hash 值）与一个 Nonce 值合在一起做 Hash 计算。但这是一种试凑，块头中字段 Nonce 的值是留着让你试凑的，你往这字段中填一个值，然后对整个块头进行 Hash 计算，如果所得结果满足给定条件，即其二进制值的前面有一定位数的 0（具体的位数由 difficulty 字段给定，这个决定着难度的数值是预定的，属于“共识”），那就挖到了，这个 Nonce 值就固定下来，就可以把这个新块发布出去，别的节点则可以进行验算。如果试凑所得结果不满足条件，那就换个 Nonce 值再算，所以一个 Nonce 值和一次 Hash 计算就是一次试凑。

那么一次试凑就成功的概率有多大呢？我们假定难度为 0，即不要求计算结果的前面有任何 0 位（是 0 当然也可以），那么任何一次计算的结果都满足条件，此时的成功概率为 1.0。再假定难度为 1，即计算结果的第一位必须是 0，那就只有一半的计算结果能满足条件，一次成功的概率就降到 0.5。这样，难度每增加 1，一次试凑成功的概率就减半。而 Hash 计算的结果，那可是 256 位，要是规定前面必须有 32 位 0，那一次成功的概率就只有大约四十亿分之一了。这样，在一个发块周期中你的机器能试凑多少次，就大致决定了在这个周期中挖到矿的概率。

既然决定要挖，那就首先得把本节点本次要发布的块确定下来，然后才能生成具体的块头，再在上面试凑得到合适的 Nonce 值，这就是 getNewBlockForMining()要做的事。

[BlockMiner.startMining() > restartMining() > getNewBlockForMining()]

getNewBlockForMining()

```
> Block bestPendingState = ((PendingStateImpl) pendingState).getBestBlock();  //获取当前的最佳块
> txs = getAllPendingTransactions()        //获取已到达本节点并通过了检验的所有未决交易请求
> uncles = getUncles(bestPendingState)  //获取所有的 Uncle 块，注意这 bestPendingState 就是当前最佳块。
> newMiningBlock = blockchain.createNewBlock(bestPendingState, txs, uncles);  //创建新块：
```

```
== createNewBlock(Block parent, List<Transaction> txs, List<BlockHeader> uncles)
>> long time = System.currentTimeMillis() / 1000;  //以秒为单位，块头中的时间标记所示是开挖时间。
>> // adjust time to parent block this may happen due to system clocks difference
>> if (parent.getTimestamp() >= time) time = parent.getTimestamp() + 1;  //这是很特殊的情况。
>> return createNewBlock(parent, txs, uncles, time);  //end createNewBlock(bestPendingState, txs, uncles)
   == createNewBlock(Block parent, List<Transaction> txs, List<BlockHeader> uncles, long time)
> return newMiningBlock;  //end getNewBlockForMining()
```

除创世块之外，每一个新块都必须有个先前块，要不然就不能成链了。所以先前块与后随块之间就像父子的关系。对于一个新块来说，最合理的先前块当然是块链上那个当前的最佳块（最高块），那是已决的最新块，理应就是上个发块周期中所发布的块，而现在要发布的这个块就跟在它后面。块头中有个时间标记，这个时间标记所指示的是该块开挖的时间，所以上一个块的开挖时间与当下之间至少隔着一个块连挖矿带发布所需的时间。然而挖矿所需的时间带有相当的随机性，说不定上一块只试凑了一次就成功了，因而所耗的时间接近于 0。但是至少上一个块的开挖时间不会比当下更晚。但是网络中这些节点上的时钟未必就同步得很好，所以发生此种情况的可能性也并非绝对没有。真要发生这种情况，就使后一个块的时间标记在先前块的时间标记上加 1，表示晚 1 个毫秒，以维持块的顺序。

决定了先前块之后，为了创建新块，当然得收集需要记载在这个新块中的未决交易。

[BlockMiner.startMining() > restartMining() > getNewBlockForMining() > getAllPendingTransactions()]

```
getAllPendingTransactions()
> PendingStateImpl.TransactionSortedSet ret = new PendingStateImpl.TransactionSortedSet();
                                                              //创建一个空白的集合
> ret.addAll(pendingState.getPendingTransactions());  //从 pendingState 中收集未决交易
> Iterator<Transaction> it = ret.iterator();
> while(it.hasNext()) {      //挨个扫描这些未决交易：
>+ Transaction tx = it.next();
>+ acceptable = isAcceptableTx(tx)      //并非每个交易都能进入新块，看看是否能接受：
>+> return minGasPrice.compareTo(new BigInteger(1, tx.getGasPrice())) <= 0  //说来说去还是钱的问题
>+ if (!acceptable) {  //如果费用不足（低于最低油价）就把它剔除出去
>++ it.remove();  // Miner excluded the transaction
>+ }
> }  //end while
> return new ArrayList<>(ret);
```

有了想要记入新块的那些未决交易，就具备了构成新块的最大要素。但是在块头中还得说明当时有哪些 Uncle 块。所谓 Uncle 块，当然是“父块”的兄弟，有着共同的祖父。Uncle

块的存在说明链上有了分支。一个节点如果收到了两个块号相同但内容有所不同（从而块头的 Hash 值不同）的两个块，在当时是难分谁是谁非的；时间标记也不太说明问题，因为不同节点上的时钟有点偏差也属正常，更何况还有传输延迟。这个时候就先不作判断，把这两个块都记下来，看以后谁的后代繁衍得最长，哪个分支所积累的（挖矿）计算难度最大，谁就最终胜出。不过这个看谁的后代最发达的过程也并不需要很长的时间，一般几个块的周期就可以见出分晓。把 Uncle 块的块头 Hash 值记录在后随块的块头中，有需要时就可以找到这些分支。当然，完全可能有别的节点基于某个 Uncle 块也发布新块，那就也是兼收并蓄，都记下来以观后效。

[BlockMiner.startMining() > restartMining() > getNewBlockForMining() > getUncles()]

```
BlockMiner.getUncles(Block mineBest)
> List<BlockHeader> ret = new ArrayList<>();
> long miningNum = mineBest.getNumber() + 1;
> Block mineChain = mineBest;
> long limitNum = max(0, miningNum - UNCLE_GENERATION_LIMIT);   //回溯祖先时以 7 块为限
> Set<ByteArrayWrapper> ancestors = BlockchainImpl.getAncestors(          //找出 7 代以内的祖先
                                        blockStore, mineBest, UNCLE_GENERATION_LIMIT + 1, true);
> Set<ByteArrayWrapper> knownUncles =
                                    ((BlockchainImpl)blockchain).getUsedUncles(blockStore, mineBest, true);
> knownUncles.addAll(ancestors);
> knownUncles.add(new ByteArrayWrapper(mineBest.getHash()));
> if (blockStore instanceof IndexedBlockStore) {
>+ outer:
>+ while (mineChain.getNumber() > limitNum) {   //有最多 7 个连续的块号
>++ List<Block> genBlocks = ((IndexedBlockStore) blockStore).getBlocksByNumber(mineChain.getNumber());
>++ if (genBlocks.size() > 1) {   //有多个已发布的块具有相同的块号，说明是在不同的分支上。
>+++ for (Block uncleCandidate : genBlocks) {   //对于具有相同块号的每一个：
>++++ if (!knownUncles.contains(new ByteArrayWrapper(uncleCandidate.getHash())) &&
            ancestors.contains(new ByteArrayWrapper(
                        blockStore.getBlockByHash(uncleCandidate.getParentHash()).getHash()))) {
>+++++ ret.add(uncleCandidate.getHeader());
>+++++ if (ret.size() >= UNCLE_LIST_LIMIT)   break outer;   //跳出循环，并跳转到标签 outer 处。
>++++ }
>+++ }   //end for (Block uncleCandidate : genBlocks)
>++ }   //end if (genBlocks.size() > 1)
>++ mineChain = blockStore.getBlockByHash(mineChain.getParentHash());
```

```
>+ }   //end while
> }    //end if (blockStore instanceof IndexedBlockStore)
> else    logger.warn("BlockStore is not instance of IndexedBlockStore: miner can't include uncles");
> return ret;
```

有了这些，就可以创建新块了。

```
[BlockMiner.startMining() > restartMining() > getNewBlockForMining() > createNewBlock()]

BlockchainImpl.createNewBlock(Block parent, List<Transaction> txs, List<BlockHeader> uncles, long time)
> final long blockNumber = parent.getNumber() + 1;   //新块的块号是先前块块号加 1
> final byte[] extraData = config.getBlockchainConfig().getConfigForBlock(blockNumber)
                                                .getExtraData(minerExtraData, blockNumber);
                       //挖矿者可以在块头中附加不超过 32 字节的额外信息，一般用作挖矿者标记。
> Block block = new Block(parent.getHash(),
      EMPTY_LIST_HASH /* uncleHash */,   minerCoinbase,   new byte[0] /* log bloom - from tx receipts */,
      new byte[0] /* difficulty computed right after block creation */, blockNumber,
      parent.getGasLimit() /* (add to config ?) */,   0 /* gas used - computed after running all transactions */,
      time /* block time */,   extraData /* extra data */,   new byte[0] /* mixHash (to mine) */,
      new byte[0] /* nonce (to mine) */, new byte[0] /* receiptsRoot - computed after running all transactions */,
      calcTxTrie(txs) /* TransactionsRoot - computed after running all transactions */,
      new byte[] {0} /* stateRoot - computed after running all transactions */,   txs,   null /* uncle list */)
  == Block.Block(byte[] parentHash, byte[] unclesHash, byte[] coinbase, byte[] logsBloom,
                 byte[] difficulty, long number, byte[] gasLimit, long gasUsed, long timestamp,
                 byte[] extraData, byte[] mixHash, byte[] nonce, byte[] receiptsRoot,
                 byte[] transactionsRoot, byte[] stateRoot,
                 List<Transaction> transactionsList, List<BlockHeader> uncleList) //构造函数，展开如下：
>> this(parentHash, unclesHash, coinbase, logsBloom, difficulty, number, gasLimit,
            gasUsed, timestamp, extraData, mixHash, nonce, transactionsList, uncleList);
>> trie = BlockchainImpl.calcTxTrie(transactionsList)   //计算所有 Tx 的 Trie（类似于 Merkle 树），展开：
>>> Trie txsState = new TrieImpl()   //创建一个空白的 Trie 结构
>>> if (transactions == null || transactions.isEmpty()) return HashUtil.EMPTY_TRIE_HASH;
>>> for (int i = 0; i < transactions.size(); i++) {   //对于入块的每一个交易请求：
>>> txsState.put(RLP.encodeInt(i), transactions.get(i).getEncoded())   //将其串行化编码后填写到 Trie 结构中
>>> }
>>> return txsState.getRootHash()   //计算并返回树根的 Hash 值，就是上面的 trie。
>> this.header.setTransactionsRoot(trie);   //所有交易记录构成的 Trie 树
```

```
>> this.header.setStateRoot(stateRoot);        //当前状态的根，传下的实参为 new byte[] {0}。
>> this.header.setReceiptsRoot(receiptsRoot);    //end Block::Block()
    //至此已完成新块及其块头的创建，但块头中的 Nonce 字段未定。注意许多字段都是空或 0。

> for (BlockHeader uncle : uncles) block.addUncle(uncle);    //将所有的 Uncle 块都加进去
> block.getHeader().setDifficulty(ByteUtil.bigIntegerToBytes(block.getHeader().
                        calcDifficulty(config.getBlockchainConfig(), parent.getHeader())));
                            //计算本块的挖矿难度，并将其写入块头。
> Repository track = repository.getSnapshotTo(parent.getStateRoot());    //创建本块的临时 Repository
> BlockSummary summary = applyBlock(track, block);    //将所有交易重演一遍，获取所形成的状态。
> List<TransactionReceipt> receipts = summary.getReceipts();
> block.setStateRoot(track.getRoot());    //将重演所有交易后所形成的状态树根写入块头
> Bloom logBloom = new Bloom();        //创建一个空白的 Bloom 过滤器
> for (TransactionReceipt receipt : receipts)    logBloom.or(receipt.getBloomFilter());    //综合各个交易的过滤器
> block.getHeader().setLogsBloom(logBloom.getData());    //将汇总后的过滤器写入块头
> block.getHeader().setGasUsed(receipts.size() > 0 ? receipts.get(receipts.size() - 1).getCumulativeGasLong() : 0);
> block.getHeader().setReceiptsRoot(calcReceiptsTrie(receipts));    //将所有交易收据的 Trie 树根写入块头。
> return block;    //返回创建的新块。如果能竞争到发布权，这就是本节点要发布的新块。
```

对于本块挖矿难度的设置，是通过 calcDifficulty()计算出来的。总的思路，是比较先前块的开挖时间和本块的开挖时间，如果相隔时间小于预期即平均时间，就把难度调低一些，反之就把难度调高一些，使得宏观上即较大跨度的平均值符合规定的出块周期，尽管具体到每一次出块都可能有所提前或落后。这个挖矿难度的调整算法也是以太坊的共识之一。

至此，本节点准备要发布的新块已经就绪，下面就是竞争发布权，即“挖矿”的事了。

前面讲过，能否在一个发块周期中挖到矿，其概率完全取决于节点的计算能力。自从有了“挖矿”这个事，由于虚拟货币的价值疯长，越来越多的人把这当成一个投资或投机的机会，而唯一的办法就是拼计算能力和降低运行成本（如电费）。挖矿的竞争不同于例如产品的竞争，产品的竞争是多方面的，市场容量也有弹性，也许还可以培育出新的市场。而挖矿的竞争是真正的“零和游戏”，每天可发的块数是固定的，你挖到了我就没有了。所以，现在的挖矿，靠一台机器，一个线程（或进程）单枪匹马是不现实的了。那样虽不能说是完全没有希望，但碰上此等好事的概率微乎其微，低到可以忽略不计的地步。所以，现在至少是要在多核的机器上通过多线程来提高并行度，从而提高挖到“矿”的概率；再进一步就是要把这个工作部分或全部地“外挂”到专门用于挖矿的服务器，还可以用上 GPU（因为分解以后的每步计算其实都是简单计算），还可以是采用 FPGA 实现的外设，甚至还可以是采用专用芯片的“挖矿机”。

不过，不管是本机上的一个或多个内部任务（线程）还是外挂的外部任务，都需要有个侦听器模块与其连接，让其回调函数在一旦挖到了“矿”时就可及时得到回调。既然如此，就得规定一个统一的接口（界面），MinerIfc 就是这样的一个界面：

```
interface MinerIfc{}
] ListenableFuture<MiningResult> mine(Block block)      //开挖
    //Starts mining the block. On successful mining the Block is update with necessary nonce and hash.
    //return MiningResult Future object. The mining can be canceled via this Future.
    //The Future is complete when the block successfully mined.
] boolean validate(BlockHeader blockHeader)    //Validates the Proof of Work for the block，验证挖出的结果
] void setListeners(Collection<MinerListener> listeners)    //Passes MinerListener's to miner，设置侦听器
] class MiningResult {}    //挖掘结果包括下列三项：
]] long nonce              //使块头 Hash 值满足难度要求时的 Nonce 值
]] byte[] digest           //块头 Hash 值
]] Block block             //目标块本身
```

只要是以太坊的挖矿模块，不管是内部还是外部，都得实现这个界面。

BlockMiner 类内部有个成分 externalMiner，就是用来指向一个实现了 MinerIfc 界面的某类对象。用户可以自己定义一个实现着 MinerIfc 界面的类，并创建一个对象，然后通过 BlockMiner.setExternalMiner()将其设置成外部挖矿设施。而 BlockMiner 则调用其 mine()函数开始挖矿。通常这个对象就是节点与外部挖矿设备之间的接口驱动。

不过，为深入理解挖矿的机制和方法，我们这里还是以 EthereumJ 所提供的软件模块为考察对象。

回到前面 BlockMiner.restartMining()的代码摘要。如果 BlockMiner.externalMiner 非空就调用其 mine()函数，启动其挖矿过程，这就成为一个正在进行的挖矿任务，所以将调用 mine()的返回值挂入 currentMiningTasks 队列。注意 mine()的返回值并非挖矿所得结果，而是一个作为线程在活动（供线程池中的线程调用）的 ListenableFuture。

如果有嵌入节点内部的挖矿模块，即 isLocalMining 为 true，那就也要启动它的挖矿过程。这跟外部挖矿并不冲突，你也挖，我也挖，谁先挖到都是挖到。读者可以回到前面 restartMining()的代码摘要中看一下，那里首先通过 getMineAlgorithm()从节点配置中获取所用的算法，如果没有特别规定就默认为 EthashMiner，并以此为 localMiner。所谓获取“算法”，其实是获取实现了某种算法并实现了 MinerIfc 界面的某类对象，EthashMiner 就是这样的一个对象。然后通过调用 localMiner 的 mine()函数创建本地即内部的挖矿任务，并将其加入 currentMiningTasks 集合中。下面是 EthashMiner 类的摘要：

```
class EthashMiner implements MinerIfc {}
] SystemProperties config;
```

```
] int cpuThreads;
] boolean fullMining = true;        //默认为全挖（而不是“轻挖”）
] Set<EthashListener> listeners = new CopyOnWriteArraySet<>();   //创建一个空白的集合
] EthashMiner(SystemProperties config)
   > this.config = config
   > cpuThreads = config.getMineCpuThreads()       //挖矿线程的数量，来自系统配置：
   >> return config.getInt("mine.cpuMineThreads")
   > fullMining = config.isMineFullDataset()         //这也来自系统配置，“mine.fullDataSet”选项。
] setListeners()           //设置侦听器
] mine(Block block)      //挖矿
```

先看这个类的数据部分。除 config 提供系统配置之外，cpuThreads 和 fullMining 最终都来自系统配置，前者决定了挖矿线程的数量，后者决定是“全挖（fullMining）”还是“轻挖（light）”。侦听器集合 listeners 中是一个或多个对于挖矿事件的侦听器，可以通过 setListeners()加以设置。

当然，最重要的是它的 mine()函数。

```
[BlockMiner.startMining() > restartMining() > EthashMiner.mine()]

ListenableFuture<MiningResult> EthashMiner.mine(Block block)
> return fullMining ?   Ethash.getForBlock(config, block.getNumber(), listeners).mine(block, cpuThreads)
                        : Ethash.getForBlock(config, block.getNumber(), listeners).mineLight(block, cpuThreads)
```

软件实现的挖矿算法有两种，一种是 fullMining，“全挖”，或者说“重挖”，另一种是“轻挖”。前者由 Ethash.mine()实现，后者由 Ethash.mineLight()实现。不过先要通过 getForBlock()创建一个 Ethash 对象（见后）。Ethash 类的结构是这样的：

```
class Ethash {}
] static EthashParams ethashParams = new EthashParams();
] static Ethash cachedInstance = null;
] static long cachedBlockEpoch = 0;
] static ListeningExecutorService executor = MoreExecutors.listeningDecorator(
                new ThreadPoolExecutor(8, 8, 0L, TimeUnit.SECONDS, new LinkedBlockingQueue<>(),
                new ThreadFactoryBuilder().setNameFormat("ethash-pool-%d").build()));
] public static boolean fileCacheEnabled = true;
] Set<EthashListener> listeners = new CopyOnWriteArraySet <>();
] EthashAlgo ethashAlgo = new EthashAlgo(ethashParams);
] long blockNumber;
```

```
] int[] cacheLight = null;
] int[] fullData = null;
] SystemProperties config;
] long startNonce = -1;
] ListenableFuture<MiningResult> mine(final Block block)
  > return mine(block, 1);
] ListenableFuture<MiningResult> mine(final Block block, int nThreads)
```

这个类的数据部分，都是实际挖矿的时候需要用到的一些信息，其中的 ethashAlgo，是进行挖矿时所用的算法，其实是一组函数：

```
class EthashAlgo {}
] EthashParams params;
] static final int FNV_PRIME = 0x01000193;
] static int fnv(int v1, int v2) { return (v1 * FNV_PRIME) ^ v2; }
] calcDatasetItem(final int[] cache, final int i)
] calcDataset(long fullSize, int[] cache)
] hashimoto(byte[] blockHeaderTruncHash, byte[] nonce, long fullSize, int[] cacheOrDataset, boolean full)
] hashimotoFull(long fullSize, final int[] dataset, byte[] blockHeaderTruncHash, byte[]   nonce)
] hashimotoLight(long fullSize, final int[] cache, byte[] blockHeaderTruncHash, byte[]   nonce)
] mine(long fullSize, int[] dataset, byte[] blockHeaderTruncHash, long difficulty)
  > return mine(fullSize, dataset, blockHeaderTruncHash, difficulty, new Random().nextLong())
] mine(long fullSize, int[] dataset, byte[] blockHeaderTruncHash, long difficulty, long startNonce)
```

其实这就是一组函数，相当于一个小小的程序库。具体的挖矿计算，即 Hash 计算，就由这组函数实现。

具体的 Ethash 对象是由 getForBlock()创建的：

```
[BlockMiner.startMining() > restartMining() > EthashMiner.mine() > getForBlock()]

Ethash getForBlock(SystemProperties config, long blockNumber, Collection<EthashListener> listeners)
> Ethash ethash = getForBlock(config, blockNumber);   //减少了一个参数
>> long epoch = blockNumber / ethashParams.getEPOCH_LENGTH();
                        //EPOCH_LENGTH 为 30000，以 30000 块为一个“纪元（epoch）”。
>> if (cachedInstance == null || epoch != cachedBlockEpoch) {   //尚未创建 Ethash 对象，或 epoch 有变化。
>>+ cachedInstance = new Ethash(config, epoch * ethashParams.getEPOCH_LENGTH());
      == Ethash(SystemProperties config, long blockNumber)   //注意这个 blockNumber 其实是个 epoc
>>+> this.config = config;
```

```
>>+> this.blockNumber = blockNumber;  //这就是 (epoch * EPOCH_LENGTH)，同一 epoch 的块号相同。
>>+> if (config.getConfig().hasPath("mine.startNonce")) {
>>+>+ startNonce = config.getConfig().getLong("mine.startNonce");  //Nonce 值的起点可以配置
>>+> }  //end Ethash()
>>+ cachedBlockEpoch = epoch;
>> }
>> return cachedInstance;  //返回的 cachedInstance 就成为上面的 ethash，这是个 Ethash 对象。
> ethash.listeners.clear();
> ethash.listeners.addAll(listeners);  // listeners 是作为调用参数传下来的
> return ethash;  //返回所创建的 Ethash 对象
```

所以，getForBlock()的作用其实是创建 Ethash 对象，并附上供这 Ethash 对象使用的所有侦听器 listeners，还要按配置设定用于挖掘的 Nonce 值起点，即 startNonce。进一步，EthashMiner.mine()的作用就是按“mine.fullDataSet”选项的配置而调用 Ethash.mine()或 Ethash.mineLight()。顾名思义，mineLight()就是轻量级的 mine()，是不要求 FullDataset 即全数据集的挖掘。我们在这里看一下用于“全挖”的 Ethash.mine()。

Ethash.mine()的代码是这样的：

```
[BlockMiner.startMining() > restartMining() > EthashMiner.mine() > Ethash.mine()]

Ethash.mine(Block block, int nThreads)
> return new MineTask(block, nThreads, new Callable<MiningResult>() {}).submit();
                    //创建一个 MineTask 对象，并通过 MineTask.submit()将其提交给 Java 虚拟机。
          ] AtomicLong taskStartNonce = new AtomicLong(
                    startNonce >= 0 ?  startNonce : new Random().nextLong());  //如无规定即随机决定
          ] @Override MiningResult call()
           > long threadStartNonce = taskStartNonce.getAndAdd(0x100000000L);
                    //每个挖矿线程的起始 Nonce 值都比前一个线程加 0x100000000，即 40 多亿。
           > long nonce = getEthashAlgo().mine(getFullSize(), getFullDataset(),
                    sha3(block.getHeader().getEncodedWithoutNonce()),
                    ByteUtil.byteArrayToLong(block.getHeader().getDifficulty()), threadStartNonce);
                                                            //挖矿后返回使其成功的 Nounce 值
           > final Pair<byte[], byte[]> pair = hashimotoLight(block.getHeader(), nonce);
           > return new MiningResult(nonce, pair.getLeft(), block);
   == MineTask.submit()  //MineTask 是定义于 Ethash 内部的一个类，submit()是其提供的一个方法函数。
>> for (int i = 0; i < nThreads; i++) {  //一个 MineTask 任务其实是由 nThreads 这么多个线程并发执行的
>>+ ListenableFuture<MiningResult> f = executor.submit(miner)  //将上面创建的 Callable 类对象提交给系统
          //Java 虚拟机会从线程池中调度一个线程运行并调用其 call()。这里的 miner 是 MineTask.miner。
```

```
        //每个线程的 threadStartNonce 都比前一个高 0x100000000L（见上），作为本线程挖掘的起点。
        //实际的挖掘是通过具体算法的 mine()函数进行的。
>>+ add(f)
    == AnyFuture.add(ListenableFuture<V> f)
>>+> if (isCancelled() || isDone()) return
>>+> f.addListener(() -> futureCompleted(f),   MoreExecutors.directExecutor())
>>+> futures.add(f)
>> }   //end for
>> return this   //end MineTask.submit()
> }
```

MineTask 是个宏观的程序模块，其内部可以创建 nThreads 个独立的线程；更确切地说是要求系统从线程池中调度这么些个独立线程，来运行其提供的 Callable 对象中的 call()函数。创建 MineTask 时的构造函数有三个参数，前面两个分别是 block 和 nThreads，第三个参数是一个新建的无名 Callable 对象。把一个 Callable 类对象提交（submit）给系统，即 Java 虚拟机，就会安排一个线程来调用其 call()函数。但是不同用途的 Callable 类当然应该有不同的 call()函数，这可以是静态定义的，也可以是动态定义的，这里的这个 Callable 类，更确切地说是对 Callable 类的扩充，就是动态定义的。定义的形式就是在 new Callable<MiningResult>()后面跟一对花括号，里面就是这个扩充类的定义。然后，在创建了这个扩充了的 Callable 类对象之后，就以其第三个参数创建一个 MineTask 对象，并调用其 submit()函数将其提交给系统。创建 MineTask 对象之后，这个 Callable 类对象就成为 MineTask.miner。

这里对 Callable 类的扩充内容，一是增添了一个结构成分 taskStartNonce，其值来自 Ethash.startNonce，或者如果这 startNonce 未经设置的话就随机产生。二是用自定义的函数 call()覆盖了缺省的 call()。这个 call()函数的代码也是这里动态定义的。

创建了 MineTask 任务对象，并在 MineTask.submit()中按 nThreads 向系统提交了多份请求之后，系统即 Java 虚拟机就会调度这么些个线程来分别运行上述 Callable 类对象的 call()函数。注意这里向系统提交的是 miner，这就是上述的 Callable 类对象。

为便于理解，我把这 call()函数的内容再做成如下的摘要并予以展开。说是摘要，其实这里并未省略什么，只是重新组织了一下，突出了执行的顺序，变得更清晰，更好理解一些。

```
MineTask.miner.call()
> long threadStartNonce = taskStartNonce.getAndAdd(0x100000000L);
> int size = getFullSize()   //根据块号计算 Dataset 的大小，展开如下：
>> return getEthashAlgo().getParams().getFullSize(blockNumber)
>>> long sz = DATASET_BYTES_INIT +
                        DATASET_BYTES_GROWTH * (blockNumber / EPOCH_LENGTH);
            // DATASET_BYTES_INIT 是 0x20000000，这是创世块的数据集大小（512MB），
            // DATASET_BYTES_GROWTH 是 0x800000，这是每个 epoch 的增加值（8MB）。
```

```
>>> sz -= MIX_BYTES;   // MIX_BYTES 是 128，先在 sz 上减去 128。
>>> while (!isPrime(sz / MIX_BYTES))   sz -= 2 * MIX_BYTES;
                    //从减去了 128 后的 sz 开始，条件是 sz 为 128 的质数倍，不满足条件就每次减 256。
>>> return sz;   //返回满足这个条件的大小
> int[] dataset = getFullDataset()   //见后
> byte[] hash = sha3(block.getHeader().getEncodedWithoutNonce())
                                        //块头除 Nonce 和 mixHash 两个字段之外的 Hash 值
> long difficulty = ByteUtil.byteArrayToLong(block.getHeader().getDifficulty())   //要求达到的挖矿难度
> EthashAlgo algo = getEthashAlgo()   //返回 Ethash::ethashAlgo，这是一个 EthashAlgo 对象。
>> return ethashAlgo
> long nonce = algo.mine(size, dataset, hash, difficulty, threadStartNonce);   //开挖，返回 nonce 值。
> final Pair<byte[], byte[]> pair = hashimotoLight(block.getHeader(), nonce);
> return new MiningResult(nonce, pair.getLeft(), block);
```

每个 MineTask 线程的第一个操作是执行 getAndAdd()，这里没有展开这个函数的代码，因为这个函数是定义于类型 long 的一个操作，是由 Java 语言及其 SDK 提供的。这个函数从内存中读出一个整数，并将其赋值给另一个变量，然后在上面加上一个数，再把结果写回去，这整个过程是一气呵成不可中断的“原子操作”，别的线程中间插不进来。这样，假定 taskStartNonce 的初值为 0，那么首先对这变量加上锁的线程从中读出的值是 0，在这上面加 0x100000000 再写回去，并将 0 赋值给本线程的变量 threadStartNonce，那就是这个线程进行挖掘的（Nonce 值）起点。这个变量是定义于 call()内部的局部量，所以是在堆栈上，而每个线程都有自己的堆栈，因而不会互相冲突。第二个线程去读 taskStartNonce 的时候它已是 0x100000000，所以其 threadStartNonce 就是 0x100000000，这就是第二个线程的挖掘起点。余可类推。

下面就与具体的 Hash 算法有关了，那更多地属于数学问题，我们不是专搞密码算法的人，就只能大致了解一下。

参数 nThreads 的数值来自 EthashMiner.cpuThreads，最终也是来自系统配置。不过从代码中每个挖矿线程的初始 Nonce 值按 0x100000000 递增可以看出，这个 nThreads 应该是 16。这样整个挖掘的范围就是 0x1000000000，即 2^{36}，由 16 个线程分担，并发进行。

下一步是 getFullSize()，已在上面的摘要中展开，这是在估算 FullDataset 的大小。

然后就是获取或者生成这个完全数据集。为什么要有这么个数据集呢？如前所述，比特币的 POW 算法单纯依靠计算，换言之就是单纯依赖于计算速度，这就导致了“装备”的恶性竞争，也降低了挖矿结果的随机性。为克服这个缺点，以太坊采用的这种算法提升了内存所起的作用而降低了计算速度的重要性。在这种算法中，Hash 值的计算很大程度上依赖于查表。而表的内容就是这里所谓的数据集，其结构实质上是一种有向无环图，即 DAG。这个数据集，或者说这个图，是可以按一定规则生成的，而且每过一个 epoch，即每过 30000 个块就要另行生成一个。这样，要用硬件把算法固化下来就比较困难，获益也不那么明显了。当然，每生成一个新的 DAG 就要把它保存在文件中，按平均 15 秒出一个块计算，30000 块就是一百多小时，大约 5 天左右。下面是 getFullDataset()的摘要：

```
int[] Ethash.getFullDataset()
> if (fullData == null) {   //首次创建 Ethash 对象时 fullData 为空，需要从 DAG 文件加载：
>+ File file = new File(config.ethashDir(), "mine-dag.dat");   //打开 DAG 文件“mine-dag.dat”
>+ if (fileCacheEnabled && file.canRead()) {
>++ try (ObjectInputStream ois = new ObjectInputStream(new FileInputStream(file))) {   //创建输入流，然后：
>+++ long bNum = ois.readLong();          //先读入块号，注意这里的所谓块号实际上取决于 epoch。
>+++ if (bNum == blockNumber) {         //检查块号相符，如果确在同一个 epoch 中：
>++++ fullData = (int[]) ois.readObject();         //读入数据集
>+++ } else logger.info("Dataset block number miss: " + bNum + " != " + blockNumber);   //epoch 不符
>++ } catch (IOException | ClassNotFoundException e) {
>++++ throw new RuntimeException(e);
>++ }
>+ }   //end if (fileCacheEnabled && file.canRead())

>+ if (fullData == null){   //要是加载失败就得生成，每个 epoch 即每过 30000 块须生成一个新的数据集：
>++ logger.info("Calculating full dataset...");
>++ int[] cacheLight = getCacheLight(false);
>++ fireDatatasetStatusUpdate(FULL_DATASET_GENERATE_START);
>++ fullData = getEthashAlgo().calcDataset(getFullSize(), cacheLight);
            //至此，所谓 FullDataset 即整数数组 fullData 已经计算出来，在内存中。这就是 DAG。
>++ if (fileCacheEnabled) {
>+++ file.getParentFile().mkdirs();
>+++ try (ObjectOutputStream oos = new ObjectOutputStream(new FileOutputStream(file))) {
>++++ logger.info("Writing dataset to " + file.getAbsolutePath());
>++++ oos.writeLong(blockNumber);     //先写块号，注意这个块号其实是 epoch * 30000。
>++++ oos.writeObject(fullData);                //再写出整个整数数组 fullData
>+++ } catch (IOException e) {
>++++ throw new RuntimeException(e);
>+++ }
>++ }
>++ fireDatatasetStatusUpdate(DATASET_GENERATED);
>+ }   //end if (fullData == null)，临时生成。
> }   //end if (fullData == null)，从文件读入或临时生成。
> return fullData;   //end getFullDataset()，返回从文件读入或临时计算所得的数据集。
```

准备好了所有这些，就可以正式开挖了，那是由具体算法所提供的 mine()函数实现的，在这里就是 EthashAlgo.mine()：

```
EthashAlgo.mine(long fullSize, int[] dataset, byte[] blockHeaderTruncHash, long difficulty, long startNonce)
> long nonce = startNonce;
> BigInteger target = valueOf(2).pow(256).divide(valueOf(difficulty));
> while (!Thread.currentThread().isInterrupted()) {
>+ nonce++;   //每轮循环都使 nonce 递增加 1，进行一次新的试探
>+ Pair<byte[], byte[]> pair = hashimotoFull(fullSize, dataset, blockHeaderTruncHash, longToBytes(nonce));
        // hashimotoFull()和 hashimotoLight()都是通过 hashimoto()实现的，只是参数不同。展开：
>+> return hashimoto(blockHeaderTruncHash, nonce, fullSize, dataset, true)
                                    //最后这个参数为 true 表示 Full，为 false 表示 Light。
>+BigInteger h = new BigInteger(1, pair.getRight());   // 所得 pair 的右边是块头包括 nonce 在内的 Hash 结果
>+if (h.compareTo(target) < 0) break;   //当 hash 值小于 target 时，nonce 的值已满足条件，挖到了“矿”。
> }   //end while
> return nonce
```

这段程序的结构与我们在比特币中所见十分相似，也是通过递增 Nouce 的值逐次试凑，所不同的是这里的 Hash 计算由函数 hashimoto()完成，这个算法与比特币所用的常规 Hash 算法不同，避免了单纯依靠计算速度，而把对内存空间的使用结合进去，以空间换时间，使大量计算通过查表的方法在大型数组中实现。这样，那些有能力通过采用例如 ASIC 芯片提高计算速度的挖矿者就占不到太大的便宜，因为加大内存空间是大家都可以做到的。不过，从总体上说，这仍是一种 POW 即“工作量证明”算法，还是看谁先使 Hash 值满足由难度 difficulty 所规定的条件，也同样因各自所 Hash 的内容有所不同而带有随机性。

再往下就与具体的 Hash 算法有关了，那更多地属于数学问题，我一不是专搞密码算法，二没有这方面的数学基础，再说这具体的算法与整个宏观的流程也关系不大，所以只好把一些代码摘要罗列在下面，让有兴趣的读者自己钻研。

首先，完全的 hashimoto()算法是依赖于一个数据集 fullData 的，所以在开挖之前先要获取这个 fullData。但是我们在前面的 getFullDataset()中看到，首次创建 Ethash 对象时 fullData 为空，需要从 DAG 文件“mine-dag.dat”加载。然而第一次要加载这个文件时连文件也不存在，或者在跨线换了一个 epoch 的时候老的 DAG 文件用不上了，这时候就得生成一个数据集，再把它写入 DAG 文件。在此过程中要调用两个函数，先是 getCacheLight()，然后是 calcDataset()。之所以在 getFullDataset()会调用 getCacheLight()，是因为考虑到：我们固然还没有“mine-dag.dat”这个文件，但是却或许有“mine-dag-light.dat”，虽然这不是“完全”数

据集，但二者区别不是很大，在那个基础上生成 fullData 要方便得多。下面先列出 getCacheLight()的摘要：

```
[Ethash.getFullDataset() > getCacheLight()]

int[] getCacheLight(boolean fireFinished)    //return Light DAG，这是一个整数数组。
  //Checks whether light DAG is already generated and loads it,   otherwise generates it.
> if (cacheLight == null) {
>+ File file = new File(config.ethashDir(), "mine-dag-light.dat");
>+ if (fileCacheEnabled && file.canRead()) {
>++ …   //从文件读入 DAG-Light，与 getFullDataset()中基本相同，略。
>+ }

>+ if (cacheLight == null) {
>++ logger.info("Calculating light dataset...");
>++ fireDatatasetStatusUpdate(LIGHT_DATASET_GENERATE_START);
>++ cacheLight = getEthashAlgo().makeCache(getEthashAlgo().getParams().getCacheSize(blockNumber),
                          getEthashAlgo().getSeedHash(blockNumber));
>++ logger.info("Light dataset calculated.");

>++ if (fileCacheEnabled) {
>+++ …   //将 cacheLight 写入文件，与 getFullDataset()中基本相同，略。
>++ }
>++ if (fireFinished) {
>+++ fireDatatasetStatusUpdate(DATASET_GENERATED);
>++ }
>+ }
> }
> return cacheLight;
```

有了 CacheLight 即“轻量 DAG”，就可以通过 makeCache()计算出 fullData：

```
[Ethash.getFullDataset() > getCacheLight() > makeCache()]

int[] EthashAlgo.makeCache(long cacheSize, byte[] seed)
> byte[][] bytes = makeCacheBytes(cacheSize, seed);
> int[] ret = new int[bytes.length * bytes[0].length / 4];
> int[] ints = new int[bytes[0].length / 4];
```

```
> for (int i = 0; i < bytes.length; i++) {
>+ bytesToInts(bytes[i], ints, false);
>+ arraycopy(ints, 0, ret, i * ints.length, ints.length);
> }
> return ret;
```

事实上以太坊的 POW 算法有两个维度上的选项，完全（Full）和轻量（Light）是其中之一；另外还有常规和 Slow 之分，即算法 EthashAlgo 与 EthashAlgoSlow 之分。下面是 slow 版 makeCache()的摘要，放在这里作个参考：

```
byte[][] EthashAlgoSlow.makeCache(long cacheSize, byte[] seed)
> int n = (int) (cacheSize / params.getHASH_BYTES());
> byte[][] o = new byte[n][];
> o[0] = sha512(seed);
> for (int i = 1; i < n; i++) {
>+ o[i] = sha512(o[i - 1]);
> }
> for (int cacheRound = 0; cacheRound < params.getCACHE_ROUNDS(); cacheRound++) {
>+ for (int i = 0; i < n; i++) {
>++ int v = (int) (getWord(o[i], 0) % n);
>++ o[i] = sha512(xor(o[(i - 1 + n) % n], o[v]));
>+ }
> }
> return o;
```

下面是 calcDataset()。不管有没有 cacheLight，calcDataset()都能算出整个 fullData，只是计算量大小而已。下面是 calcDataset()的代码摘要：

```
[Ethash.getFullDataset() > calcDataset()]

int[] EthashAlgo.calcDataset(long fullSize, int[] cache)
    //参数 cache 实际上就是 cacheLight，如果没有 cacheLight 则 cache 为空。
> int hashesCount = (int) (fullSize / params.getHASH_BYTES());
> int[] ret = new int[hashesCount * (params.getHASH_BYTES() / 4)];
> for (int i = 0; i < hashesCount; i++) {
>+ int[] item = calcDatasetItem(cache, i);
>+> final int r = params.getHASH_BYTES() / params.getWORD_BYTES();
>+> final int n = cache.length / r;
```

```
>+> int[] mix = Arrays.copyOfRange(cache, i % n * r, (i % n + 1) * r);
>+> mix[0] = i ^ mix[0];
>+> mix = sha512(mix, false);
>+> final int dsParents = (int) params.getDATASET_PARENTS();
>+> final int mixLen = mix.length;
>+> for (int j = 0; j < dsParents; j++) {
>+>+ int cacheIdx = fnv(i ^ j, mix[j % r]);
    == EthashAlgo.fnv(int v1, int v2)
>+>+> return (v1 * FNV_PRIME) ^ v2   //这就是 EthashAlgo.fnv()的实现
>+>+ cacheIdx = remainderUnsigned(cacheIdx, n);
>+>+ int off = cacheIdx * r;
>+>+ for (int k = 0; k < mixLen; k++) {
>+>++ mix[k] = fnv(mix[k], cache[off + k]);
>+>+ }
>+> }   //end for (int j = 0; j < dsParents; j++)
>+> return sha512(mix, false);   //end EthashAlgo::calcDatasetItem()
>+ arraycopy(item, 0, ret, i * (params.getHASH_BYTES() / 4), item.length);
> }   //end for (int i = 0; i < hashesCount; i++)
> return ret;
```

这里也给出 EthashAlgoSlow 算法的 calcDataset()，供有兴趣的读者参考（也许你能读懂）。

```
byte[][] EthashAlgoSlow.calcDataset(long fullSize, byte[][] cache)
> byte[][] ret = new byte[(int) (fullSize / params.getHASH_BYTES())][];
> for (int i = 0; i < ret.length; i++) {
>+ ret[i] = calcDatasetItem(cache, i);
>+> int n = cache.length;
>+> int r = params.getHASH_BYTES() / params.getWORD_BYTES();
>+> byte[] mix = cache[i % n].clone();
>+> setWord(mix, 0, i ^ getWord(mix, 0));
>+> mix = sha512(mix);
>+> for (int j = 0; j < params.getDATASET_PARENTS(); j++) {
>+>+ long cacheIdx = fnv(i ^ j, getWord(mix, j % r));
    == EthashAlgoSlow.fnv(int v1, int v2)
>+>+> return ((v1 * FNV_PRIME) ^ v2) % (1L << 32)
        //这是 EthashAlgoSlow.fnv()的实现，FNV_PRIME 为质数 0x01000193。
>+>+ mix = fnv(mix, cache[(int) (cacheIdx % n)]);
>+> }
```

```
>+> return sha512(mix);    //end EthashAlgoSlow::calcDatasetItem()
> }
> return ret;
```

有了 fullData 之后，就可以通过 hashimoto()计算 Hash 值。参数 full 为 true 表示 Full，此时的数据集 cacheOrDataset 应为 fullData；否则就是 CacheLight，即轻量级的 DAG。这个函数是与 DAG 数据集配套的，得要结合起来才可能搞懂。下面是这个函数的摘要，放在这儿供有兴趣的读者参考（但愿你能读懂）：

```
Pair<byte[], byte[]> hashimoto(byte[] blockHeaderTruncHash, byte[] nonce,
                              long fullSize, int[] cacheOrDataset, boolean full)
    //参数 blockHeaderTruncHash 是块头除 Nonce 外的 Hash 值，cacheOrDataset 为数据集。
> if (nonce.length != 8) throw new RuntimeException("nonce.length != 8");
> int hashWords = params.getHASH_BYTES() / 4;   // HASH_BYTES 是 64，  64/4 = 16。
> int w = params.getMIX_BYTES() / params.getWORD_BYTES();   //MIX_BYTES 是 128
> int mixhashes = params.getMIX_BYTES() / params.getHASH_BYTES();    // 128/64 = 2
> int[] s = bytesToInts(HashUtil.sha512( merge(blockHeaderTruncHash, reverse(nonce)) ), false);
> int[] mix = new int[params.getMIX_BYTES() / 4];   //   128/4 = 32
> for (int i = 0; i < mixhashes; i++) {   //从 s 重复拷贝 mixhashes 那么多份到 mix 中。
>+ arraycopy(s, 0, mix, i * s.length, s.length);   //源 s，位移 0，目标 mix，位移 i * s.length，长度 s.length
> }
> int numFullPages = (int) (fullSize / params.getMIX_BYTES());   //128 字节为一个 page
> for (int i = 0; i < params.getACCESSES(); i++) {
>+ int p = remainderUnsigned(fnv(i ^ s[0], mix[i % w]), numFullPages);
>+ int[] newData = new int[mix.length];
>+ int off = p * mixhashes;
>+ for (int j = 0; j < mixhashes; j++) {
>++ int itemIdx = off + j;
>++ if (!full) {   //  参数 full 为 false 表示 Light
>+++ int[] lookup1 = calcDatasetItem(cacheOrDataset, itemIdx);   //见前
>+++ arraycopy(lookup1, 0, newData, j * lookup1.length, lookup1.length);
>++ } else {   //Full
>+++ arraycopy(cacheOrDataset, itemIdx * hashWords, newData, j * hashWords, hashWords);
                    //从 cacheOrDataset 到 newData，每次复制的长度为 hashWords 即 16。
>++ }
>+ }   //end for (int j = 0; j < mixhashes; j++)
>+ for (int i1 = 0; i1 < mix.length; i1++) {
>++ mix[i1] = fnv(mix[i1], newData[i1]);
```

```
>+ }
> }    //end for(int i = 0; i < params.getACCESSES(); i++)
> int[] cmix = new int[mix.length / 4];
> for (int i = 0; i < mix.length; i += 4) {
>+ int fnv1 = fnv(mix[i], mix[i + 1]);
>+ int fnv2 = fnv(fnv1, mix[i + 2]);
>+ int fnv3 = fnv(fnv2, mix[i + 3]);
>+ cmix[i >> 2] = fnv3;   //将计算结果写入 cmix 中
> }   //end for (int i = 0; i < mix.length; i += 4)
> return Pair.of(intsToBytes(cmix, false), sha3(merge(intsToBytes(s, false), intsToBytes(cmix, false))));
```

回到前面 restartMining()的代码中那些同时在挖的线程，如果其中之一挖到了，即在试凑某个 Nonce 值时让 Hash 值满足了难度要求，该线程的侦听器所提供的（在代码中动态定义的）无名函数就会得到调用，从而使 blockMined()得到调用，下面是这个函数的摘要：

```
blockMined(Block newBlock)
> long t = System.currentTimeMillis();
> if (t - lastBlockMinedTime < minBlockTimeout) {   //(t - lastBlockMinedTime)为实际的挖掘时间
>+ long sleepTime = minBlockTimeout - (t - lastBlockMinedTime);
>+ Thread.sleep(sleepTime);                        //如果来得太快就先睡一会儿
> }   //end if (t - lastBlockMinedTime < minBlockTimeout)
> fireBlockMined(newBlock);
>> for (MinerListener l : listeners) l.blockMined(b)   //调用所有侦听器的 blockMined()
> lastBlockMinedTime = t;
> miningBlock = null;
> // cancel all tasks
> cancelCurrentBlock();   //已经有了一个新块，但本地仍有一些线程还在挖矿，得把它们撤销。
> // broadcast the block
> ImportResult importResult = ((EthereumImpl) ethereum).addNewMinedBlock(newBlock);   //展开如下：
>> ImportResult importResult = worldManager.getBlockchain().tryToConnect(block);
    //在本节点上执行 tryToConnect()，一来将此新块链入本地的块链，二来这样才知道是否 best。
>> if (importResult == ImportResult.IMPORTED_BEST) {
>>+ channelManager.sendNewBlock(block);   //发布新块，展开如下：
>>+> BigInteger parentTD = blockstore.getTotalDifficultyForHash(block.getParentHash())   //先前块累计难度
>>+> byte[] td = ByteUtil.bigIntegerToBytes(parentTD.add(new BigInteger(1, block.getDifficulty()))) //累计难度
>>+> NewBlockMessage msg = new NewBlockMessage(block, td)   //组装成一个 NewBlockMessage
>>+> sendMessage(msg)                                   //将其发送出去
>> }   //end if (importResult == ImportResult.IMPORTED_BEST)
```

```
>> return importResult;
> logger.debug("Mined block import result is " + importResult);
```

由于挖矿过程中的随机性，如果碰巧很快就挖到了，就使本次发块的间隔降到很短，这个时间如果小于最小发块间隔时间即 minBlockTimeout 就得睡眠等待一下，过了最低限度的间隔时间才可以把新块发出去。这个时间是通过 getMineMinBlockTimeoutMsec()从配置文件获取的，不过 ethereumj.conf 中对这个选项的设置是 0。

挖矿的结果有很大的不确定性，挖到了当然很好，但如果挖不到呢？这就回到前面 onPendingStateChanged() 中所讲的第二种情况，当有其它节点发布的新块到来时，BlockMiner.onPendingStateChanged()就会得到调用，于是马上就会通过 restartMining()重启挖矿的流程（所以叫 restartMining），马上终止本块的挖掘，在新块的基础上改挖下一块，要不然就连下一块也挖不到了。

3.6 以太坊节点的同步

以太坊网络中的任何一个节点，只要愿意并有足够的资源，就可以在本地保存块链的一个副本。其实说“副本”也并不确切，因为实际上并没有“正本”，每个节点所保存的都是副本，大家都是平等的。那么这些节点所持有的块链副本是否彼此一致呢？事实上确实有可能是不一致的，这有几方面的原因。首先任何节点都可能因为故障、电源、建设、维护以及人为的原因而暂时关机一段时间，再次开机时，它装载存储在本地的块链，但很可能比别的节点短了一截。再说，即使不关机也可能因网络的原因而离线了一段时间。即使既不关机也不离线，网络本身和通信的方式也可能造成时间上的不同步和通信延迟不一，使各节点在同一时间段中看到不同的消息，这也是造成块链分叉的原因。所以，节点之间的同步，即达成块链的一致，是个关键性的问题。

EthereumJ 的源码中定义了个 SyncManager 类，并标记为@Component，而在 EthereumImpl 类中则有成分 syncManager 被标记为@Autowired。这样，节点在创建 EthereumImpl 对象时就会自动创建 SyncManager 对象，并使 EthereumImpl.syncManager 指向这个对象。下面我们对这个类的数据结构部分做一个比较简略的摘要：

```
@Component
class SyncManager extends BlockDownloader {}
] BlockingQueue<BlockWrapper> blockQueue = new LinkedBlockingQueue<>();
] SyncPool pool;
] SyncQueueImpl syncQueue;
] Thread syncQueueThread;   //这个线程专门处理由前端挂入 blockQueue 的新到块
```

显然，SyncManager是对另一个类BlockDownloader的扩充，所以SyncManager是一种特殊的BlockDownloader，只是在此基础上增添了一些结构成分和方法函数。

可以看到，SyncManager内部有个syncQueue，还有个blockQueue。后者虽然其实是个BlockWrapper的队列，但实质上就是个Block的队列。这个队列在新块到达的前端和后端之间起着桥梁的作用，前端把新到块挂入blockQueue后由线程SyncQueueThread进行后端的处理，所以SyncQueueThread这个线程其实是为blockQueue服务的。只是不知为什么不叫BlockQueueThread而叫SyncQueueThread。

上面摘要中所列的只是扩充出来的那一部分，完整的SyncManager还包含着BlockDownloader的数据结构，所以还有必要看一下BlockDownloader的（数据结构）摘要。

```
abstract class BlockDownloader {}        //这是个抽象类，因为有些抽象函数有待落实
] int blockQueueLimit = 2000;                        //块队列中最多可容纳 2000 个块
] int headerQueueLimit = 10000;                      //块头队列中最多可容纳 10000 个块头
] static int MAX_IN_REQUEST = 192;            //每个请求中最多只能有 192 个块或块头
] static int REQUESTS = 32;                   //同时存在的请求不应超过 32 个
] BlockHeaderValidator headerValidator;
] SyncPool pool;
] SyncQueueIfc syncQueue;
] boolean headersDownload = true;
] boolean blockBodiesDownload = true;
] CountDownLatch receivedHeadersLatch = new CountDownLatch(0);
] CountDownLatch receivedBlocksLatch = new CountDownLatch(0);
] Thread getHeadersThread;
] Thread getBodiesThread;
] boolean headersDownloadComplete;
] boolean downloadComplete;
] CountDownLatch stopLatch = new CountDownLatch(1);
] long estimatedBlockSize = 0;
] CircularFifoQueue<Long> lastBlockSizes = new CircularFifoQueue<>(10 * MAX_IN_REQUEST);
] abstract void pushBlocks(List<BlockWrapper> blockWrappers);       //抽象函数有待落实
] abstract void pushHeaders(List<BlockHeaderWrapper> headers);      //抽象函数有待落实，
] …                                                                 //还有更多抽象函数。
] headerRetrieveLoop()
] blockRetrieveLoop()
```

这里有两个线程，一个是 getHeadersThread，另一个是 getBodiesThread。前者执行的是headerRetrieveLoop()，后者执行的是 blockRetrieveLoop()。想要与网中的其它节点同步时，块头的同步和块身的同步是分开进行的。先从网中获取块头，暂时存放在一个队列中，再从网

中获取块身，也暂时存放在一个队列中，然后再加以拼装成块并入链。

所以，SyncManager 对象一经创建和初始化，这两个线程就开始独立活动了。

3.6.1　块头的下载和同步

我们先看 getHeadersThread 线程所执行的 headerRetrieveLoop()：

headerRetrieveLoop()

> List<SyncQueueIfc.HeadersRequest> hReq = emptyList();　//创建一个空白的 HeadersRequest 队列 hReq

> **while**(!Thread.currentThread().isInterrupted()) {　//只要不被打断就永远循环：

>+ if (hReq.isEmpty()) {　//如果 hReq 队列（内容）为空：

>++ hReq = syncQueue.**requestHeaders**(MAX_IN_REQUEST, 128, *getMaxHeadersInQueue*());

　　== requestHeaders(int maxSize, int maxRequests, int maxTotalHeaders)

>++> return **requestHeadersImpl**(maxSize, maxRequests, maxTotalHeaders)　//详见后述。

　　　//理出一个需要下载的块头清单，如果数量太多就分期分批。hReq 是块头请求的队列。

　　　// MAX_IN_REQUEST 为 192，最大请求数为 128，getMaxHeadersInQueue()则估算队列容量。

　　　//注意 hReq 会被替换成 requestHeaders()的返回值，原先的队列就会被系统作为废料回收。

>++ if (hReq == null) {　　//对 requestHeadersImpl()的调用有可能返回 null，从而使 hReq 变成 null。

>+++ logger.info("{}: Headers download complete.", name);　//这时候块头的下载（同步）就结束了

>+++ headersDownloadComplete = true;

>+++ if (!blockBodiesDownload) {　//如果无需进行块身的下载，那么整个下载的过程就结束了。

>++++ ***finishDownload***();

>++++ downloadComplete = true;　　//把 downloadComplete 设置成 true

>+++ }

>+++ **return**;　//从 headerRetrieveLoop()返回意味着 getHeadersThread 结束运行

>++ }　//end if (hReq == null)

>+ }　//end if (hReq.isEmpty())

　//hReq 不是 null，并且队列非空

>+ int reqHeadersCounter = 0;

>+ for (Iterator<SyncQueueIfc.HeadersRequest> it = hReq.iterator(); it.hasNext();) {　//对每项块头请求：

　　//通过这个 foe 循环分头（向不同的 Peer 节点）发送 hReq 队列中的块头请求。

　　//注意每个块头请求都可以包含多个块头，但是向同一个 Peer 节点每次只发送一个请求消息。

　　//如果发不完，就留待下一轮 while 循环再发。

>++ SyncQueueIfc.HeadersRequest **headersRequest** = it.next();

>++ final Channel any = getAnyPeer();　//另找任何一个空闲的通道，即任何一个对等节点。

>++ if (any == null) break;　//headerRetrieveLoop: No IDLE peers found，一个也不空闲就从 for 循环跳出。

>++ else {　//找到了一个空闲通道，就向其发送 GetBlockHeader 请求消息：

>+++ ListenableFuture<List<BlockHeader>> futureHeaders = headersRequest.getHash() == null ?

```
            any.getEthHandler().sendGetBlockHeaders(headersRequest.getStart(),
                                          headersRequest.getCount(), headersRequest.isReverse())
          : any.getEthHandler().sendGetBlockHeaders(headersRequest.getHash(),
                    headersRequest.getCount(), headersRequest.getStep(), headersRequest.isReverse());
                //对块头的请求可以是起始块号+块数，也可以是起始块的 Hash 值+块数。
                //可以是从起始块往上数，也可以是从起始块往下数（Reverse）。
                //对 sendGetBlockHeaders()的调用返回一个供独立线程调用的 ListenableFuture。
>+++ if (futureHeaders != null) {
>++++ Futures.addCallback(futureHeaders, new FutureCallback<List<BlockHeader>>() {})
               @Override   //如果请求成功，对方发来了所请求的块头，就调用 onSuccess()。
               ] onSuccess(List<BlockHeader> result)
                 > if (!validateAndAddHeaders(result, any.getNodeId())) {
                 >+ onFailure(new RuntimeException("Received headers validation failed"));
                 > }
               @Override   //如果请求失败，就说明对方不在线，断开与对方的连接。
               ] onFailure(Throwable t)
                 > logger.debug("{}: Error receiving headers. Dropping the peer.", name, t);
                 > any.getEthHandler().dropConnection();
>++++ it.remove();              //从 hReq 队列中撤去这个请求
>++++ reqHeadersCounter++;      //递增已发出块头请求消息的计数
>+++ }   //end if (futureHeaders != null)
>++ }   //end if (any == null) else …
>+ }   //end for (Iterator<SyncQueueIfc.HeadersRequest> it = hReq.iterator(); it.hasNext();)
>+ receivedHeadersLatch = new CountDownLatch(max(reqHeadersCounter / 2, 1));
>+ receivedHeadersLatch.await(isSyncDone() ? 10000 : 500, TimeUnit.MILLISECONDS);
                          //睡眠等待 10 秒或 0.5 秒，取决于同步是否已经完成。
   //等本轮 while 循环中发出的块头请求都得到回应或超时，再进入下一轮循环。
> }   //end while(!Thread.currentThread().isInterrupted())   //end headerRetrieveLoop()
```

这就是线程getHeadersThread所执行的程序，其大体的流程是：通过一个while循环发送块头请求（消息）。在每一轮循环中，先根据本节点上短缺的情况整理出一个块头请求的队列，即需求清单，如果数量太多就分期分批，每期最多128个请求，每个请求中最多192个块头，此外还受本节点上块头队列（内存）容量的限制。当然不能把所有的负担都加到同一个Peer节点上，所以要通过一个for循环将清单中的各项请求分头发送到不同的Peer节点。如果有连接的Peer节点还不到128个，那就一次不能发完，留下的得要等下一轮while循环中继续发。所以，每次进入一轮while循环时，hReq队列中可能还有剩余，那就先不忙整理下一个需求清单。如此循环直到不再有对于块头的需求，同步就完成了。

这就是说，每轮while循环中最多可以发出对于192×128=24576个块头的请求。以太坊的发块周期平均大约是15秒，即每分钟4块，按每小时240块计算则24576块大约是100小时的容量。也就是说，如果一个节点关机4天再开，需要同步的大约就是那么多块。

发送请求的时候，每向一个Peer节点发出一个块头请求（消息），就为其生成一个供线程池中的线程加以调用的回调函数模块，如果以后收到了所请求的块头就会调用其onSuccess()，在里面调用validateAndAddHeaders()。

注意requestHeaders()返回的是个HeadersRequest的队列，即List<HeadersRequest>，这个队列有可能是空。程序中把这个返回值赋给hReq，所以对requestHeaders()的调用有可能使hReq变成空。前面讲过，在Java语言中，像hReq这样表面上看似是个对象的实体，其实只是个指针。所以hReq为null不同于hReq.isEmpty()。

那么这些块头请求是根据什么生成的呢？我们看看requestHeadersImpl()的代码摘要。

[headerRetrieveLoop() > requestHeaders() > requestHeadersImpl()]

```
List<HeadersRequest> requestHeadersImpl(int count, int maxRequests, int maxTotHeaderCount)
> List<HeadersRequest> ret = new ArrayList<>();
        //创建一个临时的（空白）HeadersRequest 表列 ret，用来汇集有待发送的 HeadersRequest。
        //这个操作应该不会失败，ret 应该不会是 null。
> long startNumber;
> has_gap = hasGaps()       //看块号有没有空隙，展开如下：
>> List<HeaderElement> longestChain = getLongestChain();    //获取本地当前最长的块链（分支）
>> return longestChain.get(longestChain.size() - 1).header.getNumber() < maxNum
          //这里的 maxNum 是 SyncQueueImpl.maxNum，其值仅在 putGenHeaders()中受改变。
          //maxNum 是本节点上所见到过的（已经接收到或自己发布的）最高块号。
> if (has_gap) {   //中间有空隙，缺了一些块：
>+ List<HeaderElement> longestChain = getLongestChain();
>+ startNumber = longestChain.get(longestChain.size() - 1).header.getNumber();
>+ boolean reverse = rnd.nextBoolean();    //随机选取方向（正向或逆向）
>+ ret.add(new HeadersRequestImpl(startNumber, MAX_CHAIN_LEN, reverse));
>+ startNumber += reverse ? 1 : MAX_CHAIN_LEN;    // MAX_CHAIN_LEN 为 192
                //如果是正向就从原 startNumber+1 开始向上，逆向就从原 startNumber+192 开始向下。
   //          if (maxNum - startNumber > 2000) return ret;
> } else {   //没有缝隙，就从 maxNum + 1 开始。
>+ startNumber = maxNum + 1;
> }   //end if (has_gap) else …
> while (ret.size() <= maxRequests && getHeadersCount() <= maxTotHeaderCount) {
>+ HeadersRequestImpl nextReq = getNextReq(startNumber, count);    //产生下一个块头请求
>+ if (nextReq.getEnd() > minNum + maxTotHeaderCount) break;
```

```
>+ ret.add(nextReq);                        //将其添加到块头请求表列 ret 中
>+ startNumber = nextReq.getEnd();          //再下一个块头请求的起始块号
> }   //end while
> return ret;      //返回块头请求表列 ret
```

这样，程序从requestHeaders()返回的时候，如果hReq不是null，并且该序列非空，就说明有对外索取块头的要求，序列中的每个元素就是一个请求，包含着对一串（最多192个）块头的请求。192个块头是每次对一个Peer节点可以提出的要求，再多就让人家负担太重了。

回到前面headerRetrieveLoop()，下面是个for循环，对于hReq序列中的每个元素，即每个HeadersRequest，都要通过getAnyPeer()另找一个可以向其发送请求的Peer节点，找到了就通过Eth62.sendGetBlockHeaders()发送获取块头的请求。这个函数有两个版本，一个是给定起始块的块号，另一个是给定起始块的Hash值，这倒没有什么实质的区别。但是不管是哪一个版本的sendGetBlockHeaders()，都会返回一个ListenableFuture对象，这却是很重要的。顾名思义ListenableFuture也是Future，是要由Java虚拟机安排线程加以执行的，什么时候执行呢？到它的回调（Callback）函数得到调用的时候，而回调函数是要通过此后的addCallback()添加的。我们看一下Eth62.sendGetBlockHeaders()的摘要：

```
[headerRetrieveLoop() > Eth62.sendGetBlockHeaders()]

ListenableFuture<List<BlockHeader>> Eth62.sendGetBlockHeaders(long blockNumber,
                        int maxBlocksAsk, boolean reverse)   //这个函数返回一个 ListenableFuture 对象
> if (ethState == EthState.STATUS_SUCCEEDED && peerState != IDLE) return null;
> GetBlockHeadersMessage headersRequest =    //核心是一个“获取块头”消息，即 GetBlockHeadersMessage。
                    new GetBlockHeadersMessage(blockNumber, null, maxBlocksAsk, 0, reverse);
> GetBlockHeadersMessageWrapper messageWrapper =      //外面还要套上一层外壳 wrapper
                    new GetBlockHeadersMessageWrapper(headersRequest);
> headerRequest = messageWrapper;        //将这 messageWrapper 存放在 Eth62.headerRequest 中
> sendNextHeaderRequest();               //交付底层发送的过程，展开如下：
>> if (ethState == EthState.INIT) return;           //如果本节点尚未连入以太坊网内就不允许发送
>> GetBlockHeadersMessageWrapper wrapper = headerRequest;   //这个 headerRequest 其实是个 wrapper
>> if (wrapper == null || wrapper.isSent()) return;
>> peerState = HEADER_RETRIEVING;           //把对方节点的状态设置成“正在向其索取块头”
>> wrapper.send();                          //将 wrapper 设置成已发送
>> sendMessage(wrapper.getMessage());       //实际发送的是 wrapper 中的消息
>> lastReqSentTime = System.currentTimeMillis();
> return messageWrapper.getFutureHeaders();   //wrapper 中有刚创建的 ListenableFuture 对象
>> return futureHeaders
```

调用参数指明了一段块头序列的起点、长度和排列方向，这里要为其创建一个消息。但光是这个消息还不够，还要为之创建一个外壳，即messageWrapper，创建这外壳的时候就包含了一个ListenableFuture对象的创建。通过sendNextHeaderRequest()交由底层发送的是这个messageWrapper，而不只是消息。可是，底层真正发送的却又是这个消息本身，但是返回所创建的ListenableFuture对象。这messageWrapper是个GetBlockHeadersMessageWrapper类对象，其类型定义的摘要为：

```
class GetBlockHeadersMessageWrapper {}
] GetBlockHeadersMessage message;
] boolean newHashesHandling = false;
] boolean sent = false;
] SettableFuture<List<BlockHeader>> futureHeaders = SettableFuture.create();
] GetBlockHeadersMessageWrapper(GetBlockHeadersMessage message)
   > this.message = message;
] getFutureHeaders()
   > return futureHeaders
```

每当创建一个GetBlockHeadersMessageWrapper对象的时候，作为初始化的一部分，就会创建一个SettableFuture对象并将其赋给内部的结构成分futureHeaders，这也就是函数返回的ListenableFuture对象。不过此时的ListenableFuture对象还没有任何回调函数，这要到在从sendGetBlockHeaders()返回到headerRetrieveLoop()以后才通过addCallback()予以添加，那里添加的是onSuccess()和onFailure()。至于这里所创建的messageWrapper，则被存放在Eth62.headerRequest中。注意每个具体Eth62对象都是针对着一个具体Peer节点的，而对于一个特定Peer节点只允许有一个未走完流程的请求，所以才可以将messageWrapper存放在目标Eth62的headerRequest中。

通过sendGetBlockHeaders()发出的求助消息被网内的Peer节点接收之后，对方节点上的Eth62.channelRead0()会调用processGetBlockHeaders()做出响应：

```
Eth62.processGetBlockHeaders(GetBlockHeadersMessage msg)
> Iterator<BlockHeader> headersIterator = blockchain.getIteratorOfHeadersStartFrom(
                    msg.getBlockIdentifier(), msg.getSkipBlocks(),
                    min(msg.getMaxHeaders(), MAX_HASHES_TO_SEND), msg.isReverse());
> List<BlockHeader> blockHeaders = new ArrayList<>();    //创建一个空白的块头表列
> while (headersIterator.hasNext()) {    //对于块链中符合请求范围的那些块头
>+ blockHeaders.add(headersIterator.next());    //将这些块头逐个加入块头表列 blockHeaders 中
> }
```

```
> BlockHeadersMessage response = new BlockHeadersMessage(blockHeaders);   //创建一个块头消息
> sendMessage(response);   //发回该块头消息
```

于是，本节点就接收到了网中发回的块头消息，这边的Eth62.channelRead0()会调用processBlockHeaders()进行处理：

```
Eth62.processBlockHeaders(BlockHeadersMessage msg)
> GetBlockHeadersMessageWrapper request = headerRequest;   //这是 Eth62.headerRequest
> headerRequest = null;            //这是发送请求时保存的，现已得到回复，就把它撤销了。
> valid = isValid(msg, request)   //检查是否对于本节点所发请求的回应，以及是否合规。
        == Eth62.isValid(BlockHeadersMessage response, GetBlockHeadersMessageWrapper requestWrapper)
> if (!valid) {   //不合规就断开与对方的连接
>+ dropConnection();
>+ return;
> }
> List<BlockHeader> received = msg.getBlockHeaders();   //从该消息中抽取所载的块头序列
> if (ethState == EthState.STATUS_SENT || ethState == EthState.HASH_CONSTRAINTS_CHECK)
>+ processInitHeaders(received);   //见后
> else {
>+ syncStats.addHeaders(received.size());      //这只是为统计目的
>+ SettableFuture<List<BlockHeader>> fh = request.getFutureHeaders()
>+> return futureHeaders   //这就是前面在 headerRetrieveLoop()中创建的那个 futureHeaders,
>+ fh.set(received);            //现在所请求的 Headers 回来了,
> }
> processingTime += lastReqSentTime > 0 ? (System.currentTimeMillis() - lastReqSentTime) : 0;
> lastReqSentTime = 0;
> peerState = IDLE;
```

以太坊网络中的节点与其Peer节点间的通信建立在互联网基础上，Eth62内部有个结构成分ethState，是个枚举类型，记录着对外通信的当前状态。一开始时ethState是EthState.INIT，节点向外发送状态消息StatusMessage、试图与对方建立P2P连接时就变成STATUS_SENT，再往后在首次调用processInitHeaders()后变成EthState.HASH_CONSTRAINTS_CHECK，最后就变成EthState.STATUS_SUCCEEDED。所以，这里的if语句使processBlockHeaders()在开头几次受调用时走processInitHeaders()这条路，以后就都走else下面那条路了。

不过在此之前还有个对Eth62.isValid()的调用，那都是些简单的检查，例如消息中所含的块头数量是否超过了请求中所给定的最大值，起始块的块号是否相符，块号是否连续等，这就留给读者自己去看了。

如上所述，processBlockHeaders()首次获调用时在 if 语句中会走 processInitHeaders()这条

路。现在我们就来看看这里做了些什么：

[processBlockHeaders() > processInitHeaders()]

```
processInitHeaders(List<BlockHeader> received)
> final BlockHeader blockHeader = received.get(0);          //取序列中的第一个块头
> final long blockNumber = blockHeader.getNumber();         //取其块号
> if (ethState == EthState.STATUS_SENT) {          //这是首次进入 processInitHeaders()
>+ updateBestBlock(blockHeader);                              //这个块号应该比已有的大
>+ // checking if the peer has expected block hashes
>+ ethState = EthState.HASH_CONSTRAINTS_CHECK;          //修改 ethState，现在起就不是 STATUS_SENT 了。
>+ validatorMap =Collections.synchronizedMap(new HashMap<Long, BlockHeaderValidator>()) //创建一个 Map
>+ BlockchainConfig config = config.getBlockchainConfig().getConfigForBlock(blockNumber)
>+ List<Pair<Long, BlockHeaderValidator>> validators = config.headerValidators() //获取配置中规定的检验器
>+ for (Pair<Long, BlockHeaderValidator> validator : validators) {   //对于所配置的每个检验器：
              // validator 是一个<块号，检验器>键值对，块号表示该检验器从哪个块开始有效。
>++ if (validator.getLeft() <= getBestKnownBlock().getNumber()) {   //如当前最高块号大于检验器的起始块号
>+++ validatorMap.put(validator.getLeft(), validator.getRight());         //就将这检验器放进 validatorMap
>++ }   //已知的检验器有 BlockHeaderValidator 和 ParentBlockHeaderValidator
>+ }   //end for (Pair<Long, BlockHeaderValidator> validator : validators)
>+ requestNextHashCheck();        //展开如下：
>+> if (!validatorMap.isEmpty()) {
>+>+ final Long checkHeader = validatorMap.keySet().iterator().next();    //第一个检验器的起始块号
>+>+ sendGetBlockHeaders(checkHeader, 1, false);
>+> }
> }   //end if (ethState == EthState.STATUS_SENT)
> else {   //已经不在 STATUS_SENT 状态，已经有了 validatorMap：
>+ BlockHeaderValidator validator = validatorMap.get(blockNumber);   //从 validatorMap 中获取使用的检验器
>+ if (validator != null) {
>++ BlockHeaderRule.ValidationResult result = validator.validate(blockHeader);
                                   //这是 BlockHeaderValidator.validate(BlockHeader header)
>++ if (result.success) {
>+++ validatorMap.remove(blockNumber);
>+++ requestNextHashCheck();
>++ } else {
>+++ logger.debug("Peer {}: wrong fork ({}). Drop the peer and reduce reputation.", …);
>+++ channel.getNodeStatistics().wrongFork = true;
```

```
>+++ dropConnection();
>++ }
>+ }    //end if (validator != null)
> }    //end if (ethState == EthState.STATUS_SENT) else …
> if (validatorMap.isEmpty()) {
>+ ethState = EthState.STATUS_SUCCEEDED;
>+ logger.trace("Peer {}: all validations passed", channel.getPeerIdShort());
> }
```

回到processBlockHeaders()，在if语句中进入processInitHeaders()只是开头几次，后来就都走else部分了，这里关键的操作是从保留着的headerRequest中获取当初的futureHeaders，再通过 SettableFuture.set() 把收到的块头序列交给它，这就导致那个 ListenableFuture 对象futureHeaders的回调函数onSuccess()得到调用：

```
FutureCallback.onSuccess(List<BlockHeader> result)
> if (!validateAndAddHeaders(result, any.getNodeId())) {
>+ onFailure(new RuntimeException("Received headers validation failed"));
> }
```

注意对onSuccess()的调用是发生在另一个线程中，与执行processBlockHeaders()的那个线程已经脱开了关系，这样就不会拖住那个线程不放，使它回不到channelRead0()中。而这一边唯一要做的就是调用validateAndAddHeaders()，这个函数是比较花时间的：

```
[FutureCallback.onSuccess() > validateAndAddHeaders()]

BlockDownloader.validateAndAddHeaders(List<BlockHeader> headers, byte[] nodeId)
> if (headers.isEmpty()) return true;
> List<BlockHeaderWrapper> wrappers = new ArrayList<>(headers.size());    //创建一个序列 wrappers
> for (BlockHeader header : headers) {    //对于序列中的每一个块头：
>+ ok = isValid(header)
>+> return headerValidator.validateAndLog(header, logger)
      == BlockHeaderRule.validateAndLog(BlockHeader header, Logger logger)
>+>> ValidationResult result = validate(header)
      == BlockHeaderValidator.validate(BlockHeader header)
>+>>> for (BlockHeaderRule rule : rules) {    //对于 BlockHeaderValidator 中的每一条规则
>+>>>+ ValidationResult result = rule.validate(header);    //实施该条规则的检验
>+>>>+ if (!result.success) return result;                //只要有一条规则失败，就返回 false。
>+>>> }    //end for (BlockHeaderRule rule : rules)
```

```
>+>>> return Success;       //从 BlockHeaderValidator.validate()逐层返回
>+ if (!ok) return false;   //如果块头规则检验失败就返回 false
>+ wrappers.add(new BlockHeaderWrapper(header, nodeId));   //把这个块头添加到序列 wrappers 中
> }   //end for (BlockHeader header : headers)
> List<BlockHeaderWrapper> headersReady = syncQueue.addHeaders(wrappers);
   == addHeaders(Collection<BlockHeaderWrapper> headers)     //将接收到的 Headers 加入 syncQueue 中：
>> for (BlockHeaderWrapper header : headers) {
>>+ addHeader(header);
     == SyncQueueImpl.addHeader(BlockHeaderWrapper header)   //展开如下：
>>+> long num = header.getNumber();
>>+> if (num <= darkZoneNum || num > maxNum + MAX_CHAIN_LEN * 128) return false   //不在范围中
>>+> return addHeaderPriv(header)
>> }   //end for (BlockHeaderWrapper header : headers)
>> trimChain();
>> return null;   //注意这里返回给 headersReady 的是 null
> if (headersReady != null && !headersReady.isEmpty()) pushHeaders(headersReady);
> receivedHeadersLatch.countDown();
> logger.debug("{}: {} headers added", name, headers.size());
> return true;
```

对于块头有两类合规检查规则，一类是BlockHeaderRule，属于这一类的规则有BlockCustomHashRule、BlockHashRule、ExtraDataPresenceRule、ExtraDataRule、GasLimitRule、GasValueRule和ProofOfWorkRule等7条，这里要检查的就是这一类的规则。另外还有一类是DependentBlockHeaderRule，那要到后面块头与块会合以后通过addImpl()进入blockQueue时才由BlockchainImpl.isValid()中进行检查，属于这一类的规则有BestNumberRule、DifficultyRule、ParentGasLimitRule和ParentNumberRule等4条。

这里我们只看一下 BlockHeaderRule 类规则中的 DifficultyRule：

```
DifficultyRule.validate(BlockHeader header, BlockHeader parent)   //检验挖矿结果是否符合难度要求
> errors.clear();
> BigInteger calcDifficulty = header.calcDifficulty(config.getBlockchainConfig(), parent);
> BigInteger difficulty = header.getDifficultyBI();
> if (!isEqual(difficulty, calcDifficulty)) {   //块头中所述难度与计算结果不符，检验失败。
>+ errors.add(String.format("#%d: difficulty != calcDifficulty", header.getNumber()));
>+ return false;
> }
> return true;
```

别的规则就留给读者自己去看了。

通过了合规检查之后，就可以把这个块头加到 headers 这个二维 Map 中了：

[FutureCallback.onSuccess() > validateAndAddHeaders() > addHeaders() > addHeader() > addHeaderPriv()]

```
addHeaderPriv(BlockHeaderWrapper header)
> long num = header.getNumber();   //获取该块头的块号
> Map<ByteArrayWrapper, HeaderElement> genHeaders = headers.get(num);   //获取该块号的二级 Map
> if (genHeaders == null) {                   //如果还没有这个块号的二级 Map 即 genHeaders
>+ genHeaders = new HashMap<>();              //创建该块号的 genHeaders
>+ putGenHeaders(num, genHeaders);            //将此二级 Map 加入一级 Map 即 headers 中，展开如下：
>+> minNum = min(minNum, num);                      //新块号的到来可能引起最大块号或最小块号的变化
>+> maxNum = Math.max(maxNum, num);
>+> headers.put(num, genHeaders);
> }   //end if (genHeaders == null)
> ByteArrayWrapper wHash = new ByteArrayWrapper(header.getHash());
> HeaderElement headerElement = genHeaders.get(wHash);
> if (headerElement != null) return false;          //相同块号且相同 Hash 的块已经存在，返回 false。
> headerElement = new HeaderElement(header);
> genHeaders.put(wHash, headerElement);             //加入该块号的二级 Map 即 genHeaders 中
> return true;
```

SyncQueueImpl 中的 headers，是个二维 Map，或者说二层 Map。它的第一层是从块号 Map 到一个二层 Map，就是这里的 genHeaders。为什么是复数 Headers 而不是单数的 Header 呢？因为块链可能有分叉，可能有不止一个的块具有相同的块号，但是当然它们的 Hash 值各不相同。而二层 Map 则是从 Hash 值 Map 到一个 HeaderElement 对象，里面有两个空位，一个为块头，一个为块。如果一个块的块头先来，就在这里等待与块身（实际上就是整个块）会合以后一起进入 blockQueue。而 blockQueue，则是前端与后端之间的桥梁。如果块先来呢？块头是块的一部分，所以要么是块和块头一起来，那就不用等待；要么就是块头先来。那为什么要把块头和块分两次传输呢？这是因为有些节点可能只要求有块头就行，有没有块倒不在乎。试想如果你手里有一个块头，到有需要的时候你没有这个块，但是可以让别人拿出这个块来，然后你拿块头中的信息一检验就知道那个块是否真实了。

3.6.2 块身的下载和同步

块头到来并进入 syncQueue 中的 headers 这个 Map 之后，就得等待块身的到来了，其实所谓块身也就是块，因为块头所附加的长度相比之下是很小的，没有必要把块头剥离掉。另一个线程 getBodiesThread 就是专门为此而设，它执行的程序是 blockRetrieveLoop()。

blockRetrieveLoop()
> class BlocksCallback implements FutureCallback<List<Block>> {}
//这是定义于 blockRetrieveLoop()内部的一个类，用于设置回调函数，已移到后面
> List<SyncQueueIfc.BlocksRequest> bReqs = emptyList(); //创建一个空白的块身请求列表 bReq
> **while**(!Thread.currentThread().isInterrupted()) { //只要不被打断就永远循环，直至 return：
>+ if (bReqs.isEmpty()) { //如果表列 bReq（的内容）为空
>++ bReqs = syncQueue.**requestBlocks**(16 * 1024).split(MAX_IN_REQUEST);
//每轮循环中最多可以申请下载 16K 块，切成长度不超过 192 块的块段。
>+ }
>+ if (bReqs.isEmpty() && headersDownloadComplete) { //如果 bReq 为空，并且块头下载已经结束：
>++ logger.info("{}: Block download complete.", name);
>++ finishDownload(); // BlockDownloader.finishDownload()是空函数
>++ downloadComplete = true;
>++ **return**;
>+ } //end if (bReqs.isEmpty() && headersDownloadComplete)

>+ int blocksToAsk = getBlockQueueFreeSize(); //获取 BlockQueue 的可用容量
>+ if (blocksToAsk >= MAX_IN_REQUEST) { //如果容量达到 192，就来一次：
>++ if (bReqs.size() == 1 && bReqs.get(0).getBlockHeaders().size() <= 3) {
//如果 bReqs 中只有一个块段，并且该块段中的块数不超过 3，就在这里处理；
//要不就在后面的 while 循环中处理。这是因为：如果块数太多就不宜集中向块头的来源地索要。
>+++ **for** (BlockHeaderWrapper blockHeaderWrapper : bReqs.get(0).getBlockHeaders()) {
>++++ Channel channel = pool.getByNodeId(blockHeaderWrapper.getNodeId()); //块头是哪来的就向哪要。
>++++ if (channel != null) {
>+++++ ListenableFuture<List<Block>> *futureBlocks* =
channel.getEthHandler().**sendGetBlockBodies**(singletonList(blockHeaderWrapper));
>+++++ if (futureBlocks != null) { //sendGetBlockBodies()会返回一个 ListenableFuture 对象
>++++++ Futures.**addCallback**(*futureBlocks*, new **BlocksCallback**(channel)); //向 futureBlocks 中加回调函数
// BlocksCallback 类的定义见前面的内嵌定义
>+++++ }
>++++ } //end if (channel != null)
>+++ } //end for (BlockHeaderWrapper blockHeaderWrapper : bReqs.get(0).getBlockHeaders())
>++ } //end if (bReqs.size() == 1 && bReqs.get(0).getBlockHeaders().size() <= 3)
//如果要下载的块数较多，就在下面这个 while 循环中得到处理，否则会很快跳过去。
>++ int maxRequests = blocksToAsk / MAX_IN_REQUEST;
>++ int maxBlocks = MAX_IN_REQUEST * Math.min(maxRequests, REQUESTS);
>++ int reqBlocksCounter = 0;
>++ int blocksRequested = 0;

```
>++ Iterator<SyncQueueIfc.BlocksRequest> it = bReqs.iterator();   //创建一个 bReqs 序列中的迭代项
>++ while (it.hasNext() && blocksRequested < maxBlocks) {
>+++ SyncQueueIfc.BlocksRequest blocksRequest = it.next();   //获取这个迭代项所指的块段
>+++ Channel any = getAnyPeer();   //寻找一个与本节点有连接，不是正在忙于为本节点下载的 Peer 节点。
>+++ if (any == null) {
>++++ logger.debug("{} blockRetrieveLoop: No IDLE peers found", name);
>++++ break;   //暂时无处可以下载，跳出内层 while 循环，睡一会儿再试。
>+++ } else {   //找到一个可以向其请求下载的 Peer：
>++++ ListenableFuture<List<Block>> futureBlocks =
                          any.getEthHandler().sendGetBlockBodies(blocksRequest.getBlockHeaders());
>++++ blocksRequested += blocksRequest.getBlockHeaders().size();
>++++ if (futureBlocks != null) {   //sendGetBlockBodies()会返回一个 ListenableFuture 对象，即 futureBlocks。
>+++++ Futures.addCallback(futureBlocks, new BlocksCallback(any));   //向 futureBlocks 中加回调函数
>+++++ reqBlocksCounter++;
>+++++ it.remove();
>++++ }   //end if (futureBlocks != null)
>+++ }   //end if (any == null) else …
>++ }   //end while (it.hasNext() && blocksRequested < maxBlocks)

>++ receivedBlocksLatch = new CountDownLatch(max(reqBlocksCounter - 2, 1));
>++ receivedBlocksLatch.await(1000, TimeUnit.MILLISECONDS);   //睡眠 1 秒
>+ }   //end if (blocksToAsk >= MAX_IN_REQUEST)，BlockQueue 的可用容量达到了 192
>+ else {   //BlockQueue 的可用容量达小于 192
>++ logger.debug("{} blockRetrieveLoop: BlockQueue is full", name);
>++ Thread.sleep(200);
>+ }   //end if (blocksToAsk >= MAX_IN_REQUEST) else …
   //进入下一轮循环
> }   //end while(!Thread.currentThread().isInterrupted())   //end blockRetrieveLoop()
```

读者看了所加注释后对整个流程应该已有了解。这个线程的主循环的每一轮都是由 requestBlocks()开始，这个函数扫描 syncQueue 中的 headers 这个 Map，从中寻找已经有了块头但还缺块身的登记项，找到一个就把这块头的 Hash 记下来。所谓“块身”，实际上就是整个块，因为块头所占比重是很小的，没有必要再将其切除。

[blockRetrieveLoop() > requestBlocks()]

```
requestBlocks(int maxSize)
> BlocksRequest ret = new BlocksRequestImpl();   //创建一个空白的 BlocksRequestImpl 对象
```

```
> outer:
> for (long i = minNum; i <= maxNum; i++) {    //在 headers 这个 Map 中，从最小块号到最大块号：
>+ Map<ByteArrayWrapper, HeaderElement> gen = headers.get(i);  //获取该块号的二级 Map
>+ if (gen != null) {    //如果该块号的二级 Map 存在：
>++ for (HeaderElement element : gen.values()) {    //扫描该二级 Map 中的每个 HeaderElement：
>+++ if (element.block == null) {            //如果该 HeaderElement 的块还没有到位（只有块头）
>++++ ret.getBlockHeaders().add(element.header);    //就将其块头加入 BlocksRequestImpl 的块头序列中
>++++ if (ret.getBlockHeaders().size() >= maxSize) break outer;  //超过了由参数给定的容量
>+++ }  //end if (element.block == null)
>++ }  // for (HeaderElement element : gen.values())
>+ }  //end if (gen != null)
> }  //end for (long i = minNum; i <= maxNum; i++)
> return ret;                //返回这 BlocksRequestImpl 对象
```

关机以后再开机，当中形成的块链空洞有可能是很大的，所以主循环的每一轮可以下载的块数可达 16×1024，即 16384 块之多。但是当然不应该一次就向一个节点下载这么多快，所以要分割成 192 块为一段。

这里还要补充说明一下代码中对所创建的 ListenableFuture 对象即 futureBlocks 所加的回调函数，这次是定义了一个 BlocksCallback 类并创建该类对象作为 addCallback()的参数。BlocksCallback 类实现了 FutureCallback 界面，提供了一个 onSuccess()函数和一个 onFailure()函数，这与前面申请块头时的动态定义并无实质不同。BlocksCallback 类定义的摘要如下：

```
class BlocksCallback implements FutureCallback<List<Block>> {} //定义于 blockRetrieveLoop()内部的 Class
] private Channel peer;
] BlocksCallback(Channel peer)    //构造函数
  > this.peer = peer;
] onSuccess(List<Block> result)
  > addBlocks(result, peer.getNodeId());        //成功就调用 addBlocks()
] onFailure(Throwable t)
  > logger.debug("{}: Error receiving Blocks. Dropping the peer.", name, t);
  > peer.getEthHandler().dropConnection()    //失败就 dropConnection()
```

至于 sendGetBlockBodies()，基本上就是前面 sendGetBlockHeaders()的翻版，这里就不多说了。

块身请求到达对方节点，在那里执行的是 processGetBlockBodies()：

[Eth62.channelRead0() > processGetBlockBodies()]

```
Eth62.processGetBlockBodies(GetBlockBodiesMessage msg)
> Iterator<byte[]> bodiesIterator = blockchain.getIteratorOfBodiesByHashes(msg.getBlockHashes());
>> return new BlockBodiesIterator(hashes)
> List<byte[]> bodies = new ArrayList<>();  //创建一个空白的块身表列 bodies
> int sizeSum = 0;
> while (bodiesIterator.hasNext()) {     //消息中的块头 Hash 序列决定了不会超过 192 个块
>+ byte[] body = bodiesIterator.next();
>+ sizeSum += ByteArrayEstimator.estimateSize(body);
>+ bodies.add(body);  //把这个块加到表列 bodies 中
>+ if (sizeSum >= MAX_MESSAGE_SIZE) break;
> }
> BlockBodiesMessage response = new BlockBodiesMessage(bodies);
                                        //将表列 bodies 中的内容封装在一个 BlockBodies 消息中
> sendMessage(response);  //发送这个消息，作为对块身请求的回应。
```

这里的 bodiesIterator.hasNext()需要说明一下，这个函数的操作是这样的：

```
BlockchainImpl.BlockBodiesIterator.hasNext()
> return position < hashes.size() && blockStore.getBlockByHash(hashes.get(position)) != nul
```

这就是说，以目标块的块头 Hash 值，即 hashes.get(position)为键，在 blockStore 中找到这个（串行化了的）块，并把它加到 bodies 序列中。最后，就创建一个 BlockBodiesMessage 消息，把这些块发回请求下载的节点。

发出请求的那个节点，在收到对方发来的 BlockBodiesMessage 后，对消息进行处理的是 processBlockBodies()。

```
[Eth62.channelRead0 > processBlockBodies()]
```

```
Eth62.processBlockBodies(BlockBodiesMessage msg)
> valid = isValid(msg)
>> return response.getBlockBodies().size() <= sentHeaders.size()   //可以比请求的少，但不能多。
> if (!valid) {   //如果到来的比请求的多，就断开与对方的连接。
>+ dropConnection();
>+ return;
> }
> syncStats.addBlocks(msg.getBlockBodies().size());      //仅为统计目的：
```

```
>> blocksCount += cnt;
>> fixCommon(cnt);
> List<Block> blocks = null;
> blocks = validateAndMerge(msg);   //检查与块头的匹配
> if (blocks == null) {   //如果消息中一个块也没有：
>+ // headers will be returned by #onShutdown()
>+ dropConnection();
>+ return;
> }
> futureBlocks.set(blocks);   //这会使与这些 Block 对应的回调函数 onSuccess()得到调用
   == SettableFuture.set()
> futureBlocks = null;          //这个 ListenableFuture 对象的使命已经完成
> processingTime += (System.currentTimeMillis() - lastReqSentTime);
> lastReqSentTime = 0;
> peerState = IDLE;
```

先通过 validateAndMerge()将接收到的块与所发送请求中所列的 Hash 值进行匹配，也许所要求的块有缺失，没有来，这是可以的，以后还可以再要；但是绝不能有不请自来的块。另外，哪怕有缺失，二者的次序得要一致。如果发现里面有不请自来的块，那就干脆把所有的块都扔掉。下面是 validateAndMerge()的代码摘要：

[Eth62.channelRead0 > processBlockBodies() > validateAndMerge()]

```
validateAndMerge(BlockBodiesMessage response)
> List<byte[]> bodyList = response.getBlockBodies();   //从 BlockBodiesMessage 中提取 BlockBody 表列
> Iterator<byte[]> bodies = bodyList.iterator();
> Iterator<BlockHeaderWrapper> wrappers = sentHeaders.iterator();   //这是当初请求块身时所用的块头清单
> List<Block> blocks = new ArrayList<>(bodyList.size());       //创建一个空白的 Block 对象表列
> List<BlockHeaderWrapper> coveredHeaders = new ArrayList<>(sentHeaders.size());
> boolean blockMerged = true;
> byte[] body = null;
> while (bodies.hasNext() && wrappers.hasNext()) {
      //只要 bodies 和 wrappers 这两个表列中都还有，就循环：
>+ BlockHeaderWrapper wrapper = wrappers.next();   //从 wrappers 表列中取下一个块头的 wrapper
>+ if (blockMerged) body = bodies.next();     //是否从 bodies 表列中取下一个 body 取决于上一次是否成功
         //如果上一轮循环中配对成功，就从 bodies 表列中取下一个块身 body；
         //否则仍用上一轮循环中从 bodies 表列取出的块身 body，试与下一个块头相配。
>+ Block b = new Block.Builder().withHeader(wrapper.getHeader()).withBody(body).create();
```

```
                                        //如果块身与块头相配一致，就拼组创建一个 Block
>+ if (b == null) blockMerged = false;    //没有创建 Block，说明块头与块身不配。
>+ else {    //块头与块身相配，b 就是拼组而成的 Block
>++ blockMerged = true;
>++ coveredHeaders.add(wrapper);    //将此 wrapper 添加到 coveredHeaders 这个集合中
>++ blocks.add(b);    //将此 Block 添加到 blocks 表列中
>+ }
> }    //end while (bodies.hasNext() && wrappers.hasNext())
> if (bodies.hasNext()) return null;    //块头已经耗尽，但块身尚有剩余，这不应该发生。
> // remove headers covered by response
> sentHeaders.removeAll(coveredHeaders);    //从 sentHeaders 表列中剔除已获配对的块头
> return blocks;    //返回配对拼组成功的 Block 表列
```

如果正常，validateAndMerge()返回一个 List<Block>，那就是一串的块。下面就以这个序列为参数调用 futureBlocks.set()。这个 futureBlocks 就是前面发送下载请求时创建的 ListenableFuture 对象，对其 set()函数的调用使 Java 虚拟机（更确切地说是个执行器）分配一个线程来运行其代码，并调用其 onSuccess()函数，这就是前面通过 addCallback()设置的那个 onSuccess()：

```
BlocksCallback.onSuccess(List<Block> result)
> addBlocks(result, peer.getNodeId())
```

显然，此时要做的唯一的事就是 addBlocks()。不言而喻，Blocks 就是刚才下载到来的那些块；而 add，是要把这些块加入到 SyncManager 的 blockQueue 中。

```
[BlocksCallback.onSuccess() > addBlocks()]

BlockDownloader.addBlocks(List<Block> blocks, byte[] nodeId)
> if (blocks.isEmpty()) return;
> List<Block> newBlocks = syncQueue.addBlocks(blocks);    //把这些块合并到 headers 这个 Map 中，展开：
>> for (Block block : blocks) {
>>+ addBlock(block);    //这里的所谓 addBlock，是把 Block 填写到块头所在的 HeaderElement 中
>>+> HeaderElement headerElement = findHeaderElement(block.getHeader());
        //findHeaderElement()的作用是根据块头在 headers 这个二维 Map 中找到其所在的 HeaderElement
>>+> if (headerElement != null) headerElement.block = block;    //把这个块填写进去，块和块头就此团圆。
                                                    //注意这仍是在 headers 这个 Map 中
>>+> return headerElement;
>> }
```

```
>> return exportBlocks();  //把块和块头已经团圆的那些 HeaderElement 标志成已经导出
> List<BlockWrapper> wrappers = new ArrayList<>();  //创建一个空白的 BlockWrapper 表列 wrappers
> for (Block b : newBlocks) {  //对于 newBlocks 中的每一个 Block：
>+ wrappers.add(new BlockWrapper(b, nodeId));    //为其创建一个 BlockWrapper，加入表列 wrappers 中
> }
> logger.debug("{}: Pushing " + wrappers.size() + " blocks to import queue: " ...);
> pushBlocks(wrappers);  //将 wrappers 中的 BlockWrapper 推送到流水线中
        // BlockDownloader.pushBlocks()是抽象函数，实际上是 SyncManager.pushBlocks()。
> receivedBlocksLatch.countDown();  //见 blockRetrieveLoop()
```

把 block 填写到相应的 headerElement 中，这本身很简单。但是填写完以后还要调用一下 exportBlocks()，导出已经具备导出条件的块。

[BlocksCallback.onSuccess() > addBlocks() > exportBlocks()]

```
SyncQueueImpl.exportBlocks()
> List<Block> ret = new ArrayList<>();  //创建一个空白的 Block 表列 ret
> for (long i = minNum; i <= maxNum; i++) {  //对当前窗口范围中所有的块号，从 minNum 到 maxNum：
>+ Map<ByteArrayWrapper, HeaderElement> gen = headers.get(i);  //从 headers 中获取这个块号的二级 Map
>+ if (gen == null) break;  //没有了就结束循环
>+ boolean hasAny = false;
>+ for (HeaderElement element : gen.values()) {  //对这 Map 中的每一个 HeaderElement（都有相同块号）：
>++ HeaderElement parent = element.getParent();  //再从 headers 中获取其先前块的 HeaderElement
>++ if (element.block != null && (i == minNum || parent != null && parent.exported)) {
        //首先，只要块还没有到位，就是不可导出的。在此基础上：
        //除 headers 中块号最小者之外，导出的条件是：其先前块存在且已导出。
        //中间不得有跳空。至于块号比最小块号 minNum 更小的块，则早已导出而不在 headers 中了。
>+++ if (!element.exported) {  //如果尚未导出：
>++++ exportNewBlock(element.block);  //在 Ethereumj 源码中这是个空函数
>++++ ret.add(element.block);  //把这个块添加到 ret 这个 List 中
>++++ element.exported = true;  //将其标志为 true，这个 HeaderElement 所含的块已被导出
>+++ }  //end if (!element.exported)
>+++ hasAny = true;
>++ }  //end if (element.block != null && ...)
>+ }  //end for (HeaderElement element : gen.values())
>+ if (!hasAny) break;  //没有可供导出的块了，就结束循环。
> }  //end for (long i = minNum; i <= maxNum; i++)
    //至此凡符合条件可以导出的 HeaderElement 都已被标志成 exported，这些块都已被列入 ret 这个 List.
```

```
> trimExported();  //下面是把这些 HeaderElement 从 headers 这个 Map 中清除掉：
>> for (; minNum < darkZoneNum; minNum++) {  //从块号 minNum 开始向上扫描：
>>+ Map<ByteArrayWrapper, HeaderElement> genHeaders = headers.get(minNum);  //获取该块号的二级 Map
>>+ assert genHeaders.size() == 1;  //因为是在单链中，该块号的二级 Map 中一定只有一个 HeaderElement。
>>+ HeaderElement headerElement = genHeaders.values().iterator().next();  //就这么一个 HeaderElement
>>+ if (headerElement.exported) {  //如果已被标志为 exported：
>>++ headers.remove(minNum);  //已经导出，不应再留在 headers 这个 Map 中了。
>>+ } else { break; }  //如果没有被标志为 exported 就跳出 for 循环
>> }  //end for (; minNum < darkZoneNum; minNum++)
> return ret;  //返回所导出的 List<Block>
```

所导出的这些块，都是要进入 SyncManager 的 blockQueue 的。只有先前块已经导出进入 blockQueue 的块才可以导出，中间不能跳空。所以，完全有可能因为当中某个块暂时缺位而使后面一大串的块不能被导出，而那个块的到来则可能使一大串被堰塞的块都得到了导出。这些被导出的块，更确切地说是加了壳后形成的 BlockWrapper，都被收集在一个表列 List<BlockWrapper>中，通过 pushBlocks()被推入 SyncManager 内部的 ExecutorPipeline 流水线 exec1 中。

说到这里，我们需要对前面所列的 SyncManager 类定义摘要作些补充了。为免于分散注意力，前面做的摘要中省略了两个成分，即流水线 exec1 和 exec2，这里我们聚焦这两个成分另作一个摘要：

```
class SyncManager extends BlockDownloader {}
] BlockingQueue<BlockWrapper> blockQueue = new LinkedBlockingQueue<>();
] Thread syncQueueThread;  //这个线程专门处理由前端挂入 blockQueue 的新到块
] ExecutorPipeline<BlockWrapper,BlockWrapper> exec1 =    //exec1 的输入和输出都是 BlockWrapper
            new ExecutorPipeline<> (4, 1000, true, blockWrapper -> {}, …)
                  //动态定义的 λ 操作，相当于一个动态定义的无名函数：
                  > for (Transaction tx : blockWrapper.getBlock().getTransactionsList()) {
                  >+ tx.getSender();
                  > }
                  > return blockWrapper;  //从 exec1 流出的仍是 blockWrapper
] ExecutorPipeline<BlockWrapper, Void> exec2 =    //exec2 的输入是 BlockWrapper，但没有输出。
            exec1.add(1, 1, new Consumer<BlockWrapper>() {});
                        ] @Override void accept(BlockWrapper blockWrapper)
                          > blockQueue.add(blockWrapper);
                          > estimateBlockSize(blockWrapper);
```

这里的 ExecutorPipeline 类用来实现流水操作线上的节点，或者说工位。这个类的构造函数调用界面是这样：

```
ExecutorPipeline(int threads, int queueSize, boolean preserveOrder, Function<In, Out> processor,
                                                Consumer<Throwable> exceptionHandler)
```

以 exec1 为例，这里用一个 λ 表达式定义其结构和操作是：线程池中有 4 个线程，队列大小为 1000，对流经的数据须保持次序不变，流经的数据为 blockWrapper，对其所作的处理为一动态定义的无名函数，那里面是个 for 循环，对其 block 中的每个 Tx 执行 getSender()，然后流出。摘要中省略了最后一个参数 exceptionHandler。

而 ecec2，则是在 exec1 的后面再加上一个节点，这个节点是流入数据的消费者，即 Consumer，这是流水线中的最后一个工位，它没有输出。所以，exec2 的输入和输出类型是 <BlockWrapper, Void>，即输入为 BlockWrapper，但没有输出。至于消费的方式，则是调用它提供的 accept()函数，里面的实质操作是 blockQueue.add()。

明白了这个，再看前面调用的 pushBlocks()就容易理解了：

```
[BlocksCallback.onSuccess() > addBlocks() > pushBlocks()]

pushBlocks(List<BlockWrapper> blockWrappers)
> if (!exec1.isShutdown()) {
>+ exec1.pushAll(blockWrappers)    //将这一连串加了壳的块推入流水线 exec1，在流水线中将得到处理。
>+ blocksInMem.addAndGet(blockWrappers.size())     //同时增加 blocksInMem 计数
> }
```

通过 pushAll()把一串 blockWrappers 推入 exec1，这些块就会逐一在 exec1 这个工位上被用于调用 tx.getSender()，for 循环结束后的 return 语句使其进入后面那个工位 exec2，在那里被用作调用 accept()的参数。而 accept()，则接收其加入 blockQueue。这样，就把所导出的每个 blockWrapper 依次挂入了 blockQueue 队列。

如前所述，blockQueue队列是前端和后端之间的桥梁，只要把网上到来的块加入这个队列，下面就是后端的事了。我把后端的处理放在下一节中与新块入链一起介绍。

3.7　新块的入链

前面讲述以太坊节点系统结构的那一节中已经大致介绍了以太坊的块和块链。不过在讲述系统结构的时候的着眼点是程序员看到些什么，以块头 BlockHeader 为例，我们看到的是一个不小的数据结构，但是其中许多成分只是为计算和处理的方便而设的，性质上类似于中间变量、临时变量，并不属于 BlockHeader 的构成要素。那什么才是 BlockHeader 的构成要素呢？当我们把一个 BlockHeader 从一个节点发送到另一个节点时，或者要把一个 BlockHeader 存储在数据库中的时候，显然得要包含所有的构成要素，否则就无法复原，那就不成为 BlockHeader 了。另一方面，为减小网络流量和存储空间，一般也不会将可有可无、可以通过（少量）计算获得的信息，或者仅与具体节点上的环境有关的信息，与那些结构要素一起发送。

所以，要知道 BlockHeader 里面有哪些“真正”的成分，得要看看它的串行化函数，即其 RLP 编码函数 getEncoded()。下面就是这个函数的摘要。

```
BlockHeader.getEncoded(boolean withNonce)      //参数 withNonce 表示要不要把 Nonce 字段也放进去
> byte[] parentHash = RLP.encodeElement(this.parentHash);         //所以 parentHash 是构成要素
> byte[] unclesHash = RLP.encodeElement(this.unclesHash);         // unclesHash，如果有的话，也是。
> byte[] coinbase = RLP.encodeElement(this.coinbase);             //还有 coinbase
> byte[] stateRoot = RLP.encodeElement(this.stateRoot);           //块与状态紧密联系在一起的

> if (txTrieRoot == null) this.txTrieRoot = EMPTY_TRIE_HASH;              //txTrie 就是 Tx 的 Trie 树
> byte[] txTrieRoot = RLP.encodeElement(this.txTrieRoot);                 //xTrieRoot 是树根节点的值
> if (receiptTrieRoot == null) this.receiptTrieRoot = EMPTY_TRIE_HASH;    //这是交易收据的 Trie 树根
> byte[] receiptTrieRoot = RLP.encodeElement(this.receiptTrieRoot);

> byte[] logsBloom = RLP.encodeElement(this.logsBloom);           // logsBloom，即过滤器，如果有的话。
> byte[] difficulty = RLP.encodeBigInteger(new BigInteger(1, this.difficulty));     //本块的挖矿难度
> byte[] number = RLP.encodeBigInteger(BigInteger.valueOf(this.number));            //块号
> byte[] gasLimit = RLP.encodeElement(this.gasLimit);
> byte[] gasUsed = RLP.encodeBigInteger(BigInteger.valueOf(this.gasUsed));
> byte[] timestamp = RLP.encodeBigInteger(BigInteger.valueOf(this.timestamp));

> byte[] extraData = RLP.encodeElement(this.extraData);        //extraData，如果有的话。
> if (withNonce) {      //如果包含 Nonce，这是用来发布的。
>+ byte[] mixHash = RLP.encodeElement(this.mixHash);           //本块挖矿成功时的 mixHash
>+ byte[] nonce = RLP.encodeElement(this.nonce);               //本块挖矿成功时的 nonce 值
>+ return RLP.encodeList(parentHash, unclesHash, coinbase,
                    stateRoot, txTrieRoot, receiptTrieRoot, logsBloom, difficulty, number,
                    gasLimit, gasUsed, timestamp, extraData, mixHash, nonce);
> } else {      //如果不包含 Nonce，这只是用于挖矿时的试算（每次都需要改变 Nonce 值）。
>+ return RLP.encodeList(parentHash, unclesHash, coinbase,
```

```
                    stateRoot, txTrieRoot, receiptTrieRoot, logsBloom, difficulty, number,
                    gasLimit, gasUsed, timestamp, extraData);
> }
```

这样，我们就知道，BlockHeader 里面起实质作用，因而需要跨节点发送的成分是这一些，据此我们可以再做一个 BlockHeader 的结构摘要：

```
class BlockHeader {}
] private byte[] parentHash;      //The SHA3 256-bit hash of the parent block, in its entirety
] private byte[] unclesHash;      //The SHA3 256-bit hash of the uncles list portion of this block
] private byte[] coinbase;        //The 160-bit address to which all fees collected from the
                                     successful mining of this block be transferred;
] private byte[] stateRoot;       //The SHA3 256-bit hash of the root node of the state trie
] private byte[] txTrieRoot;
] private byte[] receiptTrieRoot;
] private byte[] logsBloom;
] private byte[] difficulty;
] private long timestamp;
] private long number;
] private byte[] gasLimit;       // A scalar value equal to the current limit of gas expenditure per block
] private long gasUsed;          //A scalar value equal to the total gas used in transactions in this block
] private byte[] mixHash;
] private byte[] extraData;   //An arbitrary byte array containing data relevant to this block.
                                 With the exception of the genesis block, this must be 32 bytes or fewer.
] private byte[] nonce;
```

同样，对于 Block 也是这样，我们再看看 Block 类的 getEncoded()函数：

```
Block.getEncoded()
> if (rlpEncoded == null) {                //如果尚未编码，就加以编码：
>+ byte[] header = this.header.getEncoded();          //对块头 header 进行编码
>+ List<byte[]> block = getBodyElements();            //获取构成块的元素，记录在表列 block 中，展开如下：
>+> byte[] transactions = getTransactionsEncoded();        //收集记录在本块中的每个 Tx 的 RLP 编码
>+> byte[] uncles = getUnclesEncoded();                    //收集本块的所有 Uncle 块头的 RLP 编码
>+> List<byte[]> body = new ArrayList<>();                 //创建一个名为 body 的空白 ArrayList
>+> body.add(transactions);                                //把所有交易记录的 RLP 编码 List 加到 body 中
>+> body.add(uncles);                                      //把所有 Uncle 块头的 RLP 编码 List 加到 body 中
>+> return body;                                           //返回后就成为上一层的表列 block
```

```
>+ block.add(0, header);                              //再把上面 RLP 编码了的块头 header 加在最前面
>+ byte[][] elements = block.toArray(new byte[block.size()][]);  //将作为表列的 block 转化成一个数组 elements
>+ this.rlpEncoded = RLP.encodeList(elements);        //把数组 elements 中这些 RLP 编码的元素接合在一起
> }
> return rlpEncoded;      //这就是 RLP 编码，即串行化之后的 Block。
```

由此可知，一个块由块头和块身两部分构成，但块身中不仅有交易记录的列表，也可能还有 Uncle 块头 Hash 值的列表。

```
class Block {}
] BlockHeader header;
] List<Transaction> transactionsList = new CopyOnWriteArrayList<>();   /* Transactions */
] List<BlockHeader> uncleList = new CopyOnWriteArrayList<>();      /* Uncles */
```

所以，一个块的构成要素，总而言之就是这么三个成分。

块链中的第一个块称为"创世块(Genesis)",创世块是个特殊的块,所以专门有个 Genesis 类，这是对 Block 类的扩充。

```
class Genesis extends Block {}
] Map<ByteArrayWrapper, PremineAccount> premine = new HashMap<>();
] static byte[] ZERO_HASH_2048 = new byte[256];
] static byte[] DIFFICULTY = BigInteger.valueOf(2).pow(17).toByteArray();
] static long NUMBER = 0;
] static Block instance;
```

注意这些都是在 Block 类原有字段的基础上增加出来的字段，而不是一共才这么几个。

创世块是由每个节点自己创建，而并非由谁发布。节点启动以后在初始化阶段会调用 loadBlockchain()从本地的存储加载已有的块链副本，如果发现没有就要自行创建创世块。但是创建这创世块所需的信息哪来呢？最终还是来自某个 Json 文件，以 ethereumj 源码中目录"src/main/resources/genesis"下的文件 sample-genesis.json 为例，我们可以看出个大概：

```
"alloc": {
    "5db10750e8caff27f906b41c71b3471057dd2004": {
      "balance": "1606938044258990275541962092341162602522202993782792835301376"
    },
    "31e2e1ed11951c7091dfba62cd4b7145e947219c": {
      "balance": "1606938044258990275541962092341162602522202993782792835301376"
```

```
    },
    "ee0250c19ad59305b2bdb61f34b45b72fe37154f": {
      "balance": "1606938044258990275541962092341162602522202993782792835301376"
    }
  },
  "nonce": "0x0000000000000000",
  "difficulty": "0x100000",
  "mixhash": "0x0000000000000000000000000000000000000000000000000000000000000000",
  "coinbase": "0x0000000000000000000000000000000000000000",
  "timestamp": "0x00",
  "parentHash": "0x0000000000000000000000000000000000000000000000000000000000000000",
  "extraData": "0x11bbe8db4e347b4e8c937c1c8370e4b5ed33adb3db69cbdb7a38e1e50b1b82fa",
  "gasLimit": "0x1000000000"
```

当然，这个 Json 文件是随源代码一起下载的。值得注意的是，创世块不同的两个节点是不能互连的，一旦发觉双方的创世块不同就会断开连接，即所谓的“道不同，不相为谋”。所以这也属于“共识”的一部分。

虽然创世块是块链中的第一个块，但块链的创建并不依赖于创世块（或更后来的块）之有无，因为块链也可以是个空的链。我们在本章第一节看过 BlockchainImpl 类的摘要，现在更着重看一下块链与块的关系：

```
@Component
public class BlockchainImpl implements Blockchain, org.ethereum.facade.Blockchain {}
] @Autowired BlockStore blockStore;    // BlockStore 是个界面，块的实际存储机制必须实现这个界面。
] Block bestBlock;    //当前处于本节点所认块链“排头”，实际上是最后的那个块。块链的形成有如堆栈。
] private List<Chain> altChains = new ArrayList<>();    //由于可能存在的分叉，也许还有别的链存在。
] private List<Block> garbage = new ArrayList<>();    //被视作垃圾欲予清除的块
```

这里的 altChains 和 garbage 两个成分在 Ethereumj 的代码中未见使用，应该只是反映了设计者尚未实现的某种意图。所以，真正与块直接相关的就是 blockStore 和 bestBlock 这两个成分了。其中 blockStore 的作用不言自明，那些块总得有个地方存储。而 bestBlock 就是块链迄今为止处于顶端的那个块，也可以说是“排头”，因为块链实际上是类似堆栈那样的结构，后来者居上；每个块都通过先前块的块头 Hash 值 parentHash 指向其前导，从而成链，同时每个块的块头中都有个块号 number（在比特币网中称为“高度”，但是其块头中没有这么个字段）。注意 BlockchainImpl 类的定义前面加了@Component 标注，所以块链即 BlockchainImpl 对象是由 Spring Framework 自动给创建的。创建之后又自动给连接到那些带有@Autowired 标注并且类型为 Blockchain 的结构成分上，其中包括 SyncManager.blockchain 和

HeadersDownloader.blockchain。这就是所谓的“自动注入”。

那么，既然 BlockchainImpl 一开始时还没有 bestBlock，这个字段的值是 null，那这个 bestBlock 字段的值是从何而来，又如何更新呢？

首先是创世块。节点在初始化过程中会调用 loadBlockchain()，企图从磁盘或数据库加载已有的块链副本，其起点就是创世块。如果没有就创建一个创世块，并通过 storeBlock()将其设置成块链中的 bestBlock。

第二，如果本地已经存储着块链中的一段，那创世块当然也在其中，因为创世块是开头第一块，于是就找存储着的 bestBlock，即存储着的那段块链中的最后一块，把它设置成 BlockchainImpl 中的 bestBlock。注意虽然名曰 loadBlockchain()，实际上加载的只是其中的最后一块，此前的那些块已经在数据库中了，不必再多操心。

第三，从.dmp 文件中加载，可以在别的节点上把块链的内容复制写入一个.dmp 文件（dmp 是 dump 的缩写），把这文件拿到另一个节点，将其内容装载进去。为此需要将装载节点系统配置中的可选项“blocks.loader”设置成有待装载的文件名，并设置好另一个选项“blocks.format”。可用的格式有两种，一种是 rlp 格式，另一种是 UTF-8 编码的十六进制格式。Ethereumj 的源码中有个 BlockLoader 类，该类提供的函数 loadBlocks()就是用来从.dmp 文件加载。加载时一方面把读入的块存入本地的数据库，一方面更新 bestBlock。

第四，经过上述操作以后，BlockchainImpl 中的 bestBlock 不再为空，但是这个 bestBlock 与当前实际的 bestBlock，特别是新发布的块之间可能会有相当的差距（也许上次关机已经是几天前的事了），这就要有前述与外界同步的过程。在这个过程中，节点从别的节点下载所缺少的那些块，一方面把到来的块存入本地的数据库，一方面要更新 bestBlock。

第五，其它节点发布的新块。随着新块的到来，一方面要把到来的块存入本地的数据库，一方面就应更新 bestBlock。可是到来的新块有可能“跳空”，即其块号不与块链中已有的块连续，中间有缺失，这就不能入链，当然也不能更新 bestBlock。此时的新块为 bestKnownBlock，带有我们已知的最高块号。Eth62 结构中有个字段就叫 bestKnownBlock，可见这是可以因具体 Peer 而异的。不同的 Peer，从而有不同的通道，不同的 Eth62 结构，就可能有不同的 bestKnownBlock，于是又有 bestPeer 的概念。不过 bestPeer 随时都可能改变，需要临时计算。

第六，本节点发布的新块。本节点发布的新块虽然并非外来，但是处理的时候与外来没有实质的不同。

下面我们重点看接收到外来 NEW_BLOCK 消息时所做的反应 processNewBlock()。

[Eth62.channelRead0() > processNewBlock()]

Eth62.**processNewBlock**(NewBlockMessage *newBlockMessage*)
> Block newBlock = newBlockMessage.*getBlock*();   //从消息中解码还原其所承载的块
> logger.debug("New block received: block.index [{}]", newBlock.getNumber());
> ***updateTotalDifficulty***(newBlockMessage.getDifficultyAsBigInt());
    == updateTotalDifficulty(BigInteger totalDiff)   //展开如下：

```
>> channel.getNodeStatistics().setEthTotalDifficulty(totalDiff)
>> this.totalDifficulty = totalDiff
> updateBestBlock(newBlock);   //如果这个块的块号更大，就成为 bestKnownBlock。
    == updateBestBlock(Block block)   //注意这里并未更新 BlockchainImpl.bestBlock。展开如下：
>> updateBestBlock(block.getHeader())   //同名函数调用，参数类型变成 BlockHeader
>>> if (bestKnownBlock == null || header.getNumber() > bestKnownBlock.getNumber()) {
>>>+ bestKnownBlock = new BlockIdentifier(header.getHash(), header.getNumber())
>>> }
> if (!syncManager.validateAndAddNewBlock(newBlock, channel.getNodeId())) {
>+ dropConnection();   //如果检验失败，就断开与对方节点的连接。
> }
```

显然，这里的核心是 validateAndAddNewBlock()，这个函数返回 true 表示检验合格，但是是否就把它加入到了本地的块链（副本）中则不一定；而倘若返回 false 则表示检验不合格，此时不但要丢弃这个新块，还要断开与对方的连接。注意这样的检验是每个节点上都在进行的，试想一个节点如果发出一个通不过检验的新块，那就会使所有与之相连的 Peer 节点都断开与它的连接，这个节点一下子就被赶出了以太坊网络。还要注意，newBlock 是函数 processNewBlock()的局部量，如果不被接受加入本地的块链（包括存入本地的数据库），那么程序一从这个函数返回，newBlock 就消失了，其占用的空间会被 Java 虚拟机的废料收集机制回收。下面我们看 validateAndAddNewBlock()这个函数。

[channelRead0() > processNewBlock() > validateAndAddNewBlock()]

```
SyncManager.validateAndAddNewBlock(Block block, byte[] nodeId)
> if (syncQueue == null) return true;
> // run basic checks
> if (!isValid(block.getHeader())) { return false; }   //通不过合规检查就出错返回
   == BlockDownloader.isValid(BlockHeader header)   // SyncManager 是对 BlockDownloader 的扩充
> lastKnownBlockNumber = block.getNumber();   //获取其块号
> if (block.getNumber() > syncQueue.maxNum + MAX_IN_REQUEST * 2) { return true; }
                    //过于超前，暂不能接受（以后再向别人要），但检验是合格的，所以返回 true。
> // skip if memory limit is already hit
> if ((blocksInMem.get() * getEstimatedBlockSize()) > blockBytesLimit) { return true;}
                    //内存空间不足，暂不能接受（以后再向别人要），但检验是合格的，所以返回 true。
> syncQueue.addHeaders(singletonList(new BlockHeaderWrapper(block.getHeader(), nodeId)));
                              //将此新块的块头套上外壳（Wrapper），添加到同步队列 syncQueue 中。
> List<Block> newBlocks = syncQueue.addBlocks(singletonList(block));
                              //再将这个块也加入同步队列中，返回从 headers 中导出的新块。
```

```
> List<BlockWrapper> wrappers = new ArrayList<>();  //创建一个空白的表列 wrappers
> for (Block b : newBlocks) {  //为 addBlocks()所导出各块逐一创建 BlockWrapper 对象并加入 wrappers：
>+ boolean newBlock = Arrays.equals(block.getHash(), b.getHash());  //若二者的 Hash 相同就是新来的那个块
>+ BlockWrapper wrapper = new BlockWrapper(b, newBlock, nodeId);  //创建 BlockWrapper，带壳的块。
                                        //参数 newBlock 为 true 表示该块是刚到来的新块。
>+ wrapper.setReceivedAt(System.currentTimeMillis());  //设置收到的时间
>+ wrappers.add(wrapper);  //加入 wrappers 表列中，其中有些是新块，有些不是，但都是刚导出的。
> }  //end for (Block b : newBlocks)
> pushBlocks(wrappers);  //将 wrappers 中那些刚导出的（加了壳的）块都推入流水线。
> return true;  // processNewBlock()的任务已经完成，静待同步队列 syncQueue 中的块得到处理。
```

这个函数名叫 validateAndAddNewBlock()，首先是 validate。对于到来的新块，先要通过 BlockDownloader.isValid()进行合规性检查；如果不合规就加以拒绝。

但是通过了合规检查也不一定就能接受下来，若其块号相对于本地当前块链上的最高块号过于超前，就说明中间有过大的空洞，这个块得要等这空洞被填上以后才能进入本地的块链（副本）和永久存储，这样就会在同步队列中停留太久，消耗过大的存储空间。这里的常数 MAX_IN_REQUEST 定义为 192，两倍就是 384。同样的道理，还要检查本地的内存空间是否足以容纳其在同步队列中等待。通过了这些检查，才能将其接受下来，通过 addHeaders() 和 addBlocks()将其添加到 SyncManager 内部的同步队列 syncQueue 中，这是个 SyncQueueImpl 类对象。这个操作是分两步完成的，先 addHeaders()，再 addBlocks()。

我们在前面结合块链同步的流程看过 SyncManager 类的摘要，后来又补充了对于流水线 exec1 和 exec2 的构成。在块链同步的流程中，先向外面要来的只是块头，有了块头再去要块身（其实是块），在 syncQueue 中会聚，然后按次序导出，再通过流水线节点 exec1 和 exec2 进入 blockQueue 队列。而对于新发布块的到来，则一次性地同时有了块头和块身，但是仍有块号是否连续的问题。

SyncQueueImpl 中的 blockQueue 队列，其实是个 BlockWrapper 的队列，Block 在进入这个队列时得在外面包上个壳，成为 BlockWrapper，这是因为需要在 Block 的基础上添加一些附加的信息。这个队列是个 BlockingQueue 队列，注意这所谓 Blocking 与此刻要处理的 Block 无关，而是指对队列进行读写的操作有可能被阻塞，而使正在进行操作的线程进入睡眠等待。比方说，一个线程想从这队列获取一个元素，但队列为空，这个线程就得睡眠等待。我们现在的目标，就是将新来的 Block 挂入这个队列。

但是这个新来的块未必立即就可以进入这个队列，因为 blockQueue 队列要求挂入的 Block（实际上是 BlockWrapper）必须是按块号排好序的。所以还是得经过 syncQueue 作为过渡，仍得要分两步走。

第一步是让块头和块都进入 headers 这个二维 Map，在那里等待被导出。这是因为进入 blockQueue 的块得要是按块号排序的，5 号块还没有进，6 号块就不能进。所以 headers 这个 Map 一方面是要把块头和块凑齐，另一方面是要在这里等候按序进入 blockQueue。这跟比特币网络中交易请求可能需要作为“孤儿”交易在外等待进入 mempool 是一样的道理。以太坊

不像比特币那样采用 UTXO，所以交易请求的到来并不存在这个问题，但是块的到来却有类似的问题。既然如此，hearers 这个 Map 似乎只要是 Map<块号，HeaderElement>就行了，为什么还得是个二维的 Map 呢？这是因为，可能存在的分叉会使多个块具有相同的块号。所以就得有个二维的 Map，先通过块号找到次一级的 Map，而这个次一级的 Map 则是 Map<Hash，HeaderElement >。所谓块号连续，是指在其所在分支上的连续。

再看 blockQueue。在 headers 这个 Map 中凑齐了一个可以被导出的 HeaderElement，可能会导致一连串块号的 HeaderElement 都能被导出。例如假设原来已经有 6、7、8 号块的 HeaderElement 在等待，就缺 5 号；现在 5 号块到了，就使 5、6、7、8 号一共四个块的 HeaderElement 都能被导出了。把这些块加进 blockQueue 队列，块的数量可能不少，并且对每一个块还须进行一定的处理，在比较坏的情况下有可能耗时颇长，会使程序不能及时从 processNewBlock()返回，影响节点对外的响应速度。比较好的办法是另起一个线程，把导出的这些块交给这个线程，让它去并发完成使这些块进入 blockQueue 队列的操作。这就是后面要讲到的 syncQueueThread。

而将一串 BlockWrapper 挂入 blockQueue 队列所需的操作，当然有种种不同的实现方法，这里采用的方法是前述由工位 exec1 和 exec2 构成的流水线，只要把一个 BlockWrapper 对象 push()（此函数由 ExecutorPipeline 类提供）进入工位 exec1，它就会依次流经这流水线的两个工位，在第一个工位上对块中的每个交易请求调用 tx.getSender()。调用这个 getSender()的目的并不是要获取其发起者地址，而是检验是否带有发起者地址，或者能否从该交易请求的 Hash 值及其签名恢复出发起者地址，如果不能就会在 getSender()发生异常。所以，只要对这些交易请求执行 getSender()而都能正常返回，这个检验就成功了。第二个工位上的操作是调用 accept()，这就把这 BlockWrapper 挂进了 blockQueue。

至此，前端的任务就完成了，下面是后端的事了。

我们在前一节中看到的是块头和块先后到达的情景，在本节中看到的则直接就是块的到达。这两种不同情景的流程到这里就会合了，下面就是进入 blockQueue 队列以后的处理，即后端处理。

处于后端的是个线程 syncQueueThread，所执行的函数为 produceQueue()：

```
produceQueue()   //线程名“SyncQueueThread”
> while (!Thread.currentThread().isInterrupted()) {   //这个线程的主循环
>+ BlockWrapper wrapper = null;
>+ wrapper = blockQueue.take();   //从 blockQueue 队列中取出一个 BlockWrapper，如果没有就睡眠等待。
>+ blocksInMem.decrementAndGet();   //减少 blocksInMem 计数
>+ ImportResult importResult;
>+ importResult = blockchain.tryToConnect(wrapper.getBlock());   //将这个块连接到本地的块链（副本）上
>+ if (importResult == IMPORTED_BEST) {
>++ logger.info("Success importing BEST: block.number: {}, block.hash: {}, tx.size: {}, time: {}", …)
>++ if (wrapper.isNewBlock() && !syncDone) {
>+++ makeSyncDone();
```

```
>++ }
>+ }
>+ if (importResult == IMPORTED_NOT_BEST)
>++ logger.info("Success importing NOT_BEST: block.number: {}, block.hash: {}, tx.size: {}, time: {}", …)

>+ if (syncDone && (importResult == IMPORTED_BEST || importResult == IMPORTED_NOT_BEST)) {
>++ // Propagate block to the net after successful import asynchronously
>++ if (wrapper.isNewBlock()) channelManager.onNewForeignBlock(wrapper);
>+ }

>+ // In case we don't have a parent on the chain return the try and wait for more blocks to come.
>+ if (importResult == NO_PARENT) {
>++ logger.error("No parent on the chain for block.number: {} block.hash: {}", … )
>+ }
> }   //end while
```

这个线程守着 blockQueue，从里面挨个取出 BlockWrapper，即带壳的 Block，取到一个就对其执行 tryToConnect()，这个函数使新到来的 block“连接”到本地的块链（副本）中。其实“Connect”这个词并非很贴切，块与块之间是通过块头中的 parentHash 字段连接成链的，这个字段的值从该块发布以后就从未改变，所以并不存在重新连接的问题，这里要解决的是这个块在本地的块链上是否会因中间有短缺而导致出现“空洞”的问题，以及对于块链分叉的处理。我们看这个函数的代码摘要。

[produceQueue() > tryToConnect()]

```
BlockchainImpl.tryToConnect(Block block)
> if (blockStore.getMaxNumber() >= block.getNumber() && blockStore.isBlockExist(block.getHash())) {
>+ return EXIST;   //这个块原已存在，不需要再做什么了。
> }

> if (bestBlock.isParentOf(block)) {   //如果当前的 BlockchainImpl.bestBlock 正好就是这 block 的先前块：
            //这表明块号连续。注意 isParentOf()是按 Hash 值匹配判断，而不是按块号连续判断的。
>+ recordBlock(block);                //将其存储在本地，见后。
>+ // Repository repoSnap = repository.getSnapshotTo(bestBlock.getStateRoot());
>+ BlockSummary summary = add(repository, block);   //将其添加到本地的 repository 中，见后。
>+ ret = summary == null ? INVALID_BLOCK : IMPORTED_BEST;   //新来的块是依次到来，无分叉。
> }   //end if (bestBlock.isParentOf(block))，这是最“正常”的情况，块链的主支自然增长。
> else {   //当前的 bestBlock 并非正好就是这 block 的先前块，说明有分叉：
```

```
>+ if (blockStore.isBlockExist(block.getParentHash())) {   //如果这 block 的先前块存在，那就有分叉了：
>++ BigInteger oldTotalDiff = getTotalDifficulty();
>++ recordBlock(block);                       //同样也将其存储在本地，见后。
>++ summary = tryConnectAndFork(block);        //对分叉的处理，见后。
>++ ret = summary == null ? INVALID_BLOCK :
                    (summary.betterThan(oldTotalDiff) ? IMPORTED_BEST : IMPORTED_NOT_BEST);
        // IMPORTED_BEST：新块在另一分支上，并且所在的分支已经积累起更高的难度。
        // IMPORTED_NOT_BEST: 新块在另一分支上，但所在的分支并未积累起更高的难度。
>+ } else {   //这 block 的先前块不存在
>++ summary = null;
>++ ret = NO_PARENT;
>+ }
> }   // end if (bestBlock.isParentOf(block)) else

> ok = ret.isSuccessful()      //看是否连上了：
>> return equals(IMPORTED_BEST) || equals(IMPORTED_NOT_BEST);   //只要被接受下来就都认为成功
> if (ok) {
>+ listener.onBlock(summary);
>+ listener.trace(String.format("Block chain size: [ %d ]", this.getSize()));
>+ if (ret == IMPORTED_BEST) {
>++ eventDispatchThread.invokeLater(() -> pendingState.processBest(block, summary.getReceipts()));
>+ }
> }
> return ret;   //ret 的类型为 ImportResult，IMPORTED_BEST 无分叉，IMPORTED_NOT_BEST 有分叉。
```

注意这里所说的 bestBlock 是 BlockchainImpl.bestBlock。假定当前 bestBlock 的块号为 N，要把一个新到来的块 block 加到块链中时有两种情况。一种情况是 block 的块号为 N+1，这是最简单也是最常见的情况。在这样的情况下，有了 block 后的 bestBlock 块号就变成了 N+1，后面我们会看到对 bestBlock 的更新。第二种情况是 block 的块号小于 N+1，这说明其先前块的块号小于当前 bestBlock 的块号 N，块链上有了分叉，这个 block 一定是在某个分支上。顺着这先前块回溯，只要不断头，就一定能回溯到这个 block 与当前 bestBlock 的共同祖先，那个块就是分叉点。

那么，如果有两个块号为 N+1 的 block1 和 block2 同时到来呢？即使同时到来，调用 tryToConnect()的时间总有先后，假设 block1 在前，则当 block2 进入 tryToConnect()时的 bestBlock 块号已经变成了 N+1，而 block2 的块号小于 N+2，这就成了第二种情况，即小于此时的 bestBlock 块号。

至于第三种情况，即 block 的块号大于 bestBlock 块号却又不与当前块链连续，说明当中有空洞，这样的情况本就不应该出现，因为那样的 block 本应停留在 headers 集合中而不应被导出而进入 blockQueue，所以属于出错。即使 block 的块号小于 bestBlock 块号，但也不与当前块链的任一分支连续，那也是一样。

从上面的代码摘要中可见，不管是两种情况中的哪一种，recordBlock()总是要调用的，这个函数把新到来的 block 以可打印字符串的形式写入一个“转储（Dump）”文件的末尾，把它记录在文件系统中。

```
[produceQueue() > tryToConnect() > recordBlock()]

recordBlock(Block block)
> if (!config.recordBlocks()) return;
> String dumpDir = config.databaseDir() + "/" + config.dumpDir();   //Dump 目录是数据库目录下面的子目录
> File dumpFile = new File(dumpDir + "/blocks-rec.dmp");    //准备创建扩展名为.dmp 的 Dump 文件（路径）
> FileWriter fw = null;
> BufferedWriter bw = null;
> dumpFile.getParentFile().mkdirs();                        //如果 Dump 目录尚不存在就创建
> if (!dumpFile.exists()) dumpFile.createNewFile();         //如果 Dump 文件尚不存在就创建
> fw = new FileWriter(dumpFile.getAbsoluteFile(), true);    //建立写文件的中间层
> bw = new BufferedWriter(fw);                              //在此之上建立带缓冲的写文件中间层
> if (bestBlock.isGenesis()) {  //如果还只有一个创世块：
>+ bw.write(Hex.toHexString(bestBlock.getEncoded()));  //把创世块写入 Dump 文件，按十六进制字符格式。
>+ bw.write("\n");                                     //以回车符表示一个块的结束
> }
> bw.write(Hex.toHexString(block.getEncoded()));  //再把本块添加写入 Dump 文件，按十六进制字符格式。
> bw.write("\n");                                 //以回车符表示一个块的结束
> if (bw != null) bw.close();
> if (fw != null) fw.close();
```

此外，在不分叉的情景中还调用了 add()，可是在分叉的情景中却不一样，在那里调用的是 tryConnectAndFork()。不过后面就可看到，其实在 tryConnectAndFork()中也会调用 add()，所以 add()也是分不分叉都会调用的，只是调用时的参数 repository 不一样。

调用 add()时的第一个实参 repository 即 BlockchainImpl.repository，是个实现了 Repository 界面的缓冲存储，这就是函数 add()中的 repo。

```
[produceQueue() > tryToConnect() > add()]

BlockchainImpl.add(Repository repo, final Block block)
> BlockSummary summary = addImpl(repo, block);   //合规检查并重演。见后。
                   //这里面会调用 processBlock()，后者又会调用 applyBlock()，重演 block 中的交易。
```

```
> if (summary == null) {    // addImpl()未返回重演总结，说明重演块中所载交易的结果与块中所述不符：
>+ stateLogger.warn("Trying to reimport the block for debug...");
>+ Thread.sleep(50);    //过一会儿再试
>+ BlockSummary summary1= addImpl(repo.getSnapshotTo(getBestBlock().getStateRoot()), block)    //再试一次
>+ stateLogger.warn("Second import trial " + (summary1 == null ? "FAILED" : "OK"));
>+ if (summary1 != null) {
>++ if (config.exitOnBlockConflict() && !byTest) {    //如果规定"有冲突就退出"，那就退出运行：
>+++ stateLogger.error("Inconsistent behavior, exiting...");
>+++ System.exit(-1);
>++ } else {    //否则就容忍
>+++ return summary1;
>++ }
>+ }    //end if (summary1 != null)
> }    //end if (summary == null)
> return summary;
```

显然，add()实际上就是 addImpl()，只是在后者失败时增加一次重试而已，而且即使重试成功也总是个隐患，正常的情况下第一次就应该成功。而 addImpl()，则担负着重任：首先是对到来的块进行合规检查。前面我们看到在前端的 validateAndAddNewBlock()中已经进行过一些合规检查，但是那都是些孤立的、与历史无关的检查，现在则要进行更多的、特别是与历史即先前块有关的检验。然后，分量更重的是，要在本地重演块中所载的全部交易，就是把这些交易再执行一遍，然后拿执行后所形成的新状态与块头中所载的 stateRoot 进行比对。

对于这些检查和比对，Ethereumj 源码中 BlockchainImpl 类的定义前面有一段注释，这里将其翻译整理于下：

Ethereum 中对于块的验证算法如下：

- 检查该块所述的先前块是否存在并合规。
- 检查该块中的时间标记后于其所述先前块，但相差小于 15 分钟。
- 检查块号，挖矿难度 difficulty，交易列表的 Trie 树根，叔伯块列表的 Trie 树根，以及油耗上限等 Ethereum 所定各项均合规有效。
- 检查该块的“工作量证明”即 POW 合规有效。
- 设 S[0]为先前块的 STATE_ROOT，设 TX 为本块所载的交易列表，内有 n 个交易：
    - 对于 i = 0...n-1，令 S[i+1] = APPLY(S[i],TX[i])；
    - 如果任何一次 APPLY 返回出错，或者本块的总油耗超过了 GASLIMIT，就返回出错。
- 设 S_FINAL 为 S[n]，但加上将本块所得奖金付给挖矿者；
    - 检查 S_FINAL 与 STATE_ROOT 是否相符。如果相符即为合规有效，否则不合规。

知道了这些，再来看 addImpl()的代码摘要，就比较好理解了：

```
[produceQueue() > tryToConnect() > add() > addImpl()]

BlockchainImpl.addImpl(Repository repo, final Block block)
> if (exitOn < block.getNumber()) {
>+ System.out.print("Exiting after block.number: " + bestBlock.getNumber());
>+ dbFlushManager.flushSync();
>+ System.exit(-1);
> }
> valid = isValid(repo, block)        //检查该块是否合规有限
   == BlockchainImpl.isValid(Repository repo, Block block)   //见后
> if (!valid) { return null; }   //检验失败，返回 null。
> byte[] origRoot = repo.getRoot();   //为当前的 Repository 保留下一个副本
> if (block == null)   return null;
> if (block.getNumber() >= config.traceStartBlock() && config.traceStartBlock() != -1) {
>+ AdvancedDeviceUtils.adjustDetailedTracing(config, block.getNumber());
> }
> BlockSummary summary = processBlock(repo, block);
   == processBlock(Repository track, Block block)   //展开如下：
>> if (!block.isGenesis() && !config.blockChainOnly()) {   //如果没有被配置成跳过重演这一环：
>>+ return applyBlock(track, block);   // processBlock()几乎就是 applyBlock()，只是创世块例外。
      //这是个重量级的操作，在本地重演块中所载的所有交易，重演后返回一个总结报告 summary。
>> }
>> else {   //但如果是创世块，或者本节点的配置中采用了“blockchain.only”选项，就直接出总结报告：
>>+ return new BlockSummary(block, new HashMap<byte[], BigInteger>(),
                new ArrayList<TransactionReceipt>(), new ArrayList<TransactionExecutionSummary>());
>> }   //end processBlock()
   //只要不是创世块或 blockChainOnly，就还要继续往下走：
> final List<TransactionReceipt> receipts = summary.getReceipts();
> // Sanity checks
> if (!FastByteComparisons.equal(block.getReceiptsRoot(), calcReceiptsTrie(receipts))) {
>+ logger.warn("Block's given Receipt Hash doesn't match: {} != {}", ...);
>+ repo.rollback();   //ReceiptsRoot 不符，回滚。
>+ summary = null;
> }
```

> if (!FastByteComparisons.**equal**(block.getLogBloom(), calcLogBloom(receipts))) {　//Log 过滤器设置不符：
>+ logger.warn("Block's given logBloom Hash doesn't match: {} != {}", …);
>+ repo.rollback();
>+ summary = null;
> }
> if (!FastByteComparisons.**equal**(*block.**getStateRoot**()*, *repo.**getRoot**()*)) {　//重演块中交易后的状态不符：
>+ stateLogger.warn("BLOCK: State conflict or received invalid block. block: {} worldstate {} mismatch", …);
>+ repository = repository.***getSnapshotTo***(*origRoot*);　//重新获取 origRoot 的快照作为 repository，类似回滚。
>+ // block is bad so 'rollback' the state root to the original state
>+ if (config.exitOnBlockConflict() && !byTest) {　//如果配置中规定在有冲突时就要退出运行：
>++ adminInfo.lostConsensus();
>++ System.out.println("CONFLICT: BLOCK #" + block.getNumber() + ", …)
>++ **System.exit**(1);　//节点退出运行
>+ } else {
>++ summary = null;　//重演后状态不符，但维持原状，本次重演无总结报告。
>+ }
> }　//end if (!FastByteComparisons.equal(*block.getStateRoot*(), *repo.getRoot*()))

> if (summary != null) {　//processBlock()有总结报告，说明完成了交易的重演，即 applyBlock()：
>+ ***repo.commit***();　//提交整个块的临时 repository
>+ ***updateTotalDifficulty***(block);　//更新关于所在链（分支）挖矿总难度的统计，展开如下：
>+> diff = block.getDifficultyBI()　//获取本块的（挖矿）难度：
>+>> parseRLP()
>+>> return this.header.getDifficultyBI()　//来自 BlockHeader.difficulty
>+> totalDifficulty = totalDifficulty.add(diff)　//在原有的总难度上增加本块的难度
　　//这是 BlockchainImpl.totalDifficulty，
>+ summary.***setTotalDifficulty***(getTotalDifficulty());　//写入 BlockSummary，这个总难度在分叉时会被用到
>+ if (!byTest) {　//如果节点的运行不只是以测试为目的：
>++ ***dbFlushManager.commit***(() -> {})
　　> ***storeBlock***(block, receipts);
　　> ***repository.commit***();　//注意这是 BlockchainImpl.repository 而非前述的 repo
>+ } else {　//仅为测试：
>++ ***storeBlock***(block, receipts);
>+ }
> }
> return summary;

首先是通过 BlockchainImpl.isValid(Repository, Block)进行块的合规检查。注意 Ethereumj 的源码中有好多函数都叫 isValid()，所以一定要搞清是哪一个类的 isValid()，还要注意调用参数表，就在 BlockchainImpl 类中也有两个 isValid()，这里调用的是其中带两个参数的：

```
[produceQueue() > tryToConnect() > add() > addImpl() > isValid()]

BlockchainImpl.isValid(Repository repo, Block block)
> boolean isValid = true;
> if (!block.isGenesis()) {  //除创世块外都需要经受合规检查：
>+ isValid = isValid(block.getHeader())     //这是 BlockchainImpl 中只带一个参数的 isValid()，展开于下：
>+> if (parentHeaderValidator == null) return true;
>+> Block parentBlock = getParent(header);
>+> valid = parentHeaderValidator.validate(header, parentBlock.getHeader())
      == ParentBlockHeaderValidator.validate(BlockHeader header, BlockHeader parent)
>+>> errors.clear();
>+>> for (DependentBlockHeaderRule rule : rules) {  //对于 DependentBlockHeaderRule 中的各条规则：
>+>>+ if (!rule.validate(header, parent)) {        //调用该规则的 validate()，实施该条规则的检验。
>+>>++ errors.addAll(rule.getErrors());            //如果失败就把出错信息添加到 errors 中
>+>>++ return false;
>+>>+ }
>+>> }   //end for (DependentBlockHeaderRule rule : rules)
>+>> return true;  //从 ParentBlockHeaderValidator.validate()返回
>+> if (!valid) {return false;}         // ParentBlockHeaderValidator.validate()失败
>+> return true;                              //从 isValid(block.getHeader())返回
>+ // Sanity checks
>+ String trieHash = toHexString(block.getTxTrieRoot());  //块中所载 TxTrieRoot
>+ String trieListHash = toHexString(calcTxTrie(block.getTransactionsList()));
                                                   //计算块中所载交易序列的 TxTrieRoot
>+ if (!trieHash.equals(trieListHash)) {  //二者应该相符
>++ logger.warn("Block's given Trie Hash doesn't match: {} != {}", trieHash, trieListHash);
>++ return false;
>+ }
>+ List<Transaction> txs = block.getTransactionsList();
>+ if (!txs.isEmpty()) {  //非空，块中载有交易记录：
>++ Map<ByteArrayWrapper, BigInteger> curNonce = new HashMap<>();
>++ for (Transaction tx : txs) {  //检查每个交易记录中的 Nonce 值：
>+++ byte[] txSender = tx.getSender();  //获取该交易的发起者
>+++ ByteArrayWrapper key = new ByteArrayWrapper(txSender);
```

```
>+++ BigInteger expectedNonce = curNonce.get(key);   //以发起者的地址为键，获取其应有的 Nonce 值。
>+++ if (expectedNonce == null) {
>++++ expectedNonce = repo.getNonce(txSender);
>+++ }
>+++ curNonce.put(key, expectedNonce.add(ONE));   //加 1 后写回
>+++ BigInteger txNonce = new BigInteger(1, tx.getNonce());   //获取该交易请求中的 Nonce 值
>+++ if (!expectedNonce.equals(txNonce)) {   //检查 Nonce 值是否相符，如果不符即出错：
>++++ logger.warn("Invalid transaction: Tx nonce {} != expected nonce {} (parent nonce: {}): {}",
                                              txNonce, expectedNonce, repo.getNonce(txSender), tx);
>++++ return false;
>+++ }
>++ }   //end for (Transaction tx : txs)
>+ }   //end if (!txs.isEmpty())
> }   //end if (!block.isGenesis())
> return isValid;
```

这个带有两个参数的BlockchainImpl.isValid()调用了同样也由BlockchainImpl提供但只有一个参数的 isValid()，这个函数调用 ParentBlockHeaderValidator 类的 validate()。后者则结合其先前块对该块实施种种有关规则的检验，逐一调用这些规则的 validate()函数。这些规则有 BestNumberRule，DifficultyRule，ParentGasLimitRule 和 ParentNumberRule。限于篇幅，这里只对 DifficultyRule 再作些说明：

```
DifficultyRule.validate(BlockHeader header, BlockHeader parent)
> errors.clear();
> BigInteger calcDifficulty = header.calcDifficulty(config.getBlockchainConfig(), parent);   //计算本块的难度
>> return config.getConfigForBlock(getNumber()).calcDifficulty(this, parent)
    == AbstractConfig.calcDifficulty(BlockHeader curBlock, BlockHeader parent)
>>> BigInteger pd = parent.getDifficultyBI();   //这是先前块的挖矿难度
>>> BigInteger quotient = pd.divide(getConstants().getDIFFICULTY_BOUND_DIVISOR());
                                          //将先前块的难度除以一个除数 q，默认的除数是 2048。
>>> BigInteger sign = getCalcDifficultyMultiplier(curBlock, parent);   //算出一个与间隔时间有关的乘数 s：
>>>> return BigInteger.valueOf(Math.max(1 - (curBlock.getTimestamp() - parent.getTimestamp()) / 10, -99)
>>> BigInteger fromParent = pd.add(quotient.multiply(sign));   //在先前块的难度上加上（q * s）
>>> BigInteger difficulty = max(getConstants().getMINIMUM_DIFFICULTY(), fromParent);
                //只要不小于 131072 即 0x20000，就用计算所得的 fromParent 作为为本块的 difficulty。
>>> int explosion = getExplosion(curBlock, parent);   //展开如下：
>>>> int periodCount = (int) (curBlock.getNumber() / getConstants().getEXP_DIFFICULTY_PERIOD())
        //EXP_DIFFICULTY_PERIOD 为 100000，即每 10 万个块为一个时期。块号决定其处于哪个时期。
```

```
>>>> return periodCount – 2  // periodCount – 2，就是 explosion。
>>> if (explosion >= 0) {  //块号大于等于 200000 之后（此时 periodCount 大于等于 2）须加修正：
>>>+ difficulty =
      max(getConstants().getMINIMUM_DIFFICULTY(), difficulty.add(BigInteger.ONE.shiftLeft(explosion)))
>>> }
>>> return difficulty;  //从 calcDifficulty()返回，这是根据先后两块时间间隔等因素计算所得应有的难度。
> BigInteger difficulty = header.getDifficultyBI()  //从本块的块头中读取其 difficulty 字段，为一 BigInteger。
> if (!isEqual(difficulty, calcDifficulty)) {  //二者应该相符
>+ errors.add(String.format("#%d: difficulty != calcDifficulty", header.getNumber()));
>+ return false;
> }
> return true;
```

这是其中一条规则的实现，此外还有前述的其它规则，通过了所有这些规则的检验，才算通过了合规检查。

回到 addImpl()，下一步的检验就更大了，那就是要在本地重演块中所载的交易，以供拿所导致新状态的 Trie 树根与块头中所载的 stateRoot 相比。这就是调用 processBlock()的目的，前面已就地展开 processBlock()，从中可知实际上是由 applyBlock()完成的：

[produceQueue() > tryToConnect() > add() > addImpl() > processBlock() > applyBlock()]

```
applyBlock(Repository track, Block block)  //重演块中所载的所有交易
> BlockchainConfig blockchainConfig = config.getBlockchainConfig().getConfigForBlock(block.getNumber());
> blockchainConfig.hardForkTransfers(block, track);  //对于硬分叉转折块的处理。
    //这个 fork 不是指块链的分叉，而是指以太坊共识即规则的分叉，分叉都是从某个转折块开始的。
> long saveTime = System.nanoTime();
> int i = 1;
> long totalGasUsed = 0;
> List<TransactionReceipt> receipts = new ArrayList<>();
> List<TransactionExecutionSummary> summaries = new ArrayList<>();

> for (Transaction tx : block.getTransactionsList()) {  //对于块中所载的每一个交易：
>+ Repository txTrack = track.startTracking();  //创建一个临时的 Repository，专用于本交易的执行。
>+ TransactionExecutor executor = new TransactionExecutor(tx, block.getCoinbase(),
                txTrack, blockStore, programInvokeFactory, block, listener, totalGasUsed)
                .withCommonConfig(commonConfig);  //见前节关于交易执行过程的介绍
>+ executor.init();
>+ executor.execute();
```

```
>+ executor.go();
>+ TransactionExecutionSummary summary = executor.finalization();   //至此完成了对于一个交易的重演
>+ totalGasUsed += executor.getGasUsed();
>+ txTrack.commit();   //提交本交易所引起的状态变化
>+ final TransactionReceipt receipt = executor.getReceipt();
>+ if (blockchainConfig.eip658()) { receipt.setTxStatus(receipt.isSuccessful()); }
>+ else { receipt.setPostTxState(track.getRoot());}
>+ receipts.add(receipt);
>+ if (summary != null) { summaries.add(summary); }
                          //将本交易的执行总结加入到 BlockSummary.summaries 中
> }   //end for (Transaction tx : block.getTransactionsList())
    //至此已在本地完成了对块中所载全部交易的重演
> Map<byte[], BigInteger> rewards = addReward(track, block, summaries);   //本块的挖矿所得及所得收费
> long totalTime = System.nanoTime() - saveTime;
> adminInfo.addBlockExecTime(totalTime);   //增减本地为重演而花费的时间
> return new BlockSummary(block, rewards, receipts, summaries);   //最后生成执行总结（除非发生异常）
```

重演完所到来的块中所载的交易，要生成一个对于该块的执行总结，这是一个 BlockSummary 对象。这个类的数据结构定义是这样：

```
class BlockSummary {}
] Block block;
] Map<byte[], BigInteger> rewards;                       //本块的挖矿所得与所得收费
] List<TransactionReceipt> receipts;                     //块中所载的每一个交易都有个收据
] List<TransactionExecutionSummary> summaries;           //块中所载的每一个交易都有其执行总结
] BigInteger totalDifficulty;                            //本块所在分支累积的挖矿难度
```

这里并没有关于执行各个交易后状态变化的说明，但是那已经包含在关于具体交易的 TransactionExecutionSummary 数据结构中。

再回到 addImpl()的代码摘要中，在 processBlock()之后还有几项比对，包括所形成状态的对比。如果一切正常，就会调用 storeBlock()和 repository.commit()。后者提交的是重演并接受了一个块之后 BlockchainImpl.repository 的内容，把它冲刷到数据库或磁盘上，此前的 repo.commit()则是把重演这个块的结果提交给 BlockchainImpl.repository。而 storeBlock()，当然是把这个块存入本地的永久存储：

```
[produceQueue() > tryToConnect() > add() > addImpl() > storeBlock()]

BlockchainImpl.storeBlock(Block block, List<TransactionReceipt> receipts)
```

```
// BlockchainImpl.fork 是个布尔量，默认为 false，但在 tryConnectAndFork()中会被设成 true。
> if (fork) blockStore.saveBlock(block, totalDifficulty, false);      //第三个参数 false 表示这个 block 不在主链上
> else blockStore.saveBlock(block, totalDifficulty, true);            //第三个参数 true 表示这个 block 在主链上
      == IndexedBlockStore.saveBlock(Block block, BigInteger totalDifficulty, boolean mainChain)
>> addInternalBlock(block, totalDifficulty, mainChain)   //saveBlock()调用 addInternalBlock()
> for (int i = 0; i < receipts.size(); i++) {   //还要把块中所载的交易逐一存入 transactionStore
>+ transactionStore.put(new TransactionInfo(receipts.get(i), block.getHash(), i));
> }   //end for
> if (pruneManager != null) {
>+ pruneManager.blockCommitted(block.getHeader());
> }
> setBestBlock(block);   //既然有新块到来，而且块号连续，那就该更新 bestBlock 了。
>> bestBlock = block   //更新 BlockchainImpl.bestBlock
>> repository = repository.getSnapshotTo(block.getStateRoot())
     == RepositoryImpl.getSnapshotTo(byte[] root)
>>> return parent.getSnapshotTo(root)
      == RepositoryRoot.getSnapshotTo(byte[] root)
>>>> return new RepositoryRoot(stateDS, root)
> if (logger.isDebugEnabled())
>+ logger.debug("block added to the blockChain: index: [{}]", block.getNumber());
```

至此，在不发生新分叉的情况下，tryToConnect()已经辗转把到来的块连入了块链，并把这个块所导致的新状态写入了本地的永久存储，现在要把这个新块本身也存储下来。如果这个新块的块号与本地原来的 bestBlock 连续，就说明这个块不引起分叉，是在当前的主链上。此时程序会直接走 add()和 addImpl()这条路，BlockchainImpl.fork 这个字段原已被设置成 false。而如果块号与 bestBlock 不连续但先前块存在，那就说明发生了分叉，那样就会改走 tryConnectAndFork()这条路，BlockchainImpl.fork 会被设置成 true。而 storeBlock()这个函数，所做的其实不仅仅是把这个块存储下来，还包括把块中所载的每个交易记录也都存储下来，最后还有对 BlockchainImpl.bestBlock 的更新。块的存储是通过 saveBlock()完成的，而 BlockchainImpl.fork 的值会反映在调用 saveBlock()时的第三个参数 mainChain。此外，各交易记录的存储则由 transactionStore.put()完成。我们就不往下看了。

回到 tryToConnect()。完成了 addImpl()的操作，就是完成了在不分叉条件下对新到块的处理。但是也有可能新到块的块号与现有的 bestBlock 不连续，倒与 bestBlock 前面的某个块的块号连续，或者与已经形成的某个分支上的某个块连续，总之是这个块的先前块存在，这就说明这个新来的块形成了一个分叉，或者是属于某个已经存在的分支，总之是不在主链上，此时会调用 tryConnectAndFork()进行分叉的处理。此前也会调用 recordBlock()，但是我们把目光聚焦在 tryConnectAndFork()。

[produceQueue() > tryToConnect() > tryConnectAndFork()]

BlockchainImpl.**tryConnectAndFork**(final Block block) //block 是新到来的块
> State *savedState* = ***pushState***(block.***getParentHash***()); //把新到块的先前块状态保存起来，展开如下：
== BlockchainImpl.pushState(byte[] bestBlockHash) //注意这个 bestBlock 是新到块的先前块
>> State push = stateStack.push(**new State**()); // class State{} 是定义于 BlockchainImpl 内部的一个类
> byte[] root = repository.getRoot() //State 类无构造函数，但有三个初始化语句。
> Block savedBest = bestBlock //当前主链上的最佳块
> BigInteger savedTD = totalDifficulty //当前主链的累计挖矿难度
//注意这三个结构成分的初始化语句，所保存的都是当前主分叉上的信息。
>> this.bestBlock = blockStore.getBlockByHash(bestBlockHash); //换成新块的先前块，分叉上的 bestBlock。
>> totalDifficulty = blockStore.getTotalDifficultyForHash(bestBlockHash); //换成新分叉的累计挖矿难度
>> this.repository = this.repository.getSnapshotTo(this.bestBlock.getStateRoot()); //换成新分叉的 repository
>> return push; //从 pushState()返回，完成了先前块状态的保存，这是“后进先出”的堆栈保存。
//至此，BlockchainImpl 中的 bestBlock、totalDifficulty、repository 字段已换上了新块所在分支的信息。
> this.fork = true; //把 fork 这个字段设成 true
> final BlockSummary summary;
> Repository repo;
> // FIXME: adding block with no option for flush
> Block *parentBlock* = ***getBlockByHash***(block.***getParentHash***()); //获取这个新来块的先前块
> repo = repository.***getSnapshotTo***(*parentBlock.getStateRoot*());
//以此先前块的 StateRoot 为基础，取其快照，创建临时的 repository。
> summary = **add**(repo, block); //与前面不分叉情况下由 tryToConnect()直接调用的 add()相应
> if (summary == null) { ***return*** null; } //add()返回的 summary 为空，表示检验失败，那就不往下走了。
> this.fork = false; //恢复 fork 字段为 false，这个字段的使用见 storeBlock()
> ***better*** = summary.***betterThan***(*savedState*.savedTD) //比较两个分支的累计难度，TD 即 Total Difficulty。
// savedState 就是前面 push 进堆栈的原先主分叉的状态
== betterThan(BigInteger oldTotDifficulty) //分支的累计难度决定以哪一分支为主链，展开如下：
>> return *getTotalDifficulty*().***compareTo***(oldTotDifficulty) > 0 //比较两个分支的累计难度

> if (***better***) { //如果新来块代表着难度更大的分支，就换这个分支作为主链：
>+ // main branch become this branch cause we proved that total difficulty is greateer
>+ blockStore.***reBranch***(block); //把主链切换到另一分支，见后。
>+ // The main repository rebranch
>+ **this.repository = repo**; //将 BlockchainImpl.repository 切换成新到块所用的 repo，
>+ ***dropState***(); //原先保存的状态信息就丢掉了，因为主链的切换而有了新的状态：
>+> stateStack.pop()
> } //end if (summary.betterThan(savedState.savedTD))

```
> else {    // Stay on previous branch，要不然就留在原来的分支上
>+ popState();   //恢复原先的分支为主链，展开如下：
>+> State state = stateStack.pop();   //从堆栈中抛出前面保存在里面的块链状态
>+> this.repository = repository.getSnapshotTo(state.root);        //恢复BlockchainImpl.repository
>+> this.bestBlock = state.savedBest;                              //恢复BlockchainImpl.bestBlock
>+> this.totalDifficulty = state.savedTD;                          //恢复 BlockchainImpl.totalDifficulty
> }
> return summary;
```

这里对函数 add()的调用与前面所述一样。如果成功返回，我们就或者因新块的到来而形成了另一个分支，或者因新块的到来而是原已存在的某个分支得到伸展。这个分支与原有 bestBlock 所代表的分支相比，应该以哪一个分支为主链呢？判断的标准是看哪个分支所累计的挖矿难度更大。这也是为什么在 BlockchainImpl 和 BlockSummary 中都要有个 totalDifficulty 字段的原因。我们知道块头中 difficulty 字段的值规定了本块的挖矿难度，这个值是在动态调整的，根据过往一段时间的平均发块间隔算出对于下一块的难度要求。块链分叉之后，两个分支上各个块的挖矿难度就会有所不同。原先主链（主分叉）上各个块的难度要求累加在 BlockchainImpl 中的 totalDifficulty 字段；而新来块所在分支上的难度要求则累加在 BlockSummary 中的 totalDifficulty 字段。

如果新来块代表着更优的分支，那就要把它改设成当前的 bestBlock，所以此时要通过 reBranch()换一个分支，下面是这个函数的摘要：

```
[produceQueue() > tryToConnect() > tryConnectAndFork() > reBranch()]

IndexedBlockStore.reBranch(Block forkBlock)     //参数 forkBlock 是新到来的块，属于另一个分支。
> Block bestBlock = getBestBlock();   //返回原先的 bestBlock，因为 IndexedBlockStore 中的主链尚未改变。
    //注意这是 IndexedBlockStore.getBestBlock()，前面改变的只是 BlockchainImpl.bestBlock。
> long maxLevel = Math.max(bestBlock.getNumber(), forkBlock.getNumber());   //二者相较，取大的块号。
> // 1. First ensure that you are one the save level，块号不同说明分支的长度不同。
> long currentLevel = maxLevel;   //从最大的块号开始。
> Block forkLine = forkBlock;        //从新到块 forkBlock 开始，回溯其所在的分支。
       //记住：currentLevel 是块号，而 forkLine 和后面的 bestLine 都是 Block。
> if (forkBlock.getNumber() > bestBlock.getNumber()){   //倘若新到块的块号比 bestBlock 的还高：
      //块号比 bestBlock 高的那些 Block 都属于新到块所在的分支，现在要变成主链。
>+ while(currentLevel > bestBlock.getNumber()){   //从新到块的块号开始往下：
>++ List<BlockInfo> blocks = getBlockInfoForLevel(currentLevel);   //获取具有这个块号的所有 BlockInfo：
>++> return index.get((int) level)   //在块的索引机制中，块号相同的 BlockInfo 都在同一个集合中。
>++ BlockInfo blockInfo = getBlockInfoForHash(blocks, forkLine.getHash());
```

```
                    //按当前 forkLine 这个块的 Hash 值从这个集合中找到目标
>++ if (blockInfo != null)   {   //如果找到：
>+++ blockInfo.setMainChain(true);   //将 blockInfo.mainChain 设置成 true，表示这个块在主链中。
>+++ setBlockInfoForLevel(currentLevel, blocks);
>++ }
>++ forkLine = getBlockByHash(forkLine.getParentHash());   //继续回溯，直至块号不大于当前 bestBlock。
>++ --currentLevel;   //块号递减
>+ }   //end while(currentLevel > bestBlock.getNumber())
> }   //end if (forkBlock.getNumber() > bestBlock.getNumber())
    //至此已把新到块所在分支上所有块号大于原 bestBlock 的 BlockInfo 标志成位于主链上

    //下面要针对原来在主链上的那个分支去掉其各个 BlockInfo 中的主链标志：
> Block bestLine = bestBlock;   //从当前的 bestBlock 开始回溯，这是在要退出主链的分支上。
> if (bestBlock.getNumber() > forkBlock.getNumber()){   //倘若新到块的块号比 bestBlock 的低：
      //把原先主链上块号高于 forkBlock 的 Block 都标志成不在主链上。
      //可见存在着这样的可能，即新到块的块号比 bestBlock 的低，但积累的难度却反而更高。
>+ while(currentLevel > forkBlock.getNumber()){
>++ List<BlockInfo> blocks = getBlockInfoForLevel(currentLevel);
>++ BlockInfo blockInfo = getBlockInfoForHash(blocks, bestLine.getHash());
>++ if (blockInfo != null)   {
>+++ blockInfo.setMainChain(false);   //将 blockInfo.mainChain 设置成 false
>+++ setBlockInfoForLevel(currentLevel, blocks);
>++ }
>++ bestLine = getBlockByHash(bestLine.getParentHash());
>++ --currentLevel;
>+ }   //end while
> }   //end if (bestBlock.getNumber() > forkBlock.getNumber())

    //至此，已经处理了现有 bestBlock 或 forkBlock 块号以上的那一部分，还需处理自此以下的这一部分。
> // 2. Loop back on each level until common block
> while( !bestLine.isEqual(forkLine) ) {   //循环直到两个分支会合的那一点，那就是分支点：
>+ List<BlockInfo> levelBlocks = getBlockInfoForLevel(currentLevel);   //获取具有这相同块号的集合
>+ BlockInfo bestInfo = getBlockInfoForHash(levelBlocks, bestLine.getHash());   //这是原先作为主链的分支
>+ if (bestInfo != null) {
>++ bestInfo.setMainChain(false);   //这个块在原先的主链上，现在撤销其主链标志。
>++ setBlockInfoForLevel(currentLevel, levelBlocks);
>+ }
>+ BlockInfo forkInfo = getBlockInfoForHash(levelBlocks, forkLine.getHash()); //这是现在应成为主链的分支
```

```
>+ if (forkInfo != null) {
>++ forkInfo.setMainChain(true);   //这个块原来不在主链上，现在设置其主链标志。
>++ setBlockInfoForLevel(currentLevel, levelBlocks);
>+ }
>+ bestLine = getBlockByHash(bestLine.getParentHash());
>+ forkLine = getBlockByHash(forkLine.getParentHash());
>+ --currentLevel;
> }   //end while( !bestLine.isEqual(forkLine) )
```

处理完分叉，又回到 tryToConnect()。这样，主链有切换和无切换这两个程序流程就会合了。只要新到来的块被接受，执行总结中就都认为成功，此时一方面要调用所有侦听器中的 onBlock()函数和 trace()函数，执行它们委托调用的函数，调用 onBlock()时以执行总结 summary 为参数。另一方面，如果返回值为 IMPORTED_BEST，就是新块的先前块即为当前的 bestBlock，或者新块在另一分支上，并且其所在的分支已经积累起更高的难度，则还要安排另起一个线程调用 PendingStateImpl.processBest()：

[produceQueue() > tryToConnect() > processBest()]

```
PendingStateImpl.processBest(Block newBlock, List<TransactionReceipt> receipts)
> if (getBestBlock() != null && !getBestBlock().isParentOf(newBlock)) {   //新到块与当前 bestBlock 不连续：
>+ // need to switch the state to another fork
>+ Block commonAncestor = findCommonAncestor(getBestBlock(), newBlock);   //找到两个分支的分叉点
>+ // first return back the transactions from forked blocks
>+ Block rollback = getBestBlock();   //通过 getBestBlock()获取当前实际的 bestBlock，从这开始回滚。
>+ while(!rollback.isEqual(commonAncestor)) {   //循环直到分叉点为止
>++ List<PendingTransaction> blockTxs = new ArrayList<>();
>++ for (Transaction tx : rollback.getTransactionsList()) {
>+++ logger.trace("Returning transaction back to pending: " + tx);
>+++ blockTxs.add(new PendingTransaction(tx, commonAncestor.getNumber()));
>++ }   //end for
>++ pendingTransactions.addAll(0, blockTxs);   //把原先已经从 pendingTransactions 中删除的待决交易加回去
>++ rollback = blockchain.getBlockByHash(rollback.getParentHash());   //它的先前块是下一个需要回滚的块
>+ }   //end while(!rollback.isEqual(commonAncestor))

>+ // rollback the state snapshot to the ancestor，回滚 pendingState：
>+ pendingState = getOrigRepository().getSnapshotTo(commonAncestor.getStateRoot()).startTracking();
>+ // next process blocks from new fork，回滚到了分叉点，下面需要补上另一分支的状态变化：
>+ Block main = newBlock;   //这是新到来的块
```

```
>+ List<Block> mainFork = new ArrayList<>();  //用来盛放新到块所在分支上的块，直到分叉点。
>+ while(!main.isEqual(commonAncestor)) {
>++ mainFork.add(main);                       //将这个块放在 mainFork 这个序列中
>++ main = blockchain.getBlockByHash(main.getParentHash());  //以这个块的先前块为 main 进入下一轮循环
>+ }   //end while(!main.isEqual(commonAncestor))

>+ // processing blocks from ancestor to new block
>+ for (int i = mainFork.size() - 1; i >= 0; i--) {  //依次处理 mainFork 中即新成为主链的分支中的各个块：
>++ processBestInternal(mainFork.get(i), null);  //展开如下：
>++> clearPending(block, receipts)   //从 pendingTransactions 这个集合中删除该块中所含的那些交易
>++> clearOutdated(block.getNumber())  //也删除过于老旧的那些块中的待决交易（正常条件下不应该有）
>+ }
> }   //end if (getBestBlock() != null && !getBestBlock().isParentOf(newBlock))
> else {  //新到块与当前 bestBlock 连续：
>+ logger.debug("PendingStateImpl.processBest: " + newBlock.getShortDescr());
>+ processBestInternal(newBlock, receipts);  //见上
> }
> best = newBlock;
> updateState(newBlock);
> listener.onPendingStateChanged(PendingStateImpl.this);  //调用各侦听器的这个函数。
                                                          //尤其是挖矿模块，这将启动新一轮的挖矿。
```

这里要做的是极重要的一步，那就是对 pendingTransactions 这个集合的修改。这是本节点上等待进入块链的交易的集合。换言之，如果本节点竞争到了新块的发布权，就会把这些交易载入所发布的新块。但是如果是别的节点发布了新块，那就得从这个集合中删去已经包含在新块中的那些交易。显然，如果主链并未发生切换，那就比较简单，只要从此集合中删去新到块中的那些交易就行。

但是如果主链发生了切换，那就要回滚原先所认为最佳的那段分支（直至分叉点）的影响，补回因为该分支被当作主链而已被删除的那些交易；同时又得从此集合中删去新成为主链的那段分支中所含的全部交易。

这样，pendingTransactions 这个集合就发生了变化，于是又要将此集合中的交易再执行一遍，这就是 updateState()

[produceQueue() > tryToConnect() > processBest() > updateState()]

```
updateState(Block block)
> pendingState = getOrigRepository().startTracking();  //从原初的 Repository 开始创建一个临时 Repository
```

```
> for (PendingTransaction tx : pendingTransactions) {   //对于 pendingTransactions 集合中的每个交易：
>+ TransactionReceipt receipt = executeTx(tx.getTransaction());   //重新执行这个交易
                                              //注意这是尚未进入主链，或者进入了主链又被退回的交易。
>+ fireTxUpdate(receipt, PENDING, block);   //这个交易的状态仍是 PENDING
>+> listener.onPendingTransactionUpdate(txReceipt, state, block)
> }   //end for
```

读者也许觉得有点不可思议。一个交易请求，从到达一个节点开始，就先经历了一次检验和执行，然后在新块到来时又在 applyBlock()中重演一次，到了修改 pendingTransactions 集合后又在 updateState()中再执行一次，也许还不只是一次。这也未免太低效了吧？虽然未必太影响反应速度，但对于节点的计算能力确有滥用之嫌。究其原因，主要当然还是为要去中心化（以及采用账户余额而不是 UTXO）而付出的代价。试想如果由一中心节点负责发布新块，凡是经过它检验并发布的所有交易都带上它的签名，其余节点只是照办，只是原封不动写入本地存储，那当然就很简单很轻松了。但是，反过来考虑，为去中心化而付出的这个代价是否达到了人们难以接受的程度呢？那倒也未必。另一方面，即使坚持要去中心化，并且采用账户（而不是 UTXO），是否现在这个算法就是最优，是否还能优化呢？这恐怕是个值得研究的方向。

3.8 以太坊的应用示例

最后，我们把视线转向几个以太坊源码中提供的应用示例。这些示例虽然简单，但是却很说明问题。而学习以太坊的编程，我觉得最好的办法莫过于拿这些示例为出发点，在上面修改增删，把自己需要的逻辑和功能实现进去，使示例变成自己的以太坊应用。

我们这里所看的这些示例，都有个主函数 main()，在 main()中都要通过 createEthereum()创建一个 Ethereum 对象，更确切地说是实现着 Ethereum 界面的对象，而具体是什么样则在相当程度上取决于作为参数传给 createEthereum()的配置 Config。所创建的这个 Ethereum 对象，逻辑上就是以太坊网络中的一个节点。而整个示例，则包含了建立在这个节点上的应用，这是作为底层或曰系统层的 Ethereum 对象与具体应用层的结合。经编译以后，这二者是作为一个整体的 Java 应用软件，启动后是在同一个独立的 Java 虚拟机即 JVM 中运行。一个这样的 JVM 进程，逻辑上就是以太坊网络中的一个节点。哪怕你在同一台机器上启动两个这样的进程，也就相当于在以太坊网络中多了两个节点。反过来，如果应用层什么也不干，只要有这个 Ethereum 对象在，这个太坊网络节点就在，它同样也要与别的节点同步，也要转发交易请求和检验交易请求，也要接受和存储新发布的块，或许也要挖矿。

所以，这里的每一个示例，运行起来就都是一个独立的以太坊节点。

3.8.1 【示例一】发起交易：SendTransaction

这个示例发起一个交易，（从本账户地址）向 receiveAddress 转账 1 个 wei 的金额，发起后静等对此交易的收据出现于某个新发布的块中。这个交易只是简单的以太币转账，所以并不涉及合约，支付对象为收款方的账户地址，这是最简单、开销最小的支付方式。

```
class SendTransaction extends BasicSample {}
] Map<ByteArrayWrapper, TransactionReceipt> txWaiters = Collections.synchronizedMap(
                                        new HashMap<ByteArrayWrapper, TransactionReceipt>());
                //创建一个从代表着 Tx 请求的 ByteArrayWrapper 到 Tx 收据 TransactionReceipt 的 Map。
] @Override onSyncDone()   //发生（本节点）“同步完成”事件时受调用的函数，类似应用层的 main():
  > ethereum.addListener(new EthereumListenerAdapter() {})      //创建并登记另一个事件侦听器：
            // when block arrives look for our included transactions
            @Override
            ] public void onBlock(Block block, List<TransactionReceipt> receipts)   //在接收到新块发布时：
                > SendTransaction.this.onBlock(block, receipts);   //调用本 SendTransaction 对象的 onBlock()
  > String toAddress = "";
  > logger.info("Sending transaction to net and waiting for inclusion");
  > sendTxAndWait(Hex.decode(toAddress), new byte[0]);   //发送交易请求并等待，见后。
  > logger.info("Transaction included!");}   //当程序从 sendTxAndWait()返回时，本交易已经入链。
] onBlock(Block block, List<TransactionReceipt> receipts)    //本 SendTransaction 对象的 onBlock()
          //注意 BasicSample 并不侦听这个事件，而只是受 EthereumListenerAdapter.onBlock()调用，见上。
  > for (TransactionReceipt receipt : receipts) {   //扫描该新块中的每个 Tx 收据：
  >+ ByteArrayWrapper txHashW = new ByteArrayWrapper(receipt.getTransaction().getHash()); //从收据中提取
  >+ if (txWaiters.containsKey(txHashW)) {   //如果与 txWaiters 中的某项相符，就是发现了该 Tx 的收据。
  >++ txWaiters.put(txHashW, receipt);        //将该<TxId, receipt >键值对写回 txWaiters
  >++ notifyAll();   //用于同步和互斥，此处可以忽略。
  >+ }   //end if
  > }   //end for，如果这个新块中没有这 Tx 的收据，就等因下一个新块的发布而又被调用。

] TransactionReceipt sendTxAndWait(byte[] receiveAddress, byte[] data)   //发起交易并等待：
  > byte[] senderPrivateKey = HashUtil.sha3("cow".getBytes());   //以“cow”为秘密，Hash 生成发起方私钥。
  > byte[] fromAddress = ECKey.fromPrivate(senderPrivateKey).getAddress();   //私钥经计算得到公钥和地址
  > BigInteger nonce = ethereum.getRepository().getNonce(fromAddress);   //每个账户的 nonce 值都逐次递增
  > Transaction tx = new Transaction(ByteUtil.bigIntegerToBytes(nonce),   //付方账户的 nonce 值
                ByteUtil.longToBytesNoLeadZeroes(ethereum.getGasPrice()),   //油价 gasPrice
                ByteUtil.longToBytesNoLeadZeroes(200000),                   //最大油量 gasLimit
```

```
                receiveAddress,                                    //收款方账户地址
                ByteUtil.bigIntegerToBytes(BigInteger.valueOf(1)),  //转账金额为 1 wei
                data,                                              //见调用参数和上面的 onSyncDone()
                ethereum.getChainIdForNextBlock());  //块链的 chainId，不同版本中有不同规定。
  > tx.sign(ECKey.fromPrivate(senderPrivateKey));           //用发送方的私钥对此交易请求签名
  > ethereum.submitTransaction(tx);                   //提交发送该交易请求
  > return waitForTx(tx.getHash());                   //等待本交易进入块链，即进入某个新块，见下。

] TransactionReceipt waitForTx(byte[] txHash)     //等待直至 txHash 所指的 Tx 进入块链
  > ByteArrayWrapper txHashW = new ByteArrayWrapper(txHash);  //为 txHash 创建一个外包装
  > txWaiters.put(txHashW, null);  //放入等待队列 txWaiters，此时 receipt 为 null，txWaiters 是个 Map。
  > long startBlock = ethereum.getBlockchain().getBestBlock().getNumber();  //从当前已有的最高块号开始
  > while(true) {  //循环直至 txWaiters 中有了该 Tx 的收据：
  >+ TransactionReceipt receipt = txWaiters.get(txHashW);  //以 Tx 的 txHashW 为键从 txWaiters 中获取收据
  >+ if (receipt != null) { return receipt; }  //拿到了所发起交易的收据，等待结束。
  >+ else {  //尚未到来，再等。但也不能无限制地等下去，以 16 个块为限：
  >++ long curBlock = ethereum.getBlockchain().getBestBlock().getNumber();    //获取当前的最高块号
  >++ if (curBlock > startBlock + 16) {  //相比起点已经超过了 16 个块：
  >+++ throw new RuntimeException("The transaction was not included during last 16 blocks: "
                                                            + txHashW.toString().substring(0,8));
  >++ } else {  //尚未超过 16 个块：
  >+++ logger.info("Waiting for block with transaction 0x" + txHashW.toString().substring(0,8)
                               + " included (" + (curBlock - startBlock) + " blocks received so far) ...");
  >++ }
  >+ }   //end if (receipt != null) else
  >+ wait(20000);  //睡眠 20 秒后再试
  > }   //end wile

] main(String[] args)   //主函数
  > class Config {}
      ] @Bean BasicSample sampleBean()
        > return new SendTransaction();  //由 Spring 框架创建 SendTransaction 对象
  > // Based on Config class the BasicSample would be created by Spring,
    // and its springInit() method would be called as an entry point.
  > EthereumFactory.createEthereum(Config.class);  //创建 Ethereum 对象
```

对代码的解释已经写在注释中。我们先从 main()函数开始往里看 Ethereum 对象的创建，如果深入进去当然是很大一篇文章，这里面就包括侦听器的提供。有了这个 Ethereum 对象之

后，它就会努力与网中的 Peer 节点建立连接，然后就开始与 Peer 节点的块链同步过程，到同步完成的时候，会调用所有侦听器的 onSyncDone()函数。所以，这里的 onSyncDone()函数才是应用层的入口，其性质就好似应用层的 main()函数。

这个示例的 onSyncDone()函数要做的是 sendTxAndWait()，你要让它做别的事就修改这个 onSyncDone()函数。这个示例是这样，别的示例也是一样，后面就不重复说明了。

由于不只是简单地发出交易请求，还要等待见到该交易进入某个新发布的块中，那就得每当有新块发布的时候都能获得通知，为此这里就另外再创建并（向"系统"，即节点上的 Ethereum 运行机制）登记一个侦听器，提供一个 onBlock()函数，让系统在每收到一个新发布的块时就调用这个 onBlock()函数。这个机制与计算机上的中断机制实质上是一样的，onBlock()相当于一个中断响应函数，而 addListener()就相当于对中断响应的设置。

注意这个 SendTransaction 类是对 BasicSample 类的扩充，所以凡是 BasicSample 类中的结构成分和方法函数，只要没有被覆盖（@Override）的就都应视作原封不动地出现在 SendTransaction 类的定义中。对于 BasicSample 类，因篇幅所限，就留给读者自己阅读了。

在这个类的实现中，发送交易请求之后只是等待新块的发布，即等待回调函数 onBlock()收到调用，看作为调用参数的交易收据列表中是否含有本交易的收据。这是最可靠的证据，说明对此交易的记录已经进入块链。当然，还有别的回调函数如 onTransactionExecuted()和 onPendingStateChanged()也可用来更精细地跟踪交易的进展，但注意那些回调函数都只是反映本节点上的执行过程，即使执行了也未必进入块链而生效，而 onBlock()则是在接收到新块发布的时候才得到调用的，所以这是最为可靠的证据。不过，由于存在着冲突和分叉的可能，还要等到过上几个块以后还没有相同块号的新块出现，才真正是驷马难追的了。

3.8.2 【示例二】创建合约：CreateContractSample

上个示例并不涉及合约，现在这个合约就涉及合约的部署和调用了。

```
class CreateContractSample extends TestNetSample {}
] @Autowired SolidityCompiler compiler;
] String contract =          //这是 Solidity 语言合约程序的正文，当然也可以放在一个.sol 合约文件中：
    "contract Sample {" +    //Solidity 语言中的 contract 与 Java 语言中的 class 类似，但不必有构造函数。
    "  int i;" +                       //这个 i 就是一个状态变量，合约的执行可能引起状态变化
    "  function inc(int n) {" +        //合约中可有多个函数，调用合约时须给出函数名和参数。
    "    i = i + n;" +
    "  }" +
    "  function get() returns (int) {" +   //另一个函数，其返回类型为 int。
    "    return i;" +
    "  }" +
    "}";
] Map<ByteArrayWrapper, TransactionReceipt> txWaiters =
```

```
        Collections.synchronizedMap(new HashMap<ByteArrayWrapper, TransactionReceipt>());   //同前例

] onSyncDone()   //同前例，在块链同步未完成之前只是等待，块链完成同步之后才能前行。
> ethereum.addListener(new EthereumListenerAdapter() {}             //同前例
            // when block arrives look for our included transactions
            ] onBlock(Block block, List<TransactionReceipt> receipts)
              > CreateContractSample.this.onBlock(block, receipts);     //同前例
> SolidityCompiler.Result result = compiler.compileSrc(contract.getBytes(), true, true,
                                    SolidityCompiler.Options.ABI, SolidityCompiler.Options.BIN);
                                                          //编译给定的 Solidity 合约程序代码
> if (result.isFailed()) throw new RuntimeException("Contract compilation failed:\n" + result.errors);
> CompilationResult res = CompilationResult.parse(result.output);
> if (res.getContracts().isEmpty())
    throw new RuntimeException("Compilation failed, no contracts returned:\n" + result.errors);
> CompilationResult.ContractMetadata metadata = res.getContracts().iterator().next();
> if (metadata.bin == null || metadata.bin.isEmpty())
    throw new RuntimeException("Compilation failed, no binary returned:\n" + result.errors);
    //编译成功，所得结果 metadata.bin 为以太坊虚拟机指令的二进制代码：
> logger.info("Sending contract to net and waiting for inclusion");
> TransactionReceipt receipt = sendTxAndWait(new byte[0], Hex.decode(metadata.bin));
            //对方地址为 0，表示部署合约；交易请求中的 data 字段即为合约的二进制代码。
            //发起交易并等待其进入块链，同前例。Transaction 对象是在 sendTxAndWait()里面创建的。
> if (!receipt.isSuccessful()) return    //部署合约失败
> byte[] contractAddress = receipt.getTransaction().getContractAddress();
                                      //部署合约成功，从交易收据中获取合约地址。

    //至此，合约的部署已经完成，下面是对合约的调用：
> logger.info("Calling the contract function 'inc'");
> CallTransaction.Contract contract = new CallTransaction.Contract(metadata.abi);
                                      //创建一个定义于 CallTransaction 内部的 Contract 对象
> CallTransaction.Function inc = contract.getByName("inc");   //所调用合约函数为 inc()
> byte[] functionCallBytes = inc.encode(777);
> TransactionReceipt receipt1 = sendTxAndWait(contractAddress, functionCallBytes);
    //发起合约调用交易并等待。以合约地址为目标地址，编码后的 Function 对象为 data 字段内容。
> if (!receipt1.isSuccessful()) return

    //调用合约的交易成功，合约的状态变量已有改变。下面要调用的是合约中的 get()函数：
> ProgramResult r =
```

```
        ethereum.callConstantFunction(Hex.toHexString(contractAddress), contract.getByName("get"));
  > Object[] ret = contract.getByName("get").decodeResult(r.getHReturn());
  > logger.info("Current contract data member value: " + ret[0]);

] TransactionReceipt sendTxAndWait(byte[] receiveAddress, byte[] data)
        //根据给定的对方地址和 data 字段的内容，创建并发送交易请求。
        //注意这只是个示例，目的也不在支付，所以没有把支付金额作为参数。
  > BigInteger nonce = ethereum.getRepository().getNonce(senderAddress);
  > Transaction tx = new Transaction(
              ByteUtil.bigIntegerToBytes(nonce),
              ByteUtil.longToBytesNoLeadZeroes(ethereum.getGasPrice()),
              ByteUtil.longToBytesNoLeadZeroes(3_000_000),
              receiveAddress,
              ByteUtil.longToBytesNoLeadZeroes(0),
              data,
              ethereum.getChainIdForNextBlock());
  > tx.sign(ECKey.fromPrivate(senderPrivateKey));
  > ethereum.submitTransaction(tx);
  > return waitForTx(tx.getHash());

] onBlock(Block block, List<TransactionReceipt> receipts)
  > for (TransactionReceipt receipt : receipts) {
  >+ ByteArrayWrapper txHashW = new ByteArrayWrapper(receipt.getTransaction().getHash());
  >+ if (txWaiters.containsKey(txHashW)) {
  >++ txWaiters.put(txHashW, receipt);
  >++ notifyAll();
  >+ }
  > }

] protected TransactionReceipt waitForTx(byte[] txHash)    //同前，这里不再解释。
  > ByteArrayWrapper txHashW = new ByteArrayWrapper(txHash);
  > txWaiters.put(txHashW, null);
  > long startBlock = ethereum.getBlockchain().getBestBlock().getNumber();
  > while(true) {
  >+ TransactionReceipt receipt = txWaiters.get(txHashW);
  >+ if (receipt != null) { return receipt; }
  >+ else {
```

```
>++ long curBlock = ethereum.getBlockchain().getBestBlock().getNumber();
>++ if (curBlock > startBlock + 16) {
>+++ throw new RuntimeException("The transaction was not included during last 16 blocks: " +
                                                    txHashW.toString().substring(0,8));
>++ } else {
  >++ logger.info("Waiting for block with transaction 0x" + txHashW.toString().substring(0,8) +
                                " included (" + (curBlock - startBlock) + " blocks received so far) ...");
  >++ }
  >+ }
  >+ wait(20000);
  > }    //end while
] public static void main(String[] args)
   > class Config extends TestNetConfig{}
          ] @Override @Bean TestNetSample sampleBean() {
             > return new CreateContractSample();
  > // Based on Config class the BasicSample would be created by Spring
    // and its springInit() method would be called as an entry point
  > EthereumFactory.createEthereum(Config.class);
```

这个 CreateContractSample 类是对 TestNetSample 类（而不是 BasicSample 类）的扩充，所以这个类只是在 networkId 为 3 的 TestNet 中进行测试性的执行。凡是 TestNetSample 的结构成分和方法函数，只要没有被覆盖（@Override）的就都应视作原封不动地出现在 CreateContractSample 类的定义中。不过当然也可以把它修改成在 networkId 为 1 的常规以太坊网络中运行。同样，因篇幅所限，我把 TestNetSample 也留给读者了。

完成块链的同步之后，onSyncDone()得到调用，开始了对于智慧合约的三大步操作。

第一步是合约的部署。CreateContractSample 类中的成分 contract 是个字符串，这就是一个用 Solidity 语言编写的合约程序正文，只不过这里因表达成 Java 语言字符串而多了许多加号算符，以免在字符串里出现好多换行符。当然也可以把这个正文存在一个.sol 源文件中，再在程序中从源文件读入。不过以太坊虚拟机只能执行为这虚拟机定义的指令（而不是 solidity 语句），所以得要把这 solidity 语言的程序编译成虚拟机指令，因而这里通过 compiler.compileSrc() 加以编译，对此本节后面还要再作介绍。编译的输出为一 SolidityCompiler.Result 对象 result。对此通过 CompilationResult.parse()加以解析，就得到一个 CompilationResult 对象 res。这个对象中的主要内容是个名为 contracts 的 Map，这个 Map 可以看成是一个名值对的数组，但是在这里一共就只有一个名值对，所以直接就可以从中取出其“值”，那是定义于 CompilationResult 类内部的 ContractMetadata 类的对象 metadata。而 metadata 则又含有 abi 和 bin 两个字节串，其中的 bin 就是一串虚拟机指令。

为帮助理解此中的关系和过程，下面我们考察一下 SolidityCompiler 和 CompilationResult 这两个类的摘要。先是 SolidityCompiler，后面我们还要更深入地加以考察，这里先粗粗看一下，主要关心的是里面定义的 Result 这个类：

```
class SolidityCompiler {}
] ...
] class Result {}
]] String errors
]] String output
]] boolean success
```

这就是说，用 SolidityCompiler 进行编译，其输出结果是个 Result 对象，这个对象中有三个成分，其中 output 是个字符串。对此进行解析，就得到一个 CompilationResult 类对象 res，这个类的定义是：

```
class CompilationResult {}
] Map<String, ContractMetadata> contracts    //编译结果中可以有多个合约
] String version
] class ContractMetadata {}
]] String abi        //具体合约的 Function 对象列表，按 Json 格式串行化。
]] String bin        //具体合约程序的可执行映像
]] String solInterface
]] String metadata
```

CompilationResult 对象的内容主体就是一个 Map。之所以是个 Map，是因为可以一次编译多个合约程序，因而就有多项输出。而 Map 可以看成是一个“名值对”的数组，名就是合约名，所以是 String；而值就是对该合约的编译输出，其类型为 ContractMetadata，其中的字符串 bin 就是编译所成的指令流，说字符串其实是字节串。

所以 CompilationResult.ContractMetadata.bin 就是真正要作为智慧合约加以部署的内容，这就是前面代码摘要中的 metadata.bin。

智慧合约需要通过交易加以部署。这种合约部署交易的对方地址为 0，而交易请求中的 data 字段，其内容就是需要加以部署的（编译后的）合约。更严格地说，此时 data 字段的内容是个合约，执行这个合约后的输出就是要加以部署的合约。这就是上面代码摘要中调用 sendTxAndWait(new byte[0], Hex.decode(metadata.bin))时的后面那个参数，此后的过程就无须再加解释了，因为与前面那个示例并无不同。

一旦完成了部署，就可以发起调用该合约的交易了。

由于 sendTxAndWait()内部对 waitForTx()的调用，当程序从上面这个 sendTxAndWait()语句返回时，合约已经得到部署，本次交易已记入块链，并得到了对该次交易的收据，从中可

以获取所部署合约的地址 contractAddress。

第二步是发起一次交易以实现对所部署合约中函数 inc()的调用，这样的交易称为"(合约函数) 调用交易"，即 CallTransaction。为此首先要创建一个定义于 CallTransaction 内部的 Contract 类对象 contract，创建时所用的参数为 metadata.abi。注意我们在前面部署合约时所用的是 metadata.bin，这是合约的可执行映像；而现在用的是 metadata.abi，这是按 Json 格式串行化了的 Function 对象列表。有了基于 metadata.abi 的 Contract 类对象 contract，就可以根据所欲调用的函数名"inc"从中获取这个函数的 Function 类对象，那就是上面代码摘要中的 inc。再将其编码成一个字节串 byte[]，就是上面代码摘要中的 functionCallBytes。

为帮助读者更好理解这里面的关系和过程，下面是 CallTransaction 类的摘要和展开：

```
class CallTransaction {}
] class Contract {}
]] Function[] functions                //其内容来自 Contract 类的构造函数 Contract()
]] Contract(String jsonInterface)      //参数 jsonInterface 即 metadata.abi
   > functions = new ObjectMapper().readValue(jsonInterface, Function[].class)
] enum FunctionType {constructor, function, event, fallback}
                                       //合约中的函数有四种，即构造函数、普通函数，还有事件和 fallback。
] enum StateMutabilityType {pure, view, nonpayable, payable}  //更改状态的权限
] class Function {}
]] public boolean anonymous;
]] public boolean constant;
]] public boolean payable;
]] public String name = "";
]] public Param[] inputs = new Param[0];
]] public Param[] outputs = new Param[0];
]] public FunctionType type;           // constructor，function，event，或 fallback
]] StateMutabilityType stateMutability;  // pure，view，nonpayable，或 payable
] class Invocation {}
]] Contract contract;
]] Function function;
]] Object[] args;
```

注意在 CallTransaction 这一层上只是一些类型定义而没有实际的数据成分，所以你在程序中可以创建 CallTransaction.Contract 对象或 CallTransaction.Function 对象，却不会去创建 CallTransaction 对象。但是这个类的定义很好地说明了这些概念之间的关系。

有了这些，下面就是通过 sendTxAndWait(contractAddress, functionCallBytes)语句发起交易并等待，再往下就无须再作解释了。当程序从 sendTxAndWait()返回时，对合约中 inc()函数的调用已经完成并已记入块链，此时该合约中状态变量 i 的值已经递增加 1。

第三步是对这个合约中状态变量 i 的读出，这要通过调用该合约的 get()函数才能完成。按说这也是对合约的调用，只要重复上述的第二步，把函数 inc()换成 get()就行。但是仔细想想就可明白，既然这次的操作只是读出而并不改变合约的状态，换言之合约的状态在操作前后保持恒定，是 Constant，那就没有必要兴师动众跑到网络中，只要在本地就可解决。这是因为，既然上一次对这合约状态的改变已经生效，已经进入块链，那么本地也保存着块链和状态数据库的副本，因而就不必跑到别的节点上去了。读者也许会问，上次调用 inc()的那个交易，在本地也是得到执行的，为什么还要跑到网络中去呢？确实，一个节点所发起的交易，在本节点上也同样得到执行，但本节点却未必就能竞争到发布新块的资格，也不知道谁会是下一个或下几个新块的发布者，那就只好通过 P2P 通信将这交易扩散到全网。

所以，Ethereum 类中提供了一个方法函数 callConstantFunction()，让你在本地完成对合约的只读调用。

[CreateContractSample.onSyncDone() > Ethereum.callConstantFunction()]

callConstantFunction(String receiveAddress, CallTransaction.Function function, Object... funcArgs)
> return callConstantFunction(receiveAddress, ECKey.DUMMY, function, funcArgs)
　　== callConstantFunction(String receiveAddress, ECKey senderPrivateKey,
　　　　　　CallTransaction.Function function, Object... funcArgs)
>> Transaction tx = CallTransaction.***createCallTransaction***(0, 0, 100000000000000L,
　　　　　　receiveAddress, 0, function, funcArgs);
　　== createCallTransaction(long nonce, long gasPrice, long gasLimit,
　　　　　　String toAddress, long value, Function callFunc, Object ... funcArgs)
>>> byte[] callData = callFunc.encode(funcArgs); //准备好交易请求中的 data 字段
>>> return createRawTransaction(nonce, gasPrice, gasLimit, toAddress, value, callData); //创建一个交易请求
>> tx.***sign***(senderPrivateKey); //对这交易请求签名
>> Block bestBlock = worldManager.getBlockchain().***getBestBlock***(); //获取当前块链中处于顶部的块
>> return ***callConstantImpl***(tx, bestBlock).**getResult**(); //返回一个 ProgramResult 对象
　　　　== TransactionExecutor.getResult()

Ethereum 类中其实有两个名为 callConstantFunction()的函数，当然调用参数不同，实际的操作是由带有 ECKey 作为参数的那个 callConstantFunction()完成的。而实际进行的操作，则只是准备好一个假装是来自网络的交易请求（略有不同），然后由 TransactionExecutor 类中的 callConstantImpl()加以完成。

[CreateContractSample.onSyncDone() > Ethereum.callConstantFunction() > callConstantImpl()]

callConstantImpl(Transaction tx, Block block)
> Repository repository = ((Repository) worldManager.getRepository())

```
                                        .getSnapshotTo(block.getStateRoot()).startTracking();
> try {
>+ org.ethereum.core.TransactionExecutor executor = new org.ethereum.core.TransactionExecutor(
                        tx, block.getCoinbase(), repository, worldManager.getBlockStore(),
                        programInvokeFactory, block, new EthereumListenerAdapter(), 0)
                                        .withCommonConfig(commonConfig).setLocalCall(true);
>+ executor.init();
>+ executor.execute();
>+ executor.go();
>+ executor.finalization();
>+ return executor;
> } finally {
>+ repository.rollback();      //回滚 repository 中的信息，以防万一在 try{}部分对其有所改变。
> }
```

这跟我们以前所见的交易执行流程几乎一样，所不同的只是 TransactionExecutor 中的 localCall 字段这次是 true，表示这是只需在本地就可完成（不必发送出去）的调用，所以在 init()和 execute()中的执行流程都有所不同，这就留给读者自己阅读了。

最后，callConstantFunction()返回 TransactionExecutor.result，就这个示例中的这一次交易而言，那就是这个目标 0 合约中状态变量 i 的值。

3.8.3 【示例三】侦听事件：EventListenerSample

以太坊节点的核心，即 Ehereum 类对象，在其运行中的某些关键点上会发出特定的“事件”报告，方式是调用各个已向其登记的“侦听器（listener）”的相关回调函数。所以，“事件侦听器（Event Listener）”也可以说是“回调函数提供器”，界面 EthereumListener 就是对相关回调函数集合、从而对相关事件集合的定义。

但光是提供回调函数毕竟是被动的，提不提供是你的事，调不调用是系统的事，整个回调函数集合是 EthereumListener 界面上定义好了的。这个问题对于智慧合约尤为突出，因为合约内部的一些操作可能需要有外部的操作配合。所以，我们需要有一种机制，使得在合约程序内部可以发起应用层自定义的事件，使应用层配套提供的相应回调函数得到调用。以太坊的 LOGn 指令就可以用来发出某些事件，达到这样的目标。而 Solidity 语言，作为一种智慧合约高级语言，则利用 LOGn 指令实现其 event 语义和功能。

本示例用来演示如何利用事件侦听器。这个示例所演示的种种事件，是沿着一个特定情景展开的。这情景有着这样一个背景，就是有个网站 https://ropsten.faucet.b9lab.com/tap，你可以向它索要一定价值的免费以太币，用来为你在以太坊的测试网络 TestNet 中的种种交易实验/测试付费（“油费”）。当然，在 TestNet 中使用的以太币不能转到常规以太坊网络中使用。另外，同一个账户也不能多次索要，那个网站只向新账户提供免费以太币；但是对于用户而言这并不重要，因为以太坊的进入是无监管的，并不需要“开户”，你只要再产生一对私钥/公钥，从公钥截取最后 20 个字节（160 位），就又是一个新的地址，以太坊自动为每个新的地址生成一个新的账户。当然那个网站得要发起一个交易才能向你的账户注入资金，而且已知那是通过调用一个合约中的 inc()函数而实现的。那个交易不是你发起的，但是你可以通过“侦听”让你提供的回调函数得到调用，从而检测那个合约中的 inc()函数是否得到调用，所索要的资金是否已经到账（到账就可使用了）。读者应该记得，在智慧合约程序中是不能调用外部函数、启动外部操作（姑且称之为“链外活动”）的，但是在回调函数中就可以了。而 onSyncDone()，则如前所述性质上相当于应用层的 main()函数。这里向那个网站发出索要免费以太币的操作，就是在回调函数 onSyncDone()中进行的。

这个示例的实现，就像别的示例和应用一样，也是一个带主函数 main()的 Java 类，名为 EventListenerSample，这个类是对 TestNetSample 的扩充，因而只能在 TestNet 上运行。

不言而喻，这个示例、从而这个类，其核心在于侦听和回调函数。确实，这个类的内部定义了一个 IncEventListener 类，不过这个类并非直接对于 EthereumListener 的实现，而是对一个抽象类 EventListener 的扩充，或者说是“继承了”EventListener<IncEvent>，是专门针对 IncEvent 这个事件的 EventListener。

```
class EventListenerSample extends TestNetSample {}
] @Autowired   SolidityCompiler compiler;
] @Autowired BlockStore blockStore;
] @Autowired TransactionStore transactionStore;
] @Autowired PendingStateImpl pendingState;
    // Change seed phrases，读者在实验时应改变所用的“种子”，不要用“cat”和“goat”，以免碰撞：
] byte[] senderPrivateKey = sha3("cat".getBytes());        //以字符串“cat”为秘密生成一个私钥
] byte[] sender2PrivateKey= sha3("goat".getBytes());     //以字符串“goat”为秘密生成另一个私钥
] String contractAddress = null;   //未提供合约地址，就部署一个新合约；
//   String contractAddress = "cedf27de170a05cf1d1736f21e1f5ffc1cf22eef";   //要不然就使用前已部署的合约

] String contract = "contract Sample {\n" +
                  "   int i;\n" +
                  "   event Inc(\n" +
                  "       address _from,\n" +
                  "       int _inc,\n" +
                  "       int _total\n" +
                  "   );   \n" +                    //定义事件 event Inc(address _from, int _inc, int _total)
                  "   \n" +
                  "   function inc(int n) {\n" +
                  "     i = i + n;\n" +
                  "     Inc(msg.sender, n, i);   \n" +      //发出事件 Inc(msg.sender, n, i)
```

```
                    "   }    \n" +
                    "   \n" +
                    "   function get() returns (int) {\n" +
                    "       return i;    \n" +
                    "   }\n" +
                    "}    ";
] private Map<ByteArrayWrapper, TransactionReceipt> txWaiters =
            Collections.synchronizedMap(new HashMap<ByteArrayWrapper, TransactionReceipt>());
] class IncEvent {}   //定义一个 Ethereum 的事件类型，注意区分合约代码中的 event，那是合约事件。
]] IncEvent(String address, Long inc, Long total)   //但是在合约外面定义的事件与合约中的事件相呼应
   > this.address = address;          //注意上面 Solidity 程序中定义的 event，也是这么三个成分
   > this.inc = inc;
   > this.total = total;
]] String address;
]] Long inc;
]] Long total
] class IncEventListener extends EventListener<IncEvent> {}   //定义一个 IncEventListener 类
]] protected int blocksToConfirm = 32;
   // Minimum required Tx block confirmations for the events from this Tx to be confirmed. After this number
   // of confirmations, event will fire processConfirmed(PendingEvent, IncEvent) on each confirmation.
]] protected int purgeFromPendingsConfirmations = 40;
   // Minimum required Tx block confirmations for this Tx to be purged from the tracking list. After this number
   // of confirmations, event will not fire processConfirmed(PendingEvent, IncEvent).
]] public IncEventListener(PendingStateImpl pendingState)    //构造函数，下面是另一个构造函数。
   > super(pendingState);
]] public IncEventListener(PendingStateImpl pendingState, String contractABI, byte[] contractAddress)
   > super(pendingState);
   > initContractAddress(contractABI, contractAddress);
            // Instead you can init with topic search, so you could get events from all contracts
            // with the same code. You could init listener only once.
   > //    initContractTopic(contractABI, sha3("Inc(address,int256,int256)".getBytes()));
]] @Override IncEvent onEvent(CallTransaction.Invocation event, Block block,
            TransactionReceipt receipt, int txCount, EthereumListener.PendingTransactionState state)
                                        // Processing raw event data to fill our model IncEvent
      // IncEventListener 类是对抽象类 EventListener 的扩充，继承了后者的种种成分。
      //而在 EventListener.onLogMatch()中，会从 logInfo 中提取 CallTransaction.Invocation 对象即 event，
      //结合 EventListener.onLogMatch()的调用参数如 block 和 receipt 等一起调用 onEvent()。
   > if ("Inc".equals(event.function.name)) {   //如果合约事件的名称是“Inc”：
```

```
        //从这 CallTransaction.Invocation 对象 event 中提取其内容，那就是 address，inc 和 total。
  >+ String address = Hex.toHexString((byte[]) event.args[0]);
  >+ Long inc = ((BigInteger) event.args[1]).longValue();
  >+ Long total = ((BigInteger) event.args[2]).longValue();
  >+ IncEvent incEvent = new IncEvent(address, inc, total);    //重构一个与之对应的 Ethereum 事件 incEvent
  >+ logger.info("Pending event: {}", incEvent);
  >+ return incEvent;                                          //返回这个事件
  > } else {   //否则就是个不明事件：
  >+ logger.error("Unknown event: " + event);
  > }
  > return null;
]] @Override pendingTransactionsUpdated()
   > //empty
]] void processConfirmed(PendingEvent evt, IncEvent event)
            // Events are fired here on every block since blocksToConfirm to purgeFromPendingsConfirmations.
  > long numberOfConfirmations = evt.bestConfirmingBlock.getNumber() - evt.includedTo.getNumber() + 1;
                                        // +1 because on included block we have 1 confirmation
  > logger.info("Confirmed event: {}, confirmations: {}", event, numberOfConfirmations);
        //这里只是 log 一下，如有其它操作可以添加。
]] @Override pendingTransactionUpdated(PendingEvent evt)
  > if (evt.txStatus == TxStatus.REJECTED || evt.txStatus.confirmed >= blocksToConfirm) {
  >+ evt.eventData.forEach(d -> processConfirmed(evt, d));
  > }
  > return evt.txStatus = = TxStatus.REJECTED || evt.txStatus.confirmed >= purgeFromPendingsConfirmations;
    //以上是 IncEvent 类和 IncEventListener 类的定义

    //下面才又是 EventListenerSample 类的成分：
] @Override onSyncDone()    // Sample logic starts here when sync is done，相当于应用层的 main()函数。
 > ethereum.addListener(new EthereumListenerAdapter() {})  //创建一个系统级的侦听器，并向系统登记。
                  ] @Override onPendingTransactionUpdate(TransactionReceipt txReceipt,
                                         PendingTransactionState state, Block block)
                   > ByteArrayWrapper txHashW =
                            new ByteArrayWrapper(txReceipt.getTransaction().getHash());
                      // Catching transaction errors
                   > if (txWaiters.containsKey(txHashW) && !txReceipt.isSuccessful()) {
                   >+ txWaiters.put(txHashW, txReceipt);
                   > }
    //向 https://ropsten.faucet.b9lab.com/tap 网站索要免费的比特币。
```

```
//要求把赠与的比特币转入 senderPrivateKey 和 sender2PrivateKey 这两个私钥所分别绑定的账户。
> requestFreeEther(ECKey.fromPrivate(senderPrivateKey).getAddress());    //向那个网站要钱
> requestFreeEther(ECKey.fromPrivate(sender2PrivateKey).getAddress());    //再向那个网站要钱
> if (contractAddress == null) {  //如果要使用我们自己部署的合约（这是本示例的目的）
>+ deployContractAndTest();        //见后，在 requestFreeEther()和 postQuery()、waitForEther()后面。
> } else {  //这是使用地址 cedf27de170a05cf1d1736f21e1f5ffc1cf22eef 所指的既有合约
>+ replayOnly();
> }

] public void requestFreeEther(byte[] addressBytes)     //要求把一定数量的比特币转入这个地址中
 > String address = "0x" + toHexString(addressBytes);
 > logger.info("Checking address {} for available ether.", address);
 > BigInteger balance = ethereum.getRepository().getBalance(addressBytes);
 > logger.info("Address {} balance: {} wei", address, balance);
 > BigInteger requiredBalance = BigInteger.valueOf(3_000_000 * ethereum.getGasPrice());
                                                //所索要的币值相当于当前油价的三百万倍
 > if (balance.compareTo(requiredBalance) < 0) {
 >+ logger.info("Insufficient funds for address {}, requesting free ether", address);
 >++ String result = postQuery("https://ropsten.faucet.b9lab.com/tap", "{\"toWhom\":\"" + address + "\"}");
                        //向 https://ropsten.faucet.b9lab.com/tap 网站索要免费的比特币
 >+ logger.info("Answer from free Ether API: {}", result);
 >+ waitForEther(addressBytes, requiredBalance);    //等待所索要的比特币到账
 > }

] private String postQuery(String endPoint, String json)   //向 endPoint 所述的网站发送一个 Http POST 请求。
 > URL url = new URL(endPoint);
 > HttpURLConnection conn = (HttpURLConnection) url.openConnection();   //建立一个 Http 连接
 > conn.setConnectTimeout(5000);
 > conn.setRequestProperty("Content-Type", "application/json; charset=UTF-8");
 > conn.setDoOutput(true);
 > conn.setDoInput(true);
 > conn.setRequestMethod("POST");
 > OutputStream os = conn.getOutputStream();   //在 Http 连接上形成一个输出流
 > os.write(json.getBytes("UTF-8"));           //向这个流写出
 > os.close();                                 //注意所关闭的是那个流，而不是 Http 连接。
        // read the response
 > InputStream in = new BufferedInputStream(conn.getInputStream());   //再在 Http 连接上形成一个输入流
 > String result = null;
```

```
 > try (Scanner scanner = new Scanner(in, "UTF-8")) {
 >+ result =   scanner.useDelimiter("\\A").next();
 > }
 > in.close();                                         //关闭输入流
 > conn.disconnect();                                  //断开 Http 连接
 > return result;

] private void waitForEther(byte[] address, BigInteger requiredBalance)   //等待所索要的比特币到账
 > while(true) {   //从保存在本地的账本中查看该地址的账面余额
 >+ BigInteger balance = ethereum.getRepository().getBalance(address);   //注意是在本地的 Repository 中查看
 >+ if (balance.compareTo(requiredBalance) > 0) {   //原先是 0，现在增加了，说明有钱到账：
 >++ logger.info("Address {} successfully funded. Balance: {} wei", "0x" + toHexString(address), balance);
 >++ break;
 >+ }
 >+ wait(20000);     //睡眠等待 20 秒后再试
 > }    //end while

] private void deployContractAndTest()   //这是本示例的主体，包括部署合约，调用合约和侦听：
                      //-Deploys contract; Adds events listener; Calls contract from 2 different addresses
 > ethereum.addListener(new EthereumListenerAdapter() {});   //添加一个回调侦听
                @Override            //when block arrives look for our included transactions
                ] public void onBlock(Block block, List<TransactionReceipt> receipts)
                  > EventListenerSample.this.onBlock(block, receipts);
> CompilationResult.ContractMetadata metadata = compileContract();   //编译合约的 Solidity 程序
 > logger.info("Sending contract to net and waiting for inclusion");
 > TransactionReceipt receipt = sendTxAndWait(new byte[0], Hex.decode(metadata.bin), senderPrivateKey);
                      //发起交易以部署合约，目标地址为 0，data 字段为合约程序，以 senderPrivateKey 签名。
 > if (!receipt.isSuccessful()) {
 >+ logger.error("Some troubles creating a contract: " + receipt.getError());
 >+ return;   //失败返回
 > }
 > byte[] address = receipt.getTransaction().getContractAddress();   //交易收据中含有所部署合约的地址
 > logger.info("Contract created: " + toHexString(address));

 > IncEventListener eventListener = new IncEventListener(pendingState, metadata.abi, address);
 > ethereum.addListener(eventListener.listener);   //再登记一个 IncEvent 事件侦听器，以所部署的合约为目标。

 > CallTransaction.Contract contract = new CallTransaction.Contract(metadata.abi);
```

> ***contractIncCall***(senderPrivateKey, 777, metadata.abi, address);

//从地址 senderPrivateKey 发起交易，调用合约中的 inc()函数，参数为 777。

> ***contractIncCall***(sender2PrivateKey, 555, metadata.abi, address); //从地址 sender2PrivateKey 调用同一合约

//从地址 sender2PrivateKey 发起交易，调用合约中的 inc()函数，参数为 555。

> ProgramResult r = ethereum.**callConstantFunction**(Hex.toHexString(address), contract.getByName("get"));

//发起本地交易，调用合约中的 get()函数。

> Object[] ret = contract.getByName("get").decodeResult(r.getHReturn()); //调用合约中 get()函数所返回的结果

> logger.info("Current contract data member value: " + ret[0]);

//由于登记了 IncEventListener，该侦听器中会收到执行合约中 inc()函数时发出的 IncEvent 事件。

//见前面 IncEventListener 类定义中的 onEvent()。

] **replayOnly**() // Replays contract events for old blocks using BlockReplay with EventListener

> logger.info("Contract already deployed to address 0x{}, using it", contractAddress);

//仅在使用地址 cedf27de170a05cf1d1736f21e1f5ffc1cf22eef 所指既有合约时才得到调用，此处从略。

] CompilationResult.ContractMetadata **compileContract**() //编译合约程序

> logger.info("Compiling contract...");

> SolidityCompiler.Result result = compiler.***compileSrc***(contract.getBytes(), true, true,

SolidityCompiler.Options.ABI, SolidityCompiler.Options.BIN);

> CompilationResult res = CompilationResult.**parse**(result.output);

> CompilationResult.ContractMetadata metadata = res.getContracts().iterator().next();

> if (metadata.bin == null || metadata.bin.isEmpty()) {

>+ throw new RuntimeException("Compilation failed, no binary returned:\n" + result.errors);

> }

> return metadata;

] **contractIncCall**(byte[] privateKey, int incAmount, String contractABI, byte[] contractAddress)

//从 deployContractAndTest()中调用，目的是调用该合约中的 inc()函数

> CallTransaction.Contract contract = new CallTransaction.Contract(contractABI);

> CallTransaction.Function inc = contract.getByName("inc");

> byte[] functionCallBytes = inc.encode(incAmount);

> TransactionReceipt receipt = ***sendTxAndWait***(contractAddress, functionCallBytes, privateKey);

//发起交易，调用合约中的 inc()函数。

> if (!receipt.isSuccessful()) {

>+ logger.error("Some troubles invoking the contract: " + receipt.getError());

>+ return;

> }

> logger.info("Contract modified!");

```
] TransactionReceipt sendTxAndWait(byte[] receiveAddress, byte[] data, byte[] privateKey)
 > BigInteger nonce = ethereum.getRepository().getNonce(ECKey.fromPrivate(privateKey).getAddress());
 > Transaction tx = new Transaction(
                    ByteUtil.bigIntegerToBytes(nonce),
                    ByteUtil.longToBytesNoLeadZeroes(ethereum.getGasPrice()),
                    ByteUtil.longToBytesNoLeadZeroes(3_000_000),
                    receiveAddress,
                    ByteUtil.longToBytesNoLeadZeroes(0),
                    data,
                    ethereum.getChainIdForNextBlock());
 > tx.sign(ECKey.fromPrivate(privateKey));
 > logger.info("<=== Sending transaction: " + tx);
 > ByteArrayWrapper txHashW = new ByteArrayWrapper(tx.getHash());
 > txWaiters.put(txHashW, null);
 > ethereum.submitTransaction(tx);
 > return waitForTx(txHashW);

] private void onBlock(Block block, List<TransactionReceipt> receipts)
 > for (TransactionReceipt receipt : receipts) {
 >+ ByteArrayWrapper txHashW = new ByteArrayWrapper(receipt.getTransaction().getHash());
 >+ if (txWaiters.containsKey(txHashW)) {
 >++ txWaiters.put(txHashW, receipt);
 >++ synchronized (this) { notifyAll(); }
 >+ }
 > }    //end for

] TransactionReceipt waitForTx(ByteArrayWrapper txHashW)
 > long startBlock = ethereum.getBlockchain().getBestBlock().getNumber();
 > while(true) {
 >+ TransactionReceipt receipt = txWaiters.get(txHashW);
 >+ if (receipt != null) {
 >++ return receipt;
 >+ } else {
 >++ long curBlock = ethereum.getBlockchain().getBestBlock().getNumber();
 >++ if (curBlock > startBlock + 16) {
 >+++ throw new RuntimeException("The transaction was not included during last 16 blocks: "
                                              + txHashW.toString().substring(0,8));
```

```
>++ } else {
>+++ logger.info("Waiting for block with transaction 0x" + txHashW.toString().substring(0,8) +
                                " included (" + (curBlock - startBlock) + " blocks received so far) ...");
>++ }
>+ }
>+ synchronized (this) { wait(20000); }
> }

] main(String[] args)
> sLogger.info("Starting EthereumJ!");
> class Config extends TestNetConfig{
        @Override @Bean
        ] public TestNetSample sampleBean() {
          > return new EventListenerSample();
        }
    }
    // Based on Config class the BasicSample would be created by Spring
    // and its springInit() method would be called as an entry point
> EthereumFactory.createEthereum(Config.class);
```

先看前面的 Solidity 语言脚本。这个脚本里定义了一个名叫 Inc 的 event，这 event 和 function 一样都是 Solidity 语言中的保留字。定义了一个 event 以后，就可以在程序中像调用函数那样引用事件名发出事件，这里的语句 Inc(msg.sender, n, i)就是这样。这个合约的安排，是每当有人调用其 inc()函数时就发出事件 Inc。所谓“事件”，实际上是“事件报告”，报告的内容就是谁调用了这个 inc()函数（_from），所增加的量是多少（_inc），最后的结果是多少（_total）。可是这事件具体是怎么发出来的呢？又是发给谁的呢？事实上，Solidity 编译器会把事件的发出编译成 LOGn 指令，把包含在具体事件中的信息变成 LOGn 指令的操作数，而 LOGn 指令的执行结果会作为合约层的 data 出现在合约的执行结果中，最后出现在所发布的新块中，原则上应用层软件只要侦听 onBlock()就可以得到这些结果。然而从 onBlock()所得到的块开始分析其内容直到抽取所需的合约层 Log 信息是挺麻烦的事，其实应用层大可不必这么麻烦，底层已经为应用层作了考虑，只要加以利用就行。

EthereumJ 的源码中有个抽象类 EventListener，凡是扩充了这个抽象类的实体类都会向系统登记一个 EthereumListener 侦听器，这个侦听器提供 onPendingTransactionUpdate()和 onBlock()两个回调函数。而 EventListener 类内部，则有层层调用，直至最后调用一个抽象函数 onEvent()。这样，应用层只要提供一个扩展了抽象类 EventListener 的实体类，在里面提供自己的回调函数 onEvent()就可以了。而这里的 IncEventListener 类，就正是这样一个扩展了抽象类 EventListener 的实体类。

回调函数 onEvent()受到调用的路径不止一条，但这一条是最典型的：

[tryToConnect() > onBlock() > onBlockImpl() > trackTransaction() > fireTxUpdate() > onPendingTransactionUpdate > onPendingTransactionUpdateImpl() > onReceipt() > onLogMatch() > onEvent()]

之所以有这么长的调用路径，是因为一个块里包含着种种不同的信息，要经过种种不同的处理，例如从块到交易记录，到交易收据，再从里面提取合约层的 Log 信息，再从 Log 信息中解析出事件，这才可以调用 onEvent()。

明白了这些背景，这个示例的程序就容易理解了。

一样，应用层程序的执行还是从 onSyncDone()开始。

这个示例说是 EventListenerSample，如前所述在事件侦听前面还有个引子，那就是以两个客户（两个不同账户地址）的名义向网站 https://ropsten.faucet.b9lab.com/tap 索要一点免费的以太币，用来在以太坊的测试网中支付油费。上面 requestFreeEther()及其所调用的 postQuery()和 waitForEther()所做的就是这个。有了油费，就可以在测试网中部署合约，然后调用这个合约的 inc()函数，这是 deployContractAndTest()及其一系列子程序调用所做的事，包括：

- 由 compileContract()编译合约的 Solidity 程序；
- 通过 sendTxAndWait()部署编译好的合约；
- 然后又挂上另一个侦听器 IncEventListener；
- 通过 contractIncCall()调用该合约中的 inc()函数；
- 通过 callConstantFunction()仅在本地调用该合约中的 get()函数。

注意合约中的 inc()函数只是增加合约中一个变量的值，这当然会引起状态的变化，但是这并不涉及支付，也不意味着往这合约账户中“打钱”或“充值”，如果是支付那就得是一个账户余额的减少和另一个账户余额的增加，这全在于如何设计和实现合约程序。

这里要演示的，是对合约中 inc()函数的调用导致了侦听器 IncEventListener 所提供的 onEvent()函数被调用，尽管中间的 LOGn 指令什么的我们看不到，此时传下来的参数 event 是个定义于 CallTransaction 类内部的 Invocation 类对象，其结构成分 args[]中的元素就是由 LOGn 指令产生的 data 字段内容，那就是合约中定义的事件 Inc 的几个成分。这里在 onEvent()中用这些成分重构了一个 IncEvent 类对象就完事了，但实际上当然可以再做点别的，例如以这 IncEvent 类对象为参数再调用别的什么（Java）函数，或者哪怕只是把它的内容打印出来。但是那都无关紧要，重要的是对这整个机制和过程的演示已经达到了目的。

3.8.4 【示例四】Token 和 ERP20

前面讲过，使用以太币的简单支付（和存证）无须通过智慧合约，在交易处理的底层直接就可完成。但是如果不是使用以太币的支付，或者不是简单支付，例如需要多方签名，或更复杂的事务，就得要通过智慧合约了。反过来，既然有智慧合约，那么可以做的事情就多了，不只局限于支付。但是支付，更广义地说是数字资产的流转，无疑是目前最为人看重的机制和功能。所以，在以太坊的基础上自己发“币”，或者说发行“筹码”（Token，也称“通证”），并通过公开发行出售这样的虚拟货币以筹集资金，称为ICO（Initial Coin Offer），就曾经甚嚣尘上，还形成了一个所谓“币圈”，你也发币我也发币。币圈的前景究竟怎样是经济学的问题，但是以太坊的智慧合约机制确实很适合用来发币，这倒是真的。由于在以太坊上发币的人多了，后来就有人提议应该搞个标准，这就是ERC20。ERC是“Ethereum Request for Comment”的缩写，这显然是从互联网的RFC学来的，作用也相仿。下面是为Token发行制订的Solidity语言界面，与Java的interface类似：

```
contract ERC20Interface {}
  function totalSupply() public constant returns (uint);                                   //发币总量
  function balanceOf(address tokenOwner) public constant returns (uint balance);   //获取账户余额
  function allowance(address tokenOwner, address spender) public constant returns (uint remaining);
  function transfer(address to, uint tokens) public returns (bool success);             //支付
  function approve(address spender, uint tokens) public returns (bool success);       //转账授权
  function transferFrom(address from, address to, uint tokens) public returns (bool success); //指定账户间的转账
  event Transfer(address indexed from, address indexed to, uint tokens);                  //支付/转账事件
  event Approval(address indexed tokenOwner, address indexed spender, uint tokens);   //转账授权事件
```

这就是说，凡用来发币、支付、转账的智慧合约都应提供这个界面所规定的这些函数，还应提供Transfer和Approval这两个事件，让利益攸关者可以侦听监视资金的流动。当然你还可以提供更多的函数和事件。

下面是对这个界面的一种Solidity语言的实现，放在这里供读者参考，不过这里缺了对上列totalSupply()和allowance()的实现，并不完整。

```
contract TokenContractFragment {}
] mapping(address => uint256) balances;    // Balances for each account，键值对的集合，相当于 Map。
] mapping(address => mapping (address => uint256)) allowed;    //二维 Map，Map 的 Map，表示批准和授权。
                                  // Owner of account approves the transfer of an amount to another account
   // Get the token balance for account `tokenOwner`
] function balanceOf(address tokenOwner) public constant returns (uint balance)    //查询账户余额
     > return balances[tokenOwner];
] function transfer(address to, uint tokens) public returns (bool success)     //转账支付，交易发起者为付方。
                                  // Transfer the balance from owner's account to another account
     > balances[msg.sender] = balances[msg.sender].sub(tokens);      //在交易发起者的账户中扣除若干 token
     > balances[to] = balances[to].add(tokens);                      //在收款方账户中增加等量 token
     > Transfer(msg.sender, to, tokens);                             //发送事件 Transfer
     > return true;
```

```
        // Send `tokens` amount of tokens from address `from` to address `to`
        // The transferFrom method is used for a withdraw workflow, allowing contracts to send
        // tokens on your behalf, for example to "deposit" to a contract address and/or to charge
        // fees in sub-currencies; the command should fail unless the _from account has
        // deliberately authorized the sender of the message via some mechanism; we propose
        // these standardized APIs for approval:
] function transferFrom(address from, address to, uint tokens) public returns (bool success)
                                                            //在指定的付方和收方之间转账
    > balances[from] = balances[from].sub(tokens);       //在指定的付方账户中扣除若干 token
    > allowed[from][msg.sender] = allowed[from][msg.sender].sub(tokens); //在付方授权记录中扣除这些 token
    > balances[to] = balances[to].add(tokens);                          //在收款方账户中增加等量 token
    > Transfer(from, to, tokens);                        //发送事件 Transfer
    > return true;

        // Allow `spender` to withdraw from your account, multiple times, up to the `tokens` amount.
        // If this function is called again it overwrites the current allowance with _value.
] function approve(address spender, uint tokens) public returns (bool success)     //授权
  > allowed[msg.sender][spender] = tokens;
  > Approval(msg.sender, spender, tokens);    //发送事件 Approval
  > return true;
```

至于对智慧合约的编译、部署和执行，我们已在前一个示例中看到，并且在交易及其执行那一节中已有详细的说明，这里就不多说了。

3.8.5　合约的编译

以太坊的代码中有两个称为 Compiler 即“编译器”的类，也都跟合约有关，一个是 BytecodeCompiler，另一个是 SolidityCompiler。但是前者其实应该称 Assembler，即汇编工具，这是把以汇编语言书写的程序翻译成二进制的机器指令。后者才是真正的 Solidity 编译器，把 Solidity 语句翻译成机器指令。不过后面我们会看到，真正的编译其实是由独立软件 solc 完成的，SolidityCompiler 只是包在外面的一层壳。

先看 BytecodeCompiler 类的定义摘要：

```
class BytecodeCompiler {}
] compile(String code)
> return compile(code.split("\\s+"));   //将源码分割成一个个的词法单位 token，然后调用下面这个 compile()。
] byte[] compile(String[] tokens)       //对一串词法单位进行编译：
> List<Byte> bytecodes = new ArrayList<>();   //创建一个 Byte 对象的队列
```

```
> int ntokens = tokens.length;
> for (int i = 0; i < ntokens; i++) {   //依次将每个词法单位转换成指令或常数的二进制代码：
>+ String token = tokens[i].trim().toUpperCase();   //都转换成大写
>+ if (token.isEmpty())   continue;
>+ if (isHexadecimal(token)) compileHexadecimal(token, bytecodes);   //如果以 0X 开头，就按 16 进制数转换。
>+ else bytecodes.add(OpCode.byteVal(token));   //否则就是指令代码，例如 ADD，通过查表转换
> }
> int nbytes = bytecodes.size();
> byte[] bytes = new byte[nbytes];   //创建一个字节数组，供转换好的代码用作缓冲区。
> for (int k = 0; k < nbytes; k++) bytes[k] = bytecodes.get(k).byteValue();   //将转换好的代码拷贝到 bytes[]中
> return bytes;
```

程序很简单，又加了注解。这里的 OpCode 是个 enum 类，byteVal(String code)是它提供的一个函数，给定一个操作码字符串，例如“ADD”、“PUSH2”，就返回相应的二进制指令码。所以，逻辑上可以认为这就是查表，而 OpCode 就是个 Map。

显然，这个所谓 compile()，实际上只是把我们一般所称的汇编指令，即有助记忆的文字形式的指令，转换成二进制指令码，就是我们一般所称的机器指令。这其实只是“汇编”而不是“编译”。

真正的编译，是把作为高级语言的 Solidity 程序翻译成机器指令。Ethereumj 的源码中有个 SolidityCompiler 类，就是干这个事情用的。不过 SolidityCompiler 可不是真正的编译器，而只是在真正的编译器 solc 外面包了一层，当你调用 SolidityCompiler.compile()时，它只是启动一个 solc 进程，让 solc 编译你的源程序，并与 solc 进程之间搭好通信管道，仅此而已。源程序的编译已经越出本书的范围，我们就不深入下去了。

最后顺便说一下，尽管有 TestNet，频繁的合约程序调试还是一来会让人觉得不甚方便，二来也给 TestNet 加上了比较沉重的负担，所以以太坊源码中提供了一个用来帮助调试合约程序的独立区块链，那就是 StandaloneBlockchain 类，用来在本地模拟一个以太坊区块链，而实际使用这个类的示例则是 StandaloneBlockchainSample。这就留给有需要或兴趣的读者自己去看了。

第4章

超级账本 Hyper Ledger

比特币问世以后，IBM 就敏锐地抓住了 BlockChain 这个新生事物。超级账本（Hyper Ledger）最初是 IBM 公司内部的一个项目，曾经叫 Open BlockChain，在 Hyper Ledger 早一点的版本中还可见到 OBC 这个缩写的痕迹，例如 ObcClassic、ObcSieve 等。Open BlockChain 也好，“超级账本”账本也好，这些词都反映了他们的关注点是把区块链用作账本，是“链”，是“账”，而不是“币”。具体产品的名称为 Fabric，也很好地刻画了把用户交织在一起的特征。后来，IBM 把这个项目捐赠给了 Linux 基金会，使其成了真正的开源项目，这当然是好事。Linux 基金会接手之后，特别是到了 Fabric 的 1.0 版，我们就看到 Fabric 的代码发生了堪称脱胎换骨的变化。这种变化，还不是具体代码实现上的变化，而是算法的变化，方案的变化。在 GitHub 上可以看到，Fabric 1.0 之前的版本是 Fabric 0.6。对比这二者的源码可以发现，差别之大完全可以让人认为这根本就是两个不同的设计，两个不同的软件。这种种方面的变化，在 Fabric 源码中 proposals/r1 目录下的 Next-Consensus-Architecture-Proposal.md 和 Next-Ledger-Architecture-Proposal.md 这两个提案的文档中有很好的说明。要详述这变化前后的不同，绝不是三言两语的事，再说其实也没有必要，过去的已经过去了。本书采用的是 fabric-release-1.1，是 2018 年 7 月份从 GitHub 下载的，下面的介绍全都是基于这个版本。Fabric 也有不同语言的版本，这里采用的是 Go 语言的版本。

与比特币和以太坊相比，超级账本最鲜明的特征就是：它不是为“公有链”设计的，它是为“私有链”和“联盟链”设计的。这一点并非从 Fabric 1.0 才是这样，而是从一开始就是这样，事实上 IBM 一直都声称超级账本是面向企业应用的。所谓“面向企业应用”，并非软件的质量和可靠性都达到“企业级”要求的意思，而是说超级账本是为企业应用而设计的，实际上就是说适合用来搭建企业内部或者若干企业之间的区块链，那就是私有链或联盟链。私有链与公有链最本质的区别，就在于私有链并不需要有公有链那种程度的去中心化。试想，如果一个区块链是建在一个公司内部，或者公司的总部与下属各个部门或办事处之间，那还需要什么去中心化，公司总部本来就是中心，就是权威，整个区块链必然是处于公司总部的管理之下。联盟链倒是有所不同，但是既然是联盟，那就会有个类似于什么委员会那样的机构，这个机构就是权威，整个区块链必然是处于这个委员会的管理之下，尽管未必是完全的中心化，但也不会在技术上过于强调去中心化。然而去中心化是区块链的重要乃至核心的特征，中心化程度的不同势必引起很多方面的变化。

所以，“面向企业”的区块链，即私有链或联盟链，与公有链相比有几方面的特点。

第一是去中心化的程度不同，公有链要求无中心，网络中的每个节点原则上都是平等的，都是 Peer。大家通过竞争获得新块的发布权（并得到奖励刺激），但那只是一时的，下一个块的发布权很可能就被别人抢走了。而且，这种竞争的算法，即挖矿算法或称共识算法的设计还得让竞争结果尽可能地随机，使得没有哪个节点或哪几个节点能长期把持新块的发布。而私有链，则可以是、并且应该是有中心的。联盟链介乎二者之间，可以有中心，但这个中心不应像私有链中那么强势、那么集中，也要在一定程度上有所去中心，淡化中心的权威和作用。

第二，公有链的成员是个不固定的集合，成员具有完全的自由，想进来就进来，无需经过批准，想离开就离开，今天开机就上来了，明天一关机就可能好几天都不在线，完全的来去自由。反观私有链的成员，则是个基本固定的集合，都属于同一个公司，网络中的节点固然会因为故障、断电等原因暂时离去，但是它们加入网络一般得要经过批准和安排。所以，私有链通常都是有管理（Administration）、特别是有准入管理的区块链网络，对于具体的节点和使用人还可能会有身份的认证。不仅如此，对于每个具体节点有什么样的配置，提供什么功能，扮演什么角色，也都是有计划有管理的。至于联盟链，则通常也需要有准入管理，很可能也需要有身份认证，可能还有如何计费或分摊费用的安排。

第三，既然已经从去中心化的立场后退，或至少是有所松动，那么新块的发布也就未必需要竞争了。所以，在私有链和联盟链中，新块的发布可以固定由扮演中心角色的节点承担，也可以根据约定轮流担任，也可以采取“热备”即“Active/Standby”的方式，还可以采取投票选举的方式选出某个节点负责新块的发布。注意在公有链中一般而言是无法举行选举的，因为选举有个条件，就是投票人的集合得要是个大致固定的集合，或者至少投票人的数量是预知的，而如前所述公有链中的节点来去无常神出鬼没，在这样的环境中举行选举当然是不现实的。除上述的指定、轮流、热备之外，在私有链尤其是联盟链这样有中心的环境中还可以采取一种相当于选举投票的方式，容错计算领域的所谓“拜占庭将军”算法就属于这一类。提出这种算法的人通过假借“拜占庭”和“将军”讲故事，阐明（并且证明）了一种确保达成共识的算法。关于拜占庭将军算法读者可以在网上读到好多资料，这里不再赘述，只是讲一下这个算法在私有链/联盟链中的实际体现。假设区块链网络中一共有 m 个节点，其中 t 个是有问题从而会作出错误判断或者不投票（相当于弃权）的，其余节点的判断都会正确；那么只要 $m > 3t+1$，投票的时候能拿到正确意见的票数就可超过三分之二，我们就可以确认达成了正确的共识。显然，这样的投票在公有链中是不适用的，因为公有链中的节点总数 m 是不定的，但是在私有链/联盟链中就适用了。

第四，既然私有链和联盟链接受中心和权威的存在，网络中的节点就不再都是平等的 Peer，不同的节点就可以分工担任不同的角色，还可以有类似于各种专业委员会那样的机制。比方说对于交易请求的验证，就不必让许多节点都来进行。

第五，在私有链和联盟链中，既然新块的发布无需竞争，那么为鼓励竞争而设的利益刺激即 Coinbase 也就不再有必要。使用者是否仍需要为每次交易付费，也可以有替代方案。

不过，不强调“去中心化”是一回事；而采用密码技术，采纳通过 Hash 值把记录块前后链接起来形成环环相扣的“块链”(Block Chain)，以及多地存储等等这些基本的思路则是另一回事，在这些方面还是一脉相承的。所以，不以“去中心化”为设计目标，采用类似于会员制的管理，这是“超级账本”之不同于比特币和以太坊的最鲜明最本质的特征；其它方面的不同则是从这二者派生而来的。例如，既然是有中心化的会员制管理，账页发布权的竞争自然就不再必要，从而“挖矿”就没有意义了。另一方面，对账页发布的激励机制，以及像比特币那样的发币机制，也就没有必要了。

另外，在比特币的方案中，块链就是一个“流水账”，这就是需要物理存贮的全部“账本”，而“分户账”则并无物理的存在，需要通过对 UTXO 的处理从流水账即块链中归纳。而以太坊，则除块链这个流水账之外还维持一本“分户账”，那就是所有账户“状态”的集合，这二者都有物理存储，二者的结合才是整套的“账本”。这个问题上超级账本与以太坊一样，在 Fabric 1.0 前后也并无变化。

还有智慧合约，在比特币的方案中所谓“智慧合约”只不过是比较复杂的招领脚本（认领脚本是为履行合约提供所需的证据），进一步也可以认为招领脚本就是合约，从这个意义上说也可以认为任何一个交易都得通过合约。而以太坊，则把以太币的支付与智慧合约相剥离，一般以太币的支付（以及单纯以存证为目的的零支付）就无需动用智慧合约（不过这并不排除通过智慧合约进行支付甚至发币）。这一方面超级账本又像比特币，在 Fabric 1.0 前后也无变化。在超级账本的方案中，“智慧合约”称为“链码（Chaincode）”。任何一个交易，要么就是链码的部署，即智慧合约的创建；要么就是链码的引用，即智慧合约的引用。后者又分成两种，即查询和调用（执行）。所以，在超级账本区块链网络中，任何一笔支付都是通过链码的执行而得到实施的。

总之，与比特币和以太坊这二者相比，超级账本（Hyper Ledger）是一种类似于“会员制”那样有许可才可以加入的区块链网络。超级账本并不追求去中心和无组织，而是一种有固定中心，有组织、有管理的区块链网络结构。这样的结构，当然不适合用来构建大规模的公有链，而适合用来构建联盟链和私有链。事实上，超级账本最初就是以银行等金融机构的应用，或在更宽泛意义上的“企业级应用”为设计目标的。这也反映在它的研发模式上，不像比特币和以太坊那样从一开始就是开源项目，超级账本虽然也开源，但最初是由 IBM 独家研发的。后来 IBM 把它捐赠给 Linux 基金会，变成了 Linux 基金会旗下的开源项目，这才有了群众性和广泛性。即便如此，超级账本的结构和实现终究还是带着 IBM 作为“商用机器公司”的烙印和基因。

“超级账本”即 Hyper Ledger 这个词，其实是指一整套的软件；其中用来实现和构建区块链网络的那一部分称为 Fabric，Fabric 的本意是纵横交织所形成的织物，用来形容区块链网络甚是贴切。而我们一般所说的“超级账本”，其实主要就是指其网络和用来构建这种网络的软件，是狭义的 Hyper Ledger，实际上就是指 Fabric。

4.1 Go 语言简介

本书分析解剖三种主流区块链项目，前面已经介绍了两种。其中比特币的源码最初就是用C++语言写的，我们就采用其C++版本。而以太坊的源码，则以采用Go语言的版本为主流，但是本书中用的却是其Java版本。这是因为考虑到，一来有大量的Java程序员存在，他们可能也想学习和研究区块链技术；即便本来并非Java程序员，要学一点Java也比学一点Go要容易。二来则是出于我本人的一点学习体会，我觉得Java程序的可读性要比Go强得多，所以使用Java语言学习区块链的原理比使用Go语言要轻松得多。

至于超级账本Hyper Ledger，更确切地说是Fabric，其原始的代码就是用Go语言编写的，而且也没看到有Java版本，那就只好采用Go版本了。其实，用Go语言写出可以实际运行的软件代码是一回事；阅读用Go语言写成的代码，而且事先就确知其能正常运行，只是要大致理解其算法和流程，那是另一回事，那要容易得多。所以，为没有接触过Go语言的读者写上一个Go语言的简介，让他们看了能多少有点了解，从而能大致读懂程序代码，哪怕是半读半猜，也是好事。

当然，对于真正想要学习Go语言编程的读者，或者想要真正读通Fabric源码种种细节的读者，这样一个简介是不解决问题的，那样的读者应该读上一两本关于Go语言的专著。不过话又说回来，结合实际的代码学习语言，恐怕倒是最好的办法，试想有多少人是先学好了汉语才开始看中文小说的？

对于本书的读者，Go 语言应该不是他们的第一（编程）语言，他们的第一语言应该是Java，C/C++，或 Python 之类。作为 Go 语言的入门级简介，这里假定读者对于 Java 或 C/C++已有一定程度的掌握，所以只是从“有什么不同”、“有什么新东西”的角度对 Go 语言加以简单介绍。换言之，我这里要介绍的只是当一个 Java 或者 C/C++程序员在看到 Go 代码时会感到迷茫甚或不知所云的那些语言特点。

对于 Java（包括 C/C++，下面以 Java 为代表）程序员，Go 语言的最明显的一个特点恐怕是对于变量类型的说明。在 Java 语言中，变量的类型总是放在变量名之前，并且不可省略，比方说“int n”，意思是“有一个整型变量 n”。而在 Go 语言中就倒了过来，变成“n int”，意思是“有个 n 是整型变量”。这个分歧，早在 C 和 Pascal 这两种语言中（甚至更早）就存在，当时大家觉得这不是什么大不了的事，就像“Big Ending”和“Little Ending”之争一样，你要用哪一种就用哪一种吧。然而现在有了把变量名放在前面的理由，这又跟 Go 语言的另一个特点有关，就是类型常常可以省略。关于这一点，Java 也好，C/C++也好，确实给人以刻板的感觉。比方说：

```
int n , m;
…
int k = n + m;
```

既然 n 和 m 都是整数，那么相加后当然也是整数，所以 k 为整型就是不言而喻，那为什么还非得要让人在变量名 k 前面写上类型 int 呢？这不是多此一举？这里用来举例的 int 倒是简单，但有时候一些很长很拗口的类型名，老是要这么重复，真是令人不胜其烦，还觉得挺可笑。所以，只要根据表达式或其上下文能推导出一个变量的类型，就应该允许省略类型说明，这肯定会受写程序的人欢迎。Go 语言也正是这样做了。然而，要让类型可以省略，就只有把类型放在变量名后面才可行。要是规定类型必须在前，那么当我们看到例如“foo =”的时候，我们就不知道究竟 foo 是省略了类型的变量名，还是 foo 为类型但程序员漏写了变量名。所以，既然决定了要允许省略类型，就只能让变量名在前类型在后了。

允许（在某些情况下）省略类型，并非 Go 语言的定义中有什么魔力，而只是因为 Go 语言的编译器更智能化了。因为编译器更“聪明”了，就可以从语句本身和上下文中推导出变量的类型。事实上允许省略类型的编程语言，特别是现代编程语言，是很多的，近的如 Scala，远的甚至如当年的 Basic 也允许省略类型，因为 Basic 是解释性（而不是编译性）的语言，解释器在解释执行程序代码时更容易进行类型推导。然而，允许省略类型当然也有不好的一面，特别是在编译器还不那么聪明的时代就容易出错，当初软件界总的倾向是强调类型的重要性，认为语言的设计应当强迫程序员严格说明变量类型，因而有所谓“强类型（Strong Typed）”之说，Java 就是个强类型的语言。现在的编译器比以前聪明了许多，类型出错已经不再是问题，所以允许省略变量类型肯定会讨程序员们的喜欢，并且也确实能提高编程效率。然而对于阅读程序代码的人就不一样了，我们在阅读代码时常常还不如编译器“聪明”，因为我们大脑的运算速度低，记忆力也差，而且我们的视野也没有编译器那么开阔和全面，所以有时候会搞不清一个变量究竟是什么类型，从而给阅读理解带来一些障碍。这样，程序代码的可读性就下降了。

把类型放在变量名后面，可能会给用惯了 Java 和 C/C++之类语言的人开始接触 Go 代码时带来一些不适应，例如要说明一个字节数组，在 C 中通常是这样：“byte buf[]”，但是在 Go 语言中却是这样：“buf []byte”。不过这倒不要紧，习惯了就好。另外，既然把类型放在后面，那么对于函数的说明也就有了不同的格式，Java 中的“int func1()”就变成了 Go 中的“func1() int”。对于函数的说明和定义还有更大的不同之处，后面还要介绍。

但是有个情况容易混淆，需要加以注意，Go 语言允许在创建数据结构的语句中对其多个字段（结构成分）赋初值，例如：

```
&peer.ProcessedTransaction{TransactionEnvelope: tranEnv, ValidationCode: int32(txVResult)}
```

这表示创建一个 ProcessedTransaction 结构（或曰对象，在本章中这两个词等价，可以互换），这个类型的定义在程序包 peer 中，创建时将它的字段（结构成分）TransactionEnvelope 设置成变量 tranEnv 的值，另一个字段 ValidationCode 的值则来自将变量 txVResult 的值转换成 32 位整数。注意这里是“字段名：字段值”的关系和书写顺序，而不是变量名和类型的关系，这两种顺序是反着的。

规定变量名在前类型在后，是出于省略类型的需要，让编译器可以自行推断变量的类型；那么 Go 语言中是否就不需要有变量说明了呢？这倒也不是一刀切，Go 语言的变量说明有“长”、“短”两种格式。我们看一下这两个语句：

```
sig := &cryptolib.NymSignature{}
err = proto.Unmarshal(signature, sig)
```

这里有两个赋值语句，却用了两个不同的赋值算符。第一个是赋给变量 sig，使用的赋值符号是“:=”，表示左边的变量名 sig 是无需事先说明的，其类型由编译器加以推断，在这里是 cryptolib 这个 package 中的 NymSignature 结构指针。显然这是把变量的说明和赋值结合在一起了，称为“短格式”的变量说明。而第二个赋值语句，所用的赋值符号则是“=”，表示左边的变量名 err 得要实现说明，并且一般而言变量说明与赋值不能合二为一，那样的变量说明就得有变量名和变量类型，并且得要使用关键字 var，例如：

```
var ok bool
```

这就是“长格式”的变量说明。不过这倒也不是变量说明的唯一形式，出现在函数返回值说明中的变量名加变量类型具有相同的作用。

另外，也可以把一个 var 关键字用于多个变量的说明和初始化，例如：

```
var (
    logger = flogging.MustGetLogger("bccsp_p11")
    sessionCacheSize = 10
)
```

注意这里允许对所说明的变量进行初始化。而且，这里没有变量类型，所用的赋值符号也是“=”（而不是“:=”），却显然含有让编译器推断变量类型的语义！除 var 之外，关键字 const 也有类似的语义，const 当然是“常数”的意思。顺便提一下，读者看到上面所引的那些语句末尾都不带“;”号，Go 语言在一般的语句中不使用“;”号。

Go 语言的另一个鲜明的特点是函数可以有多个返回值。我们在 C/C++之类的语言中早就习惯了一个函数只能有一个返回值，如果确实需要让一个函数有多个返回值，假定说两个吧，那就只能这样设计：定义函数的界面，使其返回其中的一个变量值，但将另一个变量的指针作为调用参数传给这个函数，让这个函数把返回值写到这个指针所指的地方。Java 语言没有指针这个概念，传下来的似乎都是对象，但实质是一样的，编译以后实际传下来的还是地址。而 Go 语言，则直接允许函数有多个返回值，省去了这些麻烦。当然，对此最好要通过实例加以说明，但是既然是实例就会和别的一些特点搅合在一起，我们也正好一并作些介绍，看下面这个函数的源码：

```
func (store *fsBlockStore) RetrieveBlockByHash(blockHash []byte) (*common.Block, error) {
	return store.fileMgr.retrieveBlockByHash(blockHash)
}
```

Go 语言规定，函数的定义前面必须有保留字 func，这样就可以把函数的定义和调用清晰地区分开来。这一点很好，我们只要用 grep 之类的工具一搜索，就可以把所有的函数定义都抓出来。与此类似，所有的类型定义，不管其为 struct，interface，还是 enum 等，前面必须有保留字 type。接着，在函数名 RetrieveBlockByHash 之前可以加上一个说明项(store *fsBlockStore)，表明这是由 fsBlockStore 类提供的 RetrieveBlockByHash()。在 C++中，这就是 fsBlockStore::所表达的意思。而在 Java 中则最为清晰，因为 Java 类所提供的函数都嵌在类的定义之中，而且通常一个类的定义就构成一个源码文件。可是在这里还有个变量名 store，这代表着具体的对象。在所定义的这个函数的代码中，store 就代表着一个具体的 fsBlockStore 对象。这里的*号说明 store 是个指针，但是 Go 语言中不使用“->”而只是用“.”，所以代码中有 store.fileMgr 而不是 store->fileMgr。如果不带这个可选项，那么所定义的函数就直属其所在的程序包。你看后面的 common.Block，这可能是指 common 这个类型（type）中的结构成分 Block，也可能是指定义于（直属于）common 这个程序包（package）中的类型 Block，具体要看源文件所在的结构或 package，以及所导入的 package 等。

再往后是函数名及其参数表，这个函数的参数表倒是很简单。但是要说明一下，调用参数的类型有时候也是可以省略的。例如这个：

```
func (archiver *Archiver) CopyFileWithTar(src, dst string) (err error)
```

这个函数的两个参数，src 和 dst 的类型都是 string，就不必重复写出了。

好，现在到了函数的返回值，上面这个函数有两个返回值，即(*common.Block, error)。注意这里是返回值的类型，前面没有变量名。再看这个函数的 return 语句。从形式上看，这里似乎只有一个返回值，就是 retrieveBlockByHash(blockHash)，这是怎么回事呢？其实这表明函数 retrieveBlockByHash()也有两个返回值，而且返回值类型相符，事实上这个函数的定义是这样：

```
func (mgr *blockfileMgr) retrieveBlockByHash(blockHash []byte) (*common.Block, error) {
	logger.Debugf("retrieveBlockByHash() - blockHash = [%#v]", blockHash)
	loc, err := mgr.index.getBlockLocByHash(blockHash)   //把所调用函数的多个返回值赋给多个变量
	                            //所赋值变量 loc 和 err 的类型是从所调用函数的返回类型推导出来的。
	                            //这样的变量无须事先说明，这就是所谓“短格式”。
```

```
    if err != nil {    //出错：
        return nil, err    //这里就是两个返回值
    }
    return mgr.fetchBlock(loc)    //函数 fetchBlock 也有两个返回值
}
```

这里我们看到，如果出错，这个函数就直接返回两个值；否则就调用 fetchBlock()，那个函数也有两个返回值，而且类型与现在这个函数相符。

上面我们所看到的，是只列出函数的返回值类型，而并不涉及变量。但是 Go 语言确实也允许列出返回值的变量名，我们看下面这个例子：

```
func (csp *CSP) GetKey(ski []byte) (k bccsp.Key, err error) {
    k, err = csp.ks.GetKey(ski)
    if err != nil {
        return nil, errors.Wrapf(err, "Failed getting key for SKI [%v]", ski)
    }
    return
}
```

这个函数有两个返回值，其中变量 k 的类型是 bccsp.Key，余可类推。再看这函数最后的那个 return 语句，形式上似乎没有返回任何值，其实不然，实际上返回的是 k 和 err。出现在函数返回值序列中的变量，就相当于这个函数中的局部量，并且在 return 语句中可以省略。

既然函数可以有多个返回值，那么赋值语句就应该允许对多个变量赋值，因为我们常常需要把调用函数所产生的返回值赋给相应的变量。Go 语言正是这样做的，上面我们在函数 retrieveBlockByHash()的代码中就看到了这样的赋值语句。但是要注意，所赋值的这些变量的次序必须与函数返回值的次序一致。

可是，有时候我们并不需要使用一个函数的全部返回值，比方说某函数有多个返回值，但是我们只需要其中的某几个，那怎么办？所以 Go 语言的赋值语句允许在被赋值变量的位置上使用符号“_”，表示丢弃这个位置上的返回值。例如：

```
_, _, depspecbytes, err := lscc.getCCCode(ccname, cdbytes)
```

在这个赋值语句中，函数 getCCCode()有四个返回值，但是我们只要其中的后面两个，所以就在前两个返回值的位置上都放上“_”。类似的情况也出现在 if 语句的条件部分中，例如“if _, err := os.Stat(path) ; err != nil {…}”就表示丢弃函数 os.Stat()的两个返回值中的前面一个，而只用第二个返回值作为判别的条件。顺便提一下，Go 语言 if 语句的条件部分没有小

括号，但执行部分必须有花括号，例如：

```
if err != nil {
    return nil, err
}
```

在 Java 或 C/C++中，遇到这么简单的条件语句，也许就不给其执行部分加上花括号了，但是在 Go 语言中必须加，这是因为在 Go 语言中条件部分不加小括号，如果执行部分没有花括号就不好区分了。再看另一个例子：

```
if _, err := io.ReadFull(prng, iv); err != nil {
    return nil, err
}
```

这样的条件语句在 Go 代码中是很常见的，其实这个条件语句可以改写成这样：

```
_, err := io.ReadFull(prng, iv)
if err != nil {
    return nil, err
}
```

这二者是等价的。有时候我在摘要中会把前者转换成后者，以便把条件部分的函数就地展开。读者根据摘要的内容回到源代码中寻找其出处的时候要加以注意。

在上面这些例子中，不知读者有否注意到，除在 if 语句（其实还有 for 语句）中之外，Go 语句的末尾都不加分号。进一步，Go 语言也不允许使用复合语句，即在同一行中有以分号“;”分隔的多个语句。不过，我在做摘要的时候，为了节省篇幅，有时仍会采用复合语句的形式。所以要再次重申，我在代码摘要中使用的只是伪代码语言，伪代码语言注重语义，但不太讲究语法。

Go 语言的另一个明显的特点，就是所谓 go routine 的使用。我们先看例子：

```
func NewGossipService(conf *Config, s *grpc.Server, secAdvisor api.SecurityAdvisor,
    mcs api.MessageCryptoService, selfIdentity api.PeerIdentityType, secureDialOpts api.PeerSecureDialOpts)
                                                                                    Gossip {
    ...
    g := &gossipServiceImpl{…}    //创建一个 gossipServiceImpl 结构
    …
    go g.start()    //将 gossipServiceImpl.start()当作一个 go routine 异步加以执行
    go g.connect2BootstrapPeers()
```

```
        //将 gossipServiceImpl.connect2BootstrapPeers()当作一个 go routine 异步加以执行
    return g
}
```

这个函数有 6 个调用参数，返回值类型 Gossip 是个界面，实际返回的是实现了这个界面的某种结构，事实上这里返回的是个 gossipServiceImpl 结构。在函数的程序代码中，我们注意看创建 gossipServiceImpl 对象 g 之后对 g.start()和 g.connect2BootstrapPeers()的调用。这两个函数调用之前都有个保留字 go，表示对这两个函数的调用都是作为 go 例程（go routine）运行的。什么叫 go 例程呢？其实就是线程，后面我们将一律称 go 线程（而不是 go 例程）。所以，“go g.start()”这行代码的语义是：创建一个线程，让这个线程执行 g.start()。创建了这个线程之后，程序就立即返回了，子线程的运行是独立于父线程的，父线程并不等待子线程的退出，所以说是“异步”的。Go 语言并未规定 go 例程非得是操作系统意义上的线程，理论上说也可以是应用程序中的“co-routine”即所谓的“共行例程”；但即便是这样，从实际效果看把它理解成线程也并无不可。事实上，既然操作系统提供了线程的机制，就没有必要再用别的办法了。所以，在上面这个函数的代码中，当前线程就好像下蛋一样产下了两个子线程，一个执行由 gossipServiceImpl 提供的 start()，另一个执行也是由 gossipServiceImpl 提供的 connect2BootstrapPeers()，然后就立即返回了。

这里作为 go 线程运行的这两个函数都是静态定义的，形式上与一般供调用的函数并无不同；但 go 线程所执行的函数也可以是动态定义的，而且常常是动态定义的，例如：

```
func nextBlock(cursor blockledger.Iterator, cancel <-chan struct{}) (block *cb.Block, status cb.Status) {
    done := make(chan struct{})
    go func() {
        defer close(done)
        block, status = cursor.Next()
    }()
    …
}
```

这个 nextBlock()函数中创建的 go 线程，就是一个动态定义的函数，里面有两行程序。

其实，go 线程也并不是什么新东西，无论在 Java 程序中还是 C/C++程序中都有创建线程的机制，只是在 Go 语言中把它做成语言本身的成分（而不是库函数），并使它的表达变得更简便了。至于函数的动态定义，我们在前一章中 Java 程序摘要中也看到过不少了。

在上面这个动态定义的函数代码中，我们又看到 Go 语言的另一个特色，就是 defer 函数，即推迟执行函数。所谓推迟执行函数，就好比先预约挂个号，当程序从当前函数中返回时，就执行这个函数，所以叫推迟执行。推迟执行函数的形式与 go 线程一样，也是既可以是静态定义的函数（像这里的 close()），也可以是动态定义的函数。但是注意对于推迟执行函数的调用并不创建线程，而只是普通的函数调用。所以，go 线程的运行是异步的，而对推迟执行函数的调用则是同步的，只是时间上的推移。其实这个机制与 try{}finally{}倒是挺相似的。

还有一种可以认为是 Go 语言特色的机制，就是“通道（chan）”。其实这是很接近于 pipe() 的线程间通信机制，只是在 Go 语言中通道的创建与使用对于编程者变得更方便了。Go 语言中专门有个 make 语句，用来创建通道 chan（或者创建 map 或数组）。我们在这里只关心通道的创建。

所谓通道，完全可以理解成带缓冲的管道，或者就理解成缓冲队列，一个通道有写入和读出两头，一个线程往里写，另一个线程就往外读，中间可以有延迟，但维持传输内容的顺序不变。

通道是有类型的，只有类型相符的信息才可以往通道里写，由编译器在编译的时候把关。另外，通道也有容量的限制，可以在创建的时候加以说明，不说明就默认为 1。

还是看实例（这个函数来自较老的版本，后来已有变化，这里只是用来举例）：

```
func chatWithPeer(chaincodename string, stream PeerChaincodeStream, cc Chaincode) error {
    …
    waitc := make(chan struct{})  //创建一个名叫waitc的通道，可传输任何数据结构（其实是结构指针）。
    errc := make(chan error)        //创建一个名叫errc的通道，用来传输出错信息error。
    go func() {                  //创建一个go线程，姑且称其为线程1
        defer close(waitc)     //当程序从这go线程所执行的函数返回时，即线程退出时，就关闭通道waitc。
        msgAvail := make(chan *pb.ChaincodeMessage)  //创建一个名叫msgAvail的通道，
                                                     //用来传输链码消息ChaincodeMessage。
        var in *pb.ChaincodeMessage      //局部变量in是个ChaincodeMessage指针
        …
        recv = true     //赋予第一轮循环（从网络连接）接收消息的使命
        for {
            …
            if recv {   //如果本轮循环带有接收消息的使命：
                recv = false   //禁止下一轮循环接收消息，直至本轮循环所接收的消息被读走。
                go func() {   //每轮负有接收消息使命的循环中都要另创一个go线程，设为线程2。
                    var in2 *pb.ChaincodeMessage
                    in2, err = stream.Recv()   //睡眠等待，直到从stream中接收到一个链码消息。
                    msgAvail <- in2              //把接收到的消息写入通道msgAvail
                }()    //这个go线程的动态定义至此为止。从go线程函数返回，即为使其退出运行。
            }   //end if recv
            select {   //等待直到某种事件发生：
            case sendErr := <-errc:   //如果是从sendErr通道读到了出错信息（说明发送失败）
                …
                return                  //发送失败，就chat不下去了，返回，go线程退出运行。
            case in = <-msgAvail:     //如果是从msgAvail中读到了链码消息in，就：
                …
```

```
                recv = true        //因为msgAvail通道中的消息已经读出，让下一轮循环再接收消息。
                                   //在go语言中，case语句后面的break是默认的，不需要写明。
            case nsInfo = <-handler.nextState:   //如果是从通道handler.nextState读到了状态变化信息：
                …
            }   //end select
            //程序执行到了这里，就说明一定是从通道msgAvail中读到了链码消息。
            err = handler.handleMessage(in)   //从msgAvail通道中读到了消息in，就加以处理。
                                              //在一定的条件下会往通道waitc中写出，并结束运行。
            …
        }   //end for，进入下一轮循环。
    }()      //go 线程的动态定义到此为止
    <-waitc      //等待直到从通道waitc中读到任何信息。
    return err    //返回途中会调用推迟执行的函数close(waitc)。
}
```

为叙述方便，我们称调用这个 chatWithPeer()函数的线程为线程 0，而称线程在chatWithPeer()内部创建的 go 线程为线程 1。另外，线程 1 在其 for 循环的每一轮中如遇控制变量 recv 为 true 就又创建一个 go 线程，我们称之为线程 2。注意线程 2 的生命周期不长，在一轮循环中从网络 stream 接收到一个消息 in2，并把它写入通道 msgAvail，这个线程就结束了，但是下一轮循环中也许又会创建一个线程 2。前面说过，go 线程是独立运行的，一经创建就与父线程并发执行，所以线程 1 每次一创建线程 2 就立即返回而进入下面的 select 语句，睡眠等待从代码中几个 case 语句所列的通道中读出。

在这个函数的代码中，排成斜体字的语句都是由线程 0 执行的，排成正体字的语句都由线程 1 执行，排成粗体字的则由线程 2 执行。

从代码中可见，线程 0 创建了两个通道，waitc 和 errc，然后创建了线程 1。虽然线程 0 和线程 1 是两个不同的线程，但是它们在同一个进程中，自然就共享这个进程中的所有资源，所以就可以让线程 1 往里写而让线程 0 往外读。

然后线程 1 又创建了一个通道 msgAvail，该通道的类型为*ChaincodeMessage，就是只允许往里面写 ChaincodeMessage 指针。当然这里需要有人把关，不让写入其它数据，这就是 Go 语言编译器的光荣任务，要是你的程序往通道 msgAvail 里写其它数据，编译器就不让你的程序通过编译。接着线程 1 又创建了线程 2，同理，msgAvail 就成为线程 1 和线程 2 之间的通信管道。我们看到这里的安排是让线程 2 往里写而线程 1 往外读。别忘了，线程 2 和线程 1 是并发执行的，线程 1 对 go 语句的调用马上就返回，并马上就进入下面的 select 语句。

顺便也说一下，Go 语言的 select 和 switch 语句也和 Java 或 C/C++有所不同，不同之处主要在于里面的 case 语句。以我们在上面看到的“case in = <-msgAvail:”为例，其语义就相当丰富，包括试图从 msgAvail 读出，如果这个通道暂时无数据可读，就试试别的 case 语句，如果都暂无数据可读就睡眠等待，然后一旦这 select 语句中的任何一个 case 语句所涉的通道中有数据到来，就唤醒这个线程，让它从已经有了数据的通道中读出。做过系统编程的读者，

特别是用过 Unix/Linux 中 select()调用的读者对此过程想必很熟悉，但是应该说 Go 语言对此过程的表达确实很简洁。另外还要提一下，在 Go 语言中，不管是 select 语句还是 switch 语句，在 case 下面都不需要有 break 语句，这是语言默认的，这也可以省去程序员的一些麻烦。

最后还要说一下面向对象的问题。Go 语言是否面向对象呢？是的，因为它基本满足面向对象的判定条件，但是它的表达方式与我们所熟悉的有所不同，有些方面的规则也有点松软（也许可以说“灵活”），看上去不像 Java 等语言那么严格。

例如继承与扩充，这是面向对象编程语言的鲜明特点。在 Java，C++这些语言中，类型的继承和扩充有明确的格式，Java 用的是保留字 extends，C++则用冒号“:”表示继承。而在 Go 语言则不是通过这么鲜明的形式来表达，而只是通过对语义的规定加以相对隐晦的表达。我们来看个例子：

```
type Store struct {
	blkstorage.BlockStore
	pvtdataStore	pvtdatastorage.Store
	rwlock		*sync.RWMutex
}
```

这个类型定义说明，Store是个结构，相当于Java中的类（class），其内部有三个成分，我们习惯于称为“字段”，其中后两个都是有名有类型，那真正是Store的结构成分。可是第一个成分blkstorage.BlockStore却不是那样，这里的blkstorage是个package的名称，而BlockStore是定义于package blkstorage中的一个类型，这里却没有字段名，这就说明Store是对BlockStore的扩充，或者说Store继承了BlockStore的结构成分和方法函数。可是BlockStore只是个interface，而不是struct，所以实际继承的是个实现了这个界面的某类对象（即结构）；然而是哪种结构呢？如果像Java一样，类的定义前面有“implements BlockStore”这样的说明就好了，可是Go语言中没有，所以得根据BlockStore这个interface上定义的函数去找，是哪一个或哪几个struct实现了这些函数。找到以后，那些函数就等同于是由Store直接提供。例如BlockStore那个界面上有个函数是AddBlock(block *common.Block)，如果我们创建了一个Store结构叫store，那就可以直接以store.AddBlock(block)这样的形式调用这个函数。总之，既然Store继承和扩充了某种BlockStore，那种BlockStore的内部成分就同时也是Store的。

这里又要说一下我对Go代码可读性不好的抱怨。在Go代码的struct定义中，既不说明是inplements哪个界面，也不列出该struct所提供的方法函数（哪怕只是定义），而要让你满世界去找。当然这对于编译器是小菜一碟的事，可是对于阅读者却真是不方便。

至于多态和封装，后面我们会看到，都与典型的面向对象的编程语言相仿。

从上面这些介绍中，熟悉 Unix/Linux 的读者兴许会感受到一种浓郁的 Unix 和 C 的风格及及影响。事实上 Go 语言的作者 Rob Pike 和 Ken Thompson 本来就是当年 Unix/C 阵营的中坚人物和最初的开发者。当年学 Unix 的人必读的名著《Unix 程序设计环境》（Unix Programming Environment），Rob Pike 就是作者之一。Ken Thompson 更是因 Unix 而获图灵奖的两位得主之一（另一人是 Dennis Ritchie）。

常听人说某种新出来的编程语言（当然是高级语言）如何如何“powerful”，意思是功能强，给人感觉是这种语言新创造出来了多少功能。其实高级语言无法凭空给你提供功能，所有的功能归根结底都来自处理器即 CPU，来自 CPU 的指令系统。具体 CPU 的指令系统决定了功能的上限。但是人们一般不会直接使用 CPU，而是通过操作系统使用 CPU 的计算能力，操作系统一方面为你提供方便，一方面也限制了你对 CPU 某些能力的使用。比方说特权指令，就不允许你在用户空间使用了。操作系统之所以要限制对 CPU 某些能力的使用，是为了系统安全性，这个所谓的安全性还不是指受到外来攻击时的安全性，而是不让你自己就砸了自己的脚。总而言之就是，对于允许程序员直接利用的 CPU 功能，操作系统使其变得更方便更安全；对不允许程序员直接利用的功能，就加屏蔽或作代理。而高级语言能提供给程序员的功能，则充其量只是把操作系统开放给用户的功能都提供出来。语言之间的区别只是在于表达力的强弱和使用效率。就像操作系统一样，高级语言的作用主要是两条，一条是为你提供方便，一条是对你施加限制。真要从功能强弱来说，汇编语言是功能最强的，然而汇编语言又是使用最不方便也最危险的。

以类型检查为例。在汇编语言里根本无所谓类型，一个二进制值，你可以把它用作地址，也可以把它当作一个数值；如果用作地址，则既可把它所指的地方当作一个数组的起点，也可当作一个数据结构的起点，既可以是这一种数据结构的起点，也可以是那一种数据结构的起点，稍有不慎就满盘皆错，十分痛苦。于是就有了高级语言，它要求你说明，这到底是个数值还是指针（地址），如果是指针，那么这是指向什么类型的指针。你说好了，这个高级语言的编译器就来为你把关，每当你的程序里要往那个地方写入的时候它都要检查一下，你要写入的类型是否符合你前面的说明。所有这些检查都是由编译器（编译软件）在编译的时候进行，而不是在目标程序运行的时候进行。然而进一步的实践又发现，只要有指针这个概念，只要允许程序员使用指针，就还是存在危险，最好就是压根就不让程序员使用指针，像指针这么危险的东西只可以让编译器使用。怎么办呢？告诉程序员，我这里只有具体变量或对象的“名”和“值”，你就说把什么值赋给哪一个对象就行，我这里根本就没有让程序员使用的“指针”。但是在编译的时候，编译器就会根据你的表达判断在哪些地方应该使用指针，并实际使用指针，但是你却看不见。事实上，Java 语言就是这样做的。所以，高级语言的设计都体现在它的语法语义中，更体现在它的编译器中。读者也许会想，语言的设计中不要做得这么绝，比方说指针这种机制不妨加以保留，但不鼓励一般程序员使用不就行了吗？然而实践表明，只要编程语言中留下某种功能，程序员们就一定会去用。正如只要桌子上有打火机在，就一定会有小孩去玩火。

可是这样的清规戒律一多，安全是安全了，用起来却不方便了，语言的表达力（从而功能）也下降了。所以，这里有一个如何权衡选择的问题。这就要考虑具体语言所面向的领域和人群等等因素。而所写就的程序代码的可读性，当然也是一个重要的因素。事实上对于可读性的追求并不都是为他人作嫁衣裳，对代码作者本身也有好处。代码的可读性高，就更能保证质量，也更容易维护。

所以，对于高级编程语言，关键在于它提供了什么方便，施加了什么限制，如能做到语义清晰，表达能力强又容易理解（可读性好），安全性好，编译速度快，执行效率高，那就是优秀的编程语言。那么 Go 语言与 Java 和 C/C++相比处在什么位置呢？首先 C/C++所面向的人群是不一样的，有些程序就只能用 C/C++写，这是受限制最少的，对于某些应用而言没有可替代性。当然用 C 写程序的人需要有更高的修养。另外，我们比较两种语言的方便性（从而功能性）的时候，比的也不仅仅是语言及其编译器本身，一般还包括其标准库，还要加上可资利用的开源软件。所以尽管 C 语言在方便性和安全性方面有点逊色，但总体上还是广受欢迎并且不可或缺。但是当然，有些系统程序设计正在向 Go 靠拢和转移，Go 语言会从中分到一些份额。如果拿 Go 和 Java 相比，那就真有点难分难解了，从资料上看 Go 语言的发展势头很猛。我想写程序的人也许会更喜欢 Go；但是读程序的人，想通过读程序代码来了解各种新技术的人，我觉得会更希望有 Java 版本。

有了上述的这些背景知识，估计读者在阅读 Fbric 的 Go 代码时应该不会有太大的困难了。其实，如果只是阅读，稍有点编程经验的人看着代码对其语法就是凭猜也能猜出个大概。凭着对语法的几分猜测写程序，那恐怕永远也通不过编译；但是凭着几分猜测阅读程序却是可行的。我们在孩童时代看《三国演义》，其实许多字是不认识的，但是对于书中所述的情节却仍能看懂个八分九分，当然要深刻理解那是另一回事了。

4.2　超级账本的系统结构

超级账本的系统结构从其 1.0 版开始有了重大的改变，1.0 版以前的东西现在都已经过时，这里所说的都是指 1.0 版之后的设计和实现。

超级账本的账页（区块）发布机制称为（交易的）“编排（Order）”，就是把交易记录编排成块。编排权固定地集中在一个或几个“编排节点（Oderer）”上，而不是像在比特币和以太坊中那样由大家竞争。这些编排节点在网络中提供“编排服务（Odering Service）”。既然不是由大家竞争，而是固定地集中在一个几个节点上，那至少在技术上就谈不上“去中心化”，或者说“去中心化”的程度就很有限了。实际上，在围绕着例如银行业务组建的区块链网络中，银行显然就是网络的中心，这是由具体业务的特点决定的。在那些本质上和事实上是有中心的业务中去推行去中心化，其实并无必要，也未必合适。不过，要把一个不以去中心化为目标的设计运用于需要去中心化的场景中固然很困难，反过来把以去中心化为目标的设计运用于有中心的场景却并不那么困难，只要把与新块即账页发布有关的“共识模块”替换掉，并加上成员管理就行。从这个意义上说，超级账本不适合用在需要去中心化的场景中，从而不适合用来构建公有链，而只适合用来构建联盟链和私有链。即便联盟链，也只适合用于成员不那么广泛（不过数量仍可很大）、要求不那么多元的联盟链。但是反过来要把例如以太坊用在联盟链和私有链却不是很困难。

超级账本允许在网络中创建不同的“频道（Channel）”，每个频道都有自己的块链和账本，这也是从 Fabric 1.0 版才开始有的特点。一个节点至少要开通赖以进入网络的公共频道即“系统频道（System Channel）”，但也可以同时再另外创建或开通多个不同的“标准频道（Standard Channel）”，然后通过不同的频道进行不同性质或范围的交易（类似于微信的“群”）。每个频道都有自己的块链，所有频道的块链加账户状态集合的总和才是概念上的、宏观意义上的“超级账本”。另外，每个节点只保存其所开通频道的块链，而与未开通频道上（除某些消息的转发之外）的活动无关。这实质上就是区块链网络的分“片”，对于减少网络中的流量以及各个节点的负载有着很大的贡献，所以，在某种意义上，比特币网络中想要做的分片优化在超级账本网络中已经有了，当然以太坊网络中子网的划分也是分片的思路。不过，尽管每个频道都有自己的块链，但是编排服务却是公共的，尽管每个频道即每个块链的编排还是由独立的线程进行，但所有的块链即所有的频道都共享同一个（或同一组）编排节点。换言之，编排节点必须开通所有的频道。事实上，频道的创建本来就得通过编排节点，所以编排节点自然就开通了网络中所有的频道。

有了这些背景，我们来大致了解一下超级账本网络中的交易处理流程，这也是超级账本的主要特点之一。

4.2.1 交 易

一般而言，交易是由最终用户即 Client 发起的。所谓 Client，是指特定超级账本网络的客户，即最终用户。Client 得要连接到该网络的至少一个成员节点上，这样的成员节点称为超级账本网络中的 Peer 节点，即“对等”节点。事实上，超级账本网络中除编排节点（Oderer）之外的节点在规则上也确实是平等的。Peer 节点在接收到来自 Client 的交易请求之后，会将其作为一个“交易提案（Transaction Proposal）”提交给若干扮演着“评审节点（Endoser）”角色的 Peer 节点请求加以评审（Endose）。评审的过程就是合规检查和试执行的过程。Endose 这个词的本意是“背书”，在这里其实就是评审、审核的意思。这就像我们的课题申请要请专家评审一样，专家评审认可了就签上自己的名，并将该提案发回给请求者，要不然就加以拒绝。那么评审节点是怎么评审的呢？除一般包括格式在内的合规性检查之外，主要就是在相关账户状态的基础上模拟进行所提议的交易，包括执行所要求的链码即智慧合约。如果顺利通过，就把模拟执行本次交易的过程中从账户状态（数据库）中读入了什么信息和需要写出什么信息加以组织和记录，分别形成一个“公共”和一个“私有”的“读写集合（Read/Write Set）”数据结构，放在原始的提案之后，再以自己的私钥对整个信息签名，并将所有的相关资料装进一个“大信封（Envelope）”。将其发回提案人节点。否则就发回出错信息。从道理上说，这样的评审总不能由一个节点说了算，得要有多几个评审节点（Endorser）独立加以评审才行。

提案人拿到了足够的评审意见之后，就把这些“大信封”原封不动地合在一起提交给编排节点 Oderer，请其收录到新发布的区块中。

而编排节点，则在审查评审者的签名即 Endose 之后，就把这个经过评审的交易请求按时间先后排入其所在频道的下一个块中，并让同一频道中的 Peer 节点前来下载。

由于是在中心化的环境中，同一频道中的那些 Peer 节点在拿到一个新块之后并不需要“独立思考”再次执行其中的各个交易，而只要根据每个交易的读写集合更新本地的状态数据库就行。当然，还得把这个新块存入本地的块链文件目录。每个 Peer 节点都存储着一份账户状态集合的副本，这个副本理应与编排节点上的那个正本完全相同，也与 Endorser 节点上关于具体交易的那个版本完全相同。但也还是得验证一下，与具体交易相关的账户状态究竟是否与 Endorser 节点上一致，而“读写集合”中反映着具体交易执行前状态的读数据，此时就可以用来比对。至于“读写集合”中的写数据，则用来保证记录结果的一致。

这样，当同一频道中的所有 Peer 节点，包括评审节点在内，都完成基于新块中所列交易的状态变更时，这些节点上的账户状态已经与编排节点上的状态一致，于是全频道的账户状态达到了一致。各个 Peer 节点把新块链接到本地的块链中，使这些节点中的块链也达到了一致。值得注意的是，由于各 Peer 所开通频道的不同，并非每个 Peer 节点上都有全部账户的状态信息，但是所有 Peer 节点上属于同一频道的块链却是相同的。

这里还有个问题，前面说将“交易提案（Transaction Proposal）”提交给若干扮演着“评审者（Endoser）”角色的 Peer 节点请求加以评审（Endose），具体又是哪些 Peer 节点呢？这是动态确定的还是静态设定的呢？其实这是因事而异、也即因具体交易所欲引用的具体链码而异。超级账本的每个交易都是对链码即智慧合约的引用；而每个链码都有个“评审规则（Endorsement Policy）”，里面规定了对此链码的调用需要经过哪几个 Peer 节点的评审，这是在对链码加以部署的时候就设置好的。这样，具体的交易需要引用哪一个链码，就得根据目标链码的评审规则请求哪几个 Peer 节点加以评审。Policy 这个词本是“政策”、“策略”的意思，但翻成“规定”、“规则”则更容易理解，其实政策也就是规则。

这样一个流程，显然是对业务流程的模仿，读者对这样的结构应该很熟悉。比方说，我们要申请立一个科研项目，就得写好项目建议书，把它提交给负责项目评审的专家组，专家组的人会独立进行评审并签名背书，申请人拿到足够的专家背书就可以把项目建议书连同专家背书提交给项目管理委员会，由他们加以发布。超级账本网络中的交易请求所走的流程恰恰与此类似。这样的模型，一方面是易于理解，一方面它的可扩性很好。这就好比我们的生活中有不同的圈子，环保的项目审批有环保专家组，农业的项目有农业专家组，与此无关的人完全没有必要牵扯进去。而不同频道的划分，其实也是顺着这个思路所做的推广。

4.2.2　节　点

超级账本网络是由实现了 Hyper Ledger 规程和功能的节点互联构成的。一个超级账本节点，首先是个互联网节点，因为节点间的互联和通信都是建立在 TCP/IP 的底层之上。超级账本区块链网络就像是在互联网的上面又架设了一层网络，就像“万维网（www）”架设在互联网上一样，超级账本网络节点的集合是互联网节点集合的一个子集。

超级账本网络中的节点可以分成三类，即 Peer 节点、编排节点和客户节点。

Peer 节点就是彼此之间地位平等的节点，每个 Peer 节点都视其所开通频道而保存若干块链的一个副本和整个状态集合的某个子集的副本。之所以说是一个子集，是因为每个 Peer 节点都只参与自己所开通的那些频道中的交易活动，只保存属于那些频道的账户状态。但每个 Peer 节点都至少要开通“系统频道”，这个频道是全网共享的。Peer 节点一般是由公司一类的机构部署的，是人们所说“to-B”的“B”，即 Business。

```
type Peer struct {}
] Addr net.Addr        // Addr is the peer address. 网络地址。
```

```
] AuthInfo credentials.AuthInfo    // AuthInfo is the authentication information of the transport. 身份认证信息。
                                   // It is nil if there is no transport security being used.
```

编排节点（Oderer）形式上与 Peer 节点没有什么不同，但是地位和功能上都比 Peer 节点高出一筹，因为只有 Oderer 才能“出块”，即发布新块。Oderer 节点一般是由联盟链的中心即“盟主”部署的。当网络的规模变得很大时，编排节点可能是由多台机器构成的集群，但是逻辑上仍是同一个节点。为保证编排节点在线而不至于因单点故障使整个网络陷入瘫痪，也可能需要安排两个或更多个节点形成异地热备。除此之外，盟主一般还拥有成员管理和身份认证的权责，Peer 节点要加入到网内需要有盟主的批准授权。

客户节点（Client）则类似于比特币和以太坊网络中的“钱包”节点。客户节点上一般不存储块链副本，也不存储除自有账户之外的状态信息，但却往往是发起交易的源头和支付的目标。客户节点一般是由最终用户部署和拥有的，就是所谓“to-C”的“C”。最终用户可以是个人，也可以是机构。不过客户节点也可能与 Peer 节点融合在一起。

显然，超级账本网络有着明显的层次结构，处于顶层的是编排节点，下面是众多 Peer 节点，再往下就是大量的 Client 节点。不过虽然从功能和角色上有这样的划分，但部署的时候完全有可能会让同一台机器扮演多种角色。另外，虽然超级账本网络呈现这样的层次机构，但是节点间的网络连接却是“平面”的、总线式的，只要知道对方的网络地址，一个节点就可以与任何一个节点建立连接。网络中的路由是网络层/传输层的事，那是由互联网和 TCP/UDP 这个层次提供的。

4.2.3 节点间通信与 Gossip

Gossip意为“流言”、“谣言”。流言的传播具有相当的随机性和局部性，但是最后会传遍整个社会。在比特币和以太坊中，每个节点都知道一些Peer节点，其数量可以相当大，例如我们在前一节中看到每个以太坊节点所连接的Peer数量可达2000之多，需要广播一个消息时就会通过一个循环向所有这些节点发送，由此而消耗的带宽可想而知。而超级账本则采用类似于流言散布的方法，每次都只是随机向其中的若干节点发送，而指望最后终将传遍所有的节点。当然这会带来一些不确定性，但是却换取了带宽的减小。其实比特币和以太坊虽然是向有连接的Peer节点广播，但每个节点所连接的Peer也都只是个子集，而且整个公有链网络中究竟有多少个Peer节点也根本不知道。所以实质上还是类似的。

流言的传播不仅与发送有关，也与接收有关。流言的受众不只是被动地听别人说，还会主动去打听，与别人互通消息。久而久之还会形成一些流言的散布中心，围绕着这些中心会形成一些圈子，其实“频道”就是对此类圈子的写照。

在目前Fabric源码的实现中，客户节点通过gRPC连接向Peer节点发出命令行请求，Peer节点向评审节点Endorser发出交易提案Proposal，通过评审之后向编排节点Orderer发送Envelope，这些都是点对点的通信。而编排节点为某个频道发布新块之后，则每个频道都有个类似小组长那样的Leader，先由这小头头从编排节点把新块下载到自己这里，然后就以流言的方式在本频道内传播。

Peer 节点在建立之初都只开通系统频道，与系统频道中的 Peer 节点建立连系，特别是与在系统频道中扮演着中心角色的编排节点建立连接。然后，节点可以通过命令行 create 向编排节点要求创建一个频道，也可以通过命令行 join 要求加入某个频道，或者说“开通”某个频道。加入频道的操作是作为一个交易处理的，也需要经过评审，所以事先至少得要知道几个 Peer 节点的地址。对于联盟链和私有链而言这根本就不是问题，因为每个节点的配置文件都可以由联盟的中心统一（在链外）下发。相比之下，在公有链中就没有这样的条件，而得有个 Peer 发现的过程了。

4.2.4　账户与成员管理

超级账本所针对的是联盟链和私有链，用户需要建立账户，经过审核发给身份证书才能入链。所以超级账本网络是有成员管理的区块链，网络中有个“会员资格服务（Membership Services）”机制。说是“服务”，其实就是管理。服务的提供者就称为Membership Services Provider，即MSP。凡是要入链的节点和用户都要经过MSP的审查认证，发给证书（Certificate），才能进网交易。比之以太坊和比特币，成员管理和MSP是超级账本网络的一个鲜明特征。

很容易理解，只有采用“会员制”的联盟链和私有链才可能有成员管理，公有链是不可能有成员管理的。另一方面，既然有成员管理，就必然是在去中心化的立场上有所后退了，成员管理与去中心化的宗旨实质上是背道而驰的。但是如前所述，对于实际存在的经济活动而言，去中心化并不是什么金科玉律；有些应用，特别是企业应用，本质上就是有中心的。所以超级账本就号称是针对企业应用，这也正是联盟链和私有链的特点所在。倘若要将比特币和以太坊用于企业应用，就也得补上成员管理这个环节，当然这也不难。反过来，超级账本是否可以用于公有链呢？由于面向公众，成员管理就是不现实的了，公有链有更高的去中心化要求。但是，从另一个角度，成员管理对于系统的安全性和可监管性又是很重要的。还有，拜占庭一类的选举算法，也只有在成员固定的前提下才能有效进行。

不过，对于用户的身份管理毕竟是早已在许多系统中被广泛采用的流程，与区块链技术并无多大关系，只是拿过来用而已，所以本书对此不作详述。至于非对称加密技术的使用，则与比特币和以太坊中并无不同，也是只用于签名。

超级账本也和以太坊一样，采用账户余额而不是UTXO的记账方法。如前所述，UTXO就是单一流水账的记账方法，而账户余额则是流水账加分户账的记账方法。既然有分户账，每个账户的余额就成了这具体账户的状态。同一频道中的账户余额集合就成了这个频道的状态。一个账户就是一个以账户名为键，以余额（可能还有别的属性）为值（均系字符串）的键值对，存储在LevelDB数据库中。

4.2.5　交易和链码

超级账本网络中的每个交易的执行都要通过类似于智慧合约的“链码（Chaincode）”才能完成，而不像以太坊网络中那样还有个对于简单支付的捷径。超级账本的链码有两种，一种是用户链码，还有一种是系统链码。执行系统链码的开销比用户链码低得多。用户链码实质上就是操作系统层面上的应用软件，只是放在 Docker 的容器中执行，以提供“沙箱（Sandbox）”的安全性。关于 Docker，后面我会作些介绍。系统合约则相当于以太坊中的“预编译”合约，其实要增加一个实现简单支付的系统合约也并非难事，但即便系统合约的执行也没有以太坊中的简单支付那么简捷。

超级账本不像以太坊那样有个专门的以太坊虚拟机 EVM，其所谓“虚拟机”其实就是对于 Docker 容器的创建和启动。既然没有自己专门的虚拟机，既然只是操作系统层面上的应用软件，当然就没有自己的指令系统，而只是执行宿主机的指令，所以链码天然就是图灵完备的。但是怎样防止链码陷入死循环呢？唯一实际可行的办法就是为具体的链码进程设置一个定时器，如果这个进程运行的时间超过了预定的时间，就把这个进程杀掉，使交易失败。显然，这样的方法相对而言是比较粗放的。

在超级账本网络中，在进入块中成为交易记录之前并不使用“交易”这样的名称。当一个节点发起一次交易的时候，所发出的是一个“提案”即 Proposal，下面是其类型定义的摘要，注意本章中的代码摘要都是 Go 语言代码的摘要：

```
type Proposal struct {}
] Header []byte `protobuf:"bytes,1,opt,name=header,proto3" json:"header,omitempty"`  //串行化后的消息头部
] Payload []byte `protobuf:"bytes,2,opt,name=payload,proto3" json:"payload,omitempty"`
                                    //串行化后的有效载荷，其类型取决于头部中的 ChannelHeader.Type 字段。
] Extension []byte `protobuf:"bytes,3,opt,name=extension,proto3" json:"extension,omitempty"`
                          //串行化后的附加信息，其内容也取决于头部中的 ChannelHeader.Type 字段。
```

这里有三个结构成分，都是串行化了的数据结构，所以数据类型都是[]byte，即字符数组。后面用“`”号（注意这并非单引号）括起来的内容只是说明这个字段（结构成分）以 Protobuf 格式发送时的一些性质，是供 Protobuf 预编译使用的，阅读代码时可以忽略，以后我在摘要中也常常把这些内容省略掉，以免眼花缭乱。Fabric 采用 Protobuf 作为消息发送的通信规程，所以凡是需要通过网络发送的数据结构中都会有带有这样的信息。你可以看到这三个字段在消息中的排列次序分别是 1、2、3，后面的 omitempty 表示如果这个字段空白就可以省略。这个结构中 Payload 和 Extension 的实际内容取决于 Header 中的信息。Header 内部又分 ChannelHeader 和 SignatureHeader 两个头部，分别承载着面向所在频道和签名的两个头部结构，其类型定义的摘要如下所示，对于所包含的两个头部结构已予就地展开：

```
type Header struct {}
] ChannelHeader     []byte `protobuf:"bytes,1,opt,name=channel_header, json=channelHeader, … `
]] Type int32               //消息类型
]] Version int32            //所用软件版本
]] Timestamp *google_protobuf.Timestamp     //时戳
]] ChannelId string         //频道 ID，每个交易提案都是针对特定频道。
]] TxId string              //交易（提案）ID
```

```
]] Epoch uint64              //由当前块链高度决定的时间段，本消息仅在这个时间段中有效。
]] Extension []byte          //头部中的类型字段 Type 决定是否可有扩充信息及其信息类型
]] TlsCertHash []byte        //TLS 即加密传输层上证书的 Hash 值
] SignatureHeader []byte `protobuf:"bytes,2,opt,name=signature_header,json=signatureHeader, … `
]] Creator []byte            //这是串行化了的发起者身份证明，这身份证明来自成员管理 MSP
]] Nonce []byte              //任意数值，但同一数值只允许出现一次，用于防止“重放（replay）”攻击
```

Header 结构的内容决定了消息载荷即 Payload 字段的类型，而 Payload 字段中则有个指针回过来指向所绑定的 Header：

```
type Payload struct {}
] Header *Header `protobuf:"bytes,1,opt,name=header" json:"header,omitempty"`   //这是 Payload 本身的 Header
] Data []byte `protobuf:"bytes,2,opt,name=data,proto3" json:"data,omitempty"`   //编码后的实际内容
```

Fabric 的源码中像 Header、Payload 这样的字段名用得很多，阅读时要注意是什么层次上、什么结构的 Header 和 Payload。

这样形成的 Proposal 是尚未由发起者加以签名的，对上述 Proposal 结构签名之后就加上签名字段，变成 SignedProposal：

```
type SignedProposal struct {}
] ProposalBytes []byte `protobuf:"bytes,1,opt,name=proposal_bytes, …`   //串行化后的整个 Proposal
] Signature []byte `protobuf:"bytes,2,opt,name=signature,proto3" json:"signature,omitempty"`
        //由发起者用其私钥对 ProposalBytes 的签名。身份信息则在 Header 中。
```

这就是交易发起者发送给评审者的消息，如果通过了评审者的检查和模拟执行，则由评审者加以背书后发回的消息为 ProposalResponse：

```
type ProposalResponse struct {}
] Version int32 `protobuf:"varint,1,opt,name=version" json:"version,omitempty"`
] Timestamp *google_protobuf1.Timestamp `protobuf:"bytes,2,opt,name=timestamp", …`   //发起提案的时间
] Response *Response `protobuf:"bytes,4,opt,name=response" json:"response,omitempty"`   //评审结果，包括：
]] Status int32              //检查和试执行后的状态码
]] Message string            //用于显示的文字如“OK”
]] Payload []byte            //这是模拟执行链码后返回的载荷，其中就包括读写集合。
] Payload []byte `protobuf:"bytes,5, …"`          //串行化了的 ProposalResponsePayload，其内容包括：
]] ProposalHash []byte            //所背书 Proposal 的 Hash 值
]] Extension []byte          //附加信息
] Endorsement *Endorsement `protobuf:"bytes,6,opt,name=endorsement" …"`        //背书：
```

]] *Endorser* []byte //背书者的身份信息
]] *Signature* []byte //背书者的签名

交易的发起者收到各个评审者发回的 ProposalResponse 以后，就把它们封装在一个“信封（Envelope）”中，把这信封发送给编排节点 Oderer。下面是 Envelope 结构的摘要：

type **Envelope** struct {}
] ***Payload*** []byte `protobuf:"bytes,1, …"` //串行化的若干个 ProposalResponse 数据结构
] ***Signature*** []byte `protobuf:"bytes,2, …"` //这是 Envelope 提交者，实际上就是交易发起者的签名。

编排节点（Orderer）收到来自四面八方的 Envelope 后要加以分拣和编排，对 Envelope 中所载的交易进行合规检查，在某些情况下还要加以执行。然后形成需要在不同频道中发布的新块并进入块链。此时 Envelope 中所载经背书的交易提案成了交易记录，称为 ProcessedTransaction。这是数据结构 ProcessedTransaction 的摘要：

type **ProcessedTransaction** struct {}
] ***TransactionEnvelope*** *common.Envelope `protobuf:"bytes,1,opt,name=transactionEnvelope", …`
] ***ValidationCode*** int32 `protobuf:"varint,2,opt,name=validationCode" json:"validationCode,omitempty"`

可见，所谓“经过处理的交易”即 ProcessedTransaction，就是一个 Envelope 加上检验这个交易所产生的结果代码。这也说明，Envelope 其实就是交易请求。

在此之前，虽然在评审和背书的过程中也有“交易”这个概念，并且也有名为 Transaction 的数据结构，但那实际上是对交易结果的描述和记录：

type **Transaction** struct {}
] IndexInBlock int //该交易（记录）所在的块号
] ID string //该交易的名称和唯一标识
] RWSet *rwsetutil.TxRwSet //执行该交易时从状态数据库中读出和写入的信息集合
] ValidationCode peer.TxValidationCode
//代表着检验结果的代码，如 VALID、NIL_ENVELOPE、BAD_PAYLOAD、BAD_RWSET 等。

总之，在超级账本的话语系统中，“交易”这个概念主要是由 Proposal 和 Envelope 承载的，Transaction 和 ProcessedTransaction 这两个数据结构不占重要地位。

4.2.6 块、块链、账本

正式的比特币网络中只有一个块链，但是比特币也有测试网，测试网使用不同的端口号。以太坊网络则在同一个端口号的里面又划分子网，每个节点只参加一个特定的子网，例如测

试网，每个子网各有其自己的块链，例如测试网的块链就与交易网的块链无关，二者是井水不犯河水的关系。而超级账本，则让每个节点可以同时开通多个频道，每个频道上都有一个块链。由于每个节点可以开通多个频道，就可以让这些块链之间不那么老死不相往来了。从这个意义上说，超级账本天生就是分片的，而且片与片之间的关联程度相对较大。以太坊由于其子网的划分也天然就是分片的，但是片与片之间的关联很小。这里的问题在于如何让不同的片互相关联，就如不同部门的账本之外还应该有总账，或者换个角度看是总账如何控制各个分账。在这个问题上，其实超级账本和以太坊的源码中都没有提供现成的答案，如果确有需要就得在应用层上解决，或者通过扩充系统层加以解决。至于比特币，则通过例如侧链、支付通道之类的手段在链外解决。

既然每个频道都有自己的块链，具体的交易就得带有频道的 ID，属于同一频道的交易才被记录在所属频道的块中，进入那个频道的块链。所以，编排节点是个多输入、多输出（按频道、按时间）的排序系统。

编排节点对纷至沓来的“大信封”逐一加以检验，在特殊情况下还须加以执行，然后加以编排，就形成要在各个不同频道中发布的新块，其数据结构就是 Block，摘要如下：

```
type Block struct {}    // common.Block
] Header     *BlockHeader     `protobuf:"bytes,1,opt,name=header" json:"header,omitempty"`
]] Number uint64              //块号
]] PreviousHash []byte        //先前块的 Hash
]] DataHash      []byte       //本块数据的 Hash
] Data      *BlockData       `protobuf:"bytes,2,opt,name=data" json:"data,omitempty"`     //这是个指针
                                       //指向一个 BlockData 结构，后者只有一个结构成分 Data：
]] Data [][]byte                   //串行化后的本块数据
] Metadata *BlockMetadata          //这也是指针
]] Metadata [][]byte
```

Block 结构中有三个成分，即 Header、Data 和 Metadata。注意这里对结构成分的展开是基于语义（而不是结构）的，Block.Data 是个指针，指向一个 BlockData 结构，后者只有一个结构成分 Data，这是个[][]byte，即二维字节数组，就是以[]byte 为元素的数组，数组中的每个元素都是个[]byte，实际上是个串行化了的 Envelope。同样，Block.Metadata 也是个指针，指向一个 BlockMetadata 结构，而那个结构中的成分也叫 Metadata，也是[][]byte。

至于块链，其实就是因块头中的 PreviousHash 字段而形成的链，具体的块都在 BlockStore 中，更确切地说是实现了 BlockStore 界面的某种面向区块的存储机制中，只要反复调用其 GetBlockByHash()函数，就可以从当前最新发布的那个块开始，顺着每个块头中的 PreviousHash 字段穷尽这个块链中所有的块。而且，既然超级账本的发块机制是中心化的，统一由编排节点 Orderer 发布，就不会有分叉，每个块链都是线性的。或者也可以调用其 GetBlockByNumber()函数根据块号读取，既然没有分叉，同一块链中就不会有两个或更多的块有相同的块号。

所谓超级账本，这“账本”二字就是Ledger，就是块链加全体账户所构成的集合。对此最合理的实现方法就是数据库。不过，对于高层软件而言，究竟是否数据库，或者什么样的数据库，都不是需要关心的问题，只要能提供所需的功能，即函数，就可以了。所以Fabric的源码中定义了一个Ledger界面：

```
type Ledger interface {}    //定义于 package common/ledger 中
] GetBlockchainInfo() (*common.BlockchainInfo, error)  // 返回一个 BlockchainInfo 结构指针
                                   //内含 Height、CurrentBlockHash 和 PreviousBlockHash 三个成分
] GetBlockByNumber(blockNumber uint64) (*common.Block, error)   //按块号获取 Block 结构指针
] GetBlocksIterator(startBlockNumber uint64) (ResultsIterator, error)   //获取以起始块号为起点的迭代指针
] Close()    // Close closes the ledger
```

但光是这么几个函数显然是不够的，至少这里只有从Ledger中读出信息的函数，却没有往里写入的函数。另外，对于“账本”而言，就算光是读出，这几个功能也还是不够，例如这里只有按块号读出，却没有按Hash值读出。而且实际上需要从账本中读出的也不只是块，至少还有交易记录。所以，Fabric源码中还有个界面PeerLedger，这是对Ledger的扩充：

```
type PeerLedger interface {}    // 定义于 package core/ledger，import common/ledger。
] commonledger.Ledger              //这是对上列定义于 package common/ledger 中的 Ledger 之扩充
] GetTransactionByID(txID string) (*peer.ProcessedTransaction, error)   //返回 ProcessedTransaction 结构指针
] GetBlockByHash(blockHash []byte) (*common.Block, error)              //返回 Block 结构指针
] GetBlockByTxID(txID string) (*common.Block, error)   //返回含有 txID 所指交易记录的 Block 结构指针
] GetTxValidationCodeByTxID(txID string) (peer.TxValidationCode, error)   //返回检验该 Tx 的结果代码
] NewTxSimulator(txid string) (TxSimulator, error)   //生成一个模拟执行 Tx 的模拟器 TxSimulator
] NewQueryExecutor() (QueryExecutor, error)          //生成一个查询执行器 QueryExecutor
] NewHistoryQueryExecutor() (HistoryQueryExecutor, error)   //生成一个交易历史查询执行器
] GetPvtDataAndBlockByNum(blockNum uint64, filter PvtNsCollFilter) (*BlockAndPvtData, error)
                              //根据块号和私有信息过滤器获取一个 BlockAndPvtData 结构指针。
] GetPvtDataByNum(blockNum uint64, filter PvtNsCollFilter) ([]*TxPvtData, error)
                              //根据块号和私有信息过滤器获取一个 TxPvtData 结构指针数组
] CommitWithPvtData(blockAndPvtdata *BlockAndPvtData) error   //提交一个 BlockAndPvtData 结构
] PurgePrivateData(maxBlockNumToRetain uint64) error
                              //冲刷缓存中块号低于给定参数的私有读写集合（来自 endorsers）
] PrivateDataMinBlockNum() (uint64, error)          //返回当前缓存中（尚未冲刷）的最低块号
] Prune(policy commonledger.PrunePolicy) error          //按给定的修剪规则 PrunePolicy 对缓存内容进行修剪
```

这就完善多了。特别这里的CommitWithPvtData()，就是将一个块连同私有数据提交存储，因为私有数据是不包含在块中的。

但这只是对界面的定义，实现这个界面的则是kvLedger，显然这是个基于键值对存储的Ledger，其结构定义如下：

```
type kvLedger struct {}    //an implementation of `ledger.PeerLedger`, provides a key-value based data model
] ledgerID            string                        //Ledger 的名称
] blockStore          *ledgerstorage.Store          //指向块的存储地
] txtmgmt             txmgr.TxMgr                   //交易管理器，TxMgr 是个界面
] historyDB           historydb.HistoryDB           //交易历史数据库
] blockAPIsRWLock *sync.RWMutex                     //用于并发操作的互斥
```

这里的三个主要结构成分，blockStore、historyDB和txtmgmt，代表和包含着三种信息的数据库。我们先看一下txtmgmt，其类型是txmgr.TxMgr，这是定义于package txmgr中的界面，实现这个界面的则是LockBasedTxMgr。

```
// LockBasedTxMgr a simple implementation of interface `txmgmt.TxMgr`.
// This implementation uses a read-write lock to prevent conflictsbetween transaction simulation and committing
type LockBasedTxMgr struct {}
] ledgerid                      string
] db                  privacyenabledstate.DB       //package privacyenabledstate 中定义的界面 DB
] validator           validator.Validator          //交易检验模块
] batch                         *privacyenabledstate.UpdateBatch
]] KVs map[string][]byte                           // UpdateBatch 内部是一个 KV 对 Map
] currentBlock                  *common.Block
] stateListeners      ledger.StateListeners
] commitRWLock        sync.RWMutex
```

这里结构成分db的类型privacyenabledstate.DB是个界面，实际上应该是实现了这个界面的某类对象。这个界面又是对另一个界面statedb.VersionedDB的扩充，所以这里所用的本质上是个VersionedDB。什么叫VersionedDB呢？就是存储在数据库中的数据是有版本号的，当你要更新一个KV对的值时，不是把老的值覆盖掉，而是增加一个版本号更高的KV对，这样就可以保持这个值的变化过程。实现这个DB的类是CommonStorageDB：

```
// CommonStorageDB implements interface DB.
// This implementation uses a single database to maintain both the public and private data
type CommonStorageDB struct {}
] statedb.VersionedDB
```

总之，txtmgmt内部的db是状态信息的数据库。

再看kvLedger中的blockStore，这是个结构指针，指向一个ledgerstorage.Store结构，其类型为：

```
type Store struct {}        //定义于 package ledgerstorage
] blkstorage.BlockStore     //BlockStore 是个界面，结构对界面的扩充就是对实现这个界面的结构的扩充
] pvtdataStore pvtdatastorage.Store        // pvtdatastorage.Store 也是个界面
] rwlock            *sync.RWMutex          //用于并发操作的互斥
```

Store结构是对BlockStore的扩充，但BlockStore是个界面，实际上就是对实现了这个界面所定义函数的某个类的扩充。所扩充的内容则是个pvtdataStore，显然是用于Private Data即“私有数据”的存储。BlockStore这个界面上定义的函数有这么一些：

```
type BlockStore interface {}
] AddBlock(block *common.Block) error
] GetBlockchainInfo() (*common.BlockchainInfo, error)
] RetrieveBlocks(startNum uint64) (ledger.ResultsIterator, error)
] RetrieveBlockByHash(blockHash []byte) (*common.Block, error)
] RetrieveBlockByNumber(blockNum uint64) (*common.Block, error)
] RetrieveTxByID(txID string) (*common.Envelope, error)
] RetrieveTxByBlockNumTranNum(blockNum uint64, tranNum uint64) (*common.Envelope, error)
] RetrieveBlockByTxID(txID string) (*common.Block, error)
] RetrieveTxValidationCodeByTxID(txID string) (peer.TxValidationCode, error)
] Shutdown()
```

事实上，源码中实现了这个界面的结构就只有fsBlockStore，意为基于文件系统的存储：

```
// fsBlockStore - files fsBlockStore ystem based implementation for `BlockStore`
type fsBlockStore struct {}
] id string
] conf *Conf
] fileMgr *blockfileMgr   //指向 blockfileMgr 结构的指针，下面对 blockfileMgr 结构展开如下：
]] rootDir              string
]] db                   *leveldbhelper.DBHandle   //底层的数据库乃是 LevelDB
]] currentFileWriter    *blockfileWriter
```

显然这里最重要的就是那个指针fileMgr，指向一个blockfileMgr结构，这里已经将其就地展开，列出了其中几个重要的结构成分。此中的rootDir不用说就是文件系统中一棵子树的根，而currentFileWriter当然是用来写文件的；值得注意的是还有个指针db，指向定义于

leveldbhelper这个package中的DBHandle。这就是说，名为fsBlockStore，其实里面除文件以外还有数据库。事实上超级账本采用的是LevelDB数据库。对此我们就不深入下去了。

以上就是作为程序员在一个Fabric节点上所见到的种种（主要的）机制和资源，也就是HyperLedger典型实现中的系统结构。

4.3 Fabric 的节点间交互

Fabric 的节点间交互，总的来说都是建立在 Google 的 RPC 软件即 gRPC 的基础上。RPC 就是“远程过程调用（Remote Procedure Call）”，不过我们习惯于统称“函数”，所以也可以说是远程函数调用（严格说来，函数调用比过程调用更复杂，因为过程是没有返回值的）。有了 RPC 这个机制，应用软件就可以在一个节点上调用本地函数，实际上却转化成对别的节点上的函数调用。本地被调用的那个函数一般称为 stub 函数，也叫 RPC 服务的客户端，即 Client，而被调用的那个目标函数所在的节点上，则有个服务端，即 Server。而 Protobuf，则是节点间通信的规程，比 RPC 更近底层。

不过也不是什么函数都可以被远程调用的，凡是向外提供，允许被远程调用的函数，都要通过一个 ServiceDesc 即服务描述加以说明，并要有相应的服务端模块与之绑定。而客户端的软件模块，则只能根据 ServiceDesc 的描述加以开发，要不然就得不到服务。另外，供远程调用的函数当然也可以并应该按功能和作用分属不同的服务，用不同的 ServiceDesc 加以描述。有些节点既要远程调用其它节点上的函数，自己也提供同样的函数供别的节点远程调用，这样的节点上通常既有某种具体服务的服务端，又有这种服务的客户端，所以是双向的远程调用。对于这样的服务，当然每个节点上都要有这种服务的 ServiceDesc 和服务端模块，还要有这种服务的客户端。不过也有些服务是单向的，其服务端固定在某个提供此种服务的节点上。显然，前者相当于 P2P 的交互模式，后者则是 Client/Server 的模式，或者说是中心化的模式。

Fabric 的代码中有六种比较重要的 gRPC 服务描述，现将这六种描述的摘要列举于下。

var **_Endorser_serviceDesc** = grpc.ServiceDesc{}

] ServiceName: "protos.Endorser"

] MethodName: "ProcessProposal"

] *Handler:　　_Endorser_ProcessProposal_Handler*

var **_ChaincodeSupport_serviceDesc** = grpc.ServiceDesc{}　//我们在前一节中讲过这个服务

] ServiceName: "protos.ChaincodeSupport",

] StreamName:　　"Register"

] *Handler: _ChaincodeSupport_Register_Handler*

```
var _AtomicBroadcast_serviceDesc = grpc.ServiceDesc{}
] ServiceName: "orderer.AtomicBroadcast"
] StreamName:      "Broadcast"
] Handler: _AtomicBroadcast_Broadcast_Handler
] StreamName:      "Deliver"
] Handler: _AtomicBroadcast_Deliver_Handler

var _Deliver_serviceDesc = grpc.ServiceDesc{}
] ServiceName: "protos.Deliver",
] StreamName:      "Deliver"
] Handler:         _Deliver_Deliver_Handler
] StreamName:      "DeliverFiltered"
] Handler:         _Deliver_DeliverFiltered_Handler,

var _Gossip_serviceDesc = grpc.ServiceDesc{}
] ServiceName: "gossip.Gossip",
] MethodName: "Ping"
] Handler: _Gossip_Ping_Handler
] StreamName: "GossipStream"
] Handler: _Gossip_GossipStream_Handler

var _Admin_serviceDesc = grpc.ServiceDesc{}    //以下略去各个 Method 的 Handler 字段：
] ServiceName: "protos.Admin",
] Methods: []grpc.MethodDesc{}
]] MethodName: "GetStatus"
]] MethodName: "StartServer"
]] MethodName: "GetModuleLogLevel"
]] MethodName: "SetModuleLogLevel"
]] MethodName: "RevertLogLevels"
```

我们以服务描述_Endorser_serviceDesc 为例说明 gRPC 的远程调用机制。这个服务名为“protos.Endorser”，所提供的是个名为“ProcessProposal”的方法，而服务端模块的入口函数即 Handler 为_Endorser_ProcessProposal_Handler()。这样，客户端模块就可以提供一个函数 ProcessProposal()，其实现的代码摘要是这样：

```
func (c *endorserClient) ProcessProposal(ctx context.Context, in *SignedProposal, opts ...grpc.CallOption)
                                                                        (*ProposalResponse, error)
> out := new(ProposalResponse)    //创建一个空白的ProposalResponse，名为out。
```

```
> err := grpc.Invoke(ctx, "/protos.Endorser/ProcessProposal", in, out, c.cc, opts...)
> return out, nil
```

这里的参数 in 是个 SignedProposal 指针，指向一个签了名的 Proposal，这个函数返回一个 ProposalResponse 结构，就是这里创建的 out。刚创建的时候这个结构是空白的，其内容来自对 grpc.Invoke()的调用，这个函数就是由 gRPC 提供的远程调用手段。这个函数的第二个参数相当于服务端的函数路径，就好像文件路径（以及 URL）一样，第一个“/”后面是服务描述中的 ServiceName，即“protos.Endorser”，再一个“/”后面是所欲调用目标函数的 MethodName，即“ProcessProposal”。也就是说，函数路径的一般形式为“*/ServiceName/MethodName*”。而 grpc.Invoke()，则将这些参数组装成一个消息，发送给服务端，让服务端的 gRPC 模块调用那里的 Handler 函数，对于 Endorser 服务即为 _Endorser_ProcessProposal_Handler()，再将这函数返回的结果发送回来，作为 grpc.Invoke()返回结果，其中也包含副作用即对作为参数的指针所指向的数据结构或变量的改变。至于服务端是否真的也有一个同样名为“ProcessProposal”的函数，那其实无关紧要，取决于 _Endorser_ProcessProposal_Handler()的具体实现。不过服务端通常会有个同名的函数，例如 Endorser 服务就是这样：

```
func (e *Endorser) ProcessProposal(ctx context.Context, signedProp *pb.SignedProposal)
                                                        (*pb.ProposalResponse, error)
> addr := util.ExtractRemoteAddress(ctx)
> …
```

这个机制的作用，我们在将 Proposal 提交评审的流程中将会看到。

除对于“Method”的远程调用外，gRPC 也提供对于“Stream”的远程调用。例如上面的_AtomicBroadcast_serviceDesc，那里面就没有提供 Method，而是提供了 Broadcast 和 Deliver 这两个 Stream。客户端形式上与前面的远程函数调用很相像，但是有所不同：

```
func (c *atomicBroadcastClient) Broadcast(ctx context.Context, opts ...grpc.CallOption)
                                              (AtomicBroadcast_BroadcastClient, error)
> stream, err := grpc.NewClientStream(ctx, &_AtomicBroadcast_serviceDesc.Streams[0],
                                   c.cc, "/orderer.AtomicBroadcast/Broadcast", opts...)
> x := &atomicBroadcastBroadcastClient{stream}
> return x, nil
```

这里的调用路径也是由 ServiceName 和 StreamName 拼接而成，但是调用的函数是 grpc.NewClientStream()而不是 grpc.Invoke()。这个函数使对方创建一个服务端的 Stream，并返回这个 Stream 的参照（Reference）。然后自己这边也以此为对象创建一个客户端的 Stream，与服务端的相对，成为一个连接，以后双方就可以在这个连接上通过 Send()和 Recv()通信。

所谓 Stream，可以理解成 gRPC 层的连接，其目的不在于远程函数调用，而在于通信。读者也许会想，为什么不直接使用 TCP 连接呢？这是因为 gRPC 的 Stream 连接在 TCP 的基础上还有一些附加的功能和处理。所以，以这个 Broadcast()为例，客户端一方的上层调用这个函数时并非自己要广播一个消息，也不是要求服务端广播一个消息，而只是要建立一个连接。Broadcast()是这样，Deliver 也是这样。

另外，读者也许会问，既然很多 Peer 节点上都会有这样的服务端，那怎么知道这里所针对的是哪个节点上的服务端呢？事实上，gRPC 这一层的连接是建立在底层连接的基础上，在调用比如 Broadcast()之前已经有了一个低层的连接，在这里就是 atomicBroadcastClient 的内部成分 cc，那是个 grpc.ClientConn 指针。所以 Broadcast()的作用只是在 grpc.ClientConn 的基础上再建立一个高层的连接，把已有的，针对特定节点的 atomicBroadcastClient 升级成了 AtomicBroadcast_BroadcastClient。

以发起交易的节点向编排节点 Orderer 发送 Envelop 的通信为例，就是先通过调用本地的 OrdererClient.Broadcast()函数建立底层通信连接，然后再建立 gRPC 层连接：

```
func (oc *OrdererClient) Broadcast() (ab.AtomicBroadcast_BroadcastClient, error)
> conn, err := oc.commonClient.NewConnection(oc.address, oc.sn)    //发起与 Order 节点的网络层连接
> // TODO: check to see if we should actually handle error before returning
> client := ab.NewAtomicBroadcastClient(conn)    //在底层连接的基础上创建一个 Broadcast 客户端
    == NewAtomicBroadcastClient(cc *grpc.ClientConn)
>> return &atomicBroadcastClient{cc}    //所谓 Broadcast 客户端只是一个数据结构（连同其所提供的函数）
> return client.Broadcast(context.TODO())    //再在此客户端的基础上建立 RPC 层的连接及其客户端
    == (c *atomicBroadcastClient) Broadcast(ctx context.Context, opts ...grpc.CallOption)
>> stream, err := c.cc.NewStream(ctx, &_AtomicBroadcast_serviceDesc.Streams[0],
                                        "/orderer.AtomicBroadcast/Broadcast", opts...)
            //由 gRPC 机制发起在对方（服务端）创建一个 Stream，并返回该 Stream 的 handle
>> x := &atomicBroadcastBroadcastClient{stream}
            //以此为基础创建另一个客户端数据结构，与对方建立起应用层连接。
>> return x, nil        //这里返回的 x 就是最后创建的 atomicBroadcastBroadcastClient 客户端
```

创建了这样一个 atomicBroadcastBroadcastClient 客户端结构之后，欲向 Order 节点发送 Envelop 的一方就可以通过其提供的 Send()函数发送，并通过 Recv()接收回应了。

不妨也看一下服务端的程序流程。服务端与这个 StreamName 绑定的处理函数是 _AtomicBroadcast_Broadcast_Handler：

```
func _AtomicBroadcast_Broadcast_Handler(srv interface{}, stream grpc.ServerStream) error
>srvr := &atomicBroadcastBroadcastServer{stream}    //创建一个数据结构，用作调用 Broadcast()的参数。
> return srv.(AtomicBroadcastServer).Broadcast(srvr)    //这就是服务端的 Broadcast()函数，展开如下：
```

```
    == func (s *server) Broadcast(srv ab.AtomicBroadcast_BroadcastServer)   //当然也可不叫这个名字
>> defer func() {}()
        > r := recover()
>> tracer := &broadcastMsgTracer{AtomicBroadcast_BroadcastServer: srv,
                        msgTracer: msgTracer{debug: s.debug,function: "Broadcast",},}
>> return s.bh.Handle(tracer)   //tracer 是个中间层，可以用于跟踪和调试，也可用于其它目的。
    == (bh *handlerImpl) Handle(srv ab.AtomicBroadcast_BroadcastServer)   //展开如下：
>>> addr := util.ExtractRemoteAddress(srv.Context())
>>> for {
>>>+ msg, err := srv.Recv()   //接受客户端的请求
>>>+ ...                      //进行处理
>>>+ err = srv.Send(&ab.BroadcastResponse{Status: cb.Status_SUCCESS})   //发回结果或响应
>>> }
```

最后那个 for 循环中是先接收后发送，这充分体现了服务端只是被动做出反应的特点。而客户方，则是主动的，总是先发送后接收。

注意(oc *OrdererClient) Broadcast()可能让人误以为这个函数是在 Orderer 节点上，其实 OrdererClient 是 Orderer 的客户端，每个 Peer 节点上都可以有。

Broadcast 是这样，Deliver 也是大同小异。

每个频道的 Leader，就像频道中的小组长，都要通过 Deliver 机制向 Order 节点请求发给新发布的块，此时频道 Leader 处于客户的地位：

```
func (c *atomicBroadcastClient) Deliver(ctx context.Context, opts ...grpc.CallOption)
                                        (AtomicBroadcast_DeliverClient, error)
> stream, err := c.cc.NewStream(ctx, &_AtomicBroadcast_serviceDesc.Streams[1],
                                "/orderer.AtomicBroadcast/Deliver", opts...)
> x := &atomicBroadcastDeliverClient{stream}
> return x, nil
```

而 AtomicBroadcast_service 的服务端与“Deliver”这个 StreamName 绑定的处理函数，则是_AtomicBroadcast_Deliver_Handler：

```
func _AtomicBroadcast_Deliver_Handler(srv interface{}, stream grpc.ServerStream) error
> return srv.(AtomicBroadcastServer).Deliver(&atomicBroadcastDeliverServer{stream})
    == (s *server) Deliver(srv ab.AtomicBroadcast_DeliverServer)   //服务端的 Deliver()函数，展开如下：
>> defer func()
        > r := recover()
```

```
>> policyChecker := func(env *cb.Envelope, channelID string)
                    > chain, ok := s.GetChain(channelID)
                    > sf := msgprocessor.NewSigFilter(policies.ChannelReaders, chain)
                    > return sf.Apply(env)
>> deliverServer := &deliver.Server{PolicyChecker: deliver.PolicyCheckerFunc(policyChecker),
                                Receiver: &deliverMsgTracer{Receiver: srv,
                                          msgTracer: msgTracer{debug: s.debug, function: "Deliver",},},
                                ResponseSender: &responseSender{AtomicBroadcast_DeliverServer: srv, },}
>> return s.dh.Handle(srv.Context(), deliverServer)
     == (h *Handler) Handle(ctx context.Context, srv *Server)
>>> addr := util.ExtractRemoteAddress(ctx)
>>> h.Metrics.StreamsOpened.Add(1)
>>> defer h.Metrics.StreamsClosed.Add(1)
>>> for {
>>>+ envelope, err := srv.Recv()          //接收对端即频道 Leader 的请求，具体要求封装在 Envelope 中。
     == (x *atomicBroadcastBroadcastServer) Recv() (*common.Envelope, error)
>>>+ if err == io.EOF { return nil}
>>>+ if err != nil {return err}
>>>+ status, err := h.deliverBlocks(ctx, srv, envelope)          //应对方之请发送区块
>>>+ err = srv.SendStatusResponse(status)
>>>+ if status != cb.Status_SUCCESS {return err}
>>>+ logger.Debugf("Waiting for new SeekInfo from %s", addr)
>>> }
```

可见，与前面的 Broadcast 服务端还是很相似的。一旦应客户端的要求建立起服务端的 Stream，就在一个 for 循环中先接收来自客户端的具体请求，然后就向其 deliverBlocks()。而客户端，实际上是某个频道的领导（Leader）节点，则向 Order 节点提出对于具体区块的送达（下载）请求。

对于块的传播，频道的领导节点是 Deliver 与 Gossip 的分界与桥梁，领导节点一手从 Order 节点索取新块，另一手就在频道中以“流言”的方式散布来自 Order 节点的新块。

对于 Gossip 消息的发送则有 Gossip_service，具体提供了 Ping()和 GossipStream()这两个 Method 和 Stream。前者是个逻辑很简单的 Method，类似于“心跳”信号，我们就不关心了。后者则是个 Stream，所以与前述的两个 Stream 很相似，尤其它的客户端函数 GossipStream()几乎与前述的两个一模一样，属于一种标准格式：

```
func (c *gossipClient) GossipStream(ctx context.Context, opts ...grpc.CallOption)
                                                    (Gossip_GossipStreamClient, error)
```

```
> stream, err := grpc.NewClientStream(ctx, &_Gossip_serviceDesc.Streams[0], c.cc,
                                          "/gossip.Gossip/GossipStream", opts...)
> x := &gossipGossipStreamClient{stream}
> return x, nil
```

Gossip_service 服务端与 GossipStream 绑定的是_Gossip_GossipStream_Handler()：

```
func _Gossip_GossipStream_Handler(srv interface{}, stream grpc.ServerStream) error
> srvr := &gossipGossipStreamServer{stream}
> return srv.(GossipServer).GossipStream(srvr)   //这就是服务端的 GossipStream()函数，展开如下：
   == (c *commImpl) GossipStream(stream proto.Gossip_GossipStreamServer)
>> if c.isStopping() {return fmt.Errorf("Shutting down")}
>> connInfo, err := c.authenticateRemotePeer(stream, false)   //对于客户端的身份证书检查
>> if err != nil { return err }   //Authentication failed
>> conn := c.connStore.onConnected(stream, connInfo)        //登记新的连接，展开：
>>> if c, exists := cs.pki2Conn[string(connInfo.ID)]; exists { c.close()}
>>> return cs.registerConn(connInfo, serverStream)
   // if connStore denied the connection, it means we already have a connection to that peer so close this stream
>> if conn == nil {return nil}   //如果没有低层连接，当然就无法建立上层连接了。
>> h := func(m *proto.SignedGossipMessage) {}   //动态定义一个函数，用作调用 interceptAcks()的参数。
        > c.msgPublisher.DeMultiplex(&ReceivedMessageImpl{conn: conn, lock: conn,
                                              SignedGossipMessage: m, connInfo: connInfo,})
>> conn.handler = interceptAcks(h, connInfo.ID, c.pubSub)
    == interceptAcks(nextHandler handler, remotePeerID common.PKIidType, pubSub *util.PubSub)   //展开：
>>> return func(m *proto.SignedGossipMessage) {}   // interceptAcks()返回另一个动态定义的函数指针
          > if m.IsAck() {
          >+ topic := topicForAck(m.Nonce, remotePeerID)
          >+ pubSub.Publish(topic, m.GetAck())
          >+ return
          > }
          > nextHandler(m)    //这 nextHandler 就是上面动态定义的函数 h():
>> defer func() {}()
         > c.logger.Debug("Client", extractRemoteAddress(stream), " disconnected")
         > c.connStore.closeByPKIid(connInfo.ID)
         > conn.close()
>> return conn.serviceConnection()   // 注意 conn.handler 就是上面 interceptAcks()返回的函数指针
```

真干实事的当然还是服务端的 GossipStream()。除检查客户端的身份和权限之外，这里先后动态定义了两个函数，重点在于由 interceptAcks()返回并成为 conn.handler 的函数指针，这是为下面的 serviceConnection()做准备，真正的 Gossip 服务就是由这个函数提供：

[_Gossip_GossipStream_Handler() > GossipStream() > serviceConnection()]

```
func (conn *connection) serviceConnection() error
> errChan := make(chan error, 1)  //创建一个出错信息通道
> msgChan := make(chan *proto.SignedGossipMessage,
                util.GetIntOrDefault("peer.gossip.recvBuffSize", defRecvBuffSize))  //和一个消息通道
> defer close(msgChan)
    // Call stream.Recv() asynchronously in readFromStream(), and wait for either the Recv() call to end,
    // or a signal to close the connection, which exits the method and makes the Recv() call to fail in the
    // readFromStream() method
> go conn.readFromStream(errChan, msgChan)  //一个线程专门接收来自客户端的消息并将其写入 msgChan
> go conn.writeToStream()                   //另一个线程专门从输出缓冲区 conn.outBuff 将消息发送给客户端
> for !conn.toDie() {  //这是 Gossip 服务的主循环：
>+ select {
>+ case stop := <-conn.stopChan:
>++ conn.logger.Debug("Closing reading from stream")
>++ conn.stopChan <- stop
>++ return nil
>+ case err := <-errChan:
>++ return err
>+ case msg := <-msgChan:  //只要有消息从 msgChan 进来
>++ conn.handler(msg)     //就调用前面动态定义的函数加以处理，展开如下：
>++> if m.IsAck() {
>++>+ topic := topicForAck(m.Nonce, remotePeerID)
>++>+ pubSub.Publish(topic, m.GetAck())
>++>+ return  //如果是对方发来的 Ack 消息，那就把它丢弃就行了。
>++> }
>++> nextHandler(m)  //否则（不是 Ack）就要根据条件将其分发到不同的通道，由不同线程加以处理。
>++>> c.msgPublisher.DeMultiplex(&ReceivedMessageImpl{conn: conn, lock: conn,
                                        SignedGossipMessage: m, connInfo: connInfo,})
>+ }  //end select
> }  /end for !conn.toDie()
> return nil
```

显然，除丢弃对方的 Ack 确认消息以外，serviceConnection()并不直接处理所接收的消息，而只是通过 DeMultiplex()加以分发。作为流言传播的 Gossip 消息也有多种不同的类型和性质，所以需要有个分发器 DeMultiplex。DeMultiplex 内部的主要结构成分是个 channel 指针数组 channels，应用层需要有一种什么样的 Gossip 信息，就创建一个类似于 pipe 的通道（channel），将其连同一个类型为 MessageAcceptor 的 predicate 函数指针通过 AddChannel()添加到这个数组中。这个 predicate 函数，实际上就是个判定/过滤函数，看需要分发的消息是否应该被自己所绑定的通道所认领和接受。我们看 DeMultiplex()的摘要：

[_Gossip_GossipStream_Handler() > GossipStream() > serviceConnection() > DeMultiplex()]

```
func (m *ChannelDeMultiplexer) DeMultiplex(msg interface{})
> defer func() {}()
        > recover()   // recover from sending on a closed channel
> if m.isClosed() { return }
> channels := m.channels     // channels 是具体分发器内部的一个数组[]*channel
> for _, ch := range channels {     //对于这个数组中的每个元素，即每个通道：
>+ if ch.pred(msg) { ch.ch <- msg }   //若满足认领条件则函数 pred()返回 true，消息被写入相应的通道中。
> }
```

显然，这个 for 循环扫描整个 channels 数组，用各个通道的判定函数逐一测试，如果满足条件就由该通道认领，把需要分发的消息写入这个通道。

至此，读者对 Fabric 中的跨节点通信机制和具体的服务应该有了大致的了解，剩下的问题是，谁来使用，用来干什么。下面对前述的六种服务作些简单说明。

首先是 Endorser 服务，提供的方法函数为 ProcessProposal()。凡是可能被用作 Endorser 的节点都需要提供此种服务，这几乎是不言自明的，事实上服务端的 ProcessProposal()本身就是由 Endorser 结构提供的一个函数。但是客户端 endorserClient 是怎么来的呢？我们在后面考察 ChaincodeInvokeOrQuery()的时候会看到这是作为调用参数传下去的，那么究竟是谁创建了这个 endorserClient 结构呢？这个问题带有典型性，应该考察一下。这个客户端的来历要从用户界面 UI 上的命令行说起。

Fabric 节点提供了许多用户命令，每个命令都有一个提供函数，受到调用就返回该命令的 Command 结构，UI 根据用户发出的命令名在一个（或几个）Map 中比对，对上了就调用这个命令的提供函数，然后调用其所返回 Command 结构中的函数指针 RunE 所指的函数。具体的交易一般都是通过命令行发起的，所谓交易其实就是对某一链码的调用，所以启动交易的命令名是“invole”，其入口函数是 invokeCmd()，我们就从这里开始：

```
func invokeCmd(cf *ChaincodeCmdFactory) *cobra.Command
> chaincodeInvokeCmd = &cobra.Command{}
```

```
] Use: "invoke",
] Short: fmt.Sprintf("Invoke the specified %s.", chainFuncName),
] ValidArgs: []string{"1"},
] RunE: func(cmd *cobra.Command, args []string) error {}
    > return chaincodeInvoke(cmd, args, cf)
> flagList := []string{"name","ctor","channelID",}
> attachFlags(chaincodeInvokeCmd, flagList)
> return chaincodeInvokeCmd
```

这个函数返回的是 chaincodeInvokeCmd，所以 UI 会调用其 RunE()，实际上就是调用 chaincodeInvoke()。参数 cf 是个 ChaincodeCmdFactory 结构指针，这是初始化的时候预设的，不过一般都是 nil。总之，chaincodeInvoke()就得到了调用：

```
[invokeCmd() > chaincodeInvoke()]

func chaincodeInvoke(cmd *cobra.Command, args []string, cf *ChaincodeCmdFactory) error {
> var err error
> if cf == nil {
>+ cf, err = InitCmdFactory(true, true)
> }
> defer cf.BroadcastClient.Close()      //返回时就把 BroadcastClient 关闭，断开连接。
> return chaincodeInvokeOrQuery(cmd, args, true, cf)
```

这里一共才三个操作，其中 chaincodeInvokeOrQuery()我们后面就将看到，这是实现 invoke 命令的主体。但是这里参数 cf 的值是 nil，所以要调用 InitCmdFactory()加以创建，EndorserClient 和 BroadcastClient 就是在这里面创建的。这里调用 InitCmdFactory()时的两个参数均为 true，表示既要创建 EndorserClient，也要创建 BroadcastClient，因为发起和进行交易的过程中既要用到某个 Peer 节点的 Endorser_service，也要用到 Order 节点的 AtomicBroadcast_service。至于推迟执行的函数 BroadcastClient.Close()，则说明一旦完成本条命令的执行，与 Order 节点的连接就断开了，而不是一直保持着连接。下面我们看 InitCmdFactory()的摘要，这是在 package chaincode 中，定义于源文件 common.go：

```
[invokeCmd() > chaincodeInvoke() > InitCmdFactory()]

func InitCmdFactory(cmdName string, isEndorserRequired, isOrdererRequired bool)
                                                (*ChaincodeCmdFactory, error)
> var endorserClients []pb.EndorserClient
> var deliverClients []api.PeerDeliverClient
```

```
> if isEndorserRequired {   //如果要求与 Exdorse 节点通信：
>+ err = validatePeerConnectionParameters(cmdName);
>+ for i, address := range peerAddresses {   //对于所给定的每个评审节点地址：
>++ var tlsRootCertFile string
>++ if tlsRootCertFiles != nil { tlsRootCertFile = tlsRootCertFiles[i] }
>++ endorserClient, err := common.GetEndorserClientFnc(address, tlsRootCertFile)
      == GetEndorserClient(address, tlsRootCertFile string)   //与该地址上的节点连接并创建评审客户端：
>++> if address != "" {   //如果给定了 Endorse 节点的地址，就按此地址建立连接并创建 PeerClient：
>++>+ peerClient, err = NewPeerClientForAddress(address, tlsRootCertFile)
>++> } else {   //如未给定 Endorse 节点的地址，就从环境配置中获取地址并创建 PeerClient：
>++>+ peerClient, err = NewPeerClientFromEnv()   //Env 表示环境，Environment。
>++> }
>++> return peerClient.Endorser()   //创建并返回 EndorserClient
>++ if err != nil {return nil, errors.WithMessage(err, fmt.Sprintf("error getting endorser client for %s", cmdName))}
>++ endorserClients = append(endorserClients, endorserClient)   //把这个 EndorserClient 添加进 endorserClients
>++ deliverClient, err := common.GetPeerDeliverClientFnc(address, tlsRootCertFile)
      == GetPeerDeliverClient(address, tlsRootCertFile string)   //与该地址上的节点连接并创建 deliverClient：
>++> peerClient, err = NewPeerClientForAddress(address, tlsRootCertFile)   //建立连接并创建 PeerClient
>++> return peerClient.PeerDeliver()   //创建并返回 PeerDeliverClient
>++ if err != nil {return nil, errors.WithMessage(err, fmt.Sprintf("error getting deliver client for %s", cmdName))}
>++ deliverClients = append(deliverClients, deliverClient)   //把这个 PeerDeliverClient 添加进 deliverClients
>+ }   //end for i, address := range peerAddresses
> }   //end if isEndorserRequired

> certificate, err := common.GetCertificateFnc()
> signer, err := common.GetDefaultSignerFnc()
> var broadcastClient common.BroadcastClient
> if isOrdererRequired {   //如果要求与 Order 节点通信：
>+ if len(common.OrderingEndpoint) == 0 {
>++ if len(endorserClients) == 0 {
>+++ return nil, errors.New("orderer is required, but no ordering endpoint or endorser client supplied")
>++ }
>++ endorserClient := endorserClients[0]
>++ orderingEndpoints, err := common.GetOrdererEndpointOfChainFnc(channelID, signer, endorserClient)
      == GetOrdererEndpointOfChain(chainID string, signer msp.SigningIdentity,
                                   endorserClient pb.EndorserClient)   //从本频道的 Config 中获取 Order 节点地址
>++ if len(orderingEndpoints) == 0 {   //频道配置中没有提供 Order 节点地址：
>+++ return nil, errors.Errorf("no orderer endpoints retrieved for channel %s", channelID)
```

```
>++ }
>++ viper.Set("orderer.address", orderingEndpoints[0])  //将第一个地址写回 Viper 配置中的"orderer.address"
>+ }
>+ broadcastClient, err = common.GetBroadcastClientFnc()    //这就是 GetBroadcastClient()
    == GetBroadcastClient()                                  //展开如下：
>+> oc, err := NewOrdererClientFromEnv()      //根据环境设置创建 OrdererClient
>+>> address, override, clientConfig, err := configFromEnv("orderer")  //获取 Order 节点的地址和参数配置
>+>> gClient, err := comm.NewGRPCClient(clientConfig)          //创建一个 gRPC 客户端
>+>> oClient := &OrdererClient{ commonClient: commonClient{
                        GRPCClient: gClient, address: address, sn: override}}  //创建OrdererClient
>+>> return oClient, nil
>+> bc, err := oc.Broadcast()  //这就是前面所述的 OrdererClient.Broadcast()，与 Orderer 建立 Broadcast 连接。
>+> return &broadcastClient{client: bc}, nil      //创建并返回 broadcastClient。
> }  //end if isOrdererRequired
> return &ChaincodeCmdFactory{EndorserClients: endorserClients, DeliverClients: deliverClients,
        Signer: signer, BroadcastClient: broadcastClient, Certificate: certificate,}, nil
```

这个函数返回的 ChaincodeCmdFactory 结构中包含着三种客户端，即 endorserClients、deliverClients 和 broadcastClient。注意前二者是复数，并且二者的数量相等；而 broadcastClient 则是单数。显然，作为交易的发起者，本节点需要向多个 Endorse 节点发送 Proposal，但是只向一个 Oeder 节点发送汇总的评审结果，即 Envelope。注意交易的发起者对于每个评审节点既有一个 EndorserClient 又有一个 PeerDeliverClient，前者是个 gRPC 服务的客户端，后者是基于 Stream 的通信服务的客户端。前者通过函数 Invoke()和函数路径远程调用 Endorse 节点上的某个函数，例如 ProcessProposal()，这是用来提交评审材料的；而后者则只有 Send()和 Recv()两个函数。实际上 PeerDeliverClient 主要用于节点间的区块同步，与交易请求的评审并无直接关系，与 EndorserClient 绑在一起有点搭“顺风车”的意味，因为二者的底层 TCP 连接是共同的。节点间的区块同步本来就是“流言”式的，带有随机性，现在既然与那些 Endorse 节点建立了连接，就顺便也做点区块同步。

除此之外，打包在这个 ChaincodeCmdFactory 结构中的还有用于签名的工具 signer，和一个身份证书 certificate。

程序中用到了几个函数指针，这些指针都是在节点初始化的过程中设置好了的：

```
func init()
> GetEndorserClientFnc = GetEndorserClient
> GetDefaultSignerFnc = GetDefaultSigner
> GetBroadcastClientFnc = GetBroadcastClient
> GetOrdererEndpointOfChainFnc = GetOrdererEndpointOfChain
> GetDeliverClientFnc = GetDeliverClient
```

```
> GetPeerDeliverClientFnc = GetPeerDeliverClient
> GetCertificateFnc = GetCertificate
```

函数的代码摘要中已经加了好多注解，就不再多作解释了。这里我们不仅看到谁在使用 Endorser 服务，也看到是谁在使用 Broadcast 服务。一般的命令都会使用 Endorser 服务，但不一定使用 Broadcast 服务，例如 query 命令就是这样，但也有命令要使用 Broadcast 服务却不使用 Endorser 服务。

第二是 ChaincodeSupport 服务，我们以后会看到，这是用于链码进程/线程与链码支持模块之间的通信，链码进程/线程是客户端，服务是由链码支持模块提供的。客户端通过 Register() 建立与服务端的 Stream 连接，然后就在这个 Stream 上双向通信：

```
func (c *chaincodeSupportClient) Register(ctx context.Context, opts ...grpc.CallOption)
> stream, err := grpc.NewClientStream(ctx, &_ChaincodeSupport_serviceDesc.Streams[0],
                                          c.cc, "/protos.ChaincodeSupport/Register", opts...)
> x := &chaincodeSupportRegisterClient{stream}
> return x, nil
```

所以，执行链码的主体，即链码进程/线程，是服务的使用者，链码支持模块是服务的提供者。

第三是 AtomicBroadcast 服务，这个服务提供 Broadcast 和 Deliver 两个 Stream。此种服务的服务端一定在 Order 节点上，而客户端则有所不同。其中 Broadcast 的客户端可以是任何能发起交易的 Peer 节点，因为发起交易时必须通过具体的 Broadcast 连接向 Order 节点发送 Envelope。Order 节点这一边的 Stream 是应客户端（通过 gRPC）的请求才创建的，完成了 Envelope 的提交，这个 Stream 就没有必要存在了。而 Broadcast 客户端的创建，则如上述是因执行某种命令所引起。至于 Deliver，其服务端的 Stream 同样也是应客户端的请求才创建的，但是 Deliver 客户端的使用者主要是各个频道的领导（Leader）节点，用来从 Order 获取其所发布的块。

第四是 Deliver 服务，它提供两个 Stream，一个名为 Deliver，另一个名为 DeliverFiltered。主要用于节点间的事件信息交流和区块同步，可以看作是对 Gossip 的补充。

第五就是 Gossip 服务。这个服务提供一个方法函数 Ping()和一个 Stream 构建函数 GossipStream()。Ping()的作用相当于“心跳”，只是表示“我还在”，后者 GossipStream()才是重点。Gossip 的客户端通过 GossipStream()创建其 Stream 的客户端：

```
func (c *gossipClient) GossipStream(ctx context.Context, opts ...grpc.CallOption)
> stream, err := grpc.NewClientStream(ctx, &_Gossip_serviceDesc.Streams[0],
                                          c.cc, "/gossip.Gossip/GossipStream", opts...)
> x := &gossipGossipStreamClient{stream}
> return x, nil
```

Gossip 服务的客户端可以是同一频道中的任何节点（Order 节点除外），每个节点也应该提供 Gossip 服务。但是一般而言频道的 Leader 是服务的提供者，而“普通群众”则是使用者。

最后是 Admin_service，顾名思义这是为系统管理员提供的，Fabric 节点提供若干用于节点管理的命令，包括 status，getlevel，setlevel，revertlevels，系统管理员可以用这命令查看和设置一些状态，后面这三条都是用来改变日志级别。这是 status 命令描述块的摘要：

```
var nodeStatusCmd = &cobra.Command{}
] Use:      "status",
] Short: "Returns status of the node.",
] RunE: func(cmd *cobra.Command, args []string) error
      > return status()
```

实际的操作由status()完成。别的几个就不赘述了，读者可以举一反三。

4.4 交易请求 Proposal 及其 Endorse

在超级账本的系统结构中，一切交易都是针对链码的活动，不是链码的安装（install），就是对链码的引用（invoke），再就是对链码的查询（query）；即便是频道的开通（join），也得引用（系统）链码；离开链码就无交易可言了。超级账本的链码大致相当于智慧合约，只是即便最简单的支付也要通过调用链码才能完成。与比特币相比，如果把脚本看成合约，那么也是任何交易都必须经过脚本的执行才能完成，尽管有些脚本其实谈不上“智慧”。有些人之所以有“一切经过智慧合约”的概念，可能就是这样来的。而以太坊，则把简单支付剥离出来，如果是简单的、常规的以太币转账（其实也可以是法币），就可不必通过合约的执行便可完成，相当于抄了近路。其实以太坊网络中的绝大多数支付都是这种简单以太币支付。不过倘若是自己在以太坊平台上发币，使用自定义的Token作为代币，那就又只好通过合约了。我们在后面将看到，超级账本网络中用户合约的执行其实是开销挺大的，因为合约是作为一个独立的进程运行，每次启动一个合约执行都得让操作系统启动一个进程。

读者在前一节中对超级账本的交易已经大约有所了解，这里我们在此基础上再进一步深化对交易过程的了解和认识。

在比特币和以太坊的代码中，我们看到二者都有称为 Transaction 的数据结构（类），那就是“交易”，其实这个数据结构在进入块链之前和之后有着不同的含义。在进入块链之前是交易请求，如果进一步细分还可以分成未执行交易请求和已执行交易请求。而进入块链之后就成了交易记录。在超级账本中就按意义和作用细分出来了，刚发出的交易请求称为 Proposal，意为关于交易的提案，就像项目申请也叫 Proposal 一样。其数据结构定义是：

```
// A Proposal is sent to an endorser for endorsement.   The proposal contains:
```

```
// 1. A header which should be unmarshaled to a Header message. Note that Header is both the header of a Proposal
//    and of a Transaction, in that i) both headers should be unmarshaled to this message; and ii) it is used to compute
//    cryptographic hashes and signatures. The header has fields common to all proposals/transactions. In addition it
//    has a type field for additional customization. An example of this is the ChaincodeHeaderExtension message
//    used to extend the Header for type CHAINCODE.
// 2. A payload whose type depends on the header's type field.
// 3. An extension whose type depends on the header's type field.
//
// Let us see an example. For type CHAINCODE (see the Header message), we have the following:
// 1. The header is a Header message whose extensions field is a ChaincodeHeaderExtension message.
// 2. The payload is a ChaincodeProposalPayload message.
// 3. The extension is a ChaincodeAction that might be used to ask the endorsers to endorse a specific
//    ChaincodeAction, thus emulating the submitting peer model.

type Proposal struct {}
] Header []byte    `protobuf:"bytes,1,opt,name=header,proto3" json:"header,omitempty"`
] Payload []byte    `protobuf:"bytes,2,opt,name=payload,proto3" json:"payload,omitempty"`
        // Optional extensions to the proposal. Its content depends on the Header's type field.
        // For the type CHAINCODE, it might be the bytes of a ChaincodeAction message.
] Extension []byte `protobuf:"bytes,3,opt,name=extension,proto3" json:"extension,omitempty"`
```

源码中在此类型定义之前有较大篇幅的注释，这里予以保留以便读者细读，其大致的意思已在前一节中写入摘要的中文注释中了。

不过这是存在于内存中时的结构定义，在网络中发送时的消息则另有格式定义：

```
message Proposal {}
] bytes header = 1;       // The header of the proposal. It is the bytes of the Header
] bytes payload = 2;      // The payload of the proposal as defined by the type in the proposal header.
] bytes extension = 3;    // Optional extensions to the proposal. Its content depends on the Header's type field.
                          // For the type CHAINCODE, it might be the bytes of a ChaincodeAction message.
```

注意这个关于消息格式的定义是在文件 protos/peer/proposal.proto 中，这是供 ProtoBuf 而不是 Go 语言的编译器编译的。Protobuf 的作用相当于网络通信七层模型中的表现层和会话层，它也有自己的描述语言，可由编译器编译成别的编程语言。在 Go 语言中是字段/变量名在前而类型在后，但是在 ProtoBuf 的语言中却仍是类型在前，字段/变量名在后。这里的意思是：消息中的第一个字段是 header，这是个 bytes，即[]byte；第二个字段是 payload，也是个[]byte；余类推。

节点向超级账本网络提交交易请求时，实际提交的是“提案”Proposal。不过用户只需在命令行中提供相关的要求和参数就行了，Fabric 源码中对于 invoke 和 queue 命令行有个处理函数 chaincodeInvokeOrQuery()帮助用户创建并提交 Proposal，并返回结果。

超级账本的命令行界面上提供了一些命令，其中有四个是关键性的：install，instantiate，invoke 和 query。其中 install 和 instantiate 用于链码的部署，invoke 和 query 则用于对链码的执行和查询。我们在这里暂不关心链码的部署，而集中关注 invoke 和 query。

前面说过，超级账本网络中所有的交易活动都得通过链码，对交易提案的评审和背书，即 Endorse，也得经过链码的执行。超级账本网络中的链码有两种：一种是系统链码，这是由每个节点上的 Fabric 系统提供的，性质上类似于操作系统提供的系统调用；另一种是应用链码，或者说用户链码，这是由用户定义和提供的。用来为交易提案提供（评审）背书的是系统链码 ESCC，即“Endorsement System Chain Code”的缩写。而用来执行查询的则是系统链码 QSCC，那是“Query System Chain Code”的缩写。就 invoke 而言，对于具体目标链码的引用包含在背书之中，因为人家得要执行你所要求的链码，没有问题才能为你背书，这得要通过 ESCC 才能完成。而 query，则直接通过 QSCC 就可完成。Fabric 源码中这两条命令经简单的准备和处理之后就由这个统一的函数 chaincodeInvokeOrQuery()加以执行，我们就从这里开始。

```
func chaincodeInvokeOrQuery(cmd *cobra.Command, invoke bool, cf *ChaincodeCmdFactory)
                                                        (err error)   //返回出错信息
> spec, err := getChaincodeSpec(cmd)   //从命令行中提取信息创建一个 ChaincodeSpec 数据结构
> if err != nil {return err}   //如果命令行中没有提供足够信息就出错返回
> txID := ""                  //call with empty txid to ensure production code generates a txid.
> proposalResp, err := ChaincodeInvokeOrQuery(spec, channelID, txID, invoke,
          cf.Signer, cf.Certificate, cf.EndorserClients, cf.DeliverClients, cf.BroadcastClient)
                  //注意函数同名但首字符大小写不同，见后。
                  // channelID 是定义于 package chaincode 中的一个全局量，类型为 string。
                  //这里的 cf 是个 ChaincodeCmdFactory 结构，
                  //该函数返回评审回复 proposalResp 和出错信息 err。
> if err != nil {return fmt.Errorf("%s - %v", err, proposalResp)}
> if invoke {   //如果目的是执行用户链码：
>+ logger.Debugf("ESCC invoke result: %v", proposalResp)     //ESCC是用来提供背书的系统链码
>+ pRespPayload, err := putils.GetProposalResponsePayload(proposalResp.Payload)   //提取回复中的载荷
>+ if err != nil { return errors.WithMessage(err, "error while unmarshaling proposal response payload") }
>+ ca, err := putils.GetChaincodeAction(pRespPayload.Extension)
      //ca是从ProposalResponsePayload.Extension中解码出来的ChaincodeAction结构，在这里仅用于Log。
>+ if err != nil { return errors.WithMessage(err, "error while unmarshaling chaincode action") }
>+ if proposalResp.Endorsement == nil {
>++ return errors.Errorf("endorsement failure during invoke. response: %v", proposalResp.Response)
```

```
>+ }
>+ logger.Infof("Chaincode invoke successful. result: %v", ca.Response)
>+ }    // end if invoke
> else {    //只是查询：
>+ if proposalResp == nil { return errors.New("error during query: received nil proposal response") }
>+ if proposalResp.Endorsement == nil {
>++ return errors.Errorf("endorsement failure during query. response: %v", proposalResp.Response)
>+ }
>+ if chaincodeQueryRaw && chaincodeQueryHex {
>++ return fmt.Errorf("options --raw (-r) and --hex (-x) are not compatible")
>+ }
>+ if chaincodeQueryRaw {    //以文字形式显示：
>++ fmt.Println(proposalResp.Response.Payload)    //显示查询的文字结果
>++ return nil
>+ }
>+ if chaincodeQueryHex {    //以十六进制数字形式显示：
>++ fmt.Printf("%x\n", proposalResp.Response.Payload)
>++ return nil
>+ }
>+ fmt.Println(string(proposalResp.Response.Payload))
> }    //end if invoke else
> return nil
```

这个函数返回变量err的值，其类型为error。调用参数cmd不言自明。不过cmd的类型为cobra.Command，说明这可以是通过RPC即远程过程调用发过来的，事实上超级账本网络确实就是通过gRPC实现节点间的交互。参数invoke为真表示这是在执行invoke命令，为假表示执行query命令。最后一个参数cf是个指针，指向一个ChaincodeCmdFactory结构。这个结构的类型定义是：

```
type ChaincodeCmdFactory struct {}
] EndorserClients []pb.EndorserClient    //每个 EndorserClient 对应着一个评审节点，扮演着联系人的角色。
        //EndorserClient 是个界面，该界面提供 ProcessProposal()函数，由 endorserClient 加以实现。
        //实现了这个界面的是 endorserClient。里面只有一个成分 cc，是个 grpc.ClientConn 指针。
] DeliverClients        []api.PeerDeliverClient        //与EndorserClient成对，用于与评审节点的事件信息交互
] Certificate           tls.Certificate
] Signer        msp.SigningIdentity        //签名者身份信息，来自 MSP
] BroadcastClient common.BroadcastClient        //也是个界面，提供 Send()函数用于向编排节点提交 Envelope
```

这里的EndorserClient是个界面，定义于源文件peer.pb.go，属于package peer；但是在通过import导入这个package时却将其重命名为pb：

```
import (
    pb "github.com/hyperledger/fabric/protos/peer"
)
```

之所以如此，是因为Fabric的代码中名为peer的package不止一个，如果要引用就得每次都提供全路径github.com/hyperledger/fabric/protos/peer，那就太长了。

数据结构ChaincodeCmdFactory给出提交Proposal所需的关键信息：这个交易请求即Proposal应该通过哪几个EndorserClient向哪几个评审者提交，由谁签名，评审结果回来之后由谁向编排节点提交Envelope。显然，这是在调用chaincodeInvokeOrQuery()之前准备好了的。具体的节点上应该有相应的信息或配置，详见本章后面对InitCmdFactory()的说明。

除此之外，程序一开始就调用getChaincodeSpec()，从命令行中提取信息创建一个ChaincodeSpec数据结构。顾名思义，这就是对于目标链码的说明，当然十分重要：

```
// Carries the chaincode specification. This is the actual metadata required for defining a chaincode.
type ChaincodeSpec struct {}
] Type ChaincodeSpec_Type      //目标链码的类型，其实是指所用语言，如 GOLANG、NODE、JAVA 等。
] ChaincodeId *ChaincodeID        //目标链码的 ID（相当于地址）
] Input *ChaincodeInput    `protobuf:"bytes,3,opt,name=input" json:"input,omitempty"` //对链码执行的输入数据
] Timeout    int32    `protobuf:"varint,4,opt,name=timeout" json:"timeout,omitempty"`    //对链码执行的时间限制
```

这里的第一个字段Type说明目标链码的类型，目前有5种，即：UNDEFINED、GOLANG、NODE、CAR和JAVA。其中ChaincodeSpec_GOLANG表示目标链码为Go语言程序，当然ChaincodeSpec_JAVA就表示Java程序。原则上，超级账本的合约可以是任何语言的程序，合约程序借助Docker的支持在操作系统平台上执行，超级账本不像比特币和以太坊那样有自己的虚拟机和指令系统。但是为什么要关注所用语言呢？试想，如果是Java程序就得启动Java虚拟机来执行。

当然，真要搞清ChaincodeSpec的创建，还得看getChaincodeSpec()的代码摘要。但是这个函数中首先就要调用一个函数checkChaincodeCmdParams()，所以我们就先看后者的摘要：

```
[chaincodeInvokeOrQuery() > getChaincodeSpec() > checkChaincodeCmdParams()]

func checkChaincodeCmdParams(cmd *cobra.Command) error
> if chaincodeName == common.UndefinedParamValue {   // 常数 UndefinedParamValue 定义为空白“”
>+ return fmt.Errorf("Must supply value for %s name parameter.", chainFuncName)
> }    //we need chaincode name for everything, including deploy，链码名称是非要不可的。
```

```
> if cmd.Name() == instantiateCmdName || cmd.Name() == installCmdName ||
    cmd.Name() == upgradeCmdName || cmd.Name() == packageCmdName {
>+ if chaincodeVersion == common.UndefinedParamValue {
>++ return fmt.Errorf("Chaincode version is not provided for %s", cmd.Name())
>+ }
>+ if escc != common.UndefinedParamValue {   //escc 是 package endorser 中的一个字符串
>++ logger.Infof("Using escc %s", escc)             //如果这个字符串已有设置，就加以沿用。
>+ } else {
>++ escc = "escc"     // Using default escc，如字符串 escc 未经设置，就默认为“escc”。
>+ }   //所以，将什么链码用作概念上的 ESCC，其实是可以设置的，但是默认为系统链码 escc。
>+ if vscc != common.UndefinedParamValue {   // vscc 是 package endorser 中的一个字符串
>++ logger.Infof("Using vscc %s", vscc)            //如果这个字符串已有设置，就加以沿用。
>+ } else {
>++ logger.Info("Using default vscc")
>++ vscc = "vscc"     // Using default vscc，如字符串 vscc 未经设置，就默认为“vscc”。
>+ }   //所以，将什么链码用作概念上的 VSCC，也是可以设置的，但是默认为系统链码 vscc。
> …
> }   //若为 instantiate、install、upgrade 或 package 命令，则还必须提供链码的版本号。

  // 下面的代码太繁琐，我们就不看了。但是注意除 install 和 package 之外的命令中，
  // 只要带有参数，即字符串 chaincodeCtorJSON 非空白，就必须有“Args:”或/和“Function:”输入项。
  // 否则就出错返回。
> return nil
```

这里一来是确定了概念上的ESCC和VSCC实际用的是什么链码，二来就是检查命令行参数是否合规，只要不是install或package命令，要么就是没有输入参数，即字符串chaincodeCtorJSON为空白，要么就必须有“Args:”或/和“Function:”输入项。

经过这些操作和检查后，在getChaincodeSpec()中就可以进行后续的处理，构建本次交易的ChaincodeSpec了。顾名思义，ChaincodeSpec是关于目标链码的详细说明：

[chaincodeInvokeOrQuery() > getChaincodeSpec()]

```
func getChaincodeSpec(cmd *cobra.Command) (*pb.ChaincodeSpec, error)
                                              //get chaincode spec from the cli cmd pramameters
> spec := &pb.ChaincodeSpec{}     //先创建一个空白的 ChaincodeSpec
> if err := checkChaincodeCmdParams(cmd); err != nil {return spec, err}
     //检查命令行参数，不合规（特别是缺了“Args:”或/和“Function:”参数项）就返回空白 spec。
```

```
> input := &pb.ChaincodeInput{}
> err := json.Unmarshal([]byte(chaincodeCtorJSON), &input);   //从 chaincodeCtorJSON 中解码出 input
> chaincodeLang = strings.ToUpper(chaincodeLang)
> chaincodeID = &pb.ChaincodeID{Path: chaincodePath, Name: chaincodeName, Version: chaincodeVersion}
                                                    //一个 ChaincodeID 包含 Path、Name、Version 三个成分
> spec = &pb.ChaincodeSpec{
        Type: pb.ChaincodeSpec_Type(pb.ChaincodeSpec_Type_value[chaincodeLang]),
        ChaincodeId: chaincodeID, Input: input,}   //构建有效的 ChaincodeSpec
> return spec, nil
```

有了ChaincodeSpec，本次交易的目标就清晰了。特别是里面的ChaincodeId，就包含着目标链码的Path、Name、Version，而ChaincodeCmdFactory则为交易提案的提交和执行提供了手段和所需的信息。

下面就是对ChaincodeInvokeOrQuery()的调用了，这就是交易提案即Proposal的提交和执行（对链码的查询也是对交易提案的执行）。我们在前面已经看过Proposal的数据结构，里面有三个成分，即Header、Payload和Extension，这三个成分都是字节数组，即[]byte。

函数ChaincodeInvokeOrQuery()返回一个ProposalResponse结构指针，指向由评审节点即Endorser发回的评审回复，即ProposalResponse结构：

```
// A ProposalResponse is returned from an endorser to the proposal submitter. The idea is that this message contains //
the endorser's response to the request of a client to perform an action over a chaincode (or more generically on the //
ledger); the response might be success/error (conveyed in the Response field) together with a description of the
// action and a signature over it by that endorser.   If a sufficient number of distinct endorsers agree on the same
// action and produce signature to that effect, a transaction can be generated and sent for ordering.

type ProposalResponse struct {}          // Version indicates message protocol version
] Version int32   `protobuf:"varint,1,opt,name=version" json:"version,omitempty"`
] Timestamp *google_protobuf1.Timestamp
                         // Timestamp is the time that the message was created as defined by the sender.
] Response *Response        // A response message indicating whether the endorsement of the action was successful
] Payload []byte        // The payload of response. It is the bytes of ProposalResponsePayload
] Endorsement *Endorsement                    // The endorsement of the proposal,
                                              // basically the endorser's signature over the payload
```

实际从评审节点那里发回的是一个Protobuf的ProposalResponse消息，这个数据结构是从消息中恢复出来的，以后我们就不再关心Protobuf这一层了。

这里先把chaincodeInvokeOrQuery()中对评审回复ProposalResponse的处理简单说一下。不管成功还是失败，首先通过GetProposalResponsePayload()从ProposalResponse中取出其载荷Payload，再通过GetChaincodeAction()从Payload中解码提取ChaincodeAction。

```
type ChaincodeAction struct {}
] Results    []byte `protobuf:"bytes,1,opt,name=results,proto3" …`      //执行链码所产生的读集合和写集合
] Events    []byte `protobuf:"bytes,2,opt,name=events,proto3" json:"events,omitempty"` //执行链码所产生的事件
] Response    *Response `protobuf:"bytes,3,opt,name=response" json:"response,omitempty"`   //执行结果
] ChaincodeId    *ChaincodeID `protobuf:"bytes,4,opt,name=chaincode_id,json=chaincodeId", …`   //链码的 ID
```

不过这里只是把解码出来的ChaincodeAction用于日志，因为此时用户只需知道成还是不成，最后总得要在块链中看到自己所发起的交易才最终得到确认。至于查询，则ProposalResp中Response.Payload的内容就是查询结果。

显然，这里的核心在于对ChaincodeInvokeOrQuery()的调用。注意这个函数名与前面那个一样，只存在第一个字母大小写的区别。

[chaincodeInvokeOrQuery() > ChaincodeInvokeOrQuery()]

```
func ChaincodeInvokeOrQuery(spec *pb.ChaincodeSpec, cID string, txID string, invoke bool,
        signer msp.SigningIdentity, certificate tls.Certificate, endorserClients []pb.EndorserClient,
        deliverClients []api.PeerDeliverClient, bc common.BroadcastClient,)    (*pb.ProposalResponse, error)
> // Build the ChaincodeInvocationSpec message
> invocation := &pb.ChaincodeInvocationSpec{ChaincodeSpec: spec}   //这是关于启用目标链码的说明
                                                  //其主体就是 ChaincodeSpec，基本上是同一回事。
> creator, err := signer.Serialize()    //将 SigningIdentity 结构 signer 串行化，签名者就是交易发起者。
> funcName := "invoke"
> if !invoke {funcName = "query"}    //不是"invoke"就是"query"

> // extract the transient field if it exists
> var tMap map[string][]byte    //创建一个 Map，tMap 意为 transient map。
> if transient != "" {   // transient 是要传给链码的应用层附加信息，不被录入 Ledger。
>+ err := json.Unmarshal([]byte(transient), &tMap)   //会变成 ChaincodeProposalPayload.Transient 字段
> }
> prop, txid, err := putils.CreateChaincodeProposalWithTxIDAndTransient(
          pcommon.HeaderType_ENDORSER_TRANSACTION, cID, invocation, creator, txID, tMap)
        //创建一个 Proposal 数据结构，头部类型为 ENDORSER_TRANSACTION。
        //这里的 invocation 就是上面创建的 ChaincodeInvocationSpec，即 cis。
```

```
    //creator是串行化了的交易发起人的身份信息即signer，tMap中是来自选项transient的附加信息。
  == CreateChaincodeProposalWithTxIDAndTransient(typ common.HeaderType, chainID string,
        cis *peer.ChaincodeInvocationSpec, creator []byte, txid string, transientMap map[string][]byte)  //展开：
>> nonce, err := crypto.GetRandomNonce()      // generate a random nonce，nonce值是随机生成的
>> if txid == "" { txid, err := ComputeTxID(nonce, creator) }
                //发起者的身份信息和随机的nonce值合在一起，加以Hash就成为TxID。
>> return CreateChaincodeProposalWithTxIDNonceAndTransient(
                                txid, typ, chainID, cis, nonce, creator, transientMap)
  //至此，Proposal已经创建，但尚未签名。
> signedProp, err := putils.GetSignedProposal(prop, signer)   //以调用参数signer的密钥对Proposal签名
  //分头提请评审：
> var responses []*pb.ProposalResponse
> for _, endorser := range endorserClients {   //每个endorserClient对应着一个Endorser：
>+ proposalResp, err := endorser.ProcessProposal(context.Background(), signedProp) //对Endorser的RPC调用
      //通过客户端endorserClient将签了名的Proposal发送给评审节点Endorser，请其评审并背书。
      // Proposal是通过背书客户端endorserClient发出的。对方评审并背书后发回proposalResp。
>+ responses = append(responses, proposalResp)   //将各个Endorser发回的结果收集在一起
> }

> // all responses will be checked when the signed transaction is created.
> // for now, just set this so we check the first response's status
> proposalResp := responses[0]
> if invoke {   //invoke才需要，如果只是查询，这次交易就不进入块链，因而无需编排。
>+ if proposalResp != nil {
>++ if proposalResp.Response.Status >= shim.ERRORTHRESHOLD {return proposalResp, nil}   //出错返回
    //评审通过了，把材料装订在一起，创建一个Envelope，这是通过了评审的交易请求：
>++ // assemble a signed transaction (it's an Envelope message)
>++ env, err := putils.CreateSignedTx(prop, signer, responses...)   //创建名为env的Envelope

>++ var dg *deliverGroup
>++ var ctx context.Context
>++ if waitForEvent {   //来源于命令行选项"--waitForEvent"
>+++ dg = newDeliverGroup(deliverClients, peerAddresses, certificate, channelID, txid)   //展开如下：
>+++> clients := make([]*deliverClient, len(deliverClients))     // deliverClients均系调用参数，见前。
>+++> for i, client := range deliverClients {   //对于调用参数deliverClients中的每一项：
>+++>+ dc := &deliverClient{Client: client, Address: peerAddresses[i], }   //数组peerAddresses来自invokeCmd
>+++>+ clients[i] = dc
>+++> }
```

```
>+++> dg := &deliverGroup{Clients: clients, Certificate: certificate, ChannelID: channelID, TxID: txid, }
>+++> return dg
>+++ err := dg.Connect(ctx)    //连接到各个 Endorse 节点的 Deliver 服务，顺便开展区块的同步。
>++ }    //end if waitForEvent

>++ // send the envelope for ordering
>++ err = bc.Send(env);    //将 Envelope 通过 BroadcastClient 发送给编排节点 Orderer，请求编排发布。
>++ if dg != nil && ctx != nil {       // wait for event that contains the txid from all peers
>+++ err = dg.Wait(ctx)    //等待从 deliverGroup 中所列的那些 Peer 节点得到 Deliver 服务的回应
>+++ if err != nil {return nil, err}
>++ }    //end if dg != nil && ctx != nil
>+ }    //end if proposalResp != nil
> }    //end if invoke
> return proposalResp, nil    //返回评审回复 proposalResp
```

ChaincodeInvokeOrQuery()返回的是来自评审节点的回复proposalResp，但是这中间要经历许多的处理和活动。

首先要在ChaincodeSpec的基础上添加更多的信息，创建一个ChaincodeInvocationSpec。然后结合一些别的信息组装成一个Proposal数据结构。所谓Proposal，是关于一次交易的申请，对此总得要有个TxID。在Fabric中，这是把交易发起者的身份信息与一个随机生成的nonce值连在一起加以Hash而生成的。

对 CreateChaincodeProposalWithTransient()的调用已经就地展开，有了 TxID 之后，下面就是由 CreateChaincodeProposalWithTxIDNonceAndTransient()最后创建 Proposal，这个函数我们就不看了。

程序从 CreateChaincodeProposalWithTransient()返回时 Proposal 已经创建，但尚未签名。于是通过 CreateSignedProposal()生成签了名的交易请求 SignedProposal。

[chaincodeInvokeOrQuery() > ChaincodeInvokeOrQuery() > GetSignedProposal()]

```
func GetSignedProposal(prop *peer.Proposal, signer msp.SigningIdentity) (*peer.SignedProposal, error) {
> // check for nil argument
> if prop == nil || signer == nil {return nil, fmt.Errorf("Nil arguments")}
> propBytes, err := GetBytesProposal(prop)    //将 Proposal 数据结构串行化
> if err != nil {return nil, err}
> signature, err := signer.Sign(propBytes)    //由签名者 signer 对串行化了的 Proposal 签名
> if err != nil {return nil, err}
> return &peer.SignedProposal{ProposalBytes: propBytes, Signature: signature}, nil
                //创建并返回一个 SignedProposal 数据结构，包含 Proposal 本身和签名两个成分。
```

这就又到了签名操作。这里 signer 的类型是 msp.SigningIdentity，就是超级账本的成员管理机制 MSP（Membership Service Provider）管理下的身份信息数据结构，其中就包含着用户的私钥。不过 SigningIdentity 是个界面，实际的数据结构是 signingidentity。

[chaincodeInvokeOrQuery() > ChaincodeInvokeOrQuery() > GetSignedProposal() > Sign()]

```
func (id *signingidentity) Sign(msg []byte) ([]byte, error)
> hashOpt, err := id.getHashOpt(id.msp.cryptoConfig.SignatureHashFamily)   //用于 Hash 计算的选项
> digest, err := id.msp.bccsp.Hash(msg, hashOpt)   //签名对象 msg 实际上是串行化了的 Proposal，先 Hash。
> if len(msg) < 32 {mspIdentityLogger.Debugf("Sign: plaintext: %X \n", msg)}
> else {mspIdentityLogger.Debugf("Sign: plaintext: %X...%X \n", msg[0:16], msg[len(msg)-16:])}
> return id.signer.Sign(rand.Reader, digest, nil)   //这才是对于签名的密码计算
```

注意上面的 signer 到了这里就变成了 id，而 id.signer，即 signingidentity.signer，则是提供密码计算的模块，实际上是 crypto.Signer。实际的签名操作就是由它提供的，而签名所用的私钥就在 signer 中。实际的签名操作都是数学计算，我们就不再深入下去。

签了名之后，就可以将其分头发送给各个评审节点了，程序中通过一个 for 循环针对数组 endorserClients 中的每一个 endorserClient 调用其 ProcessProposal()。每个 endorserClient 对应着一个评审者 Endorser；Endorser 就好像服务器，endorserClient 就是客户端。因为要分头请多个 Endorser 评审，节点上就得有好几个 endorserClient。

[chaincodeInvokeOrQuery() > ChaincodeInvokeOrQuery() > ProcessProposal()]

```
func (c *endorserClient) ProcessProposal(ctx context.Context, in *SignedProposal, opts ...grpc.CallOption)
                                                                        (*ProposalResponse, error)
> out := new(ProposalResponse)   //先创建一个空白的 ProposalResponse
> err := grpc.Invoke(ctx, "/protos.Endorser/ProcessProposal", in, out, opts...)
      //RPC，远程调用 Endorser 节点上的 Endorser.ProcessProposal()，返回的评审回复在 out 中。
> if err != nil {return nil, err}
> return out, nil
```

通过底层的 RPC 机制，发起请求的那个节点上对 endorserClient.ProcessProposal()的调用转化成对方即 Endorser 所在节点上对 Endorser.ProcessProposal()的调用。

如果严格按操作的时间先后，我们现在就应跳到 Endorser 所在的节点上，但是还不如在发起交易的这个节点上多留一会，先把这个节点上 ChaincodeInvokeOrQuery()的流程走完，然后再去看 Endorser 节点上的流程，因为那个流程更长更复杂。

假设这边已经完成了程序中的 for 循环，已经把各个 Endorser 发回的 proposalResp 累积

在数组 responses 中。对于查询，本次交易这就结束了，ProposalResponse 的 Payload 中就含有查询所得的信息，进一步的处理即信息的显示就是上一层所关心的事了。

对于链码调用，则还须往下继续执行，因为得要把取得背书的 Proposal 发送给编排节点，请其将此次交易记录到下面要发布的新块中。我们回到上面 ChaincodeInvokeOrQuery()的代码中。先判断评审是否顺利完成，如果回应中的状态码 Status 达到了门槛值 ERRORTHRESHOLD 即 400 就说明有错。注意这里看的只是 responses[0]，即只看了一个回应信息；但这没有关系，因为后面我们会看到，这里采用的是一票否决制，后面还会有一致性检查。下面的操作是通过 CreateSignedTx()将所需的材料装订在一起成为一个 Envelope，再通过 BroadcastClient.Send()发送出去。先看 CreateSignedTx()：

[chaincodeInvokeOrQuery() > ChaincodeInvokeOrQuery() > CreateSignedTx()]

```
func CreateSignedTx(proposal *peer.Proposal, signer msp.SigningIdentity, resps ...*peer.ProposalResponse)
                                                                    (*common.Envelope, error)
                                    //参数 resps 是一串来自不同 Endorser 的 ProposalResponse
> if len(resps) == 0 {return nil, fmt.Errorf("At least one proposal response is necessary")}   //至少一个可以多个
   //先从原始的 Proposal 中提取需要放入 Envelope 的若干要素：
> hdr, err := GetHeader(proposal.Header)   //获取原始交易请求 Proposal 的头部
> pPayl, err := GetChaincodeProposalPayload(proposal.Payload)   //还有交易请求的 Payload
> // check that the signer is the same that is referenced in the header. TODO: maybe worth removing?
> signerBytes, err := signer.Serialize()
> shdr, err := GetSignatureHeader(hdr.SignatureHeader)   //这个 hdr 就来自 proposal.Header，见前。
> if bytes.Compare(signerBytes, shdr.Creator) != 0 {   //二者不同，签名并非出自我的 signer，这不是我的签名。
>+ return nil, fmt.Errorf("The signer needs to be the same as the one referenced in the header")
> }
> // get header extensions so we have the visibility field
> hdrExt, err := GetChaincodeHeaderExtension(hdr)
   //检查不同 Endorser 回应的（结果）一致性：
> // ensure that all actions are bitwise equal and that they are successful
> var a1 []byte
> for n, r := range resps {   //对于 resps 序列中的每一个 ProposalResponse：
>+ if n == 0 {   //在第一轮循环中，即对于 resps[0]：
>++ a1 = r.Payload   //以第一个 ProposalResponse 的 Payload 为基准
>++ if r.Response.Status != 200
      return nil, fmt.Errorf("Proposal response was not successful, error code %d, msg %s", …)
>++ continue
>+ }   //end if n == 0
>+ if bytes.Compare(a1, r.Payload) != 0 { return nil, fmt.Errorf("ProposalResponsePayloads do not match") }
```

```
        //只要有一个 ProposalResponse 的 Payload 不一致就出错返回，一票否决。
> }  //end for n, r := range resps
  //至此已确认所有评审回应中的 Payload 相同，即对 Proposal 得出了相同评审结果，否则已经返回。

> // fill endorsements，把各个 Endorser 的背书收集在一起：
> endorsements := make([]*peer.Endorsement, len(resps))
      //创建一个空白的 Endorsement 数组，大小取决于所得到的 Endorsement 数量。
> for n, r := range resps {
>+ endorsements[n] = r.Endorsement  //把各个 ProposalResponse 中的 Endorsement 收集在这个数组中。
> }

> // create ChaincodeEndorsedAction
> payload = resps[0].Payload  //已经确认一致，只要用其中之一即可。
> cea := &peer.ChaincodeEndorsedAction{ProposalResponsePayload: payload, Endorsements: endorsements}
     //cea 为 ChaincodeEndorsedAction 的缩写，内含两个内容，即所针对的 Proposal 和一串背书。

> // obtain the bytes of the proposal payload that will go to the transaction
> propPayloadBytes, err := GetBytesProposalPayloadForTx(pPayl, hdrExt.PayloadVisibility) //Payload 的串行化
> // serialize the chaincode action payload，cap 是 ChaincodeActionPayload 的缩写：
> cap := &peer.ChaincodeActionPayload{ChaincodeProposalPayload: propPayloadBytes, Action: cea}
> capBytes, err := GetBytesChaincodeActionPayload(cap)  //串行化成为一个 ChaincodeActionPayload 消息。
> // create a transaction，taa 应是 TransActionAction 的缩写，也许叫 txa 更好些
> taa := &peer.TransactionAction{Header: hdr.SignatureHeader, Payload: capBytes}
                                   //将以上所得种种都组装在一个 TransactionAction 消息中
> taas := make([]*peer.TransactionAction, 1)  //然后创建一个 TransactionAction 数组，大小为 1。
> taas[0] = taa                      //将上述 TransactionAction 这个消息填写在这个数组中
> tx := &peer.Transaction{Actions: taas}  //创建一个 Transaction 结构，其 Actions 数组中只有一个 Action。
> txBytes, err := GetBytesTransaction(tx)  //将此 Transaction 对象串行化：
>> bytes, err := proto.Marshal(tx)  //串行化编码
>> return bytes, err
> // create the payload
> payl := &common.Payload{Header: hdr, Data: txBytes}  //以头部加串行化后的 Transaction 为 payload
> paylBytes, err := GetBytesPayload(payl)          //再将此 Payload 对象串行化
> sig, err := signer.Sign(paylBytes)     //对这串行化了的 Payload 进行签名
> // here's the envelope
> return &common.Envelope{Payload: paylBytes, Signature: sig}, nil  //把这二者合在一起，就是 Envelope。
     //总而言之，Envelope 的内容就是一个串行化了的 Transaction 及对此 Transaction 的签名。
     //原始的提案，还有评审/执行的结果和背书，则都在这 Transaction 中。
```

注意这个函数的第三个调用参数 resps，这是复数，后面还有省略号，说明 resp 即评审回复 ProposalResponse 的数量可以不止一个。这是因为理应有多个 Endorser 为一个具体的 Proposal 进行评审和背书，不过这里实行的并非票决制，而是一票否决，一定得要全体一致才行，这里并不采用“拜占庭将军”算法。

数据结构 ChaincodeEndorsedAction 中的 Endorsements 是个指针数组，每个指针指向一个具体的 Endorsement：

```
type ChaincodeEndorsedAction struct {}
] ProposalResponsePayload []byte        //所有背书都针对同一个内容
] Endorsements []*Endorsement           //这是个指针数组，每个指针都指向一个具体的 Endorsement。
```

也就是说，这些背书所针对的是同一个内容，但具体的背书 Endorsement 却可以有多个。

随后，这个 ChaincodeEndorsedAction 被整合进一个 TransactionAction 数据结构，这个数据结构的定义摘要是这样：

```
type TransactionAction struct {}
] Header []byte    //The header of the proposal action, which is the proposal header
] Payload []byte   // The payload of the action. For chaincode, it's the bytes of ChaincodeActionPayload
```

而交易 Transaction，在这里则定义为一组 TransactionAction 数据结构，其唯一的成分 Actions 是个 TransactionAction 指针数组，尽管在上面的代码中实际上只用了 taas[0]这么一个元素，但可以看出设计者的意图是一个 Transaction 可以有多个 TransactionAction，而每个 TransactionAction 实际上是对于一个 Proposal 的背书，那就意味着可以把多个 Proposal 及其背书整合在同一个 Transaction 中：

```
type Transaction struct {}
    // The payload is an array of TransactionAction. An array is necessary to
    // accommodate multiple actions per transaction
] Actions []*TransactionAction `protobuf:"bytes,1,rep,name=actions" json:"actions,omitempty"`
```

而发往编排节点的 Envelope，其内容就是一个 Transaction 结构，加上交易发起者对这 Transaction 结构的签名：

```
// Envelope wraps a Payload with a signature so that the message may be authenticated
type Envelope struct {}
] Payload []byte `protobuf:"bytes,1, …"`        // A marshaled Payload
] Signature []byte `protobuf:"bytes,2, …"`      // A signature by the creator specified in the Payload header
```

Fabric 代码中对这些数据结构的定义显得有点凌乱，又有内存版本又有串行化的版本，许多数据结构中的成分又都叫 Header 和 Payload，编程的人也许觉得方便，但程序的可读性就不那么好了。这里把相关的这些数据结构逐层归纳梳理一下，也许有助读者理解：

```
type Envelope struct {}
] Payload []byte => common.Payload{}    //如将此 Payload 去串行化就是 common.Payload 结构，以=>示之。
]] Header: hdr,
]] Data: txBytes => peer.Transaction{}    //Data 字段的值是程序中的 txBytes，去串行化就是 peer.Transaction{}。
]]] Actions: []*peer.TransactionAction      //peer.Transaction.Actions 是个 TransactionAction 指针数组。
]]]] Header: hdr.SignatureHeader,           //Transaction.Actions.Header 来自程序中的 hdr.SignatureHeader：
]]]]] Creator []byte
]]]]] Nonce []byte
]]]] Payload: capBytes => peer.ChaincodeActionPayload   //Transaction.Actions.Payload 即程序中的 capBytes：
]]]]] ChaincodeProposalPayload: propPayloadBytes
]]]]]] Input []byte
]]]]]] TransientMap map[string][]byte
]]]]]] hdrExt.PayloadVisibilit
]]]]] Action: cea => peer.ChaincodeEndorsedAction
]]]]]] ProposalResponsePayload: resps[0].Payload,
]]]]]] Endorsements: endorsements
] Signature []byte = signer.Sign(paylBytes)   //就是对 Envelope. Payload 的签名
```

换成文字说明就是：

Envelope 的内容是一个串行化了的 Payload 加上交易发起者对此 Payload 的签名，而 Payload 就是一个 Header 加上一个 Transaction。

Transaction 是一组 TransactionAction，可以只有一个，也可以有多个。

每个 TransactionAction，就是一个 Header 和一个串行化的 ChaincodeActionPayload。

ChaincodeActionPayload 的内容是一个串行化的 ChaincodeProposalPayload 和一个 Action。这个 Action 是 ChaincodeEndorsedAction。

ChaincodeEndorsedAction 的内容是 ProposalResponsePayload 和一串 Endorsement。

Endorsement 的内容是背书者的身份信息及其对 ProposalResponsePayload 的签名。这就把整个 ProposalResponsePayload 的内容控制住了。

ProposalResponsePayload 的内容是 Proposal 的 Hash 值 ProposalHash 和一个扩充字段 Extension，其内容因 Proposal 的类型而异。对于链码执行这是个 ChaincodeAction。

ChaincodeAction 中最重要的内容是 Results，这里面有执行链码所产生的读写集合。此外还有所产生的事件 Events；还有 Response；最后还有所执行链码的 ChaincodeId。

回到前面的代码中。CreateSignedTx()的输入数据是 Proposal、ProposalResponse 和签名者的身份信息 SigningIdentity，最后的输出是个 Envelope，整个过程就是从这些输入数据中抽取各种原始信息，加以组装、编码、签名，最后装订成一个 Envelope 的过程。注意 CreateSignedTx()所返回的是个 common.Envelope 指针；这个 common，根据所在源文件前面的 inport 语句，是"github.com/hyperledger/fabric/protos/common"。注意 Fabric 的代码中有不止一个的 package common。

有了 Envelope 以后，ChaincodeInvokeOrQuery()就通过 bc.Send()把它发送给编排节点 Oderer。这里的 bc 是调用 ChaincodeInvokeOrQuery()时传下来的参数，它的类型为 common.BroadcastClient。Fabric 的源码中有两个关于 BroadcastClient 的同名定义，一个是 interface，另一个是 struct，但是后者不在 package common 中，因而 common.BroadcastClient 是个界面，定义于源文件 peer/common/broadcastclient.go：

```
type BroadcastClient interface {}        //Send data to orderer
] Send(env *cb.Envelope) error
] Close() error
```

所以，参数 bc 的类型应该是界面 BroadcastClient。但是界面并不提供具体的实现，哪个结构类型的 Send()函数是对这个函数的实现呢？在 Java 语言中，class 的定义中会明说“implements”什么界面，但是在 Go 语言中没有这个规定，那就只好在同一个源码文件中或同一个 package 中查找。查找的结果是有个 broadcastClient：

```
type broadcastClient struct {
    client ab.AtomicBroadcast_BroadcastClient    //就是 orderer.AtomicBroadcast_BroadcastClient
}
```

其实 Fabric 的源码中至少定义了两个名为 broadcastClient 的结构，一个在 common 这个 package 中，并且也是在源文件 peer/common/broadcastclient.go 中；另一个则在 deliverclient 这个 package 中。所以显然是前者。

这个 broadcastClient 提供一个函数 Send(*common.Envelope)，与界面 BroadcastClient 上所定义的 Send()相符（编译器就是这样寻找匹配的），并且也在同一个源文件中：

```
func (s *broadcastClient) Send(env *cb.Envelope) error                //在 peer/common/broadcastclient.go 中
> if err := s.client.Send(env); err != nil {return errors.WithMessage(err, "could not send")}
> err := s.getAck()
> return err
```

注意参数类型 cb.Envelope，Fabric 的源码中并没有一个叫 cb 的 package，但是在这函数所在源文件前面的 import 部分有这么两行：

```
cb "github.com/hyperledger/fabric/protos/common"
ab "github.com/hyperledger/fabric/protos/orderer"
```

这表示导入"github.com/hyperledger/fabric/protos/common"后称之为 cb，余类推。所以，cb 就是 protos/common，而 ab 就是 protos/orderer。

回到上面 Send()的代码摘要。这个函数就做两件事，先是调用 s.client.Send()即 AtomicBroadcast_BroadcastClient.Send(*cb.Envelope)把 Envelope 发送出去，然后就通过 broadcastClient.getAck()等待接收发回的确认信息。然而这 AtomicBroadcast_BroadcastClient 却又是个界面，该界面的定义在源文件 protos/orderer/ab.pb.go 中，而同一源码文件中又有 atomicBroadcastBroadcastClient 的类型定义及其提供的 Send(*common.Envelope)函数。

```
func (x *atomicBroadcastBroadcastClient) Send(m *common.Envelope) error
> return x.ClientStream.SendMsg(m)
```

所以，这个 Envelope 最终是由 ClientStream.SendMsg()发送出去的，实际的发送涉及编码、压缩、出错重发等，这里就不深入下去了。

把承载着 Envelope 的消息发向编排节点 Orderer 之后，还要等待其发回 Ack 确认：

```
[broadcastClient.Send() > getAck()]
func (s *broadcastClient) getAck() error
> msg, err := s.client.Recv()
> if err != nil {return err}
> if msg.Status != cb.Status_SUCCESS {return errors.Errorf("got unexpected status: %v -- %s", …)}
> return nil
```

发回的 Ack 消息本身并无用处，只是确认对方已经收到而已，再往下就是编排节点 Orderer 的事了。至此，发起交易的这个节点上的流程都已走完，让我们转到 Endorser 节点上。

前面交易发起方的 endorserClient 通过其 ProcessProposal()向 Endorser 节点发出 RPC 请求，调用其 Endorser.ProcessProposal()，现在我们就来看看在 Endorser 那一边干了些什么。

```
func (e *Endorser) ProcessProposal(ctx context.Context, signedProp *pb.SignedProposal)
                                                        (*pb.ProposalResponse, error)
> addr := util.ExtractRemoteAddress(ctx)    //获取对方即请求方的地址，注意现在这是在 Endorser 节点上
```

```
> //0 -- check and validate
> vr, err := e.preProcess(signedProp)   //模拟执行链码之前的处理，主要是合规检查，返回一个 validateResult。
> if err != nil { resp := vr.resp; return resp, err}   //出错，立即返回。
> prop, hdrExt, chainID, txid := vr.prop, vr.hdrExt, vr.chainID, vr.txid
> // obtaining once the tx simulator for this proposal. This will be nil for chainless proposals
  // Also obtain a history query executor for history queries, since tx simulator does not cover history
> var txsim ledger.TxSimulator   //创建一个空白的 TxSimulator
> var historyQueryExecutor ledger.HistoryQueryExecutor   //创建一个空白的 HistoryQueryExecutor
> if acquireTxSimulator(chainID, vr.hdrExt.ChaincodeId) {   //如果 chainID 非空，且目标链码并非 qscc 和 cscc。
>+ if txsim, err = e.s.GetTxSimulator(chainID, txid); err != nil {   //获取该频道的 TxSimulator
>++ return &pb.ProposalResponse{Response: &pb.Response{Status: 500, Message: err.Error()}}, err
>+ }
>+ defer txsim.Done()   //到程序从这个函数返回时才调用 txsim.Done()
>+ if historyQueryExecutor, err = e.s.GetHistoryQueryExecutor(chainID); err != nil {
>++ return &pb.ProposalResponse{Response: &pb.Response{Status: 500, Message: err.Error()}}, err
>+ }
> }   //end if acquireTxSimulator()
> txParams := &ccprovider.TransactionParams{ ChannelID: chainID, TxID: txid, SignedProp: signedProp,
                 Proposal: prop, TXSimulator: txsim, HistoryQueryExecutor: historyQueryExecutor,}

    //this could be a request to a chainless SysCC
    // TODO: if the proposal has an extension, it will be of type ChaincodeAction; if it's present it means
    // that no simulation is to be performed because we're trying to emulate a submitting peer. On the other hand,
    // we need to validate the supplied action before endorsing it.
> //1 -- simulate
> cd, res, simulationResult, ccevent, err :=
        e.SimulateProposal(ctx, chainID, txid, signedProp, prop, hdrExt.ChaincodeId, txsim)   //模拟执行
> if err != nil {return &pb.ProposalResponse{Response: &pb.Response{Status: 500, Message: err.Error()}}, err}
> if res != nil {   //如果链码的执行有信息返回：
>+ if res.Status >= shim.ERROR {   //并且表明链码执行有错：
>++ var ccevent Bytes []byte
>++ if ccevent != nil {
>+++ cceventBytes, err = putils.GetBytesChaincodeEvent(ccevent)
>++ }
>++ pResp, err := putils.CreateProposalResponseFailure(prop.Header, prop.Payload, res,
                 simulationResult, cceventBytes, hdrExt.ChaincodeId, hdrExt.PayloadVisibility)
>++ return pResp, nil
>+ }   // if res.Status >= shim.ERROR
```

```
> }    //end if res != nil
  //至此，或者是链码的执行无输出，或者是链码输出的状态表明正常。

> //2 -- endorse and get a marshalled ProposalResponse message
> var pResp *pb.ProposalResponse
> //TODO till we implement global ESCC, CSCC for system chaincodes
  //chainless proposals (such as CSCC) don't have to be endorsed
> if chainID == "" {   //频道的 chainID 为空：
>+ pResp = &pb.ProposalResponse{Response: res}
> } else {   //频道的 chainID 非空：
>+ pResp, err = e.endorseProposal(ctx, chainID, txid, signedProp, prop, res, simulationResult,
                ccevent, hdrExt.PayloadVisibility, hdrExt.ChaincodeId, txsim, cd)   //背书
>+ if err != nil {return &pb.ProposalResponse{Response: &pb.Response{Status: 500, Message: err.Error()}}, err}
>+ if pResp != nil {
>++ if res.Status >= shim.ERRORTHRESHOLD { return pResp, &chaincodeError{res.Status, res.Message} }
>+ }    //end if pResp != nil
> }    //end if chainID else …
> // Set the proposal response payload – it contains the "return value" from the chaincode invocation
> pResp.Response = res
> return pResp, nil
```

代码中把对于 Proposal 的处理分成 0、1、2 三步，就是合规检查，模拟执行，和背书。第一步是 preProcess()，即模拟执行之前的处理，主要是对所提供信息的完整性和格式之类进行合规检查：

[Endorser.ProcessProposal() > preProcess()]

```
func (e *Endorser) preProcess(signedProp *pb.SignedProposal) (*validateResult, error)
> vr := &validateResult{}   //创建一个空白的 validateResult 数据结构
> // at first, we check whether the message is valid
> prop, hdr, hdrExt, err := validation.ValidateProposalMessage(signedProp)   //对消息成分和格式的检查
> if err != nil {
>+ vr.resp = &pb.ProposalResponse{Response: &pb.Response{Status: 500, Message: err.Error()}}
>+ return vr, err
> }
> chdr, err := putils.UnmarshalChannelHeader(hdr.ChannelHeader)   //去串行化，还原 ChannelHeader。
> if err != nil {   //同上，发回状态码为 500 的 ProposalResponse。}
> shdr, err := putils.GetSignatureHeader(hdr.SignatureHeader)         //去串行化，还原 SignatureHeader。
```

> if err != nil {　//同上，发回状态码为 500 的 ProposalResponse。}

> // block invocations to security-sensitive system chaincodes
> if e.s.**IsSysCCAndNotInvokableExternal**(hdrExt.ChaincodeId.Name) {
　　//有些系统链码只受本节点调用，是不允许外来直接访问的。
>+ err = errors.Errorf("chaincode %s cannot be invoked through a proposal", hdrExt.ChaincodeId.Name)
>+ vr.resp = &pb.ProposalResponse{Response: &pb.Response{Status: 500, Message: err.Error()}}
>+ ***return*** vr, err
> }　//end if e.s.IsSysCCAndNotInvokableExternal()

> chainID := chdr.ChannelId　//获取所在频道即 Channel 的 ID
> // Check for uniqueness of prop.TxID with ledger.
// Notice that ValidateProposalMessage has already verified that TxID is computed properly
> txid := chdr.TxId
> if txid == "" {　//未提供 TxID，无从进行：
>+ err = errors.New("invalid txID. It must be different from the empty string")
>+ vr.resp = &pb.ProposalResponse{Response: &pb.Response{Status: 500, Message: err.Error()}}
>+ ***return*** vr, err
> }
> endorserLogger.Debugf("[%s][%s] processing txid: %s", chainID, shorttxid(txid), txid)
> if chainID != "" {　//如果提供了块链 ID，实质上就是所在频道的 ID：
>+ // here we handle uniqueness check and ACLs for proposals targeting a chain
>+ if _, err = e.s.***GetTransactionByID***(chainID, txid); err == nil {　//txid 已经存在即为出错
>++ return vr, errors.Errorf("duplicate transaction found [%s]. Creator [%x]", txid, shdr.Creator)
>+ }　//根据 chainID 和 txid，确认目标 Tx 的唯一性，如返回 err 为 nil（找到了）即是出错。
>+ // check ACL only for application chaincodes; ACLs for system chaincodes are checked elsewhere
>+ if !e.s.***IsSysCC***(hdrExt.ChaincodeId.Name) {　//不是系统链码，是应用链码：
>++ // check that the proposal complies with the channel's writers
>++ if err = e.s.***CheckACL***(signedProp, chdr, shdr, hdrExt); err != nil {　//无访问权限，出错。
>+++ vr.resp = &pb.ProposalResponse{Response: &pb.Response{Status: 500, Message: err.Error()}}
>+++ return vr, err
>++ }
>+ }　//end if !e.s.IsSysCC()
> }　//end if chainID != ""
> else {　// chainID 为空，未提供块链 ID。
　　// chainless proposals do not/cannot affect ledger and cannot be submitted as transactions
　　// ignore uniqueness checks; also, chainless proposals are not validated using the policies
　　// of the chain since by definition there is no chain; they are validated against the local

```
// MSP of the peer instead by the call to ValidateProposalMessage above
> }
> vr.prop, vr.hdrExt, vr.chainID, vr.txid = prop, hdrExt, chainID, txid
> return vr, nil    //返回 validateResult
```

前面对消息成分是否短缺，格式是否正确的检查，以及对 ChannelHeader 和 SignatureHeader 的去串行解码就不详述了。这里说一下对目标链码的访问权限检验，即 ACL。超级账本中的链码有两种，一种是系统链码即 SysCC，另一种就是普通的用户链码。系统链码是用来提供一些基本操作的，有点像以太坊中的“预编译合约”。但是有些系统链码只受本节点调用，是不允许外来直接访问的。系统链码定义于数组 systemChaincodes 中，具体有下列几个（但是可以添加）：

“cscc” - 用来加入某个频道，c 表示 Channel。

“lscc” - 部署新的链码（用户链码），l 表示“Life Cycle”。

“escc” - 为某个 Proposal 提供背书，e 表示 Endorse。

“vscc” - 检验 Proposal 是否合规，v 表示 Validate。

“qscc” - 用于查询，q 表示 query。

其中名为 escc 和 vscc 的系统链码就是不允许外来直接访问的，如果交易请求中要求执行的链码是这二者之一，那就加以拒绝。注意这里说的是不允许“直接”调用，请求背书的 Proposal 中所要求执行的，是目标链码，例如某个应用链码，而不是 escc；但是 Endorcer 节点在进行评审和背书的过程中会调用 escc，那就是本地调用，而不是外部的直接调用。

排除了不受外来调用的系统链码，并通过 GetTransactionByID()检查目标的唯一性之后，下面就是基于“访问控制名单”即 ACL 的检查了，那就是 CheckACL()。

通过了基于“访问控制名单”的 ACL 检查，还只是完成了对 Proposal 的前期处理，回到 ProcessProposal()的代码中，下一步就是确定是否同意为其背书。怎么确定呢？最好的办法莫过于在本地模拟一下，看所欲执行的链码能否执行成功。为此先得有个 TxSimulator，另外还要有个 HistoryQueryExecutor。

有了这二者之后，就可以模拟执行了，这就是代码中说的步骤 1，即第二步。对 Proposal 的模拟执行是由 SimulateProposal()进行的：

```
[Endorser.ProcessProposal() > SimulateProposal()]

func (e *Endorser) SimulateProposal(txParams *ccprovider.TransactionParams, cid *pb.ChaincodeID)
                        (ccprovider.ChaincodeDefinition, *pb.Response, []byte, *pb.ChaincodeEvent, error)
> cis, err := putils.GetChaincodeInvocationSpec(txParams.Proposal)
                                        //从 Proposal 中提取链码执行说明 ChaincodeInvocationSpec
> var cdLedger ccprovider.ChaincodeDefinition
> var version string
```

```
> if !e.s.IsSysCC(cid.Name) {   //如果目标链码是应用链码。这里 e.s 就是 Endorser.s。
        //Endorser.s 的类型 Support 是界面，IsSysCC()是这个界面上的函数，实际由 SupportImpl 提供。
>+ cdLedger, err = e.s.GetChaincodeDefinition(cid.Name, txParams.TXSimulator)
                        //内部调用系统链码 lscc，以获取目标链码定义。展开如下：
>+> ctxt := ctx
>+> if txsim != nil { ctxt = context.WithValue(ctx, chaincode.TXSimulatorKey, txsim) }
>+> return chaincode.GetChaincodeDefinition(ctxt, txid, signedProp, prop, chainID, chaincodeID)
>+>> version := util.GetSysCCVersion()
>+>> cccid := ccprovider.NewCCContext(chainID, "lscc", version, txid, true, signedProp, prop)
>+>> res, _, err := ExecuteChaincode(ctxt, cccid,
                        [][]byte{[]byte("getccdata"), []byte(chainID), []byte(chaincodeID)})
>+>> cd := &ccprovider.ChaincodeData{}        //先创建一个空白的ChaincodeData结构cd
>+>> err = proto.Unmarshal(res.Payload, cd)   //将执行系统链码lscc的结果去串行解码到cd中
>+>> return cd, nil
            //这一步涉及系统链码的执行，我们在这里就不深入了，后面会讲到系统链码的执行。
>+ version = cdLedger.CCVersion()
>+ err = e.s.CheckInstantiationPolicy(cid.Name, version, cdLedger)
> } else {   //目标链码是系统链码，不需要通过 lscc 获取。
>+ version = util.GetSysCCVersion()
> }

> // ---3. execute the proposal and get simulation results，这个序号 3 源码中就是这样，不知何故。
> var simResult *ledger.TxSimulationResults
> var pubSimResBytes []byte
> var res *pb.Response
> var ccevent *pb.ChaincodeEvent
> res, ccevent, err = e.callChaincode(txParams, version, cis.ChaincodeSpec.Input, cid)
                        //执行链码，参数 cid 是 ChaincodeID，指明了本次交易的目标链码。
                        //链码执行说明 cis 中的 Input 是对于链码的输入数据，由用户提供。
> if txParams.TXSimulator != nil {
>+ simResult, err = txParams.TXSimulator.GetTxSimulationResults();
                        //获取执行链码的结果，返回的是个 TxSimulationResults 指针
>+ if simResult.PvtSimulationResults != nil {   // PvtSimulationResults 是 TxSimulationResults 的一部分
>++ if cid.Name == "lscc" {
>+++ // TODO: remove once we can store collection configuration outside of LSCC
>+++ txParams.TXSimulator.Done()
>+++ return nil, nil, nil, nil, errors.New("Private data is forbidden to be used in instantiate")
>++ }
```

```
>++ pvtDataWithConfig, err := e.AssemblePvtRWSet(simResult.PvtSimulationResults, txParams.TXSimulator)
>++ // To read collection config need to read collection updates before
>++ // releasing the lock, hence txParams.TXSimulator.Done()    moved down here
>++ txParams.TXSimulator.Done()

>++ if err != nil {return nil, nil, nil, nil, errors.WithMessage(err, "failed to obtain collections config")}
>++ endorsedAt, err := e.s.GetLedgerHeight(txParams.ChannelID)
>++ pvtDataWithConfig.EndorsedAt = endorsedAt
>++ err := e.distributePrivateData(txParams.ChannelID, txParams.TxID, pvtDataWithConfig, endorsedAt);
>++> return service.GetGossipService().DistributePrivateData(channel, txID, privateData, blkHt)
      == (g *gossipServiceImpl) DistributePrivateData(chainID string,
                                   txID string, privData *rwset.TxPvtReadWriteSet, blkHt uint64)   //展开：
>++>> handler, exists := g.privateHandlers[chainID]
>++>> err := handler.distributor.Distribute(txID, privData, blkHt)   //以 Gossip 方式散布
>++>> err := handler.coordinator.StorePvtData(txID, privData, blkHt)
>++>> return nil
>+ }    //end if simResult.PvtSimulationResults != nil
>+ txParams.TXSimulator.Done()
>+ pubSimResBytes, err = simResult.GetPubSimulationBytes();     //另一部分是 PubSimulationResults
> }    //end if txsim != nil
> return cdLedger, res, pubSimResBytes, ccevent, nil
```

模拟执行链码，当然是 Endorse 节点上的重要一环，这里的核心是 callChaincode()。但是在此之前有个 GetChaincodeDefinition()，这是通过执行系统链码 lscc 获取目标链码的数据。为目标链码的模拟执行做好准备。现在我们就来看 callChaincode()的代码摘要：

```
[Endorser.ProcessProposal() > SimulateProposal() > callChaincode()]

func (e *Endorser) callChaincode(txParams *ccprovider.TransactionParams, version string,
              input *pb.ChaincodeInput, cid *pb.ChaincodeID) (*pb.Response, *pb.ChaincodeEvent, error)
> var res *pb.Response
> var ccevent *pb.ChaincodeEvent
> //is this a system chaincode
> res, ccevent, err = e.s.Execute(txParams, txParams.ChannelID, cid.Name, version, txParams.TxID,
                                             txParams.SignedProp, txParams.Proposal, input)
> if err != nil {return nil, nil, err}
> //per doc anything < 400 can be sent as TX， fabric errors will always be >= 400 (ie, unambiguous errors )
> //"lscc" will respond with status 200 or 500 (ie, unambiguous OK or ERROR)
```

```
> if res.Status >= shim.ERRORTHRESHOLD {return res, nil, nil}
  //如果目标链码为 LSCC，这是为链码的部署或升级：
> if cid.Name == "lscc" && len(cis.ChaincodeSpec.Input.Args) >= 3 &&
                    (string(cis.ChaincodeSpec.Input.Args[0]) == "deploy" ||
                         string(cis.ChaincodeSpec.Input.Args[0]) == "upgrade"){
      //链码名是 lscc，输入参数至少有三个，其中第一个是“deploy”或“upgrade”，表示部署或升级链码。
>+ userCDS, err := putils.GetChaincodeDeploymentSpec(cis.ChaincodeSpec.Input.Args[2], e.PlatformRegistry)
                              //第三个输入参数是用户提供的 ChaincodeDeploymentSpec
>+ if err != nil {return nil, nil, err}
>+ var cds *pb.ChaincodeDeploymentSpec    //ChaincodeDeploymentSpec 结构指针 cds
>+ cds, err = e.SanitizeUserCDS(userCDS)    //如果用户提供的 userCDS 合规，就使 cds 指向它
>+ if e.s.IsSysCC(cds.ChaincodeSpec.ChaincodeId.Name) {   //检查所部署链码的名称，不允许部署系统链码。
>++ return nil, nil, errors.Errorf("attempting to deploy a system chaincode %s/%s", …)
>+ }
>+ _, _, err = e.s.ExecuteLegacyInit(txParams, txParams.ChannelID, cds.ChaincodeSpec.ChaincodeId.Name,
        cds.ChaincodeSpec.ChaincodeId.Version, txParams.TxID, txParams.SignedProp, txParams.Proposal, cds)
          //比之前面的 Execute()调用，这里的目的是部署 ChaincodeDeploymentSpec 结构中所述的链码。
          //第三个参数为 cds.ChaincodeSpec.ChaincodeId.Name，这是部署目标的链码名称。
          //最后的参数 cds 是个 ChaincodeDeploymentSpec 结构指针。展开如下：
    == (s *SupportImpl) ExecuteLegacyInit(txParams *ccprovider.TransactionParams,
              cid, name, version, txid string,
              signedProp *pb.SignedProposal, prop *pb.Proposal, cds *pb.ChaincodeDeploymentSpec)
>+> cccid := &ccprovider.CCContext{Name: name, Version: version,}
>+> return s.ChaincodeSupport.ExecuteLegacyInit(txParams, cccid, cds)    //cds 为链码部署说明
     == (cs *ChaincodeSupport) ExecuteLegacyInit(txParams *ccprovider.TransactionParams,
                          cccid *ccprovider.CCContext, spec *pb.ChaincodeDeploymentSpec)
>+>> ccci := ccprovider.DeploymentSpecToChaincodeContainerInfo(spec)    //ChainCode Container Info
>+>> ccci.Version = cccid.Version
>+>> err := cs.LaunchInit(ccci)
>+>> cname := ccci.Name + ":" + ccci.Version    //链码名:版本号，这里的链码名是“lscc”。
>+>> h := cs.HandlerRegistry.Handler(cname)    //链码名+版本号唯一确定了所用的 Handler
>+>> resp, err := cs.execute(pb.ChaincodeMessage_INIT, txParams, cccid, spec.GetChaincodeSpec().Input, h)
                  //注意这里的这个参数是 ChaincodeMessage_INIT，后面还会讲这个。
>+>> return processChaincodeExecutionResult(txParams.TxID, cccid.Name, resp, err)
>+ if err != nil {return nil, nil, err}
> }   //end if cid.Name == "lscc" && …
> //----- END -------
> return res, ccevent, err
```

这个函数中先调用 SupportImpl.Execute()，这是一般的链码执行。不管目标链码是什么，这个 Execute()是一定会进去一下的。

但是对于系统链码 LSCC 则有特殊的处理，这是通过 ExecuteLegacyInit()进行的；那是专为应用链码的部署而设，应用链码由系统链码 lscc 部署。所以这是放在一个 if 语句中，第一个条件就是目标链码为 lscc。所以只有当目标链码为 lscc 并且所要求的操作为 deploy 或 upgrade 时才会在这里进入下面这块程序。对于链码的部署，得要有个链码部署说明，即 ChaincodeDeploymentSpec，这是由用户提供的。

我们看 SupportImpl.Execute()的代码摘要：

```
[Endorser.ProcessProposal() > SimulateProposal() > callChaincode() > Execute()]

// Execute a proposal and return the chaincode response
func (s *SupportImpl) Execute(txParams *ccprovider.TransactionParams, cid, name, version, txid string,
                signedProp *pb.SignedProposal, prop *pb.Proposal, input *pb.ChaincodeInput)
                                                    (*pb.Response, *pb.ChaincodeEvent, error)
> cccid := &ccprovider.CCContext{Name: name, Version: version, }
    // decorate the chaincode input
> decorators := library.InitRegistry(library.Config{}).Lookup(library.Decoration).([]decoration.Decorator)
      //对于字符串形式的输入数据，可能有些修改替换的规则，比方说也许要把“\”改成“/”。
> input.Decorations = make(map[string][]byte)
> input = decoration.Apply(prop, input, decorators...)   //应用这些规则
> txParams.ProposalDecorations = input.Decorations
> return s.ChaincodeSupport.Execute(txParams, cccid, input)   //交付执行，展开如下：
   == (cs *ChaincodeSupport) Execute(txParams *ccprovider.TransactionParams,
                                    cccid *ccprovider.CCContext, input *pb.ChaincodeInput)
>> resp, err := cs.Invoke(txParams, cccid, input)   //见后，返回的 resp 是个 pb.ChaincodeMessage 指针
>> return processChaincodeExecutionResult(txParams.TxID, cccid.Name, resp, err)   //展开如下：
   == processChaincodeExecutionResult(txid, ccName string, resp *pb.ChaincodeMessage, err error)
>>> if resp.ChaincodeEvent != nil {   //如果执行过程中发生了某种事件：
>>>+resp.ChaincodeEvent.ChaincodeId = ccName
>>>+resp.ChaincodeEvent.TxId = txid
>>> }
>>> switch resp.Type {
>>>   case pb.ChaincodeMessage_COMPLETED:   //正常结束：
>>>+res := &pb.Response{}
>>>+err := proto.Unmarshal(resp.Payload, res)   //解码ChaincodeMessage中的Payload，写入Response。
>>>+return res, resp.ChaincodeEvent, nil         //返回Response和ChaincodeEvent，出错信息为nil。
>>> case pb.ChaincodeMessage_ERROR:   //如果出错，则返回的Response为nil。
```

```
>>>+ return nil, resp.ChaincodeEvent, errors.Errorf("transaction returned with failure: %s", resp.Payload)
>>> default:    return nil, nil, errors.Errorf("unexpected response type %d for transaction %s", resp.Type, txid)
>>> }
```

显然，实际的链码执行是由 ChaincodeSupport.Execute()进行的，SupportImpl.Execute()只是转了一下手，对输入数据作些前期准备。而实际的链码执行，则关键在于 ChaincodeSupport.Invoke()，在那里会调用 cs.execute()。我把链码的执行放在下一节中专门加以介绍，至于执行完成以后对于结果的处理，即 processChaincodeExecutionResult()，则已在这里展开。

不过这里还要提一下对于系统链码 LSCC 的执行。我们回到上一层的代码中，可以看到：在调用了 SupportImpl.Execute()之后，如果目标链码是 LSCC 则还要调用 ExecuteLegacyInit()。我已将后者就地展开，从中可见最后还是要调用 cs.execute()，即 ChaincodeSupport.execute()。这说明，对于 LSCC 实际上要先后调用 ChaincodeSupport.execute()两次，第一次的链码名是“lscc”，第二次的链码名是所部署链码的名称，并且执行的类别也是 ChaincodeMessage_INIT。这是因为在部署（以及升级）一个链码时得要执行这个链码的初始化。

4.5 链码的执行

前面我们看到，链码的执行是由ChaincodeSupport.Execute()进行的，而实质的操作则在于ChaincodeSupport.Invoke()，我们就从这里开始往下看。注意这仍是在Endorser节点上，在SimulateProposal()的过程中：

[Endorser.ProcessProposal() > SimulateProposal() > callChaincode() > Execute() => Invoke()]

```
func (cs *ChaincodeSupport) Invoke(txParams *ccprovider.TransactionParams, cccid *ccprovider.CCContext,
                                    input *pb.ChaincodeInput) (*pb.ChaincodeMessage, error)
> h, err := cs.Launch(txParams.ChannelID, cccid.Name, cccid.Version, txParams.TXSimulator)
                                                         //对Launch()的调用返回一个Handler
    // TODO add Init exactly once semantics here once new lifecycle is available.
    // Enforced if the target channel is using the new lifecycle
    //    First, the function name of the chaincode to invoke should be checked.  If it is "init", then consider
    // this invocation to be of type pb.ChaincodeMessage_INIT, otherwise consider it to be of type
    // pb.ChaincodeMessage_TRANSACTION,
    //    Secondly, A check should be made whether the chaincode has been inited, then, if true, only allow
    // cctyp pb.ChaincodeMessage_TRANSACTION, otherwise, only allow cctype pb.ChaincodeMessage_INIT,
> cctype := pb.ChaincodeMessage_TRANSACTION
> return cs.execute(cctype, txParams, cccid, input, h)
```

这个函数返回一个ChaincodeMessage，其类型定义为：

```
type ChaincodeMessage struct {}
] Type ChaincodeMessage_Type `protobuf:"varint,1,opt,name=type,proto3, … "`
] Timestamp *timestamp.Timestamp
] Payload []byte
] Txid string
] Proposal *SignedProposal
] ChaincodeEvent *ChaincodeEvent
] ChannelId string
```

显然，这是可以在网络上发送的。

笼统地说，这里所做的就是两件事，首先是执行环境的建立和虚拟机的发动，即Launch()，然后是链码的实际执行，即execute()，注意这不是Execute()。在调用这个execute()的时候需要通过一个消息类型告诉它这是为目标链码的INIT还是TRANSACTION，即执行。我们在这里看到的是ChaincodeMessage_TRANSACTION，但是我们在前面看到部署链码时在执行lscc后还要针对所部署的链码再执行execute()，那时候就是ChaincodeMessage_INIT了。当然，如果是执行的话还得说明要调用它的什么函数，以及作为调用参数的输入数据。

Launch()所做的是准备工作，这是要为链码的执行搭建好环境，准备好一个Handler。

```
[ChaincodeSupport.Invoke() > ChaincodeSupport.Launch()]

func (cs *ChaincodeSupport) Launch(chainID,chaincodeName,chaincodeVersion string, qe ledger.QueryExecutor)
                                                                                    (*Handler, error)
> cname := chaincodeName + ":" + chaincodeVersion
> if h := cs.HandlerRegistry.Handler(cname); h != nil { return h, nil }    //如果直接就有了，那是最好。
> ccci, err := cs.Lifecycle.ChaincodeContainerInfo(chaincodeName, qe)
      //ccci为查询所得的ChaincodeContainerInfo结构，里面有个重要的成分ContainerType就是虚拟机类型。
> err := cs.Launcher.Launch(ccci);     //这是RuntimeLauncher.Launch()
> h := cs.HandlerRegistry.Handler(cname)    //执行了RuntimeLauncher.Launch()之后，现在应该有了。
>> h := r.handlers[cname]
>> return h
> if h == nil { return nil, errors.Wrapf(err, "… could not find handler", chainID, cname) }
> return h, nil
```

每个链码的每个版本，都有一个特定的处理模块Handler，这是调用execute()时所需要的。ChaincodeSupport.Launch()的作用就是从HandlerRegistry的handlers数组中找到目标链码的Handler。如果handlers数组中还没有就要通过RuntimeLauncher.Launch()予以装载并登记。

```
[ChaincodeSupport.Invoke() > ChaincodeSupport.Launch() > RuntimeLauncher.Launch()]

func (r *RuntimeLauncher) Launch(ccci *ccprovider.ChaincodeContainerInfo) error
    //参数 ccci 为一 ChaincodeContainerInfo 结构指针，里面含有关于目标链码“容器”即虚拟机的信息。
> var startFailCh chan error
> var timeoutCh <-chan time.Time
> startTime := time.Now()
> cname := ccci.Name + ":" + ccci.Version
> launchState, started := r.Registry.Launching(cname)    //也许正在发动的过程中
> if !started {    //如果尚未发动：
>+ startFailCh = make(chan error, 1)
>+ timeoutCh = time.NewTimer(r.StartupTimeout).C
>+ codePackage, err := r.getCodePackage(ccci)    //从文件系统中获取目标链码的代码包
>+> if ccci.ContainerType == inproccontroller.ContainerType { return nil, nil }
>+> codePackage, err := r.PackageProvider.GetChaincodeCodePackage(ccci.Name, ccci.Version)
>+> return codePackage, nil
>+ if err != nil {return err}
>+ go func() {}()    //另起一个线程，异步执行 Runtime.Start()
        > if err := r.Runtime.Start(ccci, codePackage); err != nil {
        >+ tartFailCh <- errors.WithMessage(err, "error starting container")
        > }
> }
  //下略
```

获取了目标链码的codePackage之后，就另起一个Go线程，异步执行函数Start()：

```
func (c *ContainerRuntime) Start(ccci *ccprovider.ChaincodeContainerInfo, codePackage []byte) error
                                                        //由一无名的 Go 线程异步加以执行
> cname := ccci.Name + ":" + ccci.Version
> lc, err := c.LaunchConfig(cname, ccci.Type)
> scr := container.StartContainerReq{
            Builder: &container.PlatformBuilder{Type: ccci.Type, Name: ccci.Name, Version: ccci.Version,
                        Path: ccci.Path, CodePackage: codePackage, PlatformRegistry: c.PlatformRegistry, },
            Args: lc.Args, Env: lc.Envs, FilesToUpload: lc.Files,
            CCID: ccintf.CCID{Name: ccci.Name, Version: ccci.Version, },}    //创建一个 StartContainerReq
> err := c.Processor.Process(ccci.ContainerType, scr);    //ccci.ContainerType 说明了“容器”即虚拟机的类型
> return nil
```

ContainerRuntime.Processor的类型为Processor，这是个interface，界面上定义的函数就是Process()。而VMController实现了这个interface，这里实际调用的是VMController.Process()：

```
func (vmc *VMController) Process(vmtype string, req VMCReq) error
> v := vmc.newVM(vmtype)   //创建适用于目标链码的虚拟机，展开如下：
>> v, ok := vmc.vmProviders[typ]   // VMController.vmProviders是个Map
>> return v.NewVM()   //如果v是为用户链码而提供的Provider，则创建DockerVM：
>>> return NewDockerVM(p.PeerID, p.NetworkID, p.BuildMetrics)
>>>> return &DockerVM{PeerID: peerID, NetworkID: networkID,
                        getClientFnc: getDockerClient, BuildMetrics: buildMetrics, }
   //如果v是为系统链码而提供的Registry，则通过NewInprocVM()创建InprocVM
> return req.Do(v)
   == (si StartContainerReq) Do(v VM)
>> return v.Start(si.CCID, si.Args, si.Env, si.FilesToUpload, si.Builder)
```

参数req的类型为VMCReq，这是一个interface，Do()是定义于这个界面的函数。VMController内部有个名叫vmProviders的Map，根据ccci中的目标链码“容器”类型，就可得知所用的是什么VMProvider。VMProvider有两种，一种是Provider，其NewVM()函数通过NewDockerVM()创建DockerVM，即采用Docker的“虚拟机”，适用于用户链码；另一种是Registry，其NewVM()函数通过NewInprocVM()创建InprocVM，即“In Process”的“虚拟机”，适用于系统链码。

实际上Fabric中的这两种“虚拟机”都不是常规意义上的虚拟机，与以太坊和比特币的虚拟机是两码事。所谓DockerVM只是在Docker环境（沙箱）中创建一个进程，而InprocVM则是In Process，其实就是在同一进程中以特定的方式调用软件模块而已。

NewVM()只是创建“虚拟机”的数据结构，关键在于后面的Start()，这个函数启动虚拟机的运行。不过启动虚拟机运行不等于开始执行目标链码，从ChaincodeSupport.Launch()返回到ChaincodeSupport.Invoke()后的execute()才使其开始目标链码的执行。所以我们先看一下这个execute()是怎样触发虚拟机开始执行目标链码的。

```
[ChaincodeSupport.Invoke() > ChaincodeSupport.execute()]

func (cs *ChaincodeSupport) execute(cctyp pb.ChaincodeMessage_Type,
            txParams *ccprovider.TransactionParams, cccid *ccprovider.CCContext,
            input *pb.ChaincodeInput, h *Handler) (*pb.ChaincodeMessage, error)
> input.Decorations = txParams.ProposalDecorations
> ccMsg, err := createCCMessage(cctyp, txParams.ChannelID, txParams.TxID, input)   //创建一个链码消息
   == createCCMessage(messageType pb.ChaincodeMessage_Type,
                                    cid string, txid string, cMsg *pb.ChaincodeInput)
```

```
>> payload, err := proto.Marshal(cMsg)
>> ccmsg := &pb.ChaincodeMessage{Type: messageType, Payload: payload, Txid: txid, ChannelId: cid, }
>> return ccmsg, nil
> ccresp, err := h.Execute(txParams, cccid, ccMsg, cs.ExecuteTimeout)   //将链码消息发送给虚拟机
> return ccresp, nil
```

启动虚拟机开始链码执行所需的触发，简单地说就是向其发送一个链码消息，即ChaincodeMessage。链码消息的类型，即ChaincodeMessage_Type，有很多种，但是在这里只能是ChaincodeMessage_INIT或ChaincodeMessage_TRANSACTION，都是从上面传下来的。当然，消息中还包含了Payload、Txid、ChannelId等信息，而Payload中又包含着各种参数和输入数据，总之是都打包在一起。创建了链码消息之后，就通过Handler.Execute()把它发送给虚拟机：

```
[ChaincodeSupport.Invoke() > ChaincodeSupport.execute() > Handler.Execute()]

func (h *Handler) Execute(txParams *ccprovider.TransactionParams, cccid *ccprovider.CCContext,
                    msg *pb.ChaincodeMessage, timeout time.Duration) (*pb.ChaincodeMessage, error)
> txParams.CollectionStore = h.getCollectionStore(msg.ChannelId)
> txParams.IsInitTransaction = (msg.Type == pb.ChaincodeMessage_INIT)
> txctx, err := h.TXContexts.Create(txParams)   //创建一个 TXContext
> err := h.setChaincodeProposal(txParams.SignedProp, txParams.Proposal, msg);
> h.serialSendAsync(msg)   //将消息 msg 通过后面要讲的 chatStream 发送给虚拟机（链码进程）

> var ccresp *pb.ChaincodeMessage
> select {
> case ccresp = <-txctx.ResponseNotifier:   //从 ResponseNotifier 通道正常收到回应
   // response is sent to user or calling chaincode. ChaincodeMessage_ERRORare typically treated as error.
> case <-time.After(timeout):   //超时未得回应
>+ err = errors.New("timeout expired while executing transaction")
>+ ccName := cccid.Name + ":" + cccid.Version
>+ h.Metrics.ExecuteTimeouts.With("chaincode", ccName,).Add(1)
> }
> return ccresp, err
```

现在就要看虚拟机这一头了。如前所述，因用户链码和系统链码的不同，所创建的虚拟机不同，执行的流程也就不同。

4.5.1 用户链码的执行与 Docker

在超级账本这个系统中，用户链码可以用一般的程序设计语言编写，例如Go，例如Java，然后编译成宿主机（例如x86，例如ARM）上的可执行映像，然后作为独立的进程在操作系统上运行。链码所处理的操作主要是交易，尤其是转账，操作的结果都体现在数据库和文件系统，基本上不需要人机交互。只要把输入数据打包作为链码进程的输入，待其运行结束后从数据库或文件系统取回结果就行。不过链码执行的过程中对数据库的访问一般而言还得回到Endorser这一边，因而还需要与之建立网络连接。至于链码进程的标准输出stdout通道和标准出错信息通道stderr，则一般只是用来显示一些警告和出错信息，倒不是那么重要。这样的方案，看似简便可行，而且也很灵活。然而那样是有危险的。这个危险主要倒还不在于死循环，那可以通过定时器解决（尽管没有以太坊那么漂亮），更大的问题在于病毒木马之类的恶意软件，因为不像以太坊虚拟机那样有自己的指令系统和解释执行的机制。所以就有了Docker的用武之地。

Docker是个开源的第三方软件，其技术基础是Unix/Linux的chroot()和cgroup()系统调用，能为应用软件的运行营造出一个貌似完全真实但实际上却受到严格限制的环境，特别是文件系统，从而把恶意软件的作用及其所造成/遗留的影响限制在一个较小的局部，即文件系统的某个子树中，这样的子树如有必要是可以整体删除的。因而人们也把这样的环境和文件目录称为“沙箱（sandbox）”，而在Docker的控制下运行着应用软件的进程则称为“容器（container）”。不过，要在Docker控制下运行的进程就不能用原先的操作系统命令行启动了，得要由Docker转一下手才行。Docker为此提供了一个Http界面，用户通过这个界面向Docker服务发出运行某个软件的请求，Docker就为其设置好“沙箱”，并启动一个进程，即“容器”，来运行这个软件。所以，超级账本的用户链码都是在由Docker提供的容器中执行。而向Docker发出请求，对运行过程的管理，并通过网络与目标进程交互，连同Docker本身，这一套机制就称为超级账本的Docker“虚拟机”。

执行用户链码的“虚拟机”是DockerVM，其数据结构很简单，我们看它的Start()函数。

```
func (vm *DockerVM) Start(ccid ccintf.CCID, args, env []string,
                        filesToUpload map[string][]byte, builder container.Builder) error
> imageName, err := vm.GetVMNameForDocker(ccid)   //根据链码名获取其映像文件名（链码名加 Hash 值）
> attachStdout := viper.GetBool("vm.docker.attachStdout")   //根据配置确定是否 Log 链码进程的 stdout 输出
> containerName := vm.GetVMName(ccid)   //Docker 对于容器名有些特殊要求，有些字符不允许出现。
>> return vmRegExp.ReplaceAllString(vm.preFormatImageName(ccid), "-")   //将非法字符替换成“-”
> client, err := vm.getClientFnc()   // getClientFnc 是个函数指针，实际调用的是 getDockerClient():
  == getDockerClient()
>> return cutil.NewDockerClient()   //创建一个 Docker 客户端

> vm.stopInternal(client, containerName, 0, false, false)
```

> err = vm.***createContainer***(client, imageName, containerName, args, env, attachStdout)　//创建 Docker 容器：

>> _, err := client.***CreateContainer***(docker.CreateContainerOptions{**Name**: containerID,

Config: &docker.Config{**Cmd**: args, **Image**: imageID, Env: env,

AttachStdout: attachStdout, AttachStderr: attachStdout, },

HostConfig: getDockerHostConfig(),})

>>> ***path*** := "/containers/create?" + queryString(opts)　//这是一个 create 请求

>>> resp, err := c.do("POST", ***path***, …)　//向Docker服务发出创建容器的请求

>> return nil

> if err == docker.ErrNoSuchImage {　//如果是因为找不到映像而出错：

>+ reader, err := builder.Build()

>+ err = vm.***deployImage***(client, ccid, reader)　//那就补上在 Docker 环境中部署程序映像这一步

>+ err = vm.***createContainer***(client, imageName, containerName, args, env, attachStdout)　//然后再试一次

> } else if err != nil { return err }　//如果不是因为找不到映像，那就真的是出错了。

> // stream stdout and stderr to chaincode logger

> if attachStdout {　//如果（系统配置中）要求挂接链码进程的 stdout/stderr 输出：

>+ ***streamOutput***(dockerLogger, client, containerName, containerLogger)

//创建一个线程，与链码进程的 stdout 和 stderr 建立 Pipe 连接，以便将其输出记入运行日志。

> }

> // upload specified files to the container before starting it

> // this can be used for configurations such as TLS key and certs

> if len(filesToUpload) != 0 {　//如果有需要上传（至 Docker 环境中）的文件

>+ // the docker upload API takes a tar file, so we need to first consolidate the file entries to a tar

>+ payload := bytes.NewBuffer(nil)

>+ *gw* := gzip.***NewWriter***(payload)

>+ *tw* := tar.***NewWriter***(*gw*)

>+ for path, fileToUpload := range filesToUpload {

>++ cutil.***WriteBytesToPackage***(path, fileToUpload, *tw*)

>+ }　//end for

>+ // Write the tar file out

>+ err := tw.Close();

>+ gw.Close()

>+ err := client.***UploadToContainer***(containerName,

docker.UploadToContainerOptions{

InputStream: bytes.NewReader(payload.Bytes()), Path: "/", NoOverwriteDirNonDir: false,})

== (c *Client) UploadToContainer(id string, opts UploadToContainerOptions)　//展开如下：

>+> url := fmt.Sprintf("/containers/%s/archive?", id) + queryString(opts)

```
>+> return c.stream("PUT", url, streamOptions{in: opts.InputStream, context: opts.Context, })
> }    //end if len(filesToUpload) != 0
> // start container with HostConfig was deprecated since v1.10 and removed in v1.2
> err = client.StartContainer(containerName, nil)   //启动容器的运行
>> return c.startContainer(id, hostConfig, doOptions{})
> dockerLogger.Debugf("Started container %s", containerName)
> return nil
```

链码的执行是在Docker的框架中作为一个“容器（Container）”进程执行的。

整个过程的第一步是创建一个Docker客户端，与Docker服务端建立连接。第二步是创建容器，即让Docker创建执行目标链码Docker进程及其运行环境。第三步，如果需要的话，是在Docker客户端另创一个线程，将其输入端挂到容器的输出端stdout/stderr上，这只是为了将链码进程的stdout/stderr输出（一些提示/告警信息）写入Log，注意这与链码的运行结果并无关系。第四步是把目标链码执行所需的文件上载到Docker的文件子系统中。第五步才是启动容器的运行，即链码的执行：

```
[DockerVM.Start() > startContainer()]

func (c *Client) startContainer(id string, hostConfig *HostConfig, opts doOptions) error
> path := "/containers/" + id + "/start"   //这是一个 start 请求
> if c.serverAPIVersion == nil { c.checkAPIVersion() }
> if c.serverAPIVersion != nil && c.serverAPIVersion.LessThan(apiVersion124) {
>+ opts.data = hostConfig
>+ opts.forceJSON = true
> }
> resp, err := c.do("POST", path, opts)   //向 Docker 发出启动容器运行的 Http 请求，展开如下：
>> …
>> req, err := http.NewRequest(method, u, params)
>> resp, err := c.HTTPClient.Do(req.WithContext(ctx))
    //注意这个 resp 只是对 start 请求本身的回应，与执行结果无关。
> return nil
```

这样，链码进程，或者说 Docker“容器”中的软件，就开始运行了。如果这是一般的应用，便会“一泻千里”，一直运行到结束，但超级账本的链码软件则不同。凡是以 Go 语言编写的用户链码，都得 import 一个 package，即 github.com/hyperledger/fabric/core/chaincode/shim。用其它语言编写的链码也是类似，得要连接到一个 shim 模块上。以 Fabric 源码中的 example01

为例，其 main()函数就是这样：

```
func main() {
	err := shim.Start(new(example01.SimpleChaincode))
	if err != nil {
		fmt.Printf("Error starting Simple chaincode: %s", err)
	}
}
```

这里真正的链码是example01.SimpleChaincode，但是却要由shim.Start()加以运行，而且这个示例链码的main()函数实质上就只有这么一个语句。事实上，一个链码就相当于一组函数，一个函数库，例如example01就提供了Init()、Invoke()和invoke()这么三个函数，而shim.Start()就相当于链码进程这一边的总控，按Endorser通过其ChaincodeSupport模块发来的命令调用具体的函数。所以shim其实相当于Endorser安插在链码进程这一边的代理。

```
func Start(cc Chaincode) error
> SetupChaincodeLogging()                                  //设置日志的Log级别和格式
> chaincodename := viper.GetString("chaincode.id.name")    //获取自身的名称
> err := factory.InitFactories(factory.GetDefaultOpts())   //从系统配置中获取各种运行参数
> if streamGetter == nil { streamGetter = userChaincodeStreamGetter }
                         //函数指针streamGetter，默认为userChaincodeStreamGetter()。
> stream, err := streamGetter(chaincodename)     //建立与对方即Endorser节点的通信
   == userChaincodeStreamGetter(name string)     //返回所创建的PeerChaincodeStream
> err = chatWithPeer(chaincodename, stream, cc)
> return err
```

显然，前面那些操作只是为chatWithPeer()做准备，整个链码进程（在提供链码函数供调用这个意义上）就好像一个服务进程，chatWithPeer()就是它的主循环。

[shim.Start() > chatWithPeer()]

```
func chatWithPeer(chaincodename string, stream PeerChaincodeStream, cc Chaincode) error
> // Create the shim handler responsible for all control logic
> handler := newChaincodeHandler(stream, cc)
> // Send the ChaincodeID during register.
> chaincodeID := &pb.ChaincodeID{Name: chaincodename}
> payload, err := proto.Marshal(chaincodeID)
> // Register on the stream，向对方登记报到：
```

```
> err = handler.serialSend(&pb.ChaincodeMessage{Type: pb.ChaincodeMessage_REGISTER, Payload: payload});
> // holds return values from gRPC Recv below
> type recvMsg struct {}    //动态定义一个数据结构recvMsg：
  ] msg *pb.ChaincodeMessage
  ] err error
> msgAvail := make(chan *recvMsg, 1)：          //创建一个通道msgAvail
> errc := make(chan error)                     //创建另一个通道errc
> receiveMessage := func() {}                   //动态定义一个函数receiveMessage()
                    > in, err := stream.Recv()
                    > msgAvail <- &recvMsg{in, err}   //注意这个线程没有循环，接收到一个消息后就退出了。
> go receiveMessage()                //创建一个线程，专门接收来自ChaincodeSupport那一边的消息。
> for {  //链码进程的主循环：
>+ select {
>+ case rmsg := <-msgAvail:
>++ switch {
>++ case rmsg.err == io.EOF:
>+++ err = errors.Wrapf(rmsg.err, "received EOF, ending chaincode stream")
>+++ chaincodeLogger.Debugf("%+v", err)
>+++ return err
>++ case rmsg.err != nil:
>+++ err := errors.Wrap(rmsg.err, "receive failed")
>+++ chaincodeLogger.Errorf("Received error from server, ending chaincode stream: %+v", err)
>+++ return err
>++ case rmsg.msg == nil:
>+++ err := errors.New("received nil message, ending chaincode stream")
>+++ chaincodeLogger.Debugf("%+v", err)
>+++ return err
>++ default:  //正常接收到来自Peer，即ChaincodeSupport那一边的消息
>+++ err := handler.handleMessage(rmsg.msg, errc)
>+++ go receiveMessage()  //再创建另一个receiveMessage()线程，原先的那个已经退出。
>++ }   //end switch
>+ case sendErr := <-errc:
>++ if sendErr != nil {
>+++ err := errors.Wrap(sendErr, "error sending")
>+++ return err
>++ }
>+ }   //end select
> }   //end for
```

简而言之，chatWithPeer()就是这样一个循环：从对方即Endorser接收一个链码消息，就通过handleMessage()加以处理并作出反应，就像一个服务进程一样。

```
[shim.Start() > chatWithPeer() > handleMessage()]

// handleMessage message handles loop for shim side of chaincode/peer stream.
func (handler *Handler) handleMessage(msg *pb.ChaincodeMessage, errc chan error) error
> if msg.Type == pb.ChaincodeMessage_KEEPALIVE {    //类似于“心跳”
>+ handler.serialSendAsync(msg, nil) // ignore errors, maybe next KEEPALIVE will work
>+ return nil
> }
> var err error
> switch handler.state {    //根据所处的状态而有不同的处理：
> case ready:
>+ err = handler.handleReady(msg, errc)
> case established:
>+ err = handler.handleEstablished(msg, errc)
> case created:
>+ err = handler.handleCreated(msg, errc)
> default:
>+ err = errors.Errorf("[%s] Chaincode handler cannot handle message (%s) …", msg.Txid, msg.Type, …)
> }
> if err != nil {
>+ payload := []byte(err.Error())
>+ errorMsg := &pb.ChaincodeMessage{
                    Type: pb.ChaincodeMessage_ERROR, Payload: payload, Txid: msg.Txid}
>+ handler.serialSend(errorMsg)
>+ return err
> }
> return nil
```

显然，链码进程这一边是有状态的，从created，到established，再到ready，最后这ready状态才是工作状态，在工作状态接收到的链码消息由handleReady()加以处理。

```
[shim.Start() > chatWithPeer() > handleMessage() > handleReady()]

func (handler *Handler) handleReady(msg *pb.ChaincodeMessage, errc chan error) error
> switch msg.Type {
```

```
> case pb.ChaincodeMessage_RESPONSE:
>+ err := handler.sendChannel(msg);
>+ return nil
> case pb.ChaincodeMessage_ERROR:
>+ err := handler.sendChannel(msg);
>+ return nil    //we don't return error on ERROR
> case pb.ChaincodeMessage_INIT:
>+ handler.handleInit(msg, errc)    // Call the chaincode's Run function to initialize
>+ return nil
> case pb.ChaincodeMessage_TRANSACTION:    // Call the chaincode's Run function to invoke transaction
>+ handler.handleTransaction(msg, errc)
>+ return nil
> }    //end switch msg.Type
> return errors.Errorf("[%s] Chaincode handler cannot handle message (%s) …", msg.Txid, msg.Type, …)
```

我们在前面看到，启动链码运行时通过cs.execute()发给链码进程的消息不是ChaincodeMessage_TRANSACTION就是ChaincodeMessage_INIT。一般的交易都是调用链码中的特定函数，此时发过来的是前者。但是在部署链码的时候第一次调用的是系统链码LSCC，然后再针对所部署的链码发来后者，对刚刚部署的链码进行初始化。此外这里还有ChaincodeMessage_ERROR和ChaincodeMessage_RESPONSE，这都是对于此方发过去的消息的回应。比方说，如果此方要求读取某个账户的状态，对方就会发来载有相应信息的ChaincodeMessage_RESPONSE，但是如果出错就会发来ChaincodeMessage_ERROR。

从性质上说，ChaincodeMessage_INIT与ChaincodeMessage_TRANSACTION其实是一样的，只是前者调用的是链码中的Init()函数，而后者调用的是Invoke()函数，但以目标函数为调用参数。所以我们在这里只要看一下更具一般性的handleTransaction()这个函数就可以了：

```
[shim.Start() > chatWithPeer() > handleMessage() > handleReady() > handleTransaction()]

func (handler *Handler) handleTransaction(msg *pb.ChaincodeMessage, errc chan error)
    // The defer followed by triggering a go routine dance is needed to ensure that the previous state transition
    // is completed before the next one is triggered. The previous state transition is deemed complete only when
    // the beforeInit function is exited. Interesting bug fix!!
> go func() {}()    //另起一线程异步执行：
    > var nextStateMsg *pb.ChaincodeMessage
    > defer func() {}()    //线程退出运行时执行这个函数
            > handler.triggerNextState(nextStateMsg, errc)    //展开如下：
            >> handler.serialSendAsync(msg, errc)
```

```
> errFunc := func(err error, ce *pb.ChaincodeEvent, errStr string, args ...interface{}) {}
        //动态定义一个出错函数errFunc()：
        > if err != nil {   //如果参数err非空就返回一个出错消息：
        >+ payload := []byte(err.Error())
        >+ chaincodeLogger.Errorf(errStr, args...)
        >+ return &pb.ChaincodeMessage{Type: pb.ChaincodeMessage_ERROR,
                Payload: payload, Txid: msg.Txid, ChaincodeEvent: ce, ChannelId: msg.ChannelId}
        > }
        > return nil   //否则，如果参数err为空，就返回nil。
  // Get the function and args from Payload
> input := &pb.ChaincodeInput{}
> unmarshalErr := proto.Unmarshal(msg.Payload, input)   //将链码消息中的Payload解码到input中
> nextStateMsg = errFunc(unmarshalErr, nil, "[%s] Incorrect payload format. Sending %s",
                         shorttxid(msg.Txid), pb.ChaincodeMessage_ERROR.String());
> if nextStateMsg != nil { return }   //前面推迟调用的函数在这里会被调用，把消息发送出去。
> // Call chaincode's Run. Create the ChaincodeStub which the chaincode can use to callback
> stub := new(ChaincodeStub)   //创建一个空白的ChaincodeStub结构
> err := stub.init(handler, msg.ChannelId, msg.Txid, input, msg.Proposal)   //对此结构进行初始化
> nextStateMsg = errFunc(err, stub.chaincodeEvent, "[%s] Transaction execution failed. Sending %s",
                         shorttxid(msg.Txid), pb.ChaincodeMessage_ERROR.String());
> if nextStateMsg != nil { return }   //前面推迟调用的函数在这里会被调用，把消息发送出去。

> res := handler.cc.Invoke(stub)   //调用链码中的Invoke函数，这是链码函数调用的总入口。

> // Endorser will handle error contained in Response.
> resBytes, err := proto.Marshal(&res)
> nextStateMsg = errFunc(err, stub.chaincodeEvent, "[%s] Transaction execution failed. Sending %s",
                         shorttxid(msg.Txid), pb.ChaincodeMessage_ERROR.String());
> if nextStateMsg != nil { return }   //前面推迟调用的函数在这里会被调用，把消息发送出去。
> // Send COMPLETED message to chaincode support and change state
> nextStateMsg = &pb.ChaincodeMessage{Type: pb.ChaincodeMessage_COMPLETED,
    Payload: resBytes, Txid: msg.Txid, ChaincodeEvent: stub.chaincodeEvent, ChannelId: stub.ChannelId}
//注意前面推迟调用的函数在这里会被调用，把消息发送出去。
```

这里所有的操作都是另起一个线程异步进行的，对handleTransaction()立即就会返回。这个线程的核心是对于Invoke()函数的调用，每个链码都要提供一个Invoke函数，这是函数调用的总入口，而具体的函数名和参数则被组装在一个ChaincodeStub结构stub中，由Invoke()加以

解析和调用。我们不妨看一下前面提到的链码示例example01中的这个函数：

```
func (t *SimpleChaincode) Invoke(stub shim.ChaincodeStubInterface) pb.Response {
    function, args := stub.GetFunctionAndParameters()  //这是由ChaincodeStub提供的函数
    if function == "invoke" {  //这个示例只提供一个函数，就是“invoke”：
        return t.invoke(stub, args)
    }
    return shim.Error("Invalid invoke function name. Expecting \"invoke\"")  //本链码无定义的函数名
}
```

每个链码都必须提供一个Invoke()函数，其参数stub为一ChaincodeStub结构。从中提取目标函数名，就可以据以调用链码中的其它函数。注意invoke()不是Invoke()。

从函数的提供和调用看，函数调用的请求方，在这里是Endorser，与链码进程之间就像是一种客户/服务的关系。但是其实链码进程反过来也要求Endorser这一边提供服务。比方说，链码在执行过程中需要访问某些账户，由于链码是在Docker的“沙箱”中运行，或者甚至也许在不同的机器上运行，它是不能直接访问这些账户的，这就需要由Endorser这边的ChaincodeSupport予以代劳。所以链码进程与Endorser之间是互相服务的关系。这样Endorser这一边，也就是一般的Fabric节点上，就也得有个线程类似于chatWithPeer()那样在循环才行。

我们在前面看到，链码进程这一边在shim.Start()中通过userChaincodeStreamGetter()获取与对方即Peer通信的Stream，然后就通过这个Stream与对方会话，即“chat”。

```
[main() > shim.Start() > userChaincodeStreamGetter()]

func userChaincodeStreamGetter(name string) (PeerChaincodeStream, error)
                                                // PeerChaincodeStream 是个 interface
> flag.StringVar(&peerAddress, "peer.address", "", "peer address")  //从命令行中获取 Peer 的地址
> if comm.TLSEnabled() { ... }  //如果启用 TLS 即传输层加密，则还有些相关的处理，此处从略。
> flag.Parse()
> // Establish connection with validating peer
> clientConn, err := newPeerClientConnection()  //建立与 Peer 的 grpc 连接，返回 grpc.ClientConn 指针：
>> return comm.NewClientConnectionWithAddress(peerAddress, true, false, nil, kaOpts)
> chaincodeSupportClient := pb.NewChaincodeSupportClient(clientConn)
    == NewChaincodeSupportClient(cc *grpc.ClientConn)  //创建一个 chaincodeSupportClient 结构：
>> return &chaincodeSupportClient{cc}  //其唯一成分 cc 为一 grpc.ClientConn 指针
> // Establish stream with validating peer，那就是 Endorser。
> back = context.Background()  //返回一个 Context 结构
> stream, err := chaincodeSupportClient.Register(back)  //调用其 Register()函数
    == (c *chaincodeSupportClient) Register(ctx context.Context, opts ...grpc.CallOption)  //展开如下：
```

```
>> stream, err := grpc.NewClientStream(ctx, &_ChaincodeSupport_serviceDesc.Streams[0],
                        c.cc, "/protos.ChaincodeSupport/Register", opts...)   //gRPC 调用
>> x := &chaincodeSupportRegisterClient{stream}   //创建一个 chaincodeSupportRegisterClient 结构，
                                                  //这个结构实现了 PeerChaincodeStream 界面。
>> return x, nil
> return stream, nil
```

首先建立与Peer的连接。这个Peer是谁呢？当然是由peerAddress决定，通常双方就在同一台机器上，但也可以在不同的机器上。重要的是，对方就是发起该链码执行的那个Endorser所在的节点，就是Fabric网络中的一个Peer节点，其程序入口是serve(args []string)，在节点初始化的过程中，serve()会间接调用一个函数registerChaincodeSupport()，在那里通过RegisterChaincodeSupportServer()登记了一项ChaincodeSupport服务：

```
[serve() > startChaincodeServer() > registerChaincodeSupport() > RegisterChaincodeSupportServer()]

func RegisterChaincodeSupportServer(s *grpc.Server, srv ChaincodeSupportServer)
> s.RegisterService(&_ChaincodeSupport_serviceDesc, srv)
```

所登记的具体服务取决于“服务描述块”，就是_ChaincodeSupport_serviceDesc，这个描述块定义的摘要是这样：

```
_ChaincodeSupport_serviceDesc = grpc.ServiceDesc{}
] ServiceName: "protos.ChaincodeSupport",
] HandlerType: (*ChaincodeSupportServer)(nil),
] Methods:       []grpc.MethodDesc{},              //这个gRPC服务并未提供方法函数的远程调用，
] Streams: []grpc.StreamDesc{}                     //而是提供网络通道即Stream。
]] StreamName:    "Register",                      //客户端gRPC调用"/protos.ChaincodeSupport/Register"，
]] Handler: _ChaincodeSupport_Register_Handler,    //服务端就执行这个函数，其结果是Stream的创建。
]] ServerStreams: true,
]] ClientStreams: true,
] Metadata: "peer/chaincode_shim.proto",
```

所以，当Endorser所在的Peer这一边接收到链码进程针对Register的gRPC请求时，就会调用_ChaincodeSupport_Register_Handler()。不过此刻链码进程尚未发出这样的请求。

上面通过newPeerClientConnection()创建的是个gRPC连接，也就是一个Stream，链码进程这一边是客户端chaincodeSupportClient，即chaincodeSupport的客户端，其服务端则是在发起这个具体链码进程的Peer上，也就是Endorser所在的Peer上。一个服务端可以同时有多个客户端。客户端与服务端在这个Stream上通过Send()和Recv()相互通信。

这样，当链码进程在userChaincodeStreamGetter()中向Peer节点发出针对Register的gRPC请求时，Peer节点上会因为调用服务端的Register()函数。

```
func _ChaincodeSupport_Register_Handler(srv interface{}, stream grpc.ServerStream)
> return srv.(ChaincodeSupportServer).Register(&chaincodeSupportRegisterServer{stream})
    == (cs *ChaincodeSupport) Register(stream pb.ChaincodeSupport_RegisterServer)   //逐层展开：
>> return cs.HandleChaincodeStream(stream)
>>> handler := &Handler{Invoker: cs, DefinitionGetter: cs.Lifecycle, Keepalive: cs.Keepalive,
                        Registry: cs.HandlerRegistry, ACLProvider: cs.ACLProvider, … }
>>> return handler.ProcessStream(stream)
```

这个辗转被调用的ProcessStream()，就是与chatWithPeer()遥相呼应，与chatWithPeer()对称的服务循环，前者在链码进程中，后者在Endorser上，或者说在Peer上，二者连外观都是十分接近：

```
[HandleChaincodeStream() > ProcessStream()]

func (h *Handler) ProcessStream(stream ccintf.ChaincodeStream) error
> defer h.deregister()
> h.chatStream = stream
> h.errChan = make(chan error, 1)
> var keepaliveCh <-chan time.Time
> type recvMsg struct {}   //动态定义recvMsg的数据结构
  ] msg *pb.ChaincodeMessage
  ] err error
> msgAvail := make(chan *recvMsg, 1)
> receiveMessage := func() {}   //动态定义函数receiveMessage()
                  > in, err := h.chatStream.Recv()
                  > msgAvail <- &recvMsg{in, err}   //接收到消息就往msgAvail通道送，然后线程退出。
> go receiveMessage()   //另起一个线程，执行receiveMessage()
> for {
>+ select {
>+ case rmsg := <-msgAvail:   //从msgAvail通道收到了消息：
>++ switch {
>++ case rmsg.err == io.EOF:
>+++ chaincodeLogger.Debugf("received EOF, ending chaincode support stream: %s", rmsg.err)
>+++ return rmsg.err
>++ case rmsg.err != nil:
```

```
>+++ return err
>++ case rmsg.msg == nil:
>+++ return err
>++ default:
>+++ err := h.handleMessage(rmsg.msg)   //处理接收到的消息
>+++ go receiveMessage()   //刚才那个线程已经退出，再另起一个线程。
>++ }   //end switch
>+ case sendErr := <-h.errChan:
>++ return err
>+ case <-keepaliveCh:   //来自对方的心跳信号
>++ h.serialSendAsync(&pb.ChaincodeMessage{Type: pb.ChaincodeMessage_KEEPALIVE})   //发回心跳
>++ continue
>+ }   //end select
> }   //end for
```

这段程序就不用多说了，显然实质的操作在于handleMessage()：

```
[HandleChaincodeStream() > ProcessStream() > handleMessage()]

func (h *Handler) handleMessage(msg *pb.ChaincodeMessage) error
> if msg.Type == pb.ChaincodeMessage_KEEPALIVE { return nil }
> switch h.state {
> case Created:
>+ return h.handleMessageCreatedState(msg)
>+> h.HandleRegister(msg)
>+>> …
>+>> h.chaincodeID = chaincodeID                          //这是chaincodeID字段的来历
>+>> err = h.Registry.Register(h)
>+>> h.ccInstance = ParseName(h.chaincodeID.Name)      //这是ccInstance字段的来历
>+>> err := h.serialSend(&pb.ChaincodeMessage{Type: pb.ChaincodeMessage_REGISTERED})
>+> return nil
> case Ready:
>+ return h.handleMessageReadyState(msg)
> default:
>+ return errors.Errorf("handle message: invalid state %s for transaction %s", h.state, msg.Txid)
> }   //end switch
```

可见节点上由ChaincodeSupport提供的服务也分Created和Ready两个状态，我们在这里只关心它在Ready状态下提供的服务：

[HandleChaincodeStream() > ProcessStream() > handleMessage() > handleMessageReadyState()]

```
func (h *Handler) handleMessageReadyState(msg *pb.ChaincodeMessage) error {
> switch msg.Type {
> case pb.ChaincodeMessage_COMPLETED, pb.ChaincodeMessage_ERROR:
>+ h.Notify(msg)
> case pb.ChaincodeMessage_PUT_STATE:
>+ go h.HandleTransaction(msg, h.HandlePutState)  //存储账户中的私有/公有变量状态（KV对）。
> case pb.ChaincodeMessage_DEL_STATE:
>+ go h.HandleTransaction(msg, h.HandleDelState)
> case pb.ChaincodeMessage_INVOKE_CHAINCODE:
>+ go h.HandleTransaction(msg, h.HandleInvokeChaincode)
> case pb.ChaincodeMessage_GET_STATE:
>+ go h.HandleTransaction(msg, h.HandleGetState)  //查询账户中的私有/公有变量状态（K => V）。
> case pb.ChaincodeMessage_GET_STATE_BY_RANGE:
>+ go h.HandleTransaction(msg, h.HandleGetStateByRange)
> case pb.ChaincodeMessage_GET_QUERY_RESULT:
>+ go h.HandleTransaction(msg, h.HandleGetQueryResult)
> case pb.ChaincodeMessage_GET_HISTORY_FOR_KEY:
>+ go h.HandleTransaction(msg, h.HandleGetHistoryForKey)
> case pb.ChaincodeMessage_QUERY_STATE_NEXT:
>+ go h.HandleTransaction(msg, h.HandleQueryStateNext)
> case pb.ChaincodeMessage_QUERY_STATE_CLOSE:
>+ go h.HandleTransaction(msg, h.HandleQueryStateClose)

> cse pb.ChaincodeMessage_GET_STATE_METADATA:
>+ go h.HandleTransaction(msg, h.HandleGetStateMetadata)
> case pb.ChaincodeMessage_PUT_STATE_METADATA:
>+ go h.HandleTransaction(msg, h.HandlePutStateMetadata)
> default:
>+ return fmt.Errorf("[%s] Fabric side handler cannot handle message …", msg.Txid, msg.Type)
> }
> return nil
```

对于几乎所有类型的链码消息，ChaincodeSupport即Endorser这一边的反应都是通过HandleTransaction()执行一个相关的处理函数，例如对于GET_STATE是HandleGetState()，对于PUT_STATE是HandlePutState()，如此等等。这里HandleTransaction()所做的基本上就是统计和善后，并把具体处理函数所返回的回应消息发送出去，所以我们跳过这个函数，直奔具体的处理函数。

以HandleGetState()为例，这是对链码消息GET_STATE所作的反应。链码进程那一边的ChaincodeStub为链码程序提供了两个库函数，一个是GetState(key string)，另一个是GetPrivateData(collection string, key string)。在链码程序中调用这二者之一，就会向Endorser这一边发来链码消息GET_STATE，这一边就会因此而调用HandleGetState()。显然，这是一次数据库查询，而Endorser这一边所提供的就是数据库服务。所不同者，GetState()明显是针对简单KV对，只是凭着单个键去查询其对应值；而GetPrivateData()则使用组合键，给定的查询条件是哪个collection中的哪个键。这里面的每个KV对，如果不属于任何一个collection，就被视作公共，而若属于某个collection，即为“私有（Private）”数据。

```
[HandleChaincodeStream() > ProcessStream() > handleMessage() > handleMessageReadyState()
  > HandleTransaction() > HandleGetState()]


func (h *Handler) HandleGetState(msg *pb.ChaincodeMessage, txContext *TransactionContext)
                                                                        (*pb.ChaincodeMessage, error)
> getState := &pb.GetState{}
> err := proto.Unmarshal(msg.Payload, getState)    //把消息的Payload解码还原到GetState结构getState中
> if err != nil {return nil, errors.Wrap(err, "unmarshal failed")}
> var res []byte
> chaincodeName := h.ChaincodeName()    //从Handler结构中获取chaincodeName，其来历见前面
> collection := getState.Collection

> if isCollectionSet(collection) {    //如果collection != ""，就是私有（Private）数据：
>+ if txContext.IsInitTransaction {return nil, errors.New("private data APIs are not allowed in chaincode Init()")}
>+ err := errorIfCreatorHasNoReadAccess(chaincodeName, collection, txContext); //对私有数据有访问权限控制
>+ res, err = txContext.TXSimulator.GetPrivateData(chaincodeName, collection, getState.Key)
> }
> else {    //不是私有数据：
>+ res, err = txContext.TXSimulator.GetState(chaincodeName, getState.Key)
> }
> if err != nil {return nil, errors.WithStack(err)}
> // Send response msg back to chaincode. GetState will not trigger event
> return &pb.ChaincodeMessage{Type: pb.ChaincodeMessage_RESPONSE,
                                    Payload: res, Txid: msg.Txid, ChannelId: msg.ChannelId}, nil
```

在Endorser这一边，通过TXSimulator.GetState()或TXSimulator.GetPrivateData()进行查询，其实这操作也不简单，但是至少逻辑是清晰的，限于篇幅和精力这里就不深入了。不过注意这里在调用TXSimulator.GetState()时多了一个参数chaincodeName，这就是KV对中的K。

与此对应，HandlePutState()则是对链码消息PUT _STATE所作的反应。

```
func (h *Handler) HandlePutState(msg *pb.ChaincodeMessage, txContext *TransactionContext)
                                                        (*pb.ChaincodeMessage, error)
> putState := &pb.PutState{}
> err := proto.Unmarshal(msg.Payload, putState)   //把消息的Payload解码还原到PutState结构putState中
> if err != nil {return nil, errors.Wrap(err, "unmarshal failed")}
> chaincodeName := h.ChaincodeName()
> collection := putState.Collection
> if isCollectionSet(collection) {   //如果collection != ""，就是私有（Private）数据：
>+ if txContext.IsInitTransaction {return nil, errors.New("private data APIs are not allowed in chaincode Init()")}
>+ err = txContext.TXSimulator.SetPrivateData(chaincodeName, collection, putState.Key, putState.Value)
> } else {   //不是私有数据，不属于任何一个collection：
>+ err = txContext.TXSimulator.SetState(chaincodeName, putState.Key, putState.Value)
> }
> if err != nil { return nil, errors.WithStack(err)}
> return &pb.ChaincodeMessage{Type: pb.ChaincodeMessage_RESPONSE,
                                        Txid: msg.Txid, ChannelId: msg.ChannelId}, nil
```

除GET_STATE和PUT_STATE外，还有针对元数据的GET_STATE_METADATA和PUT_STATE_METADATA。所谓元数据（Metadata），是关于数据的结构特征的信息。

而Endorser这一边的反应，则是调用HandleGetStateMetadata()：

```
func (h *Handler) HandleGetStateMetadata(msg *pb.ChaincodeMessage, txContext *TransactionContext)
                                                        (*pb.ChaincodeMessage, error)
> err := h.checkMetadataCap(msg)
> getStateMetadata := &pb.GetStateMetadata{}              //创建一个空白的GetStateMetadata数据结构
> err = proto.Unmarshal(msg.Payload, getStateMetadata)    //从消息载荷中解码到这个数据结构中
> chaincodeName := h.ChaincodeName()
> collection := getStateMetadata.Collection
> var metadata map[string][]byte
> if isCollectionSet(collection) {   //属于某个collection，就是私有数据：
>+ if txContext.IsInitTransaction {return nil, errors.New("private data APIs are not allowed in chaincode Init()")}
>+ if err := errorIfCreatorHasNoReadAccess(chaincodeName, collection, txContext); err != nil {return nil, err}
>+ metadata, err =
```

```
        txContext.TXSimulator.GetPrivateDataMetadata(chaincodeName, collection, getStateMetadata.Key)
> } else {   //不属于任何collection，就是公有数据，即普通数据：
>+ metadata, err = txContext.TXSimulator.GetStateMetadata(chaincodeName, getStateMetadata.Key)
> }
> var metadataResult pb.StateMetadataResult
> for metakey := range metadata {   //针对所返回metadata中的每一项：
>+ md := &pb.StateMetadata{Metakey: metakey, Value: metadata[metakey]}   //创建一个StateMetadata结构
>+ metadataResult.Entries = append(metadataResult.Entries, md)
> }
> res, err := proto.Marshal(&metadataResult)
> // Send response msg back to chaincode. GetState will not trigger event
> return &pb.ChaincodeMessage{Type: pb.ChaincodeMessage_RESPONSE,
                                   Payload: res, Txid: msg.Txid, ChannelId: msg.ChannelId}, nil
```

与GET_STATE_METADATA对应的PUT_STATE_METADATA，我们就没有必要看了。还有别的一些对于ChaincodeSupport的请求，这里就不多说了。

最后，Endorser这一边会把RESPONSE消息发回到链码进程这一边。

我们随着这RESPONSE消息回到链码进程中的chatWithPeer()线程，在那里经过handleMessage()进入handleReady()，看看它对RESPONSE消息的处理：

[chatWithPeer() > handleMessage() > handleReady()]

```
func (handler *Handler) handleReady(msg *pb.ChaincodeMessage, errc chan error) error
> switch msg.Type {
> case pb.ChaincodeMessage_RESPONSE:
>+ err := handler.sendChannel(msg);     //把RESPONSE消息发回给请求者
>+ return nil
> …
> }   //end switch
```

显然，应该把Endorser提供的回应送交给服务的请求者。这就是sendChannel()要做的事：

[chatWithPeer() > handleMessage() > handleReady() > sendChannel()]

```
func (handler *Handler) sendChannel(msg *pb.ChaincodeMessage) error
> if handler.responseChannel == nil { return errors.Errorf("[%s] Cannot send message response channel", …)
> txCtxID := handler.getTxCtxId(msg.ChannelId, msg.Txid)   //从消息所载的ChannelId和Txid合成一个txCtxID
```

```
> if handler.responseChannel[txCtxID] == nil { return errors.Errorf("[%s] sendChannel does not exist", …) }
> handler.responseChannel[txCtxID] <- *msg      //以txCtxID为Key，把消息写入responseChannel这个Map中
> return nil
```

这里有个问题，responseChannel这个Map是怎么回事，为什么以txCtxID为Key把回应消息写入这个Map就可以在链码的上下文中被程序读取。这就需要补叙一下链码进程在发出服务请求时的一段流程。

仍以GET_STATE为例。当链码程序需要读取某个账户的状态时，只要调用库函数stub.GetState()就可以了，这个函数返回的是个缓冲区[]byte，里面就是服务端即Endorser那一边发回的数据，所以这中间包含了向Endorser发送请求和接收回应的全过程，GET_STATE请求就是由这个函数辗转发出的：

```
func (stub *ChaincodeStub) GetState(key string) ([]byte, error)
> collection := ""        // collection空白，表示这是公共数据。
> return stub.handler.handleGetState(collection, key, stub.ChannelId, stub.TxID)
```

实质的操作显然在于handleGetState()。ChaincodeStub为链码程序提供的每个stub函数，例如GetState()，都有这么一个handle函数作为支撑。

```
func (handler *Handler) handleGetState(collection string, key string, channelId string, txid string) ([]byte, error)
> payloadBytes, _ := proto.Marshal(&pb.GetState{Collection: collection, Key: key})
> msg := &pb.ChaincodeMessage{Type: pb.ChaincodeMessage_GET_STATE,
                                        Payload: payloadBytes, Txid: txid, ChannelId: channelId}
> responseMsg, err := handler.callPeerWithChaincodeMsg(msg, channelId, txid)  //发送请求并接受回应：
>> var respChan chan pb.ChaincodeMessage
>> respChan, err = handler.createChannel(channelID, txid);   //接收回应的通道respChan是临时创建的
>> defer handler.deleteChannel(channelID, txid)        //用完以后即予关闭，只用一次。
>> return handler.sendReceive(msg, respChan)         //向Peer发送服务请求，然后在通道respChan上等待接收。
> if responseMsg.Type.String() == pb.ChaincodeMessage_RESPONSE.String() {   // Success response
>+ return responseMsg.Payload, nil       //返回的是回应消息中的Payload，而不是消息本身。
> }
> if responseMsg.Type.String() == pb.ChaincodeMessage_ERROR.String() {   // Error response
>+ return nil, errors.New(string(responseMsg.Payload[:]))
> }
> return nil, errors.Errorf("[%s] incorrect chaincode message %s received. …", …)
```

向Peer发送服务请求时，要临时创建一个用来接收回应的通道respChan。这个通道是一次性的，收到了对于本次请求的回应之后即予销毁，以后要发送别的请求时就再另行创建。

```
func (handler *Handler) createChannel(channelID, txid string) (chan pb.ChaincodeMessage, error)
> if handler.responseChannel == nil {   // responseChannel是个Map，初始化时由newChaincodeHandler()创建。
>+ return nil, errors.Errorf("[%s] cannot create response channel", shorttxid(txid))
> }
> txCtxID := handler.getTxCtxId(channelID, txid)   //以channelID和txid的组合txCtxID作为本次交互的ID
> if handler.responseChannel[txCtxID] != nil { return nil, errors.Errorf("…") }   //上一次服务请求尚未结束
> c := make(chan pb.ChaincodeMessage)          //创建一个链码消息通道，用来接收回应。
> handler.responseChannel[txCtxID] = c                 //以txCtxID为键，通道结构指针为值，写入Map。
> return c, nil                               //返回这个通道，就是前面的respChan。
```

这样，当链码进程接收到来自Peer的回应消息时，经过handleReady()到达sendChannel()，见前面的代码摘要，在那里将消息中所载的channelID和txid的组合成txCtxID，并以此为键在responseChannel中找到本次交互的回应通道respChan，将回应消息写入这个通道。

所以ChaincodeSupport在这里就起着类似于数据库服务器的作用，这个数据库在Peer这一边，一般就是履行Endorse义务的那个评审节点上。作为超级账本网络中的一个节点，它也存储着整个Ledger，即账本。至于链码的执行，那就可以在任何机器上，只要与这Peer节点有Web网络连接（未必是超级账本网络的连接）就行。

这也是为什么在二者之间可以选择是否采用传输层加密，即TLS的原因。

注意获取状态信息的要求有两种，一种是要获取公开状态变量的值，这由GetState()完成；另一种是要获取私密状态变量的值，这由GetPrivateData()完成。但是发到Peer这一边的消息都是GET_STATE，只是所带的参数是统一按GetPrivateData()的要求配备的三个，即collection, key和value，将collection设置成空字符串就是GetState()，否则是GetPrivateData()。至于账户，每个链码（或者说智慧合约）就是一个账户，在Fabric的程序中和数据库中称为一个Namespace，所以一个chaincodeID就是一个Namespace。

数据之所谓“公共”和“私密”，在于其存在的位置。直接挂在Namespace下面的状态数据就是公共数据，这就好比一级目录下的数据；而若挂在Namespace下面的某个collection的下面，则为私密数据，这就好比藏在二级目录里的数据。

根据键值从数据库读出的是个statedb.VersionedValue结构，内有Value和Version两个成分。这个所谓的Version与软件的版本毫无关系，而只是指一个特定键值对中那个值的版本。比方说键是“A”，表示这是账户A的当前余额，这一部分是不变的；但是值这一部分，却是要变的，假定A的余额原先是200元，后来变成了210元，此时并不是把原先的200改成210，而是另外写入一个记录“A: 210”，所以就需要在210后面添加一个版本号，以作区分。

从数据库得到所要求的状态信息之后，一方面当然是要把它往回发送给链码进程，另一方面还要通过AddToReadSet()将其添加到一个RWSet，即“读写（内容）集”中，记录下本次交易曾经读写的某项信息。公共数据的读写集将作为Envelope的一部分，进入新块并随着新块被散布到网络中。私有数据的读写集则不进入Envelope，从而也不进入区块，而要另行加以散布。这样，网络中那些节点只要收到了区块和独立散布的（每个交易的）私有数据，

就可根据这两个读写集合的内容针对每个交易更新本地的状态数据库，以达同步。

注意被作为回应res发回链码进程的只是val，即Value；而记入rwset的却包含ver，即Version。这是因为，发回链码进程的是用于计算和处理的，当然应该是实际的值；而进入rwset的，则还需要告诉同一频道中的其它节点，此次从状态数据库中读出的是哪一项数据（由namespace和key确定）的第几号版本，其它节点本地也有状态数据库，可以核对。

除了GET_STATE之外，其它如GET_STATE_BY_RANGE，GET_QUERY_RESULT，QUERY_STATE_NEXT，等等，尽管具体目的和操作各不相同，但本质上都是一样的，都是对数据库的查询读出，这里就不再多说。

如果到来的请求是ChaincodeMessage_PUT_STATE。如前所述，这里可以有两种不同的要求，一种是对只属于某个特定Collection的私密数据，那要以Collection字段加Key字段作为组合键；另一种是对Collection字段为空的公开数据。我们在这里只以公开数据为例。从展开了的代码摘要中，我们可以看到需要通过种种检验才最终可以写入，可是却并无对数据库的写入，而只是将此键值对记入了rwset，当然是作为写出数据记入这读写集合。

既然GET_STATE是从数据库读出，为什么PUT_STATE就不往数据库写入呢？这是因为，链码的执行是在Endorser即“评审节点”上进行，执行的结果最终是否能进入Ledger，即块链加状态数据库，至少从原理上说这不是由一个评审者说了算，评审者只是提出其“个人意见”，所以此时还不能往状态数据库中写。真正的状态数据库更新，要到接收到了新发布的区块时才可进行。而新的区块，则要由orderer即编排节点发布。

正因如此，对于GET_STATE的反应是直接从数据库中读，而不管rwset中是否可能已经有了对目标变量的变更，这也是因为记录在rwset中的操作尚未得到正式的确认。在这一点上，三种区块链即比特币、以太坊和超级账本，其实是一致的，就是任何交易都得等到包含着这个交易记录的块被发布之后才视作有效。这里面的延迟，理想状态下是不超过一个发块周期，但完全可能更长。其实银行的操作也是这样，你在网上把一笔钱从你的一个账户1转入你的另一个账户2，并立刻就用账户2中的这笔钱支付给别人，这是有可能会失败的，因为你那笔钱可能还没有到账，你账户2中的余额不够。

还有一种特殊的情况，到来的请求是ChaincodeMessage_INVOKE_CHAINCODE。这是从一个链码中调用另一个链码。此时的调用者是个链码程序，所处的地位就像是一次交易的发动者，一个INVOKE_CHAINCODE请求就像是一个Proposal，只是用ChaincodeSupport作为绑定的评审节点Endorser。所以，这里针对INVOKE_CHAINCODE的操作与Launch()相似，也就毫不奇怪了。已经搞懂了Launch()的读者，对于这里针对INVOKE_CHAINCODE的操作应该不会有困难，所以就把它留给读者了。注意在这种情况下发回链码进程的res是从被调用链码发回的响应。而且，这种链码之间的调用是可以嵌套的。

由此也可看出，当一个链码进程执行完毕的时候，并不存在向其获取运行结果的问题，因为运行中凡是要写入状态数据库的信息都已经随时写入Peer这一边ChaincodeSupport的读写集合中。至于Peer与链码进程间的Pipe连接，则只是为把链码进程中stdout和stderr两个通道的输出写入运行日志。

4.5.2　系统链码的执行

前面讲了用户链码的执行，另一种链码是系统链码。

DockerVM用于用户链码的执行，系统链码则由InprocVM执行。既然是“系统”链码，所受的控制和管理自然也要更严格一些。

系统链码与支付无关。凡是支付一律都是通过应用链码进行，而系统链码的作用只是与系统的使用、管理与维护，以及对于应用链码的支持有关。

所谓“Inproc”，是“In Process”即“进程内”的意思，就是链码的执行并非像Docker进程那样是另起一个进程加以执行，而是在当前进程，即本节点上的Fabric进程中就地执行的，不过当然会创建并发的线程加以执行。与此相对，作为Docker进程的执行就是“进程外”的执行。相比之下，比特币的脚本和以太坊的合约都是“In Process”执行的。

我们不妨回顾一下，前面从SimulateProposal()到callChaincode()，再经Invoke()辗转调用到VMController.Process()的时候，其中的一个参数就是vmtype，后者则根据这vmtype创建相应的VM，然后以此为参数之一调用StartContainerReq.Do()，后者则调用这VM的Start()函数。对于系统链码，这就是InprocVM.Start()。注意从ContainerRuntime.Start()开始是作为一个独立的Go线程运行的（创建于RuntimeLauncher.Launch()）：

```
[ContainerRuntime.Start() > VMController.Process() > StartContainerReq.Do() > VM.Start())

func (vm *InprocVM) Start(ccid ccintf.CCID, args []string, env []string,
                                        filesToUpload map[string][]byte, builder container.Builder) error
> path := ccid.GetName()   //目标链码的名称
> ipctemplate := vm.registry.typeRegistry[path]   //按系统链码名获取其登记的inprocContainer结构
                              //见Handler.handleMessage() > handleMessageCreatedState() > HandleRegister()
> if ipctemplate == nil { return fmt.Errorf(fmt.Sprintf("%s not registered", path)) }
> instName := vm.GetVMName(ccid)
> ipc, err := vm.getInstance(ipctemplate, instName, args, env)
        //创建一个inprocContainer结构，并登记在instRegistry[]中。
> if err != nil { return fmt.Errorf(fmt.Sprintf("could not create instance for %s", instName)) }
> if ipc.running { return fmt.Errorf(fmt.Sprintf("chaincode running %s", path)) }   //已经在运行
> ipc.running = true
> go func() {}()   //另起一个线程：
        > defer func() {}()
                > r := recover();
        > ipc.launchInProc(instName, args, env)   //发起该系统链码的In Process运行
> return nil
```

注意这里的ipc可不是“Inter-Process Communication”的意思，而是“Inproc Container”，这里的InprocVM.getInstance()就是为目标链码创建一个inprocContainer数据结构，并将其记录在instRegistry这个Map中。Container这个词显然是从Docker借用过来的。

在用户链码的执行框架中，对于Endorser而言，ChaincodeSupport相当于链码执行的前端，而具体执行链码的是个独立的进程，那是在由Docker提供的“沙箱”里运行的，是在“进程外（Out Process）”，那相当于后端。值得注意的是，构成前端ChaincodeSupport的并不只是一组函数，还有个服务线程ChaincodeSupportServer在提供数据访问服务。相比之下，系统链码的执行则是“进程内（In Process）”，是在同一进程中的线程，不过基本的前后端框架仍可套用。不过面向用户链码的服务线程是基于RPC的，那可以是跨机器的调用，而面向系统链码的服务线程则是基于同一进程内的线程间通信。这个框架的搭建由launchInProc()异步（另起一个线程）加以实施：

```
[ContainerRuntime.Start() > VMController.Process() > StartContainerReq.Do() > VM.Start() => launchInProc())

func (ipc *inprocContainer) launchInProc(ctxt context.Context, id string, args []string,
                                          env []string, ccSupport ccintf.CCSupport) error
> peerRcvCCSend := make(chan *pb.ChaincodeMessage)  //创建从链码线程向 Peer 的信息发送通道
> ccRcvPeerSend := make(chan *pb.ChaincodeMessage)   //再创建从 Peer 向链码线程的信息发送通道
> var err error
> ccchan := make(chan struct{}, 1)            //创建链码通道，用来让链码线程向本线程发送的通道
> ccsupportchan := make(chan struct{}, 1)     //创建支持通道，用来让支持线程向本线程发送的通道

    //在 Fabric 的源码中这里是两个 go func()及其动态定义，
    //但为叙述和理解的方便给这两个 go func()命名并抽出其代码放在后面另作介绍：
> go chaincodeSide()        //链码线程
> go supportSide()          //支持线程
> select {
> case <- ccchan:                  //收到了来自链码线程的信息：
>+ close(peerRcvCCSend)
>+ inprocLogger.Debugf("chaincode %s quit", id)
> case <- ccsupportchan:           //收到了来自支持线程的信息：
>+ close(ccRcvPeerSend)
>+ inprocLogger.Debugf("chaincode support %s quit", id)
> case <- ipc.stopChan:            //收到了终止执行的命令
>+ close(ccRcvPeerSend)
>+ close(peerRcvCCSend)
```

```
>+ inprocLogger.Debugf("chaincode %s stopped", id)
> }
> return err
```

首先要明确，launchInProc()本身就是在一个独立的Go线程中执行，这是在InprocVM.Start()中创建的，为方便记忆我们不妨称之为VM线程，尽管这其实谈不上是虚拟机。这个VM线程又创建出两个独立的Go线程。源码中动态定义了这两个线程的代码，但是为便于阅读和理解，我把这些代码抽出来单独做上摘要，并加以命名。所创建的这两个线程，一个是用来执行目标链码的，所以称之为chaincodeSide，即实际执行链码的一边；另一个则用来提供对于系统链码执行的支持，相当于ChaincodeSupport的服务线程，所以称之为supportSide。这样，一共就有了三个线程，这三个线程之间需要通信，所以这里就创建了四个通道。其中ccchan和ccsupportchan分别是VM线程与chaincodeSide和supportSide之间的通道，VM线程只是在这两个通道上收听，等待它们结束；只要其中有一个结束，整个执行过程就结束了。而chaincodeSide与supportSide这两个线程之间，则有peerRcvCCSend和ccRcvPeerSend两个单向的通道。前者是链码线程发送支持线程接收，这里的Peer是指supportSide这一边；后者则反过来是支持线程发送链码线程接收。这样，三个线程就构成了一个三角，不过VM进程在搭建好这个框架之后就只是静待那两个线程结束运行，通信交互只是在那两个线程之间。

我们先看chaincodeSide这一边。这个函数是在launchInProc()中动态定义的，因而其所有的变量都来自launchInProc()的参数和局部量。后面的supportSide也是一样。

```
chaincodeSide()      //这是 launchInProc()中创建的第一个 Go 线程，用来执行系统链码：
> defer close(ccchan)
> inprocLogger.Debugf("chaincode started for %s", id)
> if args == nil {args = ipc.args}    //ipc 是个 inprocContainer 数据结构，创建于 InprocVM.Start()。
> if env == nil {env = ipc.env}
> err := shimStartInProc(env, args, ipc.chaincode, ccRcvPeerSend, peerRcvCCSend)
            //shimStartInProc 是个函数指针，指向 shim.StartInProc()：
    == shim.StartInProc (env []string, args []string, cc Chaincode,
                              recv <-chan *pb.ChaincodeMessage, send chan<- *pb.ChaincodeMessage) error
      //前面的 ccRcvPeerSend 是本线程的 recv 通道，peerRcvCCSend 是本线程的 send 通道。展开如下：
>> for _, v := range env {
>>+ if strings.Index(v, "CORE_CHAINCODE_ID_NAME=") == 0 {
>>++ p := strings.SplitAfter(v, "CORE_CHAINCODE_ID_NAME=")
>>++ chaincodename = p[1]    //从环境变量里找到链码名
>>++ break
>>+ }
>> }    //end for _, v := range env
>> if chaincodename == "" {return errors.New("error chaincode id not provided")}
```

```
>> stream := newInProcStream(recv, send)    // stream 是个 inProcStream 结构
>>> return &inProcStream{recv, send}          // inProcStream 就是指 Peer 侧与链码侧之间的两个通道。
>> err := chatWithPeer(chaincodename, stream, cc)    //链码线程就通过这两个通道与支持线程互动会话。
>> return err       //end shim.StartInProc()，shim.StartInProc()要到程序从 chatWithPeer()返回的时候才会返回。
> if err != nil { err = fmt.Errorf("chaincode-support ended with err: %s", err) }
> inprocLogger.Debugf("chaincode ended with for   %s with err: %s", id, err)
```

这里的shimStartInProc是个函数指针，实际指向shim.StartInProc()，它的作用是为链码线程设置好recv和send两个通道，然后就进入chatWithPeer()，与作为其对方的支持线程会话，一直到链码执行完毕。至于chatWithPeer()，我们在前面一节中已经看过了。所不同的只是：第一，前一节中执行的是用户链码，是在Docker平台上另起一个进程加以执行，而现在链码线程执行的是系统链码，就在同一台机器上的同一个进程中执行。第二，因为用户链码有可能在别的机器上运行，所以链码侧与Peer侧的通信是基于Socket和网络连接的远程通道（尽管也可以在同一台机器上），而系统链码的执行则肯定在同一台机器上而且是在同一个进程中，所以这里的ccRcvPeerSend和peerRcvCCSend都只是线程间通信的chan通道。

现在我们再看链码支持这一侧，即支持线程，我们称之为supportSide()，也是在launchInProc()中动态定义的一个Go线程函数。

```
supportSide()      //这是 launchInProc()中创建的第二个 go 线程
> defer close(ccsupportchan)
> inprocStream := newInProcStream(peerRcvCCSend, ccRcvPeerSend)
>> return &inProcStream{recv, send}
                // peerRcvCCSend 是其 recv 通道，ccRcvPeerSend 是其 send 通道，与 chaincodeSide 正好相反。
> inprocLogger.Debugf("chaincode-support started for   %s", id)
> err := ipc.ChaincodeSupport.HandleChaincodeStream(inprocStream)
   == (cs *ChaincodeSupport) HandleChaincodeStream(stream ccintf.ChaincodeStream)   //展开如下：
>> handler := &Handler{Invoker: cs, DefinitionGetter: cs.Lifecycle, Keepalive: cs.Keepalive,
                         Registry: cs.HandlerRegistry, ACLProvider: cs.ACLProvider, …}
>> return handler.ProcessStream(stream)
```

既然是InProc，这个chaincodeSide和supportSide在同一进程中，就共享同一地址空间，所以这两个线程之间可以有共享变量；不仅如此，chaincodeSide与节点上别的模块之间也是可以共享变量，可以直接调用子程序的。然而，让链码线程执行chatWithPeer()而让支持线程执行ProcessStream()，确实不失其为最佳方案，因为那样就与用户链码的执行一致了。这样，用户链码与系统链码的差别实质上就只是要不要在Docker中另起一个进程的事了。

原先Fabric的源码中定义了五个系统链码，即cscc、lscc、qscc、escc和vscc。但是其中的escc和vscc已被认作Deprecated，即不再作为系统链码。

```
func (p *Provider) IsSysCC(name string) bool
> for _, sysCC := range p.SysCCs {
>+ if sysCC.Name() == name {return true}
> }
> deprecated := isDeprecatedSysCC(name)
>> return name == "vscc" || name == "escc"
> if deprecated {return true}
> return false
```

与用户链码一样，系统链码也必须提供两个函数，一个是Init()，另一个是Invoke()。以LSCC为例，其Init()函数是这样：

```
func (lscc *LifeCycleSysCC) Init(stub shim.ChaincodeStubInterface) pb.Response
> return shim.Success(nil)
```

而LSCC的Invoke()函数，其摘要如下：

```
func (lscc *LifeCycleSysCC) Invoke(stub shim.ChaincodeStubInterface) pb.Response {
> args := stub.GetArgs()
> if len(args) < 1 {return shim.Error(InvalidArgsLenErr(len(args)).Error())}
> function := string(args[0])  //此时的 arg0 是函数名，function 这个词既是“函数”也是“功能”。
> sp, err := stub.GetSignedProposal()     //通过 stub 获取本次交易的 SignedProposal
                                          //也可通过 stub 调用 supportSide 的 GetState()、PutState()等函数。
> switch function {
> case INSTALL:  //用户链码安装：
>+ if len(args) < 2 {return shim.Error(InvalidArgsLenErr(len(args)).Error())}  //至少要有两个参数
>+ // 2. check local MSP Admins policy
>+ err = lscc.PolicyChecker.CheckPolicyNoChannel(mgmt.Admins, sp);
>+ depSpec := args[1]         //第二个参数是 CDSPackage，其主体就是 ChaincodeDeploymentSpec
>+ err := lscc.executeInstall(stub, depSpec)
>+ return shim.Success([]byte("OK"))
> case DEPLOY, UPGRADE:  //部署或升级：
>+ if len(args) < 3 {return shim.Error(InvalidArgsLenErr(len(args)).Error())}  //至少要有三个参数
>+ // channel the chaincode should be associated with. It should be created with a register call
>+ channel := string(args[1])  //此时的 arg0 是函数名，arg1 是频道 ID。
```

```
>+ if !lscc.isValidChannelName(channel) {return shim.Error(InvalidChannelNameErr(channel).Error())}
>+ ac, exists := lscc.SCCProvider.GetApplicationConfig(channel)
>+ if !exists {logger.Panicf("programming error, non-existent appplication config for channel '%s'", channel)}
>+ // the maximum number of arguments depends on the capability of the channel
>+ if !ac.Capabilities().PrivateChannelData() && len(args) > 6 {
                                    return shim.Error(PrivateChannelDataNotAvailable("").Error())}
>+ if ac.Capabilities().PrivateChannelData() && len(args) > 7 {
                                    return shim.Error(InvalidArgsLenErr(len(args)).Error())}
>+ depSpec := args[2]   //arg2 是 CDSPackage，其主体就是串行化编码了的 ChaincodeDeploymentSpec。
>+ cds := &pb.ChaincodeDeploymentSpec{}
>+ err := proto.Unmarshal(depSpec, cds)   //从中解码到 ChaincodeDeploymentSpec 数据结构中
>+ // optional arguments here (they can each be nil and may or may not be present)
>+ // args[3] is a marshalled SignaturePolicyEnvelope representing the endorsement policy
>+ // args[4] is the name of escc
>+ // args[5] is the name of vscc
>+ // args[6] is a marshalled CollectionConfigPackage struct
>+ var EP []byte
>+ if len(args) > 3 && len(args[3]) > 0 {EP = args[3]}   //命令行中给定了 endorsement policy
>+ else {
>++ p := cauthdsl.SignedByAnyMember(peer.GetMSPIDs(channel))
>++ EP, err = utils.Marshal(p)
>+ }
>+ var escc []byte
>+ if len(args) > 4 && len(args[4]) > 0 {escc = args[4]}     //用户给定的 ESCC
>+ else {escc = []byte("escc")}                             //没有给定就默认 escc
>+ var vscc []byte
>+ if len(args) > 5 && len(args[5]) > 0 {vscc = args[5]}     //用户给定的 VSCC
>+ else {vscc = []byte("vscc")}                             //没有给定就默认 vscc
>+ var collectionsConfig []byte
>+ // we proceed with a non-nil collection configuration only if we Support the PrivateChannelData capability
>+ if ac.Capabilities().PrivateChannelData() && len(args) > 6 {collectionsConfig = args[6]}
>+ cd, err := lscc.executeDeployOrUpgrade(stub, channel, cds, EP, escc, vscc, collectionsConfig, function)
>+ cdbytes, err := proto.Marshal(cd)   //cd 为 ChaincodeData 结构，内含链码名和 endorsement policy 等信息。
>+ return shim.Success(cdbytes)
> case CCEXISTS, CHAINCODEEXISTS, GETDEPSPEC,
      GETDEPLOYMENTSPEC, GETCCDATA, GETCHAINCODEDATA:
>+ if len(args) != 3 {return shim.Error(InvalidArgsLenErr(len(args)).Error())}
>+ channel := string(args[1])
```

>+ ccname := string(args[2])

>+ // 2. check policy for ACL resource

>+ var resource string

>+ switch function {　//根据具体功能要求进一步细分：

>+ case CCEXISTS, CHAINCODEEXISTS:

>++ resource = resources.Lscc_ChaincodeExists

>+ case GETDEPSPEC, GETDEPLOYMENTSPEC:

>++ resource = resources.Lscc_GetDeploymentSpec

>+ case GETCCDATA, GETCHAINCODEDATA:

>++ resource = resources.Lscc_GetChaincodeData

>+ }　//end switch function

>+ err = lscc.ACLProvider.***CheckACL***(resource, channel, sp);　//访问权限检查

>+ cdbytes, err := lscc.***getCCInstance***(stub, ccname)

>+ switch function {　//再次根据具体功能要求进一步细分：

>+ case CCEXISTS, CHAINCODEEXISTS:

>++ cd, err := lscc.***getChaincodeData***(ccname, cdbytes)

>++ return shim.Success([]byte(cd.Name))

>+ case GETCCDATA, GETCHAINCODEDATA:

>++ return shim.Success(cdbytes)

>+ case GETDEPSPEC, GETDEPLOYMENTSPEC:

>++ _, depspecbytes, err := lscc.***getCCCode***(ccname, cdbytes)

>++ return shim.Success(depspecbytes)

>+ default:

>++ panic("unreachable")

>+ }　//end switch function

> case GETCHAINCODES, GETCHAINCODESALIAS:

>+ if len(args) != 1 {return shim.Error(InvalidArgsLenErr(len(args)).Error())}

>+ err = lscc.ACLProvider.***CheckACL***(resources.Lscc_GetInstantiatedChaincodes, stub.GetChannelID(), sp);

>+ return lscc.***getChaincodes***(stub)

> case GETINSTALLEDCHAINCODES, GETINSTALLEDCHAINCODESALIAS:

>+ if len(args) != 1 {return shim.Error(InvalidArgsLenErr(len(args)).Error())}

>+ // 2. check local MSP Admins policy

>+ err = lscc.PolicyChecker.***CheckPolicyNoChannel***(mgmt.Admins, sp);

>+ return lscc.***getInstalledChaincodes***()

> case GETCOLLECTIONSCONFIG, GETCOLLECTIONSCONFIGALIAS:

>+ if len(args) != 2 {return shim.Error(InvalidArgsLenErr(len(args)).Error())}

>+ chaincodeName := string(args[1])

>+ err = lscc.ACLProvider.***CheckACL***(resources.Lscc_GetCollectionsConfig, stub.GetChannelID(), sp);

```
>+ return lscc.getChaincodeCollectionData(stub, chaincodeName)
> }
> return shim.Error(InvalidFunctionErr(function).Error())
```

不管你是要调用目标链码中的哪个函数，首先总是进它的Invoke()，到了里面再分情形加以处理。英语中function这个词既可解释为“函数”，也可解读为“功能”，在这里其实后者更为贴切。例如INSTALL，实际上LSCC的代码中并没有名为INSTALL的函数，但是却有这么一项功能。

限于篇幅，这些功能里就留给读者自己看了。

除上述的五个系统链码之外，系统的设计者也可定义和实现自己的系统链码作为“插件（Plugin）”，将其路径和数据结构说明添加到配置文件的“chaincode.systemPlugins”条目下面。这样节点在初始化的时候就会在RegisterSysCCs()中把插件加载进去。

```
[serve() > registerChaincodeSupport() > RegisterSysCC()]

func (p *Provider) RegisterSysCC(scc SelfDescribingSysCC)
> p.SysCCs = append(p.SysCCs, scc)
> _, err := p.registerSysCC(scc)
> if err != nil {sysccLogger.Panicf("Could not register system chaincode: %s", err) }
```

实际的登记加载，则是由loadSysCCsWithConfig()实施的：

```
[serve() > registerChaincodeSupport() > RegisterSysCCs() > loadSysCCs() > loadSysCCsWithConfig()]

func loadSysCCsWithConfig(configs []*PluginConfig)
> for _, conf := range configs {   //对于数组 PluginConfig 中的每一个元素，就是每个插件的 config：
>+ plugin := loadPlugin(conf.Path)   // conf.Path 就是系统链码插件的文件路径，加载这个插件。
>+ chaincode := &SystemChaincode{
            Enabled: conf.Enabled, Name: conf.Name, Path: conf.Path,
            Chaincode: *plugin,      //上面通过 loadPlugin()加载的就是 Chaincode
            InvokableExternal: conf.InvokableExternal, InvokableCC2CC: conf.InvokableCC2CC, }
>+ sccPlugins = append(sccPlugins, chaincode)   //将这 SystemChaincode 添加到 sccPlugins 集合中
>+ sysccLogger.Infof("Successfully loaded SCC %s from path %s", chaincode.Name, chaincode.Path)
> }   //end for
```

进一步的深入就留给读者自己了。

4.5.3 交易请求的背书和提交入账

评审节点（Endorser）在执行完链码之后，程序从 callChaincode()回到 SimulateProposal()。此时模拟执行链码所导致的状态变化已经记录在读写集合里，下一步是要把执行链码的结果收集整理在一起，以供背书。我们先回顾一下 SimulateProposal()中的有关代码：

[Endorser.ProcessProposal() > SimulateProposal()]

```
func (e *Endorser) SimulateProposal(txParams *ccprovider.TransactionParams, cid *pb.ChaincodeID)
                    (ccprovider.ChaincodeDefinition, *pb.Response, []byte, *pb.ChaincodeEvent, error)
> …
> res, ccevent, err = e.callChaincode(txParams, version, cis.ChaincodeSpec.Input, cid)
> if txParams.TXSimulator != nil {
>+ simResult, err = txParams.TXSimulator.GetTxSimulationResults();
                        //获取执行链码的结果，返回的是个 TxSimulationResults 指针
                        // PvtSimulationResults（如果有的话）是 TxSimulationResults 的一部分
>+ if simResult.PvtSimulationResults != nil {  //如果执行结果中存在私有数据：
>++ pvtDataWithConfig, err := e.AssemblePvtRWSet(simResult.PvtSimulationResults, txParams.TXSimulator)
>++ txParams.TXSimulator.Done()  //以防在下面的操作中因出错而提前返回
>++ endorsedAt, err := e.s.GetLedgerHeight(txParams.ChannelID)  //在块链中的位置
>++ pvtDataWithConfig.EndorsedAt = endorsedAt
>++ err := e.distributePrivateData(txParams.ChannelID, txParams.TxID, pvtDataWithConfig, endorsedAt);
>+ }  //end if simResult.PvtSimulationResults != nil，对私有数据的处理结束。
>+ txParams.TXSimulator.Done()
>+ pubSimResBytes, err = simResult.GetPubSimulationBytes();   //另一部分是公共的 PubSimulationResults
> }  //end if txParams.TXSimulator != nil
> return cdLedger, res, pubSimResBytes, ccevent, nil
```

执行了目标链码之后，首先当然是要获取其结果，这是由 TxSimulator 所提供的 GetTxSimulationResults()完成的。

[SimulateProposal() > TxSimulator.GetTxSimulationResults()]

```
func (s *lockBasedTxSimulator) GetTxSimulationResults() (*ledger.TxSimulationResults, error)
> if s.simulationResultsComputed { return nil, errors.New("this function should only be called once …") }
> defer func() { s.simulationResultsComputed = true }()  //以此保证只做一次
> if s.helper.err != nil { return nil, s.helper.err }
```

```
> s.helper.addRangeQueryInfo()
> return s.rwsetBuilder.GetTxSimulationResults()
    == (b *RWSetBuilder) GetTxSimulationResults()   //调用底层由RWSetBuilder提供的同名函数，展开如下：
       // returns the proto bytes of public rwset (public data + hashes of private data) and the private rwset.
>> pvtData := b.getTxPvtReadWriteSet()   //获取私有数据读写集合，展开如下：
>>> sortedNsPvtBuilders := []*nsPvtRwBuilder{}
>>> util.GetValuesBySortedKeys(&(b.pvtRwBuilderMap), &sortedNsPvtBuilders)   //从pvtRwBuilderMap获取
>>> var nsPvtRwSets []*NsPvtRwSet
>>> for _, nsPvtRwBuilder := range sortedNsPvtBuilders {
>>>+ nsPvtRwSets = append(nsPvtRwSets, nsPvtRwBuilder.build())
                    //构造一个NsPvtRwSet数据结构，并将其添加到集合nsPvtRwSets中。
>>> }
>>> if len(nsPvtRwSets) == 0 {return nil}
>>> return &TxPvtRwSet{NsPvtRwSet: nsPvtRwSets}   //返回一个TxPvtRwSet指针，就是上面的pvtData。
>> var err error
>> var pubDataProto *rwset.TxReadWriteSet
>> var pvtDataProto *rwset.TxPvtReadWriteSet
>>    // Populate the collection-level hashes into pub rwset and compute the proto bytes for pvt rwset
>> if pvtData != nil {
>>+ pvtDataProto, err = pvtData.toProtoMsg();   //将获取的pvtData串行化
>>+ for _, ns := range pvtDataProto.NsPvtRwset {   //对于其中的每个Namespace，即所涉及的每个账户：
>>++ for _, coll := range ns.CollectionPvtRwset {      //再对同一Namespace中的每个小组（collection）：
>>+++ b.setPvtCollectionHash(ns.Namespace, coll.CollectionName, coll.Rwset)   //计算其Hash值
>>+++> collHashedBuilder := b.getOrCreateCollHashedRwBuilder(ns, coll)
>>+++> collHashedBuilder.pvtDataHash = util.ComputeHash(pvtDataProto)
>>++ }   //end for _, coll := range ns.CollectionPvtRwset
>>+ }   //end for _, ns := range pvtDataProto.NsPvtRwset
>> }   //end if pvtData != nil
>> // Compute the proto bytes for pub rwset
>> pubSet := b.GetTxReadWriteSet()   //获取公共数据读写集合，展开如下：
>>> sortedNsPubBuilders := []*nsPubRwBuilder{}
>>> util.GetValuesBySortedKeys(&(b.pubRwBuilderMap), &sortedNsPubBuilders)   //从pubRwBuilderMap获取
>>> var nsPubRwSets []*NsRwSet
>>> for _, nsPubRwBuilder := range sortedNsPubBuilders {   //对于其中的每个Namespace，即账户：
>>>+ nsPubRwSets = append(nsPubRwSets, nsPubRwBuilder.build())
            //构造一个NsRwSet数据结构，并将其添加到集合nsPubRwSets中。其中包含私有数据的Hash值。
>>> }
>>> return &TxRwSet{NsRwSets: nsPubRwSets}
```

```
>> if pubSet != nil {
>>+ pubDataProto, err = b.GetTxReadWriteSet().toProtoMsg();    //将pubSet串行化
>> }
>> return &ledger.TxSimulationResults{PubSimulationResults: pubDataProto,
                                      PvtSimulationResults: pvtDataProto, }, nil    //合在一起就是执行结果
        //返回的结果是串行化编码后的公共数据读写集合+私有数据读写集合
```

链码的执行结果就是一些读写数据，说明本次交易中从哪儿读了什么数据，向哪儿写了什么数据。这样的读写数据分两种，一种是“公有数据”，就是直属某个 Namespace 即账户的数据，另一种是所谓“私有数据”，不仅属于某个账户，还属于该账户中的某个具体的“collection”。通过 getTxPvtReadWriteSet()和 GetTxReadWriteSet()获取私有和公有两个读写集合，再把两个集合聚在一起，就是一个完整的 TxSimulationResults。

但是注意在通过 GetTxReadWriteSet()获取公有数据读写集合时有一个重要的细节，就是公有数据读写集合中其实还包含着私有数据的 Hash 值。这一点我们看一下在 GetTxReadWriteSet()内循环调用的 nsPubRwBuilder.build()就可明白：

```
[SimulateProposal() > TxSimulator.GetTxSimulationResults() > RWSetBuilder.GetTxSimulationResults()
 > GetTxReadWriteSet() > nsPubRwBuilder.build()]

func (b *nsPubRwBuilder) build() *NsRwSet
> var readSet []*kvrwset.KVRead
> var writeSet []*kvrwset.KVWrite
> var metadataWriteSet []*kvrwset.KVMetadataWrite
> var rangeQueriesInfo []*kvrwset.RangeQueryInfo
> var collHashedRwSet []*CollHashedRwSet
> //add read set
> util.GetValuesBySortedKeys(&(b.readMap), &readSet)    //公有数据的读集合
> //add write set
> util.GetValuesBySortedKeys(&(b.writeMap), &writeSet)    //公有数据的写集合
> util.GetValuesBySortedKeys(&(b.metadataWriteMap), &metadataWriteSet)    //公有元数据的写集合
> //add range query info
> for _, key := range b.rangeQueriesKeys {
>+ rangeQueriesInfo = append(rangeQueriesInfo, b.rangeQueriesMap[key])
> }
> // add hashed rws for private collections
> sortedCollBuilders := []*collHashRwBuilder{}
        //见前面摘要中 getTxPvtReadWriteSet()内循环调用的 setPvtCollectionHash()
> util.GetValuesBySortedKeys(&(b.collHashRwBuilder), &sortedCollBuilders)
```

```
> for _, collBuilder := range sortedCollBuilders {   //针对每个 sortedCollBuilder，实际上就是每个 Collection：
>+ collHashed := collBuilder.build()   //构造该 Collection 的 CollHashedRwSet，展开如下：
    == (b *collHashRwBuilder) build()
>+> var readSet []*kvrwset.KVReadHash                         //用于该 Collection 读集合中的 Hash 值
>+> var writeSet []*kvrwset.KVWriteHash                       //用于该 Collection 写集合中的 Hash 值
>+> var metadataWriteSet []*kvrwset.KVMetadataWriteHash     //用于该 Collection 元数据写集合的 Hash 值
>+> util.GetValuesBySortedKeys(&(b.readMap), &readSet)       //收集读集合中的各项 Hash 值
>+> util.GetValuesBySortedKeys(&(b.writeMap), &writeSet)     //收集写集合中的各项 Hash 值
>+> util.GetValuesBySortedKeys(&(b.metadataWriteMap), &metadataWriteSet)  //收集元数据的各项 Hash 值
>+> return &CollHashedRwSet{CollectionName: b.collName,
        HashedRwSet: &kvrwset.HashedRWSet{HashedReads: readSet,
            HashedWrites: writeSet, MetadataWrites: metadataWriteSet,},
        PvtRwSetHash: b.pvtDataHash,}   //最后的 pvtDataHash 是整个 Collection 读写集合的 Hash 值
>+ collHashedRwSet = append(collHashedRwSet, collHashed)
> }   //end for _, collBuilder := range sortedCollBuilders
> return &NsRwSet{NameSpace: b.namespace,
        KvRwSet: &kvrwset.KVRWSet{Reads: readSet, Writes: writeSet,
                    MetadataWrites: metadataWriteSet, RangeQueriesInfo: rangeQueriesInfo,},
        CollHashedRwSets: collHashedRwSet,}
```

这样，有了本次交易对公有数据的读写集合，虽然并不知道所读写的具体私有数据的值是什么，却有了这些数据的 Hash 值。公有数据和私有数据的读写集合是通过不同途径传播的，但是只要拿到了公有数据的读写集合，就可知道传来的私有数据是否正确。

回到 SimulateProposal()中，只要本次交易有结果数据，并且内含私有数据，就要通过 AssemblePvtRWSet()把私有数据和相应的 Config 信息组装在一起，准备独立加以发送：

```
[SimulateProposal() > AssemblePvtRWSet()]

func (as *rwSetAssembler) AssemblePvtRWSet(privData *rwset.TxPvtReadWriteSet,
        txsim CollectionConfigRetriever) (*transientstore.TxPvtReadWriteSetWithConfigInfo, error)
> txPvtRwSetWithConfig := &transientstore.TxPvtReadWriteSetWithConfigInfo{
        PvtRwset: privData, CollectionConfigs: make(map[string]*common.CollectionConfigPackage), }
> for _, pvtRwset := range privData.NsPvtRwset {   //对于私有数据中的每项读写数据：
>+ namespace := pvtRwset.Namespace
>+ _, found := txPvtRwSetWithConfig.CollectionConfigs[namespace];
>+ if !found {
>++ cb, err := txsim.GetState("lscc", privdata.BuildCollectionKVSKey(namespace))
>++ if cb == nil { return nil, errors.New(fmt.Sprintf("no collection config for chaincode %#v", namespace)) }
```

```
>++ colCP := &common.CollectionConfigPackage{}
>++ err = proto.Unmarshal(cb, colCP)
>++ txPvtRwSetWithConfig.CollectionConfigs[namespace] = colCP
>+ }    //end if !found
> }    //end for _, pvtRwset := range privData.NsPvtRwset
> as.trimCollectionConfigs(txPvtRwSetWithConfig)
> return txPvtRwSetWithConfig, nil    //返回的是个TxPvtReadWriteSetWithConfigInfo结构
```

这个函数的输入是 TxPvtReadWriteSet，输出则是 TxPvtReadWriteSetWithConfigInfo。回到 SimulateProposal()中以后还要在这里面添加一项信息，就是当前的块链高度，这样才方便以后在块链中找到这份私有数据所处的位置。

有了这样的 TxPvtReadWriteSetWithConfigInfo，就要以“流言（Gossip）”的方式把这个对于私有数据的读写集合在交易所属的“频道（Channel）”中散布出去。SimulateProposal()中有这么一个语句：

```
distributePrivateData(txParams.ChannelID, txParams.TxID, pvtDataWithConfig, endorsedAt);
```

这里的 distributePrivateData 是个函数指针，这是 Endorser 数据结构里的一个成分，其类型为 privateDataDistributor。这个函数指针实际所指的函数是节点在其初始化过程中调用 NewEndorserServer()时作为参数传下来的，源自对一个函数 privDataDist()的动态定义：

```
privDataDist := func(channel string, txID string,
                    privateData *transientstore.TxPvtReadWriteSetWithConfigInfo, blkHt uint64) error
> return service.GetGossipService().DistributePrivateData(channel, txID, privateData, blkHt)
```

所以，实际的处理是由这 DistributePrivateData()进行的：

```
func (g *gossipServiceImpl) DistributePrivateData(chainID string, txID string,
                                        privData *rwset.TxPvtReadWriteSet, blkHt uint64)
> handler, exists := g.privateHandlers[chainID]
> err := handler.distributor.Distribute(txID, privData, blkHt)    //以 Gossip 方式散布
> err := handler.coordinator.StorePvtData(txID, privData, blkHt)
> return nil
```

显然，这里所做的就是两件事。一件是通过 Distribute()将此 privData 在 chainID 所指的频道内（以流言 Gossip 的方式）散布出去；另一件是通过 StorePvtData()将其存储在本地。Distribute()这个函数后面还要详述。

与私有数据不同，公有数据的读写集合则被作为一个 PubSimulationResults 数据结构从 SimulateProposal()返回给 Endorser.ProcessProposal()，最后会由交易的发起者提交给编排节点 Orderer，从而进入 Orderer 发布的新块，并进入块链。

读者也许会想，一个交易的评审节点不止一个，各自都会散布对于同一交易的私有数据读写集合，如果这些读写集合不一致怎么办？其实这不是个问题，因为私有数据读写集合的不一致必然引起公有数据读写集合的不一致，因为公有数据的读写集合中包含着私有数据的 Hash 值。而公有数据读写集合的不一致，则会导致评审结果无效而不会被提交给编排节点 Orderer，因为多个评审结果之间是一票否决的关系。那样，这个交易记录就根本不会入块，更不会入链。于是传来的私有数据就会因找不到所挂靠的公有数据而被丢弃。

程序从 SimulateProposal()返回到 Endorser.ProcessProposal()，如果 ChainID 非空，换言之只要不是针对系统链码 CSCC（如创建频道），下一步要对此 Proposal 和模拟执行的结果通过 endorseProposal()加以背书：

```
[Endorser.ProcessProposal() > endorseProposal()]

func (e *Endorser) endorseProposal(ctx context.Context, chainID string, txid string,
                    signedProp *pb.SignedProposal, proposal *pb.Proposal, response *pb.Response,
                    simRes []byte, event *pb.ChaincodeEvent, visibility []byte, ccid *pb.ChaincodeID,
                    txsim ledger.TxSimulator, cd resourcesconfig.ChaincodeDefinition)
                                                            (*pb.ProposalResponse, error)
   //参数 response 和 simRes 就是从 SimulateProposal()返回的 res 和 simulationResult
> isSysCC := (cd == nil)  //没有链码定义，就是没有用户链码，那就是系统链码。
> // 1) extract the name of the escc that is requested to endorse this chaincode
> var escc string
> //ie, "lscc" or system chaincodes
> if isSysCC {   // Proposal 的目标链码是系统链码：
>+ escc = "escc"              //这是默认的 ESCC
> } else {        //Proposal 的目标链码是用户链码：
>+ escc = cd.Endorsement() //获取链码定义中的 Escc 字段，展开：
>+> return cd.Escc   // 具体链码的 ChaincodeData 中有个 Escc 字段，一般都是“escc”，但也可是别的。
> }
> var err error
> var eventBytes []byte
> if event != nil {
>+ eventBytes, err = putils.GetBytesChaincodeEvent(event)   //将模拟执行中产生的事件报告串行化
> }
> if isSysCC {   // if we want to allow mixed fabric levels we should set syscc version to ""
>+ ccid.Version = util.GetSysCCVersion()
```

```
> } else {
>+ ccid.Version = cd.CCVersion()
> }
> ctx := Context{PluginName: escc, Channel: chainID, SignedProposal: signedProp, ChaincodeID: ccid,
                 Event: eventBytes, SimRes: simRes, Response: response,
                 Visibility: visibility, Proposal: proposal, TxID: txid, }
> return e.s.EndorseWithPlugin(ctx)   //提供背书的模块是作为插件（Plugin）提供的
>> if ctx.Response == nil {return nil, errors.New("response is nil")}
>> if ctx.Response.Status >= shim.ERRORTHRESHOLD {
>>+ return &pb.ProposalResponse{Response: ctx.Response}, nil
>> }
>> plugin, err := pe.getOrCreatePlugin(PluginName(ctx.PluginName), ctx.Channel)
                                                        //获取设定用于该频道的背书插件
>> prpBytes, err := proposalResponsePayloadFromContext(ctx)   //从 Context 中提取数据并加串行化，展开：
>>> hdr, err := putils.GetHeader(ctx.Proposal.Header)
>>> pHashBytes, err := putils.GetProposalHash1(hdr, ctx.Proposal.Payload, ctx.Visibility)
>>> prpBytes, err := putils.GetBytesProposalResponsePayload(
                                     pHashBytes, ctx.Response, ctx.SimRes, ctx.Event, ctx.ChaincodeID)
>>> return prpBytes, nil
>> endorsement, prpBytes, err := plugin.Endorse(prpBytes, ctx.SignedProposal)   //该插件必须提供 Endorse()
>> resp := &pb.ProposalResponse{Version: 1, Endorsement: endorsement,
                                 Payload: prpBytes, Response: ctx.Response, }
>> return resp, nil
```

在较老的版本中，背书是由系统链码 ESCC 提供的，现在则改成由背书插件（Plugin）提供，只要插件按界面要求提供 Endorse()函数就行。所以现在系统链码 ESCC 被归入 Deprecated，即已经过时。

如果没有另作指定，所用的就是 DefaultEndorsement，其 Endorser()函数的摘要为：

```
func (e *DefaultEndorsement) Endorse(prpBytes []byte, sp *peer.SignedProposal)
                                                        (*peer.Endorsement, []byte, error)
> signer, err := e.SigningIdentityForRequest(sp)
   // serialize the signing identity
> identityBytes, err := signer.Serialize()
   // sign the concatenation of the proposal response and the serialized endorser identity with this endorser's key
> signature, err := signer.Sign(append(prpBytes, identityBytes...))   //用私钥签名
> endorsement := &peer.Endorsement{Signature: signature, Endorser: identityBytes}
> return endorsement, prpBytes, nil
```

所谓背书，实质上就是对全套资料包括原始的 Proposal 和模拟运行的结果等等整合在一起，再加上背书者使用其私钥的签名。

为请求者的 Proposal 提供背书，即 endorseProposal()，是 Endorser.ProcessProposal()中最后一项实质性的操作，完成了这项操作就完成了 Endorse，评审节点的一次评审就结束了，当程序从 Endorser.ProcessProposal()返回时，RPC 机制会将 ProposalResponse 串行化后发送回交易的发起者节点。于是我们又回到了那个节点上的 ChaincodeInvokeOrQuery()中，从对 endorserClient.ProcessProposal()的调用返回。

所以，如果一切顺利，评审节点就会对交易请求 Proposal 及其模拟执行的结果加签背书，并向请求者发回一个 Protobuf 的 ProposalResponse 消息。而交易的请求者，则把响应消息解码后形成一个 ProposalResponse 结构，并将其返回给 ChaincodeInvokeOrQuery()。这个 ProposalResponse 结构的定义是这样：

```
type ProposalResponse struct {}          //内含三大主要成分，即 Response，Payload 和 Endorsement。
] Version int32                   // Version indicates message protocol version
] Timestamp *google_protobuf1.Timestamp
] Response *Response              //第一个主要成分是执行链码所得的回应，主要是表明执行情况的信息：
]] Status int32                   // A status code that should follow the HTTP status codes.
]] Message string                 // A message associated with the response code. 例如“OK”。
]] Payload []byte                 // A payload that can be used to include metadata with this response.
] Payload []byte         //第二个主要成分是执行结果，包括公共数据的读写集合和发生的事件等等：
]] ProposalHash []byte
]] Extension []byte               //这是串行化了的 ChaincodeAction
]]] Results []byte                //这是由 SimulateProposal()返回的 pubSimResBytes
]]] Events []byte                 //这是由 SimulateProposal()返回的 ccevent
]]] Response *Response
]]] ChaincodeId *ChaincodeID
] Endorsement *Endorsement        //第二个主要成分是评审节点的背书：
]] Endorser []byte                        // Identity of the endorser (e.g. its certificate)，背书者的身份。
]] Signature []byte                       // 背书者的签名，sign(ProposalResponse.payload + endorser)
```

这样，当提请交易评审的整个流程从ProcessProposal()返回到chaincodeInvokeOrQuery()中的时候，除交易提议Proposal本身外我们有了经评审节点背书的交易结果。虽然这交易结果只是公共数据的读写集合，但是如前所述里面包含了私有数据的Hash值。

我们大约回顾一下ChaincodeInvokeOrQuery()中获取评审结果之后的操作：

```
[chaincodeInvokeOrQuery() > ChaincodeInvokeOrQuery()]

func ChaincodeInvokeOrQuery(spec *pb.ChaincodeSpec, cID string, txID string, invoke bool, …)
```

```
                                                    (*pb.ProposalResponse, error)
> ...
> for _, endorser := range endorserClients {   //对于所有的评审节点：
>+ proposalResp, err := endorser.ProcessProposal(context.Background(), signedProp) //对 Endorser 的 RPC 调用
        //通过客户端 endorserClient 将签了名的 Proposal 发送给评审节点 Endorser，请其评审并加背书。
        //对方评审并背书后发回 proposalResp。
>+ responses = append(responses, proposalResp)   //将各个 Endorser 发回的结果收集在一起
> }
> proposalResp := responses[0]   //只拿其中一个就行，因为是一票否决。
> if invoke {   //invoke 才需要，如果只是查询，这次交易就不进入块链，因而无需编排。
>+ if proposalResp != nil {
>++ env, err := putils.CreateSignedTx(prop, signer, responses...)   //创建名为 env 的 Envelope
>++ …
>++ err = bc.Send(env);   //将 Envelope 通过 BroadcastClient 发送给编排节点 Orderer，请求编排发布。
>+ }   //end if proposalResp != nil
> }   //end if invoke
> return proposalResp, nil   //返回评审回复 proposalResp
```

正如函数名ChaincodeInvokeOrQuery()所示，每次交易所作无非就是Invoke或Query，不是前者就是后者。读者也许会想，用户链码的部署似乎既不是对链码的调用，也不是查询，这算是哪一种？其实如前所述用户链码的部署是通过对系统链码lscc的调用而完成的，这当然也是Invoke。

如果是查询，那么本次交易已经结束了，ProposalResponse 的 Payload 中就含有查询所得的信息，进一步的处理如信息的显示是返回到 chaincodeInvokeOrQuery()或别的应用层函数后进行的。换言之，在超级账本系统中，仅作查询的“交易”并不记入块链和账本。

而对于链码调用，则还须往下继续执行，得要把取得背书的 Proposal 发送给编排节点，请求将此交易及其执行结果记录到下一次发布的区块中，这样才能使这个交易的结果在全网的节点上都得到体现。为此先要通过 CreateSignedTx()将所需的材料装订在一起成为一个 Envelope，再通过 BroadcastClient.Send()发送给 Order 节点。这二者我们在前面都已看到过，这里不再重复。下面就是 Order 节点上的事了。

4.6　编排与新块发布

前面讲了交易请求即Proposal的评审和背书，即Endose；也讲了评审节点Endoser对具体交易的模拟执行。如果顺利通过了模拟执行，Endorser就为交易请求背书并将其发还给申请者。而申请者，则将获得了足够背书的申请材料即Envelope发送给编排节点Orderer。新块是由Order节点编排发布的。

在比特币和以太坊网络中，新块的发布是全局的。让全网竞争下一个块的发布权，由胜出者向全网发布新块。而超级账本网络中的Order节点无需竞争，是在系统配置文件中指定的。不过这并不意味着全网只能有一个Order节点，更不意味着全网只有一个公共的块链。Order节点的新块发布一般而言不是面向全网，而是只面向由一群“利益攸关者”或者兴趣共同者组成的“频道（channel）”，就好像微信群。这样就把整个超级账本网络分割开来了，这样显然有个好处，就是不像比特币和以太坊网络中那样让网络中的每个节点和每条链路都背上沉重的负担（其实以太坊也是可以分成多个子网的），符合“分而治之（Devide and Conquer）”的原则。更重要的是，这样还可以引入并行度，提高整个网络的每秒交易量（TPS，Transactions per Second）的总和。当然，缺点也是有的，如果说比特币和以太坊网络中的每笔交易都是得到“全社会”的认同，那么现在这样只是得到“利益攸关者”或者兴趣共同者的认同了，所以这也是一种折中和权衡的结果。

不过超级账户网络中并没有使用“群”这个词，而称之为Channel。注意这个Channel跟Go语言中的通道（chan）不是一回事，Channel实际上相当于我们所说的“群”，我把Channel翻译成“频道”，因为在同一个群中的节点或用户就好像是在同一个频道上收听和发送。超级账户网络中可以有多个频道，每个频道上可以有多个节点和用户，每个节点和用户也可以加入多个频道。更重要的是，除“系统频道”外，每个频道上都有并且只有一个块链，即Chain。所以Chain与Channel是一一对应的。一个块链的ID，即ChainID，既唯一地确定了一个块链，也唯一地确定了一个频道。因而Chain与Channel这两个词在超级账户网络中是可以互换的同义词。

进一步，在超级账户网络的Channel中采用Gossip协议，所以一个Channel也称为一个Gossip频道，即GossipChannel。不过同一频道中的通信也并不都是Gossip，也可以有定点的通信，特别是交易请求Proposal的提交评审和提交编排发布都不采用Gossip协议。从交易的发起到进入块链的整个流程中，Gossip式的传播主要用于两种信息，一种是经编排形成的区块，另一种是执行链码所得的私有数据读写集合。除此之外就是频道内的选举信息了。

Order节点有着不同于Peer节点的系统结构，它另有一个不同的可执行映像，相关的源程序都在order这个目录下，我们从它的main()函数开始看一下创建这个线程的流程摘要：

```
func main()
> server.Main()    //Order 节点本质上是个 Server，为整个网络提供编排服务和频道管理服务。
>> fullCmd := kingpin.MustParse(app.Parse(os.Args[1:]))  //从操作系统获取本次启动 Order 节点的命令行
>> conf, err := localconfig.Load()  //加载节点配置
>> initializeLocalMsp(conf)  //对 MSP 即会员管理机制的初始化
>> Start(fullCmd, conf)        //调用
```

完成了最基本的初始化之后，就调用Order节点上的Start()函数，实施进一步的初始化并转入正常运行：

```
func Start(cmd string, conf *config.TopLevel)
> bootstrapBlock := extractBootstrapBlock(conf)
> clusterType := isClusterType(bootstrapBlock)
> signer := localmsp.NewSigner()                          //用来提供签名
> lf, _ := createLedgerFactory(conf)                      //见后述
> serverConfig := initializeServerConfig(conf)            //系统配置的初始化
> grpcServer := initializeGrpcServer(conf, serverConfig)  //Grpc 服务端的初始化，gRPC 是 Google 的 RPC。
> caSupport := &comm.CASupport{ AppRootCAsByChain: make(map[string][][]byte),
                                OrdererRootCAsByChain: make(map[string][][]byte),
                                ClientRootCAs: serverConfig.SecOpts.ClientRootCAs, }  //CA 是身份认证
> tlsCallback := func(bundle *channelconfig.Bundle) {}      //用于 TLS，即网络上传输层的加密。
                 > // only need to do this if mutual TLS is required
                 > if grpcServer.MutualTLSRequired() {
                 >+ logger.Debug("Executing callback to update root CAs")
                 >+ updateTrustedRoots(grpcServer, caSupport, bundle)
                 > }
> manager := initializeMultichannelRegistrar(conf, signer, tlsCallback)  //见后
> mutualTLS := serverConfig.SecOpts.UseTLS && serverConfig.SecOpts.RequireClientCert
> server := NewServer(manager, signer, &conf.Debug, conf.General.Authentication.TimeWindow, mutualTLS)
    == NewServer(r *multichannel.Registrar, _ crypto.LocalSigner,…)
                                              //创建一个 AtomicBroadcastServer，展开如下：
>> s := &server{dh: deliver.NewHandlerImpl(deliverSupport{Registrar: r}, timeWindow, mutualTLS),
                bh: broadcast.NewHandlerImpl(broadcastSupport{Registrar: r}), debug: debug,
                Registrar: r, }       //dh为Deliver Handler，bh为Broadcast Handler
>> return s   // creates an ab.AtomicBroadcastServer based on the broadcast target and ledger Reader
      //至此已经创建了一个AtomicBroadcastServer，里面有两个Handler，其中之一bh就是前面看到的
      // broadcast界面的Handler，用于接收Envelope；另一个dh是deliver界面的Handler，用于块的传播。
> ab.RegisterAtomicBroadcastServer(grpcServer.Server(), server)  //登记上面创建的 AtomicBroadcastServer
    == RegisterAtomicBroadcastServer(s *grpc.Server, srv AtomicBroadcastServer)
>> s.RegisterService(&_AtomicBroadcast_serviceDesc, srv)
> grpcServer.Start()  //启用 gRPC 服务
>> return gServer.server.Serve(gServer.listener)
```

通过命令行启动Order节点软件时有两个命令行选项，一个是“start”，另一个是“benchmark”，后者只是用于性能测试，我们关心的是前者。从Order节点初始化的角度，这

里对好几个函数的调用都是值得深究的，但是因本书篇幅所限这里就不深入进去了，在这里我们主要关心其中的几个函数。首先是createLedgerFactory()。

[main() > Start() > createLedgerFactory()]

func **createLedgerFactory**(*conf* *config.TopLevel) (blockledger.Factory, string)
> var lf blockledger.Factory
> var ld string
> **switch** conf.General.LedgerType {
> **case** "file": //普通文件格式的 Ledger:
>+ ld = conf.FileLedger.Location //Ledger 所在的目录
>+ if ld == "" {ld = ***createTempDir***(conf.FileLedger.Prefix)} //如果没有给定目录就创建一个临时目录
>+ lf = ***fileledger.New***(ld)
>+ // The file-based ledger stores the blocks for each channel in a fsblkstorage.ChainsDir sub-directory that we
// have to create separately. Otherwise the call to the ledger Factory's ChainIDs below will fail (dir won't exist).
>+ ***createSubDir***(ld, fsblkstorage.ChainsDir)
> **case** "json": //Json 格式的 Ledger:
>+ ld = conf.FileLedger.Location //Ledger 所在的目录
>+ if ld == "" {ld = ***createTempDir***(conf.FileLedger.Prefix)} //如果没有给定目录就创建一个临时目录
>+ lf = ***jsonledger.New***(ld) //创建 Json 格式的 Ledger
> **case** "ram": //仅存在于 RAM 内存中的 Ledger:
>+ fallthrough //继续往下：
> default:
>+ lf = ***ramledger.New***(int(conf.RAMLedger.HistorySize)) //默认 ramledger
> }
> return lf, ld

这个函数返回一个blockledger.Factory，就是定义于blockledger这个package中的Factory界面，实际上可以是实现了这个界面的fileledger，jsonledger，或者ramledger，具体取决于节点配置，实际创建的lf，即LedgerFactory，就是这三者之一。前面讲过，Fabric网络中可以开设多个频道，每个频道都有一个Ledger，以后每开通一个频道就由lf为其创建一个Ledger。

除此之外，在Start()中有两件大事。一件是频道管理机构Registrar的创建和初始化；另一件是Broadcast服务，即AtomicBroadcastServer的创建、登记、启用。

首先是initializeMultichannelRegistrar()，即Registrar的创建和初始化，这里所谓的Channel就是频道。

```
[main() > Main() > Start() > initializeMultichannelRegistrar()]

func initializeMultichannelRegistrar(bootstrapBlock *cb.Block, clusterDialer *cluster.PredicateDialer,
                srvConf comm.ServerConfig, srv *comm.GRPCServer, conf *localconfig.TopLevel,
                signer crypto.LocalSigner, metricsProvider metrics.Provider, lf blockledger.Factory,
                callbacks ...func(bundle *channelconfig.Bundle))     *multichannel.Registrar
> genesisBlock := extractBootstrapBlock(conf)
> // Are we bootstrapping?
> if len(lf.ChainIDs()) == 0 {   //如果 lf 即 LedgerFactory 中还没有 ChainID，即还没有任何 Ledger：
>+ initializeBootstrapChannel(genesisBlock, lf)    //节点冷启动，需要装载。
> } else {   //已经有了，这是节点热启动。
>+ logger.Info("Not bootstrapping because of existing chains")
> }
> consenters := make(map[string]consensus.Consenter)   //创建一个名叫 consenters 的 Map
> registrar := multichannel.NewRegistrar(lf, signer, metricsProvider, callbacks...)  //创建一个登记管理者：
>> r := &Registrar{chains: make(map[string]*ChainSupport), ledgerFactory: ledgerFactory, signer: signer,
                blockcutterMetrics: blockcutter.NewMetrics(metricsProvider), callbacks: callbacks, }
>> return r
> consenters["solo"] = solo.New()                    //名叫“solo”的 Consenter 是 solo，仅用于测试。
> var kafkaMetrics *kafka.Metrics
> consenters["kafka"], kafkaMetrics =
            kafka.New(conf.Kafka, metricsProvider)   //名叫“kafka”的 Consenter 是 Kafka，实际使用。
> if isClusterType(bootstrapBlock) {
>+ raftConsenter := etcdraft.New(clusterDialer, conf, srvConf, srv, registrar)
>+ consenters["etcdraft"] = raftConsenter
> }
> registrar.Initialize(consenters)   //所创建 Registrar 的初始化
> return registrar
```

NewRegistrar()这个函数返回一个Registrar结构指针，Registrar结构的定义是这样：

```
type Registrar struct {}
] lock       sync.RWMutex                         //用于线程间互斥
] chains             map[string]*ChainSupport          //每个频道，从而每个块链，都有其 ChainSupport。
] consenters          map[string]consensus.Consenter    //有“solo”和“Kafka”两种，我们只关心后者。
] ledgerFactory      blockledger.Factory               //所有频道的 ledgerFactory 都是一样的
] signer             crypto.LocalSigner                //Order 节点的签名工具
] systemChannelID    string                       //系统频道的名称
```

```
] systemChannel      *ChainSupport                    //系统频道的 ChainSupport 有其特殊性
] templator         msgprocessor.ChannelConfigTemplator
] callbacks         []func(bundle *channelconfig.Bundle)   //一组回调函数
```

显然，这是个频道管理机构，里面的chains是个Map，记载着每个频道的ChainSupport结构，根据频道的ChannelID就可找到其ChainSupport结构。后者的定义如下：

```
type ChainSupport struct {}
] *ledgerResources              //与本频道 Ledger 相关的资源，包括例如频道配置等：
]] *configResources
]] blockledger.ReadWriter
] msgprocessor.Processor        //StandardChannel 或 SystemChannel，对消息的处理模块
] *BlockWriter
] consensus.Chain               //Chain 是个界面，实现这个界面的就是前述的 chainImpl。
] cutter blockcutter.Receiver   //用于分块的“切割器”
] crypto.LocalSigner            //用于本频道的签名工具
```

事实上，与频道有关的许多操作都是由ChainSupport提供的。

创建了用于频道登记的Registrar结构以后，这里创建了一个名为consenters的Map，consent这个词就是我们说的“共识”。这个Map中有两个KV对，一个名为“solo”，其值为一个solo对象（模块）；另一个名为“kafka”，其值为一个Kafka对象（模块）。这两个模块，都是为编排的实施提供数据排队与分发的工具和手段，但是solo仅用于测试，Kafka则用于正常运行，所以Kafka可说是编排节点的核心，后面还要详述。

然后就是对所创建Registrar的初始化，包括存量频道的创建：

```
[main() > Main() > Start() > initializeMultichannelRegistrar() > Initialize()]

func (r *Registrar) Initialize(consenters map[string]consensus.Consenter)
> r.consenters = consenters
> existingChains := r.ledgerFactory.ChainIDs()   //获取一个原已创建的存量频道清单
> for _, chainID := range existingChains {   //对于清单中的每个存量频道：
>+ rl, err := r.ledgerFactory.GetOrCreate(chainID)   //获取该频道的 ReadWriter
>+ configTx := getConfigTx(rl)   //获取创建该频道的那个交易的 Envelope
>+ ledgerResources := r.newLedgerResources(configTx)   //摘要如下：
>+> resources := &configResources{mutableResources: channelconfig.NewBundleSource(bundle, r.callbacks...), }
>+> return &ledgerResources{configResources: resources, ReadWriter: ledger, }
>+ chainID := ledgerResources.ConfigtxValidator().ChainID()
>+ _, ok := ledgerResources.ConsortiumsConfig();
```

>+> return r.ConsortiumsConfigVal, r.ConsortiumsConfigVal != nil

>+ if ok {　// ledgerResources.ConsortiumsConfigVal 非空，这是个系统频道：

>++ if r.systemChannelID != "" {logger.Panicf("There appear to be two system chains …", …)}

//不应再有 systemChannelID，因为这个频道本身就是系统频道。

>++ *chain* := ***newChainSupport***(r, ledgerResources, r.consenters, r.signer, r.blockcutterMetrics)

//创建该频道的 ChainSupport 结构，见后。

>++ r.templator = msgprocessor.***NewDefaultTemplator***(*chain*)

>++> return &DefaultTemplator{support: support,}

>++ filters := msgprocessor.CreateSystemChannelFilters(r, *chain*)

>++ chain.Processor = msgprocessor.***NewSystemChannel***(*chain*, r.templator, filters)　//展开如下：

>++> channel := ***NewStandardChannel***(support, filters)

>++>> return &StandardChannel{filters: filters, support: support, }

// StandardChannel就是ChainSupport加filters

>++> return &SystemChannel{StandardChannel: channel, templator: templator,}

// SystemChannel就是StandardChannel加templator

>++ // Retrieve genesis block to log its hash. See FAB-5450 for the purpose

>++ iter, pos := rl.Iterator(&ab.SeekPosition{Type: &ab.SeekPosition_Oldest{Oldest: &ab.SeekOldest{}}})

>++ defer iter.Close()

>++ if pos != uint64(0) {logger.Panicf("Error iterating over system channel: '%s', expected position 0, … ", …)}

>++ genesisBlock, status := iter.Next()

>++ if status != cb.Status_SUCCESS {logger.Panicf("Error reading genesis block of system channel '%s'", …)}

>++ logger.Infof("Starting system channel '%s' with genesis block hash %x and orderer type %s",

chainID, genesisBlock.Header.Hash(), chain.SharedConfig().ConsensusType())

>++ r.chains[chainID] = *chain*　//这是 ChainSupport

>++ r.systemChannelID = chainID

>++ r.systemChannel = *chain*

>++ defer ***chain.start***()　//延迟启动，因为系统频道的创建可能尚未全部完成。

　　> cs.Chain.Start()

　　>> go ***startThread***(chain)

>+ }　//end if ok

>+ else {　//这是标准频道（不是系统频道）：

>++ logger.Debugf("Starting chain: %s", chainID)

>++ chain := ***newChainSupport***(r, ledgerResources, r.consenters,r.signer, r.blockcutterMetrics)　//见前

>++ r.chains[chainID] = chain

>++ ***chain.start***()　//立即启动

>++> cs.Chain.Start()

>++>> go ***startThread***(chain)

>+ }　//end else

```
> }    //end for _, chainID := range existingChains
> if r.systemChannelID == "" {
>+ logger.Panicf("No system chain found.
                If bootstrapping, does your system channel contain a consortiums group definition?")
> }
```

Order节点在开机的时候会有一些存量的频道，那都是在关机前就创建了的频道，相关的信息保留在Ledger中（见fileLedgerFactory），现在开机就得恢复这些存量的频道。这里的for循环就是对存量频道的chainID的循环。程序在其每一轮循环中为一个chainID创建一个ChainSupport结构，其内部成分Chain实际上是个chainImpl结构，里面聚集着构成一个具体频道的种种要素，代表着一个具体的频道。为此我们要看一下newChainSupport()的摘要：

```
[main() > Main() > Start() > initializeMultichannelRegistrar() > Initialize() > newChainSupport()]

func newChainSupport(registrar *Registrar, ledgerResources *ledgerResources,
                consenters map[string]consensus.Consenter,
                signer crypto.LocalSigner, blockcutterMetrics *blockcutter.Metrics,) *ChainSupport
> // Read in the last block and metadata for the channel
> lastBlock := blockledger.GetBlock(ledgerResources, ledgerResources.Height()-1)
> metadata, err := utils.GetMetadataFromBlock(lastBlock, cb.BlockMetadataIndex_ORDERER)
> blkcutter := blockcutter.NewReceiverImpl(ledgerResources.ConfigtxValidator().ChainID(),
                                                ledgerResources, blockcutterMetrics,)
> cs := &ChainSupport{ledgerResources: ledgerResources, LocalSigner: signer, cutter: blkcutter,}
                        //这个 ChainSupport 结构尚不完整，有些成分还是空白，下面加以补充：
> // Set up the msgprocessor
> cs.Processor = msgprocessor.NewStandardChannel(cs, msgprocessor.CreateStandardChannelFilters(cs))
> // Set up the block writer
> cs.BlockWriter = newBlockWriter(lastBlock, registrar, cs)
> // Set up the consenter
> consenterType := ledgerResources.SharedConfig().ConsensusType()   //kafka 或 solo
> consenter, ok := consenters[consenterType]
> cs.Chain, err = consenter.HandleChain(cs, metadata)       //设置 ChainSupport 结构中的 Chain 字段
>> lastOffsetPersisted, lastOriginalOffsetProcessed, lastResubmittedConfigOffset :=
                                        getOffsets(metadata.Value, support.ChainID())
>> return newChain(consenter, support,
            lastOffsetPersisted, lastOriginalOffsetProcessed, lastResubmittedConfigOffset)
> return cs   //返回
```

注意这是Order节点上的频道，从具体频道上接受的消息要经过所谓consenter交付编排，根据具体用的是solo还是Kafka，ChainSupport结构里面的Chain成分也会不同。所以，solo和kafka各有其自己的HandleChain()。对于Kafka，其HandleChain()所返回的实际上是个chainImpl指针，这个chainImpl结构是由HandleChain()调用newChain()创建的。

```
[main() > Main() > Start() > initializeMultichannelRegistrar() > Initialize() > newChainSupport()
 > HandleChain() > newChain()]
```

```
func newChain(consenter commonConsenter, support consensus.ConsenterSupport,
      lastOffsetPersisted int64, lastOriginalOffsetProcessed int64, lastResubmittedConfigOffset int64,)
                                                              (*chainImpl, error)
> lastCutBlockNumber := getLastCutBlockNumber(support.Height())
> logger.Infof("[channel: %s] Starting chain with last persisted offset %d and last recorded block %d",
                                    support.ChainID(), lastOffsetPersisted, lastCutBlockNumber)
> doneReprocessingMsgInFlight := make(chan struct{})
> if lastResubmittedConfigOffset == 0 || lastResubmittedConfigOffset <= lastOriginalOffsetProcessed {
        // If we've already caught up with the reprocessing resubmitted messages, close the channel ...
>+ close(doneReprocessingMsgInFlight)
> }
> chann := newChannel(support.ChainID(), defaultPartition)
>> return &channelImpl{tpc: fmt.Sprintf("%s", topic), prt: partition, }   //注意这是Kafka的channelImpl
> return &chainImpl{consenter: consenter, ConsenterSupport: support, channel: chann,
            lastOffsetPersisted: lastOffsetPersisted,
            lastOriginalOffsetProcessed: lastOriginalOffsetProcessed,
            lastResubmittedConfigOffset: lastResubmittedConfigOffset,
            lastCutBlockNumber: lastCutBlockNumber,
            haltChan: make(chan struct{}), startChan: make(chan struct{}),
            doneReprocessingMsgInFlight: doneReprocessingMsgInFlight,}, nil
```

这种chainImpl结构是专为与Kafka交互而设计的。比方说里面的成分channel，所包含的信息就是topic和partition，那就是Kafka的属性。

回到Initialize(),创建了ChainSupport结构,并进而根据本频道的性质创建了SystemChannel或StandardChannel以后，下面就是通过startThread()启动该频道的运行。

一个频道的所有编排和管理活动都是从startThread()这个线程开始的，都在这个线程及其子线程中运行，线程的并发性保证了不同频道的并发性。线程之间的通信通过Go语言提供的chan这种线程间通信手段进行，倘若需要在线程间共享变量则应通过加锁/解锁来保证互斥（短时间的独占），但读者应注意本书所做的代码摘要中均不包含加锁/解锁操作。

总之，startThread()就是一个具体频道的主线程，值得注意的是，在采用 Kafka 时，这个线程是由 Kafka 模块提供的。Kafka 是什么，又为什么要涉及 Kafka 呢？这就得先介绍一下 Kafka。

Kafka 是由美国 LinkedIn 公司开发的一个开源软件，用于大数据处理。本质上这是个流水线式的多输入/多输出的排队系统，在编排节点上用于数据的分发。为什么需要这个呢？如前所述，来自 Peer 节点的消息头部 ChannelHeader 中有个 ChannelID 字段，说明这个交易属于哪个频道，但是一个节点可以开通许多频道，而所有节点的 Envelope 都发到（逻辑上的）同一个编排节点，所以编排节点可以有很多个输入源，来自不同频道的消息需要被分发给不同的编排者。另外，每个频道都有自己的 Ledger 和块链，要进入同一块链的 Envelope 则还要根据先后形成排队。所以，把 Kafka 用在这里还是比较合适的，尽管别的解决方案当然也有，但 Kafka 毕竟是现成的开源软件。

在 Fabric 的代码中，与 Kafka 相平行的还有个 Solo 模块，其功能与 Kafka 类似，可以在这二者中选用其一。但是 Fabric 的文档中明确讲 Solo 只是供实验用，也无意进一步开发。

那为什么在比特币和以太坊网络中就没有采用 Kafka 一类的模块和机制呢?那里本来就没有这个需要，因为所有的交易记录都在同一个块链中。

了解这些背景之后，我们再来看 startThread()和其他与频道有关的代码，就比较容易理解了。注意这是作为一个 Go 线程运行的，鉴于它的作用就是把每个频道中提交的 Envelope 理顺，我们就称其为 Order 线程。Order 节点管理着很多个块链，每个块链都有个独立的 Order 线程，每个线程就是 Kafka 输出的一个“消费者”即 Consumer。每个这样的 Consumer 都只为一个块链工作，从 Kafka 这个排队系统中获取（已经得到背书的）交易请求，把它们拼组编排成本块链中的新块并加以发布。

```
func startThread(chain *chainImpl)        //在源文件 orderer/consensus/kafka/chain.go 中
> var err error
> // Create topic if it does not exist (requires Kafka v0.10.1.0)
> err = setupTopicForChannel(chain.consenter.retryOptions(), chain.haltChan,
                chain.SharedConfig().KafkaBrokers(), chain.consenter.brokerConfig(),
                chain.consenter.topicDetail(), chain.channel)
> // Set up the producer
> chain.producer, err = setupProducerForChannel(chain.consenter.retryOptions(), chain.haltChan,
                chain.SharedConfig().KafkaBrokers(), chain.consenter.brokerConfig(), chain.channel)
                        //设置好本频道的（信息）生产者 producer
> // Have the producer post the CONNECT message，由这个生产者向 Kafka 子系统发送 CONNECT 请求：
> err = sendConnectMessage(chain.consenter.retryOptions(), chain.haltChan, chain.producer, chain.channel);
> // Set up the parent consumer，设置本频道的顶层消费者 parentConsumer：
> chain.parentConsumer, err = setupParentConsumerForChannel(chain.consenter.retryOptions(),
        chain.haltChan, chain.SharedConfig().KafkaBrokers(), chain.consenter.brokerConfig(), chain.channel)
> // Set up the channel consumer，再设置本频道的下层消费者 channelConsumer：
```

```
> chain.channelConsumer, err = setupChannelConsumerForChannel(chain.consenter.retryOptions(),
                        chain.haltChan, chain.parentConsumer, chain.channel, chain.lastOffsetPersisted+1)
> chain.doneProcessingMessagesToBlocks = make(chan struct{})
> chain.errorChan = make(chan struct{}) // Deliver requests will also go through
> close(chain.startChan)                 // Broadcast requests will now go through
> logger.Infof("[channel: %s] Start phase completed successfully", chain.channel.topic())
> chain.processMessagesToBlocks() // Keep up to date with the channel
```

Kafka是一个排队分发子系统，进入Kafka的数据按“话题（topic）”和“分区（partition）”分别加以排队，同一个频道的数据都属于同一个话题，所以这里通过setupTopicForChannel()为本频道设置好话题。

对于Kafka子系统而言，每个频道都既可以是它的消费者（Consumer），即从Kafka读出数据；也可以是它的生产者（producer），即向Kafka写入数据。所以这里先创建本频道作为生产者的设施，即chain.producer，然后创建本频道作为消费者的设施。不过作为消费者有两种不同的情况，一种是作为整个Kafka的消费者；另一种是仅作为Kafka中某个Partition的消费者。所以这里创建了一个parentConsumer，又创建了一个channelConsumer。

这里的setupProducerForChannel()和sendConnectMessage()是在建立本频道与Kafka输入端的连接，而setupParentConsumerForChannel()和setupChannelConsumerForChannel()则是在建立本频道与Kafka输出端的连接。Kafka本身也不是个很简单的软件，与超级账本的逻辑和原理也没有太大的联系，限于篇幅我们就不深入进去了，只要把它当作一个提供消息分发和排队的黑盒子就行。

完成了这些准备之后，就进入函数processMessagesToBlocks()，在主循环中等待属于本频道的Envelope到来并将这些消息编排成块。现在就静待消息的到来了。

另外，父线程回到Start()，创建并登记了一个AtomicBroadcastServer，作为Broadcast通信的服务端，并开启了Order节点的gRPC服务。这样，任何一个Peer节点都可以通过Broadcast()创建一个AtomicBroadcast_BroadcastClient客户端，然后通过这个客户端发起以“/orderer.AtomicBroadcast/Broadcast”为目标的gRPC调用，与服务端建立一个通信连接，即Stream，而服务端就会有个基于这个Stream的Handler()，并进入Handle()里面的主循环，此后双方就可以通过Send()、Recv()这些函数双向通信了。

说实在的，我也不明白为什么叫Broadcast，这明明就是定向发送给Order节点。当然也可以这么理解，之所以发送给编排节点，是为了最终能扩散到整个频道，因而也是一种广播。但是总觉得有点牵强。

前面我们看到，在获得对其交易提议Proposal的背书Endorsements以后，发起交易的节点把材料装订在一起形成一个Envelope，通过broadcastClient.Send()将其发送给编排节点。

而Order节点这一边，与broadcastClient相对的是AtomicBroadcast_BroadcastServer，与Send()

相对的则是Recv()，这个Recv()是在服务端的Handle()内部受到调用的，我们就从这个Handle()开始：

```
// Handle reads requests from a Broadcast stream, processes them, and returns the responses to the stream
func (bh *Handler) Handle(srv ab.AtomicBroadcast_BroadcastServer) error {
> addr := util.ExtractRemoteAddress(srv.Context())  //一个 BroadcastServer 线程只对一个 Peer 节点
> logger.Debugf("Starting new broadcast loop for %s", addr)
> for {  //Order 节点上 AtomicBroadcast_BroadcastServer 线程的主循环：
>+ msg, err := srv.Recv()                    //接收消息
>+ if err == io.EOF {return nil}
>+ if err != nil {return err}
>+ resp := bh.ProcessMessage(msg, addr)      //处理消息，产生回应消息 resp
>+ err = srv.Send(resp)                      //发送回应消息
>+ if resp.Status != cb.Status_SUCCESS {return err}  //如果回应消息的状态码不是 SUCCESS 就 return。
>+ if err != nil {return err}                //如果出错就 return。一旦 return，线程就结束运行了。
> }  //end for
```

这是个典型的服务线程主循环，就看Recv()和Send()之间是什么样的通信规程，而更重要的当然是如何处理接收到的（请求）消息，那就是ProcessMessage()：

```
func (bh *Handler) ProcessMessage(msg *cb.Envelope, addr string) (resp *ab.BroadcastResponse)
> tracker := &MetricsTracker{ChannelID: "unknown", TxType: "unknown", Metrics: bh.Metrics,}
        //创建一个 tracker，用于统计和跟踪目的，为集中注意力下面省略了所有与 tracker 有关的操作。
> chdr, isConfig, processor, err := bh.SupportRegistrar.BroadcastChannelSupport(msg)
                    //从消息中提取信息，以确定所针对的频道和消息类型，展开如下：
                    //返回的 processor 是个 ChainSupport 指针，chdr 是 ChannelHeader 指针。
>> chdr, err := utils.ChannelHeader(msg)
>> cs := r.GetChain(chdr.ChannelId)        //按照 ChannelId，返回该频道的 ChainSupport 指针 cs：
>>> return r.chains[chainID]
>> if cs == nil { cs = r.systemChannel }   //指针为空，r.chains[]中没有登记项，默认为系统频道。
>> isConfig := false                       //先假定不是 Config 消息
>> switch cs.ClassifyMsg(chdr) {                        //解析消息类型，分情形处理：
>> case msgprocessor.ConfigUpdateMsg:  isConfig = true       //对于 Config，只允许 Update，即变更。
>> case msgprocessor.ConfigMsg:                              //不允许创建
>>+ return chdr, false, nil, errors.New("message is of type that cannot be processed directly")
>> default:                                                  //别的都可以
>> }
>> return chdr, isConfig, cs, nil
```

```
> if !isConfig {                                           //如果是普通（Normal）消息，不是 Config 消息：
>+ configSeq, err := processor.ProcessNormalMsg(msg)            //处理普通消息
>+ err = processor.WaitReady();
>+ err = processor.Order(msg, configSeq)                   //交付编排
> }
> else { // isConfig                                  //如果是 Config 消息：
>+ config, configSeq, err := processor.ProcessConfigUpdateMsg(msg)          //处理 Config 变更消息
>+ err = processor.WaitReady();
>+ err = processor.Configure(config, configSeq)                       //实施 Config 变更
> }
> return &ab.BroadcastResponse{Status: cb.Status_SUCCESS}   //返回一个状态为 SUCCESS 的回应消息
```

一个BroadcastServer线程只对一个Peer节点，是应对方的对于Broadcast的gRPC请求而创建的，对方就是BroadcastClient。只要对方不断开连接，这个服务线程就会一直存在。

来自Peer节点的消息有两类，一类是普通消息，就是所谓Normal Message，其内容是提交发布的Envelope，即经过背书的交易提议。另一类是用来改变频道配置（包括有节点加入频道）的消息，即ConfigUpdateMsg。另外，来自Peer节点的消息都是针对具体频道的，消息中都有个ChannelHeader，里面有个字段ChannelId，根据这ChannelId就可以找到目标频道的ChainSupport数据结构。每个频道都有自己的ChainSupport，此后的许多操作就都是由具体的ChainSupport提供。所以这里调用的BroadcastChannelSupport()很关键，其作用一方面是区分到来的消息是否配置消息，如果是就把标志isConfig置成true，以供分情形处理；另一方面是从消息中提取ChannelHeader和ChannelId，以获取目标频道的ChainSupport结构。

对于常规消息的处理是先由ProcessNormalMsg()进行合规检查，如果没有问题就通过processor.Order()提请编排，我们先看合规检查：

```
[Handle() > ProcessNormalMsg()]

// ProcessNormalMsg will check the validity of a message based on the current configuration. It returns the current
// configuration sequence number and nil on success, or an error if the message is not valid

func (s *StandardChannel) ProcessNormalMsg(env *cb.Envelope) (configSeq uint64, err error)
> configSeq = s.support.Sequence()    // StandardChannelSupport.Sequence()
> err = s.filters.Apply(env)
        == (rs *RuleSet) Apply(message *ab.Envelope) error      //实施各种合规检查，  展开：
>> for _, rule := range rs.rules {    //实施针对所有规则的检查
>>+ err := rule.Apply(message)
>>+ if err != nil {return err}    //只要有一条 rule 不能满足就出错返回
>> }    //end for，得要满足所有的 rule 才能到达整个 for 循环的结束。
```

```
>> return nil        //end Apply(message *ab.Envelope)
> return
```

显然，RuleSet是一组检查规则，这里在一个for循环中逐条运用，对到来的消息进行检验，具体有emptyRejectRule、acceptRule、SigFilter、MaxBytesRule等规则，这里就不细看了。通过这些合规检查之后，下一步就是调用processor.Order()，实际上是chainImpl.Order()，就是针对目标频道调用Order()函数。注意这个chainImpl是特别面向Kafka的。

不过chainImpl.Order()只是在调用参数后面添加了一个参数0，就调用另一个函数order()。之所以添上一个0，是因为order()多了一个参数originalOffset，而对于刚到来尚未开始处理的消息这个位移是0。下面是函数order()的摘要：

```
[Handle() > ProcessNormalMsg() > chainImpl.Order() > order()]

func (chain *chainImpl) order(env *cb.Envelope, configSeq uint64, originalOffset int64) error
> marshaledEnv, err := utils.Marshal(env)  //将 cb.Envelope（内含 Payload 和 Signature）串行化编码
> normalMsg := newNormalMessage(marshaledEnv, configSeq, originalOffset)  //用其创建一个 KafkaMessage
   == newNormalMessage(payload []byte, configSeq uint64, originalOffset int64) *ab.KafkaMessage
      //Type 为 KafkaMessage_Regular，Class 为 KafkaMessageRegular_NORMAL，originalOffset 为 0，展开：
>> return &ab.KafkaMessage{                        //将 marshaledEnv 封装成一个 KafkaMessage 消息
          Type: &ab.KafkaMessage_Regular{     //是 KafkaMessage 中的 KafkaMessage_Regular
               Regular: &ab.KafkaMessageRegular{
                    Payload:   payload,          //这就是那个 marshaledEnv，串行化编码后的 Envelope。
                    ConfigSeq:          configSeq,
                    Class:              ab.KafkaMessageRegular_NORMAL,  //进一步的分类
                    OriginalOffset: originalOffset,     //见调用参数，原初位移量为 0
               },},}  //KafkaMessage 有三种不同的类型，Regular、TimeToCut 和 Connect。
> chain.enqueue(normalMsg)  //将此 KafkaMessage 挂入 Kafka 队列。
> return nil
```

因为要用现成的Kafka软件，这里就得把来自Peer节点的消息加工转换成Kafka消息，然后就调用enqueue()将其挂入Kafka队列：

```
[handlerImpl.Handle() > Order() > order() > enqueue()]

func (chain *chainImpl) enqueue(kafkaMsg *ab.KafkaMessage) bool
> select {
> case <-chain.startChan: // The Start phase has completed，这是常规的情况：
>+ select {
```

```
>+ case <-chain.haltChan: // The chain has been halted, stop here，如果停机通道 haltChan 中有停机命令：
>++ return false   // consenter for this channel has been halted，那就在此返回。
>+ default: // The post path，常规的情况下：
>++ payload, err := utils.Marshal(kafkaMsg)   //再将此 kafkaMsg 进一步串行化编码
>++ message := newProducerMessage(chain.channel, payload) )   //为其创建一个 ProducerMessage 消息
      == newProducerMessage(channel channel, pld []byte)   //其内容为：{Topic, <Partition, Payload>}
>++> tpc = channel.topic()            //topic returns the Kafka topic this channel belongs to.
>++> part = sarama.StringEncoder(strconv.Itoa(int(channel.partition())))
>++> return &sarama.ProducerMessage{Topic: channel.topic(),
            Key:part, Value: sarama.ByteEncoder(pld)}   //KV 对中的 Value 部分就是串行化了的 kafkaMsg
>++ _, _, err = chain.producer.SendMessage(message);   //将其发送给 Kafka 子系统
>++ return true   // Envelope enqueued successfully
>+ }   //end select，内层 select。
> default: // Not ready yet
>+ logger.Warningf("[channel: %s] Will not enqueue, consenter for this channel hasn't started yet", …)
>+ return false
> }   //end select
```

“话题（Topic）”和“分区（Partition）”都是Kafka的术语，针对每个频道的消息在Kafka内部都会按此进入特定的队列，每个频道都“订阅”具体的话题并属于某个分区。从逻辑上说，一个Topic就是一个集合，Producer把消息按其话题放到某个集合中就行了。但是实际上一个Topic中可能有太多的消息，混在一起难以管理，所以还要分而治之把它们分区，划分成多个Partition，以便操作和管理。

将Kafka消息挂入Kafka子系统时，得要把它包装成生产者消息，即ProducerMessage，这种消息的结构是一个Topic字段加上一个KV对，其中的键是Partition号码，值就是串行化编码的Payload，实际上就是前面那个Kafka消息。至于这个Kafka消息的类型，对于Kafka子系统而言是透明的。准备好了这个ProducerMessage，就可以通过目标频道的Producer通过SendMessage()使它进入Kafka。有关Kafka子系统内部的操作，这里就不详述了，有兴趣的读者可以自己细读相关的源码。

这样，从网络中来到Order节点的消息都会被交付给Kafka的前端，即Producer，按不同的Topic和Partition挂入不同的队列。这是Kafka的输入端。

那么Kafka的输出端呢？Kafka只是一套分门别类的排队系统，帮助你把源源不断到来的消息分门别类加以归纳整理而已，Order节点拿它干什么呢，怎样把承载在这些消息上的Envelope即经过评审背书的交易请求编排成块并加以发布呢？如前所述，Order节点上对于每个频道即每个块链都有个守护线程，我们称之为Order线程，这个线程的主循环在一个名叫processMessagesToBlocks()的函数中，它的作用就是对于因“订阅”而从Kafka读出的消息进行“从消息到块（MessagesToBlocks）”的处理。Order节点上通常会有很多个Order线程，每

个Order线程都在这个函数的主循环中打转，这才是Order节点的核心所在。下面是processMessagesToBlocks()的摘要：

```
[startThread() > processMessagesToBlocks()]

func (chain *chainImpl) processMessagesToBlocks()   ([]uint64, error)
    // drains the Kafka consumer for the given channel, and
    // takes care of converting the stream of ordered messages into blocks for the channel's ledger.
> counts := make([]uint64, 11)     // For metrics and tests
> msg := new(ab.KafkaMessage)   //创建一个空白的 KafkaMessage 结构，用于从 Kafka 读取。
> defer func()
        > close(chain.doneProcessingMessagesToBlocks)
> defer func()     // When Halt() is called
        > select {
        > case <-chain.errorChan: // If already closed, don't do anything
        > default:
        >+ close(chain.errorChan)
        > }
> subscription := fmt.Sprintf("added subscription to %s/%d", chain.channel.topic(), chain.channel.partition())
> var topicPartitionSubscriptionResumed <-chan string
> var deliverSessionTimer *time.Timer
> var deliverSessionTimedOut <-chan time.Time

> for {     //Order 线程的主循环，从其诸多不同的通道上接收信息并加以处理：
>+ select {   //不同通道上到来的信息有不同的语义和作用，其中最重要的是通道 in：
>+ case <-chain.haltChan:   //收到了终止本频道运行的命令
>++ counts[indexExitChanPass]++
>++ return counts, nil        //从 processMessagesToBlocks()返回，也就是终止本线程的运行。

>+ case kafkaErr := <-chain.channelConsumer.Errors():   //对于出错的处理，这是对多种情况的综合：
>++ counts[indexRecvError]++   //增加出错计数
>++ select {   //进一步分析具体的出错情况：
>++ case <-chain.errorChan: // If already closed, don't do anything，后面有进一步处理，见下面的 select 语句。
>++ default:
>+++ switch kafkaErr.Err {
>+++ case sarama.ErrOffsetOutOfRange:
>++++ // the kafka consumer will auto retry for all errors except for ErrOffsetOutOfRange
>++++ logger.Errorf("[channel: %s] Unrecoverable error during consumption: %s", chain.ChainID(), kafkaErr)
```

```
>++++ close(chain.errorChan)
>+++ default:
>++++ if topicPartitionSubscriptionResumed == nil {   // register listener
>+++++ topicPartitionSubscriptionResumed = saramaLogger.NewListener(subscription)
>+++++ // start session timout timer
>+++++ deliverSessionTimer = time.NewTimer(chain.consenter.retryOptions().NetworkTimeouts.ReadTimeout)
>+++++ deliverSessionTimedOut = deliverSessionTimer.C
>++++ }    //end if topicPartitionSubscriptionResumed == nil
>+++ }    //end switch
>++ }    //end select，这是 case kafkaErr := <-chain.channelConsumer.Errors()下面的第一个 select 语句
>++ select {    //这是 case kafkaErr := <-chain.channelConsumer.Errors()下面的第二个 select 语句
>++ case <-chain.errorChan: // we are not ignoring the error.  对频道本身出错的处理，试图重新连接。
>+++ logger.Warningf("[channel: %s] Closed the errorChan", chain.ChainID())
>+++ // This covers the edge case where (1) a consumption error has closed the errorChan and thus rendered the
     // chain unavailable to deliver clients, (2) we're already at the newest offset, and (3) there are no new
     // Broadcast requests coming in. In this case, there is no trigger that can recreate the errorChan again and
     // mark the chain as available, so we have to force that trigger via the emission of a CONNECT message.
     // TODO Consider rate limiting
>+++ go sendConnectMessage(chain.consenter.retryOptions(), chain.haltChan, chain.producer, chain.channel)
>++ default: // we are ignoring the error
>+++ logger.Warningf("[channel: %s] Deliver sessions will be dropped if consumption errors continue.", …)
>++ }    //end select，以上为 case kafkaErr := <-chain.channelConsumer.Errors()下面对各种出错的处理

>+ case <-topicPartitionSubscriptionResumed:    // stop listening for subscription message，对恢复订阅的处理：
>++ saramaLogger.RemoveListener(subscription, topicPartitionSubscriptionResumed)
>++ topicPartitionSubscriptionResumed = nil    // disable subscription event chan
>++ if !deliverSessionTimer.Stop() {    // stop timeout timer
>+++ <-deliverSessionTimer.C
>++ }
>++ logger.Warningf("[channel: %s] Consumption will resume.", chain.ChainID())

>+ case <-deliverSessionTimedOut:    //对于超时的处理（注意这跟下面的定时器到点不是一回事）：
>++ // stop listening for subscription message
>++ saramaLogger.RemoveListener(subscription, topicPartitionSubscriptionResumed)
>++ topicPartitionSubscriptionResumed = nil    // disable subscription event chan
>++ close(chain.errorChan)    // Closed the errorChan
>++ // make chain available again via CONNECT message trigger
```

>++ go **sendConnectMessage**(chain.consenter.retryOptions(), chain.haltChan, chain.producer, chain.channel)

//试图重新连接到 Kafka

>+ **case** ***in***, ok := **<-chain.channelConsumer.Messages()**: //这是我们要考察的主旋律，接收到了一个消息：

//进入 Kafka 子系统的 ProducerMessage，到了 Consumer 这一边就成了 ConsumerMessage。

>++ if !ok { ***return*** counts, nil }

>++ // catch the possibility that we missed a topic subscription event before we registered the event listener

>++ if topicPartitionSubscriptionResumed != nil { //曾试图恢复，现已恢复：

>+++ saramaLogger.**RemoveListener**(subscription, topicPartitionSubscriptionResumed) //因为已经恢复

>+++ topicPartitionSubscriptionResumed = nil // disable subscription event chan

>+++ if !deliverSessionTimer.Stop() { // stop timeout timer

>++++ <-deliverSessionTimer.C

>+++ }

>++ } //end if topicPartitionSubscriptionResumed != nil

>++ **select** {

>++ ***case*** <-chain.errorChan: // If this channel was closed...

>+++ chain.errorChan = make(chan struct{}) // ...make a new one.

>++ default: //什么也不做。所以这个 select 语句就相当于一个 if 语句。

>++ } //end select

//下面是对消息的常规处理：先从接收到的 ConsumerMessage 中解码出 KafkaMessage

>++ if err := proto.**Unmarshal**(*in.Value*, ***msg***); err != nil { …; continue } //从 in.Value 解码到 msg 结构中

>++ counts[indexRecvPass]++ // Successfully unmarshalled consumed message

>++ ***switch msg***.Type.(type) { //根据这个 KafkaMessage 消息的类型分情形处理：

>++ ***case*** *ab.**KafkaMessage_Connect**: //这是向 Kafka 输入端发出的连接请求，兜了一圈回来了：

>+++ _ = chain.**processConnect**(chain.ChainID()) //现在已经处于连接状态，所以这实际上是个空函数。

>+++ counts[indexProcessConnectPass]++

>++ ***case*** *ab.**KafkaMessage_TimeToCut**:

//这是对本批次的切割命令，是由 Order 节点自己通过 sendTimeToCut()发出的：

>+++ err := chain.**processTimeToCut**(msg.GetTimeToCut(), in.Offset) //从 Kafka 的输出中切割出一个新块

>+++ counts[indexProcessTimeToCutPass]++

>++ ***case*** *ab.**KafkaMessage_Regular**: //一个常规的 KafkaMessage，这是我们要考察的主流：

>+++ if err := chain.**processRegular**(msg.GetRegular(), in.Offset);

>+++ err != nil { counts[indexProcessRegularError]++ }

>+++ else { counts[indexProcessRegularPass]++ }

>++ } //end switch //end case in, ok := <-chain.channelConsumer.Messages()

>+ **case** <-chain.timer: //定时器到点（得要发布一个新块了），需要发出本批次的切割命令：

>++ if err := **sendTimeToCut**(chain.producer, chain.channel, chain.lastCutBlockNumber+1, &chain.timer);

```
        //发出一个切割命令，挂入 Kafka 的输入端，成为上面 case *ab.KafkaMessage_TimeToCut 的来源。
>++ err != nil { counts[indexSendTimeToCutError]++ }      //发送切割命令失败
>++ else { counts[indexSendTimeToCutPass]++ }     //发送切割命令成功
>+ }   //end select
> }   //end for
```

这里的 ab 和 cb 都代表着程序导入的模块，在源文件前面的 inport 命令中有这么两行：

```
cb "github.com/hyperledger/fabric/protos/common"
ab "github.com/hyperledger/fabric/protos/orderer"
```

这个函数所在的 Oderer 线程，即具体频道的守护线程，是 Kafka 实质上的消费者。网络中有多少个频道，就有多少个块链，也就有多少个这样的线程。线程的输入来自其各个通道，这些通道各有其不同的语义和作用，而且还可能组合在一起。Kafka 子系统的形式上的 Consumer 从 Kafka 的各个队列中读出，按各个线程的订阅将从 Kafka 读出的信息写入具体线程的各个通道，其作用有点像邮局或快递。而每个这样的 Oderer 线程，其终极的目标就是把属于本频道的交易请求编排成下一个要发布的块，并加以发布。从 processMessagesToBlocks() 的代码中，我们可以归纳出每个具体 Oderer 线程对于各种输入（和事件）所做的反应，所采取的行动：

```
输入   case <-chain.haltChan:   //频道关闭
    反应/输出   counts[indexExitChanPass]++;   return counts, nil   //一旦 return 这个线程就退出运行了
输入   case kafkaErr := <-chain.channelConsumer.Errors():   //频道的消费侧出错
    反应/输出   sendConnectMessage()   //重新连接 Kafka
输入   case <-topicPartitionSubscriptionResumed:   //对于具体话题/分块的订阅已经恢复
    反应/输出   RemoveListener()
输入   case <-deliverSessionTimedOut:   //与 Kafka 子系统的交互超时
    反应/输出   sendConnectMessage()   //重新连接 Kafka 子系统
输入   case in, ok := <-chain.channelConsumer.Messages()   //来自 Kafka 的 ConsumerMessage 消息
    反应/输出，视 ConsumerMessage 消息所承载的 KafkaMessage 类型而定：:
            case *ab.KafkaMessage_Connect:   //连接请求：
                processConnect()
            case *ab.KafkaMessage_TimeToCut:   //对本批次的切割命令：
                processTimeToCut()
            case *ab.KafkaMessage_Regular:   //来自 Kafka 的常规 KafkaMessage
                processRegular()
输入   case <-chain.timer:   //定时器到点:
    反应/输出:   sendTimeToCut()   //反馈后成为输入 ab.KafkaMessage_TimeToCut
```

这里的核心，显然是来自 Kafka 的 ConsumerMessage 消息，最多再算上来自定时器通道的到点信息，其余都是为从 Kafka 子系统获取 ConsumerMessage 消息提供帮助的。顾名思义，ConsumerMessage 就是 Kafka 提交给 Consumer 的消息，这就像容器，具体的 KafkaMessage 就承载在这上面。由 Producer 送入 Kafka 子系统的 ProducerMessage，到了 Consumer 这一边就成了 ConsumerMessage。ConsumerMessage 的数据结构是这样：

```
type ConsumerMessage struct {}    // ConsumerMessage encapsulates a Kafka message returned by the consumer.
] Key, Value      []byte          //Value 就是个串行化了的 KafkaMessage
] Topic           string          //所属的 Topic
] Partition       int32           //所在的 Partition
] Offset          int64           //这个消息在 Kafka 内部字节流中的起点
] Timestamp       time.Time       // only set if kafka is version 0.10+, inner message timestamp
] BlockTimestamp  time.Time       // only set if kafka is version 0.10+, outer (compressed) block timestamp
] Headers         []*RecordHeader // only set if kafka is version 0.11+
```

Kafka 把输入的信息看成有序而无结构的字节流，所以写入 Kafka 前必须把数据结构串行化。它不管你是什么 ChainelID，也不管你是什么数据结构，写入时必须告诉它属于哪个 Topic 和哪个 Partition。属于同一 Topic 和 Partition 的信息，在 Kafka 内部按到来的先后连成一个（概念上）无限长的字节流，所以每个消息在这个字节流中都有个起点 Offset。这个 Offset 的类型为 int64，那就可以是天文数字了。但是初次写入 Kafka 的消息应将 Offset 设置成 0，表示任由 Kafka 安排。这就是我们在前面看到的 originalOffset，如果从 Kafka 读出后又要将消息写回 Kafka，就要告诉它 originalOffset 是什么，原先在什么位置上。

明白了这些输入的来源，或者说这么多种不同情况的根源，我们来看具体频道的 Order 线程对常规输入所做的反应和处理及其产生的输出，这是 Order 线程最核心的操作，具体由 processRegular()实施。

```
[startThread() > processMessagesToBlocks() > processRegular()]

func (chain *chainImpl) processRegular(regularMessage *ab.KafkaMessageRegular, receivedOffset int64) error
> commitNormalMsg := func(message *cb.Envelope, newOffset int64)
                                        //动态定义函数 commitNormalMsg()，详见后述。
> commitConfigMsg := func(message *cb.Envelope, newOffset int64)
                                        //动态定义函数 commitConfigMsg()，详见后述。
  //以上只是动态函数定义部分，实际操作的部分从这里开始：
> seq := chain.Sequence()   //获取当前 Config 的序号。Config 的改变可能导致某些检验规则的改变。
> env := &cb.Envelope{}   //创建一个空白的 common.Envelope 结构 env
> err := proto.Unmarshal(regularMessage.Payload, env); //将 regularMessage.Payload 解码到 Envelope 中
```

```
> if regularMessage.Class == ab.KafkaMessageRegular_UNKNOWN
                    || !chain.SharedConfig().Capabilities().Resubmission() {
    //消息类型为 0 即 UNKNOWN 或 v11BugFixes 为 false，说明消息来自 v1.0 或更老但仍需兼容的版本：
>+ chdr, err := utils.ChannelHeader(env)
>+ class := chain.ClassifyMsg(chdr)
>+ switch class {   //在这种情况下只有三种可能，即 ConfigMsg、NormalMsg、ConfigUpdateMsg：
>+ case msgprocessor.ConfigMsg:
>++ if _, _, err := chain.ProcessConfigMsg(env); err != nil {
>+++ return fmt.Errorf("discarding bad config message because = %s", err)
>++ }   //如能通过 ProcessConfigMsg()的检验就由 commitConfigMsg()加以提交
>++ commitConfigMsg(env, chain.lastOriginalOffsetProcessed)   //见前面的第二个动态 func 定义
>+ case msgprocessor.NormalMsg:
>++ if _, err := chain.ProcessNormalMsg(env); err != nil {
>+++ return fmt.Errorf("discarding bad normal message because = %s", err)
>++ }   //如能通过 ProcessNormalMsg()的检验就由 commitNormalMsg()加以提交
>++ commitNormalMsg(env, chain.lastOriginalOffsetProcessed)   //见前面的第一个动态 func 定义
>+ case msgprocessor.ConfigUpdateMsg:
>++ return fmt.Errorf("not expecting message of type ConfigUpdate")
>+ default:
>++ logger.Panicf("[channel: %s] Unsupported message classification: %v", chain.ChainID(), class)
>+ }   //end switch
>+ return nil   //Envelope 来自较老版本的 Peer 节点，通过了新版本的检验并已提交，就在这里返回。
> }   //end if regularMessage.Class == ab.KafkaMessageRegular_UNKNOWN …

    // 前面的 if 语句是当接收到的消息来自 v1.1 之前版本的 Peer 节点时的处理。
    // 如果程序执行到了这里，就说明版本相符，这才是正常情况下的处理：
> switch regularMessage.Class {
> case ab.KafkaMessageRegular_UNKNOWN:   //这是不应该发生的，因为有前面的 if 语句存在。
>+ logger.Panicf("[channel: %s] Kafka message of type UNKNOWN should have been processed already", …)
> case ab.KafkaMessageRegular_NORMAL:   //这是常规的消息到达，是我们关心的焦点：
>+ if regularMessage.OriginalOffset != 0 {   //这不是首次进入 Kafka 的消息，是经过处理后重新排入的。
>++ if regularMessage.OriginalOffset <= chain.lastOriginalOffsetProcessed {
>+++ return nil   //这个消息已经被处理过，并且应该已经被提交了，丢弃不管（已从 Kafka 中消失）。
>++ }   //end if regularMessage.OriginalOffset <= chain.lastOriginalOffsetProcessed
>++   // offset 号非 0 并大于 LastOriginalOffsetProcessed，则按一般消息同样处理。
>+ }   //end if regularMessage.OriginalOffset != 0
>+ // The config sequence has advanced
>+ if regularMessage.ConfigSeq < seq {
```

```
    //消息的 ConfigSeq 小于 chain.Sequence()，Config 已有变化，需要从新加以检验后排回 Kafka：
>++ configSeq, err := chain.ProcessNormalMsg(env)  //实施针对各种规则的检查，返回新的 configSeq。
    == (s *StandardChannel) ProcessNormalMsg(env *cb.Envelope)  //系统频道略有不同，展开如下：
>++> configSeq = s.support.Sequence()
>++> err = s.filters.Apply(env)      //再次实施各种规则的检查。   //end ProcessNormalMsg()
>++ if err != nil { return fmt.Errorf("discarding bad normal message because = %s", err) }
    //如果顺利通过各种检查就仍旧有效，把它排回 Kafka 的输入端，从新排队：
>++ if err := chain.order(env, configSeq, receivedOffset); err != nil { return fmt.Errorf(…)}
     //receivedOffset 是调用参数，是这个消息来自 Kafka 时的 offset。注意 configSeq 已有改变。
>++ return nil   //如果 regularMessage.ConfigSeq 早于当下的 seq，就把消息送回 Kafka 队列，并在此返回。
    //这个线程中的 processMessagesToBlocks()将来会再次从 Kafka 取到该消息并调用 processRegular()。
>+ }   //end if regularMessage.ConfigSeq < seq. 注意 seq 与 offset 是两码事，seq 属于频道，offset 属于 Kafka。

   //能执行到这里，就说明消息中所载的 ConfigSeq 不早于当下的序号 seq，这是常态：
   //在这种情况下无须再作检验就可直接 Commit，相信评审节点所做的检验，或者已通过了重新检验。
>+ offset := regularMessage.OriginalOffset
>+ if offset == 0 { offset = chain.lastOriginalOffsetProcessed }
>+ commitNormalMsg(env, offset)  //见前面的第一个动态 func 定义
      //以上为对于 KafkaMessageRegular_NORMAL 的处理
> case ab.KafkaMessageRegular_CONFIG:
>+ if regularMessage.OriginalOffset != 0 {   //与上面对常规消息的处理相似，这是被从新排入 Kafka 的消息：
>++ if regularMessage.OriginalOffset <= chain.lastOriginalOffsetProcessed {
>+++ return nil    //该消息的 OriginalOffset 小于当前的 lastOriginalOffsetProcessed，必定已被 Commit。
>++ }   //end if
>++ if regularMessage.OriginalOffset == chain.lastResubmittedConfigOffset     //这就是最近被重新提交的消息
                && regularMessage.ConfigSeq == seq {            //并且因 ConfigSeq  相同而无须重新提交
>+++ close(chain.doneReprocessingMsgInFlight)       // close the channel to unblock broadcast
>++ }   //end if
>++ if chain.lastResubmittedConfigOffset < regularMessage.OriginalOffset {
>+++ chain.lastResubmittedConfigOffset = regularMessage.OriginalOffset
>++ }   //end if
>+ }   //end if regularMessage.OriginalOffset != 0
>+ if regularMessage.ConfigSeq < seq {   //消息所来自的 Peer 节点配置已经陈旧，需要从新检验：
>++ configEnv, configSeq, err := chain.ProcessConfigMsg(env)
>++ if err != nil {return fmt.Errorf("rejecting config message because = %s", err)}
>++ // For both messages that are ordered for the first time or re-ordered, we set original offset
>++ // to current received offset and re-order it.
>++ if err := chain.configure(configEnv, configSeq, receivedOffset); err != nil {return fmt.Errorf(…)}
```

```
>++ chain.lastResubmittedConfigOffset = receivedOffset    // Keep track of last resubmitted message offset
>++ chain.doneReprocessingMsgInFlight = make(chan struct{}) // Create the channel to block ingress messages
>++ return nil
>+ }    //end if regularMessage.ConfigSeq < seq
    //能执行到这里的才是常态，在这种情况下无须再作检验就可直接 Commit。
>+ offset := regularMessage.OriginalOffset
>+ if offset == 0 {offset = chain.lastOriginalOffsetProcessed}
>+ commitConfigMsg(env, offset)   //见前面的第二个动态 func 定义
> default:
>+ return fmt.Errorf("unsupported regular kafka message type: %v", regularMessage.Class.String())
> }   //end switch regularMessage.Class
> return nil
```

这个函数可以说是order节点上的核心操作。函数一开头就动态定义了两个函数，一个是commitNormalMsg()，另一个是commitConfigMsg()，那都不是两三行、三五行的程序。把比较大块的程序放在另一个函数内部作为动态函数定义，好处当然也是有的，因为从所定义函数的代码中可以访问所在函数的局部变量，这样就使函数的调用和参数传递简单了好多。另外，动态定义的函数只能在其所在的那个函数内部得到调用，外面是无法调用的，这样就比较安全。但是从阅读理解的角度看，这样却也带来了不便，反倒降低了程序的可读性。就以commitNormalMsg()为例，这个函数的定义是在processRegular()的开头，但是实际调用却是在其最后阶段，这样就容易给对于函数动态定义不太熟悉的人带来困惑。所以我把对这两个函数的动态定义先从摘要里抽去，放到它们受调用的时候再来看它们的摘要，这样较容易理解。

跳过这两个函数的动态定义，processRegular()中的第一个操作就是 chain.Sequence()，就是获取当前 Config 的序号。频道的参数配置是可以被改变的，配置的改变可能导致某些检验规则的变化，所以 Endorse 节点为交易申请 Proposal 背书时须说明所依据的是哪一版本的配置。配置的序号因配置的改变而单调增长。所以，如果 Envelope 中所说的序号小于本频道中的当前序号，就表明 Endorse 节点所做的检验或许已经过时。对于常规消息，即承载着 Envelope 的消息，这时候要通过 ProcessNormalMsg()重新实施各种规则的检查，如果仍旧有效就改变其配置序号，调用 order()把这个 Envelope 送回 Kafka 的输入端，让它重新排队，注意这一次的 originalOffset 被设置成了 receivedOffset，这是该消息在 Kafka 流中所处的位置；而当初由 Order()调用 order()时的 originalOffset 却是 0，表示该消息尚未进入这个流中。对于 Config 消息也是一样，不过 ProcessConfigMsg()要略为复杂一些。这样，到了这个消息下一次又被从 Kafka 中读入而交由 processRegular()处理时，它的配置序号应该就不过时了，万一又已过时则再次重复这个“检验-更新配置序号-排回 Kafka”的过程。

如果序号相符，那么对于常规消息即 Envelope 消息的处理就是 commitNormalMsg()，这就是前面在 processRegular()中动态定义的第一个函数。调用时的第一个参数是刚从 Kafka 读出并认为可以 Commit 即提交进入新块的那个 regularMessage，第二个参数就是这个消息的 OriginalOffset。

由于程序进入 commitNormalMsg()后立刻就调用另一个函数 Ordered()，我们就把它提到前面，先看一下 Ordered()。这个函数返回一个二维数组 messageBatches，和一个表示有否剩余的布尔量 pending。我们也可以把 messageBatches 看成二维序列，即 NormalMsg 序列的序列，其中的每个 NormalMsg 序列就是准备进入同一个块中的 Envelope 消息序列。原则上 messageBatches 中应该只有一个这样的序列，并且没有剩余的消息，即不超过一个块的最大容量（按字节计）；但是因种种原因可能会有剩余，即存在进不了下面要发布的第一个块中的消息。由于新到来的消息肯定是在最后，所以只要有剩余就说明新到来的这个消息肯定不在第一个块中。如果剩余积累得多了，甚至还有可能形成两个块，但是不可能超过两个块的容量。这样，Ordered()返回的 messageBatches 的长度和 pending 的值就有可能会是以下的几种组合：

```
// messageBatches length: 0, pending: false    - 不可能，因为刚接收到了一个 message
// messageBatches length: 0, pending: true     - 尚不足以出块，但有 message 在等待被收入块中
// messageBatches length: 1, pending: false    - 消息数量达到了 BatchSize.MaxMessageCount，应出块
// messageBatches length: 1, pending: true     - 超过一个块的 BatchSize.PreferredMaxBytes，但不足两块。
// messageBatches length: 2, pending: false    - 够上两块，但不可能再有剩余。
// messageBatches length: 2, pending: true     - 不可能。注意 messageBatches 的长度不可能大于 2。
```

由于新来的消息一定是在最后，所以只有在 messageBatches 的长度为 1 且没有剩余时才会进入第一个块中。下面我们就来看这个 Ordered()的摘要：

[startThread() > processMessagesToBlocks() > processRegular() > commitNormalMsg() > Ordered()]

```
func (r *receiver) Ordered(msg *cb.Envelope) (messageBatches [][]*cb.Envelope, pending bool)
> if len(r.pendingBatch) == 0 {r.PendingBatchStartTime = time.Now()}
> ordererConfig, ok := r.sharedConfigFetcher.OrdererConfig()          //获取关于编排的配置
> batchSize := ordererConfig.BatchSize()                              //从配置中获取批次大小
> messageSizeBytes := messageSizeBytes(msg)                           //获取消息的大小（字节数）
> if messageSizeBytes > batchSize.PreferredMaxBytes { //仅此新来的消息即已超出了一个批次的理想容量：
>+ // cut pending batch, if it has any messages
>+ if len(r.pendingBatch) > 0 {   //如果 r.pendingBatch 中原来还有剩余，就不能与新的消息合并，太大。
>++ messageBatch := r.Cut()                                            //先把原有的剩余切割下来作为一个批次
>++ messageBatches = append(messageBatches, messageBatch)             //把这个批次加入 messageBatches 序列
>+ }
>+ // create new batch with single message
>+ messageBatches = append(messageBatches, []*cb.Envelope{msg})  //再把新来的消息单独作为一个批次
>+ return
> }   //end if messageSizeBytes > batchSize.PreferredMaxBytes
```

```
  //程序执行到这里，就说明新来消息的大小单独并没有超标，看与旧时剩余相加是否超标：
> messageWillOverflowBatchSizeBytes :=
                    r.pendingBatchSizeBytes+messageSizeBytes > batchSize.PreferredMaxBytes
> if messageWillOverflowBatchSizeBytes {   //如果原有剩余和新来消息相加已经超标：
>+ messageBatch := r.Cut()                          //把原有剩余切割出来成为一个批次
>+ r.PendingBatchStartTime = time.Now()                   //另起一个批次，起始时间从现在算起。
>+ messageBatches = append(messageBatches, messageBatch)  //把这个批次加入 messageBatches 序列
> }   //end if messageWillOverflowBatchSizeBytes
  //新来消息与旧时剩余相加并不超标，说明按字节长度计还不需要另发一块。
> r.pendingBatch = append(r.pendingBatch, msg)             //把新来的消息排入剩余留待下一批次
> r.pendingBatchSizeBytes += messageSizeBytes
> pending = true
> if uint32(len(r.pendingBatch)) >= batchSize.MaxMessageCount {   //如果剩余的消息数量超标，那也要切割：
>+ messageBatch := r.Cut()                                //切割出来成为一个批次
>+ messageBatches = append(messageBatches, messageBatch)  //把这个批次加入 messageBatches 序列
      //根据上述条件的不同这也许是 messageBatches 中的第一批，也许是第二批（但不可能是第三批）。
>+ pending = false      //不再有剩余
> }
> return
```

由此可见，Ordered()所返回二维序列messageBatches的长度通常都是0或1，但是receiver.pendingBatch中可能有剩余；在有些情况下其长度可能是2，但此时不会有剩余。

而发布新块的规则，则是所积累消息的总长度（字节数）达到某个阈值，或所积累的消息个数达到某个指标，就会发布一个新块；否则就等待（因后续消息的到来而）满足条件要求，或超过了一定的时间限制（后面还要讲）。

下面就可以看commitNormalMsg()的摘要了：

[startThread() > processMessagesToBlocks() > processRegular() > commitNormalMsg()]

commitNormalMsg (*message* *cb.Envelope, *newOffset* int64)

```
    //参数 message 就是刚到来的那个 regularMessage，newOffset 就是该消息在 Kafka 中的位移。
> batches, pending := chain.BlockCutter().Ordered(message)   //如前述，把等待入块的消息切割出来。
                                                              //chain 是个 chainImpl 指针
> switch {
> case chain.timer != nil && !pending:   //没有消息等待入块，定时器无用：
>+ chain.timer = nil     // Timer is already running but there are no messages pending, stop the timer
> case chain.timer == nil && pending:   //有消息等待入块但未设置定时器：
```

```
>+ chain.timer = time.After(chain.SharedConfig().BatchTimeout())
> default:   //其余两种情况无须处理，即：1，有消息等待入块，已开定时器；2，无消息，无定时器。
> }   //end switch
> if len(batches) == 0 {   //无消息可供出块发布：
>+ chain.lastOriginalOffsetProcessed = newOffset        //update the `lastOriginalOffsetProcessed`
>+ return
> }
    // batches 不为 0，只能是 1 或 2：
> offset := receivedOffset
> if pending || len(batches) == 2 {   //如果超出了一块的容量而有剩余，或者够上了两块：
>+ // If the newest envelope is not encapsulated into the first batch,
>+ // the `LastOffsetPersisted` should be `receivedOffset` - 1.
>+ offset--   //因为这个 Message 肯定不在第一个批次中，第一个批次的 offset 就总得比它小一点才行。
> }
> else {   // batches 为 1，且无 pending，只够一块没有剩余：
>+ chain.lastOriginalOffsetProcessed = newOffset
> }
> // Commit the first block
> block := chain.CreateNextBlock(batches[0])   //创建新块，见后。
> metadata := utils.MarshalOrPanic(&ab.KafkaMetadata{LastOffsetPersisted: offset,
                                    LastOriginalOffsetProcessed: chain.lastOriginalOffsetProcessed,
                                    LastResubmittedConfigOffset: chain.lastResubmittedConfigOffset, })
> chain.WriteBlock(block, metadata)   //
> chain.lastCutBlockNumber++
> // Commit the second block if exists
> if len(batches) == 2 {
>+ chain.lastOriginalOffsetProcessed = newOffset
>+ offset++
>+ block := chain.CreateNextBlock(batches[1])
>+ metadata := utils.MarshalOrPanic(&ab.KafkaMetadata{LastOffsetPersisted: offset,
                    LastOriginalOffsetProcessed: newOffset,
                    LastResubmittedConfigOffset: chain.lastResubmittedConfigOffset, })
>+ chain.WriteBlock(block, metadata)
>+ chain.lastCutBlockNumber++
> }
```

可见，视具体情况的不同，目标频道的守护线程在其 processMessagesToBlocks()中循环从 Kafka 获取一个消息并对其调用 processRegular()，对这消息进行一些处理后一般会调用

commitNormalMsg()，但也有可能只是把这消息中的 Proposal 再检验一遍就把它从新排回 Kafka 队列。而若是调用了 commitNormalMsg()，则也许并不立即导致新块的发布，也许会发布一个新块，在比较特殊的情况下有可能会接连发布两个新块。

新块的发布涉及两个操作，先是 CreateNextBlock()，然后是 WriteBlock()。先看前者：

```
[startThread() > processMessagesToBlocks() > processRegular() > commitNormalMsg() > CreateNextBlock()]

func (bw *BlockWriter) CreateNextBlock(messages []*cb.Envelope) *cb.Block
> previousBlockHash := bw.lastBlock.Header.Hash()
> data := &cb.BlockData{ Data: make([][]byte, len(messages)), }      //创建一个空白的 BlockData 结构
> for i, msg := range messages {
>+ data.Data[i], err = proto.Marshal(msg)      //把本批次中的消息（Envelope）逐个复制过去
> }
> block := cb.NewBlock(bw.lastBlock.Header.Number+1, previousBlockHash)   //创建一个 Block 结构
> block.Header.DataHash = data.Hash()        //块头中有 DataHash 字段
> block.Data = data                          //拼装在一起
> return block
```

CreateNextBlock()返回一个cb.Block指针，Block结构的成分就是Header、Data、Metadata三个指针，分别指向BlockHeader、BlockData和BlockMetadata三个数据结构：

```
type Block struct {}
] Header    *BlockHeader   //块头Header指向一个BlockHeader结构，内有三个成分：
]] Number          uint64         //块号
]] PreviousHash []byte            //先前块的块头Hash
]] DataHash      []byte           //本块数据部分的Hash
] Data       *BlockData           //块身的主体Data指向一个BlockData结构，内中只有一个成分也叫Data：
]] Data [][]byte                  //这是一列串行化了的Envelope。
] Metadata *BlockMetadata        //块身的另一个成分Metadata指向一个BlockMetadata结构，内有Metadata：
]] Metadata [][]byte              //这是一列元数据，注意这是[]byte 的数组。
```

这里的Header和Data就不用多说了，还有个Metadata，用来记录与这个块有关的一些背景信息。Metadata.Metadata是个二维字节数组，就是说数组Metadata.Metadata[]中的每个元素都是字节串。实际上相关信息在这个数组中都有固定的位置，Fabric源码中定义了下面几个常数作为这个数组的下标，从中也可看出这都是些什么信息：

```
BlockMetadataIndex_SIGNATURES          BlockMetadataIndex = 0
BlockMetadataIndex_LAST_CONFIG         BlockMetadataIndex = 1
```

```
BlockMetadataIndex_TRANSACTIONS_FILTER    BlockMetadataIndex = 2
BlockMetadataIndex_ORDERER                BlockMetadataIndex = 3
```

创建了新块之后，下一步是通过WriteBlock()将这个新块写入（Order节点上的）数据库中：

[startThread() > processMessagesToBlocks() > processRegular() > commitNormalMsg() > WriteBlock()]

```
func (bw *BlockWriter) WriteBlock(block *cb.Block, encodedMetadataValue []byte)   //写出新块
> bw.lastBlock = block
> go func()    //另创一个 Go 线程，异步执行 BlockWriter.commitBlock()：
    > bw.commitBlock(encodedMetadataValue)   // commitBlock()是异步执行的
        == (bw *BlockWriter) commitBlock(encodedMetadataValue []byte)
    >> if encodedMetadataValue != nil {   //如果有 Metadata，就填写进去：
    >>+ bw.lastBlock.Metadata.Metadata[cb.BlockMetadataIndex_ORDERER] =
                    utils.MarshalOrPanic(&cb.Metadata{Value: encodedMetadataValue})
    >> }
    >> bw.addBlockSignature(bw.lastBlock)          //在新块中加入对于块头的签名
    >> bw.addLastConfigSignature(bw.lastBlock)
            //对当前的频道配置信息签个名，将签名写入下标为 BlockMetadataIndex_LAST_CONFIG 处。
    >> err := bw.support.Append(bw.lastBlock)   //将此 Block 添加到 Order 节点上的 Ledger 中
```

显然，实际的操作是由commitBlock()完成的，由于块的写入可能涉及文件操作而被阻塞，这里另创一个go线程异步执行这个函数。而WriteBlock()本身则立即就返回了。

这里的关键在于最后一步，即通过由BlockWriter.support提供的Append()函数将新发布的块写入节点所使用的Ledge中。这里需要对有关的类型作些说明，bw.support，即BlockWriter.support的类型是blockWriterSupport，那是个界面，而且是对定义于blockledger这个package中的另一个界面ReadWriter的扩充，而后者又是对Reader和Writer两个界面的扩充。其中的界面Writer只定义了一个函数，就是Append(block *cb.Block)。实现了这个界面，从而提供这个函数的结构，则有FileLedger、jsonLedger，还有ramLedger。

前面讲过，具体的节点可能采用FileLedger或jsonLedger，也可以采用ramLedger，所以具体要看用的是哪一种Ledger。以FileLedger为例，其Append()函数值是这样：

```
func (fl *FileLedger) Append(block *cb.Block) error    // Append a new block to the ledger
> err := fl.blockStore.AddBlock(block)
>> return store.fileMgr.addBlock(block)   //写入块文件
> return err
```

另两种Ledger也是大同小异，我们就不看了。

注意这里只是把发布的新块写入了Order节点自己的Ledger中，却没有看到向外发布。Order节点向外提供新块的过程称为Deliver，是要由本频道的Leader节点前来索取的，并非由Order节点主动向外推送，后面会讲到这个过程。

回到前面processMessagesToBlocks()的for循环，那个select语句中还有个重要的case，就是从定时器通道得到了超时信号，此时执行的操作是：

```
>+ case <-chain.timer:   //定时器到点（得要发布一个新块了），需要发出本批次的切割命令：
>++ if err := sendTimeToCut(chain.producer, chain.channel, chain.lastCutBlockNumber+1, &chain.timer);
        == sendTimeToCut(producer sarama.SyncProducer, channel channel,
                    timeToCutBlockNumber uint64, timer *<-chan time.Time) //展开如下：
>++> *timer = nil
>++> msg = newTimeToCutMessage(timeToCutBlockNumber)   //创建一个 TimeToCut 消息：
>++>> return &ab.KafkaMessage{Type: &ab.KafkaMessage_TimeToCut{
                TimeToCut: &ab.KafkaMessageTimeToCut{BlockNumber: blockNumber, },},}
>++> payload := utils.MarshalOrPanic(msg)
>++>message := newProducerMessage(channel, payload)   //包装成 ProducerMessage
>++>_, _, err := producer.SendMessage(message)   //作为 Producer，向 Kafka 子系统发送。
                    //这个切割命令将成为前面 case *ab.KafkaMessage_TimeToCut 的来源
>++>return err
```

通过sendTimeToCut()将一Kafka消息TimeToCut发送给Kafka子系统的输入端。这个消息，实际上是命令，在Kafka子系统中兜上一圈又会回到processMessagesToBlocks()，其select语句中就有个case是针对这个TimeToCut命令的：

```
>++ case *ab.KafkaMessage_TimeToCut:
            //这是对本批次的切割命令，是由 Order 节点自己通过 sendTimeToCut()发出的：
>+++ err := chain.processTimeToCut(msg.GetTimeToCut(), in.Offset);
>+++ counts[indexProcessTimeToCutPass]++
```

这时候，只要还有 Envelope 在等待进入新块，不管数量多少，就要发布一个新块，因为发块周期的时间到点了：

[chainImpl::Start() > startThread() > processMessagesToBlocks() > processTimeToCut()]

```
func (chain *chainImpl) processTimeToCut(ttcMessage *ab.KafkaMessageTimeToCut, receivedOffset int64)
> ttcNumber := ttcMessage.GetBlockNumber()
> if ttcNumber == chain.lastCutBlockNumber+1 {
```

```
>+ chain.timer = nil
>+ batch := chain.BlockCutter().Cut()
>+ if len(batch) == 0 {   //本批次的长度为0，无内容可供创建新块。
>++ return fmt.Errorf("got right time-to-cut message (for block %d),"+
                 " no pending requests though; this might indicate a bug", chain.lastCutBlockNumber+1)
>+ }
    //只要本批次的长度不为0，不管长短，都要发布新块：
>+ block := chain.CreateNextBlock(batch)   //创建新块
>+ metadata := utils.MarshalOrPanic(&ab.KafkaMetadata{
             LastOffsetPersisted:           receivedOffset,
             LastOriginalOffsetProcessed: chain.lastOriginalOffsetProcessed, })
>+ chain.WriteBlock(block, metadata)
>+ chain.lastCutBlockNumber++
>+ return nil
> }    //end if ttcNumber == chain.lastCutBlockNumber+1
> else if ttcNumber > chain.lastCutBlockNumber+1 {   //所要求的块号超前了
>+ return fmt.Errorf("got larger time-to-cut message (%d) than allowed/expected (%d)"+
             " - this might indicate a bug", ttcNumber, chain.lastCutBlockNumber+1)
> }
  //所要求的块号滞后了，所要创建的块号已经发出，命令来迟了，忽略：
> logger.Debugf("[channel: %s] Ignoring stale time-to-cut-message for block %d", chain.ChainID(), ttcNumber)
> return nil
```

除commitNormalMsg()外，前面的processRegular()函数中还动态定义了另一个函数commitConfigMsg()，这是针对KafkaMessageRegular_CONFIG消息的，这种消息的到来说明有节点要加入这个频道。此时Envelope的payload就是这个频道的创世块，后面我们还会回到这个话题。不过趁读者现在对于commitNormalMsg()还记忆犹新不妨也看一下这个函数：

[chainImpl::Start() > startThread() > processMessagesToBlocks() > processRegular() > commitConfigMsg()]

```
commitConfigMsg (message *cb.Envelope, newOffset int64)
> batch := chain.BlockCutter().Cut()   //把正在等待入块的普通 Envelope 切割出来，Config 与之不能相混。
> if batch != nil {   //如果此前确有 Envelope 在等待，就先为这些 Envelope 另发一个新块：
>+ block := chain.CreateNextBlock(batch)   //创建一个新块，这是一个普通块。
>+ metadata := utils.MarshalOrPanic(&ab.KafkaMetadata{LastOffsetPersisted: receivedOffset - 1,
                         LastOriginalOffsetProcessed: chain.lastOriginalOffsetProcessed,
                         LastResubmittedConfigOffset: chain.lastResubmittedConfigOffset, })
>+ chain.WriteBlock(block, metadata)   //将此新块写入本地存储
```

```
>+ chain.lastCutBlockNumber++
> }    //end if batch != nil
    //至此，剩下的就是这个 Config 消息了，为其单独创建一个块（只含一个 Envelope）：
> logger.Debugf("[channel: %s] Creating isolated block for config message", chain.ChainID())
> chain.lastOriginalOffsetProcessed = newOffset
> block := chain.CreateNextBlock([]*cb.Envelope{message})    //再创建一个新块，这是一个配置块。
> metadata := utils.MarshalOrPanic(&ab.KafkaMetadata{LastOffsetPersisted: receivedOffset,
                                   LastOriginalOffsetProcessed: chain.lastOriginalOffsetProcessed,
                                   LastResubmittedConfigOffset: chain.lastResubmittedConfigOffset, })
> chain.WriteConfigBlock(block, metadata)    //这才是关键的操作
> chain.lastCutBlockNumber++
> chain.timer = nil
```

这是在processRegular()内部动态定义的函数，所以这里的chain就是那里的chain，是个chainImpl指针。

显然，凡是ConfigBlock，即所含Envelope中的交易请求事关频道配置的块，都是只含一个ConfigMsg，即只含一个交易请求/记录的。只要有ConfigMsg到来，就立即为之发布新块，随到随发，所以在等待队列中不会有ConfigMsg存在。进一步，如果ConfigMsg到来时等待队列中有普通消息在等待入块，则先为这些普通消息（不论多少）发布一个新块，以维持时间的先后次序。对于发布的ConfigBlock，关键的操作在于WriteConfigBlock()，这要留到后面讲频道创建和加入时再作介绍。

到了这里，我们可以得出结论，就是 Order 节点并不执行链码，执行链码只是 Endorse 节点的事。Endorse 节点对于链码的执行称为“模拟执行（Simulate）”，但实际上就是真正的执行，只是执行的结果尚未正式进入账本。

另外，与 Endorser 主动散布私有数据不同，Orderer 并不主动散布生成的新块，而只是提供 Deliver 服务，让频道的 Leader 作为 Deliver 客户前来索取。

4.7　Gossip 服务和频道

在 Fabric 网络中，信息的通信和传播有两种不同的方式和机制。一种是常规的，有确定目标的点对点通信。发起交易的 Peer 节点与 Endorse 节点之间，与 Order 节点之间，都是采用这样的通信机制。另一种则是“流言（Gossip）”式的通信和传播机制，其特点是受众所获取的信息并不都是经由确定的路径，而往往是经由相对随机的辗转相传的过程间接获得，过程中每次通信的目标常常带有相当程度的不确定性。我们日常生活中所获的种种信息，也往往是通过流言式的传播而获取的，而且每个人在一定程度上都是流言的传播者。

区块链网络最鲜明的特点莫过于信息的普遍存储，就信息的存储而言任何区块链网络都是去中心化的。然而每项具体信息的源头终究都是单一的，从单一的信息来源到普遍的存储，

其间需要有个广播的机制，然而互联网中没有真正意义上的广播，所谓广播其实是转化成扫描式的点对点通信而实现的，那样所引起的流量当然会比较大而且集中。为解决这个问题可以有两种方案，一种是树状的逐级传达，另一种就是流言散布即 Gossip。逐级传达离开去中心化的思路也许太远了，Fabric 之所以采用流言的方案是可以理解的。

4.7.1 Fabric 的 Gossip 机制

流言的传播有三个特征。

第一是每次具体通信的参与者具有不确定性，首先是发送信息的目标具有不确定性。特别地，如果我们要去中心化，要对所有的同伴一视同仁，那么每次具体发送的目标就更不能固定，而得要充分的随机化（否则就成了逐级传达）。在 Fabric 的代码中，Gossip 消息的发送目标都要通过一个函数 SelectPeers()临时加以随机选取：

```
// SelectPeers returns a slice of peers that match the routing filter
func SelectPeers(k int, peerPool []discovery.NetworkMember, filter RoutingFilter) []*comm.RemotePeer
        // peerPool是同一频道中备选Peer节点的集合，要从中选择k个，以filter为过滤条件。
> var res []*comm.RemotePeer                    //创建一个空白的RemotePeer指针数组
> rand.Seed(int64(util.RandomUInt64()))     //为随机数的生成产生一个种子
> // Iterate over the possible candidates in random order
> for _, index := range rand.Perm(len(peerPool)) {    //每轮循环都产生一个随机整数，范围为0 ~ len(peerPool)。
>+ if len(res) == k { break }    //已经有了k个目标，结束循环。
>+ peer := peerPool[index]    //以此随机数为下标，从peerPool中获得一个Peer。
>+ if !filter(peer) { continue }    //如果不满足过滤条件就跳过
>+ p := &comm.RemotePeer{PKIID: peer.PKIid, Endpoint: peer.PreferredEndpoint()}    //这个Peer节点被选上了
>+ res = append(res, p)  //将其添加到数组res中
> }   //end for
> return res   //结束循环后发回数组 res，这就是挑选作为本次 Gossip 发送目标的 Peer 节点集合
```

这样，就有了单次信息发送目标的随机性。而流言的广泛传播就是由一次或多次这样的多播接力发送而达成的，每个节点对于首次收到的消息都有加以转发的义务。反过来，从接收的角度，Gossip 消息的来源也是不确定的，因为每个节点都得“眼观六路，耳听八方”，不能只盯着固定的几个来源。

第二是信息的多样性和各取所需。所收到的流言可能五花八门，但是每个“消费者”都只是对自己有兴趣的才加以处理和转发。就每个具体的消费者而言，对消息的接收和处理是有选择的。在 Fabric 的具体实现中，每个充当 Gossip 消费者的模块（对象）通过函数 Accept()为其感兴趣的消息类型创建一个信息通道，并绑定一组过滤条件；而通信底层则每当从网络上接收到消息时就按过滤条件将其挂入某个通道供消费者接收处理。所以 Accept()这个函数

在流言散布的过程中起着重要的作用。这样的过滤机制可以在不同的层次上加以实现，还可以逐层串接。下面是由通信层 commImpl 提供的 Accept()函数：

```
func (c *commImpl) Accept(acceptor common.MessageAcceptor)   <-chan proto.ReceivedMessage
> genericChan := c.msgPublisher.AddChannel(acceptor)
      //在底层 msgPublisher 上增添一个从中获取消息的通道，acceptor 实现其过滤条件。
> specificChan := make(chan proto.ReceivedMessage, 10)   //创建一个向上层传递消息的通道
> c.subscriptions = append(c.subscriptions, specificChan)    // specificChan 就相当于一个订户
> c.stopWG.Add(1)   //WG 是 WaitGroup 的缩写，一个 WaitGroup 就是一组互相绑定的线程。
> go func() {}()        //创建一个 go 线程，这个线程：
    > for {   //循环，直至从 exitChan 接收到消息，或收到空指针：
    >+ select {   //根据消息来自什么通道决定响应方式：
    >+ case msg := <-genericChan:   //来自 genericChan，并满足 acceptor 函数的过滤条件：
    >++ if msg == nil { return }
    >++ select {   //对此消息再分情形处理：
    >++ case specificChan <- msg.(*ReceivedMessageImpl):
            //如果消息内容为 ReceivedMessageImpl 就将其写入 specificChan 通道
            //注意，Go 语言不要求在这里写上 break。
    >++ case <-c.exitChan:   return   //来自 exitChan 通道，视作退出命令。
    >++ }
    >+ case <-c.exitChan:   //来自 exitChan 的任何消息都被视作退出命令
    >++ return   //收到了退出命令
    >+ }   //end select
    > }   //end for
> return specificChan     //返回所创建的 specificChan
```

这里创建了“一般”和“特定”两个通道，即 genericChan 和 specificChan。其中 genericChan 用来从更底层获取满足过滤条件的消息，调用参数 acceptor 是个函数指针，由底层实施过滤，符合过滤条件才把消息挂入 genericChan 这个通道，并从而转入 specificChan 通道。注意 Accept()这个函数返回的是个通道，就是这里的 specificChan。这样，Gossip 服务的上层就可以从这通道接收经过了过滤的 Gossip 信息，将不符合过滤条件的消息剔除在外。

通信层的上一层就是 gossipService，调用通信层 Accept()意味着从通信层“订阅”符合过滤条件的消息：

```
func (g *gossipServiceImpl) start()
> go g.syncDiscovery()               //创建用于发现 Peer 节点的线程
> go g.handlePresumedDead()      //创建针对似已死去的 Peer 节点进行（本节点上）善后处理的线程
> msgSelector := func(msg interface{}) bool {}       //动态定义过滤函数，这就是 acceptor：
```

```
        > gMsg, isGossipMsg := msg.(proto.ReceivedMessage)
        > if !isGossipMsg { return false }          //不是 Gossip 消息就加以排除。
        > isConn := gMsg.GetGossipMessage().GetConn() != nil
        > isEmpty := gMsg.GetGossipMessage().GetEmpty() != nil
        > isPrivateData := gMsg.GetGossipMessage().IsPrivateDataMsg() //来自模拟执行的私有数据
        > return !(isConn || isEmpty || isPrivateData)   //排除连接消息、空消息和私有数据消息。
> incMsgs := g.comm.Accept(msgSelector)   //以 msgSelector 为过滤函数，在底层创建通道 incMsgs。
        //msgSelector 的过滤条件为：是 Gossip 消息但排除连接消息、空消息、私有数据消息。
> go g.acceptMessages(incMsgs)   //创建一个线程，从通道 incMsgs 接收和处理 Gossip 消息。见后。
```

这样的模式也可以用在别的层次上，对 Accept()的使用还可以有所变通，由 Gossip 服务提供的 Accept()函数就是一个实例，注意这是另一个 Accept()函数，有两个调用参数：

```
func (g *gossipServiceImpl) Accept(acceptor common.MessageAcceptor, passThrough bool)
                                   (<-chan *proto.GossipMessage, <-chan proto.ReceivedMessage)
    //这个函数返回两个通道之一，或 GossipMessage，或 ReceivedMessage，但其中之一必为 nil。
> if passThrough { return nil, g.comm.Accept(acceptor) }   //如果参数 passThrough 为真就直传
                  //这里调用的就是前面那个 Accept()，所返回的是用于 ReceivedMessage 的通道。
> acceptByType := func(o interface{}) bool {}   //否则就另外定义一个过滤函数 acceptByType
            > o, isGossipMsg := o.(*proto.GossipMessage)
            > if isGossipMsg {   //如果是 GossipMessage
            >+ return acceptor(o)   //对此 Gossip 消息实施过滤函数 acceptor
            > }
            > o, isSignedMsg := o.(*proto.SignedGossipMessage)
            > if isSignedMsg {   //如果是签了名的 Gossip 消息：
            >+ sMsg := o
            >+ return acceptor(sMsg.GossipMessage)   //对其所含 Gossip 消息实施过滤函数 acceptor
            > }
            > return false
> inCh := g.AddChannel(acceptByType)   //创建一个输入通道 inCh，注意其消息类型为任意，展开如下：
    == (m *ChannelDeMultiplexer) AddChannel(predicate common.MessageAcceptor)
>> ch := &channel{ch: make(chan interface{}, 10), pred: predicate}
>> m.channels = append(m.channels, ch)   //把这通道添加到 ChannelDeMultiplexer.channels 中
>> return ch.ch
> outCh := make(chan *proto.GossipMessage, acceptChanSize)   //再创建一个 Gossip 消息输出通道 outCh
> go func() {}()   //创建一个转发线程：
    > for {
    >+ select {
```

```
    >+ case s := <-g.toDieChan:
    >++ g.toDieChan <- s    //接收后写回去（不消耗），使别的线程也能收到。
    >++ return
    >+ case m := <-inCh:  //把来自输入通道 inCh 的已经过滤的消息：
    >++ if m == nil { return }
    >++ outCh <- m.(*proto.SignedGossipMessage).GossipMessage   //转换成 Gossip 消息写入输出通道
    >+ }
    > }
> return outCh, nil   //返回的是用于 GossipMessage 的通道（另一个为 nil）。
```

这个函数返回两个通道的指针，但是其中一个必为 nil。后面我们将看到，NewPuller()和 NewGossipStateProvider()中调用的 Accept()其实都是这个函数。

第三是信息的缺失。流言的传播是不确定的，信息难免会有缺失。我们日常生活中所听到的流言就是这样，当我们发现漏掉了某些感兴趣的信息时会怎样呢？那就是向外打听："喂，你那儿有这个消息吗？" Gossip 消息的传播也是这样，Peer 节点发现自己缺失了某些信息就要向外打听和索取，Fabric 的代码中称为 pull 和 fetch，相应的模块称为 puller。

这里先要解决一个问题，就是怎么知道自己缺失了某些信息。事实上，Gossip 频道内的 Peer 节点之间常常在交换状态信息，信息之一就是该频道在本地的块链高度。如果发现同一频道中有节点的块链高度比自己的高，就说明自己这里缺失了某些区块。另外，如果自己这里因为有间隙而不能构成连续的块链，当然也说明有缺失的区块。除块的缺失以外，还可能有私有数据的缺失，这是可以从 Block 的内容分析得出的。虽然 Block 内的各个 Envelope 并不直接含有私有数据，但是却让我们知道应该有哪些交易的私有数据及其 Hash 值，如果这些数据尚未到达，那当然说明有数据缺失。通过 Gossip 机制传播的信息主要就是 Block 和 PrivateData 这么两种（此外还有证书），状态信息的交换是为这二者服务的。

知道缺失了哪些消息，下面就是从 Peer 节点 Pull 的事了。从别的 Peer 节点 Pull 不同信息的过程有着自己的 Protocol 和流程，向外索取缺失区块的过程与索取缺失私有数据的过程有所不同。

4.7.2　索取缺失的区块

区块与私有数据的关系就像是皮与毛的关系，皮之不存毛将焉附，所以首先要解决缺失区块的问题。为此在 package pull 中定义了一个名叫 Mediator 的界面，pullMediatorImpl 则实现了这个界面。对函数 gossipChannel.createBlockPuller()的调用返回一个作为 BlockPuller 的 pullMediatorImpl 对象。

BlockPuller 通过其核心 PullEngine 实现了跨区块索取区块的操作流程，如下图所示：

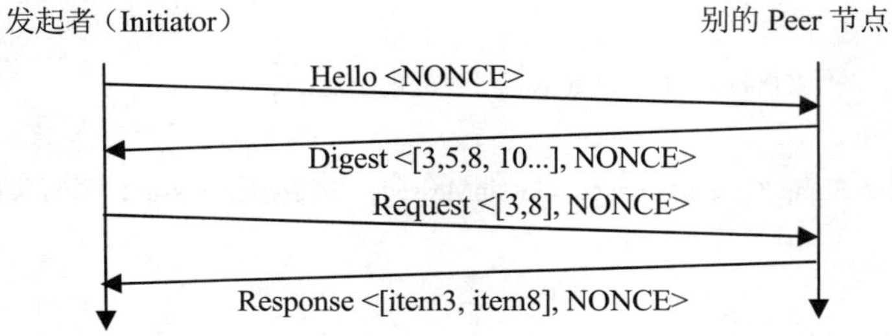

发起者节点先向对方节点发送一个Hello消息，带有一个随机生成的标号NONCE，意思是你那里有些什么？这个NONCE号将贯串本次交互的始终。然后对方回答一个“摘要”Digest，比方说我这里有3、5、8、10等项信息，也带上同一个NONCE号。于是发起方又发出一个Request，比方说我要你的3和8两项信息；对方则以Response为响应，发回3、8两项信息。至此本次Pull交互就结束了。

这个流程并不要求完整，如果对方发回Digest消息之后发起方觉得没有什么要请求的，也就不发Request了。但是收到Hello或Request的这一方有义务予以回应，尽管这个回应实际上有可能在网上丢失，那样的话发起方会再次发出Request。

PullEngine是BlockPuller的核心，NewPullMediator()通过函数NewPullEngineWithFilter()创建其PullEngine：

```
[NewGossipChannel() > createBlockPuller() > NewPullMediator() > NewPullEngineWithFilter()]

func NewPullEngineWithFilter(participant PullAdapter, sleepTime time.Duration, df DigestFilter)
                                                                                   *PullEngine
> engine := &PullEngine{PullAdapter: participant, stopFlag: int32(0), state: util.NewSet(),
            item2owners: make(map[string][]string), peers2nonces: make(map[string]uint64),
            nonces2peers: make(map[uint64]string),   //从nounce号到Peer节点ID的Map
            acceptingDigests: int32(0), acceptingResponses: int32(0),
            incomingNONCES: util.NewSet(), outgoingNONCES: util.NewSet(), digFilter: df,
            digestWaitTime: util.GetDurationOrDefault("peer.gossip.digestWaitTime", defDigestWaitTime),
            requestWaitTime: util.GetDurationOrDefault("peer.gossip.requestWaitTime", defRequestWaitTime),
            responseWaitTime: util.GetDurationOrDefault("peer.gossip.responseWaitTime", … ),     }
> go func() {}()   //创建一个线程：
        > for !engine.toDie() {
        >+ time.Sleep(sleepTime)
        >+ if engine.toDie() {return}
```

```
    >+ engine.initiatePull()  //过一会儿就调用一下initiatePull()，发起一次Pull。
    > }
>> return engine
```

除PullEngine这个数据结构之外，起着“发动机”作用的实际上是个Go线程，这个线程每过一段时间就调用一下initiatePull()，发起一个Pull过程。

```
func (engine *PullEngine) initiatePull()
> engine.acceptDigests()
> for _, peer := range engine.SelectPeers() {   //在本频道中随机选取一些 Peer 节点，对于所选取的每个 Peer：
>+ nonce := engine.newNONCE()                  //随机生成一个一次性的 Nonce 号（一个号只对一个 Peer）
>+ engine.outgoingNONCES.Add(nonce)            //把它记在 outgoingNONCES 这个集合中
>+ engine.nonces2peers[nonce] = peer            //这是个从 Nonce 号到节点名的 Map
>+ engine.peers2nonces[peer] = nonce            //这是反过来从节点到 Nonce 号的 Map
>+ engine.Hello(peer, nonce)                    //向其发送一个 Hello 消息，发起一次 Pull。
    == (p *pullMediatorImpl) Hello(dest string, nonce uint64)    //展开如下：
>+> helloMsg := &proto.GossipMessage{Channel: p.config.Channel, Tag: p.config.Tag,
        Content: &proto.GossipMessage_Hello{Hello: &proto.GossipHello{
                Nonce: nonce, Metadata: nil, MsgType:   p.config.MsgType,},},}   //创建 Hello 消息
>+> sMsg, err := helloMsg.NoopSign()  //空签名
>+> p.Sndr.Send(sMsg, p.peersWithEndpoints(dest)...)   //发送
> }
> time.AfterFunc(engine.digestWaitTime, func() {})   //过一段时间以后就调用 processIncomingDigests()
                                    > engine.processIncomingDigests()
```

可见，所谓启动一次Pull就是向同一频道中的若干节点发出Hello消息。然后等待一段时间，让收到Hello消息的那些节点发回其所存有的状态信息（主要是区块）的“摘要”（类似于一个清单），然后就调用processIncomingDigests()加以处理。

收到Hello消息的那一方，就像在所有Peer节点上一样，都有个Gossip服务的守护线程，这是在启用节点的Gossip服务时创建的：

```
func (g *gossipServiceImpl) acceptMessages(incMsgs <-chan proto.ReceivedMessage)
                                        //在 gossipServiceImpl.start()中创建的 Go 线程
> for {
>+ select {
>+ case s := <-g.toDieChan:
>++ g.toDieChan <- s
>++ return
```

```
>+ case msg := <-incMsgs:
>++ g.handleMessage(msg)
>+ }
> }
```

所以，在收到Hello消息的那些节点上，本次Pull的操作是从gossipServiceImpl的acceptMessages()开始的，但是具体的pull服务则由具体频道的pullMediatorImpl提供，其中用来接收并处理相关消息的函数是HandleMessage()，这是定义于Mediator界面上的一个函数，下面列出了这个函数的摘要和调用路径（更确切地说是调用路径之一），注意这里跳过了几个中间转折。

[gossipServiceImpl.acceptMessages() > handleMessage() > gossipChannel.HandleMessage()
 > pullMediatorImpl.HandleMessage()]

```
func (p *pullMediatorImpl) HandleMessage(m proto.ReceivedMessage) {
> if m.GetGossipMessage() == nil || !m.GetGossipMessage().IsPullMsg() {return}
                    //不是 GossipMessage，或者虽是 GossipMessage 但不是 PullMsg，不作处理。
  //消息 m 必须既是 GossipMessage 并且又是 PullMsg：
> msg := m.GetGossipMessage()
> msgType := msg.GetPullMsgType()
> if msgType != p.config.MsgType {return}
> itemIDs := []string{}
> items := []*proto.SignedGossipMessage{}   // items 为一 SignedGossipMessage 指针数组
> var pullMsgType MsgType
> if helloMsg := msg.GetHello(); helloMsg != nil {   //收到了 Hello
>+ pullMsgType = HelloMsgType
>+ p.engine.OnHello(helloMsg.Nonce, m)    //处理 Hello 消息，实际是要求发给摘要信息的请求。
> }   //end if helloMsg := msg.GetHello(); helloMsg != nil
> if digest := msg.GetDataDig(); digest != nil {   //收到了对方（库存）的摘要信息
>+ d := p.PullAdapter.IngressDigFilter(digest)
>+ itemIDs = d.Digests
>+ pullMsgType = DigestMsgType
>+ p.engine.OnDigest(d.Digests, d.Nonce, m)   //处理 Digest 消息，决定要向对方索取些什么。
> }   //end if digest := msg.GetDataDig(); digest != nil
> if req := msg.GetDataReq(); req != nil {   //收到了对方的 DataReq
>+ itemIDs = req.Digests
>+ pullMsgType = RequestMsgType
>+ p.engine.OnReq(req.Digests, req.Nonce, m)   //处理 DataReq，向对方发送数据。
```

```
> }  //end if req := msg.GetDataReq(); req != nil
> if res := msg.GetDataUpdate(); res != nil {  //收到的是 DataUpdate，
>+ itemIDs = make([]string, len(res.Data))
>+ items = make([]*proto.SignedGossipMessage, len(res.Data))
>+ pullMsgType = ResponseMsgType
>+ for i, pulledMsg := range res.Data {
>++ msg, err := pulledMsg.ToGossipMessage()
>++ if err != nil { return }  // Data update contains an invalid message
>++ p.MsgCons(msg)
>++ itemIDs[i] = p.IdExtractor(msg)
>++ items[i] = msg
>++ p.itemID2Msg[itemIDs[i]] = msg
>+ }  //end for i, pulledMsg := range res.Data
>+ p.engine.OnRes(itemIDs, res.Nonce)
> }  //end if res := msg.GetDataUpdate(); res != nil

> // Invoke hooks for relevant message type
> for _, h := range p.hooksByMsgType(pullMsgType) {  //逐个执行所挂钩的每个函数：
>+ h(itemIDs, items, m)
> }
```

下面我们顺着Pull的流程看一下对Hello，Digest, DataReq, DataUpdate几种消息的处理。这些操作都是由PullEngine提供的。先看对于Hello的反应OnHello()：

[pullMediatorImpl.HandleMessage() > OnHello()]

```
func (engine *PullEngine) OnHello(nonce uint64, context interface{})
> engine.incomingNONCES.Add(nonce)  //将 Hello 消息中的 Nonce 号存储起来
> requestWaitTime := util.GetDurationOrDefault("peer.gossip.requestWaitTime", defRequestWaitTime)
> time.AfterFunc((engine.requestWaitTime, func())  //设置好对于超时的处理
                                    > engine.incomingNONCES.Remove(nonce)  //超时就删掉这个 Nonce 号
> a := engine.state.ToArray()  //对 Hello 消息的回应是本地 engine.state 中信息的一份摘要
> var digest []string
> filter := engine.digFilter(context)  //提供摘要的时候可能要有所过滤，获取过滤函数 filter。
> for _, item := range a {  //对于数组 a 中的每一个元素，即 engine.state 中的每一项信息：
>+ dig := item.(string)  //对于此项信息的摘要说明
>+ if !filter(dig) {continue}  //加以过滤，如果不满足条件就跳过此项。
>+ digest = append(digest, dig)  //将此项信息的摘要说明加入 digest 集合
```

```
> }
> if len(digest) == 0 {return}        //集合 digest 为空就不发送了。
> engine.SendDigest(digest, nonce, context)    //集合 digest 非空，加以发送。发送的过程展开如下：
    == (p *pullMediatorImpl) SendDigest(digest []string, nonce uint64, context interface{})
>> digMsg := &proto.GossipMessage{Channel: p.config.Channel, Tag: p.config.Tag, Nonce: 0,
        Content: &proto.GossipMessage_DataDig{
            DataDig: &proto.DataDigest{MsgType: p.config.MsgType, Nonce: nonce,
                                Digests: util.StringsToBytes(digest), },},}
            // GossipMessage这一层上的Nounce是0，而DataDigest中的Nounce是参数nounce。
>> remotePeer := context.(proto.ReceivedMessage).GetConnectionInfo()
>> context.(proto.ReceivedMessage).Respond(digMsg)     //作出回应，展开如下：
    == (m *ReceivedMessageImpl) Respond(msg *proto.GossipMessage)
>>> sMsg, err := msg.NoopSign()
>>> m.conn.send(sMsg, func(e error) {}, blockingSend)   //在已经建立的连接 conn 上发送，展开：
    == (conn *connection) send(msg *proto.SignedGossipMessage, onErr func(error), …)
>>>> m := &msgSending{envelope: msg.Envelope,onErr: onErr,}
>>>> if len(conn.outBuff) == cap(conn.outBuff) { if !shouldBlock{ return }}
>>>> conn.outBuff <- m   //底层的网络通信线程会从这个通道读出并发送，详见 writeToStream()。
```

显然，收到Hello的这一方会发回一个关于本地所存信息的Digest，类似于一个清单。所谓本地所存信息，就是存储在PullEngine.state这个集合中的各项数据。不过对于具体的每项数据是否发送也可加以过滤。

准备好Digest消息之后，就由SendDigest()辗转调用底层的connection.send()，将其写入具体连接的outBuff。而具体的连接则有个独立的Go线程writeToStream()，将其发送给对方。

```
func (conn *connection) writeToStream()    //这是一个 Go 线程，创建于与 Peer 节点建立具体链接之时。
> for !conn.toDie() {
>+ stream := conn.getStream()
>+ if stream == nil { return }   // Stream is nil, aborting!
>+ select {
>+ case m := <-conn.outBuff:
>++ err := stream.Send(m.envelope)
>+ case stop := <-conn.stopChan:
>++ conn.stopChan <- stop
>++ return
>+ }   //end select
> }   //end for !conn.toDie()
```

然后，在发起Hello这一边就会因接收到Digest而调用OnDigest()：

```
[pullMediatorImpl.HandleMessage() > OnDigest()]

func (engine *PullEngine) OnDigest(digest []string, nonce uint64, context interface{})
                                    // OnDigest notifies the engine that a digest has arrived
> if !engine.isAcceptingDigests() || !engine.outgoingNONCES.Exists(nonce) {return}
> for _, n := range digest {  //将摘要信息中所列的各项数据（区块号）填写到 item2owners 这个 Map 中：
                             //item2owners 是个 Map：区块号=>所在 Peer 节点的集合
>+ if engine.state.Exists(n) {continue}              //已经存在就跳过
>+ if _, exists := engine.item2owners[n]; !exists {  //如果这个 Map 中还没有关于此项数据的记录，
>++ engine.item2owners[n] = make([]string, 0)        //就为其创建一个空白集合。
>+ }   //end if … !exists
>+ engine.item2owners[n] = append(engine.item2owners[n], engine.nonces2peers[nonce])
                                                      //把该区块所在的 Peer 节点名加到这个集合中。
> }   //end for
```

不过这里只是把收到的摘要信息记录在Pull引擎的item2owners这个Map中，并没有立刻就发出数据请求。Pull引擎里有个定时器，每过一定时间就会调用processIncomingDigests()，那时候才会发出数据请求：

```
[initiatePull() > processIncomingDigests()]

func (engine *PullEngine) processIncomingDigests()
> engine.ignoreDigests()     //暂时停止接收 Digests，以免干扰。展开：
>> atomic.StoreInt32(&(engine.acceptingDigests), int32(0))          //就是把 acceptingDigests 设成 0
> requestMapping := make(map[string][]string)  //创建一个 Map，Peer 节点名=>该节点所存区块集合。
> for n, sources := range engine.item2owners {   //对 item2owners 集合中的每一项，即每个区块号：
>+ source := sources[util.RandomInt(len(sources))]       //从一区块所在的 Peer 节点集合中随机选取一个。
>+ if _, exists := requestMapping[source]; !exists {  //如果 requestMapping 中这个 Peer 名下尚是空白：
>++ requestMapping[source] = make([]string, 0)      //为其创建一个空白数组，以存放该 Peer 所存区块集合。
>+ }
>+ requestMapping[source] = append(requestMapping[source], n)  //将此区块号加入这个集合。
> }   //end for n, sources := range engine.item2owners
> engine.acceptResponses()   //恢复接收 Digests，展开：
>> atomic.StoreInt32(&(engine.acceptingResponses), int32(1))  //把 acceptingDigests 恢复成 1
> for dest, seqsToReq := range requestMapping {    //向所得 requestMapping 中的各个 Peer 发出数据请求
>+ engine.SendReq(dest, seqsToReq, engine.peers2nonces[dest])
```

```
> }   //end for
> time.AfterFunc(engine.responseWaitTime, engine.endPull)    //过一段时间就调用 endPull()，结束这个过程
```

这样，就为Digest中所列的各个区块向存有这些区块的各个Peer节点发出了数据请求。然后接收到数据请求的节点上会因此而调用OnReq()：

```
[pullMediatorImpl.HandleMessage() > OnReq()]

func (engine *PullEngine) OnReq(items []string, nonce uint64, context interface{})
> if !engine.incomingNONCES.Exists(nonce) {return}
> filter := engine.digFilter(context)
> var items2Send []string
> for _, item := range items {   //具体节点上接收到的是一个数组 items，对此数组中的每一个块号：
>+ if engine.state.Exists(item) && filter(item) {   //如果本地存有此项数据，并符合过滤条件：
>++ items2Send = append(items2Send, item)    //将此项数据记入 items2Send 集合，准备发送。
>+ }
> }
> if len(items2Send) == 0 {return}                    //没有数据要发送，那就直接返回
> go engine.SendRes(items2Send, context, nonce)    //有的话就异步以 GossipMessage_DataUpdate 消息发送
```

对方发出的响应实际上是GossipMessage_DataUpdate消息，里面承载着发送的各项数据。而在发起pull的这一边，则会在接收到这个消息后调用OnRes()：

```
[pullMediatorImpl.HandleMessage() > OnRes()]

// OnRes notifies the engine a response has arrived
func (engine *PullEngine) OnRes(items []string, nonce uint64) {
> if !engine.outgoingNONCES.Exists(nonce) || !engine.isAcceptingResponses() {return}
> engine.Add(items...)
   == (engine *PullEngine) Add(seqs ...string)   //把接收到的数据逐项加入 engine.state 这个集合中
>> for _, seq := range seqs {
>>+ engine.state.Add(seq)   //加入engine.state这个集合中
>> }
```

把响应消息所承载的数据加入本地的 engine.state 这个集合中，就完成了若干缺失区块的索取。

4.7.3 索取缺失的私有数据

如前所述，在 Gossip 机制中需要向外索取的缺失信息主要是区块和私有数据两种（尽管证书也需要向外索取）。但是这两种信息的传播方式是不一样的，所以每个频道都有专门用于区块（和证书）索取的 PullEngine，也有用于私有数据索取的 puller。每当创建一个频道并对其进行初始化的时候就要为其创建一个 puller。

```
[createChain() > InitializeChannel() > NewPuller()]

func NewPuller(cs privdata.CollectionStore, g gossip, dataRetriever PrivateDataRetriever,
                                    factory CollectionAccessFactory, channel string) *puller
> pubSub := util.NewPubSub()    //创建一个空白的PubSub，这是个subscription集合：
>> return &PubSub{subscriptions: make(map[string]*Set), }
> p := &puller{pubSub: pubSub, stopChan: make(chan struct{}),
          channel: channel, cs: cs, btlPullMargin: getBtlPullMargin(), gossip: g,
          PrivateDataRetriever: dataRetriever, CollectionAccessFactory: factory, }    //puller的数据结构
> _, p.msgChan = p.Accept(func(o interface{}) bool {}, true)    //创建msgChan通道并给定接受条件：
                        > msg := o.(proto.ReceivedMessage).GetGossipMessage()    //必须是Gossip消息
                        > if !bytes.Equal(msg.Channel, []byte(p.channel)) { return false }    //频道必须相符
                        > return msg.IsPrivateDataMsg()        //Gossip消息的内容必须与私有数据有关：
                        >> return m.GetPrivateReq() !=nil ||
                                    m.GetPrivateRes() !=nil || m.GetPrivateData() != nil
> go p.listen()    //创建puller的守护线程：
>> for {
>>+ select {
>>+ case <-p.stopChan: return
>>+ case msg := <-p.msgChan:
>>++ if msg == nil { return }    //comm module stopped, hence this channel closed
>>++ if msg.GetGossipMessage().GetPrivateRes() != nil { p.handleResponse(msg) }
>>++ if msg.GetGossipMessage().GetPrivateReq() != nil { p.handleRequest(msg) }
>>+ }    //end select
>> }    //end for
> return p
```

每个 puller 都有自己的守护线程，那就是这里的 listen()。这个线程根据到来的消息类型分别调用 handleRequest()或 handleResponse()。不过守护线程并不解决驱动的问题，puller 的动力来自何方呢？那是来自 coordinator 的 StoreBlock()。每当节点上的 coordinator 接收到一

个区块并要把它存储在本地的时候，都要检查与之绑定的私有数据是否已经到位，因为私有数据的传播是独立于区块的。如果发现私有数据缺失，就要通过 fetchFromPeers()向外索取。注意此时作为主体的 Block 已经到位，从中可以恢复出与私有数据相关的信息。我们在前面 Endorse 节点上看到过 Envelope 的准备和私有数据的散布，Envelope 中是该次交易所导致的一串公有数据读写集，而每项具体私有数据所从属的公有数据读写集中则载有该项私有数据的 Hash 值和基本信息。对 fetchFromPeers()的调用是针对一项具体私有数据的，其所在的块号，所属的公有数据读写集 ownedRWsets，和从中提取出来的 privateDataInfo，就被用作 fetchFromPeers()的调用参数，这是 privateDataInfo 结构的摘要：

```
type privateDataInfo struct {}
] sources                    map[rwSetKey][]*peer.Endorsement  //这是关于 RwSet 来源的 Map
] missingKeysByTxIDs     rwSetKeysByTxIDs  //这是个 map[txAndSeqInBlock][]rwSetKey
] missingKeys                rwsetKeys           //这是个 map[rwSetKey]struct{}
] txns                       txns
] missingRWSButIneligible   []rwSetKey       // map[rwSetKey]struct{}
```

有了所在的块号，所属的（公有数据）ownedRWsets，还有 privateDataInfo，下面就通过 fetchFromPeers()向外索取所缺失的私有数据，更确切地说是对于私有数据的读写集合：

```
[coordinator.StoreBlock() > fetchFromPeers()]

func (c *coordinator) fetchFromPeers(blockSeq uint64,
                        ownedRWsets map[rwSetKey][]byte, privateInfo *privateDataInfo)
> dig2src := make(map[privdatacommon.DigKey][]*peer.Endorsement)  //临时创建一个 Map
                //Dig 表示 Digest，这是个 DigKey => 数据来源的 Map，DigKey 的内容见下。
> getSources := func(k rwSetKey) {}
    > dig := privdatacommon.DigKey{TxId: k.txID, SeqInBlock: k.seqInBlock, Collection: k.collection,
                    Namespace: k.namespace, BlockSeq: blockSeq,}  //rwSetKey 中有这些信息
    > dig2src[dig] = privateInfo.sources[k]  //数据来源就是具体的 rwSetKey
> privateInfo.missingKeys.foreach(getSources)  //获取所缺失数据的来源（Endorser）
  //至此，我们已经准备好了一个 Map，即 dig2src。根据所缺失私有数据的 DigKey，可以查到其来源。
  //下面就以此 Map 为指引，向外索取所缺失的私有数据：
> fetchedData, err := c.fetch(dig2src)        //从 Peer 节点索取所缺失的私有数据，展开如下：
>> dig2Filter, err := p.computeFilters(dig2src)  //根据 dig2src 生成一个 digestToFilterMapping
>> return p.fetchPrivateData(dig2Filter)  //向 Peer 节点索取数据，返回一个容器 FetchedPvtDataContainer。
  //索取来的数据在 fetchedData 中，这是个 FetchedPvtDataContainer 结构。
  //内含 AvailableElements 和 PurgedElements 两个数组，系 PvtDataElement 和 PvtDataDigest 指针数组。
```

```
> for _, element := range fetchedData.AvailableElements {   // Iterate over data fetched from peers
      //容器中的 AvailableElements 为一 PvtDataElement 指针数组，对于该数组中的每项 PvtDataElement：
>+ dig := element.Digest
>+ for _, rws := range element.Payload {   //对此 PvtDataElement 中的每项 Payload，即私有数据读写集：
>++ hash := hex.EncodeToString(util2.ComputeSHA256(rws))   //计算其 Hash 值
>++ key := rwSetKey{txID: dig.TxId, namespace: dig.Namespace, collection: dig.Collection,
                    seqInBlock: dig.SeqInBlock, hash: hash,}   //构成一个组合键 key
>++ _, isMissing := privateInfo.missingKeys[key];              //看其是否出现在 missingKeys 这个 Map 中
>++ if !isMissing { continue }                      //如果此项 rwSetKey 并未缺失，就跳过。
      //到了这里，就说明此项 Payload 就是一个缺失的私有数据读写集：
>++ ownedRWsets[key] = rws   //把它写入 ownedRWsets。循环结束时此即为原先缺失现已补上的数据。
>++ delete(privateInfo.missingKeys, key)   //原先是缺失的，现在不再缺失。
>++ c.TransientStore.Persist(dig.TxId, blockSeq, key.toTxPvtReadWriteSet(rws))   //加以持久存储
>+ }   //end for _, rws := range element.Payload
> }   // end for _, element …
> // Iterate over purged data
> for _, dig := range fetchedData.PurgedElements {   //对 PurgedElements 中的每项 PvtDataDigest：
        // PurgedElements 是容器中的另一个 Map，是个 PvtDataDigest 指针数组：
>+ for missingPvtRWKey := range privateInfo.missingKeys {   // delete purged key from missing keys
>++ match := missingPvtRWKey.namespace == dig.Namespace &&
                    missingPvtRWKey.collection == dig.Collection &&
                    missingPvtRWKey.txID == dig.TxId
>++ if match { delete(privateInfo.missingKeys, missingPvtRWKey) }
>+ }   //end for missingPvtRWKey := range privateInfo.missingKeys
> }   //end for _, dig := range fetchedData.PurgedElements
```

具体的向外索取是由 fetch()，实际上是 fetchPrivateData()进行的。这个函数向外发送 GossipMessage_PrivateReq 消息，将缺失的数据清单散发到相关的 Peer 节点，实际上是那些 Endorse 节点，等待那些节点发回响应，然后加以处理和存储。

[coordinator.StoreBlock() > fetchFromPeers() > puller.fetch() > fetchPrivateData()]

```
func (p *puller) fetchPrivateData(dig2Filter digestToFilterMapping)
                                        (*privdatacommon.FetchedPvtDataContainer, error)
> // Get a list of peers per channel
> allFilters := dig2Filter.flattenFilterValues()
> members := p.waitForMembership()   //确认本频道中至少有上几个已发现的 Peer 节点
> members = filter.AnyMatch(members, allFilters...)   //剔除不符过滤条件（不能提供所需数据）的 Peer 节点。
```

> if len(members) == 0 { return nil, errors.New("Empty membership") } //要是没有一个 Peer 符合条件就失败了

> members = ***randomizeMemberList***(members)　//把它们的次序随机打乱

> res := &privdatacommon.**FetchedPvtDataContainer**{}　//创建一个空白容器

> var peer2digests peer2Digests

> itemsLeftToCollect := len(dig2Filter)　//We expect all private RWSets represented as digests to be collected

> for itemsLeftToCollect > 0 && len(members) > 0 {　//循环直至不再需要或者再无节点可以提供：

>+ *purgedPvt* := p.***getPurgedCollections***(members, dig2Filter)　//获取已被 Purge 的私有数据，展开如下：

>+> var res []privdatacommon.DigKey

>+> for dig := range dig2Filter {

>+>+ *purged*, err := p.***purgedFilter***(dig)　//这个函数所返回的是个过滤函数的指针

>+>+ membersWithPurgedData := filter.AnyMatch(members, *purged*)　//用此过滤函数进行过滤

>+>+ if len(membersWithPurgedData) > 0 { res = append(res, dig) }

>+> }　//end for dig := range dig2Filter

>+> return res

>+ for _, *dig* := range *purgedPvt* {　//逐个剔除那些 purged digest

>++ res.PurgedElements = append(res.PurgedElements, &proto.PvtDataDigest{TxId: *dig*.TxId,
BlockSeq: *dig*.BlockSeq, SeqInBlock: *dig*.SeqInBlock,
Namespace: *dig*.Namespace, Collection: *dig*.Collection,})

>++ delete(dig2Filter, *dig*)　//remove digest so we won't even try to pull purged data

>++ itemsLeftToCollect--

>+ }　//end for _, dig := range purgedPvt

>+ if itemsLeftToCollect == 0 { return res, nil }　//No items left to collect，不需要收集了。

>+ peer2digests, members = p.***assignDigestsToPeers***(members, dig2Filter)　//将目标指派到不同的 Peer

>+ if len(peer2digests) == 0 { return res, nil }　//No available peers for digests request，无处可去。

>+ subscriptions := p.***scatterRequests***(peer2digests)　//将缺失的数据清单散发到相关的 Peer 节点
//向外发送 GossipMessage_PrivateReq 消息

>+ responses := p.***gatherResponses***(subscriptions)　//等待发回所需的私有数据

>+ for _, resp := range responses {

>++ if len(resp.Payload) == 0 { continue }　//Got empty response

>++ delete(dig2Filter, privdatacommon.DigKey{TxId: resp.Digest.TxId,
BlockSeq:　resp.Digest.BlockSeq,
SeqInBlock: resp.Digest.SeqInBlock,
Namespace:　resp.Digest.Namespace,
Collection: resp.Digest.Collection,})

>++ itemsLeftToCollect--

>+ }　//end for _, resp := range responses

```
>+ res.AvailableElements = append(res.AvailableElements, responses...)    //把此项数据添加到容器中
> }    //end for itemsLeftToCollect > 0 && len(members) > 0
> return res, nil    //返回容器 FetchedPvtDataContainer
```

向别的节点索取私有数据时，就像数据库查询，需要给定一些条件，这就是关于具体私有数据的“摘要”，即 PvtDataDigest，其内容包括 TxId、BlockSeq、SeqInBlock、Namespace、Collection 等，这些要素构成一个组合键，唯一地确定了一项私有数据。

需要向外索取的数据项可能不在少数，往往不是一个 Peer 节点所能提供，也不宜把所有的负担都加在同一个 Peer 节点身上，所以要通过 assignDigestsToPeers()分配到不同的节点上，然后由 scatterRequests()将这些请求散发出去，再通过 gatherResponses()收集来自四面八方的回应，即私有数据。

如前所述，对方节点收到 GossipMessage_PrivateReq 消息后由它的守护线程调用 handleRequest()加以处理：

```
func (p *puller) handleRequest(message proto.ReceivedMessage)
> res = p.createResponse(message)    //根据消息中的私有数据请求准备好返回内容
> msg = &proto.GossipMessage{Channel: []byte(p.channel),
            Tag: proto.GossipMessage_CHAN_ONLY,
            Nonce: message.GetGossipMessage().Nonce,
            Content: &proto.GossipMessage_PrivateRes{
                PrivateRes: &proto.RemotePvtDataResponse{Elements: res, },},}
> message.Respond(msg)    //展开：
>> sMsg, err := msg.NoopSign()
>> m.conn.send(sMsg, func(e error) {}, blockingSend)
```

从 Peer 节点发回的是 GossipMessage_PrivateRes 消息，在发起索取的节点上为守护线程 listen()所接收，由 handleResponse()加以处理：

```
func (p *puller) handleResponse(message proto.ReceivedMessage)
> msg := message.GetGossipMessage().GetPrivateRes()
> for _, el := range msg.Elements {
>+ if el.Digest == nil { return }    //Got nil digest
>+ hash, err := el.Digest.Hash()
>+ p.pubSub.Publish(hash, el)
> }    //end for
```

响应消息中所承载的每项数据都以由其 Hash 值和数据本身所构成的键值对的形式被 Publish，供前面 fetchPrivateData()中的 gatherResponses()读取，然后逐项 append()到容器

FetchedPvtDataContainer 中，并经由 fetch()把这容器返回给 fetchFromPeers()，在 StoreBlock()那里连同 Block 一起被永久存储在 Ledger 中。

以上提供的只是粗线条的描述，因本书篇幅和作者时间精力所限，许多细节就不深入进去了，有兴趣或需要的读者可以自行阅读。

4.7.4 Peer 节点上的 Gossip 服务

有些基本的服务是 Fabric 网络中的几乎每一个节点都要提供的，当通过 start 命令启动一个 Peer 节点（Order 节点不在其列）时，实际上是在启动它的服务。此时程序会进入一个函数 serve()，在这个函数中创建并初始化各种基本的服务，其中之一就是 Gossip 服务。

Order 节点所发布的区块，以及 Endorser 节点所披露各次交易的私有数据，都通过 Gpssip 以“流言”的方式传播。节点的 Gossip 服务是在 serve()中通过 initGossipService()建立的，在此之前已经由 NewPeerServer()创建了 peerServer，那是个 gRPC 服务，提供底层的 gRPC 通信，别的服务都是建立在 gRPC 服务的基础上。因篇幅所限，我们就不深入到 initGossipService()这个函数中了，只是简短说明一下，然后着重介绍 Gossip 服务本身。这个函数创建一个实现了 Gossip 界面的 gossipServiceImpl 类对象，然后创建一个 go 线程（实际上不止一个）启动 Gossip 服务。注意 Fabric 的代码中有两种名叫 gossipServiceImpl 的结构，一个定义于 package gossip，另一个定义于 package service，后者是以前者为基础的。节点初始化过程中先通过 NewGossipService()创建前者 gossip.gossipServiceImpl，然后再以此为后者的结构成分在 InitGossipServiceCustomDeliveryFactory() 中创建实现了 Gossip 界面的后者，即 service.gossipServiceImpl。

```
[serve() > initGossipService() > InitGossipService() > InitGossipServiceCustomDeliveryFactory()]

func InitGossipServiceCustomDeliveryFactory(peerIdentity []byte, endpoint string, s *grpc.Server,
        certs *gossipCommon.TLSCertificates, factory DeliveryServiceFactory, mcs api.MessageCryptoService,
        secAdv api.SecurityAdvisor, secureDialOpts api.PeerSecureDialOpts, bootPeers ...string) error
> var err error
> var gossip gossip.Gossip
> once.Do(func() {})
    > if overrideEndpoint := viper.GetString("peer.gossip.endpoint"); overrideEndpoint != "" {
    >+ endpoint = overrideEndpoint
    > }
    > logger.Info("Initialize gossip with endpoint", endpoint, "and bootstrap set", bootPeers)
    > gossip, err = integration.NewGossipComponent(peerIdentity, endpoint, s, secAdv,
                                        mcs, secureDialOpts, certs, bootPeers...)
        //该函数的返回类型为 gossip.Gossip，这是个界面，实际上是个 gossip.gossipServiceImpl 指针。
    > gossipServiceInstance = &gossipServiceImpl{mcs: mcs, gossipSvc: gossip,
```

```
            privateHandlers: make(map[string]privateHandler),
            chains: make(map[string]state.GossipStateProvider),
            leaderElection: make(map[string]election.LeaderElectionService),
            deliveryService: make(map[string]deliverclient.DeliverService),
            deliveryFactory: factory, peerIdentity: peerIdentity, secAdv: secAdv,}
> return errors.WithStack(err)
```

不知道程序的设计者为什么要这样安排，而不是把 NewGossipComponent()放在这个函数的外面。但是至少我们知道，gossip.gossipServiceImpl 的创建是在 service.gossipServiceImpl 之前，并且前者是后者内部的一个成分。

这里我们主要关心 gossip.gossipServiceImpl，那是通过 NewGossipComponent()创建，实际上是由 NewGossipService()创建的：

```
[InitGossipServiceCustomDeliveryFactory() > NewGossipComponent() > NewGossipService()

// NewGossipService creates a gossip instance attached to a gRPC server
func NewGossipService(conf *Config, s *grpc.Server, sa api.SecurityAdvisor,
    mcs api.MessageCryptoService, selfIdentity api.PeerIdentityType,
    secureDialOpts api.PeerSecureDialOpts) Gossip
> g := &gossipServiceImpl{selfOrg: sa.OrgByPeerIdentity(selfIdentity), secAdvisor: sa, selfIdentity: selfIdentity,
        presumedDead: make(chan common.PKIidType, presumedDeadChanSize),
        disc: nil, mcs: mcs, conf: conf,
        ChannelDeMultiplexer: comm.NewChannelDemultiplexer(), logger: lgr,
        toDieChan: make(chan struct{}, 1), stopFlag: int32(0), stopSignal: &sync.WaitGroup{},
        includeIdentityPeriod: time.Now().Add(conf.PublishCertPeriod), }
                                        //这里创建的是 gossip.gossipServiceImpl
> g.stateInfoMsgStore = g.newStateInfoMsgStore()  //创建一个 MessageStore 并返回其指针。
> f := func(pkiID common.PKIidType, identity api.PeerIdentityType) {}
    > g.comm.CloseConn(&comm.RemotePeer{PKIID: pkiID})
    > g.certPuller.Remove(string(pkiID))
> g.idMapper = identity.NewIdentityMapper(mcs, selfIdentity, f, sa)
> if s == nil {
>+ g.comm, err = createCommWithServer(conf.BindPort, g.idMapper, selfIdentity, secureDialOpts, sa)
> } else {
>+ g.comm, err = createCommWithoutServer(s, conf.TLSCerts, g.idMapper, selfIdentity, secureDialOpts, sa)
> }
> g.chanState = newChannelState(g)
> g.emitter = newBatchingEmitter(conf.PropagateIterations, conf.MaxPropagationBurstSize,
```

```
conf.MaxPropagationBurstLatency, g.sendGossipBatch)  //用于成批向外发送
> g.discAdapter = g.newDiscoveryAdapter()  //Discovery 是网上发现 Peer 节点的机制
> g.disSecAdap = g.newDiscoverySecurityAdapter()
> g.disc = discovery.NewDiscoveryService(g.selfNetworkMember(),
                    g.discAdapter, g.disSecAdap, g.disclosurePolicy)
> g.certPuller = g.createCertStorePuller()  //这是证书（Certificate）的 Puller
> g.certStore = newCertStore(g.certPuller, g.idMapper, selfIdentity, mcs)  //证书的存放地
> if g.conf.ExternalEndpoint == "" {
>+ g.logger.Warning("External endpoint is empty, peer will not be accessible outside of its organization")
> }
> go g.start()  //这是具体提供 Gossip 服务的线程
> go g.connect2BootstrapPeers()  // BootstrapPeers 是预先配置的一份无需发现就可与之连接的节点名单
> return g
```

这里返回的 gossip.gossipServiceImpl 指针在 InitGossipServiceCustomDeliveryFactory()中就是 gossip。不仅如此，Fabric 的代码中凡是名为 gossip 的变量或成分一般都是指这个。

具体的代码就留给读者自己阅读了，这里直接看具体提供 Gossip 服务的线程：

```
[ InitGossipService() > ... > NewGossipService() > go g.start()]

func (g *gossipServiceImpl) start()          //启动 Gossip 服务，
    //这是 gossip.gossipServiceImpl 的 start()，本身就是作为一个 go 线程运行的。
> go g.syncDiscovery()      //单独创建一个线程用于 Peer 节点的发现，从略。
> go g.handlePresumedDead()  //单独创建一个线程用于失去联系已有一段时间的 Peer 节点，从略。
> msgSelector := func(msg interface{}) bool {} //动态定义一个消息选择函数，这函数决定着接收何种消息。
              >+ gMsg, isGossipMsg := msg.(proto.ReceivedMessage)
              >+ if !isGossipMsg { return false }  //如果不是 Gossip 消息就返回 false
              >+ isConn := gMsg.GetGossipMessage().GetConn() != nil      //这是连接消息
              >+ isEmpty := gMsg.GetGossipMessage().GetEmpty() != nil  //这是空消息
              >+ isPrivateData := gMsg.GetGossipMessage().IsPrivateDataMsg()  //这是私有数据消息
              >+ return !(isConn || isEmpty || isPrivateData)  //是 Gossip 消息，但不是这三者之一。
> incMsgs := g.comm.Accept(msgSelector)  //创建以 msgSelector()为选择函数的通道 incMsgs。
> go g.acceptMessages(incMsgs)  //另行创建一个用来接收 Gossip 消息的线程
```

这里先动态定义一个 Gossip 消息的选择/过滤函数，然后调用一个函数 Accept()，创建一个以此为选择函数的通道 incMsgs。这样，以后凡是从 incMsgs 进来的消息，就一定是 Gossip 消息，但又不会是连接消息、私有数据消息或空消息。关于 Accept()前面已经介绍过了，这里不再重复。

下面就是另一个 go 线程 acceptMessages()的事了：

```
func (g *gossipServiceImpl) acceptMessages(incMsgs <-chan proto.ReceivedMessage)
> defer g.logger.Debug("Exiting")
> defer g.stopSignal.Done()
> for {
>+ select {
>+ case s := <-g.toDieChan:   //这是高层的退出命令通道
>++ g.toDieChan <- s              //把命令写回这个通道（可能还有别的收听者）
>++ return                        //然后退出
>+ case msg := <-incMsgs:   //这是来自下层的 Gossip 消息
>++ g.handleMessage(msg)     //调用 gossipServiceImpl.handleMessage()。
>+ }
> }
```

这个线程反复从 incMsgs 通道接收 Gossip 消息，收到一个就对其调用 handleMessage()。到了这里，才转入了 Gossip 服务的正题。注意每个节点上只有一个 Gossip 的服务，但是一个节点可以加入多个不同的频道（Channel）：

[acceptMessages() > gossipServiceImpl.handleMessage()]

```
func (g *gossipServiceImpl) handleMessage(m proto.ReceivedMessage)
> if g.toDie() {return}
> if m == nil || m.GetGossipMessage() == nil {return}
> msg := m.GetGossipMessage()   //从 ReceivedMessage 中摘取 SignedGossipMessage：
>> return m.SignedGossipMessage
> if !g.validateMsg(m) {return}     //消息不合规，就不作处理。
> if msg.IsChannelRestricted() {   //大部分 Gossip 消息都是针对具体频道的：
>+ gc := g.chanState.lookupChannelForMsg(m);     //找到所针对的具体频道，返回 gossipChannel 指针
>+ if gc == nil {  //没找到消息所针对的频道：
>++ // If we're not in the channel, we should still forward to peers of our org in case it's a StateInfo message
>++ if g.isInMyorg(discovery.NetworkMember{PKIid: m.GetConnectionInfo().ID}) && msg.IsStateInfoMsg() {
>+++ if g.stateInfoMsgStore.Add(msg) {
>++++ g.emitter.Add(&emittedGossipMessage{SignedGossipMessage: msg,
                                        filter: m.GetConnectionInfo().ID.IsNotSameFilter,})
>+++ }
>++ }   //end if g.isInMyorg() …
>++ if !g.toDie() {g.logger.Debug("No such channel", msg.Channel, "discarding message", msg)}
```

```
>+ } else {   //找到了消息所针对的频道：
>++ if m.GetGossipMessage().IsLeadershipMsg() {
>+++ err := g.validateLeadershipMessage(m.GetGossipMessage());
>++ }
>++ gc.HandleMessage(m)   //具体频道对于这消息的处理，gossipChannel.HandleMessage()
>+ }
>+ return
> }   //end if msg.IsChannelRestricted()
  //有些 Gossip 消息是不针对特定频道的：
> if selectOnlyDiscoveryMessages(m) {
>+ // It's a membership request, check its self information matches the sender
>+ if m.GetGossipMessage().GetMemReq() != nil {   //这里的 Mem 是 Membership 的缩写，不是 Memory。
>++ sMsg, err := m.GetGossipMessage().GetMemReq().SelfInformation.ToGossipMessage()
>++ if !sMsg.IsAliveMsg() {
>+++ g.logger.Warning("Got membership request with selfInfo that isn't an AliveMessage")
>+++ return
>++ }
>++ if !bytes.Equal(sMsg.GetAliveMsg().Membership.PkiId, m.GetConnectionInfo().ID) {
>+++ g.logger.Warning("Got membership request with selfInfo that doesn't match the handshake")
>+++ return
>++ }
>+ }
>+ g.forwardDiscoveryMsg(m)   //上传给 discoveryAdapter，由其加以处理。
> }
> if msg.IsPullMsg() && msg.GetPullMsgType() == proto.PullMsgType_IDENTITY_MSG{ //索取身份信息：
>+ g.certStore.handleMessage(m)   //调用 certStore.handleMessage()，向对方发送本方的身份证书
> }
```

我们在这里只关注针对具体频道的 Gossip 消息，因为在实际的运行中这是常态，别的就留给读者了。

针对具体频道的消息是由 gossipChannel.HandleMessage()加以处理的，这是对本频道中各种 Gossip 消息的响应：

```
[acceptMessages() > gossipServiceImpl.handleMessage() > gossipChannel.HandleMessage()]

func (gc *gossipChannel) HandleMessage(msg proto.ReceivedMessage)
> if !gc.verifyMsg(msg) {return}   //Failed verifying message，消息不合规。gc 是个 gossipChannel。
> m := msg.GetGossipMessage()   //从 ReceivedMessage 中获取所承载的 SignedGossipMessage：
```

```
>> return m.SignedGossipMessage
> if !m.IsChannelRestricted() {return}   //既然不限于具体频道，就不应由具体频道的 HandleMessage()处理。
> orgID := gc.GetOrgOfPeer(msg.GetConnectionInfo().ID)   //先检查所述的组织名
> if len(orgID) == 0 {return}   //Couldn't find org identity of peer. 不属于任何组织，不作处理。
> if !gc.IsOrgInChannel(orgID) {return}   //不应属于这个频道，本频道没有参加这个组织。
>> for _, orgOfChan := range gc.orgs {
>>+ if bytes.Equal(orgOfChan, membersOrg) { return true }
>> }
>> return false
    //至此已经确认到来的消息确实是针对本频道的，下面是具体的处理和反应：
> if m.IsStateInfoPullRequestMsg() {   //如果是要求获取本频道的状态信息：
>+ msg.Respond(gc.createStateInfoSnapshot(orgID))   //那就创建一个状态快照发回去
>+ return
> }
> if m.IsStateInfoSnapshot() {   //如果是对方发来的状态快照：
>+ gc.handleStateInfSnapshot(m.GossipMessage, msg.GetConnectionInfo().ID)
>+ return
> }
> if m.IsDataMsg() || m.IsStateInfoMsg() {   //如果是数据消息或状态消息：
      //消息类型为 GossipMessage_DataMsg 或 GossipMessage_StateInfo
>+ added := false
>+ if m.IsDataMsg() {   //这是承载着区块的数据消息：
>++ if m.GetDataMsg().Payload == nil {return}   //Payload is empty
>++ // Would this block go into the message store if it was verified?
>++ if !gc.blockMsgStore.CheckValid(msg.GetGossipMessage()) { return }
                                        // Checks if message is valid for insertion to store
>++ if !gc.verifyBlock(m.GossipMessage, msg.GetConnectionInfo().ID) {return}   //Failed verifying block
                                        //检查区块是否合规，包括签名等等元数据。
>++ added = gc.blockMsgStore.Add(msg.GetGossipMessage())   //将其添加到区块消息存储中
>+ } else { // StateInfoMsg verification should be handled in a layer above，是状态消息：
>++ // since we don't have access to the id mapper here
>++ added = gc.stateInfoMsgStore.Add(msg.GetGossipMessage())   //添加到状态消息存储中
>+ }   //end if m.IsDataMsg() else
    //无论是数据还是状态消息，只要被本地缓存，就要加以转发，并分发给本地的订阅者：
>+ if added {   //如果成功存储在了本地：
>++ gc.Forward(msg)   // Forward the message，加以转发，展开如下：
      == (ga *gossipAdapterImpl) Forward(msg proto.ReceivedMessage)
>++> ga.gossipServiceImpl.emitter.Add(&emittedGossipMessage{
```

SignedGossipMessage: msg.GetGossipMessage(),

filter: msg.GetConnectionInfo().ID.IsNotSameFilter, }) //由batchingEmitterImpl加以发送

//对于到来的数据或状态消息，存储和转发是基本的操作，除此之外就要看是否有订阅：

>++ gc.***DeMultiplex***(m) // DeMultiplex to local subscribers，分发给本地的订阅者

>++ if m.IsDataMsg() { //如果是数据消息：

>+++ gc.***blocksPuller.Add***(msg.GetGossipMessage()) //加入到 blocksPuller 中，以备索取。

>++ } //end f m.IsDataMsg()

>+ } //end added

>+ return

> } //end if m.IsDataMsg() || m.IsStateInfoMsg()

//DataMsg 和 StateInfoMsg 是对方发来的信息，下面是对方向我方索要：

> *isPull* := m.IsPullMsg() //检测是否 Pull 消息：

>> return m.GetDataReq() != nil || m.GetDataUpdate() != nil ||m.GetHello() != nil || m.GetDataDig() != nil

//消息类型为GossipMessage_DataReq、GossipMessage_DataUpdate、

// GossipMessage_Hello、GossipMessage_DataDig 这四者之一

> if *isPull* && m.GetPullMsgType() == proto.PullMsgType_BLOCK_MSG {

>+ if gc.hasLeftChannel() { return } //如果已经离开了这个频道，就不予理睬。

>+ // If we don't have a StateInfo message from the peer, no way of validating its eligibility in the channel.

>+ if gc.stateInfoMsgStore.***MsgByID***(msg.GetConnectionInfo().ID) == nil {return} //本地没有相关状态信息

>+ member := discovery.**NetworkMember**{PKIid: msg.GetConnectionInfo().ID}

>+ if !gc.***eligibleForChannelAndSameOrg***(member) {return} //对方不属于同一频道或同一组织就不理睬

>+ if m.***IsDataUpdate***() { //这是一个 GossipMessage_DataUpdate 消息

// Iterate over the envelopes, and filter out blocks that we already have in the blockMsgStore,

// or blocks that are too far in the past.

>++ filteredEnvelopes := []*proto.Envelope{} //创建一个空白 Envelope 数组 filteredEnvelopes，用于过滤。

>++ for _, item := range m.GetDataUpdate().Data { //对于 DataUpdate.Data 中的每一项，即每个 Block：

>+++ gMsg, err := item.ToGossipMessage()

>+++ if !bytes.Equal(gMsg.Channel, []byte(gc.chainID)) {return} //频道 ID 不符

>+++ // Would this block go into the message store if it was verified?

>+++ if !gc.blockMsgStore.***CheckValid***(msg.GetGossipMessage()) {return}

>+++ if !gc.***verifyBlock***(gMsg.GossipMessage, msg.GetConnectionInfo().ID) {return}

>+++ added := gc.***blockMsgStore.Add***(gMsg)

>+++ if !added {continue} //被拒绝加入，要么业已存在，要么已经过去太久。

>+++ *filteredEnvelopes* = ***append***(filteredEnvelopes, item) //已加入 blockMsgStore，加入 filteredEnvelopes。

>++ } //end for _, item := range m.GetDataUpdate().Data

>++ // Replace the update message with just the blocks that should be processed

>++ m.GetDataUpdate().Data = *filteredEnvelopes* //修改 msg 所承载 SignedGossipMessage 的内容

>+ } //end if m.IsDataUpdate()

```
>+ gc.blocksPuller.HandleMessage(msg)   //响应对方的索取，注意 msg 是原始的 ReceivedMessage 指针。
> }   //end if m.IsPullMsg() && m.GetPullMsgType() == proto.PullMsgType_BLOCK_MSG
> if m.IsLeadershipMsg() {   //这是有关频道 Leader 选举的消息
>+ // Handling leadership message
>+ added := gc.leaderMsgStore.Add(m)
>+ if added {
>++ gc.DeMultiplex(m)
>+ }
> }   //end if m.IsLeadershipMsg()
```

到来的 Gossip 消息大体上可以分成两类。一类是由对方发送过来的数据（区块）或状态信息。另一类是与作为节点间同步手段的索取（Pull）有关的请求和响应。前者包括用于区块的 DataMsg 和用于状态信息的 StateInfo（因版面原因省略了前缀“GossipMessage_”，下同）。后者则如前所述有 Hello，DataDig，DataReq 和 DataUpdate，这些消息都是由 BlockPuller、或者说 PullMediator 发出的，都属于由 Gossip 消息承载的 Pull 消息（PullMsg），类型都是 PullMsgType_BLOCK_MSG（另外两个类型分别为 PullMsgType_IDENTITY_MSG 和 PullMsgType_UNDEFINED）。其中载有区块的是 DataUpdate，所以对 DataUpdate 的处理有些特殊。其余则由 pullMediatorImpl.HandleMessage()处理。

至于私有数据，那是由通道的选择函数排除在外，不算 Gossip 消息的。

对于 DataMsg 和 StateInfo（其实还有 LeadershipMsg），除本地存储和转发外，还要通过 DeMultiplex()分发给“订阅者”。我们已在前面看过 DeMultiplex()的摘要，这里不再重复。

回到前面的 gossipServiceImpl.handleMessage()，除对于针对具体频道的 Gossip 消息的转发和处理之外，还有些消息是不针对具体频道的，主要是有关频道内成员发现和连接的 DiscoveryMsg，此类消息交由 discoveryAdapter 处理。

最后还有一种 Gossip 消息，其目的在于索取本节点的身份证书，对此由 certStore.handleMessage()加以回应，因为本节点的身份证书存储在 certStore 中。

上面所说的 Gossip 服务都是对于所接收 Gossip 消息的处理和反应，那么 Gossip 消息的发送呢？gossipServiceImpl 提供的函数 Gossip()就是用于 Gossip 消息的发送：

```
func (g *gossipServiceImpl) Gossip(msg *proto.GossipMessage)     //向 Peer 节点发送 Gossip 消息
> // Educate developers to Gossip messages with the right tags. See IsTagLegal() for wanted behavior.
> if err := msg.IsTagLegal(); err != nil {panic(errors.WithStack(err))}
> sMsg := &proto.SignedGossipMessage{GossipMessage: msg,} //将 Gossip 消息包装成 SignedGossipMessage
> var err error
> if sMsg.IsDataMsg() {   //数据消息无需签名
>+ sMsg, err = sMsg.NoopSign()
```

```
> }
> else {   //状态消息需要签名
>+ _, err = sMsg.Sign(func(msg []byte) ([]byte, error) {})
                          > return g.mcs.Sign(msg)
> }
> if msg.IsChannelRestricted() {
>+ gc := g.chanState.getGossipChannelByChainID(msg.Channel)
>+ if gc == nil {return}        //Failed obtaining gossipChannel
>+ if msg.IsDataMsg() {
>++ gc.AddToMsgStore(sMsg)   //如果是数据消息就将其加入目标频道的 MsgStore，作为留底。
>+ }
> }   //end if msg.IsChannelRestricted()
> if g.conf.PropagateIterations == 0 {return}   //要是允许发送的次数为 0，就不发送。
> g.emitter.Add(&emittedGossipMessage{ //加入 emitter 的缓冲队列，由其加以发送。
        SignedGossipMessage: sMsg, filter: func(_ common.PKIidType) bool {},})
                                        > return true
```

就是说，只要把待发送的消息放入Gossip机制的emitter，这是个周期性成批发送的batchingEmitterImpl，它早晚就会把消息发送出去，前面通过Forward()转发消息也是这样。

对于积累在emitter中的消息，有个线程periodicEmit()，周期性地加以发送。这个线程是在newBatchingEmitter()中创建的：

```
func (p *batchingEmitterImpl) periodicEmit()    //这是个go线程
> for !p.toDie() {
>+ time.Sleep(p.delay)
>+ p.emit()
    == (p *batchingEmitterImpl) emit()
>+> if p.toDie() { return }
>+> if len(p.buff) == 0 { return }
>+> msgs2beEmitted := make([]interface{}, len(p.buff))   //创建一个空白的数组msgs2beEmitted
>+> for i, v := range p.buff { msgs2beEmitted[i] = v.data }   //将缓冲区中的消息填写到这个数组中
>+> p.cb(msgs2beEmitted)   //由回调函数将数组msgs2beEmitted中的消息发送出去
> }
```

可见，batchingEmitterImpl只是个框架，因为具体的发送是由回调函数cb进行的，你创建emitter时给它一个什么回调函数，它就怎么发送你的消息。对于Gossip，这个回调函数是sendGossipBatch()。

```
func (g *gossipServiceImpl) sendGossipBatch(a []interface{})
> msgs2Gossip := make([]*emittedGossipMessage, len(a))	//创建一个数组
> for i, e := range a { msgs2Gossip[i] = e.(*emittedGossipMessage) }	//把要发送的消息指针填写到这个数组中
> g.gossipBatch(msgs2Gossip)	// “流言”式的发送
```

函数gossipBatch()区分不同性质的消息，对其实施“流言”式的发送，即通过一个函数SelectPeers()临时随机选择发送目标，而不是向同一频道中所有的Peer都发送。Gossip之为“流言”即在于此，因篇幅所限，这就留给读者自己去阅读了。

节点上建立起上述的一套机制，就为Gossip的传播作好了准备，搭起了一个框架，下面就是“流言”的来源和发起了。不过如前所述流言是分频道的，所以首先还需要创建Gossip频道，并让节点加入某个频道。

要了解频道的创建和加入，最好的办法还是考察Fabric节点所提供的create和join这两条命令，前者用于创建一个频道，后者用于参加一个频道。

4.7.5　Gossip 频道的创建

我们在前面看过用来发动交易的invoke命令的流程，create命令也与invoke一样有个命令提供函数，那就是createCmd()：

```
func createCmd(cf *ChannelCmdFactory) *cobra.Command
> createCmd := &cobra.Command{}
                    ] Use:    "create",
                    ] RunE: func(cmd *cobra.Command, args []string) error {}
                          >return create(cmd, args, cf)
```

当UI调用这条命令的RunE函数时，create()就会受到调用，这条命令实际上就是由函数create()实现的。

```
func create(cmd *cobra.Command, args []string, cf *ChannelCmdFactory) error
> // the global chainID filled by the "-c" command，命令行中必须通过 –c 选项提供 channelID。
> if channelID == common.UndefinedParamValue { return errors.New("must supply channel ID") }
> if cf == nil {
>+ cf, err = InitCmdFactory(EndorserNotRequired, PeerDeliverNotRequired, OrdererRequired)
>+ if err != nil {return err}
> }
> return executeCreate(cf)
```

表面上看这与invoke命令的入口函数chaincodeInvoke()一模一样，只不过在那里最后调用的是chaincodeInvokeOrQuery()，而这里是executeCreate()。然而这里有个重要的不同，这里作为参数传下的指针cf是个ChannelCmdFactory指针，因为create是一条频道命令，而invoke是一条链码命令，其参数cf是个ChaincodeCmdFactory指针。这是两种不同的数据结构。ChannelCmdFactory结构的定义是这样：

```
type ChannelCmdFactory struct {}
] EndorserClient     pb.EndorserClient
] Signer              msp.SigningIdentity
] BroadcastClient    common.BroadcastClient
] DeliverClient      deliverClientIntf  //这是 ChaincodeCmdFactory 中没有的。是个 interface，提供下列函数：
]] getSpecifiedBlock(num uint64) (*common.Block, error)   //用于从 Order 节点按块号获取区块
]] getOldestBlock() (*common.Block, error)                //用于从 Order 节点获取最老的区块
]] getNewestBlock() (*common.Block, error)                //用于从 Order 节点获取最新发布的块
]] Close() error                                          //断开连接
] BroadcastFactory BroadcastClientFactory        //这也是 ChaincodeCmdFactory 中没有的，这是个函数指针。
```

这样，所调用的函数InitCmdFactory()也就不同了，这个函数在package channel中，定义于源文件channel.go。注意这里在调用这个函数时的形参isEndorserRequired的值是EndorserNotRequired，即false，因为create命令的执行是不经过Endorse的。此外，形参isPeerDeliverRequired的值也是false，只有isOrdererRequired是true：

```
[createCmd() > create() > InitCmdFactory()]

func InitCmdFactory(isEndorserRequired, isPeerDeliverRequired, isOrdererRequired bool)
                                                        (*ChannelCmdFactory, error)
> if isPeerDeliverRequired && isOrdererRequired {     //不能二者同时都要
>+ // this is likely a bug during development caused by adding a new cmd
>+ return nil, errors.New("ERROR - only a single deliver source is currently supported")
> }
> cf := &ChannelCmdFactory{}
> cf.Signer, err = common.GetDefaultSignerFnc()  //用于本节点上的签名
> cf.BroadcastFactory = func() (common.BroadcastClient, error) {}    // BroadcastClient 是必须有的
                        > return common.GetBroadcastClientFnc()
                        //注意这里(common.BroadcastClient, error)是这个动态定义函数的两个返回值类型
> // for join and list, we need the endorser as well
> if isEndorserRequired {   //join 是需要 Endorse 的，create 不需要。
>+ // creating an EndorserClient with these empty parameters will create a
```

```
>+ // connection using the values of "peer.address" and "peer.tls.rootcert.file"
>+ cf.EndorserClient, err =
            common.GetEndorserClientFnc(common.UndefinedParamValue, common.UndefinedParamValue)
            == GetEndorserClient(address, tlsRootCertFile string) (pb.EndorserClient, error)
               //这与 chaincode.InitCmdFactory()中是一样的，但是那里是多个客户端，这里只有一个。
               //另外，那里是给定对方地址的，这里给的是 UndefinedParamValue，地址取决于环境配置。
> }   //end isEndorserRequired
> // for fetching blocks from a peer
> if isPeerDeliverRequired {
>+ cf.DeliverClient, err = common.NewDeliverClientForPeer(channelID)
               //这在 chaincode.InitCmdFactory()中是没有的。
> }
> // for create and fetch, we need the orderer as well
> if isOrdererRequired {
>+ if len(strings.Split(common.OrderingEndpoint, ":")) != 2 {
>++ return nil, errors.Errorf("ordering service endpoint %s is not valid or missing", common.OrderingEndpoint)
>+ }
>+ cf.DeliverClient, err = common.NewDeliverClientForOrderer(channelID)
               //这与 chaincode.InitCmdFactory()中又不一样，那里创建的是 BroadcastClient，
               //而这里创建的是 DeliverClient。
>+ if err != nil {return nil, err}
> }
> return cf, nil
```

虽然在执行create命令时只有一个参数即isOrdererRequired的值为真，但还是应该作一全面考察。与package chaincode中的那个InitCmdFactory()相比，这里多了一个用作条件的参数，即isPeerDeliverRequired。尽管在createCmd()这个上下文中这个参数是false，但还是值得加以考察，因为在fetchCmd()的上下文中这个参数就是true。当isPeerDeliverRequired为真时，调用的函数是NewDeliverClientForPeer():

```
// NewDeliverClientForPeer creates a new DeliverClient from a PeerClient
func NewDeliverClientForPeer(channelID string) (*DeliverClient, error)
> var tlsCertHash []byte
> pc, err := NewPeerClientFromEnv()   //创建 gRPC 客户端 PeerClient
> d, err := pc.Deliver()   //在 gRPC 客户端的基础上创建 deliverDeliverClient，展开如下：
     == (pc *PeerClient) Deliver() (pb.Deliver_DeliverClient, error)
>> conn, err := pc.commonClient.NewConnection(pc.address, pc.sn)   //先建立与对方的连接
>> dc := pb.NewDeliverClient(conn)   //在此连接上创建 deliverClient，展开：
```

```
    == NewDeliverClient(cc *grpc.ClientConn) DeliverClient
>> return &deliverClient{cc}
> return dc.Deliver(context.TODO())   //通过 gRPC 建立与 Deliver 服务间的 Streem 和客户端
    == (c *deliverClient) Deliver(ctx context.Context, opts ...grpc.CallOption) (Deliver_DeliverClient, error)
>> stream, err := c.cc.NewStream(ctx, &_Deliver_serviceDesc.Streams[0], "/protos.Deliver/Deliver", opts...)
>> x := &deliverDeliverClient{stream}   //在此 Stream 上创建 deliverDeliverClient，这就是前面的 d。
>> return x, nil
> // check for client certificate and create hash if present
> if len(pc.Certificate().Certificate) > 0 {
>+ tlsCertHash = util.ComputeSHA256(pc.Certificate().Certificate[0])
> }
> ds := &peerDeliverService{d}   //把 deliverDeliverClient 包装成一个 peerDeliverService
> p := &DeliverClient{Service: ds, ChannelID: channelID, TLSCertHash: tlsCertHash,}   //创建 DeliverClient
> return p, nil   //返回在 peerDeliverService 基础上进一步创建的 DeliverClient
```

注意这里通过gRPC调用的服务是/protos.Deliver/Deliver。这主要是为deliverBlocks()提供的。因为fetchCmd()要从目标节点获取区块，所以就得把isPeerDeliverRequired设成true。注意这里调用的是NewDeliverClientForPeer()，fetchCmd()是从Peer节点获取区块。

进一步，即便在两个InitCmdFactory()中都有的isEndorserRequired和isOrdererRequired这两个条件下，所作的具体处理也有不同。同样是在isEndorserRequired的条件下，chaincode.InitCmdFactory()中要创建多个客户端，因为交易请求要有多个Endorse节点评审；而在channel.InitCmdFactory()中则只创建一个，并且也不给定具体地址，要到环境配置中获取对方地址。

在isOrdererRequired这个条件下，则chaincode.InitCmdFactory()中是为提交Envelope而创建BroadcastClient，而这里创建的是DeliverClient。并且这里创建的是DeliverClientForOrderer，而不是DeliverClientForPeer。

所以，对于create，这里要创建的是DeliverClientForOrderer：

```
[createCmd() > create() > InitCmdFactory() > NewDeliverClientForOrderer()]

func NewDeliverClientForOrderer(channelID string) (*DeliverClient, error)
            // NewDeliverClientForOrderer creates a new DeliverClient from an OrdererClient
> var tlsCertHash []byte
> oc, err := NewOrdererClientFromEnv()
> dc, err := oc.Deliver()
    == (oc *OrdererClient) Deliver()   //展开如下：
>> conn, err := oc.commonClient.NewConnection(oc.address, oc.sn)
>> return ab.NewAtomicBroadcastClient(conn).Deliver(context.TODO())
```

```
>>> stream, err := grpc.NewClientStream(ctx, &_AtomicBroadcast_serviceDesc.Streams[1],
                                        c.cc, "/orderer.AtomicBroadcast/Deliver", opts...)
>>> x := &atomicBroadcastDeliverClient{stream}
>>> return x, nil
> // check for client certificate and create hash if present
> if len(oc.Certificate().Certificate) > 0 {   //身份证书
>+ tlsCertHash = util.ComputeSHA256(oc.Certificate().Certificate[0])
> }
> ds := &ordererDeliverService{dc}
> o := &DeliverClient{Service: ds, ChannelID: channelID, TLSCertHash: tlsCertHash,}
> return o, nil
```

这样，对于create命令的执行，就有了通向Order节点的DeliverClient。

准备好用于create命令操作的ChannelCmdFactory，下面就是executeCreate()的事了：

```
[createCmd() > create() > executeCreate()]

func executeCreate(cf *ChannelCmdFactory)
> err = sendCreateChainTransaction(cf)   //频道创建也是一个交易，但不经评审直接发给 Order 节点，见后。
> var block *cb.Block
> if block, err = getGenesisBlock(cf)   //从 Order 节点读回这个频道的创世块，展开如下：
>> timer := time.NewTimer(timeout)      //设置一个定时器
>> for {
>>+ select {
>>+ case <-timer.C:   //超时：
>>++ cf.DeliverClient.Close()
>>++ return nil, errors.New("timeout waiting for channel creation")
>>+ default:   //收到了来自 Order 节点的消息：
>>++ block, err := cf.DeliverClient.GetSpecifiedBlock(0);   //向 Order 节点索取本频道的 0 号块，即创世块。
>>++ err != nil {   //失败
>>+++ cf.DeliverClient.Close()
>>+++ cf, err = InitCmdFactory(EndorserNotRequired, PeerDeliverNotRequired, OrdererRequired)
>>+++ time.Sleep(200 * time.Millisecond)   //过一会儿再试
>>++ } else {   //成功
>>+++ cf.DeliverClient.Close()
>>+++ return block, nil   //返回来自 Order 节点的（本频道）创世块
>>++ }
>>+ }
```

```
>> }    //end for
> b, err := proto.Marshal(block)    //将接收到的 block 串行化编码
> file := channelID + ".block"      //文件名为 channelID 加扩展名“.block”
> if err = ioutil.WriteFile(file, b, 0644)    //写入创世块文件
> return nil
```

频道的创建本质上也是一次交易，但不经过评审，通过sendCreateChainTransaction()直接发给Order节点。不过这不是个普通的交易请求，而是关于配置变动的交易请求，新频道的创建相当于系统配置的变动。

```
[createCmd() > create() > executeCreate() > sendCreateChainTransaction()]

func sendCreateChainTransaction(cf *ChannelCmdFactory) error
> var chCrtEnv *cb.Envelope    //注意这里的 Env 是 Envelope，不是 Environment。
> if channelTxFile != "" {    //如果设置了频道的配置文件
>+ chCrtEnv, err = createChannelFromConfigTx(channelTxFile)
> } else {
>+ chCrtEnv, err = createChannelFromDefaults(cf)
>+> chCrtEnv, err := encoder.MakeChannelCreationTransaction(channelID, localsigner.NewSigner(),
                         nil, genesisconfig.Load(genesisconfig.SampleSingleMSPChannelProfile))
    == MakeChannelCreationTransaction(channelID string, signer crypto.LocalSigner,
                 orderingSystemChannelConfigGroup *cb.ConfigGroup, conf *genesisconfig.Profile)
                         //构造一个 Envelope，其 HeaderType 为 CONFIG_UPDATE，见后。
>+> return chCrtEnv, nil
> }
> chCrtEnv, err = sanityCheckAndSignConfigTx(chCrtEnv)    //合规检查并签名，chCrtEnv 可能有变化。
> var broadcastClient common.BroadcastClient
> broadcastClient, err = cf.BroadcastFactory()    //前面在 InitCmdFactory()中只创建了 DeliverClient，
>> return common.GetBroadcastClientFnc()    //现在补上 BroadcastClient。
> err = broadcastClient.Send(chCrtEnv)    //将此 Envelope 发送给 Order 节点上的服务端
> return err
```

注意这仍是在createCmd()的上下文中，其channelID来自命令行中的“-c”选项。创建频道的请求不经过Endorse而直接发送给Order节点，但需要符合Envelope的格式要求，所以需要仿制一个Envelope。这个Envelope的来源可以是一个特定的配置文件，也可以缺省，如果缺省就由createChannelFromDefaults()，实际上是MakeChannelCreationTransaction()加以创建。

```
[createCmd() > create() > executeCreate() > sendCreateChainTransaction() > MakeChannelCreationTransaction()]

func MakeChannelCreationTransaction(channelID string, signer crypto.LocalSigner,
        orderingSystemChannelConfigGroup *cb.ConfigGroup, conf *genesisconfig.Profile) (*cb.Envelope, error)
> newChannelConfigUpdate, err := NewChannelCreateConfigUpdate(channelID,
                                                   orderingSystemChannelConfigGroup, conf)
                //创建新的频道意味着宏观系统 Config 的更新，返回一个 ConfigUpdate 结构指针。
> newConfigUpdateEnv := &cb.ConfigUpdateEnvelope{
                                          ConfigUpdate: utils.MarshalOrPanic(newChannelConfigUpdate),}
                                   //构造一个以 ConfigUpdate 结构为载荷的 ConfigUpdateEnvelope 结构
> if signer != nil {
>+ sigHeader, err := signer.NewSignatureHeader()
>+ newConfigUpdateEnv.Signatures = []*cb.ConfigSignature{
                                             {SignatureHeader: utils.MarshalOrPanic(sigHeader),}}
>+ newConfigUpdateEnv.Signatures[0].Signature, err =
        signer.Sign(util.ConcatenateBytes(newConfigUpdateEnv.Signatures[0].SignatureHeader,
                                          newConfigUpdateEnv.ConfigUpdate))   //签名
> }
> return utils.CreateSignedEnvelope(cb.HeaderType_CONFIG_UPDATE, channelID,
                                                signer, newConfigUpdateEnv, msgVersion, epoch)
```

注意最后调用CreateSignedEnvelope()时的参数HeaderType_CONFIG_UPDATE，这就是Envelope中ChannelHeader的类型，到了Orderer那一头，就是根据这个类型决定如何处理。

用仿制材料构造出一个Envelope之后，还要经sanityCheckAndSignConfigTx()加以合规检查并加上签名，不过这一步骤主要是针对来自配置文件的Envelope,对于由MakeChannelCreationTransaction()创建的Envelope则不会有什么变动。总之，最后发往Order节点的是个签了名的Envelope。不过这不是个普通交易的Envelope，而是关于配置变动的Envelope。

到了Order节点上这一头，如果重温一下那里的processRegular()，由于到来的Kafka消息是KafkaMessageRegular_CONFIG而不是KafkaMessageRegular_NORMAL，所以调用的是动态定义的commitConfigMsg()，最终是WriteConfigBlock()：

```
[processMessagesToBlocks() > processRegular() > commitConfigMsg() > WriteConfigBlock()]

func (bw *BlockWriter) WriteConfigBlock(block *cb.Block, encodedMetadataValue []byte)
```

```
> ctx, err := utils.ExtractEnvelope(block, 0)   //ctx 其实是 Envelope。CONFIG 块中只有一个 Envelope。
> payload, err := utils.UnmarshalPayload(ctx.Payload)
> chdr, err := utils.UnmarshalChannelHeader(payload.Header.ChannelHeader)
> switch chdr.Type {
> case int32(cb.HeaderType_ORDERER_TRANSACTION):
>+ newChannelConfig, err := utils.UnmarshalEnvelope(payload.Data)
>+ bw.registrar.newChain(newChannelConfig)   //创建新的频道
> case int32(cb.HeaderType_CONFIG):
>+ configEnvelope, err := configtx.UnmarshalConfigEnvelope(payload.Data)
>+ err = bw.support.Validate(configEnvelope)
>+ bundle, err := bw.support.CreateBundle(chdr.ChannelId, configEnvelope.Config)
>+ bw.support.Update(bundle)
> default:
>+ logger.Panicf("Told to write a config block with unknown header type: %v", chdr.Type)
> }
> bw.WriteBlock(block, encodedMetadataValue)   //同样也要存储这个块，把它连入块链。
```

显然，当payload头部中的ChannelHeader类型为ORDERER_TRANSACTION的时候，Order节点的反应就是调用newChain()创建新的频道；而ChannelHeader类型为CONFIG时则调用Update()。可是消息类型为KafkaMessageRegular_CONFIG并不等于ChannelHeader类型就是CONFIG，而也可能是ORDERER_TRANSACTION。

然而头部类型为ORDERER_TRANSACTION的payload是怎么来的呢？这就又得对Order节点上的Broadcast服务端作些回顾和补叙，我们从服务端的Handle()开始：

```
func (bh *Handler) Handle(srv ab.AtomicBroadcast_BroadcastServer) error
> addr := util.ExtractRemoteAddress(srv.Context())
> logger.Debugf("Starting new broadcast loop for %s", addr)
> for {
>+ msg, err := srv.Recv()
>+ if err == io.EOF {return nil}        //说明对方已挂断
>+ if err != nil {return err}
>+ resp := bh.ProcessMessage(msg, addr)   //处理到来的消息，并产生回应消息 resp。
>+ err = srv.Send(resp)                 //发送回应消息
>+ if resp.Status != cb.Status_SUCCESS {return err}
>+ if err != nil {return err}
> }   //end for，如果一切正常就继续循环。
```

显然，这里的关键在于ProcessMessage()：

```
[broadcast.Handle() > ProcessMessage()]

func (bh *Handler) ProcessMessage(msg *cb.Envelope, addr string) (resp *ab.BroadcastResponse)
> tracker := &MetricsTracker{ChannelID: "unknown", TxType: "unknown", Metrics: bh.Metrics,}
> tracker.BeginValidate()
> chdr, isConfig, processor, err := bh.SupportRegistrar.BroadcastChannelSupport(msg)
        //返回的 chdr 是消息中的 ChannelHeader，isConfig 在消息的类型是 CONFIG_UPDATE 时为真，
        // processor 是来自 Registrar.chains[chdr.ChannelId]的 ChainSupport 结构指针，该结构扩充了 Chan。
> if chdr != nil {
>+ tracker.ChannelID = chdr.ChannelId
>+ tracker.TxType = cb.HeaderType(chdr.Type).String()
> }
> if !isConfig {    //这是普通交易，消息的类型并非 HeaderType_CONFIG_UPDATE
>+ configSeq, err := processor.ProcessNormalMsg(msg)
>+ ...
> }    //end if !isConfig
> else { // isConfig，消息的类型是 HeaderType_CONFIG_UPDATE
>+ config, configSeq, err := processor.ProcessConfigUpdateMsg(msg)    //处理 CONFIG_UPDATE 消息，见后。
      //所返回的 config 是个块头类型为 HeaderType_ORDERER_TRANSACTION 的（已签名）Envelope
      //注意块头类型已变成 HeaderType_ORDERER_TRANSACTION
>+ err = processor.WaitReady();
>+ err = processor.Configure(config, configSeq)    //展开如下：
      == (chain *chainImpl) Configure(config *cb.Envelope, configSeq uint64)
>+> return chain.configure(config, configSeq, int64(0))    //同样也将此 Envelope 排入 Kafka 队列
>+>> marshaledConfig, err := utils.Marshal(config)
>+>> chain.enqueue(newConfigMessage(marshaledConfig, configSeq, originalOffset))
>+>> return nil
> }    //end if !isConfig … else
> return &ab.BroadcastResponse{Status: cb.Status_SUCCESS}
```

当到来的消息类型为HeaderType_CONFIG_UPDATE时，这里所调用的函数ProcessConfigUpdateMsg()会返回一个块头类型为HeaderType_ORDERER_TRANSACTION的已经签了名的Envelope，就是这里的config，然后由Configure()，实际上是configure()将其enqueue()到Kafka队列中。这样，当Order线程从Kafka队列中取出配置消息（CinfigMsg）加以处理的时候，其头部类型就是ORDERER_TRANSACTION。

注意有两个ProcessConfigUpdateMsg()，一个是由SystemChannel提供的，另一个是由StandardChannel提供的，具体调用的是哪一个取决于这里的processor，这个processor也与isConfig一样是由这里的BroadcastChannelSupport()所返回。

下面是SystemChannel的ProcessConfigUpdateMsg()：

```
[broadcast.Handle() > ProcessMessage() > ProcessConfigUpdateMsg()]

func (s *SystemChannel) ProcessConfigUpdateMsg(envConfigUpdate *cb.Envelope)
                                        (config *cb.Envelope, configSeq uint64, err error)
> channelID, err := utils.ChannelID(envConfigUpdate)
> if channelID == s.support.ChainID() {
>+ return s.StandardChannel.ProcessConfigUpdateMsg(envConfigUpdate)
> }
> logger.Debugf(
    "Processing channel create tx for channel %s on system channel %s", channelID, s.support.ChainID())
> // If the channel ID does not match the system channel, then this must be a channel creation transaction
> bundle, err := s.templator.NewChannelConfig(envConfigUpdate)
> newChannelConfigEnv, err := bundle.ConfigtxValidator().ProposeConfigUpdate(envConfigUpdate)
> newChannelEnvConfig, err := utils.CreateSignedEnvelope(cb.HeaderType_CONFIG,
                    channelID, s.support.Signer(), newChannelConfigEnv, msgVersion, epoch)
> wrappedOrdererTransaction, err := utils.CreateSignedEnvelope(
                cb.HeaderType_ORDERER_TRANSACTION,
                s.support.ChainID(), s.support.Signer(), newChannelEnvConfig, msgVersion, epoch)
> // We re-apply the filters here, especially for the size filter, to ensure that the transaction we
> // just constructed is not too large for our consenter.   It additionally reapplies the signature
> // check, which although not strictly necessary, is a good sanity check, in case the orderer
> // has not been configured with the right cert material.   The additional overhead of the signature
> // check is negligable, as this is the channel creation path and not the normal path.
> err = s.StandardChannel.filters.Apply(wrappedOrdererTransaction)
> return wrappedOrdererTransaction, s.support.Sequence(), nil
        //返回的 wrappedOrdererTransaction 到了上一层程序中就赋给 config
```

这样，回到前面WriteConfigBlock()的代码中，由于ChannelHeader的类型为cb.HeaderType_ORDERER_TRANSACTION，创建新频道的交易请求在Order节点上引起的反应就是对newChain()的调用。至于该过程是否有必要搞得这么曲折复杂，那就是另一回事了。

```
[processMessagesToBlocks() > processRegular() > commitConfigMsg() > WriteConfigBlock() > newChain()]
```

func (r *Registrar) **newChain**(*configtx* *cb.Envelope)
> ledgerResources := r.***newLedgerResources***(*configtx*) //每个频道都有自己的 Ledger，故须创建相关资源。
> ledgerResources.Append(blockledger.***CreateNextBlock***(ledgerResources, []*cb.Envelope{configtx}))
//这是 package blockledger 中的 CreateNextBlock()，创建该频道的第一个区块，即创世块。
> // Copy the map to allow concurrent reads from broadcast/deliver while the new chainSupport is
> newChains := make(map[string]*ChainSupport) //创建一个空白的 ChainSupport 指针数组
> for key, value := range r.chains { newChains[key] = value } //把 r.chains 中的内容复制过来
> cs := ***newChainSupport***(r, ledgerResources, r.consenters, r.signer) //创建一个新的 ChainSupport 结构
> chainID := ledgerResources.ConfigtxValidator().ChainID()
> logger.Infof("Created and starting new chain %s", chainID)
> newChains[string(chainID)] = cs //把新创 ChainSupport 结构的指针写入数组 newChains
> cs.***start***() //启动这个新创的 ChainSupport，展开如下：
>> cs.Chain.Start()
== (chain *chainImpl) Start()
>>> go startThread(chain) //为这新的频道创建一个 go 线程
> r.chains = newChains //以新的数组 newChains 取代原先的 r.chains，数组中新增了一个元素。

在Order节点上Registrar中的数组chains中，每个Gossip频道都有一个ChainSupport结构，并且都有个go线程，这个线程就是该频道的“守护线程”，startThread()就是这个线程的入口：

func **startThread**(chain *chainImpl) //这是一个频道的线程
> // Set up the producer，每个频道的守护线程既是 Kafka 的 producer，又是它的 Consumer。
> chain.producer, err = ***setupProducerForChannel***(chain.consenter.retryOptions(), chain.haltChan,
chain.SharedConfig().KafkaBrokers(), chain.consenter.brokerConfig(), chain.channel)
> // Have the producer post the CONNECT message，作为 producer 连接到 Kafka 子系统：
> err = ***sendConnectMessage***(chain.consenter.retryOptions(), chain.haltChan, chain.producer, chain.channel);
> // Set up the parent consumer
> chain.*parentConsumer*, err = ***setupParentConsumerForChannel***(chain.consenter.retryOptions(),
chain.haltChan, chain.SharedConfig().KafkaBrokers(), chain.consenter.brokerConfig(), chain.channel)
> // Set up the channel consumer
> chain.channelConsumer, err = ***setupChannelConsumerForChannel***(chain.consenter.retryOptions(),
chain.haltChan, chain.*parentConsumer*, chain.channel, chain.lastOffsetPersisted+1)
> chain.doneProcessingMessagesToBlocks = make(chan struct{})
> close(chain.startChan) // Broadcast requests will now go through
> chain.errorChan = make(chan struct{}) // Deliver requests will also go through
> chain.***processMessagesToBlocks***() // Keep up to date with the channel，这是线程的主循环所在。

每个频道的守护线程既是Kafka的producer，又是它的Consumer，所以要与Kafka建立起这样两种连接。然后就调用processMessagesToBlocks()，这就又开始了新建频道的主循环。我们在前面看过函数processMessagesToBlocks()的代码摘要，到了这里读者已可融会贯通。

回到前面WriteConfigBlock()的代码中，在调用了newChain()以后，仍得调用WriteBlock()将此ConfigBlock写入存储并连入块链。

也许有读者会问，新频道的建立只是在Order节点上有所反应，那别的Peer节点上就毫无动静？是的，别的Peer节点要通过join命令加入这个频道才会在其本地有属于该频道的数据结构和Ledger。下面我们就来看join命令。

4.7.6 加入 Gossip 频道

创建了新的频道之后，别的 Peer 节点就可以通过 join 命令加入这个频道。

```
func joinCmd(cf *ChannelCmdFactory) *cobra.Command    //命令行界面根据用户输入的命令一一比对
> joinCmd := &cobra.Command{}
        ] Use:    "join",                                   //命令的名称是"join"
        ] RunE: func(cmd *cobra.Command, args []string) error   //所执行的 RunE()是个动态定义的函数
            > return join(cmd, args, cf)                    //这个函数调用 join()
> flagList := []string{"blockpath",}   //这是该频道创世块文件所在的路径
> attachFlags(joinCmd, flagList)
> return joinCmd                    //返回这个 Command 结构后，命令行界面会调用其 RunE()函数
```

命令提供函数joinCmd()返回的是个Command结构，这个结构中的函数指针RunE所指就是这条命令的入口函数。对于join命令，这个入口函数就是join()：

```
func join(cmd *cobra.Command, args []string, cf *ChannelCmdFactory) error {
> if genesisBlockPath == common.UndefinedParamValue {return errors.New("Must supply genesis block path")}
> if cf == nil {
>+ cf, err = InitCmdFactory(EndorserRequired, PeerDeliverNotRequired, OrdererNotRequired)
    //需要评审但不需要编排。这仍是频道命令的 InitCmdFactory()，注意与 Orderer 的连接是 NotRequired。
> }
> return executeJoin(cf)
```

这里的genesisBlockPath是package channel中的一个变量，实际上是来自配置文件中的创世块文件路径，如果没有提供创世块文件路径，那就没法执行join命令了，因为参加频道必须提供创世块。

作为参数传下的cmd和args[]就不用说了，还有个参数是个ChannelCmdFactory结构指针，如果这个指针为空就得调用InitCmdFactory()加以创建，这与前面create命令中是一样的，不过

这里的参数是EndorserRequired，别的都不要。这意味着加入Gossip频道与Order节点无关，但需要有Endorse节点的认可。另外，由于是channel.InitCmdFactory()，这里只创建了一个（而不是多个）EndorserClient，并且对方地址为UndefinedParamValue。为此我们专门针对EndorserClient的创建回顾一下channel.InitCmdFactory()这个函数。

```
func InitCmdFactory(isEndorserRequired, isPeerDeliverRequired, isOrdererRequired bool)
> …
> if isEndorserRequired {
>+ cf.EndorserClient, err = common.GetEndorserClientFnc(
                                common.UndefinedParamValue, common.UndefinedParamValue)
    == GetEndorserClient(address, tlsRootCertFile string) (pb.EndorserClient, error)
>> if address != "" {
>>+ peerClient, err = NewPeerClientForAddress(address, tlsRootCertFile)
>> } else {
>>+ peerClient, err = NewPeerClientFromEnv()
>>> address, override, clientConfig, err := configFromEnv("peer")  //从配置项“peer.address”获取地址
>>> return newPeerClientForClientConfig(address, override, clientConfig)
>> }
>> return peerClient.Endorser()
> }
> …
```

显然这里只创建一个EndorserClient，并且给定的地址为UndefinedParamValue，那就是空白。因为地址空白，GetEndorserClient()就会调用NewPeerClientFromEnv()，这个函数通过configFromEnv()从环境配置中找“peer.address”。而这“peer.address”，则一般就是localhost，即IP地址“127.0.0.1”，也就是本节点。所以，在执行join命令时，名义上的Endorser就在本地，下面说到发生在Endorse节点上的操作其实都发生在本节点上。倘若“peer.address”设置成了别的节点地址，那就是让别的节点加入频道，而不是让本节点加入频道。之所以如此，是因为加入频道要由系统链码CSCC完成，而CSCC要由Endorser启动执行。虽然Endorse客户端与Endorse服务通过远程过程调用交互，却也并未排除二者同处一个节点。

同样的情况还发生于listCmd()，这条命令列出本节点加入的所有频道。还有个getinfoCmd()，这条命令列出有关本节点上的块链信息。

做好了这些准备之后，下面就是executeJoin()的事了：

```
func executeJoin(cf *ChannelCmdFactory) (err error)
> spec, err := getJoinCCSpec()  //创建意在调用 CSCC 的 ChaincodeSpec，展开如下：
>> if genesisBlockPath == common.UndefinedParamValue {return nil, errors.New("…")}
                                                          //必须提供创世块文件路径
```

```
>> gb, err := ioutil.ReadFile(genesisBlockPath)   //从文件中读入创世块
>> input := &pb.ChaincodeInput{Args: [][]byte{[]byte(cscc.JoinChain), gb}}
         //input中的第一个元素（第一个参数）是调用的函数名JoinChain，第二个元素则是创世块
>> spec := &pb.ChaincodeSpec{Type: pb.ChaincodeSpec_Type(pb.ChaincodeSpec_Type_value["GOLANG"]),
                    ChaincodeId: &pb.ChaincodeID{Name: "cscc"}, Input: input, }
>> return spec, nil  //返回的spec即为CSCC的ChaincodeSpec，内含Input的主要成分就是创世块。
   //在这 ChaincodeSpec 基础上创建一个 ChaincodeInvocationSpec，即 CIS：
> invocation := &pb.ChaincodeInvocationSpec{ChaincodeSpec: spec}   //CIS 里的 ChaincodeSpec 内含创世块
> creator, err := cf.Signer.Serialize()  //将用于签名的 Signer 结构串行化
> var prop *pb.Proposal   //有了 CIS 之后，在其基础上创建一个 Proposal，头部类型为 CONFIG：
> prop, _, err = putils.CreateProposalFromCIS (pcommon.HeaderType_CONFIG, "", invocation, creator)
  == CreateProposalFromCIS(typ common.HeaderType, chainID string,
                    cis *peer.ChaincodeInvocationSpec, creator []byte)  //注意这里的 chainID 为空白
>> return CreateChaincodeProposal(typ, chainID, cis, creator)  //展开如下：
>>> return CreateChaincodeProposalWithTransient(typ, chainID, cis, creator, nil)
>>>> nonce, err := crypto.GetRandomNonce()
>>>> txid, err := ComputeTxID(nonce, creator)
>>>> return CreateChaincodeProposalWithTxIDNonceAndTransient(
                    txid, typ, chainID, cis, nonce, creator, transientMap)
> var signedProp *pb.SignedProposal
> signedProp, err = putils.GetSignedProposal(prop, cf.Signer)
> var proposalResp *pb.ProposalResponse
> proposalResp, err = cf.EndorserClient.ProcessProposal(context.Background(), signedProp)
                    //发送 Endorser 评审（远程调用），返回结果为 proposalResp。
> if proposalResp.Response.Status != 0 && proposalResp.Response.Status != 200 {
      return ProposalFailedErr(fmt.Sprintf("bad proposal response %d", proposalResp.Response.Status))
> }
> return nil  //注意 join 命令的执行到这里就结束了，并未向 Order 节点发送 Envelope，
         //也未对返回的 proposalResp 进行什么处理。
```

读者在前面看过普通交易的发起，现在看到这段代码摘要应该觉得似曾相识。

要调用链码，就得提供一个ChaincodeSpec，对于join这是joinCCSpec，其中的主要内容就是两项信息，一项是所欲执行的链码是CSCC，这是专管Config的系统链码，并且要调用的函数是JoinChain()，另一项信息就是创世块。然后将这ChaincodeSpec组装成一个CIS，即ChaincodeInvocationSpec。这里要参加的是个频道，即Channel，可是调用的函数却叫JoinChain()，这是因为每个频道都有自己的块链Chain，所以Channel和Chain是一码事。有了CIS之后，就通过CreateProposalFromCIS()在此基础上创建Proposal。注意调用时的参数typ为CONFIG，所以这创世块又称为“配置块”，而chainID为一空白字符串。Proposal的实际构建

是辗转由另一函数CreateChaincodeProposalWithTxIDNonceAndTransient()完成的。

```
[join() > executeJoin() > CreateProposalFromCIS() > CreateChaincodeProposal()
 > CreateChaincodeProposalWithTransient() > CreateChaincodeProposalWithTxIDNonceAndTransient()]

func CreateChaincodeProposalWithTxIDNonceAndTransient(txid string, typ common.HeaderType,
   chainID string, cis *peer.ChaincodeInvocationSpec, nonce, creator []byte, transientMap map[string][]byte)
                                                             (*peer.Proposal, string, error)
> ccHdrExt := &peer.ChaincodeHeaderExtension{ChaincodeId: cis.ChaincodeSpec.ChaincodeId}
> ccHdrExtBytes, err := proto.Marshal(ccHdrExt)
> cisBytes, err := proto.Marshal(cis)   //将 CIS 串行化
> ccPropPayload := &peer.ChaincodeProposalPayload{Input: cisBytes, TransientMap: transientMap}
> ccPropPayloadBytes, err := proto.Marshal(ccPropPayload)
   // TODO: epoch is now set to zero. This must be changed once we
   // get a more appropriate mechanism to handle it in.
> var epoch uint64 = 0
> timestamp := util.CreateUtcTimestamp()
> chanHdr := MarshalOrPanic(&common.ChannelHeader{ Type: int32(typ), TxId: txid,
                  Timestamp: timestamp, ChannelId: chainID, Extension: ccHdrExtBytes, Epoch: epoch})
                                        //对于 join，参数 typ 为 pcommon.HeaderType_CONFIG
> sigHdr := MarshalOrPanic(&common.SignatureHeader{Nonce: nonce, Creator: creator})
> hdr := &common.Header{ChannelHeader: chanHdr, SignatureHeader: sigHdr}
      // common.Header 内部有两个成分，一个是串行化的 ChannelHeader，一个是 SignatureHeader。
> hdrBytes, err := proto.Marshal(hdr)   //再将这 common.Header 串行化
> return &peer.Proposal{Header: hdrBytes, Payload: ccPropPayloadBytes}, txid, nil
```

有了Proposal之后，回到executeJoin()的代码中，下面的操作就是对其签名，并通过ProcessProposal()提交给Endorser，而链码CSCC的执行，就是在Endorse节点上进行的。如前所述，这个Endorse节点其实就是本节点。

CSCC是个系统链码，用于频道的管理，特别是当节点要加入（开通）某个频道时一定得经过CSCC，这里的第一个字母C表示Config，实现CSCC的结构就叫PeerConfiger。

如前所述，用户链码必须提供两个函数，一个是Init()，另一个是Invoke()，但对于系统链码而言函数Init()并无实际的意义，所以我们直接看函数Invoke()的摘要。

```
// Invoke is called for the following:
// # to process joining a chain (called by app as a transaction proposal)
// # to get the current configuration block (called by app)
```

```
// # to update the configuration block (called by committer)
// Peer calls this function with 2 arguments:
// # args[0] is the function name, which must be JoinChain, GetConfigBlock or UpdateConfigBlock
// # args[1] is a configuration Block if args[0] is JoinChain or UpdateConfigBlock; otherwise it is the chain id
// TODO: Improve the scc interface to avoid marshal/unmarshal args

func (e *PeerConfiger) Invoke(stub shim.ChaincodeStubInterface) pb.Response
> args := stub.GetArgs()
> fname := string(args[0])  //Arg0 是目标函数的函数名，后面都是调用参数。
> if fname != GetChannels && len(args) < 2 {return shim.Error(…)} //GetChannels 只有一个参数，其余更多。
> // Handle ACL:
> // 1. get the signed proposal
> sp, err := stub.GetSignedProposal()  //用户是通过 Proposal 要求加入频道的，所以相当于一次交易。
> return e.InvokeNoShim(args, sp)
```

显然，链码CSCC的实际执行是由InvokeNoShim()完成的：

```
[PeerConfiger.Invoke() > InvokeNoShim()]

func (e *PeerConfiger) InvokeNoShim(args [][]byte, sp *pb.SignedProposal) pb.Response
> fname := string(args[0])  //目标函数名
> switch fname {
> case JoinChain:  //名为 JoinChain，其实是要加入频道。
>+ if args[1] == nil {return shim.Error("Cannot join the channel <nil> configuration block provided")}
        //对于 JoinChain，arg1 是串行化了的配置块（ConfigBlock），其实就是创世块。
>+ block, err := utils.GetBlockFromBlockBytes(args[1])    //从 arg1 中解码恢复所承载的 Block
>+ cid, err := utils.GetChainIDFromBlock(block)  //ChainID 深藏在配置块内 envelope 的 payload 中
>+ err := validateConfigBlock(block);        //检查这 Block 的合规性
>+ // 2. check local MSP Admins policy
>+ // TODO: move to ACLProvider once it will support chainless ACLs
>+ err = e.policyChecker.CheckPolicyNoChannel(mgmt.Admins, sp);    //实行身份检查
>+ // Initialize txsFilter if it does not yet exist. We can do this safely since it's the genesis block anyway
>+ txsFilter := util.TxValidationFlags(
                block.Metadata.Metadata[common.BlockMetadataIndex_TRANSACTIONS_FILTER])
>+ if len(txsFilter) == 0 {   // add array of validation code hardcoded to valid
>++ txsFilter = util.NewTxValidationFlagsSetValue(len(block.Data.Data), pb.TxValidationCode_VALID)
>++ block.Metadata.Metadata[common.BlockMetadataIndex_TRANSACTIONS_FILTER] = txsFilter
>+ }
```

```
>+ return joinChain(cid, block, e.ccp, e.sccp)   //余下的操作由 joinChain()完成
> case GetConfigBlock:      //获取该频道的配置块
>+ // 2. check policy
>+ err = e.aclProvider.CheckACL(resources.Cscc_GetConfigBlock, string(args[1]), sp);   //访问权限检查
>+ return getConfigBlock(args[1])   //arg1 为 ChainID
> case GetConfigTree:      //获取该频道的配置和资源信息
>+ // 2. check policy
>+ err = e.aclProvider.CheckACL(resources.Cscc_GetConfigTree, string(args[1]), sp);
>+ return e.getConfigTree(args[1])
> case SimulateConfigTreeUpdate:   //模拟执行对 ConfigTree 的更新
>+ // Check policy
>+ err = e.aclProvider.CheckACL(resources.Cscc_SimulateConfigTreeUpdate, string(args[1]), sp);
>+ return e.simulateConfigTreeUpdate(args[1], args[2])
> case GetChannels:      //获取本节点所加入各个频道的信息
>+ // 2. check local MSP Members policy
>+ // TODO: move to ACLProvider once it will support chainless ACLs
>+ err = e.policyChecker.CheckPolicyNoChannel(mgmt.Members, sp);
>+ return getChannels()
> }
> return shim.Error(fmt.Sprintf("Requested function %s not found.", fname))
```

从这个代码摘要中可见，系统链码 CSCC 其实有好几个函数供用户为不同目的调用。其中最重要的是 JoinChain，就是让某个节点加入某个块链，其实是加入某个频道，因为每个频道都有自己的块链。从代码摘要中可以看出，此时的参数 arg1 是个“配置块”。

对于加入频道这个操作，来自用户的输入主要就是配置块，同时也是创世块。这里首先要从块中提取目标频道的ChainnelID，还要对这个块进行一些简单的合规检查，然后就交给joinChain()去完成进一步的操作：

```
[PeerConfiger.Invoke() > InvokeNoShim() > joinChain()]

// joinChain will join the specified chain in the configuration block. Since it is the first block, it is the
// genesis block containing configuration for this chain, so we want to update the Chain object with this info

func joinChain(chainID string, block *common.Block, ccp ccprovider.ChaincodeProvider,
                                        sccp sysccprovider.SystemChaincodeProvider) pb.Response
> err := peer.CreateChainFromBlock(block, ccp, sccp);     //创建本频道的块链 Chain，展开如下：
    == CreateChainFromBlock(cb *common.Block, ccp ccprovider.ChaincodeProvider,
                                                  sccp sysccprovider.SystemChaincodeProvider)
```

```
>> cid, err := utils.GetChainIDFromBlock(cb)   //展开如下：
    == GetChainIDFromBlock(block *cb.Block)
>>> envelope, err := GetEnvelopeFromBlock(block.Data.Data[0])
>>> payload, err := GetPayload(envelope)
>>> chdr, err := UnmarshalChannelHeader(payload.Header.ChannelHeader)
>>> return chdr.ChannelId, nil
>> ldgr, err = ledgermgmt.CreateLedger(cb);       //创建本频道的块链
    == CreateLedger(genesisBlock *common.Block)      //Ledger 中的第一个块总是创世块
>>> if !initialized {return nil, ErrLedgerMgmtNotInitialized}
>>> id, err := utils.GetChainIDFromBlock(genesisBlock)
>>> ldg, err := ledgerProvider.Create(genesisBlock)
>>> ldg = wrapLedger(id, ldg)
>>>> return &closableLedger{id, ldg}
>>> openedLedgers[id] = ldg   //将新创的 Ledger 记入 openedLedgers 这个 Map
>>> return ldg, nil
>> return createChain(cid, ldgr, cb, ccp, sccp, pluginMapper)   //这是个不小的函数，见后。
> peer.InitChain(chainID)   //其实 createChain()中已经包含了频道的初始化，现在这个是附加的初始化：
    == InitChain(cid string)
>> if chainInitializer != nil {   //如果提供了chainInitializer函数就加以调用，否则就跳过。
>>+ chainInitializer(cid)
>> }
> return shim.Success(nil)
```

这里最重要的操作当然是CreateChainFromBlock()，这里面又包含了CreateLedger()和createChain()两大步，后者要用到前者所创建的Ledger。可想而知，就对于joinChain()的理解而言，createChain()应该更为重要，实际上也确实如此，并且也远为复杂。为更好的聚焦，也为节省篇幅，我们在这里直奔主题：

[PeerConfiger.Invoke() > InvokeNoShim() > joinChain() > CreateChainFromBlock() > createChain()]

```
func createChain(cid string, ledger ledger.PeerLedger, cb *common.Block, ccp ccprovider.ChaincodeProvider,
                    sccp sysccprovider.SystemChaincodeProvider, pm txvalidator.PluginMapper) error
> chanConf, err := retrievePersistedChannelConfig(ledger)   //从账本中获取频道配置，展开如下：
>> qe, err := ledger.NewQueryExecutor()
>> return retrievePersistedConf(qe, channelConfigKey)
>>> serializedConfig, err := queryExecuter.GetState(peerNamespace, key)
>>> return deserialize(serializedConfig)
> var bundle *channelconfig.Bundle
```

> if *chanConf* != nil {　//如果从本地的账本中提取到了目标频道的配置
>+ bundle, err = channelconfig.***NewBundle***(cid, chanConf)
> } else {　//如果从本地的账本中没有提取到目标频道的配置（发生于较老的版本中）
>+ // Config was only stored in the statedb starting with v1.1 binaries
>+ // so if the config is not found there, extract it manually from the config block
>+ envelopeConfig, err := utils.***ExtractEnvelope***(cb, 0)　//改而从配置块中提取
>+ bundle, err = channelconfig.***NewBundleFromEnvelope***(envelopeConfig)
> }　//end if *chanConf* != nil else …
> capabilitiesSupportedOrPanic(bundle)
> channelconfig.LogSanityChecks(bundle)
> gossipEventer := service.GetGossipService().***NewConfigEventer***()
> *gossipCallbackWrapper* := func(bundle *channelconfig.Bundle) {}　//动态定义一个函数：
　　> ac, ok := bundle.ApplicationConfig()
　　> if !ok { ac = nil }
　　　// TODO, handle a missing ApplicationConfig more gracefully
　　>gossipEventer.***ProcessConfigUpdate***(&gossipSupport{Validator: bundle.ConfigtxValidator(),
　　　　　　Application: ac, Channel: bundle.ChannelConfig(),})
　　> service.GetGossipService().***SuspectPeers***(func(identity api.PeerIdentityType) bool {})
　　　　　　> return true　//暂时一律返回 true，留待日后扩充。
> trustedRootsCallbackWrapper := func(bundle *channelconfig.Bundle) {}　//动态定义另一个函数：
　　　　> updateTrustedRoots(bundle)
> mspCallback := func(bundle *channelconfig.Bundle) {}　//又一个动态定义函数
　　　> mspmgmt.XXXSetMSPManager(cid, bundle.MSPManager())
> ac, ok := bundle.***ApplicationConfig***()
> if !ok { ac = nil }
> cs := &**chainSupport**{Application: ac, ledger: ledger,}
> peerSingletonCallback := func(bundle *channelconfig.Bundle) {}
　　　　> ac, ok := bundle.ApplicationConfig()
　　　　> if !ok {ac = nil}
　　　　> cs.Application = ac
　　　　> cs.Resources = bundle
> cs.bundleSource = channelconfig.***NewBundleSource***(bundle, *gossipCallbackWrapper*,
　　　　　trustedRootsCallbackWrapper, mspCallback, peerSingletonCallback,)
　== NewBundleSource(bundle *Bundle, callbacks ...func(*Bundle)) *BundleSource　//创建 BundleSource：
>> bs := &BundleSource{ callbacks: callbacks, }
>> bs.***Update***(bundle)　//调用 BundleSource 中的回调函数，展开如下：
　　== (bs *BundleSource) Update(newBundle *Bundle)　//
>>> bs.bundle.***Store***(newBundle)

```
>>> for _, callback := range bs.callbacks {
>>>+ callback(newBundle)   //依次调用该 gossipCallbackWrapper 等回调函数
>>> }
>> return bs
> vcs := struct {} {cs, validationWorkersSemaphore}   //动态定义一个结构 vcs，并赋值。
    ] *chainSupport
    ] *semaphore.Weighted
> validator := txvalidator.NewTxValidator(cid, vcs, sccp, pm)   //构建一个交易检查器
> c := committer.NewLedgerCommitterReactive(ledger, func(block *common.Block) error {})
                                        > chainID, err := utils.GetChainIDFromBlock(block)
                                        > if err != nil {return err}
                                        > return SetCurrConfigBlock(block, chainID)
> ordererAddresses := bundle.ChannelConfig().OrdererAddresses()   //从频道配置中提取 Orderer 地址
> if len(ordererAddresses) == 0 {return errors.New("no ordering service endpoint …")}
> store, err := TransientStoreFactory.OpenStore(bundle.ConfigtxValidator().ChainID())
> csStoreSupport := &CollectionSupport{PeerLedger: ledger,}
> simpleCollectionStore := privdata.NewSimpleCollectionStore(csStoreSupport)
> service.GetGossipService().InitializeChannel(bundle.ConfigtxValidator().ChainID(), ordererAddresses,
            service.Support{Validator: validator, Committer: c, Store: store, Cs: simpleCollectionStore,
                                        IdDeserializeFactory: csStoreSupport,})
> chains.list[cid] = &chain{cs: cs, cb: cb, committer: c,}   //chains.list 是 Peer 节点上以 cid 为键的一个 Map
      //凭 cid 可以得到该频道的 chain 结构，里面有 chainSupport、配置块、LedgerCommitter。
> return nil
```

一个频道有许多成分，有的是配置信息，有的是资源，有的是存储容器，有的属于安全机制，都需要一一加以创建。而创建的主要依据就是新到来的频道配置块和对这配置块的处理。最后，所有的这些资源都集中在一个chain结构中，并记录在chains.list这个Map中。

```
type chain struct {}    // chain is a local struct to manage objects in a chain
] cs    *chainSupport                  //频道的 chainSupport 结构，展开如下：
]] bundleSource *channelconfig.BundleSource
]] channelconfig.Resources             //对Resources界面的扩充
]] channelconfig.Application           //对Application界面的扩充
]] ledger ledger.PeerLedger            //本频道的 Ledger
] cb    *common.Block                  //频道的配置块
] committer    committer.Committer     //这是个 interface，LedgerCommitter 实现了这个界面
```

在这个过程中，对于ProcessConfigUpdate()的调用起着重要的作用。对这个函数的调用是在一个动态定义的回调函数gossipCallbackWrapper()中，但是这个回调函数是在创建BundleSource结构时由Update()加以调用的：

```
[PeerConfiger.Invoke() > InvokeNoShim() > joinChain() > CreateChainFromBlock() > createChain()
 > NewBundleSource() > Update() > ProcessConfigUpdate()]

// ProcessConfigUpdate should be invoked whenever a channel's configuration is initialized or updated, it invokes
// the associated method in configEventReceiver when configuration is updated, but only if the configuration value
// actually changed. Note, that a changing sequence number is ignored as changing configuration

func (ce *configEventer) ProcessConfigUpdate(config Config)    //这是对一个频道的配置更改
> orgMap := cloneOrgConfig(config.Organizations())
> if ce.lastConfig != nil && reflect.DeepEqual(ce.lastConfig.orgMap, orgMap) {   //不是本频道的第一个配置块
>+ logger.Debugf("Ignoring new config for channel %s because it contained no anchor peer updates", …)
> }   //end if
> else {   //这是不是本频道的第一个配置块（源自频道创建）：
>+ var newAnchorPeers []*peer.AnchorPeer    //创建一个空白的 AnchorPeer 指针数组
>+ for _, group := range config.Organizations() {   //对于每个组织：
>++ newAnchorPeers = append(newAnchorPeers, group.AnchorPeers()...)   //将其各个 AnchorPeer 写入数组中
>+ }   //end if ce.lastConfig != nil … else

>+ newConfig := &configStore{orgMap: orgMap, anchorPeers: newAnchorPeers,}
>+ ce.lastConfig = newConfig
>+ logger.Debugf("Calling out because config was updated for channel %s", config.ChainID())
>+ ce.receiver.updateAnchors(config)   //展开如下：
>+> myOrg := string(g.secAdv.OrgByPeerIdentity(api.PeerIdentityType(g.peerIdentity)))   //本节点所属组织
>+> if !g.amIinChannel(myOrg, config) {return}   //组织关系不符，没有资格。
>+> jcm := &joinChannelMessage{seqNum: config.Sequence(),
                    members2AnchorPeers: map[string][]api.AnchorPeer{}}   //创建一个 joinChannelMessage
>+> for _, appOrg := range config.Organizations() {   //把配置块中各个组织的信息加入这个 Message 中：
>+>+ jcm.members2AnchorPeers[appOrg.MSPID()] = []api.AnchorPeer{}
>+>+ for _, ap := range appOrg.AnchorPeers() {   //需要加入 Message 中的是各个组织的各个 AnchorPeer
>+>+ anchorPeer := api.AnchorPeer{Host: ap.Host, Port: int(ap.Port), }
>+>+ jcm.members2AnchorPeers[appOrg.MSPID()] =
                    append(jcm.members2AnchorPeers[appOrg.MSPID()], anchorPeer)
>+>+ }   //end for _, ap := range appOrg.AnchorPeers()
```

```
>+> }   //end for _, appOrg := range config.Organizations()
>+> // Initialize new state provider for given committer
>+> logger.Debug("Creating state provider for chainID", config.ChainID())
>+> g.JoinChan(jcm, gossipCommon.ChainID(config.ChainID()))   //展开如下：
>+>> g.chanState.joinChannel(joinMsg, chainID)   // joinMsg 就是 jcm
>+>> for _, org := range joinMsg.Members() {
>+>>+ g.learnAnchorPeers(string(chainID), org, joinMsg.AnchorPeersOf(org))
>+>> }
> }   //end else
> ce.receiver.updateEndpoints(config.ChainID(), config.OrdererAddresses())
```

在Fabric架构的设计中，Peer节点是从属于“组织（Organization）”的（按：谈何“去中心”），而每个组织又有若干AnchorPeer，类似于“联系人”的角色吧，不同组织的Peer节点之间得要经由AnchorPeer才能获悉该组织中其它节点的存在，详见源码包中的文件docs/source/gossip.rst。反正，组织Organization与联系人AnchorPeer在频道的构成中起着作用，而配置块的到来意味着或许有这方面的变化。

然后，为调用joinChannel()，这里还得准备好一个joinChannelMessage，用作调用参数。这所谓的Message其实也就是个普通的数据结构，里面有seqNum和members2AnchorPeers等字段。当然，之所以要有这些信息是会员管理的需要。下面就是对JoinChannel()的调用。

```
[PeerConfiger.Invoke() > InvokeNoShim() > joinChain() > CreateChainFromBlock() > createChain()
  > NewBundleSource() > Update() > ProcessConfigUpdate() > updateAnchors() > JoinChan() > JoinChannel()]
```

```
func (cs *channelState) joinChannel(joinMsg api.JoinChannelMessage, chainID common.ChainID)
                                        //参数 joinMsg 即为前面的 jcm
> if cs.isStopping() {return}
> gc, exists := cs.channels[string(chainID)];     //看目标频道是否前已存在（已经加入）
> if !exists {   //该频道尚不存在：
>+ pkiID := cs.g.comm.GetPKIid()
>+ ga := &gossipAdapterImpl{gossipServiceImpl: cs.g, Discovery: cs.g.disc}
>+ gc := channel.NewGossipChannel(pkiID, cs.g.selfOrg, cs.g.mcs, chainID, ga, joinMsg)   //创建频道
>+ cs.channels[string(chainID)] = gc
> }   //end if !exists
> else {   //该频道业已存在：
>+ gc.ConfigureChannel(joinMsg)   //也许要更新频道的配置
> }
```

对于新创的频道，这里执行的显然是NewGossipChannel()：

[PeerConfiger.Invoke() > InvokeNoShim() > joinChain() > CreateChainFromBlock() > createChain()
 > NewBundleSource() > Update() > ProcessConfigUpdate() > updateAnchors() > JoinChan() > JoinChannel()
 > NewGossipChannel()]

```
func NewGossipChannel(pkiID common.PKIidType, org api.OrgIdentityType, mcs api.MessageCryptoService,
                    chainID common.ChainID, adapter Adapter, joinMsg api.JoinChannelMessage) GossipChannel
> gc := &gossipChannel{incTime: uint64(time.Now().UnixNano()), selfOrg: org, pkiID: pkiID, mcs: mcs,
        Adapter: adapter, logger: util.GetLogger(util.ChannelLogger, adapter.GetConf().ID),
        stopChan: make(chan struct{}, 1), shouldGossipStateInfo: int32(0),
        stateInfoPublishScheduler: time.NewTicker(adapter.GetConf().PublishStateInfoInterval),
        stateInfoRequestScheduler: time.NewTicker(adapter.GetConf().RequestStateInfoInterval),
        orgs: []api.OrgIdentityType{}, chainID: chainID,}
> gc.memFilter = &membershipFilter{adapter: gc.Adapter, gossipChannel: gc}
> comparator := proto.NewGossipMessageComparator(adapter.GetConf().MaxBlockCountToStore)
> gc.blocksPuller = gc.createBlockPuller()   //blocksPuller 的类型是 pullMediatorImpl，实现 pull.Mediator 界面。
> seqNumFromMsg := func(m interface{}) string {}
                    > return fmt.Sprintf("%d", m.(*proto.SignedGossipMessage).GetDataMsg().Payload.SeqNum)
> f1 := func(m interface{}){}
      >> gc.blocksPuller.Remove(seqNumFromMsg(m))
> f2 = func(m interface{}) {}
     >> > gc.blocksPuller.Remove(seqNumFromMsg(m))
> gc.blockMsgStore = msgstore.NewMessageStoreExpirable(comparator, f1,
                                            gc.GetConf().BlockExpirationInterval, nil, nil, f2)
> hashPeerExpiredInMembership := func(o interface{}) bool {}
                              > pkiID := o.(*proto.SignedGossipMessage).GetStateInfo().PkiId
                              > return gc.Lookup(pkiID) == nil
> verifyStateInfoMsg := func(msg *proto.SignedGossipMessage, orgs ...api.OrgIdentityType) bool {}
                    > …  //略
> gc.stateInfoMsgStore = newStateInfoCache(gc.GetConf().StateInfoCacheSweepInterval,
                                  hashPeerExpiredInMembership, verifyStateInfoMsg)
> ttl := election.GetMsgExpirationTimeout()
> pol := proto.NewGossipMessageComparator(0)
> gc.leaderMsgStore = msgstore.NewMessageStoreExpirable(pol, msgstore.Noop, ttl, nil, nil, nil)
> gc.ConfigureChannel(joinMsg)
> // Periodically publish state info
> go gc.periodicalInvocation(gc.publishStateInfo, gc.stateInfoPublishScheduler.C)   //创建 go 线程
```

```
> // Periodically request state info
> go gc.periodicalInvocation(gc.requestStateInfo, gc.stateInfoRequestScheduler.C)

> ticker := time.NewTicker(gc.GetConf().TimeForMembershipTracker)
> gc.membershipTracker = &membershipTracker{getPeersToTrack: gc.GetPeers,
        report: gc.reportMembershipChanges, stopChan: make(chan struct{}, 1), tickerChannel: ticker.C,}
> go gc.membershipTracker.trackMembershipChanges()
> return gc
```

新加入一个Gossip频道，就得在节点上增加代表着这个频道的数据结构，就是gossipChannel。除此之外，这里还有几个重要的成分。一个是专门向外索取Block的blocksPuller，这是个实现了pull.Mediator界面的pullMediatorImpl，是维持同一频道内节点间同步的重要一环。流言的传播当然不能保证每个节点都收到同样的信息，难免会有缺失，有缺失就得补上，那就得到别的节点去把缺失的信息pull过来，这就是blocksPuller的作用。除实现pull.Mediator界面上定义的函数之外，blocksPuller还有个engine，其类型为PullEngine，创建blocksPuller的过程就包含了PullEngine的创建。所创建的PullEngine每过一段时间就向同一频道中的若干Peer节点发出Hello消息，从而开始一次交互，块的同步就是通过交互实现的，这我们已在前面看到过了。除此之外，这里还创建了两个线程，让它们分别周期地调用一个函数，即publishStateInfo()和requestStateInfo()。这里看一下这两个函数的摘要：

```
func (gc *gossipChannel) publishStateInfo()
> if atomic.LoadInt32(&gc.shouldGossipStateInfo) == int32(0) { return }
> stateInfoMsg := gc.stateInfoMsg
> gc.Gossip(stateInfoMsg)    //以流言的方式发布状态消息
> if len(gc.GetMembership()) > 0 { atomic.StoreInt32(&gc.shouldGossipStateInfo, int32(0)) }
```

显然这是主动向外发布，流言的传播并不都是靠打听的。这里发布的是gc.stateInfoMsg，Peer节点对于其参与的每个Gossip频道都有个消息stateInfoMsg时刻准备着，每当其状态发生变化的时候，例如当块链的高度发生变化的时候，就会把所发生的变化反应在这个消息中，而publishStateInfo()则把这个消息散布出去。

再看requestStateInfo()，那就是逆向的询问打听：

```
func (gc *gossipChannel) requestStateInfo()
> req, err := gc.createStateInfoRequest()
> endpoints := filter.SelectPeers(gc.GetConf().PullPeerNum, gc.GetMembership(), gc.IsMemberInChan)
> gc.Send(req, endpoints...)
```

这两个线程，以及因此而引起的过程，使频道中的Peer节点能互相知道对方的状态。

因篇幅所限，对于gossipChannel的创建就到这里了，有需要或兴趣的读者可以自己再往下细读。

创建了频道的种种成分后，还需要通过InitializeChannel()对频道进行初始化，这是我们在这里特别关心的。在阅读这个函数的代码摘要之前，先要说明一下这里面的一个结构变量privdata2。在源码文件gossip_service.go开头的inport语句部分有这么一行：

```
privdata2 "github.com/hyperledger/fabric/gossip/privdata"
```

意思是：导入gossip模块中的privdata这个package，但是在这里的代码中改称privdata2。所以，例如下面的privdata2.NewDataRetriever()，就是指定义于package privdata中的函数NewDataRetriever()，余类推。知道了这个，我们就可以看InitializeChannel()的代码摘要了。

```
[PeerConfiger.Invoke() > InvokeNoShim() > joinChain() > CreateChainFromBlock() > createChain()
 > InitializeChannel()]

func (g *gossipServiceImpl) InitializeChannel(chainID string, endpoints []string, support Support)
                    // allocates the state provider and should be invoked once per channel per execution
> // Initialize new state provider for given committer
> servicesAdapter := &state.ServicesMediator{GossipAdapter: g, MCSAdapter: g.mcs}
> // Embed transient store and committer APIs to fulfill DataStore interface
> // to capture ability of retrieving private data
> storeSupport := &DataStoreSupport{TransientStore: support.Store, Committer: support.Committer,}
> // Initialize private data fetcher
> dataRetriever := privdata2.NewDataRetriever(storeSupport)    //创建一个 StorageDataRetriever
> collectionAccessFactory := privdata2.NewCollectionAccessFactory(support.IdDeserializeFactory)
                              //创建一个 CollectionAccessFactory，有关访问权限管理
> fetcher := privdata2.NewPuller(support.Cs, g.gossipSvc, dataRetriever, collectionAccessFactory, chainID)
            //创建一个 puller，注意这是向外索取私有数据的 puller，puller 有个守护线程 puller.listen()。
> coordinator := privdata2.NewCoordinator(privdata2.Support{ChainID: chainID, CollectionStore: support.Cs,
                         Validator: support.Validator, TransientStore: support.Store,
                         Committer: support.Committer, Fetcher: fetcher, }, g.createSelfSignedData())
            //创建一个实现 Coordinator 界面的 coordinator，将被用于 GossipStateProvider。
            //其直接或间接的成分包括 Fetcher，Validator，TransientStore，CollectionStore，Committer 等。
> reconcilerConfig := privdata2.GetReconcilerConfig()
> var reconciler privdata2.PvtDataReconciler
> if reconcilerConfig.IsEnabled {
>+ reconciler = privdata2.NewReconciler(support.Committer, fetcher, reconcilerConfig)   //创建一个 Reconciler
```

```
> }
> else { reconciler = &privdata2.NoOpReconciler{} } //虚设无效的 Reconciler
> g.privateHandlers[chainID] = privateHandler{support: support, coordinator: coordinator,
        distributor: privdata2.NewDistributor(chainID, g, collectionAccessFactory), reconciler: reconciler,}
> g.privateHandlers[chainID].reconciler.Start()   //展开：
>> r.startOnce.Do(func() {})
                  > go r.run()   //这是Reconciler的守护线程
> g.chains[chainID] = state.NewGossipStateProvider(chainID, servicesAdapter, coordinator)
                              //创建一个 GossipStateProvider，内含四个主要线程，见后。
> if g.deliveryService[chainID] == nil {
>+ var err error
>+ g.deliveryService[chainID], err = g.deliveryFactory.Service(g, endpoints, g.mcs)
     == (*deliveryFactoryImpl) Service(g GossipService, endpoints []string, mcs api.MessageCryptoService)
>+> return deliverclient.NewDeliverService(&deliverclient.Config{CryptoSvc: mcs, Gossip: g,
        Endpoints: endpoints, ConnFactory: deliverclient.DefaultConnectionFactory,
        ABCFactory:   deliverclient.DefaultABCFactory, })   //创建deliverServiceImpl
> }   //end if g.deliveryService[chainID] == nil
> // Delivery service might be nil only if it was not able to get connected to the ordering service
> if g.deliveryService[chainID] != nil {
>+ leaderElection := viper.GetBool("peer.gossip.useLeaderElection")
>+ isStaticOrgLeader := viper.GetBool("peer.gossip.orgLeader")
>+ if leaderElection && isStaticOrgLeader {   //二者互斥，不能同时为真。
>++  logger.Panic("Setting both orgLeader and useLeaderElection to true isn't supported, aborting execution")
>+ }
>+ if leaderElection {   //如果采用动态选举领导者
>++ g.leaderElection[chainID] = g.newLeaderElectionComponent(
                              chainID, g.onStatusChangeFactory(chainID, support.Committer))
>+ } else if isStaticOrgLeader {    //如果采用静态指定领导者
>++  g.deliveryService[chainID].StartDeliverForChannel(chainID, support.Committer, func() {})
                                                              //直接启动区块的投送
>+ } else {   //既不动态选举，也非静态指定的领导者，这个 Peer 与 Orderer 之间没有直接的 delivery。
>++ logger.Debug(
          "This peer is not configured to connect to ordering service for blocks delivery, channel", chainID)
>+ }
> }   //end if g.deliveryService[chainID] != nil
> else {
>+ logger.Warning("Delivery client is down won't be able to pull blocks for chain", chainID)
> }
```

注意这些操作仍在执行系统链码CSCC的上下文中，还是在（名义的）Endorse节点上。

Gossip 频道是 Gossip 机制的载体，里面包含许多结构成分和具体操作。所以频道初始化的过程实际上也是创建这些结构成分和操作主体的过程。一个节点，只要参加到一个频道中去，就得为这个频道提供这些结构成分和操作主体。从 Gossip 机制的功能看，主要是三种信息的传播：首先是区块的传播，区块的源头在 Order 节点，出了 Order 节点之后就通过 Gossip 机制在其所属的频道内传播；其次是私有数据的传播，私有数据不是随区块一起传播，而是另辟蹊径独立传播；还有就是状态信息的传播。

这里创建的结构成分主要有这么一些：

一、用于向外索取区块的 coordinator 及其核心 PullEngine。

二、用于向外索取私有数据的 puller，这里 fetcher 这个变量名很好反映了 puller 的作用，它的作用就是“拿来”。不过 puller 也要有它的基础，所以先要创建基于存储机制 TransientStore 和 Committer 的 storeSupport，再在此基础上创建 StorageDataRetriever，还要有与身份和访问权限有关的 CollectionAccessFactory。有了这些，才能创建数据结构 puller 和实现其功能的守护线程 puller.listen()，这个下面就会讲到。

三、用于让私有数据与区块复合的 Reconciler。由于私有数据和区块是分开传播的，所以就有复合的问题。Reconciler 的守护线程周期地调用函数 reconcile()，主动检查处理区块和私有数据的复合。不过 Reconciler 的作用其实并非必须，因为如前所述 Peer 节点在将 Block 写入本地存储之时也要检查所涉私有数据是否到位，如未到位也会向外索取。

四、把 coordinator 和 Reconciler 组装在一起，就是一个 privateHandler，每个 Gossip 频道都有个 privateHandler，节点的 Gossip 服务模块中有个数组 privateHandlers[]，按 ChainID 可以从中获取本频道的 privateHandler。

五、GossipStateProvider，这是 Gossip 机制的主体，主导着 Block 和 PrivateData 二者的 Gossip 传播，也包括节点间状态信息的交换。这个模块中有四个重要线程，后面还要细讲。值得注意的是 StateProvider 这个名称实在有点误导，因为所传播的并非只是状态信息。

六、实现着 DeliverService 界面的 deliverServiceImpl，用于与 Orderer 的通信。对其 StartDeliverForChannel()的调用会产生一个 go 线程 launchBlockProvider()，这个线程扮演着为本频道提供由 Order 节点所发布新块的“掮客”角色。

PullEngine 和 puller 的创建和作用我们已在前面看过，此处不再重复。Reconciler 则有个守护线程，那就是前面 InitializeChannel()代码摘要中的 go 线程 run()：

```
func (r *Reconciler) run()
> for {
>+ select {
>+ case <-r.stopChan: return
>+ case <-time.After(r.config.sleepInterval):   //定时器到点
>++ if err := r.reconcile(); err != nil { break }
>+ }
> }
```

这个线程每隔一段时间就调用函数 reconcile()，进行私有数据与区块的复合：

```
// returns the number of items that were reconciled , minBlock, maxBlock (blocks range) and an error
func (r *Reconciler) reconcile() error
> missingPvtDataTracker, err := r.GetMissingPvtDataTracker()
> totalReconciled, minBlock, maxBlock := 0, uint64(math.MaxUint64), uint64(0)
> for {
>+ missingPvtDataInfo, err :=
            missingPvtDataTracker.GetMissingPvtDataInfoForMostRecentBlocks(r.config.batchSize)
>+ if len(missingPvtDataInfo) == 0 { return nil }   //未发现短缺的私有数据，顺利完成本次 reconcile，返回。

>+ dig2collectionCfg, minB, maxB := r.getDig2CollectionConfig(missingPvtDataInfo)
>+ fetchedData, err := r.FetchReconciledItems(dig2collectionCfg)   //向外索取所缺失的私有数据，展开如下：
>+ if err != nil {return err}   //reconciliation error when trying to fetch missing items from different peers:", err)
>+ if len(fetchedData.AvailableElements) == 0 {return nil}   //missing private data is not available on other peers
>+ pvtDataToCommit := r.preparePvtDataToCommit(fetchedData.AvailableElements)
>+ // commit missing private data that was reconciled and log mismatched
>+ pvtdataHashMismatch, err := r.CommitPvtDataOfOldBlocks(pvtDataToCommit)
>+ if err != nil { return errors.Wrap(err, "failed to commit private data") }
>+ r.logMismatched(pvtdataHashMismatch)
>+ if minB < minBlock { minBlock = minB }
>+ if maxB > maxBlock { maxBlock = maxB }
>+ totalReconciled += len(fetchedData.AvailableElements)
> }   //end for
```

每次复合的过程，就是检查最近哪些区块所关联的私有数据尚未到位，如果有的话就通过 fetchPrivateData()向 Peer 节点索取，再与相关的区块复合。

上面所说的 PullEngine、puller、Reconciler，都是为弥补 Gossip 传播中难免会有的缺失和不确定性而设。下面的 GossipStateProviderImpl 则是 Gossip 机制的主体，同时兼顾着私有数据和区块的传播。另外还有 deliverServiceImpl 则是专为区块的发布而设的了。我们先看 GossipStateProviderImpl。

```
[PeerConfiger.Invoke() > InvokeNoShim() > joinChain() > CreateChainFromBlock() > createChain()
 > InitializeChannel() > NewGossipStateProvider()]

// NewGossipStateProvider creates state provider with coordinator instance
// to orchestrate arrival of private rwsets and blocks before committing them into the ledger.
```

```
func NewGossipStateProvider(chainID string, services *ServicesMediator, ledger ledgerResources)
                                                                        GossipStateProvider
> gossipChan, _ := services.Accept(func(message interface{}) bool {}, false)
                         > return message.(*proto.GossipMessage).IsDataMsg() &&
                           bytes.Equal(message.(*proto.GossipMessage).Channel, []byte(chainID))
                                  // gossipChan 的过滤规则为频道相符且为 DataMsg
> remoteStateMsgFilter := func(message interface{}) bool {}   // commChan 的过滤规则：
            > receivedMsg := message.(proto.ReceivedMessage)
            > msg := receivedMsg.GetGossipMessage()
            > if !(msg.IsRemoteStateMessage() || msg.GetPrivateData() != nil) {return false}
                //必须是 RemoteStateMessage 或载有 GossipMessage_PrivateData
            > // Ensure we deal only with messages that belong to this channel
            > if !bytes.Equal(msg.Channel, []byte(chainID)) {return false}   //频道必须相符
            > connInfo := receivedMsg.GetConnectionInfo()
            > authErr := services.VerifyByChannel(msg.Channel, connInfo.Identity,
                   connInfo.Auth.Signature, connInfo.Auth.SignedData)
            > return true
   // Filter message which are only relevant for nodeMetastate transfer
> _, commChan := services.Accept(remoteStateMsgFilter, true)
> height, err := ledger.LedgerHeight()
> s := &GossipStateProviderImpl{
      mediator: services,     // MessageCryptoService
      chainID: chainID,
      gossipChan: gossipChan,     // Channel to read new messages from
      commChan: commChan,     // Channel to read direct messages from other peers
      payloads: NewPayloadsBuffer(height),     // Create a queue for payload received
      ledger: ledger,
      stateResponseCh: make(chan proto.ReceivedMessage, defChannelBufferSize),
      stateRequestCh: make(chan proto.ReceivedMessage, defChannelBufferSize),
      stopCh: make(chan struct{}, 1),
      stateTransferActive: 0,
      once: sync.Once{},}
> services.UpdateLedgerHeight(height, common2.ChainID(s.chainID))
                              // common2 即为从 gossip 模块导入的 pacjage commom
> s.done.Add(4)   // GossipStateProviderImpl.done 的类型为 sync.WaitGroup，由下述 4 个线程组成：
> go s.listen()    // Listen for incoming communication
> go s.deliverPayloads()    // Deliver in order messages into the incoming channel
```

```
> go s.antiEntropy()      // Execute anti entropy to fill missing gaps
> go s.processStateRequests()      // Taking care of state request messages
> return s
```

这里设置好从gossipChan和commChan两个通道接收消息的过滤条件，然后创建GossipStateProviderImpl，并创建其四个go线程。这四个线程合在一起提供了区块传播机制的主体，详见后述。

回到InitializeChannel()，至此GossipStateProvider的四个线程已经就绪，传播区块的机能已经具备，下面就是由谁作为源头向外提供区块的事了。

我们知道区块是由Order节点生成的，但是Order节点不直接面对数量可能不小的Peer节点，也不会主动将区块发送出去，而只是（应邀）把区块投送给每个频道的领导节点，然后由这领导节点加以分发。那么谁是频道的领导节点呢？这里有两个选项，一个是通过频道内的选举，选出本频道的领导节点；另一个是静态设定。这里我们假定采用的是静态设定。如果是静态设定，而本节点（Endorse节点）又是所配置的领导节点（这也说明，当Peer节点要求加入某个频道时应该由该频道的领导节点进行评审），就通过StartDeliverForChannel()启动区块的投送。

```
[PeerConfiger.Invoke() > InvokeNoShim() > joinChain() > CreateChainFromBlock() > createChain()
 > InitializeChannel() > StartDeliverForChannel()]

// StartDeliverForChannel starts blocks delivery for channel initializes the grpc stream for given chainID,
// creates blocks provider instance that spawns in go routine to read new blocks starting from the position
// provided by ledger info instance.

func (d *deliverServiceImpl) StartDeliverForChannel(chainID string,
                                        ledgerInfo blocksprovider.LedgerInfo, finalizer func()) error
> if d.stopping {
>+ errMsg := fmt.Sprintf("Delivery service is stopping cannot join a new channel %s", chainID)
>+ return errors.New(errMsg)
> }
> if _, exist := d.blockProviders[chainID]; exist {    //该频道的 BlocksProvider 业已存在，不能再次发动。
>+ errMsg := fmt.Sprintf("Delivery service - block provider already exists for %s …", chainID)
>+ return errors.New(errMsg)
> }   //end if _, exist := d.blockProviders[chainID]; exist
> else {   //该频道的 BlocksProvider 尚不存在，应该发动：
>+ client := d.newClient(chainID, ledgerInfo)    //创建一个 broadcastClient
>+ d.blockProviders[chainID] = blocksprovider.NewBlocksProvider(
                        chainID, client, d.conf.Gossip, d.conf.CryptoSvc)      //创建一个 blocksProviderImpl
```

```
>+ go d.launchBlockProvider(chainID, finalizer)    //创建 blocksProviderImpl 的 go 线程，展开如下：
>+> pb := d.blockProviders[chainID]    //按 chainID 获取频道的 blocksProviderImpl
>+> if pb == nil {return}    //Block delivery for this channel was stopped before block provider started
>+> pb.DeliverBlocks()    //调用其 DeliverBlocks()，只要不出错不 Stop()，就不返回。
>+> finalizer()
> }
> return nil
```

作为一个频道的Leader，节点需要为这频道与Order节点打通关系，建立二者之间的区块Deliver机制，为此需要与Order节点之间建立起Deliver服务：

```
[joinChain() > CreateChainFromBlock() > createChain() > InitializeChannel() > StartDeliverForChannel()
 > newClient()]

func (d *deliverServiceImpl) newClient(chainID string, ledgerInfoProvider blocksprovider.LedgerInfo)
                                                                                    *broadcastClient
> reconnectBackoffThreshold := getReConnectBackoffThreshold()
> reconnectTotalTimeThreshold := getReConnectTotalTimeThreshold()
> requester := &blocksRequester{tls: viper.GetBool("peer.tls.enabled"), chainID: chainID,}
> broadcastSetup := func(bd blocksprovider.BlocksDeliverer) error {}
            > return requester.RequestBlocks(ledgerInfoProvider)
> backoffPolicy := func(attemptNum int, elapsedTime time.Duration) (time.Duration, bool) {}
            > …
> connFactory := d.conf.ConnFactory(chainID)
    == DefaultConnectionFactory(channelID string) func(endpoint string) (*grpc.ClientConn, error)
> connProd := comm.NewConnectionProducer(connFactory, d.conf.Endpoints)
>> if len(endpoints) == 0 { return nil }
>> return &connProducer{endpoints: endpoints, connect: factory,
                                        disabledEndpoints: make(map[string]time.Time)}
> bClient := NewBroadcastClient(connProd, d.conf.ABCFactory, broadcastSetup, backoffPolicy)
   == NewBroadcastClient(prod comm.ConnectionProducer, clFactory clientFactory,
                                        onConnect broadcastSetup, bos retryPolicy)
>> return &broadcastClient{prod: prod, onConnect: onConnect,
                         shouldRetry: bos, createClient: clFactory, stopChan: make(chan struct{}, 1)}
> requester.client = bClient
> return bClient
```

注意这里动态定义的函数broadcastSetup()，这个函数在随后调用NewBroadcastClient()时被用作参数，其形参为onConnect。这样，当程序中调用onConnect()的时候，实际调用的却是broadcastSetup()，从而RequestBlocks()。限于篇幅，这里就不细述整个过程了，我们直接就看RequestBlocks()，这个函数向Order节点要求下载区块：

```
[broadcastClient.connect() > afterConnect() > onConnect() > RequestBlocks()]

func (b *blocksRequester) RequestBlocks(ledgerInfoProvider blocksprovider.LedgerInfo) error
> height, err := ledgerInfoProvider.LedgerHeight()
> if height > 0 {
>+ if err := b.seekLatestFromCommitter(height); err != nil {return err}
> } else {
>+ if err := b.seekOldest(); err != nil {return err}
> }
> return nil
```

如果目标频道在本节点上的块链高度大于0，所要求的区间就是从当前块链高度向上，一直到几乎是无穷大；否则就是从最老的块即创世块开始一直向上。我们不妨以前者为例，看一下seekLatestFromCommitter()的摘要：

```
func (b *blocksRequester) seekLatestFromCommitter(height uint64) error
> seekInfo := &orderer.SeekInfo{
        Start: &orderer.SeekPosition{Type: &orderer.SeekPosition_Specified{
                        Specified: &orderer.SeekSpecified{Number: height}}},
        Stop: &orderer.SeekPosition{Type: &orderer.SeekPosition_Specified{
                        Specified: &orderer.SeekSpecified{Number: math.MaxUint64}}},
        Behavior: orderer.SeekInfo_BLOCK_UNTIL_READY,}   //seek 范围是从当前块链高度一直向上
> msgVersion := int32(0)
> epoch := uint64(0)
> tlsCertHash := b.getTLSCertHash()   //TLS 即传输层加密证书的 Hash 值
> env, err := utils.CreateSignedEnvelopeWithTLSBinding(common.HeaderType_DELIVER_SEEK_INFO,
                b.chainID, localmsp.NewSigner(), seekInfo, msgVersion, epoch, tlsCertHash)
> return b.client.Send(env)
```

这里把一个SeekInfo机构包装成一个Envelope，并将其发送给Order节点。但是注意这是在Deliver服务的Stream上发送，而不是在Broadcast服务的Stream上发送，所以Orderer这一头不会将这个Envelope挂到Kafka队列中，而是在其Handler的Handle()函数内部，在其主循环中接收Envelope并为此调用deliverBlocks()。这个Handle()函数的摘要我们已经在前面讲述Deliver

服务时看到过了，只是没有看deliverBlocks()的代码摘要：

```
[AtomicBroadcast_Deliver_Handler() > server.Deliver() > Handler.Handle() > deliverBlocks()]

func (h *Handler) deliverBlocks(ctx context.Context, srv *Server, envelope *cb.Envelope)
                                                        (status cb.Status, err error)
> addr := util.ExtractRemoteAddress(ctx)
> payload, err := utils.UnmarshalPayload(envelope.Payload)
> if payload.Header == nil {return cb.Status_BAD_REQUEST, nil}
> chdr, err := utils.UnmarshalChannelHeader(payload.Header.ChannelHeader)
> err = h.validateChannelHeader(ctx, chdr)
> chain := h.ChainManager.GetChain(chdr.ChannelId)
> if chain == nil {return cb.Status_NOT_FOUND, nil}
> erroredChan := chain.Errored()
> select {
> case <-erroredChan:
>+ return cb.Status_SERVICE_UNAVAILABLE, nil
> default:
> }
> accessControl, err := NewSessionAC(chain, envelope, srv.PolicyChecker, chdr.ChannelId, crypto.ExpiresAt)
> if err := accessControl.Evaluate(); err != nil {return cb.Status_FORBIDDEN, nil}
> seekInfo := &ab.SeekInfo{}
> err = proto.Unmarshal(payload.Data, seekInfo);
> if seekInfo.Start == nil || seekInfo.Stop == nil {return cb.Status_BAD_REQUEST, nil}
> cursor, number := chain.Reader().Iterator(seekInfo.Start)
> defer cursor.Close()
> var stopNum uint64
> switch stop := seekInfo.Stop.Type.(type) {
> case *ab.SeekPosition_Oldest:
>+ stopNum = number
> case *ab.SeekPosition_Newest:
>+ stopNum = chain.Reader().Height() - 1
> case *ab.SeekPosition_Specified:
>+ stopNum = stop.Specified.Number
>+ if stopNum < number {return cb.Status_BAD_REQUEST, nil}
> }
> for {
>+ if seekInfo.Behavior == ab.SeekInfo_FAIL_IF_NOT_READY {
```

```
>++ if number > chain.Reader().Height()-1 {return cb.Status_NOT_FOUND, nil}
>+ }
>+ var block *cb.Block
>+ var status cb.Status
>+ iterCh := make(chan struct{})
>+ go func() {}()
        > block, status = cursor.Next()
        > close(iterCh)
>+ select {
>+ case <-ctx.Done():   // Context canceled, aborting wait for next block.
>++ return cb.Status_INTERNAL_SERVER_ERROR, errors.Wrapf(ctx.Err(), "context finished before …")
>+ case <-erroredChan:   // Aborting deliver for request because of background error.
>++ return cb.Status_SERVICE_UNAVAILABLE, nil
>+ case <-iterCh:
>++ // Iterator has set the block and status vars
>+ }
>+ if status != cb.Status_SUCCESS { return status, nil }
>+ number++   // increment block number to support FAIL_IF_NOT_READY deliver behavior
>+ if err := accessControl.Evaluate(); err != nil {return cb.Status_FORBIDDEN, nil}
>+ err := srv.SendBlockResponse(block);
>+ h.Metrics.BlocksSent.With(labels...).Add(1)
>+ if stopNum == block.Header.Number {break}
> }
> return cb.Status_SUCCESS, nil
```

正是由于频道Leader通过RequestBlocks()向Order节点发出了下载区块的请求，才导致Order节点上的deliverBlocks()得到调用，而频道Leader这一边则对之以DeliverBlocks()。这二者都是因频道Leader执行StartDeliverForChannel()而引起的，普通节点不会执行这个函数。

回到前面StartDeliverForChannel()的摘要中，显然线程launchBlockProvider()的核心就是DeliverBlocks()，这个函数内部的循环实际上就是线程launchBlockProvider()的主循环，只要不出错，不Stop()，程序就不会从这个函数返回。

[StartDeliverForChannel() > launchBlockProvider() > DeliverBlocks()]

```
func (b *blocksProviderImpl) DeliverBlocks()   //pull out blocks from the ordering service to distribute
> errorStatusCounter := 0
> statusCounter := 0
> defer b.client.Close()
```

```
> for !b.isDone() {   //循环直至被 Stop()
>+ msg, err := b.client.Recv()   //接收来自 Order 节点的消息
>+ if err != nil {return}   //Receive error
>+ switch t := msg.Type.(type) {
>+ case *orderer.DeliverResponse_Status:   //来自服务端的 deliverBlocks()
>++ …   //略
>+ case *orderer.DeliverResponse_Block:   //来自服务端的 deliverBlocks()
>++ blockNum := t.Block.Header.Number
>++ marshaledBlock, err := proto.Marshal(t.Block)
>++ err := b.mcs.VerifyBlock(gossipcommon.ChainID(b.chainID), blockNum, marshaledBlock);   //合规检验
>++ numberOfPeers := len(b.gossip.PeersOfChannel(gossipcommon.ChainID(b.chainID)))   //本频道 Peer 数量
>++ payload := createPayload(blockNum, marshaledBlock)   // Create payload with a block received
>++> return &gossip_proto.Payload{Data: marshaledBlock, SeqNum: seqNum, }
>++ gossipMsg := createGossipMsg(b.chainID, payload)   // Use payload to create gossip message
>++ err := b.gossip.AddPayload(b.chainID, payload);   // Add payload to local state payloads buffer
>++> return s.addPayload(payload, blockingMode)
        == (s *GossipStateProviderImpl) addPayload(payload *proto.Payload, blockingMode bool)   //展开：
>++>> height, err := s.ledger.LedgerHeight()
>++>> if !blockingMode && payload.SeqNum-height >= defMaxBlockDistance {
>++>>+ return errors.Errorf("Ledger height is at %d, cannot enqueue block with sequence of %d",…)
>++>> }
>++>> for blockingMode && s.payloads.Size() > defMaxBlockDistance*2 {
>++>>+ time.Sleep(enqueueRetryInterval)
>++>> }
>++>> s.payloads.Push(payload)
>++>> return nil
>++ if !b.isDone() {
>+++ b.gossip.Gossip(gossipMsg)   //将 Gossip 消息流传出去
>++ }
>+ default:
>++ return   // Received unknown
>+ }   //end switch t := msg.Type.(type)
> }   //end for !b.isDone()
```

所以，这个线程就相当于Order节点与本频道诸多Peer节点间的掮客，一手从Order节点接收其发布的区块，另一手就以Gossip的方式在本频道中散布开去。当然，每个频道都有个这样的掮客，这就是频道中领导节点的职责。如果采用的是选举而不是静态指定，则每当新的领导上任的时候就调用StartDeliverForChannel()以创建这个线程，而卸任的节点则Stop()它的

那个线程。

从Order节点把区块下载到了频道的Leader节点上，下面就是Gossip式的传播了。

但是既然是以“流言”的方式传播，就不能保证频道内的每个Peer节点都能接收到领导节点所转发的每个区块，难免会有错失，这个问题怎么解决呢？这就要靠GossipStateProvider中的那四个线程了。

4.7.7 区块的Gossip传播

区块在频道中以“流言”即 Gossip 方式传播的过程，主要由 GossipStateProviderImpl 加以实现，更确切地说是靠它的四个重要线程加以实现，我们不妨称这四个线程为频道的“Gossip 工作线程”。每当节点加入一个频道时，就在其 InitializeChannel() 中通过 NewGossipStateProvider()创建该频道的 GossipStateProviderImpl，从而创建这四个工作线程。

所谓频道的四个 Gossip 工作线程，并不是指一个频道总共才只有四个线程，而是说一个节点只要加入了一个频道就会为这个频道创建这么四个合力散布“流言”的线程。实际上，一个节点上为同一频道创建的线程远不止四个，但这四个直接构成了 Gossip 机制的主体，这些线程是：

GossipStateProviderImpl.**listen**()
GossipStateProviderImpl.**deliverPayloads**()
GossipStateProviderImpl.**antiEntropy**()
GossipStateProviderImpl.**processStateRequests**()

这四个线程是频道中的每一个成员都有的，只要一个节点加入了某个 Gossip 频道，它就会为这频道创建这么四个线程。另外，如前所述，每个频道中还有个领导者即 Leader，扮演着 Gossip 提供者的角色，频道的 Leader 额外还有个执行着 DeliverBlocks()的线程。除了这四个线程以外，其实还有一个 batchingEmitterImpl.periodicEmit() 线程，以及两个 gossipChannel.periodicalInvocation()线程，这两个线程就好像发动机，是那四个线程背后的驱动力。这些线程都是长期存在的，至于为某一特定消息的异步处理而临时创建用完即弃的线程那就更多了。注意这里讲的是存在于每个 Peer 节点上的线程，Order 节点是另一种情况，我们知道每个频道在 Order 节点上都有个 Order 线程。

我们先看那四个线程中的 listen()线程，这个线程专门侦听 Gossip 消息的到来：

[joinChain() > createChain() > InitializeChannel() > NewGossipStateProvider() > listen()]

```
func (s *GossipStateProviderImpl) listen()    //这是个专门侦听接收 Gossip 消息的线程
> defer s.done.Done()
> for {
>+ select {
```

```
>+ case msg := <-s.gossipChan:     //这是由底层分发到 gossipChan 的 Gossip 消息，来自 Peer 节点：
>++ go s.queueNewMessage(msg)   //临时另建一个线程进行异步操作，展开如下：
>++> if !bytes.Equal(msg.Channel, []byte(s.chainID)) {return}   //比对 chainID，不相符就跳过。
>++> dataMsg := msg.GetDataMsg()     //抽出该消息中的 DataMessage
>++> if dataMsg != nil {
      //将其 Payload 挂入 GossipStateProviderImpl 的 payloads 队列，由线程 deliverPayloads()加以处理。
>++>+ err := s.addPayload(dataMsg.GetPayload(), nonBlocking)   //将这 Payload 添加到缓冲区 payloads 中：
>++>+> s.payloads.Push(payload)   //payload 是个 proto.Payload 指针
>++> }
>+ case msg := <-s.commChan:     //这是由底层分发到 commChan 的消息，内容为状态信息或私有数据：
>++ go s.dispatch(msg)       //另创一个线程，异步加以分发。
>+ case <-s.stopCh:           //一旦从 stopCh 收到了什么信息，就停止本频道的侦听。
>++ s.stopCh <- struct{}{}
>++ logger.Debug("Stop listening for new messages")
>++ return
>+ }
> }
```

这里的 gossipChan 和 commChan 是前面 NewGossipStateProvider()中创建的两个线程间通道，底层从网上收到消息后根据消息类型和在 Accept()中给定的过滤函数由 ChannelDeMultiplexer 分发到这两个通道。

其中 commChan 的过滤函数为 remoteStateMsgFilter()，其最主要的过滤条件为“msg.IsRemoteStateMessage() || msg.GetPrivateData()”，就是消息所承载的内容为状态或私有数据，即 GossipMessage_StateRequest 或 GossipMessage_StateResponse，或者载有私有数据即 GossipMessage_PrivateData。

而 gossipChan 的过滤条件为 GossipMessage.IsDataMsg()，即 GossipMessage_DataMsg，这就是前述 GossipMessage_Hello，GossipMessage_DataDig，GossipMessage_DataReq 等等那一组的消息。

对于来自 gossipChan 的 Gossip 消息，这里为其另创一个线程 queueNewMessage()，目的是将其 Payload 抽取出来，通过 addPayload()将其异步挂入 GossipStateProviderImpl 的 payloads 队列，留待线程 deliverPayloads()加以处理。

而来自 commChan 的消息，则由 dispatch()线程加以进一步的分发：

```
[commChan => listen() => dispatch()]

func (s *GossipStateProviderImpl) dispatch(msg proto.ReceivedMessage)   //这是个线程
> if msg.GetGossipMessage().IsRemoteStateMessage() {   //Handling direct state transfer message
>+ //GossipMessage_StateRequest 或 GossipMessage_StateResponse，但实际上这是为块链同步：
```

```
>+ s.directMessage(msg)
> }
> else if msg.GetGossipMessage().GetPrivateData() != nil {   //载有 GossipMessage_PrivateData
>+ s.privateDataMessage(msg)   //处理私有数据
> }
```

进入 commChan 的消息有两种。一种是来自其它 Peer 节点的所谓状态信息，即 GossipMessage_StateRequest 或 GossipMessage_StateResponse。但是实际上前者是索取 Block 的请求，后者是对请求的回应，回应消息中就承载着 Block；另一种是源自 Endorse 节点的私有数据消息。我们先看前者：

```
func (s *GossipStateProviderImpl) directMessage(msg proto.ReceivedMessage)
> if msg == nil {return}       //Got nil message via end-to-end channel, should not happen!
> if !bytes.Equal(msg.GetGossipMessage().Channel, []byte(s.chainID)) {return}   //频道不符
> incoming := msg.GetGossipMessage()   //从 ReceivedMessage 中提取所承载的 GossipMessage
> if incoming.GetStateRequest() != nil {   //这是状态请求：
>+ if len(s.stateRequestCh) < defChannelBufferSize {
>++ s.stateRequestCh <- msg       //由线程 processStateRequests()加以处理
>+ }
> }
> else if incoming.GetStateResponse() != nil {   //这是状态响应：
>+ if atomic.LoadInt32(&s.stateTransferActive) == 1 {
>++ s.stateResponseCh <- msg     //这是对线程 antiEntropy()中 requestBlocksInRange()的回应，由后者处理。
>+ }
> }
```

直接来自 Peer 节点的状态消息有两种，一种是状态请求，另一种是状态响应，这里根据消息的类型将其分别写入通道 stateRequestCh 或 stateResponseCh。写入 stateRequestCh 的消息将由另一个线程 processStateRequests()加以处理，那就是前述的第四个线程，后面还要详述。写入 stateResponseCh 的消息则是对请求的回应，那是对方节点上的线程 processStateRequests()对于请求的回应，承载着本节点向其它节点索取的区块。所以，线程 dispatch()对于 directMessage()的调用其实就是为状态交互服务的，充当着类似中转站的角色。注意表面上说是状态消息，实际上状态响应消息中很可能就承载着区块。

再看 dispatch()线程对另一种消息的处理，那是源自某个 Endorser 节点的私有数据消息。对此由 dispatch()直接调用 privateDataMessage()加以处理。

这里有必要简单回顾一下私有数据是怎么来的。我们知道，交易是在 Endorse 节点上通过一个函数 SimulateProposal()加以执行的，这个函数名曰“Simulate”，但实际上却真正是在执行交易，而在执行交易的过程中就可能产生私有数据。这些数据并不随同执行结果一起被

发回给交易的发起者（然后由发起者提交给 Order 节点），而是通过调用一个动态定义的函数指针 distributePrivateData 加以分发（distribute）。这个函数指针是在节点初始化过程中调用 NewEndorserServer()时作为参数传下的，就是在 serve()这个函数中动态定义的 privDataDist，实际上只是一行代码，那就是对 DistributePrivateData()的调用。所以，在 SimulateProposal()中调用的实际上是 DistributePrivateData()：

```
[SimulateProposal() > DistributePrivateData()]

// DistributePrivateData distribute private read write set inside the channel based on the collections policies
func (g *gossipServiceImpl) DistributePrivateData(chainID string, txID string,
                    privData *transientstore.TxPvtReadWriteSetWithConfigInfo, blkHt uint64) error
> handler, exists := g.privateHandlers[chainID]      //获取本频道的 privateHandler
      //每个频道都有个 privateHandler，内含 Support、Coordinator、PvtDataDistributor、.PvtDataReconciler。
> if !exists {return errors.Errorf("No private data handler for %s", chainID)}
> err := handler.distributor.Distribute(txID, privData, blkHt);      //展开如下：
    == (d *distributorImpl) Distribute(txID string,
                    privData *transientstore.TxPvtReadWriteSetWithConfigInfo, blkHt uint64)
>> disseminationPlan, err := d.computeDisseminationPlan(txID, privData, blkHt)    //计算出一个分发计划
      //调用参数中没有 chainID，但这是由本频道的 privateHandler.distributorImpl 加以发送。
>> return d.disseminate(disseminationPlan)
>>> for _, dis := range disseminationPlan {   //对于 disseminationPlan 中的每个 dissemination：
>>>+ go func(dis *dissemination) {}(dis)   //创建一个线程异步加以发送
         > err := d.SendByCriteria(dis.msg, dis.criteria)
>>> }   //按 disseminationPlan 在同一频道中发送，发送目标有一定的随机性，通过 filter.SelectPeers()选取。
> err := handler.coordinator.StorePvtData(txID, privData, blkHt)
>> return c.TransientStore.PersistWithConfig(txID, blkHeight, privData)
> return nil
```

由此可见 Endorse 节点向外散布私有数据是主动行为，并非应谁的请求而被动发送。

这样，具体交易的 Endorse 节点就把这交易所产生的私有数据直接（不经过 Order 节点）发送给了所属频道内的若干 Peer 节点，在那里为 GossipStateProviderImpl.listen()所接收并由 dispatch()加以处理，而 dispatch()则调用 privateDataMessage()，下面是其代码摘要：

```
[dispatch() > privateDataMessage()]

func (s *GossipStateProviderImpl) privateDataMessage(msg proto.ReceivedMessage)
> if !bytes.Equal(msg.GetGossipMessage().Channel, []byte(s.chainID)) {return}
                    //Received state transfer request for channel, while expecting channel
```

```
> gossipMsg := msg.GetGossipMessage()                //从 ReceivedMessage 中提取 Gossip 消息
> pvtDataMsg := gossipMsg.GetPrivateData()  //从 Gossip 消息中提取所承载的 GossipMessage_PrivateData
> if pvtDataMsg.Payload == nil {return}       //Malformed private data message, no payload provided
> collectionName := pvtDataMsg.Payload.CollectionName          //私有数据必定属于某个 Collection
> txID := pvtDataMsg.Payload.TxId                              //所属交易的 TxID
> pvtRwSet := pvtDataMsg.Payload.PrivateRwset                  //该项数据的读写集合
> if len(pvtRwSet) == 0 {return}        //Malformed private data message, no rwset provided, collection name =
> colPvtRwset := CollectionPvtReadWriteSet{CollectionName: collectionName, Rwset: pvtRwSet,}
> nsPvtRwset := NsPvtReadWriteSet{Namespace: pvtDataMsg.Payload.Namespace,
                        CollectionPvtRwset: []*rwset.CollectionPvtReadWriteSet{ colPvtRwset }}
> txPvtRwSet := &rwset.TxPvtReadWriteSet{DataModel: rwset.TxReadWriteSet_KV,
                                NsPvtRwset: []*rwset.NsPvtReadWriteSet{ nsPvtRwset ,},}
> txPvtRwSetWithConfig := &transientstore.TxPvtReadWriteSetWithConfigInfo{PvtRwset: txPvtRwSet,
                        CollectionConfigs: map[string]*common.CollectionConfigPackage{
                          pvtDataMsg.Payload.Namespace: pvtDataMsg.Payload.CollectionConfigs,},}
> err := s.ledger.StorePvtData(txID, txPvtRwSetWithConfig, pvtDataMsg.Payload.PrivateSimHeight);   //展开：
   == (c *coordinator) StorePvtData(txID string,
                      privData *transientstore2.TxPvtReadWriteSetWithConfigInfo, blkHeight uint64)
>> return c.TransientStore.PersistWithConfig(txID, blkHeight, privData) //写入本频道的过渡存储 TransientStore
                              //txID，当时的块链高度，私有数据（txPvtRwSetWithConfig）
> msg.Ack(nil)   //发回 ACK，如果出错则发回 NACK。
```

私有数据是因交易而产生，而交易被记载在 Block 中，按理说私有数据应与 Block 绑定一起传播，但是也许是出于数据的体积或别的什么考虑，在 Fabric 中私有数据是与 Block 分开传播的。这样，私有数据就可能比其所属的 Block 更早到达，所以得有个过渡存储区即 TransientStore 加以暂存，等 Block 到来时再加整合。这里就是把私有数据存入了 TransientStore。对于每项私有数据，具体存储的是个三元组，即 txID、当时的块链高度、私有数据本身（TxPvtReadWriteSetWithConfigInfo 结构）。

现在让我们转向 deliverPayloads()这个线程。这里的所谓 Payload，实际上就是搭载在 Gossip 消息中的 Block，或许还有相关的私有数据。如前所述，listen()线程将来自通道 gossipChan 的消息中的 payload 挂入 GossipStateProviderImpl 的 payloads 队列，由线程 deliverPayloads()加以处理。Fabric 的代码中有三种 Payload 的定义，分别定义于 gossip 和 common 这两个 package 中。而 payloads 队列的类型为 PayloadsBufferImpl，是对界面 PayloadsBuffer 的实现，其主体为一 map[uint64]*proto.Payload，那么这 proto.Payload 究竟是哪一种呢？在源文件 payloads_buffer.go 开头的 import 语句中有这么一行：

```
proto "github.com/hyperledger/fabric/protos/gossip"
```

可见所谓 proto 就是 protos/gossip，那就是 package gossip。所以这其实是 gossip.Payload：

```
type Payload struct {}   // Payload contains a block
] SeqNum      uint64       //序号
] Data         []byte      //所载内容其实是 Block
] PrivateData  [][]byte    //一组私有数据，也可以没有。
```

实际上，Payload 的 Data 成分中至少有一个 Block，至于 PrivateData 就也许有也许没有了。而 deliverPayloads()这个线程就守着缓冲队列 payloads，只要里面有 Payload 就加以“投送（Deliver）”，其实是将其提交给本频道的 Ledger：

```
[gossipChan => queueNewMessage() > addPayload() => deliverPayloads()]

func (s *GossipStateProviderImpl) deliverPayloads()   //这是个 go 线程
> for {
>+ select {
>+ // Wait for notification that next seq has arrived
>+ case <-s.payloads.Ready():   //payloads 队列中有东西。
>++ logger.Debugf("[%s] Ready to transfer payloads (blocks) to the ledger, next block number is = [%d]", …)
>++ // Collect all subsequent payloads
>++ for payload := s.payloads.Pop(); payload != nil; payload = s.payloads.Pop() {   //对队列中的每个 Payload：
>+++ rawBlock := &common.Block{}      //创建一个空白 Block
>+++ if err := pb.Unmarshal(payload.Data, rawBlock); err != nil {continue}
                //将 Payload 的内容解码到这 rawBlock 中，如果出错就跳过（丢弃）这个 Payload
>+++ if rawBlock.Data == nil || rawBlock.Header == nil {continue}
                //如果没有数据，或者没有头部，就跳过。可见 Block 非有不可。
>+++ // Read all private data into slice
>+++ var p util.PvtDataCollections
>+++ if payload.PrivateData != nil {   //如果这 Payload 中含有 PrivateData（私有数据可有可无）：
>++++ err := p.Unmarshal(payload.PrivateData)      //解码私有数据
>+++ }
>+++ err := s.commitBlock(rawBlock, p)   //将所载区块和私有数据交付存储，展开如下：
        == (s *GossipStateProviderImpl) commitBlock(block *common.Block, pvtData util.PvtDataCollections)
>+++> err := s.ledger.StoreBlock(block, pvtData);      //存储
>+++> s.mediator.UpdateLedgerHeight(block.Header.Number+1, common2.ChainID(s.chainID))   //块链高度
>++ }   //end for payload := s.payloads.Pop(); payload != nil; payload = s.payloads.Pop()
>+ case <-s.stopCh:
>++ s.stopCh <- struct{}{}
```

```
>++ return    //State provider has been stopped, finishing to push new blocks.
>+ }   //end select
> }   //end for
```

就是说，只要payloads队列中有东西，这个线程就会从中逐项Pop()，并通过commitBlock()将其提交给存储在本地的Ledger，而提交的内容则是Payload中所载的Block，也许还有私有数据。不过StoreBlock()不只是简单的存储，还起着把私有数据与区块结合配对的工作，如果私有数据缺失则还要向外索取：

```
[deliverPayloads() > commitBlock() > StoreBlock()]

// StoreBlock stores block with private data into the ledger
func (c *coordinator) StoreBlock(block *common.Block, privateDataSets util.PvtDataCollections) error {
> if block.Data == nil { return errors.New("Block data is empty") }
> if block.Header == nil { return errors.New("Block header is nil") }
> err := c.Validator.Validate(block)
> blockAndPvtData := &ledger.BlockAndPvtData{Block: block, PvtData: make(ledger.TxPvtDataMap),
                                        MissingPvtData: make(ledger.TxMissingPvtDataMap),}
            //创建一个 BlockAndPvtData 结构，内含 Block 和已有和缺失私有数据的两个 Map。
> ownedRWsets, err := computeOwnedRWsets(block, privateDataSets)  //看该块所含私有数据已经有了哪些。
> privateInfo, err := c.listMissingPrivateData(block, ownedRWsets)       //并列出缺失的私有数据
        //除参数 privateDataSets 所含的私有数据外，本地的 TransientStore 中也可能已经有些私有数据。
        //但还是可能有些交易的私有数据尚未到位，把这些数据项列入 privateInfo.missingKeys。
> retryThresh := viper.GetDuration("peer.gossip.pvtData.pullRetryThreshold")
> var bFetchFromPeers bool    //defaults to false，先假定无需向外索取
> if len(privateInfo.missingKeys) == 0 {   //私有数据无缺失，确实无需从别的 Peer 节点索取。
>+ logger.Debugf("[%s] No missing collection private write sets to fetch from remote peers", c.ChainID)
> } else {   //私有数据有缺失，需要向别的 Peer 节点索取
>+ bFetchFromPeers = true     //Could not find all collection private write sets in local peer transient store
> }
> startPull := time.Now()
> limit := startPull.Add(retryThresh)
> for len(privateInfo.missingKeys) > 0 && time.Now().Before(limit) {   //只要还有缺失的私有数据并尚未超时
>+ c.fetchFromPeers(block.Header.Number, ownedRWsets, privateInfo)     //向 Peer 节点索取
>+ // If succeeded to fetch everything, no need to sleep before retry
>+ if len(privateInfo.missingKeys) == 0 {break}   //私有数据全部到位，结束循环。
>+ time.Sleep(pullRetrySleepInterval)        //这次未能完成，睡一会儿再试。
> }   //end for len(privateInfo.missingKeys) > 0 && time.Now().Before(limit)   //循环直至全部到位或超时
```

```
> elapsedPull := int64(time.Since(startPull) / time.Millisecond) // duration in ms
> // populate the private RWSets passed to the ledger
> for seqInBlock, nsRWS := range ownedRWsets.bySeqsInBlock() {
            //将已经到位的私有数据写入 blockAndPvtData 的 PvtData 这个 Map 中
>+ rwsets := nsRWS.toRWSet()
>+ blockAndPvtData.PvtData[seqInBlock] = &ledger.TxPvtData{SeqInBlock: seqInBlock, WriteSet: rwsets,}
> }
> for missingRWS := range privateInfo.missingKeys {   // populate missing RWSets to be passed to the ledger
            //把至此仍然缺失的私有数据项记入 blockAndPvtData 的 MissingPvtData 这个 Map 中
>+ blockAndPvtData.MissingPvtData.Add(
                  missingRWS.seqInBlock, missingRWS.namespace, missingRWS.collection, true)
> }
> // populate missing RWSets for ineligible collections to be passed to the ledger
> for _, missingRWS := range privateInfo.missingRWSButIneligible {
>+ blockAndPvtData.MissingPvtData.Add(missingRWS.seqInBlock,
                              missingRWS.namespace, missingRWS.collection, false)
      // missingRWSButIneligible 是 privateDataInfo 结构内部的一个成分，其类型为[]rwSetKey。
      //其内容为缺失但（对于本节点）不合格的读写集合，来自前面的 listMissingPrivateData()过程。
> }
> // commit block and private data
> err = c.CommitWithPvtData(blockAndPvtData)   //交付 Block 和私有数据
> if len(blockAndPvtData.PvtData) > 0 {   // Finally, purge all transactions in block - valid or not valid.
>+ err := c.PurgeByTxids(privateInfo.txns);
> }
> seq := block.Header.Number
> if seq%c.transientBlockRetention == 0 && seq > c.transientBlockRetention {
>+ err := c.PurgeByHeight(seq - c.transientBlockRetention)
> }
> return nil
```

如前所述，Payload 中 Block 是必有的，但私有数据就不一定。另一方面，私有数据有其独立的传播途径，那就是经由前述 dispatch()中的 privateDataMessage()写入本地的过渡存储 TransientStore。这样，当承载着 Block 的 Payload 到来时，就有三种可能：第一是 Payload 中已经含有与此 Block 相关的全部私有数据，那当然最好，可以把 Block 连同私有数据一并写入 Ledger；第二是 Payload 中缺失了某些甚至全部私有数据，但那些数据已经在 TransientStore 中，只要把这些数据也写入 Ledger 就行；第三是缺失了私有数据，而且 TransientStore 中也没有，那就要向别的 Peer 节点索取。

参数 privateDataSets 是个 TxPvtData 数组，数组中的每个元素即 TxPvtData 都是一个交易的读写数据集合：

```
// TxPvtData encapsulates the transaction number and pvt write-set for a transaction
type TxPvtData struct {}
] SeqInBlock uint64                    //所属Transaction在块中的序号
] WriteSet    *rwset.TxPvtReadWriteSet   //该Transaction的读写数据集合
```

所以参数 privateDataSets 就是 Payload 中所含私有数据的集合。基于这个集合和 Block 中的众多 Envelope，就可以归纳出关于私有数据缺失情况的清单，这就是 privateDataInfo：

```
type privateDataInfo struct {}
] sources                      map[rwSetKey][]*peer.Endorsement   //数据的源头
] missingKeysByTxIDs         rwSetKeysByTxIDs  //按具体交易分列的缺失数据。
] missingKeys          rwsetKeys   //所缺失数据 rwSetKey 的 Map，map[rwSetKey]struct{}，rwSetKey 的定义：
]] txID          string
]] seqInBlock uint64
]] namespace   string
]] collection string
]] hash          string
] txns                         txns              //数据有缺失的交易
] missingRWSButIneligible   []rwSetKey      //缺失但（对于本节点）不合格的私有数据读写集合
```

从过渡存储 TransientStore 中读取已经到达的私有数据当然很简单，但是如果过渡存储中也没有就得通过 fetchFromPeers()向外索取，这个函数我们已经在前面看过了。

第三个线程是 antiEntropy()，这个线程每过一段时间就比较一下本地的块链高度与频道中的当前最大高度，如果发现已经落后就要求下载，以补上差距：

```
[joinChain() > createChain() > InitializeChannel() > NewGossipStateProvider() > antiEntropy()]


func (s *GossipStateProviderImpl) antiEntropy()      //go 线程
> defer s.done.Done()
> defer logger.Debug("State Provider stopped, stopping anti entropy procedure.")
> for {
>+ select {
>+ case <-s.stopCh:
>++ s.stopCh <- struct{}{}
>++ return
```

```
>+ case <-time.After(defAntiEntropyInterval):  //每过一段时间，由定时器驱动：
>++ ourHeight, err := s.ledger.LedgerHeight()
>++ if err != nil {continue}      //Unable to read from ledger continue to the next round
>++ if ourHeight == 0 {continue}     //Ledger reported block height of 0 but this should be impossible
>++ maxHeight := s.maxAvailableLedgerHeight()  //扫描本地记载的同一频道中各 Peer 节点上的最大高度
>++> max := uint64(0)
>++> for _, p := range s.mediator.PeersOfChannel(common2.ChainID(s.chainID)) {
>++> peerHeight := p.Properties.LedgerHeight
>++> if max < peerHeight { max = peerHeight }
>++> }
>++> return max
>++ if ourHeight >= maxHeight {continue} //如果本节点的高度不低于频道中的最大高度，就不需要做什么。
>++ s.requestBlocksInRange(uint64(ourHeight), uint64(maxHeight)-1)  //否则就请求下载缺少的那些区块
>+ }   //end select
> }   //end for
```

同一频道内的不同节点之间都要定时交换状态信息，每个节点在其所参与的每个频道都记载着同伴的状态，而每个同伴节点当前的块链高度就是一项重要的状态信息。

函数 maxAvailableLedgerHeight()扫描本地所记载的同一频道 Peer 节点的状态，得出本频道中当前最大的块链高度，如果发现本节点已经落后就通过 requestBlocksInRange()请求发给所短缺的区块序列，以补上差距：

```
[antiEntropy() > requestBlocksInRange()]

func (s *GossipStateProviderImpl) requestBlocksInRange(start uint64, end uint64) {
> atomic.StoreInt32(&s.stateTransferActive, 1)        //把标志位 stateTransferActive 设成 1
> defer atomic.StoreInt32(&s.stateTransferActive, 0)    //从此函数返回时再把这标志位恢复成 0
> for prev := start; prev <= end; {       //从区块序列的起点到终点：
>+ next := min(end, prev+defAntiEntropyBatchSize)  //对于区块的下载请求不是单个，而是成批的
>+ gossipMsg := s.stateRequestMessage(prev, next)    //以当前的 prev 为起点，以 next 为终点。
>+> request := &proto.GossipMessage_StateRequest{
              StateRequest: &proto.RemoteStateRequest{StartSeqNum: beginSeq, EndSeqNum: endSeq, },}
>+> return &proto.GossipMessage{Nonce: util.RandomUInt64(), Tag: proto.GossipMessage_CHAN_OR_ORG,
                                          Channel: []byte(s.chainID), Content: request,}
>+ responseReceived := false
>+ tryCounts := 0
>+ for !responseReceived {
>++ if tryCounts > defAntiEntropyMaxRetries {return}    //已经试了多次，超过了预定的次数，失败。
```

```
>++ // Select peers to ask for blocks
>++ peer, err := s.selectPeerToRequestFrom(next)        //为这批区块的下载选择一个 Peer 节点作为来源
>++ if err != nil {return}                              //如果找不到合适的来源就失败了。
>++ s.mediator.Send(gossipMsg, peer)                    //找到来源，就向此 Peer 节点发送请求
>++ tryCounts++
>++ select {    //在几个通道上睡眠等待，直至得到回应或超时：
>++ case msg := <-s.stateResponseCh:    //从 stateResponseCh 通道得到了由底层接收后分发的 Gossip 消息：
>+++ if msg.GetGossipMessage().Nonce != gossipMsg.Nonce {continue}    //Nonce 值不符，跳过。
>+++ index, err := s.handleStateResponse(msg)    //Nonce 值相符，由 handleStateResponse()加以处理。
>+++ if err != nil {continue}    //Wasn't able to process state response for the blocks
>+++ prev = index + 1    //以终点块号加 1 作为新的起点，回到上面的 for prev := start; prev <= end 循环
>+++ responseReceived = true    //终止 for !responseReceived 循环
>++ case <-time.After(defAntiEntropyStateResponseTimeout):  //超时，回到 for !responseReceived 循环。
                                                            //注意此时 tryCounts 已经递增。
>++ case <-s.stopCh:    //从 stopCh 通道收到了停止命令
>+++ s.stopCh <- struct{}{}    //向这通道发回一个停止命令，让共享这个通道的其它线程也能收到。
>+++ return
>++ }  //end select
>+ }  //end for !responseReceived
> }  //end for prev := start; prev <= end;
```

这个函数在一个 for 循环中为所需的区块序列分批物色下载来源，向所物色的 Peer 节点发出下载请求，然后就等待对方回应的到来；如果超时就另外物色一个来源再试，直至超过了预定的重试次数。一般在正常的情况下总是能试成的，接收到承载着所求区块的回应（也是个 Gossip 消息）后就由 handleStateResponse()加以处理：

```
[antiEntropy() > requestBlocksInRange() > handleStateResponse()]

func (s *GossipStateProviderImpl) handleStateResponse(msg proto.ReceivedMessage) (uint64, error)
> max := uint64(0)  //先假设为 0，用来获知本批次实际所得的最大块号，实际所得与请求未必一致。
> // Send signal that response for given nonce has been received
> response := msg.GetGossipMessage().GetStateResponse()  //从消息中抽取响应信息
> // Extract payloads, verify and push into buffer
> if len(response.GetPayloads()) == 0 {return uint64(0), errors.New(…)}  //如果响应信息中无 Payload
> for _, payload := range response.GetPayloads() {  //对于搭载在响应消息上的每个 Payload，就是每个块：
>+ err := s.mediator.VerifyBlock(common2.ChainID(s.chainID), payload.SeqNum, payload.Data);
        == VerifyBlock(chainID common2.ChainID, seqNum uint64, signedBlock []byte)
>+ if err != nil {return uint64(0), err}
```

```
>+ if max < payload.SeqNum {max = payload.SeqNum}
>+ err := s.addPayload(payload, blocking)   //将此 Pauload（即区块）Push()到 payloads 队列中
> }   //end for _, payload := range response.GetPayloads()
> return max, nil     //返回的 max 是本批次实际所得的最大块号
```

所以，antiEntropy()这个线程的作用就是：发现块链的高度差距，有差距就请求分批下载，下载后逐块进行合规检查并将其推入 payloads 队列。

而另一个线程，即前述的第四个线程 processStateRequests()，则是应对端的下载请求而发送一批区块，所以 antiEntropy()与 processStateRequests()是一对 Client/Server 的关系：

```
func (s *GossipStateProviderImpl) processStateRequests()          //这是上述的第四个 go 线程：
> defer s.done.Done()
> for {
>+ select {
>+ case msg := <-s.stateRequestCh:   //从 stateRequestCh 通道中得到了一个状态请求
>++ s.handleStateRequest(msg)          //虽然叫“状态请求”，实际上却是下载区块的请求。
>+ case <-s.stopCh:
>++ s.stopCh <- struct{}{}
>++ return
>+ }   //end select
> }   //end for
```

线程 processStateRequests()也是每个节点上都有的，而且是每参加一个频道就会创建一个这样的线程。这个线程守着 stateRequestCh 通道，每从这通道中接收一个请求，就对此消息加以处理并发回响应消息。注意所谓“状态请求”实际上却是下载区块的请求：

[processStateRequests() > handleStateRequest()]

```
func (s *GossipStateProviderImpl) handleStateRequest(msg proto.ReceivedMessage) {
> if msg == nil {return}
> request := msg.GetGossipMessage().GetStateRequest()          //从 Gossip 消息中提取状态请求
> batchSize := request.EndSeqNum - request.StartSeqNum         //从中获取本批次的大小
> if batchSize > defAntiEntropyBatchSize {return}              //大小超标就不予受理
> if request.StartSeqNum > request.EndSeqNum {return}          //区块范围倒转，也不予受理。
> currentHeight, err := s.ledger.LedgerHeight()                //获取本地 Ledger 中的块链高度
> if currentHeight < request.EndSeqNum {   //本批次所求的终点越出本地块链高度
>+ logger.Warningf("Received state request to transfer blocks …", …)   //记录告警信息
> }   //虽然本批次所求的终点越出本地块链高度，但起点还是在范围之内。
```

```
> endSeqNum := min(currentHeight, request.EndSeqNum)   //这是本节点能提供的本批次终点
> response := &proto.RemoteStateResponse{Payloads: make([]*proto.Payload, 0)}   //创建一个空白的响应消息
> for seqNum := request.StartSeqNum; seqNum <= endSeqNum; seqNum++ {      //然后逐个区块地往里填
>+ connInfo := msg.GetConnectionInfo()
>+ peerAuthInfo := common.SignedData{Data: connInfo.Auth.SignedData,
                                    Signature: connInfo.Auth.Signature, Identity: connInfo.Identity,}
>+ block, pvtData, err := s.ledger.GetPvtDataAndBlockByNum(seqNum, peerAuthInfo)
>+ if err != nil {continue}          //获取的过程出错，跳过。
>+ if block == nil {continue}        //本地没有这个块号的区块，跳过。
>+ blockBytes, err := pb.Marshal(block)   //串行化编码
>+ if err != nil {continue}                  //Could not marshal block
>+ var pvtBytes [][]byte
>+ if pvtData != nil {   //如果私有数据 pvtData 非空，存在私有的读写数据集：
>++ pvtBytes, err = pvtData.Marshal()    //Marshal private data
>++ if err != nil {continue}             //Failed to marshal private rwset for block
>+ }
>+ response.Payloads = append(response.Payloads, &proto.Payload{SeqNum: seqNum,
                                              Data: blockBytes, PrivateData: pvtBytes,})
> }   //end for seqNum := request.StartSeqNum; seqNum <= endSeqNum; seqNum++
> // Sending back response with missing blocks
> msg.Respond(&proto.GossipMessage{ Nonce: msg.GetGossipMessage().Nonce,
                 // Copy nonce field from the request, so it will be possible to match response
      Tag: proto.GossipMessage_CHAN_OR_ORG, Channel: []byte(s.chainID),
      Content: &proto.GossipMessage_StateResponse{StateResponse: response},})}
```

代码摘要中加了注释，读者应该不会有困难。

回到发出下载请求的那个节点上，即前面 antiEntropy()线程中的 handleStateResponse()中，收到的每个 Payload 即下载得来的每个区块都被推入了 payloads 队列。那么谁是这些区块的消费者呢？那就是前面的 deliverPayloads()线程，这个线程从 payloads 队列中挨个取出里面的 Payload，即下载过来的区块，对其调用 commitBlock()，从而又调用 StoreBlock()。而 StoreBlock()，如前所述，则不只是简单地把区块存储起来，而还要将区块与私用数据配对，如果缺了私有数据就得向外索取。

综上所述，Gossip 机制的主体是 GossipStateProvider。Gossip 方式的传播有利于减小负载，但是有不确定性，因而具体的 Peer 节点上难免会有区块和私有数据的缺失，而 PullEngine、puller、Reconciler 等等的存在就是为了补上这个缺陷。有了这些成分的配合，Gossip 才能成为一种健壮的信息传播机制。

通过这几章的介绍，读者可以看到，比特币、以太坊、超级账本这三种基础性的、代表性的区块链各有特色，各自适用于不同的应用场景。每种都有其独特而优雅的设计，也每种都有可以改进的地方，事实上以这三种区块链为基础衍生出来了许多不同的变种，这个链那个链，这就不是本书所能尽述的了。

附　录

Libra 简介

2019 年 5 月，美国的 Facebook 公司在日内瓦注册了一家名为“Libra Networks”的公司，紧接着在 6 月中旬就发布了一个白皮书，宣布要发行一种基于区块链技术的 Libra 币。由于 Libra 这个词在西方星相中是“天秤座”，所以国内就有人翻译成“天秤币”。就像比特币和以太币一样，与 Libra 币绑定在一起的，是一个 Libra 区块链网络，Libra 币只是在 Libra 网络中流通使用。用来干什么呢？从 Libra 的白皮书看，就是用来支付。白皮书中说：“Libra 的使命是建立一套简单的、无国界的货币和为数十亿人服务的金融基础设施。”这里说的是一种货币、一套金融基础设施。为此，Facebook 还牵头成立了一个 Libra 协会（Libra Association），目前已有二三十个创始会员，计划扩大到一百个。要成为 Libra 协会的创始会员并非易事，需要投资一千万美元且不说，还对公司的营业额、利润等等都有不低的要求。此外，更重要的是，又成立了一个 Libra 储备（Libra Reserve），里面除创始会员们的投入外，凡要获得 Libra 币的用户都必须有等值的法币（实际上是类似于特别提款权的一篮子货币）存入这个储备。换言之，所发行的每个 Libra 币都是以等值的法币为抵押的。Libra 储备既相当于 Libra 币保证金，又起着资金缓冲池的作用。

所有这些，都是为“一种货币，一套基础设施”服务的，我们有必要对之作些分析。

先说基础设施这一面。所谓基础设施，就是像道路桥梁铁道，或者电信系统那样的设施，是为上层建筑提供技术手段的。而金融基础设施，那就只能是货币的流通手段，也就是支付系统。或许有人会说银行也是金融基础设施，其实不然，银行是基础设施连同上层建筑，或者说上层建筑自带基础设施。那么放贷是否属于金融基础设施的范畴呢？放贷可以也只能通过作为基础设施的支付系统进行，但是放贷本身属于上层建筑。支付可以离开放贷而独立存在，第三方支付的兴起实际上代表着将作为基础设施的支付系统从银行慢慢剥离出来，至少是部分剥离出来的趋势。这跟我们计算机网络、计算机系统的分层是一样的道理。那么吸储（和提现）呢？这倒可以说是属于基础设施，但是如果不放贷，吸储就失去了意义。所以吸储这项基础设施是专为放贷服务的，而银行的利润主要就来自放贷。所以，同样属于基础设施，对于银行而言吸储比支付更重要。而 Libra，在其白皮书中说了，用户存放在 Libra 储备中的金融资产（以美元为主的一篮子货币）只用于低风险、低回报，从而低波动的投资，所得收益用于研发和维持 Libra 网络的运行，但用户没有利息。那样的投资，基本上就只能是国债，甚至只是大银行的定期储蓄了。这个所谓投资，当然不能是放贷，因为放贷就可能有坏账，这绝对不是低风险、低回报的投资。一般而言这也不能是股市，那也绝对不是低风险、低回报的投资。所以，Libra 纯粹就是个只用于支付的金融基础设施。既然 Libra 币以法币为抵押，从而锚定于法币，又没有利息，那就不存在投机的空间了，用户之所以要买进 Libra 币，也就只能是为了用于支付。

再说“货币”的一面。Libra 币的发行与比特币之类完全不同，它没有什么“挖矿”、Coinbase 之类“无中生有”的货币发行，你要获得价值为 1 个单位的 Libra 数字货币，就得把等值的“一篮子货币”存入 Libra 的储备（Reserve），于是 Libra 储备就为你生成（你要说“铸造”也行）同样价值的 Libra 币并存入你的账户，你就可以用来支付了。之所以是一篮子货币，与世界银行的“特别提款权”是一样的道理，只是为避免由一国货币所主宰。日后如果你要提现，就将这 Libra 币付还给 Libra 储备，它就还给你等值的一篮子货币，那个 Libra 数字货币就被废弃了（你要说“销毁”也行）。这之间是没有利息也没有溢价的，因为你存入 Libra 储备的法币只是用于低风险、低回报的投资，而所得收益只是由 Libra 协会用于研发和维护 Libra 网络的运行。这样，Libra 网络中所有存量 Libra 币的总和所具有的价值，就等于 Libra 储备中所有一篮子货币的价值总和。换言之，Libra 币有 1:1 的法币作为储备，是与法币锚定的。这与金本位时代的美元相似，只不过一者是与黄金锚定，一者是与一篮子货币锚定。当然，一篮子货币中各种法币的权重可能会有些变化，但那就不是 Libra 的问题了，联合国的特别提款权也有同样的问题。你用一篮子货币向 Libra 储备买进 Libra，日后从 Libra 储备提现，拿回来的钱基本上是相等的，Libra 储备不会付你利息，这就好像美国那些商业银行中的现金账户（Checking Account），那是没有利息的（有些可能还反过来要收手续费），存在现金账户中的钱纯粹就是为了支付和提现的方便，存在储蓄账户（Savings Account）中的钱才有利息。这里确实也会有通货膨胀的问题，但那是一篮子货币的膨胀，而不是 Libra 币的膨胀。

从这样的意义上说，Libra 网络及其储备所发行和流通的其实并不是“货币”，而只是“代价券”，或者说“额度”。这里也没有“铸币税”的问题，因为 Libra 根本就没有铸币，它只是为储备进来的法币发放代价券，拿着这个代价券随时都可以换回法币。“铸币”发生在法币的发行环节，而不是在 Libra 这个环节。不过，从央行的角度看，这确实也增加了“流动性”，因为在维持广义的法币不变的情况下增加了因 Libra 而来的流动性，但那是各国央行如何宏观调控的问题。还有，对于有外汇控制的国家，这里面当然也有如何防止资金外逃和换汇失控的问题。

就作为用户的具体企业或个人而言，他们总是择善而行，就看 Libra 能给他们的经济活动带来什么样的好处。这里会有两方面的比较，一方面是与现有的银行支付体系相比较，另一方面是与别的区块链支付相比较。

先说与现行银行转账（跨行转账）的比较。首先，现有的跨行转账不是太慢就是太贵。普通（不是电汇）的跨行转账甚至可能需要几天的时间才能到账，如果采用电汇则快是快了但收费太高，而若是通过区块链转账则既快又便宜。这是基于新技术的刚性的提高。从安全性和私密性的角度考虑，则如上所述 Libra 的方案并不令人不安，相反区块链“化名进行，不会丢失，不可更改，方便查询”的特性倒让人觉得还有点吸引力。而适度的去中心化对于提高用户的安全感也有好处，一百家大企业合在一起似乎比一家银行更加稳定可靠，事实上银行也确实不能排除倒闭的可能。所以，对于用户来说，在 Libra 上转账支付确实是种改进。

再说与其他区块链的比较，特别是与比特币的比较。相比之下，迄今为止基于虚拟货币的区块链都带有一定的投机性，人们买进虚拟货币往往是出于升值期望，这就带来了剧烈波动甚至崩盘的风险。而 Libra，则如上所说真正是一种令人放心的“稳定币”，这方面 Libra 具有独特的优势。另外，比特币一类虚拟货币的用户群给人鱼龙混杂的感觉，而 Libra 的几十个（以后会有一百个）创始会员则都是很体面的大企业，出现在人们面前的形象先就不同。还有很重要的一点，是人们对于虚拟货币发币机制的疑虑和困惑。以比特币为例，人们可能会想：我的比特币是真金白银买来的，可是人家只是挖挖矿，并未为社会增加实际的财富，凭运气就拿走了这么些比特币，他们拿走的这些钱不是都要分摊到我的头上吗？相比之下，Libra 的使用者就都是老老实实拿真金白银买来的，谁也不占谁的便宜。再说，现有的那些区块链大多性能不佳，而 Libra 由于其独特的设计，在去中心化的方向上适度回退，因而可以达到 1000 TPS，即每秒 1000 笔交易的性能，这也显著好于别的区块链。

所以，无论是与银行现有的支付体系相比，还是与别的区块链相比，Libra 都有其独特的优势。

鉴于 Facebook 的社交网站本身就有高达二十多亿的用户，更重要的是 Libra 的设计本身也更能为普通企业和个人所接受，可以预料 Libra 在全世界的经济活动中将扮演重要的角色，并对现有的金融业带来不小的冲击，不过如前所述这主要是对现有的金融基础设施，特别是对现有的支付/清算体系的冲击，而不是对金融上层建筑的冲击。

不过 Libra 白皮书发布以后还是很快即引起了疑虑，美国众议院金融服务委员会向 Facebook 高管发函，要求立即暂停 Libra 项目和与之配套的数字钱包 Calibra 的所有工作。他们认为 Libra 可能引发严重的洗钱、地下交易、个人隐私、国家安全和货币政策等问题，并于 7 月 17 日举行听证会。应该说，除有些疑虑是出于误解（例如有些人以为 Facebook 是要另外办一家银行）之外，这些问题确实在某种程度上存在，理应引起重视，然而比特币在这些方面的问题远比 Libra 严重，为何却一直没有引起警觉？究其原因，唯一合理的解释就是以前那些区块链项目在他们眼里都是小打小闹，掀不起大浪，而 Libra 就不同了。事实上，在美国这样的环境中，要禁是禁不住的，但是确实应该有些措施来对付这些问题。

Libra 网络的系统结构

本书介绍了比特币、以太坊、超级账本三大主流区块链的系统结构，对这三种区块链的结构有所了解之后再来看 Libra 区块链网络的系统结构，就会觉得似曾相识，并无多少新奇之处。

首先，Libra 的结构更接近联盟链，而不是公共链。它也像超级账本一样，已经从去中心化的立场上适度回归，但是当然也不是传统的中心化结构。在 Libra 网络中有数十个至一百个左右的“验证节点（Verifier）”，这些节点是由 Libra 协会的创始会员运行的。目前 Libra 的创始会员还只有几十个，其中就有 Visa 和 Master 两大信用卡公司，但目标是要达到一百个。与以太坊和比特币网络相比，Libra 网络中只有这些验证节点才相当于“全节点”，其余都相当于用户的“半节点”、“客户节点”。只有这些验证节点才有验证和执行交易请求以及发布新块并收取“油费”的权利和义务。不过既然一共才一百个左右的验证节点，就不必有像“挖矿”那样堪称劳民伤财的竞争，而可以通过类似于一般容错系统中那样的协商选举或轮流的方法确定。换言之，这只是程度有限的去中心化，实质上是一种多边的、分布式的中心化，这些验证节点合在一起构成了一个集体的、委员会式的中心。在每个不大的时间段中，这个“委员会”都有个“领导者”即 Leader。该 Leader 节点就担负着协调交易请求的执行和发布新块的责任，而这些验证节点之间就通过运用“拜占庭将军”算法通过投票获取共识。

Libra 采用的是一种称为 HotStuff 的“基于（有）领导者的（Leader-Based）”拜占庭容错算法。事实上不管是什么样的拜占庭容错都有个共同的公式，就是 3f+1。意思是：如果一个群体中有 f 个成员可能捣蛋，那么只要这个群体的大小达到了 3f+1，就可以“邪不压正”而不会影响共识的获取。如果用委员会的投票表决进行类比，那就是：如果假设委员会中潜伏着坏人，但不会超过 f 个，那么委员会至少要有 3f+1 个委员，投票时必须在全部委员都投票的条件下超过三分之二的赞成票（好人都投赞成票）才行，缺票按反对票算（坏人可能投反对票或不投票）。超级账本也采用拜占庭容错算法，但是我们在本书第四章中看到，在那个版本的源码中实际用的是一票否决，当然以后应该会改成超过三分之二多数。在 Libra 的代码中，则就是按此实现的。在 ValidatorVerifier 的实现中有这么一行代码“author_to_public_keys.len() * 2 / 3 + 1”，其中 author_to_public_keys.len()为验证节点的个数 v，而（v * 2 / 3 + 1）为获取共识所需的票数。注意这里用的是整除，这也意味着当 v 小于 4 时需要全票通过。当然，既然采用拜占庭容错算法获取共识，就没有 PoW、PoS 之类共识算法的必要，当然也就没有“挖矿”了。

第二，Libra 与以太坊和超级账本一样，采用的是账户余额的方法，而不是像比特币所用的 UTXO 方法。账户的地址同样也是用户公钥的 Hash 值，不过是 256 位的。注意一般文献中说到区块链中的虚拟货币时都说是“加密货币”，其实应该是“采用密码技术”的货币，不过这加密技术不是用于加密，而是用于签名。实际上交易请求的内容是不加密的，但支付双方是化名的。所以，区块链上的虚拟货币，其实只是收付双方化名的、采用密码技术签名的电子货币。如果需要对交易请求中的某些内容（例如支付说明）进行加密，那就得在应用层上另行加密。但是，如果对支付金额加密，那就没法执行了。

第三，在 Libra 网络中，所谓区块只对那几十个或一百个验证节点有意义，一般的客户节点没有必要感知区块的存在，如果要查询某些交易或账户的情况或状态，只要向验证节点查询就可以了。在这个意义上，Libra 的那些验证节点构成了一个“异地多活”的数据库。人们常把区块链说成“分布式”数据库，这要看从哪个角度说，因为一般所谓“分布”是指内容的分布，有些内容在这个节点上，有些内容在那个节点上，但是区块链中的“全节点”都存储着完整的块链和账户，是完整内容的多处存储。而“异地多活”，则是指验证节点分布在不同的地区，但每个验证节点（宏观上）都存储着相同的信息，扮演着同样的角色，这比“异地热备”又进了一步。所以，在 Libra 网络中，新块的发布并不是面向全网的，而只需向数量有限的那些验证节点发布就行，节点间的同步也只需发生在验证节点之间。正因为这样，Libra 才有可能实现其 1000 TPS，即平均每秒 1000 笔交易的设计目标。

第四，Libra 网络中的交易（Transaction）只在验证节点上执行，这与超级账本网络中交易只在评审/背书节点即 Endorse 节点上执行相似。但是超级账本网络中还有个编排节点 Orderer 统一发布新块，所以在这个意义上 Libra 的验证节点更接近于以太坊中的全节点，只是把全节点的数量压到很小，只有几十个。

第五，对于交易的执行，Libra 有自己的虚拟机，这虚拟机也是图灵完全的。同样，为防止图灵完全的虚拟机进入死循环，Libra 也采用按执行长度收取“油费”即 Gas 的机制，这又与以太坊一致（具体的油费计算略有不同）。相比之下，超级账本实际上没有自己的虚拟机，它的所谓虚拟机只是操作系统上的 Docker 运行环境，或称“沙箱”和“容器”。而比特币虽有自己的虚拟机，却是图灵不完全的，因而限制了交易脚本的复杂性。

第六，在以太坊中，采用以太币的简单支付无须经过智慧合约和虚拟机，直接就可以“短路”过去。但是 Libra 却没有这样的机制，所以一切交易都得经过智慧合约和虚拟机。

最后，因为新块的发布是在有领导的条件下在小范围中进行，自然就没有碰撞的可能，所以 Libra 的块链没有因碰撞而“分叉（Fork）”的问题。

以上所述的七个特点，基本上说明了 Libra 网络在系统结构上的特点。其余就都是共性，例如都是建立在因特网的基础上，底层通信都采用 TCP/IP，也都采用 RPC，都采用 Protobuf，如此等等，这里就不多说了。

Libra 的交易和区块

Libra Core，即 Libra 的核心源码是用 Rust 语言（见后）写就的，这里仍以摘要的形式加以叙述。在 Libra 的源码中，用来描述未签名交易请求的数据结构是 RawTransaction，其摘要为：

```
struct RawTransaction {}
] sender: AccountAddress,           //交易发起者的账户地址，目前采用的是其公钥。
] sequence_number: u64,             //交易序号
] payload: TransactionPayload,      //交易脚本，见后述。
] max_gas_amount: u64,              //可消耗的最大油量
] gas_unit_price: u64,              //可接受的最高油价
] expiration_time: Duration,        //有效期，要是这么久还未入链就作废。
```

每个字段的分号前为字段名，分号后为其类型。其中的类型 AccountAddress 为账户地址，原则上可以是公钥的 Hash 值吗，但目前采用的就是公钥本身。注意这里只有交易发起方，即付款方的账户地址，而没有收款方的地址，因为一次交易可以有多个收款方，就干脆都放在 Payload 中。

字段 payload 的类型为 TransactionPayload，这又是 Libra 与以太坊有明显不同的一个地方。在 Libra 的设计中，所谓智慧合约分成两部分。一部分是存储在某个合约地址中的代码，称为“模块（Module）”，这就像以太坊中的“合约”和超级账本中的“链码”，但不同的是存储在合约账户的只是一些供调用的函数，相当于一个小型的函数库，而调用这些函数的主函数即 main()却是由具体交易请求随身携带的，这就是所谓“脚本”，尽管这“脚本”与被调用的函数其实是用同一种语言书写的。注意在一个交易请求的脚本中可以调用不止一个的模块，就像我们在一个程序中可以引入多个函数库 lib 一样。这样，在 main()函数即脚本中就可以组合出许许多多不同的功能和过程来。

而 TransactionPayload 的内容，则一般而言就是这个脚本及其输入参数：

```
enum TransactionPayload {}
] Program(Program),   //供虚拟机VM执行的一段程序，该程序可以调用存储在模块账户中的函数。展开：
]] code: Vec<u8>,                    //脚本即main()函数的程序代码。
]] args: Vec<TransactionArgument>,           //对main()函数的输入参数
]] modules: Vec<Vec<u8>>,            //（因需要调用其函数而）需要导入的模块，账户地址加模块名。
] WriteSet(WriteSet),     //或者是一个写数据集合
```

这里的 code 就是经过编译以后的脚本，即 main()函数的 bytecode，相当于可执行程序的二进制代码，其调用参数在向量 args 中。而 modules，则为供 main()调用的模块列表，可以在同一个合约账户中，也可以在不同合约账户中，同一个合约账户中可以有多个模块。

显然这是个更灵活的方案，所以 Libra 的文档中声称这是“可编程交易（Programmable Transaction）”。

交易请求必须带有发起者的签名，签了名以后就变成 SignedTransaction 结构：

```
struct SignedTransaction {}
] raw_txn: RawTransaction,        //The raw transaction
] public_key: PublicKey,          //签名者的公钥
] signature: Signature,           //签名者用其私钥对raw_txn的签名
] raw_txn_bytes: Vec<u8>,         //对raw_txn串行化后的字节串，以免反复进行串行化
```

对于已经阅读了本书的读者，这就不需要再作解释了。

如前所述，Libra 网络中的区块只对数量极其有限的验证节点有意义，一般的客户节点并不感知区块的存在。也许正是因为这样，加之 Libra 的文档中对此有点语焉不详（其实 Libra 的技术文档是相当好的，），就使许多人有了些错觉，所以网上有各种各样的说法，有的说 Libra 网络中其实没有区块，或者说在 Libra 网络中一个交易记录就是一个区块，林林总总，不一而足。其实看一下 Libra 源码中的 Block 数据结构定义，就可发现其实 Libra 照样有区块，其数据结构也并不很特别。下面是 Block 结构的定义摘要：

```
struct Block<T> {}
] id: HashValue,              //以本块的Hash值作为本块的ID
] parent_id: HashValue,       //父块（先前块）的ID，即Hash值，用以成链（创世块的这个字段为0）。
] payload: T,                 //这是个泛型，可以被指定为多种不同的类型，通常为交易请求的向量。
] round: Round,               //采用拜占庭算法有可能需要有多轮投票才能获取共识
] height: Height,             //当前的块链高度，是先前块的高度加1。
] timestamp_usecs: u64,       //时戳
] quorum_cert: QuorumCert,        //见下述
```

] author: Author, //本块的作者（发布者），这是一个公钥，用于签名的核对。

] signature: Signature, //对本块内容的签名

这与别的那些区块的定义其实并无本质的区别。其中结构成分 quorum_cert 的类型为 QuorumCert，Quorum 的本意是指法定投票团，那就是参与形成共识的验证节点集合，Cert 是 Certificate，即证书。这里就不加展开了。

可见，Libra 的区块和交易请求与我们所熟悉的并无太大的不同，而所谓账本（Ledger）则是块链与众多账户状态的综合，这也与以太坊或超级账本相似。

Libra 的智慧合约

我们知道，比特币的所谓“智慧合约”实际上就是设计得比较巧妙的脚本组合，是“招领脚本”与“认领脚本”的组合，前者是作为招领条件的 scriptPubKey，后者是作为认领证据的 scriptSig。前者是上游交易记录中某个具体资金输出项即 UTXO 的一部分，后者是下游交易请求/记录中某项具体资金来源的一部分。二者结合得巧妙，加上对 UTXO 中其它字段的巧妙运用，就成了“智慧合约”。但是，由于比特币虚拟机的限制，比特币的脚本语言是“图灵不完全”的，在脚本中不可以有循环，也没有子程序调用，其“智慧”就受到了约束。

而以太坊的智慧合约则是用 Solidity 语言编写的程序，凡用户提供的合约都需要事先加以部署，所部署的每个合约都有个“合约账户”，用户在交易请求中只需、也只可以、说明调用哪个合约账户中的什么函数。从这个意义上说，以太坊的交易请求中是不带脚本的。但是以太坊的虚拟机是“图灵完全”的，即允许循环，也允许有函数调用，还可以有对其它合约的调用，它每执行一条指令就扣你一份油费（Gas），扣光为止，所以也不怕你的程序中有死循环。另外，简单的以太币支付并不需要调用合约，在合约外面就可完成，并非“一切经过合约”。

至于超级账本，则真的就是“一切经过合约”，只是不称“合约”而称“链码（ChainCode）”。超级账本的链码也需要事先加以部署，其实就是一般以 Go 或别的几种语言（实质上可以是任何语言）写成的应用程序，只是需要在由 Docker 提供的“沙箱”中运行。同样，在超级账本的交易请求中也不含脚本，而只是说明所需启动的应用程序及对此程序的具体输入数据，就像一个命令行一样。既然使用普通的编程语言写成，直接在操作系统上运行，当然就是图灵完全的，实质上也并不存在超级账本自己的虚拟机（尽管形式上有 DockerVM 或 InprocVM）。不过超级账本并无 Gas 的概念，所以只能用“超时（Time-Out）”的机制从进程外部来加以宏观控制，以防程序中发生死循环，但是那样的控制自然就不像在以太坊中那样精细，其安全性是受到限制的。

Libra 的智慧合约可说是博采众长。首先，Libra 也有自己的虚拟机，也是图灵完备的，也有 Gas 的概念，即通过油费的扣除来限制计算量特别是循环次数。Libra 的合约编程语言是他们自行设计的 Move 语言，其思路似乎来自 Rust 语言中对于 Move 语义和 Copy 语义的区分和实现，对此后面还要详述。而 Libra 的源码，则正是用 Rust 语言写成的。但是如前所述 Libra 的智慧合约有个特殊之处，就是把作为一个应用程序的合约分成主函数即 main()和受主函数直接间接调用的库函数两部分。事先部署的并非整个合约，而只是受主函数直接间接调

用的那些函数，就像一个小小的函数库，在 Libra 的术语中称为“模块（module）”，而主函数 main()，则放在具体的交易请求中，这又有点像是脚本。这样，主函数 main()与一个或多个模块相结合，就可以动态组合出许多不同的功能。应该说这是个很好的主意，相比之下以太坊的交易请求中只说调用哪个合约中的哪个函数，就相当于只有单个调用语句，而不是一个过程，当然被调用的那个函数本身也是个过程，但毕竟就没有那么灵活了。所以，应该说 Libra 的方案更具灵活性。

Libra 核心源码和 Rust 语言

如上所述，Libra 的智慧合约用 Move 语言编写，而 Move 这个语言的思路应该是来自 Rust 语言，其最明显的特点就是赋值语句中 Move 语义和 Copy 语义的区分。

本书第 3 章中说明了为什么我在介绍和分析以太坊源码时采用的是 Java 语言的版本 EthereumJ。这一来是因为 Java 是程序员们使用最多的编程语言，二来 Java 语言显著降低了程序员的入门门槛，也显著提高了程序员的生产力，因为 Java 是个更安全的语言。所谓更安全，倒不是说能防黑客攻击什么的，而是能让程序员少犯错误。一般而言，除并发程序之间的互斥之外，程序员们最容易犯的错误莫过于对内存缓冲区的使用。缓冲区溢出当然也是个问题，但那倒是比较容易发现也容易纠正的，最令人头痛，最麻烦的还是缓冲区的分配（借用）和释放（归还）。

假定我们有个语句“buf1 = malloc(...)”，然后在某处又有个赋值语句“buf2 = buf1”。这样我们就有了两个指针同时指向所分配得到的缓冲区。当然 buf1 和 buf2 在某些语言中只让用作“引用（Reference）”，但实质上仍是指针。再然后，如果我们在程序中有个语句“free(buf1)”，这个缓冲区就被归还给系统了，如果同一进程（可能是别的线程）又要分配内存，系统就可能又把这个缓冲区所占的空间另作分配。然而此时 buf2 还指向这个内存地址，要是冷不丁在另外一个什么地方往里面写，那就写到了本来不是它的地方。

这样的问题，往往不容易被发现。于是，人们的对策是为内存缓冲区设置“引用计数”，也称“共享计数”，当这个缓冲区最初被分配给 buf1 时将其引用计数设置成 1，然后在把指针 buf1 赋值给 buf2 时就将引用计数加 1 变成 2。而无论对 buf1 或 buf2 调用 free()时则把引用计数减 1，当且仅当引用计数达到 0 时才真的释放缓冲区。这样，就不会发生上述那样的问题了。然而这样又会有别的问题，如果程序员忘了释放 buf2（这样的事常常发生），而只是释放了 buf1，那么其实这缓冲区并未被释放，这就有了内存的“泄漏”。一两个缓冲区的泄漏也许问题不大，但是多了就麻烦。特别是长期运行的程序，日积月累或者无数次循环就可能把内存耗尽。另外，如果 buf2 是某个函数中的局部变量，则一旦程序从这个函数返回这个指针就消失了，而程序员很可能就没有因此而递减这缓冲区的引用计数，从而造成内存的泄漏。所以，对缓冲区引用计数的处理是程序员最容易犯的错误之一，程序中不小心多减或少减一次引用计数都会犯错，而且其后果有可能会很严重。

Java 语言的“废料收集（Garbage Collection，简称 GC）”机制，就是由 Java 虚拟机（在编译器的配合下）帮用户自动解决这个问题，Java 语言的程序员不用关心内存缓冲区的引用计数，Java 虚拟机会帮你处理。比方说，当程序从一个函数返回的时候，如果这个函数中有局部变量还指向某个缓冲区，虚拟机就会递减这个缓冲区的引用计数。然后，在某种事件的触发下，虚拟机就会扫描并自动释放所有引用计数已是 0 的内存空间，这就是所谓废料收集（回收）。所以，Java 和其它提供废料收集（GC）的语言大大降低了编程的门槛，提高了程序员的工作效率。但是一般提供废料收集功能的都是解释型的语言，因为解释型的语言才有个虚拟机，至于像 C/C++那样的编译型语言，则不太容易由编译器自动生成所需的附加程序代码。

然而自动的废料收集也有缺点。废料收集是按批处理的方式进行的（要不然开销太大），程序员对此并无控制，你不知道虚拟机在什么时候就开始进行一次废料收集，这对于一般的应用倒不要紧，但是对于实时性要求较高的应用就成问题了，因为完全可能在最紧要的关头恰好就开始了废料收集，从而错过了及时作出反应的时间窗口。另外，如上所述这一般而言只适用于解释型的语言，那么对编译型的语言该怎么办呢？

人们的进一步研究揭示，这与赋值语句的语义有关。在“buf2 = buf1”这样的赋值语句中，赋值号所表示的语义是复制（Copy），就是把变量 buf1 的值复制到变量 buf2 中。如果 buf1 和 buf2 都是字节或字符指针，或者任何结构指针或任何数组指针，那就只是把 buf1 中的地址复制到了 buf2 中，这样的复制是“浅层复制（Shallow Copy）”。然而如果是在面向对象的语言中，并且 buf1 和 buf2 都代表着某种对象（其实就是结构指针），那就是把整个数据结构的内容全部复制过去。这里又有问题，如果这个数据结构中的某个成分也是某类对象（从而实质上也是指针），那是只复制指针（那是一个地址）？还是对其所指的整个数据结构也加以复制？这个问题是可以一直递归下去的。如果答案是前者，那仍是浅层复制，只是比较深层了一些。如果是后者，那就是“深层复制（Deep Copy）”。对此，不同的程序设计语言有不同的约定和处理，这就是语义上的不同。在 C 语言中，即使是数据结构的复制，如“*buf2 = *buf1”，也只是对数据结构的按字节复制，而并不深入到再下一层。

但是，不管深层浅层，这都属于“复制语义”。显然这是把变量的值看作一种信息，因此才可以随意加以复制。问题在于，只要是浅层复制，或者不彻底的复制，那么事后双方就总还有共享的部分，即共享的内存缓冲区，那就得采用共享计数，即引用计数。而如果是彻底的深层复制，则双方只是共享信息（内容），却没有共享的存储区间，那就不会互相干扰，也就无需使用共享计数了。

可是还可以有另一种语义，那就是“移动（Move）”语义。移动语义将变量的值看成一个物体，赋值所引起的是物体的移动、转手，而不是复制。所以，仍以“buf2 = buf1”这个赋值语句为例，执行之后 buf2 持有 buf1 原先所持的值，从而指向那个缓冲区，而 buf1 则不再指向那个缓冲区，它对那个缓冲区的“所有权”已经被移走了，这时候的 buf1 就等价于一个未经初始化的变量。那以后还要用 buf1 怎么办？那就再从 buf2 移动回来。显然，如果采用的是这种语义的赋值语句，缓冲区中就不需要有引用计数，因为引用计数不会大于 1。采用这种语义的编程语言，其安全性当然更好。这不仅体现在对内存缓冲区的使用，还体现在对并发（线程）操作的互斥。特别地，区块链中的一个重要问题是防止双花（Double Spending），而双花在某种程度上就与复制语义有关，如果采用移动语义，防止双花的问题就会简单一些。说到这里，读者也许已经想到，Libra 的智慧合约编程语言之所以名叫“Move”，应该也与此有关。事实上 Libra 的源码是用 Rust 语言编写的，Rust 语言最鲜明的特点就是对赋值采用移动语义。而 Move 语言，则很可能就是脱胎于 Rust 语言。

其实C++也早已注意到了这个问题，在C++的标准库中就有个函数std::move()，这个函数可以用来实现移动赋值，加之C++的赋值号是可以重载（重定义）的。这样，在C++的程序中完全可以定义一个类，并另行定义其赋值号的语义，即提供其operator= () 函数，在这函数中用std::move()实现移动赋值。然而，话虽如此，实际上恐怕没有多少普通C++程序员会这样去做，一来可能觉得太麻烦，二来重载后的赋值符在形式上与先前并无明显的区别，比较容易混淆。再说，程序员们也未必就觉得移动语义很重要。事实上，只要不是被强制使用的东西，尽管用了有好处，实际上程序员们多半不会去用它。想让程序员们去用，最好是有强制性的措施，例如你不那样用就通不过编译。这样，一方面是迫使，一方面还要方便人家去用，那样才行。为此首先是要在语言的语法上作出规定，或者在形式上要有明显的区分，让人一目了然，一看就知道这是移动语义还是复制语义。显然，就C++而言，这已经是为时已晚，虽然一些编程高手真会这样去做，普通的程序员一般不太会这样去用，甚至连知都未必知道。至于C语言，那就离得更远了。但是当然，用C语言也能实现变量值的移动，但却不能重载现有的赋值号，因而不能改变赋值号"="的语义，只能在程序中直接调用类似于std::move()那样的函数，这毕竟就不方便了。

另一个问题是变量的mutable或immutable，即"可变"和"不可变"的问题。一个变量，如果初始赋值之后就不可改变，那就是immutable；如果还可以改变，就是mutable。在传统的编程语言中，变量都是默认为可变的，所以才叫"变量"。可是许多问题其实是因为变量的意外被改变而来的，这与引用计数无关。事实上，因程序有Bug而发生无意中对变量值作出改变的情况是常有发生的。要改变这种情况，就要把某些变量指定为不可变，即immutable。在C++语言中，办法就是在变量说明前加上保留字const，由编译器帮助把关。但是，程序员们常常会漏加const保留字而使本应是immutable的变量成了mutable，这也是个容易犯错的所在。只要不加这个保留字也能通过编译，许多程序员就偷懒不加。

对不可变的"变量"进行赋值时的语义，倒应该是复制语义，即另行复制一份新的副本。我们在第二章比特币的代码摘要中看到，CTransaction的结构定义前面有const，表明这个数据结构一经初始赋值就不再能改变。如果真要改变，则另有一个mutable的版本叫CMutableTransaction，需要把CTransaction中的内容复制到CMutableTransaction中，加以改变后再为其另行生成一个CTransaction结构。这就是利用了编译器的把关提高了程序质量。但是显然，并非所有的程序员都有这样的编程水平。

Rust语言的设计也考虑了这个问题。在Rust语言中，所有变量都默认为immutable，要让它mutable则需要在前面就加上保留字mut。

移动语义的实现并非Rust语言唯一的设计目标，但却是Rust语言最主要的特点之一。在Rust语言中，变量的值有个"物主"，有个"所有权（Ownership）"的问题，它在同一时间点上只属于一个变量。所以，Rust不提供，也无需提供废料收集功能，但是其安全性却很高，并且还不会因为突发废料收集而引起实时性的问题。Rust语言是通过它的编译器实现其设计目标的，编译器在编译的时候跟踪和分析每个变量的来龙去脉，一发现有错即不让通过编译，让程序员改正，但是在运行时就不需要进行检查，也不需要有废料收集了。应该说，作为一种编译型语言，Rust比较好地解决了内存使用的安全性问题，降低了程序员入门的门槛，提高了程序员的效率，又兼顾了程序运行的性能和实时性。另外，Rust的语法语义也很清晰，程序代码的可读性也挺好，我觉得不比Java差。

Move 语言

如上所述，Libra 的智慧合约是用 Move 语言编写的。不过现在见到实际使用的却是一种所谓“Move 中间表示”，即“MoveIR”，IR 意为“Intermediate Representation”。用 MoveIR 写的源码文件，其文件名后缀为.mvir，而直接用 Move 语言写的源码则理应以.mv 为文件名后缀。可是在 Libra 当前的源码中只看到有不少.mvir 文件，却没有.mv 文件。另外，源码中 language/compiler 目录下的代码也只是用来把 MoveIR 代码编译成 Move 虚拟机 MoveVM 的 bytecode，即汇编代码。

关于 Move 这个语言，GitHub 中有个 2011 年的项目，有个名叫 Rasmus Andersson 的人（当时还真是在 Facebook 工作）创建了一种编程语言就叫 Move。然而那个 Move 语言似乎只是对 Java Script 的一种 Hack，即对 Java Script 的一些修改，应该与现在这个 Move 语言不是一码事。

Libra 的技术文档中有一篇《Move:A Language With Programmable Resources》，但那只是关于 Move 语言的形式化讨论，而不是一种编程语言所应有的 Specification。

综上所述，我们不妨暂且认为 MoveIR 就是所谓的 Move 语言。在这个前提上，我们有理由相信 Move 这个名字就是出于赋值语句的 Move 语义，而支付的目的也正是资源的转移，即把资源从一个账户 move 到另一个账户。这既是出于实际的需要，也可从中看出其语言设计受 Rust 语言的影响之深。不过 Rust 是编译型语言，Move 却是解释型语言，所以有个 Move 虚拟机，Move 虚拟机执行的是 MoveIR 代码经编译后的 bytecode 即汇编指令。

Libra 的白皮书中有一段话：“Move 从设计上可防止数字资产被复制。它使得将数字资产限制为与真实资产具有相同属性的资源类型成为现实：每个资源只有唯一的所有者，资源只能花费一次，并限制创建新资源。”从而“Move 将加快 Libra 区块链协议以及在此基础上构建的金融创新的演变。”

不过，即使是 MoveIR，我们其实也并未见到 Facebook 正式发布其语言 Spec 文本，因为目前的 Libra 还只是在测试，尚未正式开放给用户。但是 Libra 的源码中有不少作为示例的.mvir 文件，里面还有些注释，从中可以看出一些端倪。下面我们看 Libra 源码中的一个示例，以求获得一些对于 MoveIR 代码的感性认识。

这是一个创建账户的示例，我们先看这个交易请求所携带的“脚本”，其代码在源码文件 language/…/create_account_script.mvir 中，其实是个用 Move 语言中间表示即 MoveIR 编写的 main()函数，提交执行前要用由 Libra 提供的编译器将其编译成虚拟机的汇编指令：

```
import 0x0.LibraAccount;     //这是 module LibraAccount，0x0 是模块所在的（256 位）账户地址。
import 0x0.LibraCoin;        //这是 module LibraCoin。一个账户地址中可以有多个模块。
main(payee: address, amount: u64) {     //payee 为 256 位的收款账户地址，amount 为转账金额。
  let coin: R#LibraCoin.T;     // LibraCoin.T 是定义于模块 LibraCoin 中的 Resource，R#表示这是 Resource。
  let account_exists: bool;

  // Acquire a LibraCoin.T resource with value `amount` from the sender's account.
```

```
  // This will fail if the sender's balance is less than `amount`.
  coin = LibraAccount.withdraw_from_sender(move(amount));   //这里的 move 表示移动而不是复制
                                    //调用模块 LibraAccount 中的这个函数，从付款方账户中提取这笔款项。
  account_exists = LibraAccount.exists(copy(payee));    //测试收款账户是否存在，这里用的是复制语义。
  if (!move(account_exists)) {   //如果收款账户尚不存在（这里对 account_exists 采用移动语义）：
    // Creates a fresh account at the address `payee` by publishing a
    // LibraAccount.T resource under this address. If there is already a
    // LibraAccount.T resource under the address, this will fail.
    create_account(copy(payee));     //尚不存在，就创建所给定的收款账户 payee，这是 256 位地址。
  }
  LibraAccount.deposit(move(payee), move(coin));   //把从付款账户提出的金额存入收款账户
  return;
}
```

如前所述，“脚本”其实就是一个 main()函数，不含子程序。子程序都在预先部署的合约账户中。其中账户地址为 0（实际上是 256 位全 0）的账户中有两个最基本的模块，一个是 LibraAccount，另一个是 LibraCoin。

脚本中所调用的函数，凡是来自某个（已导入）模块的都必须说明其所属的模块，例如 LibraAccount.deposit()。不说明来源的，例如这里的 create_account()，还有 move()和 copy()，则为由系统提供的函数，实际上是构成虚拟机的一部分，那些函数的源码是 Rust 代码，是由虚拟机模块调用、而不是由虚拟机解释执行的。

这里导入了两个模块，但直接调用的模块函数都来自 LibraAccount，不过 LibraCoin 肯定也会间接受到调用，其实这两个模块都在地址为 0 的合约账户中。至于 move()和 copy()，前面已介绍过两种不同的语义，这里只是明确加以说明。这两种语义是对赋值而言的，但是将一个变量的值用作调用函数时的参数其实相当于赋值，因为在被调用的函数中这就是个可以受到访问的变量。所以这是一种隐含的赋值，也有赋值语义和移动语义的区别。

我们再看 LibraAccount 这个模块，这里我略去了一些与这个示例无关的函数，而专注于与此示例有关的内容：

```
// The module for the account resource that governs every Libra account
module LibraAccount {   //与我们一般所说的 class 相似，也是数据结构加方法函数：
    import 0x0.LibraCoin;          //导入 module LibraCoin
    import 0x00.Hash;              //导入 module Hash
    // Every Libra account has a LibraLibraAccount.T resource
    resource T {        //这就是一个账户的数据部分，相当于一个 class 中的数据成分：
        balance: R#LibraCoin.T,                // The coins stored in this account，账面余额。
        authentication_key: bytearray,         //The current authentication key，
                                    //This can be different than the key used to create the account
        sequence_number: u64,   // The current sequence number.
```

```
                    // Incremented by one each time a transaction is submitted
    // TEMPORARY the current count for the number of sent events for this account
    // The events system is being overhauled and this will be replaced
    sent_events_count: u64,
    // TEMPORARY the current count for the number of received events for this account
    // The events system is being overhauled and this will be replaced
    received_events_count: u64
}

…

// Deposits the `to_deposit` coin into the `payee`'s account
public deposit(payee: address, to_deposit: R#LibraCoin.T) {   //向给定账户存钱
    let deposit_value: u64;
    let payee_account_ref: &mut R#Self.T;
    let sender: address;
    let sender_account_ref: &mut R#Self.T;
    let sent_event: V#Self.SentPaymentEvent;
    let received_event: V#Self.ReceivedPaymentEvent;
    // Check that the `to_deposit` coin is non-zero
    deposit_value = LibraCoin.value(&to_deposit);   //这是要存入的金额
    assert(copy(deposit_value) > 0, 7);

    // Load the sender's account
    sender = get_txn_sender();
    sender_account_ref = borrow_global<T>(copy(sender));
    // Log a send event
    sent_event = SentPaymentEvent { payee: copy(payee), amount: copy(deposit_value) };
    // TEMPORARY The events system is being overhauled and this will be replaced by something
    // more principled in the future
    emit_event(&mut move(sender_account_ref).sent_events_count,
                    b"73656E745F6576656E74735F636F756E74", move(sent_event));

    // Load the payee's account
    payee_account_ref = borrow_global<T>(move(payee));   //收款方账户
    // Deposit the `to_deposit` coin
    LibraCoin.deposit(&mut copy(payee_account_ref).balance, move(to_deposit));   //存入收款方账户
    // Log a received event
    received_event = ReceivedPaymentEvent { payer: move(sender), amount: move(deposit_value) };
```

```
        // TEMPORARY The events system is being overhauled and this will be replaced by something
        // more principled in the future
        emit_event(&mut move(payee_account_ref).received_events_count,
                    b"72656365697665645F6576656E74735F636F756E74", move(received_event));
        return;
    }

    …

    // Helper to withdraw `amount` from the given `account` and return the resulting LibraCoin.T
    withdraw_from_account(account: &mut R#Self.T, amount: u64): R#LibraCoin.T {    //从给定账户取钱
        let to_withdraw: R#LibraCoin.T;
        to_withdraw = LibraCoin.withdraw(&mut move(account).balance, copy(amount));
        return move(to_withdraw);
    }

    …

    // Checks if an account exists at `check_addr`
    public exists(check_addr: address): bool {    //检查账户是否存在
        let is_present: bool;
        is_present = exists<T>(move(check_addr));
        return move(is_present);
    }
}
```

一个模块，其结构就好像我们一般所说的“类（class）”，也是数据结构加方法函数，只是都将数据成分组合在一个名为 T 的“资源（Resource）”中。这里的 resource 是个保留字，与 struct 和 fn 处于同样的级别，Libra 的文档中说将资源当作“first class”成分，大约就是这个意思。由此可见，一个账户有 5 个数据成分，其中最重要的当然是余额 balance。

显然，LibraAccount 这个模块中的有些函数要调用模块 LibraCoin 中的一些函数，有些还是同名的。

与 Rust 语言一样，Move 语言也把变量默认为不可更改，即 immutable，如果是可改变就得在变量名前面加上保留字 mut。如果变量为地址（Reference）则把&号加在 mut 前面，所以我们在代码中常常能看到&mut 这样的修饰表示。

再看模块 LibraCoin 的内容，也是一样，这里略去了一些与本示例无关的函数：

```
module LibraCoin {
    // A resource representing the Libra coin
```

```
resource T {
    value: u64,    // The value of the coin. May be zero
}

…

// Public accessor for the value of a coin
public value(coin_ref: &R#Self.T): u64 {
    return *&move(coin_ref).value;
}

// "Divides" the given coin into two, where original coin is modified in place
// The original coin will have value = original value - `amount`
// The new coin will have a value = `amount`
// Fails if the coins value is less than `amount`
public withdraw(coin_ref: &mut R#Self.T, amount: u64): R#Self.T {
    let value: u64;
    // Check that `amount` is less than the coin's value
    value = *(&mut copy(coin_ref).value);
    assert(copy(value) >= copy(amount), 10);
    // Split the coin
    *(&mut move(coin_ref).value) = move(value) - copy(amount);    //减少账户余额
    return T{value: move(amount)};
}

// "Merges" the two coins
// The coin passed in by reference will have a value equal to the sum of the two coins
// The `check` coin is consumed in the process
public deposit(coin_ref: &mut R#Self.T, check: R#Self.T) {
    let value: u64;
    let check_value: u64;
    value = *(&mut copy(coin_ref).value);
    T { value: check_value } = move(check);
    *(&mut move(coin_ref).value)= move(value) + move(check_value);    //增加账户余额
    return;
}
}
```

这里只是让读者对脚本和模块的 MoveIR 代码有点感性认识，而不在于讲解这些代码，但是读者对这些代码应该不会有困难。

Libra 交易的流程

目前 Libra 网络中的交易仅限于支付。由于智慧合约采用了脚本加模块的方式，并且基本的模块已由系统提供，用户就可以在脚本上灵活调用这些模块中的各种函数，组合出种种不同的功能，因而用户实际上也并不像在超级账本和以太坊中那样频繁地需要部署自己的合约。

用户要发起一个交易的时候，需要准备好一个带有签名的交易请求，即前述的 SignedTransaction 数据结构，并将其发送给某个验证节点，而不是像在别的区块链网络中那样 P2P 发送给一般节点就可以。

这个验证节点，假设为 V_i，在接收到这个交易请求 T 之后会对其有效性进行一系列的检查验证，包括由虚拟机 VM 进行的检查，如能通过验证就将其存入本地的内存池 mempool。这与别的区块链网络如以太坊和超级账本是一样的。

验证节点 V_i 会与别的验证节点（也许有 100 个）交换和分享 mempool 中的内容，使所有验证节点的 mempool 内容趋于一致。

假定 V_i 就是当前的（验证节点）领导者，即 Leader，就会从其 mempool 中取出正在等待入块的那些交易请求，将其组装成一个 Block，然后将此 Block 作为新块的提案（Proposal）发送给别的验证节点，并等待它们的投票。

如果返回的赞成票满足拜占庭容错的要求，获得了全体验证节点过三分之二多数的赞成票，这个提议中的 Block 就可以作为新块发布了。如果得不到足够的票数并超时，那就要将领导权让给另一个验证节点，让其开始另一轮的组块—提议—投票，以求获取共识。由于验证节点间可以交换共享所积累的交易请求，只要拜占庭容错算法中的数值 f 符合实际情况，就总能获得共识。当然，交易请求需要进入块链成为交易记录才成为有效。

获取了共识之后，当前的 Leader 便发布新块，让所有的验证节点都将这个新块 Commit 到各自维护着的块链中，并进入永久存储。

这个流程，除对虚拟机 VM 执行交易请求的具体过程和关于新块的共识获取也许稍感陌生以外，本书的读者对之应该不会有太大的困惑。

由此可见，Libra 的系统架构，就其去中心化的程度而言，实际上已经比超级账本还更有所后退。严格说来，Libra 的真正意义上的区块链网络其实只存在于几十个到一百个“验证节点”之间，而广大的用户群体只是各自直接连接到 Libra 的某个验证节点，互相之间并无 P2P 连接，这和使用“网上银行”的模式并无太大差别，Libra 的客户端其实就是个 App，只是用一群验证节点替代了单个的服务端。对于作为金融基础设施的支付系统，这样的模型应该说是比较合理、比较严谨的，某种意义上也许还可以说是偏于保守的。

Libra 的测试网已经开始运行，正式的交易网则尚未上线开通，其核心代码也正在发展之中，有些变化也属正常，但是基本的原理和流程应该不会有大的变化。

参考资料

【源代码网站】

[1] BitCoin 源代码：https://github.com/bitcoin/bitcoin.

[2] EthereumJ 源代码：https://github.com/ethereum/ethereumj.

[3] Fabric 源代码：https://github.com/hyperledger/fabric.

[4] Libra 源代码：https://github.com/libra/libra.

【主要参考文献】

[1] CHAMPAGNE P. The Book of Satoshi: The Collected Writings of Bitcoin Creator Satoshi Nakamoto[M]. [S.l.]: e53 Publishing LLC, 2014.

[2] SINGH S. The Code Book: The Science of Secrecy from Ancient Egypt to Quantum Cryptography[M]. New York: Anchor Books, 2000.

[3] SCHNEIER B. Applied Cryptography: Protocols, Algorithms and Source Code in C 20th Anniversary Edition[M]. Hoboken: Wiley, 2015.

[4] ANDREAS M. Antonopoulos: Mastering Bitcoin: Programming the Open Blockchain[M]. 2nd ed. Calidornia: O'Reilly Media, 2017.

[5] ANDREAS M. Antonopoulos: Mastering Ethereum: Building Smart Contracts and DApps[M]. O'Reilly Media, 2018.

[6] GAUR N, DESROSIERS L, NOVOTNY P. Hands—On Blockchain with Hyperledger[M]. Birmingham: Packt Publishing, 2018.

[7] STROUSTRUP B. The C++ Programming Language[M]. 4th ed. New Jersey: Addison-Wesley, 2013.

[8] WALLS C. Spring in Action[M]. 4th ed. Greenwich: Manning Publications, 2014.

[9] DONOVAN A A A, BRIAN W. Kernighan: The Go Programming Language[M]. New Jersey: Addison-Wesley, 2015.

[10] KLABNIK S, NICHOLS C. The Rust Programming Language[M]. [S.l.]: No Starch Press, 2018